U0895427

Annual of Renmin University of China

中国人民大學年鉴 2003

《中国人民大学年鉴》编辑委员会

中国人民大学出版社

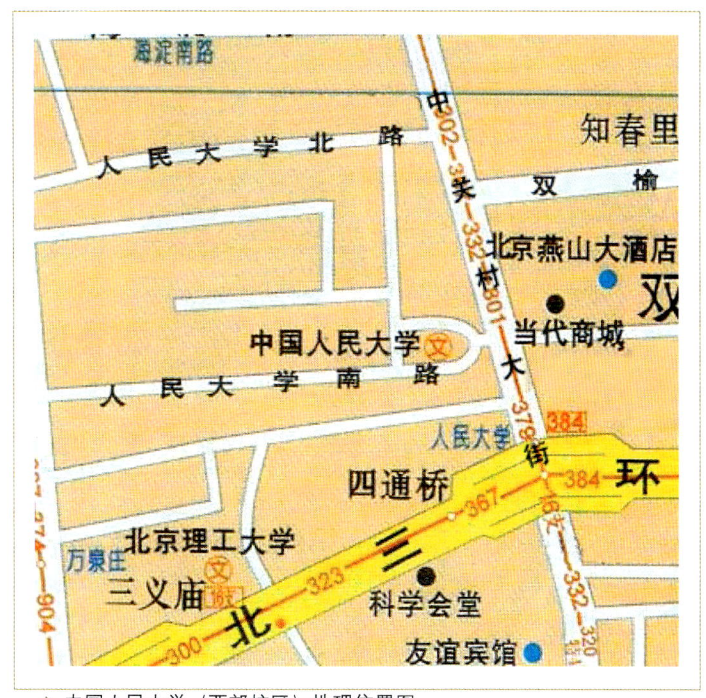

▲ 中国人民大学（西郊校区）地理位置图

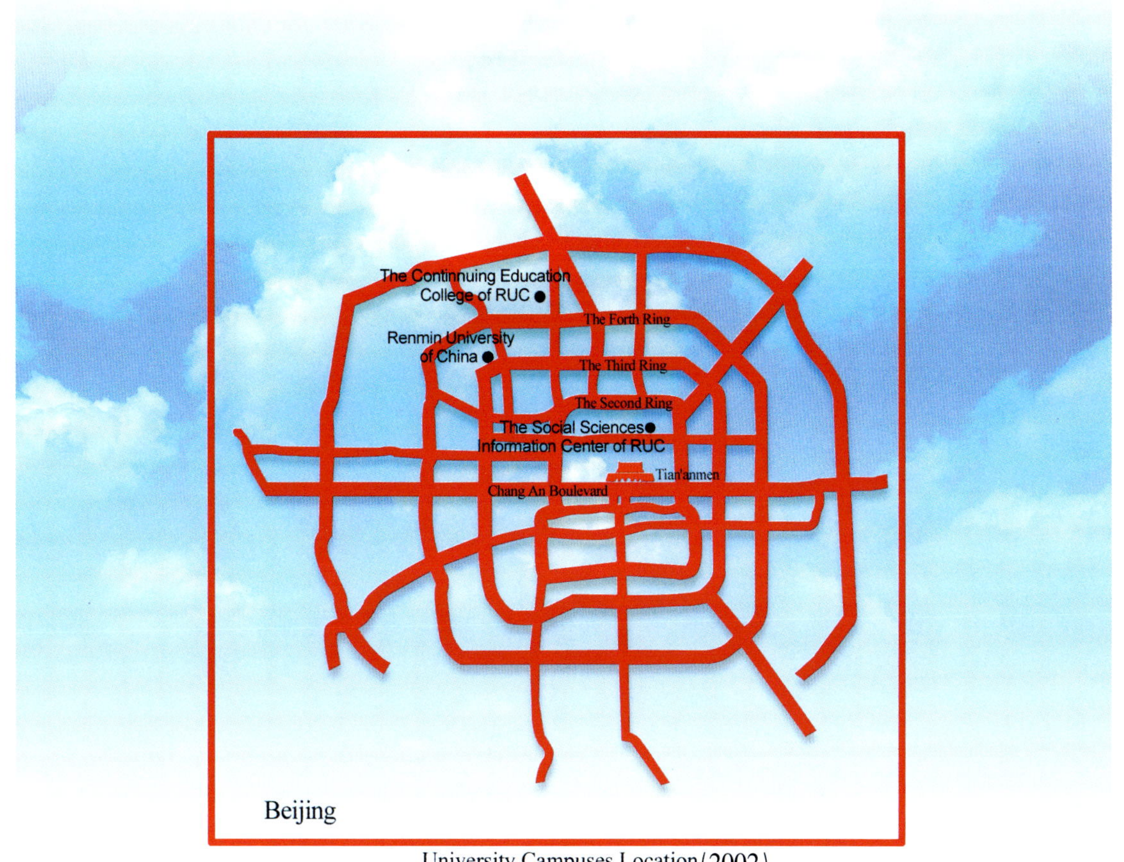

University Campuses Location(2002)

自2002年10月1日起，我校开始实施新的视觉形象识别系统。确定以圆形篆书人字图案为中国人民大学标志；以专门配置的，体现理性、大气和包容性的“人大红”为中国人民大学特用的标准色；以取自吴玉章老校长手迹的“中国人民大学”行书字体为中国人民大学校名的专用标准字体。新标志中三个“人”字的寓意分别是：人民、人本、人文，即人民的大学、以人为本的精神和以人文社会科学为主的特色。设计思想强调了历史感、人文感和时代感，突出了“以人文社会科学为主的世界知名的一流大学”的理念。

中共中央总书记、国家主席江泽民考察中国人民大学组图

▲ 组图 1　2002 年 4 月 28 日下午，江泽民同志在李岚清、贾庆林等中央领导同志的陪同下视察中国人民大学，并亲自主持师生座谈会，发表了关于发展繁荣哲学社会科学的重要讲话，要求将我校建设成为以人文社会科学为主的世界知名的一流大学

▲ 组图 2　江泽民同志参观中国人民大学校史展，纪宝成校长向江泽民同志作介绍

▲ 组图3　江泽民同志翻阅图书馆馆藏珍品——《韶山毛氏族谱》

▲ 组图4　在逸夫会议中心的多功能厅，江泽民同志主持座谈会并作重要讲话

▲ 2002年11月1日，中国人民大学建校65周年庆祝大会暨吴玉章奖颁奖仪式在世纪馆举行

▲ 中共中央政治局常委、全国人大常委会委员长李鹏出席中国人民大学建校65周年庆祝大会暨吴玉章奖颁奖仪式，并发表重要讲话

▲ 教育部部长陈至立出席中国人民大学建校 65 周年庆祝大会暨吴玉章奖颁奖仪式，并发表重要讲话

▲ 为纪念 65 周年校庆，我校于校庆日当天隆重举行西北区改造与建设工程启动仪式，校领导向教育部副部长张保庆介绍该工程的基本情况

▲ 2002年9月3—4日，中国共产党中国人民大学第十二次代表大会隆重召开

▲ 中国人民大学第十二次党代会举行主席团会议

▲ 2002 年 1 月 13 日，国务院副秘书长高强、国家计委主任于广洲、教育部副部长张保庆、财政部副部长张佑才、中国人民银行副行长吴晓灵、国家科教领导小组办公室主任廖晓淇、北京市副市长刘敬民和总后勤部有关部门负责人一行考察我校，研究解决我校环境整治和建设发展的有关问题

▲ 2002 年 5 月 25 日，中共教育部党组副书记、副部长周济一行到我校考察调研

▲ 2002年9月2日，教育部副部长张保庆一行考察我校校园规划及基本建设情况

▲ 2002年1月19日，中共北京市委副书记龙新民，副市长刘敬民、林文漪一行来我校检查周边环境整治工作

▲ 2002 年 5 月 18 日，我校隆重举行“中国人文社会科学论坛 2002”

▲ 2002 年 7 月 10—11 日，中国人民大学“学科建设工作会议 2002”隆重举行

▲ 2002 年 9 月 7 日，中国人民大学成人高等教育 50 周年大会隆重举行

▲ 2002年12月8日，我校法学院举办的“大法官讲坛” 开幕，中国首席大法官、最高人民法院院长、我校兼职教授、校友肖扬出席开幕式并作首场讲演

▲ 2002 年 1 月 26 日，我校加入深圳虚拟大学园签字仪式隆重举行

▲ 2002 年 7 月 9 日，我校举行 “北京 2008—人文奥运研讨会”

▲ 2002 年 2 月 28 日，我校公共管理学院首届 MPA 开学典礼隆重举行

▲ 2002 年 6 月 8 日，我校举行“2002 亚洲管理教育论坛”

▲ 2002年10月，纪宝成校长应邀出席美国哥伦比亚大学新任校长博林格·李先生的就职典礼

▲ 2002年9月，纪宝成校长被授予日本创价大学名誉博士学位

▲ 2002 年 11 月，纪宝成校长拜会香港特别行政区行政长官董建华先生

▲ 2002 年 11 月，纪宝成校长会见香港金利来集团有限公司董事局主席曾宪梓先生

▲ 2002年9月，程天权书记率团访问意大利米兰大学

▲ 2002年9月，程天权书记与国际劳工组织商洽合作事宜

▲ 我校世纪城二期教师住宅外景

▲ 我校世纪城二期教师住宅内景

▶ 新落成的世纪馆

▶ 新落成的多媒体教学楼

▶ 新落成的游泳馆

▶ 改造一新的大操场

▶ 新建的双趣园美景

▶ 位于校园西区的绿化美化工程

▶ 2002年8月13—23日，校学生艺术团合唱团应邀前往法国、德国、奥地利三国进行文化交流演出

▲ 我校2002年暑期学生社会实践

▲ 2002年10月19日，2002—2003“飞利浦”中国大学生足球联赛在我校举行

《中国人民大学年鉴（2003）》编辑委员会

《中国人民大学年鉴（2003）》编辑部

人　　事　　处：王志丹
学　　生　　处：徐　飞
国际合作与交流处：李　惠　刘雨霖
财　　务　　处：张　雁　武　雷
审　　计　　处：荆　新　靳振英
保　　卫　　处：舒晓建
资产与产业管理处：杨　洁
校园建设管理处：刘　欣
后 勤 管 理 处：陈幼刚　刘之护　李春霞
离 退 休 工 作 处：粱玉兰　杨幼波
校　　工　　会：王　飞
校　　团　　委：辛呈凤　李　舒
校友工作办公室：耿希继
教 育 培 训 中 心：刘京建　李海彬　黄粤涛
成 人 教 育 学 院：张　红　曹　建
网 络 教 育 学 院：顾宗连　方　芳
体　　育　　部：郭锡山
图　　书　　馆：武继山　杨培菊　魏　微
网络信息管理中心：董　铭　李　勤　唐　雨　王华民
档　　案　　馆：樊　钉
校　　医　　院：李存胜　赵永奎
出　　版　　社：李永强　张锁平
书 报 资 料 中 心：熊春兰

《中国人民大学年鉴（2003）》编写说明

一、宗旨和定位

（一）宗旨

为学校今后制定进一步发展规划提供借鉴，推动学校管理水平的提高，促进学校的对外交流与宣传。

（二）定位

《年鉴》是一部逐年编辑出版的兼具我校工作公报和编年史料性质的工具书。

二、选编的原则、范围和内容

（一）原则

《年鉴》一般收录我校改革、建设和发展过程中的重要事件、重大活动、重要人物等，选材注重实用性，即为今天的读者提供资料，为未来的读者提供史料。只具有一般新闻性而不具备资料价值的内容，一般不予收录。

在具体工作中，把握了三个原则：

1. 实事求是、客观、真实。

2. 规模服从内容。

3. 大事不漏，小事不收。

（二）内容

本版《年鉴》全面收录反映2002年度内（1月1日—12月31日）我校各个方面工作状况的资料。其中2002年各项年度数据以2002年12月31日为统计口径，其他数据以各统计部门或业务主管部门的统计口径为准。

三、编写的组织

本版《年鉴》由中国人民大学学校办公室组织编写。所刊内容由各单位确定专人负责提供，并经本单位领导审定。

在编写过程中，得到了各有关部门和单位的大力支持，在此谨表衷心感谢。

《中国人民大学年鉴》编辑部

2004年3月

目 录

科学研究

发展规划

人物

中国人民大学简介

中国人民大学是一所以人文科学、社会科学、管理科学为主，兼有信息科学、环境科学等理工科的综合性、研究型重点大学。学校的前身是1937年诞生于抗日战争烽火中的陕北公学，以及后来的华北联合大学、北方大学和华北大学。1950年10月3日，以华北大学为基础的中国人民大学正式成立，成为新中国创办的第一所新型大学。著名教育家吴玉章、成仿吾、袁宝华、黄达、李文海先后担任校长。现任校长为纪宝成教授，党委书记为程天权教授。

自成立之日起，中国人民大学广大师生发扬“始终奋进在时代前列”的优良传统，与党和国家同呼吸、共命运，勤俭办学，艰苦奋斗，积极探索，求真务实，使学校成为我国人文科学、社会科学、管理科学教育研究的重要基地，为马克思主义在中国的传播和普及，为我国哲学社会科学的发展和繁荣，为我国社会主义革命、建设和改革事业的发展作出了重要贡献，被誉为“我国人文社会科学高等教育领域的一面旗帜”。

学校目前已形成以本科教育为基础、研究生教育为重点，辅以成人高等教育、网络教育的全方位、多层次的办学格局，在人文科学、社会科学、管理科学等领域具有突出的整体优势。学校现设有研究生院、18个学院和6个校属系（部）、12个校级研究所；拥有56个学士学位专业、8个第二学士学位专业、91个硕士学位学科点、64个博士学位学科点、9个一级授权学科、8个博士后流动站。在人文社会科学领域拥有的博士点、硕士点数量居全国高校前两名；拥有25个国家重点学科，名列全国第五，其中社会科学类重点学科数居全国第一；拥有12个国家人文社会科学重点研究基地，名列全国第一；拥有6个国家文科基础学科人才培养和科学研究基地，名列全国第一。

中国人民大学师资力量雄厚，老一辈著名学者吴玉章、成仿吾、范文澜、艾思奇、何思敬、何干之、何洛、胡华、尚钺、吴景超、李景汉、安岗、石峻、缪朗山、李秀林、徐禾、塞风、许孟雄、孟氧、佟柔、戴世光、刘铮、查瑞传、苗力田等为学校的学科建设、人才培养和科学研究奠定了坚实的基础。学校目前拥有一大批在国内外具有重要影响的著名学者和学术带头人，形成了一支学历层次高、专业结构好、科研能力强、年龄梯度合理的教学和科研队伍。现有专任教师 1 164 人，教授 378 名，副教授 532 名，博士生导师 333 名。此外，还有 168 位学术造诣精深的国外学者和 210 位国内各界知名人士担任学校的名誉教授、客座教授和兼职教授。拥有 14 名本届国务院学位委员会学科评议组成员，其中 7 人担任学科评议组召集人，在人文社会科学领域名列全国高校第一；教育部 8 个全国高校文科教学指导委员会中，有 6 个委员会的主任、2 个委员会的副主任由中国人民大学教授出任，居全国高校第一位；有 122 人被评为享受政府特殊津贴专家，有 24 人入选教育部哲学社会科学“跨世纪优秀人才培养计划工程”，7 人荣获教育部青年教师奖，50 人入选北京市哲学社会科学“百人工程”，其所占各项比例在全国或北京市高校中均名列前茅。

中国人民大学以“国民表率，社会栋梁”为人才培养目标，充分发挥人文社会科学学科齐全的综合优势，积极为国家经济建设和社会发展培养高层次的理论型、应用型、管理型人才。自 2001 年起，学校的研究生招生数量已经超过了本科生招生数量，现有本科生 8 083 人，研究生 8 668 人（含非全日制研究生 1 539 人），研究生与本科生的在校生比例已达到 1:1，是全国这一比例最高的三所高校之一。有成人教育在校生 11 107 人。在连续四届全国百篇优秀博士学位论文评选中，中国人民大学获奖论文总数 10 篇，在人文社会科学领域名列全国第一。从陕北公学至今，学校共培养了 17 万名各类高级专门人才，包括许多著名的经济学家、管理学家、政治学家、法学家、哲学家、教育学家、历史学家、文学家、各级党和政府领导干部、企业家以及新闻、法律、文学艺术工作者和其他优秀人才。

作为我国人文社会科学研究的重要基地，中国人民大学积极面向现代化建设主战场，研究重大政治、经济、文化和社会问题，充分发挥高校“思想库”和“智囊团”的作用，为国家经济建设提供了强大的理论保证和有力的智力支持。“九五”以来，学校共获得省部级以上科研成果奖励 145 项，其中一等奖 36 项，二等奖 85 项，三等奖 23 项，优秀奖 1 项，在全国高校名列前茅。承担国家社会科学基金项目 166 项，承担教育部人文社会科学项目 225 项，均居全国高校第一位；承担北京市社会科学基金项目数位居北京市高校第一位。

中国人民大学是我国人文社会科学高等教育领域对外交流的重要平台。目前已与 30 多个国家和地区的 100 多所大学建立了合作交流关系，引进、翻译出版了大量适应我国改革开放需要的教科书和学术专著，开展了一系列重要的交流合作项目，主办或承办了一系列高水平的国际学术会议。学校现有留学生 708 人。聘请诺贝尔奖获得者、著名经济学家约瑟夫·斯蒂格利茨，土库曼斯坦总统尼亚佐夫，联合国教科文组织总干事松浦晃一郎，日本著名思想家、教育家池田大作，世界银行高级副行长尼克拉斯·斯特恩，法国著名经济学家让-雅克·拉丰等知名学者为名誉教授；授予阿根廷前总统德拉鲁阿，日本前首相竹下登，诺贝尔奖获得者、著名经济学家约翰·哈桑尼、罗伯特·蒙代尔等一批国际著名人士名誉博士称号。

中国人民大学是我国著名的人文社会科学资料中心、信息中心和图书出版中心。学校图书馆设施先进，馆内藏书 310 万册，设有教育部文科文献信息中心。中国人民大学书报资料中心是我国收集、整理、存储、发布人文科学、社会科学、经济和管理科学信息资源的权威机构，编辑的年度报刊资料索引是中国四大文献检索索引之一。中国人民大学出版社是新中国成立以后建立的首家大学出版机构，是我国高等学校文科教材和人文社会科学学术、理论著作的重要出版基地。

毛泽东、刘少奇、邓小平等老一辈无产阶级革命家对中国人民大学十分关心并寄予厚望。党和国家第三代领导集体对中国人民大学的建设和发展也极为关心，多次作出重要指示。江泽民总书记曾先后两次为中国人民大学题词，殷切希望中国人民大学为我国社会主义现代化建设努力培养跨世纪优秀人才。

2002 年 4 月 28 日，江泽民总书记亲临我校考察并发表重要讲话，衷心祝愿中国人民大学“在新世纪创造新的成就，为祖国、为人民、为社会主义现代化建设作出更大的贡献，成为以人文社会科学为主的世界知名的一流大学”。全校师生员工备感亲切，深受鼓舞，正在深入学习、贯彻江泽民总书记“4·28”讲话精神，高举“发展是硬道理”的旗帜，全力推进建设以人文社会科学为主的世界知名的一流大学的宏伟历史进程，为学校在新世纪的发展奠定良好的基础。

（统计数据均截至 2002 年 12 月 31 日）

特 载

中共中央总书记、国家主席江泽民考察中国人民大学并发表重要讲话，强调大力促进我国哲学社会科学事业的发展繁荣

[新华社电]　春风徐徐，芳草凝绿，今天的中国人民大学处处洋溢着欢乐的气氛。在“五四”青年节即将到来之际，中共中央总书记、国家主席江泽民来到这所以人文社会科学为主的重点大学考察工作，亲切看望学校的师生员工。他强调：我们要始终高度重视哲学社会科学在治党治国和建设有中国特色社会主义事业中的巨大作用，高度重视哲学社会科学领域高等教育的改革和发展，高度重视改善哲学社会科学研究和人才培养的条件，高度重视哲学社会科学研究领域重大课题的攻关，高度重视为哲学社会科学发展作出杰出贡献的学者的成就和作用。他要求各级党委和政府以及全社会共同努力，大力促进我国哲学社会科学事业的发展繁荣。

中共中央政治局常委、国务院副总理李岚清，中共中央政治局委员、北京市委书记贾庆林随同考察。

中国人民大学是我们党创办的第一所新型大学，前身是诞生于抗日战争烽火中的陕北公学，有着光荣的传统和优良的校风。毛泽东、邓小平等老一辈无产阶级革命家生前对中国人民大学寄予厚望。65 年来，中国人民大学广大师生发扬“始终奋进在时代前列”的优良传统，勤俭办学，艰苦奋斗，积极探索，求真务实，使学校成为我国人文科学、社会科学、管理科学教育研究的重要基地，为马克思主义在中国的传播和普及，为我国哲学社会科学的发展和繁荣，为我国社会主义革命、建设和改革事业的发展作出了重要贡献。

下午三时许，江泽民总书记兴致勃勃地来到中国人民大学，校园一片沸腾。数千名大学生列队欢迎江总书记的到来，“总书记好！”的欢呼声响彻校园。江泽民频频向大学生们招手致意，向大家问好。

江泽民在学校党委书记程天权、校长纪宝成等的陪同下，先后参观了中国人民大学65年成就展、文史阅览室、电子阅览室，还同师生们亲切交谈，详细了解了学校的科研、教学和学生的学习情况。他饶有兴趣地观看了图书馆的特色藏品，包括毛泽东同志读过的《资本论》和陕甘宁等解放区的出版物。江泽民在吴玉章同志的雕像前驻足，与大家一同回顾了这位中国人民大学首任校长、杰出教育家的办学业绩。他还兴趣盎然地观看了学生艺术团民族乐团的排练，对他们的精彩演奏表示赞赏。

随后，在亲切热烈的气氛中，江泽民与中国人民大学的师生代表进行座谈。纪宝成校长汇报了学校实践“三个代表”重要思想，创建以人文社会科学为主的世界知名的一流大学的工作情况；清史研究所教授戴逸、法学院院长曾宪义、财政金融学院院长陈雨露和学生代表分别发了言。大家畅谈了21世纪对高等教育特别是哲学社会科学高等教育提出的新任务、新课题，认为在人才培养、学科建设、科学研究、社会服务等方面都应与时俱进，作出新的努力。著名清史专家戴逸还建议国家组织力量，加快大型清史的编写工作；曾宪义院长谈了近年来我国法学教育走向世界的情况。

在听取了师生们的发言后，江泽民作了重要讲话。他首先代表党中央、国务院，向中国人民大学的全体师生员工，向全国高等院校的师生员工和广大教育工作者致以诚挚的问候。他衷心祝愿中国人民大学在新世纪创造新的成就，为祖国、为人民、为社会主义现代化建设作出更大的贡献，成为以人文社会科学为主的世界知名的一流大学。

江泽民说，去年八月，他在北戴河与国防科技和社会科学专家座谈时强调了哲学社会科学的重要性，指出哲学社会科学与自然科学同样重要，培养高水平的哲学社会科学家与培养高水平的自然科学家同样重要，提高全民族的哲学社会科学素质与提高全民族的自然科学素质同样重要，任用好哲学社会科学人才并充分发挥他们的作用与任用好自然科学人才并充分发挥他们的作用同样重要。对这“四个同样重要”，大家都很认同，现在的关键在于落实。

江泽民说，哲学社会科学，主要是帮助人们解决世界观、人生观、价值观，解决理论认识和科学思维，解决对社会发展、社会管理规律的认识和运用的科学。掌握必备的哲学社会科学知识，对于人们正确认识纷繁复杂的社会现象，提高道德素养和精神境界是十分重要的，对于领导干部特别是高级干部学会讲政治、懂全局，驾驭复杂形势、研究战略策略、提高领导水平更是十分重要的。各级党委和政府要关心哲学社会科学的发展，积极创造支持科学探索、鼓励学术创新的社会环境和学术氛围。

江泽民在讲话中对我国广大哲学社会科学工作者提出五点希望：

希望大家增强创新意识，在推动理论创新、制度创新、科技创新方面不断取得新的成绩。与时俱进是马克思主义的理论品质，也是我国哲学社会科学保持蓬勃活力的重要保证。哲学社会科学工作者应适应变化着的时代条件，积极进行创造性的理论探索，努力为推动理论和实践的发展作出自己的贡献。

希望大家深入改革开放和现代化建设的实践，努力对全局性、战略性、前瞻性的重大课题作出科学的理论回答。尤其要注重对人民群众创造的新鲜经验进行科学总结和理论概括，不断深化对当代中国经济社会发展规律的认识，为党和政府的决策服务，为改革开放和现代化建设服务。

希望大家既立足中国又面向世界，努力继承和弘扬中华民族的优秀文化，积极学习借鉴各国人民创造的有益文化成果。中华文化博大精深，为人类文明进步作出了不朽的贡献，我们应结合时代精神加以继承和发展。同时，我们要拓展眼光，积极吸取人类文明的一切优秀成果。只有这样，我们才能更好地建设有中国特色社会主义文化。

希望大家坚持严谨治学、实事求是、民主求实的学风。要甘于寂寞，淡泊名利，力戒浮躁，潜心钻研；要认真读书，多思慎思，关注现实世界，注重学术积累；要厚积薄发，出精品，出上品；要加强团结，和谐合作，在学术研究中相互切磋，共同进步。要不断研究和提高教学质量，特别要加强基础课程和重要学科的建设。古人说："经师易遇，人师难遭。"大学的老师要做传授知识的"经师"，更要做善于育人的"人师"，以自己良好的思想和道德风范去影响和培养学生。

希望大家坚持用马克思主义的立场、观点和方法来指导哲学社会科学的发展。是否体现了中国先进生产力的发展要求、中国先进文化的前进方向和中国最广大人民的根本利益，是衡量我国哲学社会科学性质、方向和水平的根本尺度。广大哲学社会科学工作者要不断增强贯彻"三个代表"要求的自觉性和坚定性。

江泽民最后说，我们正处在社会主义改革开放和现代化建设的伟大时代。在这样一个时代，哲学社会科学是大有作为的。全国哲学社会科学战线的广大同志们，要肩负起历史重任，勤奋工作，与时俱进，为我国哲学社会科学的发展和繁荣，为中华民族的伟大复兴谱写新的篇章。

座谈会结束后，江泽民又兴致勃勃地来到学生食堂，同正在就餐的学生们愉快交谈，询问了他们的生活情况和学校的伙食状况。欢声笑语交织在一起。

随同江泽民考察的还有中共中央办公厅主任王刚、中共中央政策研究室主任滕文生、教育部部长陈至立等。

（原载《人民日报》，2002/04/29，第1版）

在与中国人民大学师生座谈时的讲话

中共中央总书记、国家主席　江泽民
(2002年4月28日)

老师们，同学们，同志们：

在这春花竞艳、芳草凝绿的季节，我和岚清同志有机会来到中国人民大学，与师生们座谈，心情十分愉快。首先，我代表党中央、国务院，向中国人民大学的全体师生员工，向全国高等院校的师生员工和广大从事教育工作的同志们，致以诚挚的问候！

中国人民大学是我们党创办的第一所新型大学，前身是诞生于抗日战争烽火中的陕北公学，有着光荣的传统和优良的校风。从创办至今，中国人民大学一直受到党的高度重视和热情关怀。毛泽东同志、邓小平同志等老一辈无产阶级革命家生前对中国人民大学寄予厚望。六十多年来，中国人民大学广大师生发扬"始终奋进在时代前列"的优良传统，勤俭办学，艰苦奋斗，积极探索，求真务实，使学校成为我国人文科学、社会科学、管理科学教育研究的重要基地，为马克思主义在中国的传播和普及，为我国哲学社会科学的发展与繁荣，为我国社会主义革命、建设和改革事业的发展作出了重要贡献。我衷心祝愿中国人民大学在新世纪创造新的成就，为祖国、为人民、为社会主义现代化建设作出更大的贡献，成为以人文社会科学为主的世界知名的一流大学。

对中华民族来说，二十一世纪是十分重要而关键的历史时期。本世纪中叶，也就是新中国成立一百周年时，我们要基本实现现代化，建成富强民主文明的社会主义国家，实现中华民族的伟大复兴。实现这一宏伟目标，我们必须坚定不移地实施科教兴国战略，把教育摆在优先发展的战略地位，不断提高全民族的思想道德素质和科学文化素质，不断为社会主义现代化建设提供大批高素质的优秀人才和强大的智力支持。

去年八月，我在北戴河与国防科技和社会科学专家座谈时强调了哲学社会科学的重要性，指出哲学社会科学与自然科学同样重要，培养高水平的哲学社会科学家与培养高水平的自然科学家同样重要，提高全民族的哲学社会科学素质与提高全民族的自然科学素质同样重要，任用好哲学社会科学人才并充分发挥他们的作用与任用好自然科学人才并充分发挥他们的作用同样重要。对这"四个同样重要"，大家都很认同，现在的关键在于落实。

哲学社会科学，主要是帮助人们解决世界观、人生观、价值观，解决理论认识和科学思维，解决对社会发展、社会管理规律的认识和运用的科学。掌握必备的哲学社会科学知识，对于人们正确认识纷繁复杂的社会现象，提高道德素养和精神境界是十分重要的，对于领导干部特别是高级干部学会讲政治、懂全局，驾驭复杂形势、研究战略策略、提高领导水平更是十分重要的。我们要始终高度重视哲学社会科学在治党治国和建设有中国特色社会主义事业中的巨大作用，高度重视哲学社会科学领域高等教育的改革和发展，高度重视改善哲学社会科学研究和人才培养的条件，高度重视哲学社会科学研究领域重大课题的攻关，高度重视为哲学社会科学发展作出杰出贡献的学者的成就和作用。各级党委和政府以及全社会应共同努力，大力促进我国哲学社会科学事业的发展繁荣。

希望大家增强创新意识，在推动理论创新、制度创新、科技创新方面不断取得新的成绩。与时俱进是马克思主义的理论品质，也是我国哲学社会科学保持蓬勃活力的重要保证。哲学社会科学研究应努力回答实践中面临的新问题，适应变化着的时代条件，做到“去就有序，变化有时”。当前，我国改革开放和现代化建设向我们提出了许多重大课题，急需进行创造性的理论探索。广大哲学社会科学工作者要勇于探索，勤于思考，努力为推进理论和实践的发展作出自己的贡献。各级党委和政府要关心哲学社会科学的发展，积极创造支持科学探索、鼓励学术创新的社会环境和学术氛围。

希望大家深入改革开放和现代化建设的实践，努力对全局性、战略性、前瞻性的重大课题作出科学的理论回答。尤其要注重对人民群众创造的新鲜经验进行科学总结和理论概括，不断深化对当代中国经济社会发展规律的认识，为党和政府的决策服务，为改革开放和现代化建设服务。

希望大家既立足中国又面向世界，努力继承和弘扬中华民族的优秀文化，积极学习借鉴各国人民创造的有益文化成果。中华文化博大精深，为人类文明进步作出了不朽的贡献，我们应结合时代精神加以继承和发展。同时，我们要拓展眼光，积极吸取人类文明的一切优秀成果。只有这样，我们才能更好地建设有中国特色社会主义文化。

希望大家坚持严谨治学、实事求是、民主求实的学风。要甘于寂寞，淡泊名利，力戒浮躁，潜心钻研；要认真读书，多思慎思，关注现实世界，注重学术积累；要厚积薄发，出精品，出上品；要加强团结、和谐合作，在学术研究当中相互切磋，共同进步。要不断研究和提高教学质量，特别要加强基础课程和重点学科的建设。古人说：“经师易遇，人师难遭。”大学的老师要做传授知识的“经师”，更要做善于育人的“人师”，以自己良好的思想和道德风范去影响和培养学生。

希望大家坚持用马克思主义的立场、观点和方法来指导哲学社会科学的发展。没有正确的理论指导，没有科学的世界观和方法论，哲学社会科学就没有正确的政治方向，就难以健康发展。是否体现了中国先进生产力的发展要求、中国先进文化的前进方向和中国最广大人民的根本利益，是衡量我国哲学社会科学性质、方向和水平的根本尺度。广大哲学社会科学工作者要不断增强贯彻“三个代表”要求的自觉性和坚定性。

为建设有中国特色社会主义事业培养高素质的优秀人才，是我国大学的根本任务。六十五年前，毛泽东同志曾要求陕北公学为中国革命任务的顺利解决而造就一大批革命的先锋分子。今天，我们面临的形势和任务发生了很大变化，但我国大学为党和国家培养人才的根本任务没有变。希望当代中国大学生面向世界、面向未来、面向现代化，刻苦学习、勤于钻研，努力成长为德才兼备、全面发展的高素质人才，既掌握现代科学文化知识、具备创新精神和实践能力，又不断提高自己的思想道德修养，完善自己的人格，成为理想远大、热爱祖国，脚踏实地、积极进取的有志青年，以更好地担负起中华民族伟大复兴的光荣使命。

我们正处在社会主义改革开放和现代化建设的伟大时代。在这样一个时代，哲学社会科学是大有作为的。全国哲学社会科学战线的广大同志们，要肩负起历史重任，勤奋工作，与时俱进，为我国哲学社会科学的发展和繁荣，为中华民族的伟大复兴谱写新的篇章。

(原载《中国人民大学学报》，2003 (3))

向总书记汇报

中国人民大学校长 纪宝成
(2002年4月28日)

尊敬的江总书记、尊敬的各位领导：

在这春光明媚、生机勃发的美好季节，江总书记亲临我校视察，我们十分兴奋、十分激动，感到无限荣光。在此，请允许我代表中国人民大学28 000多名师生员工向总书记致以最崇高的敬意和最热烈的欢迎！

中国人民大学是我们党亲手创办的第一所新型正规大学，她的历史是与党和政府同呼吸、共命运的历史。概括地说，以毛泽东同志为核心的党的第一代领导集体亲手缔造了中国人民大学，以邓小平同志为核心的党的第二代领导集体给了中国人民大学第二次生命，以江泽民同志为核心的党的第三代领导集体赋予了中国人民大学"与时俱进"的新品质、新灵魂，这在我国1 000多所普通高校中是独一无二的。

下面，我将学校的基本情况和我们的工作向总书记作个简要的汇报：

一、学校的基本情况

在党中央、国务院的亲切关怀下，在教育部和北京市的正确领导下，经过几代人的不懈努力，中国人民大学已经发展成为我国人文社会科学领域最具影响力的著名高等学府之一。

中国人民大学已经发展成为我国人文社会科学领域人才培养的重要基地和高层次建设人才成长的摇篮。现在，学校人文社会学科设置齐全，同时也设有若干理工学科，拥有一大批高水平的一流教授学者。学生素质也相当好，本科生平均录取分数文科全国第二，理工科全国第三。研究生报考人数位居全国高校前列。从去年开始，我校的研究生招生数量已经超过了本科生招生数量，研究生与本科生的在校生的比例已达到1∶1.3，是全国研究生比例最高的三所高校之一。1950年人民大学组建以来，正规学历毕业生12万多人，他们绝大部分是各条战线的工作骨干。

中国人民大学在我国人文社会科学高等教育领域长期发挥着先导和示范的作用，在新中国人文社会科学高等教育的许多学科领域作出了奠基性、开创性的贡献。我国现有的马克思主义理论学科，以及哲学、经济、管理、法律、新闻、党史、外交、政治等学科或专业，不少都是肇始于中国人民大学，然后由这里走向全国。

中国人民大学已经发展成为我国人文社会科学研究的一座学术重镇，并在一定程度上发挥了"智库"的作用。人民大学科研成果丰硕，在教育部以及北京市的人文社会科学评奖中，一直名列前茅。一大批学者担任各级政府和各类企业的顾问，例如人大法学院的学者几乎参与了建国以来我国所有重要法律的起草工作，这在全国高校中是绝无仅有的。

在衡量一个大学实力和水平最重要的几项指标中，人大都名列前茅。例如，人大在人文社会学科领域拥有的博士点、硕士点数量在全国高校前两名之列；人大拥有的国家重点学科总量全国第五，其中社会科学全国第一；人大拥有12个国家人文社会科学重点研究基地，名列全国第一；拥有6个文科基础学科人才培养和科学研究基地，名列全国第一；拥有14名本届国务院学位委员会学科评议组成员，在人文社科领域名列全国高校第一；在最近3年全国百篇优秀博士论文评选中，在人文社科领域人大也是全国第一。

中国人民大学是我国人文社会科学高等教育领域对外交流的重要桥梁。目前我校已经与30多个国家和地区的80多所大学建立了合作交流关系，对外交流重基础、重实效，成效卓著，主要表现在：(1) 引进、翻译出版了若干适应我国改革开放需要的重要教科书和学术专著。例如，近几年我校出版社组织翻译出版了“经济科学译丛”、“工商管理经典译丛”、“公共行政与公共管理经典译丛”等国际上最前沿、最具影响力的经典教材，很好地满足了当前改革开放和教学改革的需要。(2) 开展了一系列重要的交流合作项目。如教育部交由我校举办的1985—1995为期10年的中美经济学交流项目，即福特基金项目，在我国第一次最大规模、最系统地引进西方经济学理论和方法，对我国新时期经济学的改革与发展产生了深远的影响。(3) 主办或承办了一系列高水平且贴切时务的国际学术会议。目前，我校平均每周有一次国际学术会议，国际知名学者、外国驻华使节或外国政要经常来我校讲演。

二、我们的奋斗目标和当前的工作思路

响应江总书记建设若干所世界一流大学的号召，我校提出了建设以人文社会科学为主的世界一流大学的奋斗目标，得到了中央领导同志和教育部领导同志的肯定和支持。在新世纪的第一年，我校正式启动了“实践‘三个代表’思想，创建世界一流大学”的历史进程。一方面，我们感到，作为一个拥有13亿人口的大国，建成一所以人文社会科学见长、特色鲜明的世界一流大学是十分必要的，这既是人文社会科学高等教育发展的需要，也是我国改革开放和现代化建设实践的呼唤；另一方面，从人民大学的历史、优势、实力来看，也具备建成这样一所世界一流大学的条件和能力。

总书记去年在北戴河的重要讲话，是对哲学社会科学重要地位、重要作用的新判断、新概括、新总结，对哲学社会科学战线提出了新期望、新任务、新要求。我们深受教育、深受鼓舞。我们感到，将我校建设成为一所以人文社会科学为主的世界一流大学，是贯彻总书记关于哲学社会科学与自然科学“四个同样重要”思想的重大举措，对于纠正社会上一定程度存在的“重理轻文”倾向，繁荣哲学社会科学，全面贯彻“科教兴国”的战略方针具有重要意义。

要建设世界一流大学，我们感到要更多地看清我校存在的差距和问题。概括起来就是“一个不足，三个不够，四个跟不上”，即：投入严重不足；思想解放不够，勇于创新不够，发展活力不够；思想和观念、体制和机制、学科和组织结构、队伍建设尤其是师资队伍建设这四个方面跟不上改革开放和时代发展的要求。

根据这些情况，我们新一届领导班子认为第一要务是进一步解放思想、更新观念，要以与时俱进的马克思主义也就是邓小平建设有中国特色社会主义的伟大理论和江总书记“三个代表”的光辉思想来指导我们的教学、科研和各项工作。与此同时，我们脚踏实地地确立了“1231”的工作思路，“1”就是高举“发展才是硬道理”的旗帜，增强机遇意识，加快学校发展；“2”就是切实抓好学科的规划与建设、校园的规划与建设；“3”就是抓改革，抓调整，抓管理，在改革中发展，在调整中前进，在管理中提高；最后一个“1”就是千方百计加大投入。按照这样一个工作思路，经过一年多的艰苦努力，学校的凝聚力在大大增强，学校的面貌发生了显著而深刻的变化。

要建设以人文社会科学为主的世界一流大学、繁荣人文社会科学，从根本上讲，就是要坚持“解放思想，实事求是，与时俱进”的思想路线，坚持学习、宣传、实践“三个代表”的重要思想。在实际工作中，一方面，我们要以“三个代表”思想为指导，努力研究回答实践中提出的重大理论和实际问题，不断推出有深度、有分析、有说服力的理论成果，为党和政府决策服务，为两个文明建设服务，为繁荣新时期的人文社会科学做贡献。中国人民大学只有拿出无愧于时代的符合“三个代表”重要思想的理论、文化成果，才是与时代俱进、真正一流的高等学府。另一方面，我们要以“三个代表”重要思想为指导，全面贯彻党的教育方针，按照小平同志“三个面向”的要求，按照总书记在清华大学建校90周年庆祝大会上对青年学生提出的五点希望和对我校两次题词的要求，本着“一切为了学生”的办学理念，努力把学生培养成为国民表率、社会栋梁。中国人民大学只有培养出一批又一批具有远大理想、高尚情操、创新品质和实践能力的“优秀建设者”，才是与时俱进、真正一流的高等学府。为此，我们要努力工作，要努力改善教学、科研条件，包括在昌平区拓展办学空间；要着力加强学科建设和师资队伍建设，争取涌现出一批学贯中西、博古通今的新一代学术骨干乃至学术大

师；要以改革的精神，进一步探索先进的学校管理体制和运行机制。所有这些，要靠我们全体师生员工自身的努力，也希望得到各级领导和社会各界的关心、支持和帮助。最近两三年，教育部、财政部、国家计委加大了对我校的经费投入，“十五”期间的投入力度将会更大，这对我校实现“十五”期间的奋斗目标，包括新建20万平方米用房的西北区建设工程，将会起到重要作用。

尊敬的江总书记，您曾于1992年、1997年两次为人大题词，要求人民大学“高举邓小平理论伟大旗帜，培养跨世纪优秀建设人才”。今天，您又亲临我校视察，这是巨大的鼓舞、巨大的力量，必将激励我校师生全力以赴，为将中国人民大学建设成为以人文社会科学为主的世界一流大学而努力奋斗！为我国的社会主义现代化建设事业和中华民族的伟大复兴而努力奋斗。

最后，再一次代表我校广大师生员工向总书记和各位领导致以最崇高的敬意！

在江泽民同志与中国人民大学师生座谈会上的发言

中国人民大学清史研究所教授　戴　逸
(2002年4月28日)

尊敬的江总书记：

您好！

参加今天的座谈会，我感到很荣幸，借此机会，向江总书记汇报我校清史研究和清史编纂的一些情况。

中国人民大学清史研究所是1965年在周恩来总理的直接提议下创立的，其主要任务是编纂清史。长期以来，清史研究所的同志们时刻牢记党和国家领导人关于清史研究的指示，发扬甘坐“冷板凳”的精神，以编纂清史为己任，潜心研究学术，扎实做好学问，先后编写了两卷本的《简明清史》、20卷《清代人物传稿》、22卷《清通鉴》、19卷《清史编年》、9卷《十八世纪的中国与世界》等275种清史著作，发表了1 932篇清史论文，研究成果共18 000万字。

作为新中国清史研究的学术基地，清史研究所依托学科优势，共培养了97名博士生和89名硕士生。目前，中国人民大学拥有人数最多的清史研究人才，具有雄厚的清史研究力量，形成了老中青相结合、在国内外均享有较高声誉的学术梯队。

我国有“易代修史”和“盛世修史”的传统，每个朝代都要编修前朝的历史，总结前朝的经验，作为治国理政的借鉴。因此，我国历朝历代编修了许多高水平的历史著作，这在世界各国历史上是独一无二的。

清朝正值我国从传统的封建社会走向近代工业社会，其前期在发展经济文化、巩固国家统一、增强民族团结方面有重大功绩；晚期，由于帝国主义入侵，政治腐败，内外矛盾加剧，导致国弱民穷，有许多经验教训可资借鉴。清朝灭亡后，袁世凯曾下令修清史，历时14年修成《清史稿》536卷。但由于修史者大多是清朝遗老，眷恋清朝，反对民国，致使书中充斥着对革命党人的诬蔑等不实内容，政治上存在严重错误，不是一部理想的著作，故新修一部大型清史已成为学术界的夙愿和全社会的共识。

建国初期，董必武向中央建议编纂一部大型清史，得到了毛主席的赞同。在毛主席的亲自过问下，周总理曾两次安排清史的编纂工作，一次是在50年代末委托吴晗同志考虑一个编纂清史的规则，后因三年困难未能实施。再一次是在1965年秋，指示周扬同志召开中宣部的部长会议，组成了以时任中国人民大学副校长、著名明清史专家郭影秋为主任委员的七人清史编纂委员会，并在人民大学建立清史研究所，负责编纂清史，但是又因“文化大革命”而中断。“文化大革命”以后，编纂清史的工作又提了出来，邓小平同志曾批转一封建议编纂清史的群众来信。编纂一部大型的高质量的清史是几代党和国家领导人的共同心愿。江总书记也多次强调学习历史的重要意义，总书记说过“一个民族如果忘记了自己的历史，就不可能深刻地了解现在和正确地走向未来。”最近，李岚清副总理也对编纂清史作出了重要的指示。

2001年两会期间，有人大代表、政协委员提了建议编纂清史的提案，中国人民大学曾多次邀请著名专家进行座谈，讨论修史，并向中央提出了建议，得到了中央和国务院领导的高度重视，目前有关部门正积极地进行准备工作。

今天，我国在以江总书记为核心的党中央的领导下，已昂首进入21世纪，整个国家正全面建设小康社会并逐步走向富裕，社会秩序稳定，国家财力也日益充裕，是可以修史的盛世。而且，经过几代人的努力，修史队伍也已形成，清宫贮存的大量档案已整理，条件已经成熟，编纂清史是其时矣！

毫无疑问，我们编纂清史，必须坚持马克思主义的基本观点，在尊重历史真实和反映时代精神相统一、继承优秀传统和发扬创新精神相统一的基础上，努力写出一部观点正确、材料丰富、分析深入的高水平著作，作为21世纪中国的标志性文化工程。

编纂清史是一项艰巨而光荣的任务，我们将以“三个代表”重要思想为指导，以编纂一部高质量的清史为目标，严格遵循学术规范，努力提高清史研究水平，加强与全国清史专家的团结合作，为清史编纂工作的早日完成作出贡献。

在江泽民同志与中国人民大学师生座谈会上的发言

中国人民大学法学院院长　曾宪义
(2002年4月28日)

尊敬的江总书记：

请允许我就人大法学院和中国法学教育走向世界的情况向总书记作一个简要汇报。

人大法学院建立于1950年，是我们党亲手创办的新中国第一所正规的高等法学教育机构。人大法学院在创办初期就曾帮助过北大法律系、复旦法律系、北京政法学院等一批政法院校的恢复和建立，培养和支持了师资，并提供了新的教材、教学方案和教学方法，被称作“新中国法学家的摇篮”、“中国法学教育的工作母机”。

经过50多年的努力，人大法学院建成了培养法律人才的完整体系，成为在全国法律院校中拥有博士学位点、重点研究基地、重点学科和博士后流动站最早、最多的一个单位，也是教育部高等学校法学学科教学指导委员会主任和全国法学教育研究会会长暨秘书处所在单位，成为全国法学教育领域的教学、研究和国际学术交流中心。1998年获得“全国五一劳动奖状”，是全国高校惟一获此殊荣的单位。人大法学院有一批在国内外享有盛誉的资深教授，如被誉为新中国民法之父的佟柔教授，50年代就参加过最初讨论民法起草的工作，80年代参加《中华人民共和国民法通则》的起草；公认的新中国刑法学旗手高铭暄教授，从50年代以来，参加了新中国刑法制定、修改的全过程；著名宪法学家许崇德教授，参加了1954年宪法的起草工作和每部宪法修正案的起草，以及香港基本法和澳门基本法的起草工作，接受了改革开放以来四届委员长的任命书。同时，也有一大批在全国各学科有重要影响的中青年学者。在全国评选出的首届十名杰出青年法学家中，北京地区高校占了3名，全部是人大法学院的年轻教授。

从1950年到现在，人大法学院培养了1万多名正规毕业生和30多万进修生和函授生。一大批毕业生成为国家政法机关的领导骨干和著名法学家。据粗略统计，在毕业生中，担任省部级及以上领导干部的有20人，现职的大学正校长4人，教授300多人，司局级干部500人以上，中国首席大法官肖扬同志和一级大法官祝铭山同志都是人大法学院的毕业生。此外，自1988年起还和最高人民法院合作，每年举办高级法官培训班，培训了近千名院长、庭长。全国每一个高级法院、中级法院和最高人民法院暨各审判庭都有人大法学院的毕业生。

人大法学院教师参加了建国后国家几乎所有重要法律、法典的起草工作，并经常接受全国人大和司法部门的委托，就法律问题提供咨询。有8位教师为中央领导和全国人大“法制讲座”讲课。1992年起，人大法学院同最高人民法院联合编纂《中国审判案例要览》，每年用中文简体字、繁体字和英文三种版本向世界各国发行，已达3 000多万字，是中国惟一正式编纂公布的判例书。

多年来，我们就有一个夙愿，就是要让中国的法学教育走向世界，让世界的法学教育走向中国。1997年，江总书记成功访美，与克林顿总统发表了联合声明，其中就包括法律方面的交流与合作，这为我们创造了拓展国际法学交流的良好机遇。作为落实两国元首联合声明的重要措施，同年12月，我应邀访问美国国务院，同美国总统特别代表葛维堡会谈，联合倡议并于1998年6月在人民大学举行了“首届中美著名法学院院长联席会议”和学术研讨会，克林顿总统还写来了贺信。接着我们又相继举行了“中国—欧洲著名大学法学院院长联席会议”和“21世纪亚洲法学教育改革与发展论坛”。特别是2000年12月在人民大会堂举行的“21世纪世界百所著名大学法学院院长论坛暨中国人民大学法学院成立50周年庆祝大会”影响巨大，可以说是国际法学界的空前盛会，世界五大洲132所著名大学法学院，如美国的哈佛、耶鲁、斯坦福、哥伦比亚大学，英国的剑桥、牛津大学，日本的早稻田、京都、东京大学等名校法学院代表全部到会。上述国际学术盛会不仅被视为中国法学教育走向世界的重要里程碑，更重要的是让世界了解了改革开放后的中国在依法治国、法制建设和现代化法学教育方面所取得的巨大成就。

现在，我们学院已经形成了同世界五大洲名校法学院全方位交流合作的格局。外国和我国港澳台地区来我们这里学习和研究中国法律、法学，开始成为潮流。近十年的统计，来人大法学院读书学习的外国留学生不下300人，港澳台学生近600人。根据我国同美国的协议，自1998年，每年都有美国、欧洲和大洋洲国家的几十名法学博士研究生来人大参加“中国法暑期讲习班”学习，由我们的教师用英语讲课，并有实地考察。自1995年起，根据教育部的指示，我院与香港联合招收、培养同时攻读两地法律的硕士研究生，培养了一批爱国爱港的法律人才。

总书记一直十分关心和重视法律建设，提出了建设社会主义法治国家的治国方略，对法学教育提出了更高的要求，也为法学教育创造了更好的机遇。我们法学院师生将在“三个代表”重要思想的指导下，解放思想，与时俱进，以继续强化学科建设和教师队伍建设为根本，实现将人大法学院建设成世界一流法学院的目标。

在江泽民同志与中国人民大学师生座谈会上的发言

中国人民大学财政金融学院院长　陈雨露
(2002年4月28日)

尊敬的江总书记：

作为青年教师的代表参加座谈会并向您汇报工作，我感到十分高兴。

中国人民大学财政金融学院建立于1950年，是我校最早成立的八大院系之一。目前，财政金融学院拥有财政学、金融学两个全国重点学科和该领域惟一的重点科研基地——中国财政金融政策研究中心，已成为我国财政、金融高等教育领域的领头雁，为我国的财政金融学科建设、人才培养、科学研究作出了重要贡献。1956年我校教师编写了新中国第一部金融学教材《货币信用学》和第一部财政学教材《财政学讲义》，1980年编写了被誉为我国财政金融理论建设里程碑的著作《社会主义财政金融问题》，1993年编写了金融学领域惟一获得国家级优秀教学成果奖的核心课程教材《货币银行学》。

邓小平同志曾指出金融是现代经济的核心，总书记在第二次全国金融工作会议上再次重申了这一重要论述。进入21世纪，经济和金融全球化的迅猛发展给我们提出了许多重大的理论和现实课题。近年来，中国人民大学财政金融学院积极面向实践，深入研究财政金融领域的重大课题，如经济全球化条件下的金融安全问题，加入WTO后我国国有商业银行国际竞争力问题，人民币成为亚洲区域货币问题，我国金融业风险管理体系构建问题，现代金融工程理论与方法问题等等，取得了一批高水平、有理论和实践价值的科研成果。

入世后，我国金融业将与外国金融机构在国民待遇原则下进行平等竞争，国际通用型金融人才的培养成为当务之急。为此，我们启动了全国高校第一个“高级金融教学实验项目”，采用与国外接轨的课程体系，采取全英文授课、本硕博连读的培养模式，目标是培养既熟知国际金融运作规则，又充分了解中国国情的高层次专业人才。海外华人学者中最杰出的9位金融学教授都将来我校为该项目授课。

2001年，经教育部批准，财政金融学院设置了金融工程和信用管理两个新专业，这两个专业是社会科学和自然科学两大学科群交融的产物，要求有很强的金融经济学、数学、统计学、工程学、心理学等方面的知识，以适应入世后中国金融业金融创新和风险管理对复合型人才的需要。目前，我们邀请了清华大学、北京大学、美国麻省理工学院、伦敦经济学院的学者共同进行课程开发。

中国人民大学金融与证券研究所汇集了一批一流的科研人员和专家，积极探索金融领域“产、学、研”相结合的新模式，为中国证监会，上海、深圳证券交易所等部门提供了多份重大政策咨询报告，为证券机构和上市公司培训了上千名证券从业人员，为金融机构引进和开发了多项金融新产品。

为了加强与国际金融学界的交流，我院设立了由新中国金融学科奠基人之一的黄达教授和1999年诺贝尔经济学奖获得者、“欧元之父”蒙代尔教授共同冠名的“黄达-蒙代尔经济学讲座”，该讲座将组织全球26位世界著名的经济学家和金融学家来我校讲学，我们希望把“黄达-蒙代尔经济学讲座”办成具有重大国际影响的金融学术交流平台。

金融在21世纪的经济活动中将发挥越来越重要的作用，时代对我们提出了新的任务和要求，我们将在“三个代表”思想指引下，与时俱进，大胆创新，为构建中国现代金融学科体系，培养现代金融人才作出新的更大的贡献。

在江泽民同志与中国人民大学师生座谈会上的发言

中国人民大学经济学院2001级博士生　李　红
(2002年4月28日)

尊敬的江总书记：

您好！

今天有机会作为全校5 000多名研究生的代表参加这个座谈会，感到非常荣幸。

进入新世纪，随着我国经济持续稳步的发展和社会的全面进步，有中国特色社会主义现代化事业对学科发展和人才培养提出了新的更高的要求，人文社会科学正受到越来越多的重视和支持。在这种情况下，以人文社会科学著称的我校更加重视研究生特别是博士研究生的培养工作，把培养掌握国内外学科前沿理论并在相关领域有所创新的高级人才作为其努力目标。作为新世纪第一届博士生，在朝着这个目标奋进的过程中，我们深刻地体会到，关键是要在两个方面下功夫：

一方面要依托中国人民大学马克思主义理论研究的传统优势和雄厚的师资力量，打好马克思主义理论基础。您的“七一”讲话发表后，在同学中引起了热烈反响，特别是您提出的马克思主义具有与时俱进的理论品质的重要论断，对我们学习、研究具有重要指导意义。创新是一个民族的灵魂，思想解放、理论创新更是引导社会前进的强大力量。我们也在尝试以各种方式进行学习上的创新。例如，我校马克思主义学院的“博士生论坛”，就是选定社会普遍关注的重大理论问题如“三个代表”重要思想、“四个如何认识”等进行深入研讨，为使我们成为与时俱进的马克思主义者创造了良好条件。

另一方面要借鉴人类一切优秀文明成果，拓宽学术研究视野。我们在继承和弘扬中华民族五千年优秀文明成果的同时，还要学习和汲取其他国家和民族的优秀成果。比如，西方的市场经济已经走过了数百年的历程，积累了一些反映市场经济运行规律的理论和实践经验，我们理应借鉴。同时要注意这些理论是特定时期特定历史条件下的产物，必须经过改造后才能为我所用。

作为青年学生，我们迫切需要参与到我国改革开放和现代化建设的伟大实践中去。目前，我们既要在人民大学优良校风的熏陶下，树立远大的报国理想，养成优良的学术品质，奠定深厚的专业基础，又要在理论与实践相结合原则的指导下，深入到改革开放的前沿阵地，深入到社会基层单位，向人民学习、向社会学习。人民大学非常注重博士生实践能力的培养，经常组织博士生走进广大农村、企业、部队等单位，参与各种社会实践活动，如开展“百名博士下乡行”；“高举光辉旗帜，实践‘三个代表’”等活动，使我们及时了解国情，受了教育，长了才干。

尊敬的江总书记，您的到来使我们更加感受到党中央和我们青年学生的心是紧紧连在一起的，也必将在我校和全国高校广大青年学生中产生热烈反响。我们一定按照您在北京大学百年校庆和清华大学90周年校庆大会上的讲话要求，加强学习，多出成果，争做国民表率，敢为社会栋梁，不辜负您的期望，不辜负党的期望，不辜负人民的期望，为改革开放和现代化建设贡献我们的青春和力量！

谢谢！

在江泽民同志与中国人民大学师生座谈会上的发言

中国人民大学中文系98级本科生　王　颖

(2002年4月28日)

敬爱的江总书记：

今天，我为自己有幸作为人大的学生代表出席这次意义非凡的座谈会而感到无比光荣。

伴随着21世纪的钟声，伟大祖国昂首迈进机遇与挑战并存的崭新纪元，母校人大也正朝着以人文社会科学为主的世界一流大学的宏伟目标阔步前进。作为青年学生，我们是幸运的一代，因为我们将亲眼目睹并将亲身奉献于中华民族的伟大复兴；作为人大学子，我们是重要的一代，因为我们在人民大学的历史征程上承前启后，继往开来。江总书记在清华大学90周年校庆大会上向全国青年学生提出了五点希望，希望我们成为理想远大、热爱祖国，追求真理，勇于创新，德才兼备、全面发展，视野开阔、胸怀宽广，知行统一、脚踏实地的优秀人才，这是党和人民对我们提出的殷切期望，更是每个有志青年的努力目标。

要成为素质全面的优秀人才，首先应具有过硬的思想政治素质，高举邓小平理论的伟大旗帜，深入学习和实践“三个代表”的重要思想。近半年来，人大学子积极地参与到学校“三个代表”重要思想理论宣讲团中，既扎根校园又深入厂矿、企业、农村和社区进行了广泛深入的理论宣讲，并且热情地推动“邓小平理论研讨会”等一大批学生理论社团获得了蓬勃发展。今后我们还要继续发扬人大学生爱国爱党、关心时政的光荣传统，在科学的世界观、人生观指导下与民族共进，与祖国同行。

要成为素质全面的优秀人才，还应具备扎实的科学文化知识，深入钻研专业课题，广泛涉猎各学科领域。人民大学以其每年300多场的学术讲座和诸多具有品牌效应的学术竞赛为大学生提高学术素养提供了广阔空间。我们应倍加珍惜这来之不易的学习机会，不断开阔理论视野、完善知识结构、提高科研能力、培养创新精神以迎接知识经济的到来。

要成为素质全面的优秀人才，还要投身于火热的志愿服务和社会实践，在实践中积累和应用知识，在服务中寻找和体现价值。6年来，人大青年志愿者们的身影活跃在社区挂职、文化助残、爱心扶贫、青春教育等各种志愿服务活动中，实践着人大人“以奉献扬青春，与社会同进步”的无悔诺言。

波澜壮阔的改革开放和社会主义现代化建设为全国各族青年提供了展示才华、实现志向的广大舞台；建设世界一流大学的宏伟目标向人大学子吹响了开拓进取、勇于担纲的嘹亮号角。我们将以开放的思维、前沿的理念、创新的意识和实事求是的精神投身谋求国家富强、人民幸福的伟业，在学校发展建设的征程上发挥聪明才智、献计献策，把实现个人价值与服务民族振兴、社会进步、学校发展紧密联系在一起，争作“国民表率、社会栋梁”，让祖国骄傲，让中国人民大学自豪！

■ 中国人民大学建校65周年庆祝大会暨第四届吴玉章奖颁奖仪式隆重举行，中共中央政治局常委、全国人大常委会委员长李鹏出席庆祝大会并发表重要讲话

11月1日下午2点，来自祖国四面八方和海外的校友及在校师生代表喜气洋洋地来到世纪馆，欢庆母校65周年华诞。

世纪馆会场中央矗立的“中国人民大学建校65周年庆祝大会暨吴玉章奖颁奖仪式”紫色标牌和看台上方“始终奋进在时代前列，培养优秀建设人才”，“实践‘三个代表’思想，繁荣哲学社会科学”，“为把我校建设成为以人文社会科学为主的世界知名的一流大学而努力奋斗”等红色横幅格外夺目。主席台前五彩缤纷的鲜花更为会场增添了浓浓的节日气氛。

下午三点，在热烈的掌声中，中共中央政治局常委、全国人大常委会委员长李鹏来到会场，出席庆祝大会，他向我校全体师生员工和广大海内外校友表示热烈祝贺，向获得吴玉章奖的各位专家学者表示祝贺和敬意。中共中央政治局原常委、吴玉章基金会名誉主任宋平，中共中央政治局委员、中国社会科学院院长李铁映，全国人大常委会副委员长许嘉璐，最高人民法院院长肖扬，教育部部长陈至立等中央领导出席了大会。国务委员兼国务院秘书长王忠禹对中国人民大学建校65周年表示祝贺。

李鹏委员长发表了热情洋溢的讲话。他指出，中国人民大学是我们党和中央人民政府创立的第一所新型大学。65年来，中国人民大学为中国革命和建设事业作出了重要贡献，培养了大批优秀人才。中国人民大学是一所有着优良革命传统的学校，这个传统可以概括为坚定正确的政治方向、理论联系实际的学风和为人民服务的人生观、价值观，希望这种优良传统在新的时代得到继承和发扬。

李鹏委员长强调，人文社会科学与自然科学是“车之两轮”、“鸟之双翼”。科学技术是第一生产力，人文科学、社会科学和管理科学也同样可以转化为生产力，在以经济建设为中心的今天，这一点非常重要。他说，在一定意义上说，管理就是改革，就是要调整和处理好生产力和生产关系之间的关系，这就要求实现管理的科学化。他要求中国人民大学发挥自身优势，在人文科学、社会科学和管理科学研究与人才培养方面作出新的努力和探索。

李鹏委员长说，中国人民大学建校以来为国家培养了17万名优秀的各类专门人才，希望今后继续为建设中国特色社会主义事业培养更多优秀人才，为中华民族的伟大复兴，为建设一个富强、民主、文明的社会主义现代化国家作出更大的贡献。

在热烈的掌声中，李鹏和出席会议的领导同志为吴玉章奖和吴玉章优秀科研奖、优秀教学奖获奖者颁奖。吴玉章奖是面向全国为奖励人文社会科学领域的优秀成果而设立的。今年是第四届，共有31项优秀成果获奖。李鹏同志曾担任第一届吴玉章基金委员会主任，现任第四届吴玉章基金委员会名誉主任。

教育部部长陈至立在大会上致辞，她代表教育部祝贺中国人民大学建校65周年。她说，今年4月28日，江泽民总书记亲临中国人民大学考察并发表重要讲话，要求把中国人民大学建设成为“以

人文社会科学为主的世界知名的一流大学”，这是对我国高等教育发展提出的一项战略性要求，也是对中国人民大学全体师生寄予的殷切期望。21 世纪是中华民族实现伟大复兴的时代，需要与时俱进的哲学社会科学。中国人民大学作为我国人文科学、社会科学、管理科学教育和研究的重要基地，在繁荣和发展哲学社会科学方面大有作为，中国人民大学全体师生要继续贯彻落实江泽民总书记的重要讲话精神，加快创建以人文社会科学为主的世界知名的一流大学的进程。她表示，教育部将高度重视中国人民大学的建设和发展，加快与北京市共建中国人民大学的步伐。

北京市委副书记强卫宣读了中共北京市委书记、市长刘淇的贺信。

庆祝大会由我校党委书记程天权主持。

纪校长在庆祝大会上讲话，他首先代表中国人民大学向出席庆祝大会的各位领导、各位来宾、各位朋友、各位校友表示热烈的欢迎和衷心的感谢，向荣获第四届吴玉章奖的专家学者们表示热烈的祝贺。

纪宝成校长介绍了我校 65 年建设和发展的历程。他谈到，中国人民大学的前身是 1937 年 8 月在延安成立的陕北公学，后来与鲁迅艺术学院、延安工人学校等合并组建为华北联合大学，1948 年又与北方大学合并组建为华北大学。1949 年 12 月，中央人民政府政务院根据中共中央政治局的建议作出了成立中国人民大学的决定，杰出的无产阶级革命家、教育家吴玉章为首任校长。1954 年，中国人民大学被确定为全国首批 6 所重点大学之一，1996 年又首批进入“211 工程”重点大学之列。学校现设 18 个学院、29 个系、12 个人文社会科学重点研究基地、6 个文科基础学科人才培养和科学研究基地、56 个学士学位专业、91 个硕士点、64 个博士点、8 个博士后流动站、25 个重点学科。现有全日制在校生 16 000 多人，其中本科生 8 000 多人，硕士、博士研究生 7 900 多人，形成了多层次办学格局和人才培养体系。目前，学校同 30 多个国家和地区的 100 多所大学建立了学术交流关系。近年来，中国人民大学积极推进教育教学改革，加快学科和基础设施建设与院系调整，进一步完善“主干的文科、适当的理科、必要的工科”的学科体系，校园的面貌发生了很大的变化。

纪校长说，在回顾中国人民大学 65 年奋斗历程的时候，我们深切怀念为中国人民大学的创建和发展作出不可磨灭的贡献的老一辈校领导，深切怀念为人民大学的人才培养和科学研究奠定坚实基础的老一辈著名教授、学者。在这里，我代表学校向历任校领导和已经离退休的教职工表示崇高的敬意，向正在各个岗位辛勤耕耘的全校广大师生员工和关心、支持学校建设发展的海内外校友表示由衷的感谢和亲切的问候！

纪校长指出，李鹏委员长在讲话中高度肯定了我校 65 年来取得的巨大成就，并从迎接 21 世纪挑战，实现中华民族伟大复兴的战略高度，阐述了教育特别是人文社会科学教育的特殊重要性，陈至立部长代表教育部致辞，强卫副书记宣读中共北京市委书记、市长刘淇同志的贺信，对我校提出了殷切希望。这是对我校广大师生员工的巨大鼓舞和鞭策。我们要认真学习贯彻落实李鹏委员长的讲话精神，以优秀的成绩来回报党和人民对我们的期望。

纪校长满怀希望地说，十六大的召开也必将为中国人民大学的发展注入新的动力，带来新的契机，我们坚信，在党中央、教育部和北京市的正确领导下，在社会各界的鼎力支持下，全校师生员工团结奋斗，我们就一定能够为建设中国特色社会主义事业作出更大的贡献，一定能够在中华民族的伟大复兴中跻身世界一流大学的行列。

北京大学党委书记闵维方作为国内大学代表在大会上发言。他说，中国人民大学不愧为我国人文社会科学高等教育领域的一面光辉的旗帜。人民大学的发展道路，不仅是高等教育改革中的成功探索，而且也为全国兄弟院校的改革与发展提供了内涵丰富的宝贵经验，值得我们认真学习和借鉴。他说，北大和人大都是在中国革命史上具有特殊地位的大学，都有着光荣的革命传统，在推动我国哲学社会科学的发展与繁荣，特别是马克思主义在中国的传播与普及的进程中，两校一直发挥着重要作用。我们两校还将继续以高度的历史使命感和社会责任感共同奋斗，进一步加强各个方面的交流与合作，互相支持，互相砥砺，共同为实施科教兴国战略，为我们祖国的伟大复兴和中华民族跻身于世界民族之林作出新的贡献！

吴玉章奖获奖者代表戴逸教授在大会上的发言追忆了吴老对中国革命作出的丰功伟绩，为兴学育才作出的巨大贡献。他说，吴老的一生是为革命而奋斗的一生，是诲人不倦的一生。在中国人民大学建校65周年之际，我们能获得以他的名字命名的全国性学术奖项是极其崇高、极其尊贵的荣耀。在江泽民同志“三个代表”重要思想的指引下，中国人民大学全体师生员工正为发展我国的哲学社会科学奋发前进。我们第四届吴玉章奖的获得者将和大家一起积极钻研，开拓创新，与时俱进，取得更好的成绩，不辜负获得吴玉章奖的殊荣。

奥地利维也纳大学常务副校长约翰·尤伦尼奇（Johann Jurenitsch）和校友代表陈锡添、教师代表陈雨露、学生代表侯健美分别发言。出席庆祝大会的还有国内外高等院校代表、海内外校友与学校师生员工代表。

（原载《中国人民大学校报》，2002/11/10，总第1121期）

在中国人民大学建校65周年庆祝大会暨第四届吴玉章奖颁奖仪式上的讲话

中共中央政治局常委、
全国人大常委会委员长　李　鹏
（2002年11月1日）

各位同志：

今天是中国人民大学65周年纪念日。65年来，中国人民大学及其前身，为中国的革命和中国的建设事业作出了杰出的贡献，培养了大批的优秀人才，刚才纪校长宣布的前排就座的名单，就充分地证明了这一点。因此我向人民大学65周年表示热烈的祝贺！

我讲三点。

第一点，中国人民大学是一所具有优良革命传统的学校，希望这种优良传统在新时代得到继承和发扬。这个优良传统可以概括为坚定的政治方向、理论联系实际的学风和为人民服务的人生观和价值观。

第二点，中国人民大学建校以来，为国家培养了将近17万名优秀的各类专门人才，我希望在今后的事业中，人民大学能够为培养建设有中国特色社会主义各方面的人才作出更大的贡献。

2002年是65周年校庆，那么推算一下，中国人民大学应该成立于1937年。她的前身是陕北公学和鲁迅艺术学院以及延安工人学校。后来这些学校分为两部分：一部分到了华北，组建成华北联大，后来又先后改为北方大学、华北大学，建国以后成为我们中国共产党和中央人民政府自己首创的第一所大学，即中国人民大学。另一部分就留在延安，后来逐渐演变成为延安大学。吴玉章同志是延安大学首任校长，也是我的校长，他出生于19世纪，1878年。他原来是一个民主主义革命者，参加过孙中山的同盟会，后来他的人生观、世界观有了改变，接受了马克思主义共产主义思想。1925年，他成为中国共产党党员，是我们党在延安时期的“五老”，五位最受尊敬的老人之一。新中国建立以后，他又担任了第一任人民大学校长。你们聘请我担任吴玉章基金会的第一届主任和第四届名誉主任，我感到十分荣幸，也是我义不容辞的。

第三点，人文、社会科学、管理科学在我们新的时代究竟发挥什么作用？两年前，我曾经在这里讲了一句话，就是自然科学与社会科学对于现代社会的发展而言，是“车之两轮”、“鸟之双翼”，这个观点得到了许多同志的赞同。我们都知道科学技术是第一生产力，那么，人文社会科学、管理科学是不是生产力呢？对于这个问题，我听说专家们还正在讨论，我认为在一定的意义上说也可以转化为生产力。因为按照马克思主义的观点，人文社会科学属于上层建筑，经济基础决定了上层建筑；但是反过来，上层建筑对于经济基础要起反作用。人文社会科学先进的思想观念，对于提高广大劳动者的素质，激发劳动者的积极性、创造性，对于发展和利用、推广先进的生产技术，都具有不可忽视的推动和导向作用；特别是管理科学，对于提高生产力，更有着直接的促进作用，甚至也可以说是直接转化成为现实生产力。这一点非常重要，因为我们现在是以经济建设为中心。其次，我们讲提倡科学管理，大学里也开设了管理科学的课程，从实质上说，管理就是改革，要使生产关系更加适应生产力发展的需要，改革就是发展的动力，改革就是要进一步提高生产力和生产效益。

中国共产党第十六次代表大会即将召开，在这次大会上，将确定我们今后十年甚至更长时间的奋斗目标，我们建设有中国特色社会主义的道路是不会变的，而且是长期的，我们还是一个发展中的国家，我们搞的社会主义仍然处于初级阶段，这是由当前的生产力和生产关系状况决定的，这一阶段还要经过相当长的时间。我希望人民大学继承和发扬优良的学风和传统，为了建设中国特色社会主义，为中华民族的伟大复兴，为把中国建成一个富强、民主、文明的现代化国家作出更大的贡献。

在中国人民大学建校65周年庆祝大会暨第四届吴玉章奖颁奖仪式上的讲话

教育部部长　陈至立
(2002年11月1日)

各位领导、老师们、同学们、朋友们：

在硕果满枝的丰收时节，中国人民大学隆重举行建校六十五周年庆祝大会暨吴玉章奖颁奖仪式，在此我代表教育部向中国人民大学全体师生员工和海内外校友表示热烈的祝贺和诚挚的问候！向荣获第四届吴玉章奖的专家学者致以热烈的祝贺和崇高的敬意！

中国人民大学是中国共产党亲手创办的第一所新型正规大学，65年来，中国人民大学与党和国家同呼吸，共命运，发扬“始终奋进在时代前列”的优良传统，勤俭办学，艰苦奋斗，积极探索，求真务实，经过几代师生励精图治，已发展成为一所以人文社会科学为主的全国著名的综合性重点大学，在我国高等教育体系中具有不可替代的特殊的重要地位和作用，被誉为我国人文社会科学领域里的一面旗帜，为马克思主义在中国的传播和普及，为我国哲学社会科学的发展和繁荣，为我国社会主义革命、建设和改革事业的发展作出了重要贡献。

中国人民大学建校以来培养了十几万的优秀人才，特别有大批的优秀人才走上了国家领导岗位，为中华人民共和国的革命事业和建设事业作出了重大贡献。今年4月28日，江泽民总书记亲临中国人民大学考察并发表重要讲话，要求把中国人民大学建设成为“以人文社会科学为主的世界知名的一流大学”，这是对我国高等教育发展提出的一项战略性要求，也是对中国人民大学全体师生寄予的殷切期望。21世纪是中华民族实现伟大复兴的时代，需要与时俱进的哲学社会科学。中国人民大学作为我国人文科学、社会科学、管理科学教育和研究的重要基地，在繁荣和发展哲学社会科学方面大有作为。我们相信，中国人民大学全体师生一定会以六十五周年校庆为契机，继续贯彻落实江总书记“4·28”讲话精神，与时俱进，开拓创新，加快创建以人文社会科学为主的世界知名的一流大学的进程。

希望中国人民大学按照江总书记“4·28”讲话的要求，引导大学生树立正确的世界观、人生观、价值观，学习和掌握先进的科学文化知识，更好地担负起中华民族伟大复兴的历史使命。

希望中国人民大学发扬创新精神，积极推动教育创新，在学科建设、教学改革、人才培养、对外交流、高校管理等方面探索新的路子，取得新的突破，创造新的成果，总结新的经验，成为我国教育创新的重要基地，在我国高等教育事业继续发挥先导和示范作用。

希望中国人民大学发挥科研优势，积极深入改革开放和现代化建设实践，研究全局性、战略性、前瞻性的重大问题，充分发挥人民大学“思想库”和“智囊团”的作用，研究重大的政治、经济、文化和社会问题，努力对这些问题作出科学回答，为我国经济建设和社会发展提供强有力的精神动力、理论指导和智力支持。

65年来，中国人民大学在认识世界、传承文明、创新理论、咨政育人、社会服务方面成绩卓著，是我国人文社会科学高等教育领域的排头兵。在新世纪里，教育部将本着“优先发展，重点支持”的原则，继续高度重视中国人民大学的建设和发展，加大对中国人民大学的投入，加快与北京市共建中国人民大学的步伐，在学科建设、科学研究、教学改革、人才培养、校园建设等方面给予必要的政策的倾斜和经费投入，为中国人民大学创建以人文社会科学为主的世界知名的一流大学创造更加有利的条件。

我们相信，在江泽民同志“三个代表”重要思想指引下，在总书记“4·28”讲话精神鼓舞下，中国人民大学全体师生员工一定会以65周年校庆为契机，朝着创建世界知名的一流大学的宏伟目标迈出坚实的步伐，为繁荣和发展我国人文社会科学，为推动我国社会主义现代化建设，为中华民族伟大复兴作出新的更大的贡献。

中共北京市委书记、北京市人民政府市长刘淇向中国人民大学建校65周年庆祝大会暨第四届吴玉章奖颁奖仪式发来的贺信

（中共北京市委副书记强卫宣读）

中国人民大学：

值此贵校建校65周年庆典暨吴玉章奖颁奖仪式之际，谨代表中共北京市委、北京市人民政府向全校师生员工、广大校友以及获得吴玉章奖的专家学者致以亲切的问候和热烈的祝贺！

中国人民大学是我党亲手创办的高等院校。65年来，在党的三代领导集体亲切关怀下，中国人民大学与党和国家同呼吸、共命运，发扬“始终奋进在时代前列”的优良传统，勤俭办学，艰苦奋斗，积极探索，求真务实，为党和国家培养了大批优秀人才，成为我国人文科学、社会科学、管理科学教育与研究的重要基地。特别是改革开放以来，中国人民大学全面贯彻党的教育方针，锐意进取，不断创新，在培养高层次人才、繁荣我国人文社会科学以及推进两个文明建设等方面作出了重要贡献。

我们相信，在新的世纪，中国人民大学一定能够在邓小平理论和“三个代表”重要思想的指引下，按照江泽民总书记4月28日视察学校时的重要指示精神，发扬传统，继往开来，与时俱进，开拓创新，积极推动学校的改革与发展，为国家和首都的现代化建设作出更大的贡献。同时，也希望中国人民大学继续发挥自身优势，为北京在全国率先基本实现现代化、为胜利实现“新北京、新奥运”的宏伟目标，提供更多、更有力的人才和智力支持。北京市也将进一步加大力度，积极推动与教育部共建中国人民大学的工作，全力支持中国人民大学建设成以人文社会科学为主的世界知名的一流大学。

衷心祝愿中国人民大学在新世纪再创辉煌！

中共北京市委书记、北京市人民政府市长　刘淇

2002年11月1日

在中国人民大学建校65周年庆祝大会暨第四届吴玉章奖颁奖仪式上的讲话

中国人民大学校长　纪宝成

（2002年11月1日）

尊敬的各位领导、各位来宾、各位校友，老师们、同学们：

在这秋高气爽的美好时节，在党的十六大即将召开的历史时刻，迎来了中国人民大学65年华诞。

今天，我们在这里欢聚一堂，隆重集会，庆祝中国人民大学建校65周年，举行吴玉章奖颁奖仪式。在此，我谨代表中国人民大学向出席庆祝大会的各位领导、各位来宾、各位朋友、各位校友表示热烈的欢迎和衷心的感谢！向荣获第四届吴玉章奖的专家学者们表示热烈的祝贺！

刚才李鹏委员长亲临大会，为吴玉章奖获奖者颁奖，并发表了重要讲话。李鹏委员长在讲话中高度肯定了我校65年来取得的巨大成就，并从迎接21世纪挑战，实现中华民族伟大复兴的战略高度，阐述了教育特别是人文社会科学教育的特殊重要性，再一次强调：要把中国人民大学建设成为以人文社会科学为主的世界一流大学。陈至立部长代表教育部致辞，强卫副书记宣读中共北京市委书记、市长刘淇同志的贺信，对我校提出了殷切希望。这是对我校广大师生员工的巨大鼓舞和鞭策。我们要认真学习贯彻落实李鹏委员长的讲话精神，以优秀的成绩来回报党和人民对我们的期望。

溯本求源，中国人民大学的根深扎在革命圣地延安。1937年8月，在抗日战争烽火燃烧在祖国大地之际，中共中央决定在延安成立陕北公学，并委任老一辈无产阶级革命家、教育家成仿吾担任校长。陕北公学时期，毛泽东、周恩来等许多老一代革命家、理论家、教育家都曾多次到陕北公学演讲。毛泽东同志的《论鲁迅》、《目前的时局和方针》等多篇光辉著作，都是根据他在陕北公学的演讲整理而成的。1939年7月，陕北公学转战华北并更名为华北联合大学。在华北联合大学刚刚成立的第三天，毛泽东同志就为广大师生作报告，这就是后来发表的《〈共产党人〉发刊词》这篇传世名作。1948年8月，华北联合大学与北方大学合并组建为华北大学。毛泽东主席题写了“华北大学”校名。

1949年12月16日，中华人民共和国成立仅两个半月，中央人民政府政务院根据中共中央政治局的建议作出了“关于成立中国人民大学的决定”，1950年10月3日，以华北大学为基础的中国人民大学正式组建并举行开学典礼。毛泽东主席亲自签署委任状，任命吴玉章同志为中国人民大学的首任校长。刘少奇、朱德等领导同志出席典礼并发表重要讲话。刘少奇同志指出：“中国人民大学是我们中国第一个办起来的新式大学，在中国历史上以前没有过的大学。”1953年，中央进一步明确了中国人民大学的历史任务和发展方向：为国家培养建设骨干；为改造旧的和建设新的高等教育树立一个新型正规大学的典型。1954年12月，高等教育部发文确定中国人民大学等6所大学为全国首批重点大学。在“文化大革命”前的16年间，中国人民大学为新中国高等教育事业的发展，为新中国哲学社会科学的发展，作出了杰出的开拓性的巨大贡献，为国家培养了大批优秀建设人才和马克思主义理论人才。“文化大革命”期间，中国人民大学惨遭破坏，被迫停办。

“文化大革命”结束不久，邓小平同志积极主张恢复人民大学，并多次指出“人民大学是要办的”，“主要培养财贸、经济管理干部和马列主义理论工作者”。1978年，国务院专门发文正式恢复中国人民大学。1980年，中国人民大学被列为国家重点建设的十所大学之首。1992年和1997年，江泽民总书记曾两次为中国人民大学题词，勉励中国人民大学要“坚持党的教育方针，培养优秀建设人才”；“高举邓小平理论伟大旗帜，培养跨世纪优秀建设人才”。1996年，中国人民大学首批进入“211工程”重点大学之列。尤其令人振奋的是，今年4月28日，江泽民总书记亲临我校考察，亲自主持师生座谈会，并且发表了极其重要的讲话。在讲话中，他明确了中国人民大学在新世纪新阶段的历史定位和作用，指明了中国人民大学在新形势下的发展方向。现在的中国人民大学已发展成为一所以人文科学、社会科学、管理科学为主，兼有信息科学、环境科学等理工科的著名的综合性重点大学，成为我国人文社会科学教育与研究的重要基地，被誉为“我国人文社会科学高等教育领域的一面旗帜”。

忆65年沧桑，我们可以清楚地看到：中国人民大学与党和人民血肉相连。党的第一代领导集体亲手缔造了中国人民大学，党的第二代领导集体给了中国人民大学第二次生命，党的第三代领导集体赋予了中国人民大学与时俱进的新品质、新灵魂。中国人民大学的存在与发展，始终是党和国家重大战略的组成部分。我们可以自豪地说，中国人民大学65年的历史，是在党的三代领导集体的亲切关怀下应运而生、茁壮成长、健康发展的历史。

在抗日战争的烽火中，陕北公学吸纳了全国乃至海外华侨的优秀儿女，为抗战培养了1万多名干部，吸收了数千名革命先锋入党。毛泽东同志曾高度地评价说："有了陕公，中国就不会亡。"被誉为"插在敌人心脏上的一把利剑"的华北联合大学，在敌后战场浴血奋战6年，毕业学员逾万人，创建了不朽的英雄业绩。在解放战争的炮火中组建的华北大学，在近一年半的办学期间，为党的事业培养各类干部近2万名，为新中国的高等教育奠定了重要的基础。

中国人民大学命名组建后的50多年来，始终坚持社会主义的办学方向，在艰苦奋斗中创业，在开拓进取中发展，取得了辉煌成就。

在人才培养方面，作为我国人文社会科学领域的主要人才培养基地，65年来，我校共培养各类毕业生17万多人，他们大多数是各条战线的工作骨干，其中有一大批著名的哲学家、经济学家、历史学家、法学家、文学家、政治学家、社会学家、教育家、企业家、经济财贸管理干部、马克思主义理论工作者、新闻工作者、法律和文学艺术工作者等优秀人才。据有关部门统计，人大培养的学生中，在党政机关担任省部级以上干部的有近400人，担任司局级干部的有20 000多人。目前全校共有在校学生27 898人，其中，本科生8 083人，研究生7 990人，留学生718人，成人高等教育学生11 107人，研究生与普通本科生的比例已达到1∶1，是全国研究生比例最高的三所高校之一。此外，近几年发展起来的网络教育在册生已达19 500余人。

在学科建设方面，中国人民大学为新中国人文社会科学教育事业的发展，作出了奠基性、开创性的贡献，而且在多个学科领域长期发挥着先导和示范的作用。我国现有的马克思主义理论、经济、管理、法律、新闻、党史、政治、外交等学科，有不少都肇始于中国人民大学，有许多人文社会科学课程的第一本教科书也都是人大编写的。学校现在拥有91个硕士学位学科点，64个博士学位学科点，其数量在人文社科领域内居全国高校前两名之列；拥有12个国家人文社会科学重点研究基地，6个基础文科人才培养和科学研究基地，均居于全国第一位；在国家重点学科中，人大拥有25个，总量全国第五，社会科学全国排名第一。在科学研究方面，人民大学已经发展成为我国人文社会科学研究的一座学术重镇，发挥着"智库"和"咨政"的重要作用。一大批学者担任各级政府和各类企业的顾问；许多学者参与了党和国家以及一些省级政府的重要法规、规章、决定及其他重要文件的起草工作。

评65秋功绩，正如江泽民总书记4月28日考察我校时指出："六十多年来，中国人民大学广大师生发扬'始终奋进在时代前列'的优良传统，勤俭办学，艰苦奋斗，积极探索，求真务实，使学校成为我国人文科学、社会科学、管理科学教育研究的重要基地，为马克思主义在中国的传播和普及，为我国哲学社会科学的发展和繁荣，为我国社会主义革命、建设和改革事业的发展作出了重要贡献。"因此，我们还可以自豪地说，中国人民大学65年的历史，是与党和国家同呼吸、共命运的历史，是解放思想、实事求是、与时俱进、开拓创新的历史。

在回顾中国人民大学65年奋斗历程的时候，我们深切怀念为中国人民大学的创建和发展作出不可磨灭贡献的吴玉章、成仿吾、胡锡奎、郭影秋等老一辈校领导，深切怀念为人民大学的人才培养和科学研究奠定坚实基础的范文澜、艾思奇、何思敬、何干之、何洛、胡华、尚钺、吴景超、李景汉、安岗、石峻、缪朗山、李秀林、徐禾、塞风、孟氧、佟柔、戴世光、许孟雄、刘铮、查瑞传、苗力田、林文益等老一辈著名教授、学者。在这里，我代表学校向历任校领导和已经离退休的教职工表示崇高的敬意，向正在各个岗位辛勤耕耘的全校广大师生员工和关心、支持学校建设发展的海内外校友表示由衷的感谢和亲切的问候！

"明者因时而变，知者随世而制"。进入新世纪，国际局势正在发生深刻的变化，世界多极化和经济全球化的趋势在曲折中发展，科技进步日新月异，综合国力竞争日趋激烈。我国进入了全面建设小康社会，加快推进社会主义现代化的新的发展阶段。新世纪新阶段，具有与党和国家同呼吸、共命运特殊品格的中国人民大学，必须以新的姿态迎接新时代的挑战，在改革中求发展，在创新中争一流，为国家的繁荣、民族的振兴作出更大贡献。基于这样的思考，在纪念中国人民大学命名组建 50 周年的时候，我们提出了学校建设和发展的新的工作思路，就是高举“发展才是硬道理”的旗帜，增强机遇意识，加快学校发展；切实搞好学科的规划与建设和校园的规划与建设；抓实改革、抓实调整、抓实管理，在改革中发展，在调整中前进，在管理中提高；千方百计地筹集办学经费，解决好制约学校建设和发展的瓶颈问题。这一被称为“1231”的工作思路，是一个辐射面广的整体，是一个彼此相互联系的系统，它将随着学校情况的变化，不断地调整切入点和着重点。

近两年来，在教育部和北京市委的正确领导下，我们按照“1231”的工作思路，励精图治，开拓创新，把学校改革、发展和稳定的局面推向了一个新的台阶，使学校的发展进入了历史上最好的时期。我们采用新的机制和有效措施，深化教职工住房制度改革，从根本上解决了教职工忧患多年的住房问题，既改善了教职工居住条件，又置换了校园，加大了人事、分配制度改革的力度，在普遍提高教职工津贴的基础上，适当拉开收入差距，稳定了学术骨干和管理骨干队伍；加大院系调整、学科调整力度，组建了一批新学院，增设了一批新专业；推进后勤社会化改革，组建后勤集团，实现了后勤实体与学校行政系统规范分离，初步理顺了后勤实体与学校的人事、财务、资产的关系；调整校园规划，拆迁校园危旧陋房，综合治理校园秩序，加快基础设施建设，优化了学校的形象和面貌；收回北京造纸六厂占用我校的土地，实施校园置换计划缓解了困扰我校发展的办学空间狭窄问题。此外，设立中国人民大学南方（珠海）校区的重大举措也已启动。以上这些事实充分地说明，努力立于时代潮头的中国人民大学更加富有生机和活力，正在向着新的宏伟目标腾飞。

江总书记在考察我校发表的重要讲话中，“衷心祝愿中国人民大学在新世纪创造新的成就，为祖国、为人民、为社会主义现代化建设作出更大的贡献，成为以人文社会科学为主的世界知名的一流大学。”这是党和国家在新世纪新阶段对中国人民大学的新要求、新定位。我们一定不负重托，不辱使命，在几代人大人构筑的新的起跑线上，在实践“三个代表”重要思想，创建世界知名一流大学的历史征程中，坚持党的社会主义办学方向，沿着切合我校实际的工作思路，真抓实干，团结奋进，在新的世纪铸造新的辉煌。

我们要进一步解放思想，不断推进教育创新。为此，我们要更新教育观念，确立与 21 世纪我国经济和社会发展需要相适应的教育观和人才观；要扫除制约学校发展的体制性障碍，优化教育结构，努力提高教育资源的利用效益；要与时俱进地改革教学的内容、方法和手段，吸纳当代自然科学和人文社会科学的最新成果，融入博大精深的中华文明，建立和完善激发受教育者全面发展的新型教学模式。

我们要秉承实事求是的校训，紧密联系实际，努力对改革开放和现代化建设实践中的全局性、战略性、前瞻性的重大课题作出科学的回答，在理论和实践的双重探索中，发挥哲学社会科学服务社会所具有的不可替代的重要作用。

我们要从学校实际出发，全面加强学科建设。在学科建设中，完善学科布局结构是基础，提高学术水平和人才培养能力是核心，加强师资队伍建设尤其是高层师资队伍建设是关键，增加投入、改善办学条件是保证。我们要适应社会经济发展的需要，在巩固提升基础学科、优势学科的基础上，大力发展应用学科、交叉学科、新兴学科，初步构建“主干的文科、适当的理科、必要的工科”协调发展的学科体系；要坚持“百花齐放，百家争鸣”的方针，提倡探索，尊重探索，鼓励探索，努力营造宽松和谐、兼容并蓄的学术氛围，多出学术精品，培育高素质人才；要大胆地进行队伍建设的制度改革，强化师德、学风建设，改善师资队伍结构，提高管理人员素质，通过多种渠道、多种方式，建设一流的教师队伍和管理干部队伍；要继续加强校园规划与建设，加强学校基础设施建设，大力改善办学条件。

我们要进一步加强国际交流合作，增强学校的国际性。近两年来，学校接待国外政要、学者来访、召开国际学术研讨会层次之高、次数之多是空前的。但这与形势的要求还有相当的差距，我们要进一步拓展对外合作与交流的广度和深度，努力开创国际交流合作的新局面。

我们要紧紧抓住人才培养这一学校的根本要务，“一切为了学生，一切为了教学科研”，按照小平同志“三个面向”的要求，按照总书记在北京大学建校100周年大会上对青年提出的“四个统一”、在清华大学建校90周年大会上提出的“五点希望”和来我校视察时发表的讲话精神，努力把学生培养成“优秀建设人才”，使他们将来成为我们所期望的国民表率、社会栋梁。

我们要适应形势的新变化，进一步加强党的建设、党的领导和思想政治工作，充分发挥学校党委的领导核心、党总支的政治核心、党支部的战斗堡垒和党员的先锋模范作用，不断加强和改进党的建设和思想政治工作，为创建世界知名的一流大学提供强有力的思想、政治和组织保证。

各位领导、各位来宾，老师们、同学们、同志们：

再过7天，举世瞩目的党的十六大就要召开，中国改革开放和现代化建设事业从此将揭开新的一页，十六大的召开也必将为中国人民大学的发展注入新的动力，带来新的契机。我们坚信，在党中央、教育部和北京市的正确领导下，在社会各界的鼎力支持下，全校师生员工团结奋斗，我们就一定能够为建设有中国特色的社会主义事业作出更大的贡献，一定能够在中华民族的伟大复兴中跻身世界一流大学的行列。

谢谢!

在中国人民大学建校65周年庆祝大会暨第四届吴玉章奖颁奖仪式上的致辞

国内大学代表、北京大学党委书记　闵维方
(2002年11月1日)

各位领导、各位来宾，中国人民大学的师生、校友们：

今天，在全国人民欢欣鼓舞迎接党的十六大胜利召开的喜庆日子里，我们与中国人民大学的全体师生和校友一道，共同庆祝中国人民大学建校65周年。在此，我谨代表北京大学，同时，也十分荣幸地代表各兄弟院校，向在65年的光辉历程中取得卓越成就、为民族解放和国家富强作出突出贡献的中国人民大学致以最崇高的敬意！向中国人民大学的全体师生和海内外校友表示最热烈的祝贺！

中国人民大学是一所以人文科学、社会科学、管理科学为主，兼有信息科学、环境科学等理工科的综合性、研究型大学，学科实力雄厚、享誉中外。从诞生之日起，中国人民大学就与我们党和国家的革命和建设事业息息相关，密不可分。无论是在烽火连天的战争岁月，还是在高歌猛进的和平年代，中国人民大学的广大师生坚定不移地发扬始终奋进在时代前列的优良传统，艰苦奋斗，勤俭办学，积极探索，求真务实，在较短的时间内就将学校建设成为我国人文科学、社会科学、管理科学的重要基地，为我国哲学社会科学的发展和繁荣作出了重要贡献，不愧为我国人文社会科学高等教育领域的一面光辉的旗帜。

近年来，中国人民大学励精图治，锐意进取，不断深化教育改革，提高办学效益，取得了令人瞩目的成就。在学校的发展战略中，人民大学始终坚持实事求是的态度，从学校的实际情况出发，目标明确，思路清晰，重点突出，不仅巩固了在人文社会科学领域内的传统优势，而且构建了多层次、全方位的办学格局，进一步增强了学科的整体实力，形成了在国内外具有重要影响的学术高地。人民大学的发展道路，不仅是国家高等教育改革中的成功探索，而且也为全国兄弟院校的改革与发展提供了内涵丰富的宝贵经验，值得我们认真学习和借鉴。

长期以来，北京大学与中国人民大学一直保持着深厚的友谊。两校不仅是地理上的近邻，更是学术上的挚友。在学科布局上，我们既有交叉，又有互补，在长期的交流过程中形成了互通有无、相互切磋、携手共进的密切合作关系，对两校的发展产生了巨大的推动作用。更重要的是，北大和人大都是在中国革命史上具有特殊地位的大学。北京大学是在帝国主义列强入侵、民族危亡的历史关头，中华民族振兴教育、变革图强的产物，也是新文化运动的中心和五四运动的策源地，是最早在我国传播马克思主义的基地和我们党早期活动的基地之一。中国人民大学源自1937年我们党在延安创办的第一个高等学府——陕北公学，是新中国创办的第一所新型综合性重点大学。两校都有着光荣的革命传统，与党和国家的命运紧密相连。在推动我国哲学社会科学的发展与繁荣，特别是马克思主义在中国的传播与普及的进程中，北大和人大一直发挥着特殊的重要作用。今后，我们两校还将继续以高度的历史使命感和社会责任感共同奋斗，进一步加强各个方面的交流与合作，互相支持，互相砥砺，共同为实施科教兴国战略，为我们祖国的伟大复兴和中华民族跻身于世界伟大民族之林作出新的贡献！

最后，我们衷心地祝愿中国人民大学借65周年校庆和党的十六大的东风，发扬求真务实的优良传统，继往开来，与时俱进，再创辉煌，早日建成为以人文社会科学为主的世界知名的一流大学！祝愿人大的全体师生及校友们身体健康、学习顺利、工作愉快、万事如意！

谢谢大家！

在中国人民大学建校65周年庆祝大会暨第四届吴玉章奖颁奖仪式上的致辞

国外大学代表、奥地利
维也纳大学常务副校长　约翰·尤伦尼奇
(2002年11月1日)

尊敬的校长先生，尊敬的各位来宾：

维也纳大学是欧洲最古老的大学之一，作为该校的常务副校长，今天，我无比荣幸地代表所有出席此次盛典的外宾对中国人民大学表达最诚挚的祝贺！

维也纳大学是由鲁道夫四世于1365年创建的，比中国明朝的建立还要早三年，其宗旨在于发展和促进大众利益、司法公正、人类理性和审慎，以使智者更加明智，也使大众通过接受教育获取知识，从而变得更加理性。维也纳大学2000年的工作目标与这一宗旨一脉相承。当然，在此基础上也赋予了其新的时代内涵，例如：培养学生的责任感、敏锐的意识和道德观念，服务于知识的发展，努力开创和支持国内外社会和人类目标的实现，以及提高人类生态意识等。

中国人民大学以“实事求是”为校训，以“培养面向21世纪的人才，促进科学和文化发展，为中央政府提供智力支持，为社会繁荣作出贡献”为目标。

尽管表述上略有不同，但我们两所大学指导思想的一致性是显而易见的，即无论在国内还是在国际上，都愿为追求真理和实现人类利益作出努力。当然，这种理念将成为世界上更多大学的共识。

面对世纪的挑战，全球化使民众和国家紧密相连，但危险依然存在，甚至触目可及，如恐怖主义、生态灾难。这里我只列举了其中两例。

世界各大学在科学研究、高等教育等方面相互合作，力求建立更加公正、和平的未来世界。这种理想是高尚的，但它的实现并非易事。将传统融入持续发展的现代化进程，适应经济发展和现代化管理的需求，这也是维也纳大学致力于应对的挑战。

据我所知，拥有数千年辉煌历史的中国，现有大学1 400多所，而中国人民大学是其中的佼佼者。今天，中外大学在相互尊重和欣赏的基础上，秉承着宝贵的本土传统和民族遗产，跨越国家边界和文化鸿沟，在研究和教学领域开展合作，在思想、经验、人员等方面相互交流。中国人民大学建校65周年庆典就是这样的明证。

最后，请允许我代表所有的外宾，代表维也纳大学和我本人，对中国人民大学表达诚挚的祝贺！对中国人民大学的未来、中国的未来和我们所有大学致力于建设的公正、和平、相互理解的未来世界致以最美好的祝愿！

谢谢大家！

在中国人民大学建校65周年庆祝大会暨第四届吴玉章奖颁奖仪式上的发言

第四届吴玉章奖获奖者代表、
中国人民大学人文学院教授　戴　逸
(2002年11月1日)

各位领导，老师们，校友们，同学们：

在中国人民大学欢庆建校65周年的大喜日子里，我代表第四届吴玉章奖全体获奖者向中国人民大学的领导和全体师生员工表示亲切的问候和热烈的祝贺！并感谢吴玉章基金委员会全体委员和评审组专家，你们向我们颁发吴玉章奖，给了我们如此崇高的奖励和荣誉，使我们全体获奖者感到无比振奋，受到极大鼓舞。

吴玉章同志是党的第一代无产阶级革命领导人，对中国革命作出了丰功伟绩。他早年追随孙中山先生参加辛亥革命，以后参加中国共产党，为党和人民鞠躬尽瘁。国共第一次合作时期他担任国民党全国代表大会秘书长，大革命失败后参加南昌起义，抗日战争时期他是中共驻重庆代表和四川省委书记，和国民党特务进行了面对面的斗争，当革命处于最危险的时刻，吴老总是站在第一线，英勇斗争，不屈不挠。所以毛泽东主席赞誉说："一个人做点好事并不难，难的是一辈子做好事，不做坏事，一贯的有益于广大群众，一贯的有益于青年，一贯的有益于革命，艰苦奋斗几十年如一日，这才是最难最难的啊！我们的吴玉章老同志就是这样一个几十年如一日的人。"

吴老晚年致力于教育和科学事业，受党和国家的委派，担任中国人民大学首任校长达17年，为兴学育才、建设国家作出巨大贡献。我个人有幸在1959—1962年担任他的学术秘书，协助他查阅资料，整理文稿，聆听和记录他的谈话。吴老慈祥的笑容、亲切的话语、和蔼的举止，至今历历在目。吴老读书广博，思想深邃，观点新颖，文章流畅，治学态度十分严谨，是科学研究工作者的楷模。我在吴老身边工作，耳濡目染，获益甚深，以后能在学术上做一点微小的成绩，是和吴老的亲切教导分不开的。

吴老的一生是为革命而奋斗的一生，是诲人不倦的一生。在中国人民大学建校65周年之际，我们能获得以他名字命名的全国性学术奖项，是极其崇高、极其尊贵的荣耀。

在江泽民同志"三个代表"重要思想的指引下，中国人民大学全体师生员工正为发展我国的哲学社会科学奋发前进。我们第四届吴玉章奖金的获得者将和大家一起积极钻研，开拓创新，与时俱进，取得更好的成绩，不辜负获得吴玉章奖的殊荣。

谢谢大家！

在中国人民大学建校65周年庆祝大会暨第四届吴玉章奖颁奖仪式上的发言

校友代表、《香港商报》总编辑　陈锡添
(2002年11月1日)

尊敬的各位领导、各位来宾，老师们、同学们、校友们：

下午好！

今天是个令人振奋的日子，在党的十六大召开前夕，我们迎来了中国人民大学65周年华诞。我荣幸地代表海内外校友，向母校致以最衷心的祝福，祝母校永葆青春，枝繁叶茂，桃李芬芳，早日建成世界知名的一流大学！

从延水河畔到首都北京，中国人民大学走过了65年不平凡的道路。历经风霜雨雪，历经坎坷辉煌，始终站在时代的前列。65年来，中国人民大学培养了一批又一批人才，他们像种子，到处发芽开花；他们像火焰，到处燃烧发光。他们为民族解放和人民革命事业，为改革开放和现代化建设事业作出了巨大的贡献。

65年来，从人大校园走出来的17万人大人中，涌现出多少国家政要，多少专家学者，多少骨干栋梁，多少行家里手，或叱咤风云，或默默奉献。他们的努力，他们的事业，都在推动着历史前进，都在推动着社会发展，都在为母校增添光彩。作为人大人，我们感到自豪，感到骄傲！

人大人，无论走到哪里，我们永远不会忘记老校长吴玉章的教诲，永远不会忘记"实事求是"的人大精神，永远不会忘记老师们授业解惑的辛勤劳动。我们每一点成就，都归功于母校的栽培，归功于老师的教导。人大人，永远胸怀祖国、情系母校！

我们欣喜地看到，江泽民总书记于今年四月视察人大并发表了重要讲话，对中国人民大学的成就和业绩给予高度赞扬和充分肯定。这次重要讲话如号角，为人民大学吹响了向世界一流大学进军的序曲；如东风，给人文社会科学带来了百花盛开的春天。人大人，无不为此欢呼雀跃，奔走相告；无不为此信心倍增，豪情满怀。多么令人振奋啊，我们的母校，中国人民大学的名字在全中国、全世界重新响起来了！我们的母校在新的起点上，跨越式地振兴了！我们的母校，以人文社会科学为主的教育界的旗舰，开始破浪远航了！

我们还欣喜地看到，母校在新的领导班子带领下，经过全体师生的共同努力，各项事业都有长足进步，教改科研硕果累累，教学相长人才辈出，校园面貌焕然一新。与时俱进的人民大学今非昔比了，她正以勃勃英姿屹立于中国和世界的高校之林。

在新的世纪，人大人绝不辜负党中央的关怀和期待，绝不辜负母校的栽培和教育，我们将努力实践江总书记"三个代表"的重要思想，在各自的岗位上，奋发向上，开拓进取，创造新的辉煌，谱写新的篇章。

人大，我们永远的校园；

人大人，我们校友永远的名字；

人大精神，我们所有人大人永远前进的动力。

谢谢大家！

在中国人民大学建校65周年庆祝大会暨第四届吴玉章奖颁奖仪式上的发言

教师代表、财政金融学院院长　陈雨露
(2002年11月1日)

尊敬的各位领导、各位来宾、各位校友，老师们、同学们：

在隆重庆祝中国人民大学65周年华诞的日子，我荣幸地代表全校教师向庆祝大会暨吴玉章奖颁奖仪式致以最崇高的敬意！向远道而来的新老校友表示最真诚的欢迎！

20年来，我从一名普通学生成长为一名能够指导博士研究生的青年教师，是人民大学培育了我；如今，我又站在人民大学的讲台上继续关注着我的学生的成长。这其中所包含的我个人对于母校水乳交融般的感情是刻骨铭心、难以言表的。

回首从抗日烽火中走来的中国人民大学，从最初的陕北公学到华北联合大学、北方大学和华北大学，直至1950年命名组建，她忠诚地陪伴着共和国走过一段段艰辛历程，为抗日战争、解放战争、新中国的建设和改革开放的新时代输送了17万名优秀人才。65年来，人民大学的师生始终秉承着"实事求是"的校训，为学校的进步，为中国哲学社会科学的发展，贡献着自己的心血和才华。正是依靠一代代"人大人"坚持不懈的努力，中国人民大学才得以发展成为一所以人文科学、社会科学、管理科学为主，兼有信息科学、环境科学的综合性、研究型大学，并始终走在全国前列，为我国的社会主义建设事业作出了巨大的、不可磨灭的贡献。

作为一名以人文社会科学为主的著名大学的青年教师，我觉得，进入新世纪，来自两个方面的挑战是我们不能不正视的：一是在我国经济建设、社会发展对哲学社会科学提出了许多新的课题，哲学社会科学的重要性日益突显的情况下，如何发展哲学社会科学问题。江泽民总书记在不到一年的时间里，在北戴河、人民大学和中国社会科学院连续三次发表了关于我国哲学社会科学的重要讲话，提出了发展繁荣哲学社会科学的理论框架和行动纲领，为我们的努力指明了方向。这表明，在我国已经进入全面建设小康社会，加快推进社会主义现代化的新的发展阶段，决不能只依赖自然科学的单兵突进，必须重视哲学社会科学在治党治国和建设有中国特色社会主义事业中无可替代的重要作用。党和国家高度重视发展哲学社会科学的方略，无疑会使矢志于此项事业的人们振奋不已，并且躬身自省自己的不足和前进的道路。二是在经济全球化、政治多极化的时代背景下，高等教育如何应对的问题。高等教育必须紧扣时代脉搏，不仅要向国家源源不断地输送坚持与时俱进、不断创新的精良人才，还要从全球化的视角及时为国家的发展提供有价值的政策建议和科学的理论论证，使我们的国家能够在全球化浪潮中把握自己、发展自己。这就要求我们教师不仅要具备扎实的专业知识基础和本土化根基，具有敏锐的感知力，还要具备参与国际交流与合作的知识水平和开阔的视野，不断地充实发展自己，始终奋进在传道、授业、解惑的前沿。

65 年的砥砺，造就了人民大学坚忍不拔的精神和人大师生实事求是的品质。面对希望，我们充满了憧憬；面对压力，我们不敢懈怠。一位毕业于人大的诗人曾经满怀深情地写道：“人大，我的母校；人大，我的祖国”。身为一名人民大学的教师，我们深爱着人大这片求真务实、奋进不已的土地，我们愿意倾尽全力为学校的发展、社会的进步和国家的富强付出自己的所有！我们决心朝着具有自身特色和重要国际影响的世界知名的一流大学的目标，踏踏实实地迈进！

在中国人民大学建校 65 周年庆祝大会暨第四届吴玉章奖颁奖仪式上的发言

学生代表、人文学院 2001 级硕士生　侯健美
(2002 年 11 月 1 日)

尊敬的领导和老师们，亲爱的同学们：

大家好！

有幸代表全人大近 16 000 名同学参加今天的庆典，我感到十分激动。我相信，人大的所有学生在今天这个特殊的日子里都会和我有着同样的心情。在我们的心中，有几分骄傲和自豪，有几分激昂和振奋，还有几分期待和祝福。

骄傲是来源于母校 65 年的光荣历史。人大的前身是 1937 年在延安成立的陕北公学，它从诞生的那一天起，就肩负着为中国的革命和建设事业培养优秀人才的神圣使命。几十年来，学校也曾历经风雨，但是，教书育人的使命始终没有忘，炮火中孕育出来的优良传统始终没有丢。学校门口那块“实事求是”石就凝聚着人大光辉的历史，也记载着人大优良的办学传统和工作作风。一代又一代人大学子，迎着“实事求是”石走进人大的校门，在这里学知识、学做人；又在“实事求是”石的注视下离开人大校园，奔赴祖国需要的地方，奋斗在各自的工作岗位上。他们中的绝大多数在建设祖国的各行各业中奋发有为、脱颖而出，成为有中国特色社会主义事业的优秀建设人才，为马克思主义在中国的传播和普及，为我国哲学社会科学的发展与繁荣，为我国社会主义革命、建设和改革事业的发展作出了重要的贡献。学子们因此感谢人大，社会因此感谢人大。

振奋是由于亲身经历着学校巨大的变化。我是一名二年级硕士研究生，在人大学习生活了五年多，亲眼目睹了人大这两年日新月异的变化和突飞猛进的发展，新的研究生宿舍楼、世纪馆、游泳馆、运动场、多媒体教学楼等相继建成，使校园面貌大为改观，令人耳目一新，感觉每天走在校园里都有一些新的变化、新的惊喜、新的舒畅。就在前两天，我们校园西区修了一个微缩版的人工湖，当

清水注入，让人分明感觉到有了水，学校里又多了几分灵气。在提升校园硬件设施水平的同时，学校的学科建设、学术水平和学术氛围也迈上了新的台阶。如今，人大已经成为享誉海内外的以人文社会科学为主的多学科、综合性、研究型大学，云集着许多学科的学术精英和顶尖人才，著作等身的老教授们老骥伏枥，壮心不已；崭露头角的中青年学者，更是百舸争流，人才辈出。

期待的是母校更加美好的明天。建设世界知名的一流大学的信念已经深入到每一个人大学子的心中。有党和国家的亲切关怀，有教育部和北京市的大力支持，有校领导的正确抉择和科学决策，有全体师生的共同努力，我们的目标一定会在不久的将来得到实现。

在这里，我代表全校同学衷心感谢学校里的各位老师，是你们默默奉献于三尺讲台、一张书桌的品格提升着学生们的思想境界；是你们渊博的专业知识、独到的学术见解充实着学生们求知的心灵；是你们孜孜不倦的工作、细致入微的关怀使人大的饭菜更香，校园生活更方便；是你们的付出和耕耘成就着学生和学校美好的未来。谢谢您，亲爱的老师！

我们很幸运，因为我们是人大人；我们很幸运，因为我们继承了丰厚的精神财富；我们很幸运，因为我们成长在与时俱进的新人大；我们很幸运，因为我们能够为母校美好的未来贡献自己的一份力量。

祝福您，亲爱的母校，祝您生日快乐；祝福您，尊敬的领导和老师，祝您身体健康、工作顺利；也祝福大家，祝福所有人大学子前程美好。

谢谢！

■ 中国共产党中国人民大学第十二次代表大会隆重召开

鲜红的党旗，庄严的党徽，主席台对面挂着大红的横幅，上边书写的标语“实践‘三个代表’思想，加强党的建设，为创建以人文社会科学为主的世界知名的一流大学而奋斗”格外引人注目。2002年9月3日和4日的逸夫会议中心报告厅内一派庄重热烈的气氛。备受人大师生员工瞩目的中国共产党中国人民大学第十二次代表大会在这里隆重举行，全校5 564名党员推选出的党员代表在新世纪召开的第一次党代会上济济一堂，选举产生了新一届党委会和纪律检查委员会，审议并表决通过了党委、纪委工作报告。

这次大会的任务是：认真学习贯彻落实江泽民总书记“4·28”重要讲话精神，总结我校第十一次党代会以来的工作，以实践“三个代表”思想为指导，加强和完善学校党的建设，动员和团结全校共产党员和广大师生员工，解放思想，实事求是，与时俱进，开拓创新，为创建以人文社会科学为主的世界知名的一流大学而努力奋斗。

9月3日上午，大会在雄壮的《国际歌》歌声中开幕。大会正式代表239名，实到代表225名，他们当中有全国劳动模范、全国优秀教师和省部级先进工作者、优秀教师、优秀党务工作者，有在教学科研工作中作出突出贡献的学术带头人和中青年骨干教师，也有在行政工作中表现突出的优秀管理人员。列席代表61人，由我校离退休领导及部分单位、群众性团体负责人等组成。我校各民主党派、无党派人士代表21人作为来宾应邀参会。

教育部党组成员、副部长袁贵仁，中共北京市委常委、市委教育工作委员会书记朱善璐，中央组织部干部三局副局长夏崇源，教育部人事司副司长张兰春，中共北京市委教育工作委员会副书记夏强、李明，教育部人事司处长贾德勇，中共北京市委教育工作委员会联络室原主任张希文，大会主席团执行主席、我校党委书记程天权，大会主席团执行主席、我校校长纪宝成，大会主席团执行主席、我校领导牛维麟、林岗、张建明、马俊杰、王新清、陈一兵，我校老领导张腾霄、黄达、马绍孟等出席了开幕式。大会由我校校长、大会主席团执行主席纪宝成主持，开幕式上，袁贵仁副部长、朱善璐书记作了重要讲话，我校党委书记程天权书记代表第十一届党委作题为“实践‘三个代表’思想，加强党的建设，为创建以人文社会科学为主的世界知名的一流大学而奋斗”的工作报告。

袁贵仁副部长代表中共教育部党组对大会的召开表示热烈祝贺，并对即将选举产生的新一届中国人民大学党委提出三点希望：第一，深入学习和贯彻江泽民同志考察中国人民大学的重要讲话，努力把人民大学建设成为以人文社会科学为主的世界知名的一流大学；第二，以江总书记“4·28”讲话精神为指导，发挥哲学社会科学研究的人才和学科优势，组织力量积极开展关系治党治国方面重大课题的研究；第三，发扬优良传统，弘扬与时俱进的精神，不断开创党建和思想政治工作的新局面，为学校各项事业的发展提供组织和思想保证。

朱善璐书记代表中共北京市委对大会的召开表示热烈祝贺，并对过去六年多来中国人民大学党委取得的成绩给予充分肯定。对学校新一届党委，朱善璐书记代表中共北京市委也提出了三点希望：第一，认真学习贯彻江泽民总书记考察中国人民大学的重要讲话，为实现创建以人文社会科学为主的世界知名的一流大学的宏伟目标而努力奋斗；第二，坚持马克思主义在意识形态领域的指导地位，积极发展哲学社会科学，进一步加强思想政治工作；第三，以“三个代表”重要思想为指导，学习好、宣传好、贯彻好、落实好党的十六大精神，进一步加强和改进党的建设。在讲话中，朱善璐书记代表北京市委、市政府郑重表示，北京市始终高度重视并支持中国人民大学的建设，全力支持中国人民大学创建世界一流大学，努力为中国人民大学的进一步发展创造良好的环境和条件，为中国人民大学的建设和发展多办实事。

程天权书记所作的工作报告共分为三部分：第一部分是七年来的工作回顾和总结；第二部分是创建以人文社会科学为主的世界知名的一流大学的远景目标和近期主要任务；第三部分是按照“三个代表”要求，加强党的建设，为创建以人文社会科学为主的世界知名的一流大学提供有力的思想、政治和组织保证。报告指出，我校的总体发展目标是经过20年或再长一段时间的努力，把我校建设成为以人文社会科学为主的世界知名的一流大学。“十五”期间，我校将重点做好几项工作：适应社会经济发展的需要，适当扩大办学规模，完善多层次的人才培养体系；强化教学管理，推进教学改革，构建适应新形势的人才培养模式和教学管理体系；面向改革开放和现代化建设实践，研究全局性、战略性、前瞻性的重大问题，增强科研的创新能力和水平；瞄准世界学术前沿，努力开创对外交流与合作的新局面；改善师资队伍结构，提高管理人员素质，建设一流的教师队伍和高素质的管理干部队伍；加强校园规划与建设，加大投入，根本改善学校办学条件。报告最后号召全校师生员工高举邓小平理论伟大旗帜，按照“三个代表”的要求，紧密团结在以江泽民同志为核心的党中央周围，为把中国人民大学建设成为以人文社会科学为主的世界知名的一流大学，为我国哲学社会科学的发展和繁荣，为中华民族的伟大复兴而努力奋斗。

大会主席团执行主席、大会秘书长王新清布置了分组讨论等事项。

大会还以书面形式向各位代表提交了《中共中国人民大学纪律检查委员会工作报告》和《中共中国人民大学第十一届委员会关于党费收缴使用情况的报告》，并宣读了我校各民主党派、侨联及无党派人士发来的贺信。

开幕式后，在我校领导纪宝成、程天权、牛维麟、马俊杰、王新清的陪同下，袁贵仁副部长、朱善璐书记一行视察了我校新落成的世纪馆和改造一新的运动场。代表们还参观了世纪馆。大家为人大的新面貌感到振奋，对人大的明天充满信心。

9月3日下午，出席大会的代表们分成11个团，就程天权书记作的工作报告和书面提交的纪委工作报告展开了热烈的讨论。代表们怀着对中国人民大学未来发展的高度责任感和历史使命感，各抒己见，踊跃发言。代表们一致认为，党委、纪委的工作报告实事求是、统揽全局、主题明确、思路清晰，为学校今后的发展指明了前进方向；党委工作报告中透着一种非常可贵的求实奋进精神，这种精神必将大力推进学校各项事业的发展。我校第十二次党代会的成功召开必将成为我校建设和发展史上的里程碑。

大会选举在9月4日下午举行。经过严格的投票程序，马俊杰、王新清、王霁、牛维麟、叶秋华、冯俊、冯惠玲、刘向兵、刘彭芝、纪宝成、杨瑞龙、吴潜涛、张建明、陈一兵、陈雨露、陈桦、林岗、郝立新、袁卫、徐志宏、程天权当选为中国共产党中国人民大学第十二届委员会委员；王学敏、王新清、龙翼飞、严守权、吴美华、耿建新、郭洪林、涂光晋、董克用、焦国成、靳振英当选为中共中国人民大学新一届纪律检查委员会委员。

会议以举手表决的方式通过了《中国共产党中国人民大学第十二次代表大会关于第十一届委员会工作报告的决议》和《中国共产党中国人民大学第十二次代表大会关于纪律检查委员会工作报告的决议》。

纪宝成校长致闭幕词。他说，大会在充分发扬民主的基础上，顺利产生了学校第十二届党委会和新一届纪律检查委员会，并对新一届领导班子寄予了很大的希望。大会的圆满成功是全体代表共同努力的结果，也是为大会服务的全体工作人员共同努力的结果。对此表示衷心的感谢，并对当选的同志表示热烈的祝贺。学校今后一个时期改革发展的战略目标已经确定，新的领导集体已经产生，下一步的关键就是我们全校上下齐心合力抓落实。大会闭幕后，大家一定要认真贯彻这次校党代会的精神，在新一届党委的领导下，按照大会确定的目标、任务、指导思想和工作思路来推进学校创建世界知名的一流大学的步伐，回应时代的呼唤，肩负起历史的重担，让我们高举邓小平理论的伟大旗帜，紧密团结在以江泽民同志为核心的党中央周围，认真实践“三个代表”重要思想，全面贯彻党的教育方针，发扬我校长期以来形成的始终奋进在时代前列，坚持勤俭办学、艰苦奋斗、积极探索、求真务实的优良传统，团结一致，努力工作，以优异的成绩迎接党的十六大的召开，迎接中国人民大学65周年校庆的到来，为创建以人文社会科学为主的世界知名的一流大学而奋斗，为我国人文社会科学在新世纪的新发展和新繁荣而奋斗，为我国社会主义现代化建设和中华民族的伟大复兴而奋斗。

(原载《中国人民大学校报》，2002/09/30，总第1118期)

在中共中国人民大学第十二次代表大会开幕式上的讲话

教育部副部长　袁贵仁
(2002年9月3日)

各位代表、同志们：

值此中共中国人民大学第十二次代表大会开幕之际，我谨代表中共教育部党组对大会的召开表示热烈的祝贺！

中国人民大学上一届党代会召开于1995年11月。近七年来，学校党委和党政领导班子，以邓小平理论和江泽民同志“三个代表”重要思想为指导，全面贯彻执行党的基本路线，坚持党的教育方针和社会主义办学方向，紧密团结全校师生员工，大力加强学校党的建设，积极做好思想政治工作，有力推动了学校教学、科研、人才培养和各项事业的全面发展，卓有成效，成绩显著。

人民大学的本次党代会，是在全党全国人民深入学习江泽民同志“5·31”等一系列重要讲话、以实践“三个代表”的实际行动迎接党的十六大召开的重要时刻举行的，也是人民大学广大师生继续学习贯彻江泽民同志在考察人民大学时的重要讲话、努力建设以人文社会科学为主的世界知名的一流大学的进程中召开的。这次党代会将总结学校前一阶段的工作，提出今后工作的规划，动员全校广大党员和师生员工为实现宏伟目标而努力奋斗。本次党代会还将选举产生新一届党委。开好这次党代会，对于人民大学当前和今后党建工作和各项事业的发展，必将产生重要的影响。在此，我代表教育部党组，对即将产生的新一届中国人民大学党委提出三点希望：

一、深入学习和贯彻江泽民同志考察中国人民大学时的重要讲话，努力把人民大学建设成以人文社会科学为主的世界知名的一流大学

今年4月28日，江泽民总书记考察中国人民大学并发表重要讲话，充分体现了中央第三代领导集体对人民大学的重视和关怀，也体现了中央对高等教育事业和哲学社会科学工作的重视和关心。这是我国高等教育界的一件大事，更是中国人民大学发展史上的一件大事。在“4·28”讲话中，江泽民同志充分肯定了人民大学建校65年来取得的成绩，对人民大学的未来发展提出殷切期望，希望人民大学成为以人文社会科学为主的世界知名的一流大学。这篇重要讲话，是江泽民总书记继在北大百年校庆和在清华90年校庆时的讲话之后，对于建设世界一流大学以及对于人才培养和大学生成长等问题，作出的新阐述，提出的新要求。

人民大学的全体党员干部和广大师生，要联系学习江总书记在北大、清华两校校庆时的讲话，继续深入学习领会“4·28”讲话，全面贯彻落实“4·28”讲话。把江泽民总书记提出的将中国人民大学建设成为以人文社会科学为主的世界知名的一流大学的希望和要求作为本届党委和今后全校的中心工作，围绕这一目标来规划、安排学校今后的各项工作，并落到实处。希望人大广大师生牢记重托，不忘使命，抓住机遇，坚持发展，团结奋斗，开拓创新，向着以人文社会科学为主的世界知名的一流大学的目标不断迈进。

二、以江总书记的讲话精神为指导，发挥哲学社会科学研究的人才和学科优势，组织力量积极开展关系治党治国方面重大课题的研究

江泽民总书记在“4·28”讲话中，重申了哲学社会科学与自然科学的“四个同样重要”，提出了繁荣和发展哲学社会科学的“五个高度重视”，对哲学社会科学工作者提出了“五点希望”。这篇重要讲话与江总书记去年在北戴河的“八七”讲话以及不久前在中国社科院的“7·16”讲话，构成了关于繁荣和发展哲学社会科学问题的一个比较完整的理论体系。人民大学作为我国高等教育界哲学社会科学研究和教学的排头兵，要全面贯彻江总书记的重要指示，充分发挥人才和学科优势，调动各方面力量，加强哲学社会科学研究，多出成果，出好成果，为繁荣和发展我国哲学社会科学事业，作出人民大学应有的贡献。

尤其要重视和加强关系党和国家事业发展的重大课题的研究。以邓小平理论和江泽民同志“三个代表”重要思想为指导，以改革开放、现代化建设和我们正在做的事情为中心，着眼于对现实问题和未来发展的理论思考，着力于马克思主义与时俱进理论品质的把握和分析问题、解决问题方法的运用，积极研究和回答具有全局性、战略性、前瞻性的重大理论问题和现实问题，不断深化认识、统一认识，推动理论创新，为党和国家的决策和“两个文明”建设发挥积极作用。

三、发扬优良传统，弘扬与时俱进的精神，不断开创党建和思想政治工作的新局面，为学校各项事业的发展提供组织和思想保证

中国人民大学是我们党亲手创办的第一所新型的正规大学，与党和人民同呼吸共命运是人民大学的优良传统，高度重视党的建设和思想政治工作是人民大学的鲜明特色。人民大学还是我国马克思主义理论研究的重镇，为马克思主义在中国的传播和普及作出了重要贡献。这种传统和优势，是人民大学的光荣，人民大学的党员干部和广大师生要在新的历史条件下不断发扬光大。

当前，国际形势和我国社会主义建设发生的重大变化，广大党员和人民群众工作、生活条件和社会环境发生的重大变化，特别是科学技术的飞速发展、经济全球化以及我国加入世界贸易组织，对我国高等教育事业的改革与发展产生着巨大而深刻的影响，也对高校党的建设和思想政治工作提出了新的任务和要求。党的十六大召开在即，这是我们党在新世纪召开的第一次代表大会，必将对我们党的建设和我们国家的发展作出新的战略部署。面对新的形势，高校党委和各级党组织要抓住机遇，迎接挑战，切实做好党建和思想政治工作。在这方面，人民大学要在高校中发挥表率作用，把党建和思想政治工作提升到一个新的水平。

希望新一届党委继承中国人民大学的优良传统，继续自觉地以邓小平理论和江泽民同志“三个代表”重要思想武装头脑，坚定不移地贯彻执行党的路线、方针、政策，牢固树立政治意识、大局意识和责任意识，进一步增强政治敏锐性、政治鉴别力和政治责任感，自觉地在思想上、政治上、行动上同党中央保持高度一致。

要进一步解放思想，转变观念，锐意改革，开拓创新，充分调动各方面的积极性，团结、带领全校广大师生员工，不断开创各项工作的新局面；牢固树立全心全意为人民服务的宗旨，保持清正廉洁、艰苦奋斗的优良品质；认真贯彻党的民主集中制，发扬民主，自觉接受广大党员和群众的监督；要继续抓好干部工作，建设一支高素质的领导干部队伍；继续探索新形势下搞好党的基层组织建设和学生思想政治工作的新途径、新方法，不断积累和创造新的经验；坚持用马克思主义占领教育阵地，进一步做好“三个代表”的“三进”工作；在继续深化各方面改革的同时，妥善解决出现的新问题，维护和保证学校的稳定。

要转变作风，加强调研，把党建和思想政治等各项工作落到实处。今年是中央确定的转变作风年和调查研究年。新一届党委要认真贯彻落实十五届六中全会的精神，按照第十一次全国高等学校党的建设工作会议的要求，加强和改进党的作风建设和高校党的建设。要把学校的改革与发展同党建工作特别是党风建设工作结合起来，通过党的作风建设，促进和推动校风、教风和学风的建设。

我们衷心地希望人民大学的全体党员、干部、师生员工在新一届党委的领导下，解放思想、实事求是、与时俱进、开拓进取，以高度的热情投入到自己的工作和学习中去，抓住机遇，知难而进，努力把中国人民大学建设成为以人文社会科学为主的世界知名的一流大学。

最后，预祝中国人民大学第十二次党代会圆满成功！谢谢大家！

在中共中国人民大学第十二次代表大会开幕式上的讲话

中共北京市委常委、市委教育工委书记、
海淀区委书记　朱善璐
(2002年9月3日)

各位代表、同志们：

中国共产党中国人民大学第十二次代表大会今天隆重开幕了。我谨代表中共北京市委对大会的召开表示热烈的祝贺！

1995年11月中国人民大学第十一次党代会后的六年多来，校党委以邓小平理论和江泽民同志“三个代表”重要思想为指导，认真贯彻执行党的基本路线和教育方针，坚持社会主义办学方向，团结、带领全校广大党员、干部和师生员工，抓住机遇，解放思想，深化改革，加快发展，在学科建设、人才培养、科学研究、后勤改革、校园建设、社会服务等方面取得了重大进展；党的建设和思想政治工作不断加强，在改善干部队伍的素质和结构，增强党的基层组织的凝聚力、战斗力，发挥党员的先锋模范作用，改进和加强思想政治工作和德育工作等方面取得了新的成绩，再一次被评为北京市“党的建设和思想政治工作先进普通高校”。特别是以江泽民总书记到中国人民大学考察工作和中国人民大学命名组建五十周年纪念活动为契机，学校适时明确了创建以人文社会科学为主的世界知名的一流大学的奋斗目标和发展思路，为学校在新世纪的新发展描绘出宏伟蓝图，极大地鼓舞了全校广大师生员工。在这跨世纪的六年里，中国人民大学取得了令人振奋的工作成绩，可以说这六年是中国人民大学发展最快、最好的时期之一。

这些成绩的取得，是以江泽民同志为核心的党中央和国务院亲切关怀的结果，是在“科教兴国”

战略方针指引下，学校党政领导班子带领全校广大党员和师生员工勤奋工作、共同努力的结果。没有全校广大共产党员、干部和师生员工的团结奋斗、开拓进取，就不会有中国人民大学今天改革和发展的可喜局面。在此，向中国人民大学的广大党员、干部和全体师生员工表示崇高的敬意和诚挚的问候！

这次党代会是在举国上下全面贯彻“三个代表”思想，迎接党的十六大的历史时刻召开的，是在落实江总书记“4·28”讲话的时刻召开的，也是在新世纪新阶段中国人民大学建设和发展的关键时刻召开的一次十分重要的会议，是全校师生员工政治生活中的一件大事。大会将全面总结第十一次党代会以来的成绩与经验，全面贯彻落实江总书记“4·28”重要讲话精神，选举产生新一届党委会和纪律检查委员会，动员和团结全校共产党员和广大师生员工，与时俱进，开拓创新，为把中国人民大学建成以人文社会科学为主的世界知名的一流大学而努力奋斗。这次党代会必将对进一步加强学校党的建设和思想政治工作，推动学校的改革和发展，维护学校的稳定，开创学校崭新的未来，产生重要而深远的影响。

借此机会，我代表中共北京市委对本次党代会将要选举产生的新一届党委提出三点希望：

一、认真学习贯彻江泽民总书记考察人民大学的重要讲话，为实现创建以人文社会科学为主的世界知名的一流大学的宏伟目标而努力奋斗

当今世界，国际竞争日趋激烈，而竞争的焦点主要是人才的竞争。积极推进教育体制改革，建设一流大学，培养适应时代要求的高素质人才，已经成为我国高等教育发展的一个重要目标。面对机遇与挑战，新一届党委，要全面贯彻“三个代表”的重要思想，把加快发展作为学校建设和各项工作的第一要务，进一步增强改革发展的责任感和紧迫感，提高领导驾驭改革与发展全局的能力和水平，与时俱进，开拓创新。明确新思路，按照新定位，开拓新局面，实现新飞跃。

今年4月28日江总书记亲临考察了中国人民大学，并发表了重要讲话。江总书记高度评价了中国人民大学六十多年建设和发展的成就，从迎接21世纪挑战，实现中华民族的伟大复兴和战略高度，深刻指出了为建设有中国特色社会主义培养高素质优秀人才是我国大学的根本任务，阐述了哲学社会科学的极端重要性，对哲学社会科学的发展和中国人民大学的建设指明了前进方向。在讲话中，江总书记明确提出要把中国人民大学建设成为以人文社会科学为主的世界知名的一流大学，对中国人民大学发展繁荣哲学社会科学提出了殷切希望和要求。江总书记的考察和重要讲话，使中国人民大学师生深受鼓舞，为中国人民大学新的发展注入了新的灵魂和强大的动力。作为我国人文社会科学领域最具有影响力的高等学府，中国人民大学应该站在全国人文社会科学界的高度，以“三个代表”重要思想为指导，紧密结合创建以人文社会科学为主的世界知名的一流大学的工作实际，为我国人文社会科学高等教育事业的发展，为哲学社会科学的繁荣，为我国社会主义现代化建设事业做应有的贡献，为中华民族的伟大复兴谱写新的篇章。

希望这次党的代表大会选举产生的新一届校党委在教育部党组和北京市委的领导下，坚持以邓小平理论和江泽民同志“三个代表”重要思想为指导，按照江总书记“五点希望”的要求，团结带领全校广大党员、干部和师生员工，发扬“始终站在时代前列”的优良传统，进一步解放思想，深化改革，抓住机遇，加快发展，与时俱进，推进创新，不断提高教学质量、科研水平和办学效益，不断改善办学条件，为早日把中国人民大学建成世界知名的一流大学，为中华民族的复兴和祖国的繁荣作出更大的贡献！我们相信，在校党委的领导下，经过全校广大师生员工自强不息的努力和扎扎实实的奋斗，中国人民大学的这一宏伟目标一定能够实现。

二、坚持马克思主义在意识形态领域的指导地位，积极发展哲学社会科学，进一步加强思想政治工作

江总书记在党的十五大报告中指出：“积极发展哲学社会科学，这对于坚持马克思主义在我国意识形态领域的指导地位，对于探索有中国特色社会主义的发展规律，增强我们认识世界、改造世界的能力，有着重要意义。”江总书记还多次就发展哲学社会科学发表重要讲话。希望校党委高度重视坚持马克思主义的指导地位，积极发展哲学社会科学，进一步加强和改进学校的思想政治工作。

首先，要深入学习、研究、宣传“三个代表”重要思想。江总书记提出的“三个代表”重要思想同马克思列宁主义、毛泽东思想和邓小平理论一脉相承，反映了当代世界和中国的发展变化对党和国家工作的新要求，是我们党的立党之本、执政之基、力量之源，是加强和改进党的建设、推进我国社会主义制度自我完善和发展的强大理论武器。是我们党和国家多项工作的长期指导思想。能否全面准确地理解“三个代表”重要思想的精神实质，不仅关系到改革开放的成败，而且关系到能否坚持党的基本路线一百年不动摇的长远大计。中国人民大学作为我国学习、宣传、研究马克思主义理论的一个重要阵地，一定要保持和发扬自己的优势和传统，在“三个代表”重要思想的学习、研究、阐述等方面发挥积极的作用，全面、准确、系统地研究和宣传“三个代表”的理论体系、科学内涵、精神实质和所蕴涵的世界观、方法论，为建设有中国特色社会主义提供有力的精神动力、理论支持和思想保证。

其次，要不断加强和改进学校的思想政治工作。哲学社会科学教育不仅仅是向学生传授专业知识，而且还承担着帮助学生树立科学的世界观、人生观、价值观的重大任务。因此，加强人文社会科学教育，对于推进素质教育，培养“四有”人才有着举足轻重的地位和作用。

江总书记特别强调：“思想政治教育，在各级各类学校都要摆在重要地位，任何时候都不能放松和削弱。”坚持马克思主义的指导地位，是哲学社会科学教育和研究的根本。在总结邓小平理论“进课堂、进教材、进学生头脑”的经验的同时，要积极推进“三个代表”的“三进”工作，用“三个代表”重要思想武装广大青年学生的头脑。作为我国马克思主义理论建设的重要阵地，中国人民大学一定要在这方面继续发挥好带头和示范作用。

抓好师德建设，也是高校思想政治工作中一个至关重要的内容。当今世界，科学技术日新月异，各种思想相互交错，对我国的高等教育和广大教师的思想意识发生着各种各样的影响。大力加强师德建设，不仅关系着人才培养的质量，也关系到国家和民族的前途和命运。因此，必须加强和改进师德建设，提高教师的思想道德和职业道德，提高他们的马克思主义理论修养，使他们承担起既教书又育人的崇高职责。要切实抓好师资队伍建设，抓紧培养一大批政治素质高、业务素质强、学术作风正的中青年学术骨干和学科带头人。这是21世纪我国哲学社会科学和高等教育事业繁荣、发展的关键所在。我们衷心希望中国人民大学在师德和师资队伍建设方面取得更大的成绩，能够造就和拥有一支坚持马克思主义、学贯中西的教师队伍。

第三，要加大哲学社会科学研究为改革开放和现代化建设服务的力度。建设有中国特色的社会主义是当代中国最伟大的社会实践。研究这一伟大实践进程中的重大政治、经济、文化和社会问题，是高校哲学社会科学工作者义不容辞的责任。要大力倡导理论联系实际的学风，鼓励和引导广大师生，深入基层，深入实际，深入现代化实践主战场，把改革开放和现代化建设中的重大理论和实践问题的研究作为主攻方向，充分发挥“思想库”、“人才库”的作用，科学地总结改革开放实践的宝贵经验并把它上升为理论，努力为建设有中国特色社会主义事业、为党和政府决策提供智力支持和理论服务。中国人民大学已经在这方面走在了全国高校的前列，我们殷切地期望中国人民大学能做得更好，取得更大的成就。

三、以“三个代表”重要思想为指导，学习好、贯彻好、落实好党的十六大精神，进一步加强和改进党的建设

十六大召开后，新一届党委要把学习十六大、宣传十六大、贯彻十六大精神作为头等重要的大事，认真完成全国高校第十一次党建会提出的各项任务，把中国人民大学党的建设推上一个新的台阶。要突出抓好三方面工作：

一要继续加强党的总支、支部建设，发挥好基层党组织和党员的作用。全面推进现代化建设，关键在于加强和改善党的领导，在于把各级党组织建设得更加坚强有力。党的十六大后，校党委要认真组织广大党员深入学习党的十六大文件，迅速将全体共产党员的思想统一到十六大精神上来；要继续认真贯彻《中国共产党普通高等学校基层组织工作条例》和北京市的实施办法，紧紧围绕党的基本路线和学校的中心工作，深入开展基层党组织工作，加强党员的组织发展工作和教育管理工作，通过发挥党总支的政治核心作用、党支部的战斗堡垒作用和党员的先锋模范作用，不断增强党组织在教学、科研、管理、后勤服务等各项工作中的凝聚力和战斗力，切实保证学校改革和发展任务的完成。中国人民大学曾经两度被评为北京市党的建设和思想政治工作先进普通高校，为首都高校党的建设起到了示范带头作用。希望再接再厉，继续为首都高校党的建设提供新鲜经验。

二要全面贯彻落实十五届六中全会精神，进一步加强作风建设和干部队伍建设。江总书记指出："高校的党委书记、校长应该努力使自己成为社会主义的政治家、教育家。"在新的历史条件下，面对更加复杂的国际形势，面对加入WTO给中国教育带来的影响以及高校自身更加繁重的改革与发展任务，高校能否全面贯彻党的教育方针，能否全面提高教育质量和办学效益，关键在于能否建设一支高素质的干部队伍。中国人民大学在干部队伍建设方面取得了很大的成绩，干部人事制度改革也走在北京高校前列。希望新一届党委在过去取得的成绩的基础上，按照"八个坚持、八个反对"的要求，从校领导班子做起，把加强和改进作风建设摆在党建工作的重要位置，通过加强作风建设来全面加强干部队伍建设，建设一支素质高、能力强、作风好、适应新形势需要的干部队伍，为开创中国人民大学工作的新局面奠定良好的组织基础。

三要进一步提高贯彻民主集中制的自觉性，坚持和完善党委领导下的校长负责制。在贯彻执行党委领导下的校长负责制方面，中国人民大学党政领导班子有很好的经验和优良传统。希望新一届党委和行政班子继续发扬优良传统，进一步健全完善有关规章制度，进一步提高贯彻执行民主集中制的自觉性，像爱护眼球一样珍惜、维护领导班子的团结，不断提高党政领导班子决策驾驭能力和管理水平，要通过进一步加强和完善这一领导体制和思想作风建设，保证学校党委发挥好领导核心作用，支持校长依法独立负责地开展工作，并通过教职工代表大会等加强民主管理和民主监督。

中国人民大学是教育部和北京市共建的重点大学，北京市始终高度重视并支持中国人民大学的建设，市第九次党代会明确提出支持中国人民大学建设世界一流大学。在此，我再一次代表北京市委、市政府郑重表示，要全力支持中国人民大学创建世界一流大学，要努力为中国人民大学的进一步发展创造良好的环境和条件，要为中国人民大学的建设和发展多办实事。我们也希望并相信中国人民大学将会继续为首都北京的经济发展、社会进步，为北京率先基本实现现代化作出更多更大的贡献。

最后，衷心预祝中国共产党中国人民大学第十二次代表大会圆满成功！谢谢大家！

实践"三个代表"思想，加强党的建设，为创建以人文社会科学为主的世界知名的一流大学而奋斗

——在中共中国人民大学第十二次代表大会上的报告

中国人民大学党委书记　程天权

(2002年9月3日)

各位代表，同志们：

现在，我受中国共产党中国人民大学第十一届委员会的委托，向大会报告工作，请各位代表审议。

这次党代会是在21世纪刚刚开始，我校胜利迈出实践“三个代表”重要思想，创建以人文社会科学为主的世界知名的一流大学的第一步这样一个重要时刻召开的，是在江泽民总书记亲临我校考察工作，亲自主持师生代表座谈会并发表重要讲话之后，全校上下人心振奋，立志进取这样一个重要时刻召开的。江总书记在我校的讲话高屋建瓴，高瞻远瞩，不仅高度肯定了中国人民大学六十多年建设和发展的成就，并且从迎接21世纪挑战，实现中华民族伟大复兴的战略高度，深刻指出了为建设有中国特色社会主义事业培养高素质的优秀人才是我国大学的根本任务，指出了大学在中华民族伟大复兴中的光荣使命，阐明了哲学社会科学在科教兴国、治党治国和现代化建设中的极端重要性，指明了哲学社会科学的指导思想和发展方向，对哲学社会科学工作者寄予了殷切希望。江总书记的考察和讲话在我校师生员工中引起了强烈反响，在全社会引起了强烈反响，将极大地推进我校实践“三个代表”思想，创建世界一流大学的历史进程，将对新世纪我国哲学社会科学事业的发展繁荣产生巨大而深远的影响。

这次大会受到党中央、国务院领导，中共中央组织部、教育部党组、北京市委的高度重视，今天多位领导亲临大会给予亲切关怀和指导，我们备受鼓舞。让我们以热烈的掌声对各位领导的光临表示衷心的感谢。同时，我们热烈欢迎各位列席代表和嘉宾的光临与支持。

这次大会的主要任务就是要认真学习贯彻落实“4·28”重要讲话精神，总结我校第十一次党代会以来的工作，以实践“三个代表”思想为指导，加强和完善学校党的建设，选举产生新一届党委会和纪律检查委员会，动员和团结全校共产党员和广大师生员工，解放思想，实事求是，与时俱进，开拓创新，为创建以人文社会科学为主的世界知名的一流大学而努力奋斗。

一、七年来的工作回顾和总结

我校第十一次党代会是1995年11月召开的。在党中央、国务院，在教育部、北京市委的正确领导下，在全校共产党员和广大师生员工的共同努力下，我校党委高举邓小平理论伟大旗帜，按照“三个代表”重要思想的要求，在贯彻落实党的基本路线和教育方针，深化教育改革，加强党的自身建设，推进学校的建设和发展方面取得了很大的成绩和进展，为创建以人文社会科学为主的世界知名的一流大学奠定了良好的基础。

（一）高举“发展才是硬道理”的旗帜，以推进学校事业的发展为主题和第一要务，以事业的发展来团结和凝聚人心，学校的各项事业有了较快的发展，学校面貌发生了深刻的变化

——以2000年10月15日召开的中国人民大学命名组建50周年纪念大会和今年4月28日江泽民总书记亲临我校考察工作为契机，在以往工作的基础上，适时明确了创建以人文社会科学为主的世界知名的一流大学的奋斗目标，理顺了学校的工作思路。今年上半年召开的北京市第九次党代会，明确提出要积极支持北京大学、清华大学、中国人民大学等高校创建世界一流大学，北京市和教育部将共建中国人民大学。这都极大地鼓舞了我校师生员工。

——以培养“社会栋梁、国民表率”为目标，在扩大办学规模的基础上，努力提高人才培养质量。本科学士学位专业由1995年的33个增加到56个，硕士学位学科点由58个增加到91个，博士学位学科点由36个增加到64个，博士后流动站由2个增加到8个。现有全日制在校生15 000多人，成人教育学院、网络教育学院学生共27 000人。外国留学生数量逐步扩大。网络教育发展迅猛，走在全国高校前列。7年来，共毕业学生16 628人，其中本科生9 388人，硕士生5 072人，博士生1 589人，其他各类学生579人。

——以“211工程”一期建设为契机，狠抓学科建设，巩固和发展我校在社会科学、管理科学、人文科学领域的学科优势，重点学科数由14个增加到25个，全国高校综合排名第五，人文社会科学领域排名第二，社会科学领域排名第一。

——以培养中青年学科带头人和学术骨干为重点，加强师资队伍建设。实施“跨世纪人才工程”，

从国内外引进了一批优秀高层次人才，教师队伍结构、层次、素质趋于合理。现有专任教师 1 177 人，50 岁以下教授已占全校教授总数 55%，79.1%的教师具有研究生以上学历，32.5%的教师具有博士学位，均比 1995 年有了较大幅度的提高。

——高扬人文社会科学旗帜，以改革开放和现代化建设中的重大问题为主攻方向，推进科学研究工作。设立了 12 个教育部人文社会科学重点研究基地，这在全国高校是最多的。成功举办两届“中国人文社会科学论坛”。1995 年来，共出版教材和学术著作 4 300 多部，发表论文 12 000 多篇，获省部级奖 198 项。出版社实现了快速发展，书报资料中心近年来也有了新的发展。

——加强对外学术交流与合作，提升学校的国际影响。目前，我校已与 30 多个国家和地区的 80 多所大学建立了合作关系，成功举办了“21 世纪世界百所著名大学法学院院长论坛”、“亚洲管理教育论坛”、“首届中美公共管理国际学术研讨会”等国际学术会议。大体上平均每周有一位港、澳、台或国外著名大学的校长、副校长来访；每 20 天有一场重要的国际学术会议召开，每月有一位外国政要、驻华大使或外国著名学者来学校演讲。

——针对我校校园规划和建设存在的突出困难和问题，加快校园规划调整和建设。与此同时，部署开展校园危旧陋房屋拆迁、校园环境综合治理等工作，近几年我校建设和完工的项目是历史上最多的，也是校园环境和面貌变化最大的时期。

——针对我校办学空间紧张的问题，采用新的思路和机制，建立了中国人民大学深圳研究院和中国人民大学南方（珠海）校区。经过多年努力，已收回北京造纸六厂占用我校的土地，为启动我校西北区建设，从根本上改善办学条件奠定了坚实的基础。

（二）以改革总揽全局，以改革为动力，以改革促发展，积极推进学校各项工作

——按照有利于学科发展、有利于资源的优化配置、有利于学校长远发展的目标，兼顾国际通行、中国特色和人大特有三大因素，加大院系调整力度，调整组建成立了马克思主义学院、商学院、公共管理学院、国际关系学院、人文学院、外国语学院、对外语言文化学院、环境学院、徐悲鸿艺术学院、教育科学研究所等院系所，增设了 MPA、计算机科学、环境经济与管理、艺术科学、教育科学等一批新专业。

——深化教学改革，在教学管理制度、课程体系、教材建设等方面出台了一系列新举措，如建立本科、硕士、博士相衔接，“宽口径，厚基础”的公共必修课、学科基础课、专业课和选修课相结合的新课程体系，组织力量编写出版了“面向 21 世纪系列教材”，实施硕士生弹性学制等。

——进行了校部机关机构改革，机关部处级干部实行竞聘上岗，精简了机构和人员，提高了管理水平和效率。

——按照按劳分配、多劳多得、优劳优酬的原则，实施岗位任务津贴，在普遍提高教职工津贴的基础上，适当拉开收入差距，稳定了学术骨干和管理骨干队伍。

——推进了后勤社会化改革，组建后勤集团，实现后勤实体与学校行政系统规范分离，初步理顺了后勤实体与学校的人事、财务、资产的关系。

——实施教职工住房制度改革，把大范围解决职工住房问题与置换校园、校园规划及调整相结合，与推进住房的商品化、社会化、住房分配货币化相结合，目前共有 1 400 户教职工在校外购房，其中西郊校园有 920 户，既大幅度改善了教职工居住条件，又置换了校园，扩大了办学空间，得到了中央、教育部、北京市的肯定与支持。

（三）以促进学校中心工作的开展为目标，以发挥学校党委的领导核心、党总支的政治核心、党支部的战斗堡垒和党员的先锋模范作用为基础，不断加强和改进党的建设和思想政治工作，为学校的改革、发展和建设提供有力的思想、政治和组织保证

——以学校党委领导班子建设为龙头，带动学校党建工作和整体工作，注重加强领导班子的自身建设，特别是民主集中制建设，增强党政团结协作，提高领导决策水平。圆满开展全国高校系统“三

讲”教育首批试点工作，得到了中央“三讲”教育联席会议办公室、教育部、北京市的充分肯定。顺利进行学校领导班子新老交替和调整。现有校级干部11人中，有8人是1999年以来进入领导班子的，其中40岁以下有2人，41～50岁有5人，51～60岁有5人，形成了老中青相结合、结构比较合理、团结合作、拼搏进取的领导班子。

——以优化中层干部结构、素质为目标，大力推进干部队伍的年轻化、专业化。全校现有处级干部256人，其中正处级干部91人，处级干部的平均年龄为47.16岁，现任处级干部中45岁以下的中青年干部占34.9%，一批三四十岁甚至二十多岁的朝气蓬勃的年轻干部进入学校中层党政领导班子行列。

——以增强基层组织的凝聚力、战斗力为目标，加强党的基层组织建设，选配了一批党性强、政治和业务素质好、作风正派、联系群众、具有奉献精神的党员担任分党委书记、总支书记、党支部书记，对不合格的人员及时进行调整。通过学习教育，组织参与，全校师生员工精神振奋，团结向上。

——以推进转变观念，确立与时俱进，开拓进取的路线为重点，组织干部和党员深入学习邓小平理论和“三个代表”思想，召开了全校理论工作会议，引导全校教职工进一步解放思想，实事求是，与时俱进，开拓进取。全校坚持正确的思想政治路线，学术理论研究环境改善，创新精神获得肯定，马克思主义理论队伍正在成长。

——做好入党积极分子的培养和组织发展工作。七年来共发展党员3 472人，其中学生党员3 298人，教职工党员174人。我校现有党员5 564人，其中在职教职工党员1 394人，党员比例为47.7%，35岁以下青年教师党员167人，党员比例为35.9%。学生党员2 641人，党员比例为20.6%，其中本科生为12.4%，研究生为35.3%。

——以服务于青年人才的健康成长为目标，加强和改进思想政治工作和德育工作。进一步完善了党委统一领导，以党的组织为核心，党、政、工、团齐抓共管的全方位、全过程的德育格局。加强“两课”建设，进一步做好邓小平理论和“三个代表”思想“三进”工作。以大型活动为阵地，以社团为依托，开展多渠道、多形式的思想政治工作。我校创办的“邓小平理论学习辅导员制度”、“学习‘三个代表’思想学生宣讲团”、“博士生论坛”、大学生社区挂职服务以及青年志愿者活动等，引起了很大的社会反响。学生艺术团发展迅速，被专家誉为“业余团体，专业水准”。加强了思想政治工作进校园信息网络的工作。围绕学校改革、发展，全力维护安全、稳定的大局，在学校重大活动中，在日常工作中，在与“法轮功”斗争、抗议美国轰炸我国驻南联盟大使馆等重大事件中，党的各级组织发挥了领导和骨干的作用，做了大量艰苦细致的工作，我校师生表现出良好的思想政治素质，得到了上级领导的肯定。

——党校的规范化、制度化建设得到加强，形成了一套比较系统、严格的管理制度。七年来共举办教职工入党积极分子培训班6期、中层干部培训班10期、学生入党积极分子培训班13期、团干部和学生干部培训班7期，培训教职工入党积极分子300余人、中层干部320余人次、学生入党积极分子5 800多人、团干部和学生干部1 300多人次。

——加强党委对共青团、工会、教代会工作的领导，充分发挥共青团、工会、教代会的作用。校团委多次获全国“五四红旗团委”、“中国十大杰出青年志愿服务集体”、“全国助残先进集体”等荣誉称号。学生课外学术活动水平提高迅速，在全国大学生课外学术科技作品“挑战杯”竞争中获多项奖励。校工会在全国高校率先推行校务公开试点工作，继续保持“全国模范职工之家”称号。离退休人员校、系两级管理体制逐步完善，离退休工作得到加强。重视统战工作，民主党派的作用得到发挥。

总之，七年来，我校的建设、改革和发展取得了很大的成绩，我校连续两度被评为北京市党的建设和思想政治工作先进高校，这是学校各级领导和全校师生员工共同努力的结果，也是同党中央和国务院以及教育部、北京市和社会各界的关心、支持、帮助分不开的。在此，我谨代表第十一届党委会向所有关心、支持中国人民大学建设和发展的各位领导、各位同志、各位朋友表示崇高的敬意和由衷的感谢，向为中国人民大学建设和发展付出辛勤劳动，作出积极贡献的全校共产党员和师生员工，特别是历届和本届在届中已经退下来的党委领导班子成员表示崇高的敬意和由衷的感谢，感谢大家为我们学校下一步的发展奠定了很好的工作基础。

我们在工作中，也存在一些缺点和不足：

一是改革创新有待进一步加强。这些年来，我们学校在机关机构改革、津贴分配制度改革、后勤社会化等方面步子进展较大，但与我国高等教育改革的总体形势要求，与我校建设世界一流大学的要求，与师生员工的要求相比，一段时间内我们在推进教学改革、学科建设、科研改革、体制改革等方面的步子还不够大，思想解放还不够，错失了一些发展机遇。

二是学校的管理水平和效率有待进一步提高。这些年来，由于学校的事业发展相对较快，各种硬件设施改善很大，但软件方面的建设相对滞后，管理上跟不上形势发展的要求，存在不少薄弱环节，管理水平较低，学校学科综合优势、人力资源优势、教育资源优势没有得到很好的开发和利用。

三是学校党建和思想政治工作有待进一步改进。党的基层组织建设发展不平衡，部分基层单位存在着组织涣散、党总支和党支部作用不能得到充分发挥的问题。对新形势下如何加强高校党员的教育、管理和监督缺乏有效的新思路、新办法。部分领导干部深入基层不够，对工作中存在的难题缺乏一抓到底的决心和魄力。结合对师生的思想实际，做好思想政治工作的针对性和有效性不够。

在过去的几年工作中，我们积累了一些宝贵的经验：

发展是硬道理，发展是第一要务。只有发展，才能保持优势，发展优势；只有发展，才能发扬传统，保持荣誉；只有发展，才能改变学校的落后面貌，化解或缓解长期以来积累的各种矛盾，从矛盾中解脱出来，开拓前进。近年来，我校抓住中国人民大学命名组建50周年、江泽民总书记考察我校等重要契机，极大地推进了学校各项工作。

一流大学必须有一流的学科。学科建设是一流大学建设和发展的龙头，是一流大学核心竞争力之所在。而学科建设的核心是要从学校的历史和社会发展的需要出发，确立学校学科的特色和优势。我校之所以能保持今天的地位和影响，最重要的是我校有一批一流的学科，特别是在人文社会科学领域有着明显的优势。

一流大学必须培养出一流人才。一流大学应该是培养和造就高素质的创造性人才的重要基地。全面贯彻党的教育方针，培养具有创新能力的高素质人才，始终是学校一切工作的中心，学校各项工作都要以学生为中心，都要服务、服从于学生的全面发展和健康成长。

一流大学必须有一流的学术和管理队伍。我校之所以有今天的地位和影响，最根本的是我校有一支一流的队伍。队伍建设是建设一流大学的关键。要以改革的精神，以实实在在的举措推进学术骨干和管理骨干队伍建设。最重要的是要贯彻尊重知识、尊重人才的方针，要从解决教职工的住房、工作条件、津贴等入手，以事业留人，以感情留人，以待遇留人，为优秀人才创造良好的工作、生活条件。

一流大学必须有一流的学术成果。一流大学应该是推动教育创新、理论创新、制度创新、科技创新的重要园地，应该成为新知识、新思想、新理论的重要摇篮。一流的学术成果既是一流大学一流的学科、师资水平的集中展示和体现，又是一流大学培养一流人才、发挥一流大学重要社会影响的根本保证。一流大学应该在关系国家和社会发展的全局性、战略性、前瞻性的重大问题的研究上推出一流的学术成果，为国家和社会的发展作出一流的服务和贡献。

一流大学必须有一流的校园环境。校园环境代表着学校的形象，基础设施是学校发展的基础。条件的落后不仅影响正常的办学，而且严重影响学校的声誉和形象，影响师生员工的心态。近年来，通过拆除危旧房，加快基本建设，治理校园环境，不仅改善了办学条件，而且对师生员工的精神也产生了积极的影响，师生们从学校面貌的变化中看到了新希望、新气象，增强了凝聚力。

一流大学必须有一流的党建和思想政治工作。党的建设和思想政治工作是学校各项工作的根本保证，而党建工作的关键是学校党委领导班子的建设。这些年来，我校的各项工作之所以能够比较平稳顺利地推进，是与学校党的建设和思想政治工作得到加强分不开的，是与学校党委的领导核心作用、各党总支的政治核心作用、党支部的战斗堡垒作用和共产党员的先锋模范作用得到发挥分不开的。

二、创建以人文社会科学为主的世界知名的一流大学的远景目标和近期主要任务

江泽民总书记在我校师生代表座谈会上明确要求把我校建设成为以人文社会科学为主的世界知名的一流大学，为祖国、为人民、为社会主义现代化建设作出更大的贡献。这是党的第三代中央领导集体对我校的殷切期望，也是历史赋予我校的光荣任务和神圣使命。

（一）学校总体发展目标和指导思想

我校的总体发展目标是经过20年或再长一段时期的努力，把我校建设成为以人文社会科学为主的世界知名的一流大学。

指导思想是高举邓小平理论伟大旗帜，全面贯彻江泽民同志“三个代表”重要思想，以发展为第一要务，以改革为根本动力，解放思想，实事求是，与时俱进，开拓创新。

要进一步深入学习贯彻江泽民总书记在北京大学100周年校庆和在清华大学90周年校庆大会上等发表的一系列重要讲话精神，特别是在考察我校工作时发表的重要精神，进一步加快我校的建设、改革和发展。

第一，要全面贯彻党的教育方针，以培养人才为中心，面向现代化，面向世界，面向未来，努力培养出党和国家需要的理想远大、热爱祖国、脚踏实地、积极进取的高素质人才。

第二，要坚持用马克思主义的立场、观点和方法来指导哲学社会科学的发展，以“三个代表”来衡量我国哲学社会科学性质、方向和水平，不断增强贯彻“三个代表”要求的自觉性和坚定性。

第三，要深入改革开放和现代化建设的实践，积极提供科学、技术、学术、理论的智力支持，特别要努力对全局性、战略性、前瞻性的重大课题作出科学的理论回答。

第四，要既立足中国又面向世界，努力继承和弘扬中华民族的优秀文化，积极学习借鉴各国人民创造的有益文化成果。

第五，要坚持严谨治学、实事求是、民主求实的学风。

（二）学校近期主要任务和重点工作

创建一流大学，是一个长期的奋斗过程，既要有远期目标，又要有切实可行的近期行动计划和具体措施。“十五”期间我们将继续按照“1231”的工作思路（“1231”即：“一个高举”，高举发展就是硬道理的旗帜；“二个建设”，搞好学科的规划与建设，搞好校园的规划与建设；“三个抓好”，抓改革、抓调整、抓管理，在改革当中发展，在调整当中前进，在管理当中提高；“一个投人”，要千方百计地多渠道筹集办学经费，加大资金投入），重点做好以下几项工作：

1．适应社会经济发展的需要，适当扩大办学规模，完善多层次的人才培养体系。在继续坚持以本科生为基础、研究生为重点的原则下，提高本科生教学质量，积极扩大研究生规模，努力发展留学生教育，完善成人高等教育，开拓网络教育领域。要高度重视学科建设，继续推进学科调整与建设，在巩固提升基础学科、优势学科的基础上，大力发展应用学科、交叉学科，初步构建“主干的文科、适当的理科、必要的工科”协调发展的学科体系。基本完成这一阶段的院系调整工作。加强中国人民大学南方（珠海）校区和深圳研究院的建设，在确保办学质量的前提下，逐步扩大办学规模。

2．强化教学管理，推进教学改革，构建适应新形势的人才培养模式和教学管理体系。要主动研究和适应形势发展变化的要求，更新教育和教学观念，积极推进教育创新。以制度创新强化教学管理，建立并完善“全面质量管理体系”，充分利用现代科学技术手段，推进教育的信息化和现代化。在应用学科推进双学位试点及主副修制度，进一步推进本—硕、硕—博连读制度，积极实行硕士生弹性学制改革。适应加入WTO后社会经济发展对人才的需要，培养外语水平高、通晓国际规则、熟练运用专业知识的高级人才。加大课程体系和教学内容改革力度，积极推进外语授课或双语教学。加大教材建设力度。加大对教学的投入，改善教学条件。

3. 面向改革开放和现代化建设实践，研究全局性、战略性、前瞻性的重大问题，增强科研的创新能力和水平。进一步加强12个人文社会科学重点研究基地的管理与建设，加强对现代化建设进程中的重大理论问题和实际问题的研究，多出学术精品，为党和政府提供更多更好的服务。深化科研体制改革，主动组织跨学科、跨院系的重大课题攻关，争取推出一批具有重大学术影响和重大社会意义的科研成果。加大科研奖励力度，提高科研管理水平。树立良好学风，严格学术规范。创造“百花齐放，百家争鸣”的学术环境和氛围，支持和鼓励学术创新。

4. 瞄准世界学术前沿，努力开创对外交流与合作的新局面。积极适应中国进入WTO后高等教育国际合作的新形势，加大对外合作与交流的广度和深度，推进与世界上主要国家和地区的著名大学之间的实质性合作关系，扩大学校的国际影响，为专家学者出国（境）参加国际学术会议、讲学及交流创造更好的条件。继续办好高层次的双边与多边国际学术会议。鼓励、支持并积极组织形式多样的学生对外交流活动。有计划、有步骤地聘请境外一流专家学者来我校讲学、授课。切实加强留学生工作，开拓办学思路，广开招生渠道，建立适应市场竞争的招生机制。

5. 改善师资队伍结构，提高管理人员素质，建设一流的教师队伍和高素质的管理干部队伍。继续深化人事制度改革，积极推行人事代理制度，逐步完善聘任制，健全考核机制，强化聘后管理，建立优胜劣汰的机制。深化分配制度改革，强化岗位意识和岗位责任，按需设岗，以岗定责，竞争上岗，按照按劳分配、绩效优先、优劳优酬、奖勤罚懒的原则，完善重绩效、重贡献的分配激励机制，体现岗位、责任和贡献大小的差别，争取“十五”期间教职工总体收入水平有明显提高。优化教职工队伍结构，使教学、科研、管理和后勤、产业人员的配置达到比较合理的比例。适度扩大教师队伍规模，加大经费投入和政策支持力度，注重培养中青年学科带头人和科研骨干，支持中青年教师出国学习进修，积极引进高水平人才，加大结构调整的力度，全面提高教职工素质。结合学校校园建设和教职工住房置换工作的推进，争取较大幅度地改善教师的办公条件。建立干部择优任用、聘任与考核相结合的激励机制，加大处、科级干部交流的力度，增强干部队伍的活力。着力解决党政管理干部在工作环境、事业发展、生活条件等方面的实际问题，保证党政管理干部队伍的稳定性。

6. 加强校园规划与建设，加大投入，根本改善学校办学条件。以西北区改造和建设工程为重点，全面加强学校基础设施建设，争取用3～4年的时间，从根本上改善学校的办学条件。加强校园网、图书馆、实验室建设，加速构建以教学科研为中心、以信息化管理为手段的现代化“数字人大”。进一步深化后勤社会化改革，理顺后勤集团与学校在人事、财务、资产、服务等方面的关系，基本实现以学校办后勤为主向社会办后勤为主的转变。依托我校人文科学、社会科学和经济管理学科资源和人力资源的优势，积极推动产学研结合与转化，组建和发展现代化的出版集团。调动各方面积极性，整合各种资源和力量，进一步规范发展教育培训事业，拓宽学校办学资金来源渠道。加强学校与社会各界的联系，积极努力地争取尽可能多的国家财政拨款，通过科研开发、智力服务、银行贷款、企业合作等方式，多渠道筹措办学资金。

三、按照“三个代表”要求，加强党的建设，为创建以人文社会科学为主的世界知名的一流大学提供强有力的思想、政治和组织保证

创建以人文社会科学为主的世界知名的一流大学，是一项十分艰巨的任务。新的形势、新的任务，向我校全体共产党员特别是党员领导干部提出了严峻的挑战。我们一定要高举邓小平理论伟大旗帜，认真贯彻“三个代表”要求，保证党的教育方针、政策在学校的贯彻执行，培养社会主义现代化建设优秀人才；一定要紧紧围绕创建以人文社会科学为主的世界知名的一流大学这一根本任务，毫不动摇地坚持和改善党的领导，全面推进党的建设；一定要坚持党要管党、从严治党方针，始终保持党同群众的密切联系，不断增强党组织的战斗力和凝聚力；一定要准确把握当代中国高等教育发展的形势，坚持解放思想、实事求是的思想路线，弘扬与时俱进的精神，使党的工作充满活力和生机；我们一定要把思想建设、组织建设、作风建设有机结合起来，把制度建设贯穿其中，既立足于经常性工作，又抓紧解决存在的突出问题，通过锲而不舍的努力，为创建以人文社会科学为主的世界知名的一流大学提供强有力的思想、政治和组织保证。

（一）认真学习贯彻“三个代表”重要思想，用“三个代表”重要思想统一师生员工的思想，加强党的思想建设

“三个代表”重要思想是马克思主义在中国的新发展，是当代中国的马克思主义，是运用马克思主义立场、观点、方法，结合当代中国实际和时代特征形成的最新理论成果，它同马克思主义、毛泽东思想、邓小平理论是一脉相承的体系，是指导我们党全面推进建设有中国特色社会主义事业的根本思想武器。“三个代表”是我们党的立党之本、执政之基、力量之源，也是我们学校建设以人文社会科学为主的世界知名的一流大学的根本指导思想，我们必须不断增强学习、贯彻和落实“三个代表”重要思想的自觉性和坚定性，坚持用“三个代表”重要思想武装党员和师生员工的头脑，用“三个代表”重要思想来指导工作，检查工作，改进工作。我们要发挥我校的学科优势，争取在学习、贯彻、落实“三个代表”方面走在全国高校前列，特别是在研究、阐述“三个代表”重要思想方面作出积极的贡献。我们要牢牢把握“三个代表”的精神实质，把全校师生员工的思想统一到“三个代表”上来，统一到建设以人文社会科学为主的世界知名的一流大学的奋斗目标上来。

（二）继续贯彻落实《中国共产党普通高等学校基层组织工作条例》，搞好党的组织建设

要进一步健全和完善党委领导下的校长负责制，进一步建立和健全有关规章制度，维护学校领导班子集体的团结，提高领导班子的决策水平和领导能力。《中国共产党普通高等学校基层组织工作条例》（以下简称《条例》）和《中华人民共和国高等教育法》（以下简称《教育法》）都明确规定，国家举办的高等学校实行党委领导下的校长负责制。这一领导体制适合中国国情和我国高等教育的实际需要。实行这一领导体制的关键是要健全集体领导，实行分工负责，既要坚持党委的统一领导，又要支持校长按照《教育法》的规定积极主动、独立负责地开展工作，保证教学、科研、行政管理等各项工作的完成。学校和院系都应严格按照《条例》规定的党委和行政的职责范围、议事规则和决策程序办事，特别是党政“一把手”要形成高度的共识和合力，发扬我校党政一贯相互信任、相互理解的优良传统，相互支持，团结奋斗。要进一步加强院系部处领导班子建设，大力培养选拔优秀年轻干部，改善领导班子结构，加强党政干部的合作与必要的交流，提高领导和管理的水平。要继续重视在教职工和学生特别是青年教师中发展党员的工作，把政治素质高、业务能力强的年轻同志吸收到党内来。要按照党要管党的原则和从严治党的方针，建立切实可行的考核评估机制，大力加强党的基层组织建设，基层院系党委、党支部要结合学校和本单位的中心工作开展活动，要积极探索新形势下加强对党员的教育、管理和监督的新途径、新办法。

（三）进一步加强和改进党的作风建设，加强和改进德育和思想政治工作

贯彻落实《中共中央关于加强和改进党的作风建设的决定》精神，按照“八个坚持、八个反对”的要求，加强党员特别是领导干部开拓创新、执政为民的意识，加强党风廉政教育，不断增强领导干部廉洁自律的和服务群众的意识。继续推进党风建设的制度化，特别是有关招生、基建、财务、采购等部门要进一步建立和健全有关制度。继续推进校务公开工作，加强与群众的联系，接受群众的监督。以改革创新的精神积极探索新形势下思想政治工作的新途径和新方法，促进学校的改革、发展和稳定。发挥共青团、工会、教代会、民主党派在学校改革和发展中的重要作用，调动离退休人员的积极性，动员并团结全校师生员工积极参与学校的改革、发展和建设，保证学校各方面工作的顺利进行。在当前我校改革、建设和发展的步伐较快的情况下，更要注意做好群众工作。各级干部要更多地深入到师生员工中去，到工作第一线去，倾听师生员工的呼声、意见和建议，以使我们的工作做得更好。

各位代表，同志们！21世纪是中华民族伟大复兴的时代，也是中国人民大学走向新的辉煌的时

代。实践“三个代表”重要思想，创建世界一流大学是时代赋予我们的光荣而艰巨的使命。今后几年是我校必须紧紧抓住并且可以大有作为的战略机遇期。应该看到，经过60多年的发展和建设，我校已经具备了创建一流大学的基础和条件。我校有“始终奋进在时代前列”的良好校风和传统，有一支可以依靠和信赖的学术骨干队伍和教职工队伍，有一批居于国内高校前列的学科，等等。特别是党中央和国务院对我校创建以人文社会科学为主的世界知名的一流大学给予了极大的关心和支持。我们有理由相信，在党中央、国务院以及教育部和北京市的正确领导下，在社会各界的支持下，全校师生员工一定能够在新一届党委领导班子的带领下，全面推进人民大学的各项事业，一定能够创造新的业绩、新的辉煌。

我们更要清醒地认识到，与世界知名的一流大学相比，我校在师资力量、学科水平、教育质量、管理水平、经费投入、办学条件等方面，都有很大的差距。目前，国内高校之间的竞争十分激烈，我们面临着不进则退，进得慢也是退的严峻形势。中国加入WTO后，我们又面临着日益激烈的国际竞争。此外，由于我校长期以来经费投入严重不足，“文化大革命”中学校被迫停办遭受破坏，办学条件紧张的状况远没有得到根本缓解。这些都增加了我们创建一流大学的困难。此时此刻，我们要多一份清醒，多一份冷静，既要对我们已有的条件和有利的机遇充满信心，又要正视面临的困难和挑战，要看到我校的基础还比较薄弱，要看到我们工作中还存在不少问题。

回首过去，我们心潮澎湃。展望未来，我们豪情满怀。同志们，在党的十六大即将召开的喜庆日子里，在贯彻落实北京市第九次党代会和全国高校第十二次党建工作会议的重要日子里，这次会议的召开具有十分突出的重要意义，让我们高举邓小平理论伟大旗帜，按照“三个代表”的要求，紧密团结在以江泽民同志为核心的党中央周围，为把中国人民大学建设成为以人文社会科学为主的世界知名的一流大学，为我国哲学社会科学的发展和繁荣，为中华民族的伟大复兴而努力奋斗。

■ 中共中央政治局委员、北京市委书记贾庆林主持座谈会，研究解决我校建设和发展的有关问题

2002年8月19日下午，中共中央政治局委员、北京市委书记贾庆林主持座谈会，听取我校建设以人文社会科学为主的世界知名的一流大学的有关工作汇报，研究解决我校建设和发展的有关问题。

纪宝成校长代表学校向北京市委、市政府领导汇报了工作，并向长期以来始终关心和支持我校建设与发展的北京市委、市人民政府表示感谢。程天权书记作了补充汇报，并代表学校正式邀请贾庆林书记及其他领导出席我校即将召开的第十二次党代会。

在听取汇报之后，贾庆林书记作重要讲话，对我校给予高度的肯定和评价。他代表北京市委、市政府表示，一定要满腔热情地全力支持人民大学的发展，以实际行动切实贯彻江泽民总书记在人民大学的讲话要求。

与会的龙新民、孟学农、蒋效愚、朱善璐、林文漪、刘敬民等领导同志也先后讲话，一致表示要对人民大学建成世界知名的一流大学给予大力支持，并就学校的具体问题提出了意见和建议。

市委、市政府有关部门负责人在会上先后发言，表示坚决按照市委、市政府的要求，最大力度地支持人民大学的发展。

我校领导纪宝成、程天权、牛维麟、林岗、冯惠玲、马俊杰以及学校办公室、校园建设管理处、发展规划处负责人刘向兵、查显友、盛希贵参加了座谈。

（原载《中国人民大学校报》，2002/09/10，总第1116期）

我校举办“中国人文社会科学论坛（2002）”，全国人大常委会副委员长成思危等出席开幕式并发表讲话

2002年5月18日，沉浸在江总书记考察所带来喜悦之中的人大人又迎来了一年一度的盛会——“中国人文社会科学论坛（2002）”。在这个鲜花盛开的日子里，我国人文社会科学界的俊彦会聚一堂，围绕“与时俱进的中国人文社会科学”的主题，共商发展和繁荣哲学社会科学的大计。

全国人大常委会副委员长成思危，中共中央宣传部副部长雒树刚，中国社会科学院副院长朱佳木，教育部党组成员田淑兰，北京大学副校长、中科院院士韩启德等出席论坛开幕式并发表讲话。纪宝成校长致开幕词。党委书记程天权作了演讲。冯惠玲副校长主持论坛开幕式。

在本次论坛上，江总书记与我校师生座谈时的讲话成为专家学者关注的焦点。纪宝成校长在开幕词中明确指出，此次论坛，就是要进一步深化对哲学社会科学重要性的认识，并探讨在实践中哲学社会科学工作者如何适应不断变化的条件，与时俱进，积极进行创新性理论探索。为了切实将总书记提出的“五个高度重视”尽快落到实处，使“五点希望”尽快变成现实，纪宝成校长提出了三点倡议：倡议国家在制定哲学社会科学五年规划的基础上，加快制定全国哲学社会科学长期发展规划；倡议启动21世纪国家发展繁荣哲学社会科学行动计划；倡议建立和完善哲学社会科学工作者研究成果的评价机制，并尽快付诸实施。

中宣部副部长雒树刚、中国社会科学院副院长朱佳木、教育部党组成员田淑兰和北京大学副校长韩启德等也在开幕式上致辞。他们认为江总书记在4月28日考察我校时发表的重要讲话对于促进我国哲学社会科学的发展繁荣，全面推进我国社会主义现代化建设的进程，具有十分重要的意义。伟大的时代需要与时俱进的哲学社会科学，与时俱进的哲学社会科学推动伟大时代的前进。正当全国哲学社会科学界深入学习这篇重要讲话之际，中国人民大学及时举办了主题为“与时俱进的中国人文社会科学”的论坛，这无疑是落实总书记讲话精神的一个十分重要的具体步骤，必将在学习与贯彻讲话精神的过程中产生积极的影响。

本次论坛包括主题报告和分论坛两部分。

全国人大常委会副委员长成思危教授关于“探索社会复杂性”的精彩演讲拉开了主题报告会的序幕。成思危副委员长用生动形象的语言，结合证券市场的跌幅和房改等现实问题，深入浅出地介绍了什么是复杂性科学、复杂性科学的三个属性以及研究复杂性科学采取的主要方法。

我校党委书记程天权教授的报告，阐述了“实践‘三个代表’重要思想，发展繁荣哲学社会科学”，事关中华民族复兴伟业，需要尽快把江总书记讲话精神转化为巨大动力；需要始终坚持以与时俱进的马克思主义为指导，不断增强贯彻“三个代表”要求的自觉性和坚定性；需要各级政府以及全社会共同努力，以实际行动落实讲话精神，加大投入，改善条件，营造良好环境。报告鞭辟入里地指出了江总书记关于哲学社会科学的两次重要讲话，是“三个代表”重要思想的有机组成部分，是发展繁荣哲学社会科学的纲领性文献，必将极大地推动我国哲学社会科学事业的发展繁荣，极大地促进建设有中国特色社会主义的全面胜利。

中国工程院院士、中国社会科学院学术委员会委员李京文教授，我校哲学系陈先达教授，香港岭南大学校长陈坤耀教授，我校法学院副院长王利明教授分别以“经济学也要与时俱进迎接挑战”、“哲学繁荣之路”、“新经济与资讯科技年代的人文社会科学”、“中国人格权的发展与保护”为题发表了演讲。他们的演讲或激情洋溢、或深蕴哲理地从回应时代挑战的高度，从不同学科的特点出发，阐述了如何与时俱进，发展内涵丰富的人文社会科学的命题。他们认为，在经济全球化的时代，只有正确的

价值取向才能与时俱进。这个时代每时每刻都有新的突破，所以需要的是知识博、做人雅的素质全面的人才。一个民族要在这个时代振兴、发展，不仅需要科学技术的推动，更需要文化、艺术的人文精神的营养。在法律制度中也越来越多地体现出“以人为本”的精神，更重视对人身尊严和生命的保护。他们认为哲学社会科学的发展和繁荣必将极大地推动整个社会的发展和繁荣。

主题报告会由郑杭生教授主持，演讲者的隽思妙语给与会者带来精神的享受和思想的启迪。

分论坛围绕“全球化语境中的文化论争”、“重建诚信”、“‘9·11’后的世界”、“关注民生”等人文社会科学研究的一些热点问题展开。

中国人文社会科学论坛创办于2001年，旨在给中国人文社会科学界提供交流思想、研讨学术、关注社会、求解难题的机会。去年5月首届论坛以共商人文社会科学的发展大计，探索人文社会科学发展的未来走向为题，在社会上引起了巨大反响，引发了全社会对人文社会科学事业的关注，为人文社会科学界广泛认可，被公认为中国人文社会科学领域高水平的论坛。

（原载《中国人民大学校报》，2002/05/20，总第1112期）

关于繁荣发展哲学社会科学的几点倡议
——在“中国人文社会科学论坛（2002）”上的讲话

中国人民大学校长　纪宝成
（2002年5月18日）

尊敬的成思危副委员长，各位领导、各位来宾，老师们、同学们：

在江泽民总书记刚刚视察中国人民大学并发表重要讲话，我校全体师生员工欢欣鼓舞之际，一年一度的“中国人文社会科学论坛”伴着五月的鲜花又拉开了序幕。在此，我代表学校对各位领导、来宾光临此次盛会表示热烈的欢迎！

这次论坛是继去年5月召开的“中国人文社会科学论坛（2001）”之后的第二届“ 中国人文社会科学论坛”。一年来，我们高扬哲学社会科学旗帜，开拓进取，勇于担纲，为发展和繁荣哲学社会科学事业不懈努力，取得了显著成效。哲学社会科学在经济和社会发展中的重要地位和巨大作用日益得到全社会的广泛认同。

江泽民总书记去年8月在北戴河与国防科技和社会科学专家座谈时，高屋建瓴地提出了哲学社会科学与自然科学“四个同样重要”的科学论断。这一论断极大地坚定了广大哲学社会科学工作者发展和繁荣哲学社会科学事业的决心，极大地鼓舞了广大哲学社会科学工作者发展和繁荣哲学社会科学事业的信心，带来了哲学社会科学的春天。尤为令人鼓舞的是，今年4月28日，江泽民总书记亲临中国人民大学考察，就哲学社会科学的重要性再次发表重要讲话。他站在治党治国、科教兴国和中华民族伟大复兴的高度，系统、深刻、精辟地论述了哲学社会科学在社会主义现代化建设事业中所发挥的不可替代的重要作用，对哲学社会科学事业的发展与繁荣、对高等教育事业的改革与发展提出了殷切期望。江总书记在讲话中提出要把中国人民大学建设成为以人文社会科学为主的世界知名的一流大学，这是新世纪发展和繁荣我国哲学社会科学和高等教育事业的一项重大战略举措，对于推动新时期我国哲学社会科学和高等教育事业的发展，必将产生深远的影响。此次论坛在这样的背景下召开，具有非同寻常的意义。

江泽民总书记在与人民大学师生代表座谈时，再次重申了他在北戴河讲话中提出的哲学社会科学与自然科学“四个同样重要”。他说，对这“四个同样重要”，大家都很认同，现在的关键在于落实。我们召开此次论坛，就是要进一步深化对哲学社会科学重要性的认识，并探讨在实践中如何采取措施使哲学社会科学的重要地位落到实处，使哲学社会科学工作者适应不断变化的时代条件，与时俱进，积极进行创新性的理论探索。与时俱进是马克思主义的理论品质，也是哲学社会科学的理论品质。我们此次论坛的主题——“与时俱进的中国人文社会科学”就是由此而提出来的。

江泽民总书记在讲话中把哲学社会科学提到治党治国和建设有中国特色社会主义事业的高度加以看待，进一步深化和发展了北戴河讲话。他向各级党委、政府和全社会提出了“五个高度重视”的具体要求，对广大哲学社会科学工作者提出了五个方面的殷切希望。他高瞻远瞩地指出了我国哲学社会科学将发挥日益重要的作用，这是对科教兴国理论的新发展，为我国哲学社会科学的探索、研究与创新，为我国哲学社会科学高等教育的发展、繁荣与腾飞指明了方向。我们有理由相信，落实江总书记的这一重要讲话，在加大对自然科学研究投入的同时，必然应当同样加大对哲学社会科学的投入；在重视自然科学工作者的成就和作用的同时，必然应当同样重视哲学社会科学工作者的成就和作用；在重视自然科学领域高等教育的改革和发展的同时，必然应当同样重视哲学社会科学领域高等教育的改革和发展；在加强自然科学的学科建设的同时，必然应当同样加强哲学社会科学的学科建设；在建设世界知名的一流理工科见长的大学的同时，必然应当同样建设世界知名的一流人文社会科学见长的大学。

江泽民总书记特别提到了掌握必备的哲学社会科学知识，对于领导干部特别是高级干部学会讲政治、懂全局、驾驭复杂形势、研究战略策略、提高领导水平更是十分重要。他要求各级党委和政府以及全社会都来关心哲学社会科学的发展，积极创造支持科学探索、鼓励学术创新的社会环境和学术氛围。江泽民总书记在人民大学的讲话当然不是只对人民大学讲的，而是向各级党委和政府提出要求和希望，向整个哲学社会科学界提出要求和希望，向全国的哲学社会科学工作者提出要求和希望。

为了切实将总书记提出的“五个高度重视”尽快落到实处，使“五点希望”尽快变成现实，利用这个机会，我们提出几点倡议：

第一，我们倡议国家在制定哲学社会科学五年规划的基础上，加快制定全国哲学社会科学长期发展规划。从战略和全局的高度，就发展繁荣哲学社会科学的指导思想、战略措施、发展重点与规模、经费投入与条件支持等重大问题作出科学规划与决策，以指导全国哲学社会科学的发展与繁荣，动员各级党委和政府以及全社会都来关心哲学社会科学，凝聚全国哲学社会科学的人才，集中资源，联合攻关，对改革开放和现代化建设实践中的全局性、战略性、前瞻性的重大课题作出科学的理论回答。

第二，我们倡议启动21世纪国家发展繁荣哲学社会科学行动计划，简称“428计划”。“428计划”主要内容包括三个方面：在科学研究方面，要像国家实施“863计划”那样，集中规划并支持哲学社会科学重大课题的研究；在队伍建设方面，要像国家实施“长江学者奖励计划”那样，建立哲学社会科学优秀人才奖励机制，造就一支高水平的哲学社会科学研究队伍；在哲学社会科学高等教育发展方面，要像国家重点支持以理工科为主的著名大学的建设一样，大幅度增加对以人文社会科学为主的著名大学的投入力度。

第三，我们倡议建立和完善哲学社会科学工作者研究成果的评价机制，并尽快付诸实施。通过这样的评价机制和措施，落实江总书记关于“高度重视为哲学社会科学发展作出杰出贡献的学者的成就和作用”的重要指示，使那些在本学科取得奠基性、开创性和国际前沿成就的学术大师得到应有的学术荣誉和价值肯定，从而调动广大哲学社会科学工作者全身心从事社会科学研究的积极性，促进我国哲学社会科学健康、快速地发展。

为进一步深入学习贯彻江泽民总书记考察中国人民大学重要讲话精神，进一步提高对哲学社会科学重要性的认识，增强发展和繁荣我国哲学社会科学事业的信心，我校初步拟定在今年7月上旬组织召开全国性高层次的学习贯彻江总书记讲话精神的学术研讨会，在深入学习和领会江总书记讲话的基础上，明确发展和繁荣哲学社会科学的思路，探讨发展和繁荣哲学社会科学的措施，激励全国广大哲学社会科学工作者奋发有为。我们诚邀各界专家学者与会，共商发展和繁荣哲学社会科学的大计。

最后，衷心感谢成思危副委员长、中宣部领导、教育部领导、北京大学等兄弟院校的领导和其他部门的领导，感谢你们对此次论坛的大力支持。我祝愿此次论坛取得圆满成功！

谢谢大家！

实践“三个代表”重要思想，发展繁荣哲学社会科学
——在“中国人文社会科学论坛（2002）”上的讲话

中国人民大学党委书记　程天权
（2002年5月18日）

2001年8月7日，江泽民总书记在北戴河亲切会见了国防科技和社会科学专家并与他们座谈，用“四个同样重要”深刻地揭示了哲学社会科学的极端重要性，高屋建瓴地指出：“哲学社会科学的研究能力和成果，也是综合国力的重要组成部分。”2002年4月28日，江总书记视察中国人民大学，亲自主持师生座谈会，并就我国哲学社会科学的发展发表了重要讲话，用“五个高度重视”对各级党委和政府及全社会提出了具体要求，用“五点希望”指明了广大哲学社会科学工作者的努力方向。江总书记关于哲学社会科学的两次重要讲话，是“三个代表”重要思想的有机组成部分，是发展繁荣哲学社会科学的纲领性文献，内涵丰富，意义深远，鼓舞人心，震撼思想，必将极大地推动我国哲学社会科学事业的发展繁荣，极大地促进建设有中国特色社会主义的全面胜利。

一、实践“三个代表”重要思想，发展繁荣哲学社会科学，事关中华民族复兴伟业，需要尽快把江总书记讲话精神转化为发展繁荣哲学社会科学的巨大动力，掀起发展繁荣哲学社会科学的高潮

21世纪是中华民族实现伟大复兴的时代，是中国哲学社会科学大发展、大繁荣的时代。江总书记关于哲学社会科学的重要讲话不仅指出了哲学社会科学在实现中华民族伟大复兴中巨大的不可替代的作用，紧紧抓住了发展繁荣哲学社会科学紧迫的必须解决的重大问题，而且展现了我国哲学社会科学发展繁荣的壮丽前景，为发展繁荣哲学社会科学指明了前进方向，提供了巨大动力。在北戴河讲话中，江总书记阐述了哲学社会科学与自然科学“四个同样重要”，强调了哲学社会科学的重要性，被广泛认同，引起了热烈的反响，哲学社会科学界则以“拥抱哲学社会科学的春天”的热情欢呼传颂。在人民大学讲话中，江总书记则进一步指出“关键在于落实”，提出了“五个高度重视”和“五点希望”。江总书记在人民大学的讲话是去年北戴河讲话的重要发展，可以看做是上篇与下篇的关系。在短短的一年的时间内，江泽民总书记两次集中论述哲学社会科学问题，充分说明了以江泽民同志为核心的党的第三代领导集体特别关心哲学社会科学的发展繁荣，特别重视哲学社会科学在社会主义现代化伟大实践的重要作用，这不但极大地振奋了哲学社会科学工作者的精神，鼓舞他们为发展繁荣哲学社会科学而努力工作，而且还将引起各级党和政府以及主管部门、领导部门、实际工作部门的高度重视，引起全社会对哲学社会科学的重要性进行全面而深刻的审视认识。当务之急是要在全社会范围内贯彻落实江总书记“八七”和“4·28”重要讲话精神，并将讲话精神转化为发展繁荣哲学社会科学的巨大动力，掀起发展繁荣哲学社会科学的高潮。

二、实践“三个代表”重要思想，发展繁荣哲学社会科学，需要始终坚持以与时俱进的马克思主义为指导，不断增强贯彻“三个代表”要求的自觉性和坚定性

哲学社会科学，主要是帮助人们解决世界观、人生观、价值观，解决理论认识和科学思维，解决对社会发展、社会管理规律的认识和运用的科学，具有探索社会政治和经济发展规律，继承和发展人类文明成果，推动社会进步和发展的重要功能。“三个代表”重要思想，是新的历史条件下对毛泽东思想和邓小平理论的继承和发展，是马克思主义中国化的又一个里程碑，是当代中国科学世界观、人生观、价值观的核心内容，是当代中国哲学社会科学的最大理论成果。因此，是否体现了中国先进生产力的发展要求、中国先进文化的前进方向和中国最广大人民的根本利益，是衡量我国哲学社会科学

性质、方向和水平的根本尺度。哲学社会科学要为我们党治党治国和领导建设有中国特色社会主义事业提供思想武器和理论保证，要为深化改革、促进发展、维护稳定、实现可持续发展提供精神动力和智力支持，要为建设民主、富强、文明的社会主义现代化强国提供人文支撑和人才支持，要为人的全面发展和民族素质的全面提高提供知识营养和精神支柱，就必须在深入研究和贯彻落实“三个代表”重要思想上做到坚定不移、坚持不懈。广大哲学社会科学工作者要以与进俱进的马克思主义为指导，以“三个代表”重要思想来把握哲学社会科学的方向，以“三个代表”重要思想来衡量哲学社会科学的水平，解放思想，实事求是，与时俱进，开拓创新。

三、实践“三个代表”重要思想，发展繁荣哲学社会科学，需要各级政府以及全社会共同努力，以实际行动落实讲话精神，统一思想，提高认识，加大投入，改善条件，尊重客观规律，营造良好环境

哲学社会科学的发展繁荣事关治党治国，事关科教兴国，事关民族复兴。面对当前国际范围内政治多极化、经济全球化、文化多元化错综复杂，科学技术突飞猛进，综合国力竞争日趋激烈的新形势，面对国内改革开放和现代化建设进入关键时期，各种深层次社会矛盾和问题日益显露的新形势，我们迫切需要哲学社会科学提供理论指导、思想保证、人才支持。没有哲学社会科学的发展繁荣，我们就难以抓住机遇，应对挑战，确保改革开放和现代化建设顺利发展。因此，各级党委和政府以及全社会共同努力，大力促进我国哲学社会科学事业的发展繁荣就是一件十分紧迫的事情了。江总书记在讲话中提出“五个高度重视”，除了要求始终高度重视哲学社会科学在治党治国中的巨大作用外，还从必须高度重视哲学社会科学领域高等教育改革和发展、研究和人才培养的条件、重大课题的攻关，以及为哲学社会科学发展作出杰出贡献的学者的成就和作用等方面提出了要求。这就对党和政府以及主管部门、领导部门、实际工作部门提出了“关键在于落实”的重要指示，各级党委和政府以及全社会要从多方面大力气切实促进哲学社会科学事业的发展繁荣。一要认真学习讲话精神，深刻领会讲话实质，把思想统一到讲话精神上来，统一到对“四个同样重要”的认识上来，切实解决对哲学社会科学的认识问题；二要加大对哲学社会科学的投入，切实为哲学社会科学研究和人才培养创新良好的条件；三要扭转社会上长期以来存在的“三个”发展上的不均衡，即重理轻文、重技术轻理论、重科技创新轻理论创新，切实营造有利于哲学社会科学发展的舆论环境和学术氛围；四要尊重哲学社会科学发展的客观规律，建立科学的学科评价制度，实事求是地对待哲学社会科学成果。

四、实践“三个代表”重要思想，发展繁荣哲学社会科学，需要坚持“双百方针”，营造良好的学术氛围，促进学术繁荣发展

新中国哲学社会科学事业的发展经历了奠基起步（1949—1965 年）、严重挫折（1966—1976 年）和发展繁荣（1978 年至今）三个阶段，哲学社会科学 50 多年的发展经历程告诉我们，只有坚持“百花齐放，百家齐鸣”的方针，哲学社会科学才能发展繁荣，改革开放以来我国哲学社会科学事业的发展繁荣就是最好的诠释。在这 20 多年的时间里，哲学社会科学取得了突飞猛进的成就，学术气氛活跃，学术队伍壮大，学术成果丰硕，为我国社会主义现代化建设事业起到重要的推动作用。相反，“文化大革命”期间，由于受到“左”的思想禁锢，“百家齐放，百家齐鸣”的方针没有得到很好贯彻，哲学社会科学界缺乏生机，哲学社会科学事业几乎处于停滞状态。因此，为了在新形势下继续保持哲学社会科学发展繁荣的良好势头，就必须进一步坚持“双百方针”，我们要鼓励创新，要尊重首创，要爱同敬异，要文人相重，要联合攻关，要和谐合作，共同营造良好的学术研究环境，共同推动哲学社会科学的繁荣发展。

五、实践“三个代表”重要思想，发展繁荣哲学社会科学，需要加强学科建设和人才培养工作，培养和造就大批学贯中西、博古通今、理想远大、热爱祖国、德才兼备、素质全面的高素质人才

我们要深刻领会讲话精神，要结合我国经济建设和社会发展的需要，加强哲学社会科学建设，努力建设一批高水平的哲学社会科学学科。要进一步健全激励机制，完善哲学社会科学人才的培养制度，为哲学社会科学人才的茁壮成长提供舞台，创造条件。要高度重视哲学社会科学学术带头人的培养，要选拔重用一批学贯中西、博古通今、文理兼通、又红又专、理论思考和实践经验高度统一的哲学社会科学的学术大师和有影响的学科带头人。

六、实践“三个代表”重要思想，发展繁荣哲学社会科学，需要充分发挥哲学社会科学为改革开放和现代化建设服务、为党和政府决策服务方面的巨大作用，在服务现实中实现哲学社会科学的自身价值，迎接哲学社会科学事业的春天

哲学社会科学工作要增强创新意识，推进理论创新。与时俱进是马克思主义的理论品质，也是我国哲学社会科学保持蓬勃活力的重要保证。理论创新是哲学社会科学的灵魂，是哲学社会科学工作者的历史责任。哲学社会科学要得到社会的承认，得到党和政府的重视，最重要的是要以我国改革开放和现代化建设的实际问题、以我们正在做的事情为中心，着眼于马克思主义理论的运用，着眼于对实际问题的思考，着眼于新的实践和新的发展，拿出适应时代变化的理论成果。没有创新、没有发展就没有哲学社会科学的真正发展繁荣。

哲学社会科学工作者要深入改革开放和现代化建设的实践，努力对全局性、战略性、前瞻性的重大问题作出科学回答。理论来自于实践，又应用于实践，并在实践中得到检验、修正、创新和发展。哲学社会科学必须深深扎根于改革开放和现代化建设的伟大实践之中，从改革开放和现代化建设的实践中获取理论创新的深厚源泉和强大动力，正确回答改革开放和现代化建设实践提出的重大理论和实际问题，才能实现哲学社会科学的理论创新和发展。

哲学社会科学工作者要尊重群众的实践创造，注重对人民群众在实践中创造的新鲜经验进行科学总结和理论概括。这是哲学社会科学发展繁荣的重要任务，也是哲学社会科学发展繁荣之路。哲学社会科学工作者要走出书斋，深入群众，向群众学习，总结群众的实践经验，提升群众的实践经验。

哲学社会科学工作者要立足中国，又面向世界，既要努力继承和弘扬中华民族的优秀文化传统，又要大胆学习借鉴外国的先进文化成果。中华民族的历史源远流长，中华民族的文化博大精深。我们应该取其精华，去其糟粕，结合时代精神加以继承和发展，做到古为今用。同时我们又要确立世界眼光，扩展国际视野，学习借鉴外国的先进文化成果，做到洋为中用。我们的哲学社会科学工作者应该为形成具有中国气派、中国风格、民族文化底蕴深厚、开放包容、与时俱进的中华新文化作出贡献。

伟大的时代需要与时俱进的哲学社会科学，与时俱进的哲学社会科学必将推动伟大的时代向前大踏步迈进。我们相信，在总书记重要讲话精神的指引下，在党和各级政府、全社会的共同重视和支持下，在全国哲学社会科学界全体同仁共同努力下，我们一定会迎来哲学社会科学百花齐放、硕果累累的春天。

让我们为哲学社会科学界内外的大团结、大合作、大奋发而欢呼！

让我们为哲学社会科学的春天而欢呼！

让我们为中华民族的伟大复兴而欢呼！

教育部部长陈至立，副部长张保庆、袁贵仁听取我校领导的工作汇报

2002年10月29日下午，校领导纪宝成、程天权、牛维麟、林岗、冯惠玲一行前往教育部汇报我校近期工作。

听取汇报的有教育部部长陈至立，副部长张保庆、袁贵仁，财务司司长杨周复，社政司司长靳诺，学生司巡视员韩建华，办公厅副主任曹国永，发展规划司副司长季平，国务院学位委员会办公室副主任李军等。

纪宝成校长简要介绍了我校目前的学科建设、人才培养、校园建设、后勤改革等方面的工作情况，就我校南方（珠海）校区办学、师资队伍建设、教育部与北京市共建我校等问题作了说明。

听取汇报后，陈至立部长、张保庆副部长、袁贵仁副部长等先后讲话。对我校新的领导班子上任以来取得的成绩给予充分肯定，并高度评价了我校在我国高等教育领域乃至社会发展方面所发挥的巨大作用。在谈到教育部与北京市共建我校问题时，教育部领导表示，这是落实江总书记“4·28”讲话精神的体现，教育部将一如既往地给予支持，并将和北京市有关领导协商如何把支持中国人民大学发展的行动落到实处。教育部领导还表示，学校在珠海校区建设上要敢于创新，敢于突破；同时也要全面考虑，认真研究。陈至立部长等还就学校发展的其他问题提出了建设性意见。

我校学校办公室、研究生院、发展规划处、校园建设管理处等部门负责人刘向兵、刘大椿、查显友、盛希贵等参加汇报会。

（原载《中国人民大学校报》，2002/11/30，总第1123期）

全国人大常委会委员、教科文卫委员会主任委员朱开轩一行专程来我校考察工作

2002年10月24日上午，全国人大常委会委员、教科文卫委员会主任委员朱开轩一行专程来我校考察工作。

在校领导纪宝成、程天权、牛维麟的陪同下，朱开轩同志亲切看望了我校老领导李文海、马绍孟、罗国杰，并一同参观了“吴玉章校长与学生在一起”雕像；朱开轩同志还饶有兴致地参观了我校宜园、百家园、世纪馆等地。

纪宝成校长向朱开轩同志介绍了我校学科建设、师资队伍、教学科研、人才培养等方面的基本情况，详细阐述了我校“实践‘三个代表’思想，创建世界一流大学”，全面推进学校改革和发展的“1231”的工作思路；并就学校建设和发展中遇到的困难作了说明。程天权书记总结了我校改革和发展中的新特点，并对高等教育新情况的认识作了阐述。

朱开轩同志发表讲话，他对我校近年来在教学科研、校园建设等领域取得的成绩和学校领导班子的工作思路给予了充分肯定；并就今后如何应对高等教育领域出现的新情况、新问题，大力推进学校改革和发展的进程提出了指导性意见。

出席汇报会的还有校领导牛维麟、张建明、冯惠玲、马俊杰、陈一兵，学校办公室、研究生院、党委宣传部、教务处、科研处、人事处、学生处、资产与产业管理处、校园建设管理处等部门负责人。

（原载《中国人民大学校报》，2002/11/20，总第1122期）

国务院副秘书长高强在我校主持会议，研究解决我校环境整治和建设发展的有关问题

为落实李岚清副总理2001年12月17日约请北大、清华、人大三校校长的谈话和国务院《研究北京大学、清华大学、中国人民大学环境治理和后勤社会化改革等有关问题的会议纪要》精神，2002年1月13日上午，国务院副秘书长高强在我校主持会议，研究解决我校环境整治和建设发展的有关问题。

国家科教领导小组办公室副主任廖晓淇、教育部副部长张保庆、国家计委副主任于广洲、财政部副部长张佑才、中国人民银行副行长吴晓灵、北京市副市长刘敬民、中国人民解放军总后勤部营房部部长林杰以及我校领导纪宝成、程天权、牛维麟、张建明、冯惠玲、马俊杰、陈一兵参加了会议。

高强副秘书长一行在纪宝成校长、程天权书记的陪同下，实地考察了我校校园，听取了纪宝成校长关于学校基本情况、校园周边环境治理及校园西北区改造建设工程等问题的汇报。

参加会议的负责同志一致认为，中国人民大学是我们党亲手创办的第一所正规大学，得到了党的三代领导集体的亲切关怀和大力支持，在我国高等教育特别是人文社会科学领域起着示范作用，在培养国家高级管理人才方面具有明显优势，担负着重大职责。北大、清华、人大各有特色，同样重要，把人大建设成世界一流大学对国家经济建设和社会发展具有重要意义。国务院各有关部门和北京市人民政府负责同志一致表示，要给予人大更多支持，加大对人大的投入，加快中国人民大学建设世界一流大学的进程。参加会议的负责同志还对我校的建设和发展提出了一系列中肯建议。

会议经研究，对我校周边环境治理、西北区改造建设、校园基础设施改造等有关问题议定了基本意见。

纪宝成校长、程天权书记代表学校感谢党中央、国务院对中国人民大学的关怀，决心不辜负党中央、国务院的殷切希望，努力实践“三个代表”的重要思想，抓紧落实李岚清副总理指示精神，加大校园环境整治力度，进一步深化后勤社会化改革，优化环境和教学秩序，加快校园建设步伐，全面推进学校的改革和发展，为实现江泽民总书记提出的创建世界一流大学的目标而努力奋斗。

国务院办公厅、教育部、中国人民银行、中国人民解放军总后勤部、北京市人民政府、北京市教委、海淀区人民政府、北京市造纸六厂及我校相关部门的负责同志也参加了会议。

（原载《每周信息》2001—2002学年，第16期）

中共教育部党组副书记、副部长周济来我校考察调研

2002年5月25日上午，教育部党组副书记、副部长周济来我校调研考察。他希望我校对江泽民总书记来我校考察工作并发表重要讲话的历史性机遇要紧抓不放，进一步推动中国人民大学快速发展。

教育部直属办主任高文兵、国务院学位办副主任王亚杰、教育部发展规划司副司长韩进、教育部

高教司副司长葛道凯等随同考察。

纪宝成校长、程天权书记、袁卫副校长陪同周济副部长一行参观了中国人民大学65年成就展，考察了图书馆、学生活动中心、新闻学院实验室、法学院及我校校园绿化美化情况。

周济副部长一行在逸夫会议中心多功能厅听取了情况汇报。纪宝成校长代表学校介绍了我校努力实践“三个代表”重要思想，加快学科和校园建设步伐，全面推进学校改革和发展的整体情况。程天权书记代表全校广大师生员工表达了认真贯彻江泽民总书记关于发展繁荣哲学社会科学的讲话精神，努力创建以人文社会科学为主的世界知名的一流大学的决心。

我校领导袁卫、牛维麟、张建明、冯俊、马俊杰、王新清、陈一兵，校长助理高培勇及学校办公室、财务处、新闻中心、科研处、人事处、研究生院、教务处、发展规划处、学生处、校园建设管理处等部门负责人出席汇报座谈会。

在考察学生活动中心时，周济副部长对同学们发表简短讲话。周济副部长说，4月28日，江泽民总书记来中国人民大学考察工作，这对全校师生员工是巨大的鼓舞，对全国高等教育也是巨大的鼓舞。总书记殷切希望中国人民大学成为以人文社会科学为主的世界知名的一流大学，我们一定要在“三个代表”重要思想的指引下，向世界一流大学进军。同学们作为中国人民大学的学生，你们现在为学校而骄傲，将来学校会以你们而自豪。我希望同学们通过自己的努力，在今后的征途上作出更大的成绩，为中国人民大学增光添彩，为中华民族的伟大复兴作出自己的贡献。

在听取纪宝成校长、程天权书记等学校领导汇报发言之后，周济副部长讲了话。他说，江泽民总书记考察中国人民大学，对中国人民大学的师生员工是一个巨大的鼓舞，对全国高校、对全国哲学社会科学战线广大同志也是巨大的鼓舞。江总书记考察中国人民大学与学校本身的工作成就有直接关系，也有他整体性全局性的考虑。江总书记是从党的“三个代表”的任务、国家的进一步发展、哲学社会科学在国家中的地位来全面考虑的。江泽民总书记衷心祝愿中国人民大学在新世纪创造新的成就，为祖国、为人民、为社会主义现代化建设作出更大的贡献，成为以人文社会科学为主的世界知名的一流大学。总书记对中国人民大学的定位非常清楚明确，也非常科学，实际上对中国人民大学提出了很高的要求。周济副部长说，党中央实施科教兴国战略，把教育提到非常重要的位置。无论是党中央、国务院，还是广大人民群众，对教育都寄托了非常高的希望。在这样高的期望之下，教育部要做的事情太多，目前重点在抓两项工作：一是抓龙头、抓基础，抓义务教育；二是在高等学校中建设若干所有标志性的、代表中国水平、在世界上有地位的一流大学。

周济副部长说，江泽民总书记关于哲学社会科学“四个同样重要”、“五个高度重视”的论述非常重要。前些时候，人们对人文社会科学高等教育的认识存在某种偏差，为了扭转这种偏差，进一步端正对人文社会科学教育的认识，人民大学做了很多有益的工作。周济副部长说，一方面哲学社会科学在治党治国和建设有中国特色社会主义事业中具有重要作用；另一方面世界各国高等教育培养的大量的还是人文社会科学学科的学生。自然科学、技术科学学科学生比例比较高的除了苏联，就是中国。这在一定历史发展阶段是必要的，但从长远考虑必须重视哲学社会科学。如果要进一步提高广大人民群众的素质，继续提高大学入学率，人文社会科学学科大学生所占比例肯定会越来越大，需要加强对人文社会科学高等教育的投入。中国人民大学抓住这个历史性机遇快速发展是完全可能的。

周济副部长说，中国人民大学的师生员工对本届学校领导班子给予高度评价，在党委领导下的这届班子为进一步振奋精神、凝聚人心做了很好的工作，把师生员工的积极性充分调动起来，有了良好的精神状态，就可以做很多的事情。在今后一段时间内，国家对中国人民大学的支持力度会大大加强，但是真正按照世界一流大学的水平来投入，中国内地的高校还远远不行。从根本上说，实现总书记对我们提出的要求，还得靠我们自己，只靠国家投入远远不够。在今后一段时间，还要继续发扬中国人民大学的光荣传统，保持艰苦奋斗的作风。要还是尽量地要，但不能等、不能靠。要充分调动全校师生员工的积极性，为国家经济建设、社会发展多做贡献，以服务求生存，以贡献求发展。我国的教育还有很大的潜力，高等教育在继续教育领域还大有可为，国家和社会有需求，我们也有这方面的能力，搞得好还可以资助学校的建设和发展。总之，我们要共同努力，落实江总书记的殷切期望，把中国人民大学建设成为以人文社会科学为主的世界知名的一流大学，共同为我们国家哲学社会科学的发展，为中华民族的伟大复兴作出贡献。

（原载《中国人民大学校报》，2002/06/10，总第1113期）

教育部副部长张保庆考察我校校园规划及基本建设情况

2002年2月21日上午，教育部副部长张保庆一行到我校考察，研究我校校园规划和基本建设等有关问题。我校纪宝成校长作了情况汇报，冯惠玲、马俊杰副校长以及我校有关部门负责人参加了会议。

纪宝成校长简要介绍了2001年中国人民大学在危旧房拆迁与环境整治、深化住房制度改革、校园规划与建设、后勤社会化改革等方面的主要进展；重点汇报了我校2002年及今后一个时期校园规划与建设的总体思路，即完成基础设施改造，抓好各项在建工程，继续做好环境整治工作，确保校庆65周年校园面貌有较大改善，重点抓好校园西北区改造与建设，确保“十五”期间发展目标的实现，为21世纪人民大学的发展奠定基础；此外，还要在近期解决好仁达科教中心项目复工和四季青校区办学两个问题。希望教育部对我校的建设予以支持。

张保庆副部长在听取汇报后指出，中国人民大学新领导班子到任之后，经过两年的苦干，各项工作都取得了很大成绩。但从历史原因来看，中国人民大学是“文化大革命”中受损失最大的学校，加上长期投入不足，学校欠账太多，现有基础设施、硬件条件等与学校的地位及改革和发展的任务很不相符，需要认真做好学校的发展规划，同时加大投资力度，集中进行建设。他说，学校规划与建设应从长远考虑，学校的规模不宜无限扩张，而应立足“少而精”，应结合现有条件、资金投入等实际情况，在可预见的将来，立足于把现有校区搞好，要做好规划和设计工作；还要考虑规划的可操作性，长计划，短安排，统一规划，分步实施；在实施过程中要把长远和眼前区分开来，在未来5～10年内，在办学规模上要有更加清晰的思路，在不存在学校合并或北京市无偿划拨办学用地的情况下，不宜走外延扩张的道路。他指出，校园规划要整体设计，分区合理，教学区和生活区界限要调整得更清楚一些；要充分利用现有资源，教学、科研、会议、大型活动、对外接待等设施均应相对集中，避免重复建设；基建战线也不宜过长，要立足于高质量、出精品。同时，要认真规划和建设好配套的基础设施，要在基础设施改造上多下工夫，地上和地下同样重要。学校西北区改造与建设工程是新世纪建设和发展的奠基工程，建成之后将从根本上改善学校教学、科研及学生生活条件，希望学校拉开架子干，把西北区的规划与整个校园的规划结合起来，确保学校提出的“统一设计，统一建设，分批施工，三年完成”。关于学校建设和发展所需资金问题，教育部等有关方面将根据可能给予支持。

张保庆副部长还就仁达科教中心项目、四季青校区办学、我校离退休教职工人数众多等问题发表了意见与建议。

张保庆副部长最后强调指出，教育部希望中国人民大学统一思想，按照既定办学思路，坚定不移地贯彻落实。到2005年完成“十五”规划的各项任务时，中国人民大学将会有一个翻天覆地的变化，实现第二次飞跃。

会议结束后，张保庆副部长一行到我校世纪馆工程工地进行了考察。

9月2日上午，教育部副部长张保庆又一次来我校考察工作，纪宝成校长汇报了我校在校园规划和建设方面的设想及重大举措，特别介绍了学校根据李岚清副总理的批示精神，为实现学生公寓“421”目标，而研究确定的校园置换方案。

听取汇报后，张保庆副部长对我校的工作设想及半年多来的工作成绩给予充分的肯定，并表示教育部会继续支持人民大学的工作。

会后，张保庆副部长在纪宝成、程天权、牛维麟、马俊杰等校领导和学校有关部处负责人陪同下，兴致勃勃地参观了刚刚竣工的世纪馆。张保庆副部长看到功能齐全、设施先进的体育场馆，高兴地说，这真是翻天覆地的变化。走出世纪馆，走过校园中热火朝天的工地，张保庆副部长感慨地说，能把人民大学建设成这样，很了不起！

（原载《中国人民大学校报》，2002/03/10，总第1105期；
2002/09/10，总第1116期）

■ 中共北京市委副书记龙新民，副市长刘敬民、林文漪来我校检查校园周边环境整治工作

为落实李岚清副总理关于北大、清华、人大三校环境治理及发展规划有关问题的重要指示及国务院办公厅有关会议精神，2002年1月19日上午，中共北京市委副书记龙新民，副市长刘敬民、林文漪率队检查人大、北大、清华三所高校周边环境整治工作。

按照工作方案，市领导一行首先来到我校，先后察看了人大东门白颐路交通及调整公交线站情况、人大南路的环境整治工作、人大西门和人大北路的交通情况，并就有关问题进行了现场办公。我校党委副书记张建明、副校长马俊杰、党委副书记王新清陪同检查并作了汇报。

市政府副秘书长戴卫和市规划委、市建委、市教委、市经委、市重大办、市交通局、市公安交通管理局、海淀区政府的负责同志陪同检查。

（原载《中国人民大学校报》，2002/03/10，总第1105期）

■ 我校举办新中国成人高等教育暨中国人民大学成人高等教育创办50周年庆祝大会

与新中国成人高等教育共同走过辉煌50年的中国人民大学成人高等教育，今年迎来了50周年华诞。由中国人民大学、中国成人教育协会、北京高校成人高等教育研究会主办的庆祝新中国成人高等教育暨中国人民大学成人高等教育创办50周年大会，9月7日上午在我校逸夫会议中心隆重举行。

出席庆祝大会的有：我校老校长袁宝华、全国政协副秘书长孙怀山、教育部副部长赵沁平、我校校长纪宝成及嘉宾李清河、顾海良、黄尧、董明传、张国华、葛道凯、马叔平、赵劲夫、李荣光、鲁学政、白殿忠、李向罡、苏立文、张大也，我校老领导张腾霄、马绍孟、杨德福、郑杭生、李昭公、杜厚文，现任领导牛维麟、林岗、冯惠玲、马俊杰、王新清等。

新中国诞生后，为满足社会主义建设事业对人才的需求，满足广大在职干部对文化知识的渴求，中国人民大学校长吴玉章、副校长胡锡奎、成仿吾联名写报告给党中央和教育部，建议创办高等函授

教育。1951年11月5日，中央人民政府副主席刘少奇批示：同意中国人民大学在京津地区先行试办函授教育。1952年2月，中国人民大学函授部正式开学，在北京、天津、太原招收在职干部2 893人，分工业经济、贸易经济等10个专业，共23个教学班，开创了新中国成人高等教育的先河。经过50年的建设和发展，我校成人高等教育学院已经成为软硬件设施比较齐全、积累了丰富的教学和管理经验的国内一流成人高等教育学院。建院以来共有7万余名本、专科学生毕业，其中2万余人获得了学士学位。目前学院教学包括成人学历教育、非学历教育、岗位培训、自学助考、高等职业技术教育、远距离网络教育等，有大专、专升本、本科等学力层次；学历教育包括夜大学和函授两个方面，目前在学夜大生5 432人，函授生4 215人，成人脱产班362人，自学助考生1 700人；教学专业设置有企业管理、会计、国际贸易、市场营销及行政管理、新闻、法律、档案等学科，函授站点分布在全国各地。全院形成了“求实、团结、文明、创新”的院风，多次获教育部和北京市成人高教先进单位称号。全国成人高等教育,在毛泽东、邓小平、江泽民三代党的领导核心的亲切关怀下,形成了调动社会各方面力量,多形式、多层次、多渠道办学的格局,成为我国高等教育的重要组成部分和高等学校服务社会的重要窗口,目前,全国举办成人高等教育的院校达到1 000余所,成人高等教育在校生450余万人,50年来培养了数以千万计的本科、专科毕业生,为社会各行各业培养了大批急需的专门人才。

庆祝大会由我校成人高等教育学院院长杨干忠教授主持。

大会宣读了全国人大常委会副委员长成思危、教育部、教育部长陈至立、国家档案局、全国政协委员王光美的贺辞或贺信。庆祝大会还收到中共北京市委常委、北京市副市长孟学农、中共山西省委副书记张宝顺及山西省教育厅、新疆维吾尔自治区教育厅、台湾成教协会、香港大学专业进修学院、澳门成教学会、毕业生班级代表及我校校长纪宝成、党委书记程天权等领导、个人和单位的贺信、贺辞共88件。

教育部副部长赵沁平、我校老校长袁宝华、中国成教协会副会长董明传、全国政协副秘书长孙怀山、我校校长纪宝成在庆祝大会上讲话。

陈至立部长在贺辞中说：“在教师节即将来临，新中国暨中国人民大学创办成人高等教育50周年庆祝大会隆重召开之际，我谨代表教育部向大会致以热烈的祝贺，并向辛勤工作在全国成人高等教育战线上的同志们表示诚挚的问候。”贺辞说，50年前，为适应新中国社会主义革命与建设的需要，在刘少奇同志的亲切关怀下，中国人民大学率先开始创办成人高等教育。经过50年的发展，我国的成人高等教育从无到有，从小到大，成为在职人员进行继续教育、改善知识结构、实现终身学习的重要途径，为我国社会主义革命、建设和改革开放事业培养了大批优秀人才，作出了重要贡献。陈至立部长在贺辞中说，21世纪是终身学习和继续教育的世纪，成人教育特别是成人高等教育大有作为，希望广大成人高等教育工作者以江总书记“三个代表”重要思想为指导，认真总结50年来的办学经验，努力提高教学科研水平，大胆借鉴一切优秀成果，积极探索适应新世纪我国社会主义现代化建设的成人高等教育新模式，努力“构筑终身教育体系，创造学习型社会”，把我国的成人高等教育事业推向一个全新的发展阶段。祝大会取得圆满成功。

教育部副部长赵沁平在庆祝大会上说，以江泽民同志为核心的党中央高度重视和十分关心高等教育的改革和发展，高等教育规模持续扩大，到2001年全国高校的在校生已经达到1 214万人，高等教育入学率达到13.2%，正在向大众化高等教育稳步前进。研究生教育、普通高等教育、高等职业教育、继续教育等，在育人模式、人才培养结构等方面，体现了时代发展需要的终身学习的发展趋势。我们要逐步建立和完善有利于终身学习的教育制度，发挥学历教育、非学历教育、继续教育、职业技术培训等各类教育的特点和功能，加强相互间的补充和衔接，为学习者提供多次受教育的机会，成人高等教育在构建终身学习体系方面将发挥重要作用。成人高等教育应该按照积极发展、规范管理、深化改革、提高质量的方针，以在职人员的继续教育为主，为在职人员更新知识、增强技能、不断学习提供良好服务；既要积极开展学历教育，又要积极开展职业资格证书教育、岗位培训和其他继续教育。成人高等教育应充分利用信息技术手段和网络教育的优势，积极推进我国网络化、开放式终身教育体系的形成，在邓小平理论和“三个代表”重要思想指导下，建设一个开放、竞争、创新、高质量的成人高等教育。

我校老校长袁宝华讲话说，今天在北京的教育界的同志们欢聚一堂，共同庆祝新中国成人高等教育和中国人民大学成人高等教育创办50周年，这是我国教育界的一件盛事，我对于大会的召开，对于辛勤耕耘在成人高等教育岗位的教职员工和同学们致以热烈的祝贺。我们党在领导中国革命的年代，在革命根据地创办教育最早的就是成人教育。中国人民大学的前身，65年前我们党创办的陕北公学，吸引了全国一批又一批的优秀革命青年，经过短期学习，就立即奔赴抗日前线，或从事其他革命工作。短短几年，陕北公学就培养了大批的革命干部，成为革命的骨干力量，陕北公学的办学形式，实际上就是成人教育，在当时发挥了重要的作用。革命胜利以后国民经济恢复和发展，急需大批懂得经济建设和文化建设的专门人才。在这种形势下，刘少奇同志亲自指示中国人民大学于1952年创建了高等函授教育，使广大干部一边工作一边接受高等教育，大批在职专门人才就是通过接受这种高等教育成长起来的。由于这种教育形式十分适合我国的国情，所以得到了很快的发展。在很大程度上缓解了国家经济建设与人才不足的矛盾，促进了国家社会主义建设事业的发展。我受中央委托曾经搞过职工教育，担任全国职工教育管理委员会主任，教育部一位副部长和全总一位副主席作副主任。职工教育也是成人教育，包括对职工的文化补课和技术补课，也包括对干部的培训，设立了一大批经济管理干部学习班，这对提高企业素质、增强企业竞争力起了非常重要的作用。进入21世纪，新知识层出不穷，这就要求人们不断学习，不断掌握先进知识，使得终身教育成为社会发展的必然要求。这表明新世纪对成人高等教育提出了更高的要求，赋予更丰富的内容。希望全体教职工，高举邓小平理论的伟大旗帜，实践“三个代表”重要思想，扎实工作，开拓创新，进一步把我国成人高等教育推上一个新台阶，争创世界一流的成人教育。

我校校长纪宝成致贺辞。他说，21世纪是一个知识经济的世纪，知识的巨大威力已为人们所瞩目，现代社会知识的更新速度也让人们深切地体会到继续学习的重要性。“活到老，学到老”已不再仅仅是美德，而成了人们工作生活的必须。中国人民大学成人高等教育创办50年来为国家各条战线培养了工作骨干，中国人民大学成人高等教育学院已经发展成为人文社会科学、管理科学门类比较齐全，专科本科兼具，在校生万人以上的我国成人高等教育的重要基地。学院全面贯彻党的教育方针，积累了丰富的办学经验。进入科学技术与生产力日新月异的21世纪，我们的成人高等教育事业也面临着新的挑战。江泽民总书记在4月28日考察我校时的重要讲话中，对我们提出了建设世界知名一流大学的要求。作为创建世界一流大学工作的一个组成部分，人大成教学院的全体师生要高举邓小平理论伟大旗帜，全面落实江总书记“三个代表”重要思想，认真总结50年来的办学经验，学习国际国内成功的成人教育的经验，与时俱进，争创一流，努力开拓我校成人高等教育的新局面，更上一层楼，创造新辉煌，希望领导、专家和各界人士对我校的成人高等教育工作，继续给予支持和帮助。

庆祝大会以后，举办了“21世纪中国成人高等教育论坛”。

（原载《中国人民大学校报》，2002/09/20，总第1117期）

国家《清史》编纂工程启动，中国人民大学发挥重要作用

作为一所以人文社会科学为主的研究型重点大学，中国人民大学一直十分重视清史研究和清史纂修。1965年，在周恩来同志的直接提议下，国家成立了清史编纂委员会，并在中国人民大学成立了

清史研究所。在编纂委员会7位成员中，时任我校副校长的著名明清史专家郭影秋任主任委员；我校戴逸教授是其中最年轻的一位委员。近30年来，我校清史研究所一直在严谨求真地进行科学研究，成果卓著，尽心尽力地为清史纂修做了大量前期准备。

进入新世纪，中国人民大学的学者们又积极建言献策，向国家倡修清史。2001年年初，我校再次呼吁启动清史纂修。2001年2月27日，我校清史研究所召开重点研究基地学术委员会，会上研究决定向国家提出建议纂修《清史》。2001年3月5—8日，我校李文海教授在全国人大会议上提出纂修《清史》的建议。2001年4月，在纪宝成校长、程天权书记的关心和支持下，在我校有关部门及清史所的精心组织下，北京地区专家学者在我校召开纂修大型清史研讨会，形成《关于纂修大型清史的建议》，并由季羡林、任继愈、王钟翰、朱家溍、戴逸、李文海、蔡美彪、龚书铎、马大正、郭成康、朱诚如、王晓秋、成崇德等13位专家签名，于2001年4月6日上报国务院李岚清副总理。2001年4月14日，李岚清副总理在学者签名的建议书上批示：请荣凯同志商有关部门研究，提出意见。经请示党中央、国务院决定。当天，《人民日报》登载戴逸、李文海教授的文章《一代盛事，旷世巨典——关于大型清史的编纂》。2001年5月24日，由清史所草拟、纪宝成校长亲自反复修改定稿的第一份纂修清史工作方案建议报告——《中国人民大学关于纂修〈清史〉工作方案的建议报告》及6个附件，以及《中国人民大学支持纂修清史工作意见》、《纂修清史初步方案》全部完成，并由学校直送国务院办公厅并转呈徐荣凯副秘书长，同时抄送教育部陈至立部长。

2001年初至2002年中，在有关部门的协调下，我校多次组织历史学界专家召开编纂清史可行性论证会。2001年5月17—19日，我校清史所召开"清史纂修研讨会"，纪宝成校长、冯惠玲副校长参加开幕式并讲话，表示我校将全力支持国家清史纂修工程。全国170余位专家学者参加研讨会。2001年7月25日，国务院副秘书长高强在国务院第二会议室主持召开《清史》纂修工作会，我校纪宝成校长、戴逸教授参加会议并发言。2001年8月，我校关于纂修《清史》工作方案的建议报告修改稿完成，并上报国家有关部门。2001年8月23日，受国务院办公厅委托，我校召开"纂修《清史》专家座谈会"，就《清史》纂修进行进一步论证。纪宝成校长出席会议并讲话。2001年8月，国家社会发展司负责同志来校考察清史纂修馆址问题，并于8月29日由国家计委牵头，约请财政部、国务院机关事务管理局的同志到我校铁一号考察并讨论馆址问题。纪宝成校长、牛维麟副校长参加会议。我校为落实29日会议精神，于8月31日提出《中国人民大学"清史纂修馆"项目建议书》，提出建馆地址、建设依据、建馆规模、建设内容、资金结算等具体落实方案。

2002年4月27日，《清史》纂修筹备工作领导小组第一次会议在文化部举行。会议宣布筹备工作领导小组成立。我校纪宝成校长为领导小组成员，成崇德所长为联络员。2002年8月，中共中央、国务院批准启动清史纂修项目。2002年11月26日，在文化部301会议室召开清史纂修领导小组成立大会。组长孙家正（文化部部长），副组长周和平（文化部副部长）、袁贵仁（教育部副部长）、朱佳木（中国社科院副院长），我校纪宝成校长、戴逸教授为领导小组成员（成员共有13名）。当天，《清史》纂修领导小组工作会议在北京召开，会议通过了《清史》编纂委员会组成人员名单。我校戴逸、成崇德、李文海、杨念群、陈桦、郭成康、黄兴涛7位同志为《清史》编纂委员会成员。戴逸为编纂委员会主任。2002年12月中旬，清史编纂委员会成立并在京召开第一次工作会议，启动纂修清史工程。清史编纂委员会由清史学界的专家学者组成，全面负责清史纂修的学术组织工作。我校戴逸教授、成崇德教授分别担任编纂委员会主任、副主任。

（学校办公室、人文学院清史所整理）

关于报送《中国人民大学关于纂修〈清史〉工作方案的建议报告》的报告

国务院办公厅转呈徐荣凯副秘书长：

遵嘱，我校草拟了《关于纂修〈清史〉工作方案的建议报告》。我们建议，尽快决策，尽快组织力量，尽快启动纂修《清史》这一宏大的文化工程。现将该《报告》及其六个附件呈上，请审阅。有何要求，请示。

中国人民大学
2001 年 5 月 24 日
抄报：教育部陈至立部长

中国人民大学关于纂修《清史》工作方案的建议报告（摘要）

一、纂修《清史》正当其时

中国古代向有“易代修史”的传统。一个王朝灭亡之后，后继的王朝从汲取前代历史经验教训的政治高度出发，往往要设局开馆，任命朝廷重臣主持纂修前朝历史（详见附件一）。这一修史传统绵延不断，截至清朝初期，共修成二十四部有“正史”之称的大型史书，故有“二十四史”之说。清朝灭亡后，北洋政府随即开馆纂修清史，终因时局纷乱、经费拮据而仓促杀青，留下了所谓“急就之章”和“未成之书”的《清史稿》。国民党去台湾以后，也曾着手重新纂修清史，但实际上仅止于对《清史稿》稍加订补而已。

清朝统治中国长达 268 年之久，清史蕴含了极为丰富的社会内容，不仅今天中国的版图疆域奠定于清朝，而且清朝的经济、政治、军事、文化、科技、外交、人口、边疆民族等诸多方面的问题，同当代中国社会现实联系紧密。可以说，要深刻了解中国国情，就离不开对清朝历史的科学认识。因此，老一辈无产阶级革命家对纂修一部能与“二十四史”相衔接、反映时代精神的详尽完备的《清史》一贯给予了极大的关注。

建国之初，董必武同志向中共中央建议编写两部书，一部是清史，一部是中国共产党史。1959 年周总理曾委托吴晗同志考虑制定纂修《清史》的规划，具体落实该项工作。毛主席在战争年代对清史即深有兴趣，上个世纪 60 年代初在和范文澜同志的一次谈话中又说，自己退居二线，管的事情少了，空闲时间多了，想读一点清史方面的书。1965 年秋，周总理责成中共中央宣传部筹备此项工作，中宣部为此召开部长会议，决定设立清史编纂委员会作为纂修《清史》的领导机构，委员由郭影秋、关山复、尹达、刘大年、刘导生、佟冬和戴逸 7 人组成，并在中国人民大学内成立清史研究所，作为纂修《清史》的执行机构。但这次会议后“文化大革命”很快开始，酝酿多年的编纂《清史》的工作刚要启动便化为泡影。“文化大革命”结束后，有人写信给邓小平同志，重提国家纂修《清史》之议，小平同志对此十分重视。

当前，在以江泽民同志为核心的党的第三代领导人的领导下，我们国家政治稳定，经济发展，社会进步，各项事业欣欣向荣。古代常讲“盛世修史”（详见附件二），应该说，现在纂修《清史》的学术条件、经济条件已大体具备，而清王朝也已覆灭 90 年，确实已到了把纂修《清史》再次提上议事日程并切实付诸实施的时候了！江泽民同志指出：“中华民族历来重视治史。世界几大古代文明，只有中华文明没有中断地延续下来，这同我们这个民族始终注重治史有着直接的关系。”纂修《清史》，就是继承中华民族注重治史的优良传统；如果今天不完成此项工作，就可能成为一个难以弥补的历史缺憾。可以说，现在修《清史》，正当其时，时不我待。

二、纂修构想

编纂原则：作为“二十四史”后殿的《清史》，应力求写成一部具有时代精神，为海内外华人所认可，堪称“二十五史”的传世之作。编纂原则应该坚持尊重客观历史真实和反映当今时代精神的统一，坚持以唯物史观的指导和发扬史学优良传统的统一，力求做到材料丰富，叙事精当，文字通畅，观点正确，实现学术性、思想性和科学性的有机结合。

体裁和规模：《清史》的体裁宜用纪传体而有所创新，叙史则用精炼典雅的白话文或浅易文言。其篇幅比《明史》应有较大扩充，以 2 000 万字或略多为宜。

时间和进程：《清史》纂修时间大约需用 10 年。如果诸事顺利，这一具有重要历史与现实意义的宏大文化学术工程能于 2001 年 10 月纪念辛亥革命 90 周年时启动，2011 年纪念辛亥革命 100 周年时完成，则较为理想。纂修工程启动后，第 1 年主要工作是组建机构，制定规章，确定体裁体例，完成纂修规划草案，全面摸清海内外清史研究现状，以及人才资源、档案文献资源分布情况。第 2～4 年为前期准备工作，完成阶段性成果专著不少于 200 部。第 5～7 年为撰写最终成果阶段，最终成果为 100 卷的《清史》，每册 20 万字上下，共 100 册。第 8～9 年审订出版《清史》。最后 1 年机动使用(详见附件三)。

编纂队伍：应以“规模适度，成员精干，集中与分散、专职与兼职、委托与招标相结合”为原则，并制定实施各种工作的制度和条例，构建有序运作的管理体制。参与编修《清史》的人员拟采用不同建制和工作方式：第一种为在编的专职队伍，以我校清史研究所为主，由 50 名精干的、有正式编制的专家和工作人员组成。第二种为合同制聘用的撰写队伍，直接由各高校、科研单位借调脱产来京专事纂修工作。第三种为项目委托制兼职队伍，委托在该领域学术界公认的研究单位或人员撰写，由清史编纂委员会提供项目经费。第四种为项目招标制兼职队伍，在媒体发布招标公告，通过公正、公开、公平的竞标选择最佳人选，明确纂修者的权利与义务，保证纂修质量和进度。

三、组织领导

“正史”的纂修，隋唐以后都是由国家组织实施的重大举措，都是政府行为。纂修《清史》是新中国最大的文化学术工程之一，面临的困难远较历代修史要大得多。持续 10 年之久的纂修过程要组织全国各地数以千计专家、学者、编审人员参加；清史时间跨度较大，鸦片战争后中国社会性质又发生了急剧变化；《清史》涉及政治、经济、社会、军事、文化、对外关系、边疆民族等方方面面的问题，内容繁复，无所不包；清史资料浩如烟海，诸多珍稀史料分散全国各地，甚至尘封海外；由当代人为古代最后一个帝制王朝修一部“正史”，势必面临体裁、文体的两难选择，所以，既要有政府的权威领导，又要有学术上的权威指导，以保证纂修《清史》工作高效有序地进行。为此，我们建议：

1. 党中央、国务院成立清史编纂领导小组，请李岚清副总理出任组长，一位国务院副秘书长出任副组长，由中宣部、财政部、国家计委、教育部、文化部、中央文献研究室、国家档案局、中国社会科学院等有关部门的负责同志，中国人民大学校长，以及清史编纂委员会主任委员参加，领导清史纂修工作。确定纂修《清史》方针，审定工作规划，全面负责组织、协调及其他有关支持、保证事宜。

2. 由著名清史专家组成清史编纂委员会，具体组织实施清史纂修工作。负责制定体裁、体例和编纂计划，组织协调全国高等院校、科研单位及其他各方面的编纂力量，分配项目研究经费及其他经费，审定《清史》编纂的阶段性成果和最终成果等事宜。

该委员会设名誉主任委员 1 人，请李岚清副总理担任。

设主任委员 1 人，副主任委员、委员若干人。我校戴逸教授是享誉海内外的历史学家，尤以熟谙清史著称于世。1965 年中宣部决定成立清史编纂委员会时，戴逸是 7 名成员中最年轻的一位，曾任第四、五届中国史学会会长，第七届全国人大代表，现在虽年事较高，但身体健康，思维敏捷，精神矍铄。主任委员由戴逸教授担任最为适宜（详见附件四）。副主任委员主要从在京高等院校和科研单位产生，名单另拟。委员除遴选全国高等院校和科研单位清史专家外，也可考虑适当吸收香港、澳门特别行政区，台湾省及海外华人数名。

清史编纂委员会任命秘书长、副秘书长若干人组成精干高效的清史编纂秘书处，作为其执行机构，负责处理日常事务。秘书处下设办公室、学术部和信息资料部。

3. 另设由海内外清史专家和学界名流组成的清史编纂学术咨询委员会，人数可适当放宽，作为清史编纂委员会的咨询机构，以备顾问。

4. 清史编纂委员会和清史编纂秘书处设在中国人民大学，纂修《清史》的日常工作由中国人民大学清史研究所承担。中国人民大学是以人文社会科学为主的、学科门类齐全的综合性重点大学，其综合学科优势可为纂修《清史》提供全面的学术支撑；中国人民大学清史研究所是我国目前规模最大的清史研究专门机构和人才培养基地，并为《清史》的纂修工作进行了长期的准备和积累，迄今发表论文 2 000 余篇，出版《清通鉴》、《清史编年》、《18 世纪的中国与世界》、《清代人物传稿》等专著 300 余部（仅这里所列的 4 部鸿篇巨制即达 2 300 多万字），已成为公认的国家清史研究中心（详见附件五、六）；中国人民大学档案学院具有全国档案文献学界一流水准，可为查询、检索、鉴定、整理、编辑清代档案资料提供全面有力的支持。中国人民大学已成立以校长纪宝成为组长的中国人民大学支持纂修《清史》工作领导小组，目前正在精心设计、认真贯彻中央关于纂修《清史》的有关指示，并已决定一俟国家决策修史，即着手维修现属我校使用的原段祺瑞执政府旧址作为清史纂修馆，以供清史编纂委员会、清史编纂秘书处办公之用。总之，中国人民大学有责任、有义务、有能力、有信心在《清史》的具体纂修中担当主角，多做工作，直至其圆满完成。

5. 请国务院责成各省市自治区及各有关部门重视和支持纂修《清史》工作，并由国家制定有关政策，如保证借调来京专职纂修人员的工资发放、职称晋升等在原单位不受影响；各地档案馆、图书馆等应向纂修《清史》人员全面开放，提供方便，除必要的成本费外，免收其他费用等。

校领导任免

文　件

中共教育部党组关于王新清等同志职务任免的通知

（教党任［2002］1号）

中共中国人民大学委员会：

经研究并与中共北京市委商得一致，任命王新清、陈一兵同志为中共中国人民大学委员会委员、常委、副书记，免去沈云锁、石亚军同志的中共中国人民大学委员会副书记、常委、委员职务。

中国共产党教育部党组

二○○二年一月四日

教育部关于陈一兵、马俊杰职务任免的通知

（教任［2002］39号）

中国人民大学：

经研究决定，任命陈一兵为中国人民大学副校长，免去马俊杰的中国人民大学副校长职务。

中华人民共和国教育部

二○○二年九月三日

关于中国人民大学第十二次党代会选举结果的批复

（京组字［2002］122号）

中共中国人民大学委员会：

市委同意你校第十二次党员代表大会和第十二届委员会第一次全体委员会议、校纪律检查委员会第一次全体委员会议选举结果。

中共中国人民大学第十二届委员会委员21名；

常委9名（以姓氏笔画为序）：马俊杰、王新清、牛维麟、纪宝成、张建明、林岗、袁卫、徐志宏、程天权；

程天权同志为党委书记；

张建明、王新清、马俊杰同志为党委副书记。

中共中国人民大学纪律检查委员会委员11名；

王新清同志为纪委书记（兼）；

吴美华（女）同志为纪委副书记。

特此批复。

中国共产党北京市委员会组织部

二〇〇二年九月十日

专 文

重要讲话

全面加强学科建设，创建世界知名一流大学
——在中国人民大学2002年学科建设工作会议上的讲话（摘要）

中国人民大学校长
纪宝成
(2002年7月10日)

各位老师，各位同志：

在学期即将结束的时候召开这样一次学科建设会议，这是江泽民总书记考察中国人民大学之后我校召开的第一个重要会议，是贯彻“三个代表”重要思想、落实江总书记在人民大学讲话精神的一个极其重要的会议。选择学科建设作为第一个重要会议的主题，原因很好理解。因为学科建设是学校工作的龙头，是学校整体实力的核心，是学校发展的主旋律。总书记这一次在“5·31”讲话中提出“发展是第一要务”，这完全切合我校的实际情况，在我校提出的“1231”的工作思路中，第一个“1”就是高举邓小平同志提出的“发展是硬道理”的旗帜。学校党政领导班子认为，抓学科建设，就是抓住了学校发展的根本；抓住了核心和关键，就能带动全盘，就能纲举目张，为学校工作开创新局面。根据党委决定，学校领导班子多次研究，确定召开这样一次会议。在此之前，我们召开过教学工作会议、研究生工作会议。这两个会议都可以看成是学科建设工作会议的前奏和准备。

今天主要讲两个问题：一是为什么要加强学科建设，二是从人民大学实际出发，怎样加强学科建设，以后一个问题为主。

一、加强学科建设的必要性和紧迫性

(一) 要从历史的责任感来认识学科建设的必要性、紧迫性

这次江总书记来我校考察，与师生代表座谈，发表了重要讲话。总书记在讲话中对人民大学的过去给予充分肯定，对人民大学的未来寄予厚望。他有这样一段话始终萦绕在我脑海中："六十多年来，中国人民大学广大师生发扬'始终奋进在时代前列'的优良传统，勤俭办学，艰苦奋斗，积极探索，求真务实，使学校成为我国人文科学、社会科学、管理科学教育研究的重要基地。为马克思主义在中国的传播和普及，为我国哲学社会科学的发展与繁荣，为我国社会主义革命、建设和改革事业的发展作出了重要贡献。我衷心祝愿中国人民大学在新世纪创造新的成就，为祖国、为人民、为社会主义现代化建设作出更大的贡献，成为以人文社会科学为主的世界知名的一流大学。"这一段话既是对人民大学历史的一个科学的、中肯的、非常高的评价，也对人民大学未来提出了殷切期望。对人民大学过去的评价和肯定实际上也是对未来的要求。像"勤俭办学，艰苦奋斗，积极探索，求真务实"，"始终奋进在时代前列"，还有"三个为"这样的评价，并不是中国任何一个学校都能得到的，反过来说，也是要求我们继续发扬下去，历史上已经作出贡献，将来也要这样发挥作用。

江总书记讲话给我们以巨大的鼓舞，同时我们也感到肩头责任重大。要建世界一流大学一定要有一流的学科，没有一流的学科就不可能培养出一流的人才，不可能出一流的成果。一流的学科、一流的成果、一流的人才培养以及一流的社会服务，还应有一流的设施，把这些都结合起来，才能称为一流大学。我们首先要在所有这些方面成为国内一流，然后向世界一流大学迈进。要抱着把人民大学建设成为世界一流大学这样一种历史责任感来考虑我们的学科建设，这是一个基本出发点。江总书记讲话中还有这样一句话，"毛泽东同志、邓小平同志等老一辈无产阶级革命家生前对中国人民大学寄予厚望"，总书记现在也对我们寄予厚望，可以说党的三代领导核心都对人民大学寄予了殷切希望。从人民大学的历史来看，从抗日战争刚刚开始，以毛泽东主席为核心的第一代领导集体就创建了陕北公学，培养人才，培养抗日骨干。1949 年刚刚进京，中央人民政府就决定在由陕北公学发展而来的华北大学的基础上创建中国人民大学，为新中国建设培养人才。当时人民大学创建时八个系——经济系、经济计划系、贸易经济系、合作社系、借贷信用系、工厂管理系、法律系、外交系，这种系科设置都是为了培养各方面的建设人才。"文化大革命"刚刚结束，以邓小平同志为核心的第二代领导集体决定恢复人民大学，因为又一个新的时代开始了，小平同志亲自指示"人民大学还是要办的，主要培养财贸、经济管理、马克思主义理论人才"，而且对人民大学的专业设置等等，都作了批示。现在，新的世纪开始了，国家发展战略进入了第三个阶段。在这样一个关键时刻，江泽民总书记亲自考察人民大学，并且发表了极其重要的讲话。周主任刚才也谈到了，这一讲话并不仅仅是对人民大学的讲话，也是对全国的讲话。它是继在北大、清华讲话后，又一次对高等教育战线发表的重要讲话，也是继去年"八七"讲话后，又一次就哲学社会科学问题对全党、全国人民发表的重要讲话。讲话只有 2 600多字，时间不到 15 分钟，但是言简意赅，意义深远，高瞻远瞩，是我们繁荣哲学社会科学的一个理论纲领和行动纲领。同时他还亲自规划了人民大学的发展定位、发展方向和发展特色，是我们人民大学未来一段时间发展的基本的指导纲领。我们这样一所得到党的三代领导集体亲切关怀、格外关爱的学校，我们不建设世界一流的学科，不建成世界一流的大学，我们恐怕就要愧对时代，愧对国家，愧对我们的人民。在这一点上，我们要用"舍我其谁"的气概来看待这样一个问题，要有一种历史的责任感。人民大学 60 多年来，经过历代师生的艰苦奋斗，形成今天这样一个基础。过去的领导、师生没有愧对他们当时那个年代，我们这一代人也不能愧对我们这个时代，要继承优良传统，搞好学科建设，为国家、人民和现代化建设作出更大贡献。

（二）要从高等教育改革与发展中几个值得高度重视的方面来认识我校学科建设的必要性、紧迫性

为适应国内改革开放和社会主义现代化建设的需要，适应当前国际形势和科技革命的发展变化，90年代以来，我国高等教育的改革与发展取得了巨大成就，改革取得了突破性进展，事业实现了跨越式发展。特别是90年代中后期这一段，高等教育的改革发展形势可以认为是空前的大好形势。形势喜人，同时形势也逼人。

第一，从规模上讲，1998年党中央、国务院实行了高等院校扩招的决策，短短几年时间，高校招生在规模上就有了一个飞跃。全国普通高等学校的在校生人数2001年为1 214万人，比1998年增长了89.0%，几乎翻了一番。普通高校的录取率1998年只有46.1%，到2001年已经提高到78.8%，研究生教育规模也有很大发展。全国高等教育的毛入学率已经由1998年的9.8%提高到2001年的13.2%。高等教育发展形势非常快，大众化的高等教育正大步向我们走来，规模发展对质量提出了更高的要求。质量问题显得更加突出。学科建设问题也就更加突出。因为发展的内涵应该是规模、质量、结构、效益四者的统一，而不仅仅单纯是一个规模的问题。所以规模的迅速扩大把质量问题、学科建设问题摆在了更加突出的位置上来。认为大众化教育就不要质量，这种观点肯定是错误的。

第二，高校管理体制改革实现了历史性变革，条块分割的高等教育管理体制也已经基本上改变为中央和省两级管理、以省级管理为主的管理体制。中央部门原来办了将近370所普通高校，现在数量还不到120所。其中教育部系统就100所，这100所经过合并调整，现在是71所。教育部以外没有几个部委有学校，就是国防科工委、国家民委等有一点。过去部委办的普通高校大部分已以“共建”形式归属地方。在变革的过程中，将近600所高校合并调整为267所大学，这里面涌现了一批真正意义上的综合性大学。这是我国21世纪高等教育发展的一个非常重要的基础，这种合并调整产生的巨大效应将会随着时间的流逝更加凸显。特别对学科建设所发挥的作用将会是出人意料的。这些综合性大学的学科建设、学科氛围将比人大更有优势。人民大学原来的相对优势与这些合并调整后的综合性大学相比较，差距会发生重要变化。这种改革向人民大学的学科建设提出了新的挑战。浙江大学的学科涵盖了除军事学之外的所有学科；清华大学早就不是传统意义上的工科院校了；北京大学亦不是解放后以文科和理科为主的形象，现在综合得多，好像也在向历史上北京大学、燕京大学的学科结构复归。这样一种形势我们应当充分认识。我们并不是说要争高下，他们在学科建设、科学研究、人才培养等方面有可能为国家作出更大贡献，我们作为兄弟院校来讲应该看到这个问题，应当激励自己更加重视学科建设。

第三，教育投入的大幅度增加。“211工程”动用了100多个亿，覆盖了近300个重点学科。建设高水平的世界一流大学，北大、清华重点建设，省部共建一批高水平大学，学校数量并不多，但是中央和省市共投入200个亿以上。100多个亿的“211工程”建设款人民大学只拿到4 500万，三百分之一都不到。重点建设一流、高水平大学，到目前为止我校共拿到2个多亿，百分之一多一点。在这样一种经费的重点投入下，很多学校的学科建设出现了突飞猛进的变化，有的甚至是根本性的变化。而人民大学前几年似乎在主流之外，感到有一点被边缘化了。

第四，高水平一流人才队伍的建设，这也是这几年高等教育改革发展的一个非常值得重视的动向。特别是“长江学者计划”的实施和推行，使全国一大批高等学校在队伍建设方面注入了新的活力，取得了非常重大的甚至是质的变化。“长江学者计划”的实施实际上使我们队伍建设的机制发生了变化，效应是广泛的。但是非常遗憾，人民大学入选“长江学者计划”的人数至今还是零。在这一问题上，似乎人民大学也被边缘化了。也就是说，如果我们不努力的话，我们与其他一些高校的差距是在拉大，而不是缩小。

第五，国际交流方面。人民大学在国际交流方面很长一段时间有一定成绩，但总体来讲也不在主流当中。今年国际货币基金组织来中国招聘高层次人才，出发前确定就在清华和北大，根本不知道人大。来北京后才发现有人大，清华不是强项，这才确定北大和人大。在上个世纪90年代，高等教育

的国际交流可以说是波澜壮阔，很多理念、学术上的交流非常深入。由于许多原因，我们学校少数学科的交流如法学、经济学的交流可以说是中国一流的，但整个来讲，我们并不处于领先的位置。这同样对我们的学科建设会带来影响。

我讲的这个第二点，是从这几年高等教育改革发展，从整个国家适应世界形势的变化，适应我国改革开放的变化，适应科技革命的变化，高等教育取得了巨大的成就等方面来谈的。改革是历史性的突破，发展是跨越式的发展。当然我们人民大学也发展了，但是由于客观的、主观的种种原因，恰恰在全国大发展的时候，人民大学发展比较滞缓。因此在学科建设上我们存在一些问题，不承认这一点恐怕是不行的。这就突出了我们人民大学学科建设的紧迫性。

（三）要从我校学科现状来认识学科建设的必要性、紧迫性

列举一些数据。目前，我校在哲学、经济学、法学、教育学、文学、历史学、理学、工学、管理学等9个学科门类中有博士和硕士学位授予权，现在招生的博士学位二级学科点54个，有权招生的是64个，还有10个没有招生。硕士学位二级学科点89个，实际上是91个，有2个没有招生。学士学位专业56个，有9个一级学科有一级学科自主授予权，有25个国家级重点学科点和4个北京市重点学科点，12个教育部人文社会科学重点研究基地，8个一级学科设有博士后科研流动站，有6个国家基础学科人才培养与科学研究基地。师资队伍建设方面，由于文科没有院士，一个重要衡量指标是国务院学位委员会学科评议组成员，我校有14人。获得全国青年优秀教师奖的我校有5位。从这些数据可以看出我们有自己的优势。人民大学历届领导都重视学科建设，人民大学一代又一代的教师都重视科学研究，重视教育水平的提高。正是由于历届领导的重视、历代教师的奋斗，所以这次国家重点学科评审，我校有25个国家重点学科，全国总排名第五位，人文社会科学领域我们排第二位，社会科学排第一位。总体来说是很有成绩的。看不见成就，不是实事求是的态度。正是因为有这样一些强势的东西，我们才敢讲要建设世界一流大学，否则根本就是奢谈。所以说要感谢我们的老领导和作出过突出贡献的学者们。

但是，为了我们的工作，为了我们的事业，恐怕我们更多的还要看到学科建设现状中存在的问题。第一，仅就人文社会科学领域来说，我们的学科分布不够均衡，也不尽合理。第二，社会科学领域方面的学科实力比较强，有的应该说很强。如经济学类，包括理论经济学和应用经济学，我校有10个国家重点学科，在全国遥遥领先，第二名和我们就相差很远了，应该说实力非常强，恐怕全国没有一所高等院校能够和人民大学相比。但是人文学科相对比较弱，尽管我们有很强的中文文艺评论、中国古代史（特别是清史），哲学总体讲在国内应该也很强，是全国最强的哲学系之一，但也并不是各方面都强。要建设一所以人文社会科学为主的世界一流大学，人文方面相对不是很强，或者说人文社会科学方面的基础学科不够强，不能不引起我们高度重视。第三，人文社会科学为主并不等于没有其他学科。理工科要有适当发展。后面我们还要谈到这个问题。整体讲，我校理工科的发展在改革开放20多年中有一些发展，但还远远不够。

我们在现有的学科结构方面还是存在问题。就我校25个国家重点学科来说，有一个分析，把它们分成了三类。一类在全国居于领先地位，优势比较明显。我们有三个学科是满分，得票率100%，这确实是很难得的，而且队伍也比较整齐，年龄、学历结构也比较合理，研究项目、研究经费都比较多，比如说我们的法学。这样的学科约占15%左右。第二类在全国处于第一梯队这样的行列当中，在全国有一定优势但优势并不明显。在这些学科领域有与我们同时处于同一水平的兄弟院校，数量就不是一所两所了，有若干所。25个重点学科中大概有70%处于这种状况，是第一梯队，但优势并不明显。第三类，这次虽然进入了重点学科，但以微弱优势勉强存在，这部分大概也占了15%。

这次开会重点就是找差距，并不是找成绩。这么一分析，我们可以得出八个字：居安思危，居危思危。优势明显的学科应该居安思危，如第一类；处在第三类和第二类的某些学科，应当居危思危。以这样一种思维方式考虑问题，就能不断地警醒自己，就有可能针对存在的问题采取强有力的措施，

使强者更强，偏弱者变强，弱者将来也有可能进入重点学科之列。

上次向教育部周济副部长汇报时获悉，今后国家重点学科5年评选一次，是动态的。今后重点学科的评审就看我们现在的工作，这次评上的25个重点学科是以前工作积累的成就，我们现在做工作是为下一次评审做准备。我们应当结合学校自身情况，查找问题，既要找出布局上的问题，又要找出实力上的问题，把布局上的问题、实力上的问题分析清楚，保持清醒头脑，采取得力措施，我们的学科建设才能保持一种优良态势，在新的时期创造新的业绩。

二、从学校实际出发，全面加强学科建设

从学校实际出发，我重点强调几个方面的工作，提出来供同志们参考。

总的讲是要有一种责任感，要把学科建设看做是实践“三个代表”重要思想的一个非常重要的工作，是时代的要求、党和人民的期望。有了责任感就要强调自觉性和坚定性，要自觉地、坚定不移地抓学科建设，不能说是部里领导要求抓的，也不能说是学校要求抓的，而是我们每一个院系、每一个教师的责任。还要有一种坚定性，坚定性包含两个含义，一是克服困难，二是排除干扰。人民大学并不是没有干扰，干扰也包含社会上的。克服困难，排除干扰，坚定不移地抓学科建设，要埋下头、沉下心把学科建设搞上去。下面讲几个方面。

（一）完善学科布局结构是加强学科建设的基础

江总书记考察我校时亲自为人民大学规划了发展定位、发展方向、发展特色，即人文科学、社会科学和管理科学的基地，以人文社会科学为主的世界知名的一流大学，这几点完全符合人民大学的历史、现状，也为未来确定了方向。我们从总书记的这段讲话中体悟到要突出一流意识、基地意识、特色意识，强调这三个意识，逐步构建一个“主干的文科、适当的理科、必要的工科”的学科体系，从这三个意识和一个体系出发，来完善我们的学科布局。

完善学科布局主要是处理好以下几个关系：

1. 处理好优势学科和相对说来比较弱势的学科的关系，要巩固提高优势学科，同时大力加强社会需要的、相对说来实力较弱的学科。

2. 处理好人大现有的老学科和新建、复建的新学科之间的关系。从华北大学的历史来看，我们最近复建了艺术类学科；从人大历史来看，我们复建了外交学科；从整个学校历史来看，前几年还建立了教育研究所，填补了教育学科的空白。同时我们可能还会新建一些填补空白的文科类、交叉型新学科，如心理学、人类学等。这些新建、复建的新学科情况也不一样，需要因科制宜地采取措施。艺术类学科非常值得我们重视，虽然学校成立了徐悲鸿艺术学院，这几年也取得了一定的成绩，但是从学科建设角度看，应当说我们的艺术类学科存在的问题还很多，学校近期决定采取重要举措，解决影响办学的特殊问题，大力加强艺术学院、艺术类学科的建设。还有一些新的学科学校正在研究筹建。

3. 处理好人文社会学科和理工类学科以及交叉渗透学科的关系。总体上讲，在“主干的文科、适当的理科、必要的工科”的原则下，努力发展理工类学科和交叉渗透学科。这个问题的关键首先在于工科就是工科，理科就是理科。当然要发展交叉学科，但又要慎言交叉学科，没有真正的理工科，哪有交叉学科？不要把理工科文科化、管理学科化。人大适当发展必要的理工学科绝不是装点门面、赶时髦，其深远意义在于要在人民大学形成文理渗透的学术氛围、育人环境、思维方式，使我们的学科发展水平包括人文社会学科的发展水平更能适应时代的需要，使我们的校风、学风中渗入理工科思维，使我们学生得到更加完整的教育，把人文素养和科学精神结合起来。我们培养的学生其知识结构和综合素质应当是文理交融、中西合璧、贯通古今的。我们老一辈知识结构有欠缺，这是历史造成的，难道我们还要让下一代也这样吗？21世纪对人才规格的需要我们应充分加以重视。当然，我们也不能贪大求全，什么理工科都想发展，我们不走这样的道路，而应当与现有学科相关联，做到少而精、高起点、高水平。要么不办，要办就办高起点、高水平的。当然如果有其他学校合并过来，就另当别论。

4. 处理好应用学科和基础学科的关系。基础学科对于人民大学这样一所研究型大学、这样一所在社会上有着崇高学术地位的大学十分重要，在这个地方，我重点要为基础学科说话。现在经常讲专业设置要考虑市场需求，但是市场需求不等于社会需求，市场需求是社会需求当中的一个重要组成部分，但毕竟不是全部。我们这样的学校不应当短视、浅视，不应当急功近利。不仅要考虑社会当前的需要，而且要考虑社会长远的需要；不仅要考虑物质建设的需要，而且要考虑文化建设的需要；不仅要考虑物质财富的创造，而且要考虑精神食粮的创造；不仅要考虑知识的创新，而且要考虑历史的传承。这是人大这样的学校所应承担的历史使命。因此，表面上看社会不太需要的所谓冷门学科，但只要是科学的需要、学术的需要、社会长远的需要，人大都有责任把这些学科办好。这些学科创收能力很弱，学校应当调动其他资源进行支持。学校刚刚组建的人文学院，是基础学科比较集中的学院，学校给予支持和政策倾斜完全是必要的、应当的。还有一些小学科、偏学科，人民大学这样的学校不承担谁来承担？这么大的国家有一些人搞“冷门”的理论研究、学术研究是完全应当的，这也是人民大学的一种“格”。

完善学科布局还有一个时间的要求，还要分档次来考虑问题。分为三个层次：一是国家重点学科25个，市级重点学科4个，国家都会有配套措施，都将会有较大的投入，北京市提出与教育部共建我校，包括这4个市重点学科。二是确立一批学校重点建设学科，20～30个，都是有相当基础的或是国家急需的，有可能下个时期就成为国家重点学科。三是院系建设学科，主要请各院系自己抓好建设。

至于时间表，我们想在“十五”期间有个初步的框架，然后用10年左右时间基本建成这样的学科体系，再用10～15年，使我们相当一部分学科进入世界前列，或者说对世界产生影响，有相当的知名度。

(二) 提高学术水平和人才培养能力是学科建设的核心

怎样提高学术水平和人才培养水平是当务之急，是学科建设的核心问题，在这一点上我想强调几点：

1. 继续深化教学改革，出一批优秀教学成果，争取在人才培养方面能引领人文社科高等教育领域潮流。教学内容的革新是最重要的，保持教学内容的科学性、先进性、时代感，需要广大教师、各个院系和教学管理部门共同努力，确保人民大学在人文社科高等教育领域中，相当一部分学科能引领潮流。要贯彻江总书记讲的既要立足中国，又要面向世界的要求。教学内容问题上有三方面的内容值得重视：(1) 怎样把改革开放实践中的经验深化为理论，充实到教学内容中来，要善于把前沿性的学术研究成果转化为教学内容。中国社会发生了巨大的变革，陈旧的、过时的东西应当从教学内容中剔除。(2) 中华文化博大精深，要把博大精深的中华文化更多地融化到我们的教学内容中去，五四运动“打倒孔家店”，产生了巨大的历史作用，开创了文化领域新的时代，但它所产生的误解、负面影响也值得我们重视。历史发展到21世纪，怎样对待传统文化本身就值得研究。历史虚无主义，否定中国文化传统，这种思潮已经存在好几十年了，也成了极“左”思潮的一个根源。根据时代需要，我们应当积极地、科学地研究中华传统文化，把优秀的中国传统文化充实到我们的教学内容中。(3) 要面向世界，积极吸取人类文明的一切优秀成果，把人文社会科学领域优秀的东西都吸收进来。小平同志曾说，我们现在不仅自然科学落后，而且人文学科（就可比方面而言）也落后了。落后了就应学习，特别是国际通用的学科，如管理学科更应该是这样。改革开放的实践、中国优秀传统文化、世界人类文明的优秀成果，从这三个方面充实革新我们的教学内容，始终保持我们的先进性、科学性、前沿性和强烈的时代感。除了教学内容外，教学理念、教学模式、培养方案、教学环境等方面进行创新也很重要。

2. 增强创新意识，加强科学研究。要在全局性、战略性、前瞻性的重大理论实践课题方面，推出重量级的科研成果，在理论创新方面为国家作贡献。除了一般性的科研成果，人民大学尤其应当重视科研成果的原创性、奠基性、开创性。如果不能的话，很难说是世界一流大学。无论是应用学科，还是基础学科，要参加重大项目的研究、重要问题的研究。过去，我国人文社会科学领域的很多学科专业都肇始于人民大学，然后走向全国，我们老一辈的学者为新中国的人文社会科学作了很多奠基性的、开拓性的贡献，新一代的人大学者应当继承老一辈的优良传统，在原创性、奠基性、开创性方面继续作出贡献。

3. 增强学科建设的国际性。这是我们提高学术水平、人才培养质量的一个极其重要的努力方向，是一个非常重要的着眼点，这是时代的需要。当今经济全球化、世界多极化、文明多样化，在这样的时代，一所著名大学，想要建成世界一流大学，没有相当的国际性是不行的。我们这样的学校理应为国家的国际交流作出更大贡献。一方面我们培养的人才要更能适应世界经济发展的需要，适应国家改革开放的需要。在世界银行、国际货币基金组织，人大毕业生是比较多的，主要是国际经济专业和国际金融专业的毕业生。教育部陈至立部长讲在联合国各类组织中中国大陆毕业的人太少，究其原因，我以为一是学科结构、知识结构，二是英语水平。既然要建世界一流大学，就应有国际视野，有处理国际事务的知识和能力。特别是一些国际性很强的专业，双语教学势在必行。将来的留学生教学不应仅用中文，还应有英文，这样才能吸引更多外国留学生，这样才能把国际前沿的东西吸收到人大来，才能营造中西融合的学术氛围，才能成为世界知名的一流大学。增强国际性应从多方面着手，包括队伍建设、生源结构、课程改革、科学研究等等。

4. 继续整合、优化学校教育资源配置，通过改革，整合、优化资源配置，充分挖掘资源潜力。这里强调两点，一是怎样跨院系、跨学科组织课题攻关，特别是发挥12个研究基地的作用和其他跨院系、跨学科的科研项目的作用，比如“人文奥运”，绝不是哪一院系的事情，要把相关力量整合起来，进行集体攻关。总书记讲的五个高度重视，就有高度重视哲学社会科学的课题攻关。“人文奥运”不仅是在校内操作，还要进行国际合作，我们准备与加州州立大学合作，他们参与组织过洛杉矶奥运会，出了专门教材，为现实服务得很具体，北京市对我们的设想非常感兴趣。二是继续加大院系调整步伐，通过院系调整，更好地整合我们的资源，促进新兴学科的发展，为新的学科寻找新的增长点，同时促进现有学科的交叉、融合。争取明年这个时候，人大各系、所都能进学院。

（三）加强师资队伍建设尤其是高层次师资队伍建设是学科建设的关键

应当说，我国高等教育在新的世纪或者说进入世纪之交的时候，师资队伍建设出现了新的特点、新的动向、新的要求，结合我校工作来讲，重点强调以下几点：

1. 更新人才工作的观念。特别是各级领导和人事部门，要确立人才资源是第一资源的观念。从某种意义上来说，有了一流的人才，也就有了一流的学科。包括我们人事制度，人才的刚性引进、柔性引进，有很多观念问题，很多创新问题，要摈弃那种重使用、轻培养、轻管理等过时的东西，抢占人才培养制高点。进一步解放思想，使各种人才能够脱颖而出。

2. 全力加强一流人才队伍建设。90年代中后期以后，特别是“长江学者计划”推出以后，高等教育强调师资队伍建设，已不再泛泛而谈，而是非常突出一流人才、拔尖人才的吸引和培养。所以今天讲人才队伍建设，要把这一特点突出出来，强化一流人才队伍建设，要把吸引和培养拔尖人才放在建设师资队伍的首位，不搞过去那种大锅饭、平均主义。过去也讲脱颖而出，但老是脱颖不出或很难脱颖而出。因为过去的很多制度是平均主义的。吸引和培养应该并重，既要到海外去吸引，到外界去吸引，也要认真抓自己的培养。当然，在特定时段、特定专业，不排除吸引是第一位的，以引进为主，比如要建一个新学科，不排除高水平整体引进，引进3～5位拔尖人才，一个学科可能就初步建立起来了。有的大学在去年、前年就已经这样做了，清华大学发展人文社会科学，某种意义上也是这样一种战略。高水平的整体引进，先支撑起来再说。学校已决定实施“百人工程”，每年引进20人左右，文件已下发，有一整套配套措施。总体来讲，学校也要重视内部自己的拔尖人才的培养，吸引和培养拔尖人才应当说是一个系统工程，在政策措施、资源配置等分配方面要形成合力，狠抓落实。这不是一个部门的事情，人事处、资产处、财务处、研究生院、教务处等等，要形成整体的合力。也应注意避免出现重引进、轻培养的倾向，培养包含着管理和严格要求，包含着考核。对引进的拔尖人才，充分发挥他们作用的同时，也应提出严格要求，让他们尽早迈向学术大师。

3．进行队伍建设的制度创新。这一点，学校的人事制度改革早就开始了，也积累了很多好的经验，在过去工作的基础上进一步深化改革，进行制度创新、机制创新。我们按需设岗，按岗设酬，优劳优酬，这一制度正在逐步完善；也正在加大提高津贴的力度，适当拉大差距；竞聘上岗还有待进一步完善。我们优胜劣汰的机制还没有完全建立起来，或者说基本上还没有怎么建立起来，现在虽有一定的考核体系，有的教授、副教授考核不合格，个别的低聘了，也有的转岗，但总体讲，这个力度还是很小的，这方面机制也要进一步完善。人事管理制度尤其要进行制度创新。刚才讲到所谓“刚性引进”、“柔性引进”、“借水行舟”、“不求所有，但求所用”等等这样一些观念，流动编制的使用、合同聘用的推行，都有待于我们人事部门认真地加以研究，进行制度化、规范化。因此，我们人事部门的任务是非常艰巨的，在这个问题上，要走出去，开阔自己的视野，解放思想，实事求是，大胆地进行制度创新。如果我们没有很好的人事制度，我们创建世界一流大学的努力很大程度上有可能会断送在僵化的、保守的人事制度上。所以，我们人事部门责任重大。但这件事光靠人事部门也不行，我们所有的领导都有这样的责任，我们的教师也都应当适应人事制度创新的要求。

4．要强化师德师风建设。江总书记在人民大学的讲话中对哲学社会科学工作者提出了五点希望，其中的第四点希望就是讲的这个问题。他要求大家坚持一种“严谨治学、实事求是、民主求实”的学风、师风，讲得很具体，讲了好几个方面，“淡泊名利，甘于寂寞，力戒浮躁，厚积薄发”等等，还特别引用了《资治通鉴》中的一句话：“经师易遇，人师难遭”，“大家不仅要做传授知识的经师，更要做育人的人师”，所谓“道德文章，堪为师表”，既要传授知识，又要教学生做人。在这个问题上，人民大学向来有很好的传统。我们希望人民大学优良的师德师风能够代代相传。我们的教师应当热爱学生，爱岗敬业，勤谨治学，严格学术规范；我们的教师应当有民主求实的作风，应当能够团结、合作，而不是文人相轻、夫妻店。所以强化师德师风建设是我们师资建设的一个极其重要的内容，我们还希望全校教师都要遵守学校的各项规章制度，正确地处理好学校工作与社会兼职的关系。

5．要采取多种方式，强有力地宣传和推介人民大学的优秀学者，特别是优秀的中青年学术骨干和老一辈学术大师。我们人民大学有优良传统，比较低调，比较务实，但是必要的宣传，在今天这个时代是完全必要的。重点要宣传人民大学的学者、有杰出贡献的学者。总书记在我校讲了五个高度重视，最后一个就是“高度重视为哲学社会科学发展作出杰出贡献的学者的成就和作用”，所以我们学校的各级领导、宣传部门、教师本人都有责任、有义务宣传人民大学的杰出学者，宣传他们的学术成就，宣传他们对国家作出的贡献。这不是一种炒作，不是一种广告，而是宣传人文社会科学在我们国家现代化建设过程中的地位和作用。我们觉得这是加强我们师资队伍建设，尤其是高层次、高水平师资队伍建设的一个极其重要的方面。也是我校尊重知识、尊重人才的一个具体表现。我们要鼓励我们的教师脱颖而出，争当“领头雁”。“出头的椽子先烂”、“枪打出头鸟”是过去的一些不良做法。我们现在鼓励学者争当“领头雁”，重视和尊重他们的成就，鼓励探索，鼓励成才，鼓励当“领头雁”。

总之，人才队伍建设，这是一个关键。

（四）增加投入、改善环境是加强学科建设的保证

1．优化学术环境。长期以来人民大学形成了优良的学术氛围。学术环境我主要强调三点：第一点就是“百花齐放，百家争鸣，兼容并蓄，有容乃大”，要有这样一种宽松和谐的学术环境，要有这样一种学术气度和学术眼光。在遵守宪法和法律的前提下，任何学术观点都有存在的空间，没有学术自由就不可能有理论创新，我们必须创造一种有利于理论创新的学术氛围，要鼓励探索、鼓励创新。在此过程中，有成功的探索，也会有失败的探索。我们应当支持、褒扬、奖励成功的探索，也要善待、容忍失败的探索。在学术问题上要慎言“左”和“右”，不要随便说哪个教授“左”，哪个教授

"右","左"和"右"是一个政治概念。我们认为这一点是优化学术环境非常重要的一点。优化学术环境第二点，是要进一步形成尊重知识，尊重人才，鼓励争当"领头雁"这样一种氛围，而不是文人相轻、互相攻讦、互相指责，互相瞧不起。岚清副总理多次讲，文人相轻应该变成文人相重。首先是文人之间相互尊重，才谈得上别人对你尊重，在我们自己范围内都不互相尊重，别人怎么会尊重你呢？要努力营造尊重人才、尊重知识、互相尊重、鼓励创新、鼓励探索这样一种氛围。第三点，要形成团结、合作、协调的氛围。我们要有竞争，竞争的另一面要合作，市场经济也不仅强调竞争，而且强调合作和协作。在人民大学，团结和协作的学术环境是非常重要的，我们的老一代学者大多数都有这样的优良传统和作风，在这个问题上，我们也应当代代相传。

2. 优化管理环境和服务环境。管理就是服务，我们学校的管理应是一切为了学生，一切为了教学科研。我们所有的管理岗位都是为教学科研第一线服务的。我们不仅要善待学生，也必须善待我们的老师。这里面存在两个问题，一个方面我们有关部门的服务不是配套的，学校决定引进某个人才，各个有关部门应当马上配合工作，但实际不是这样，是互相孤立的，要人家一个一个地跑。我们有的管理部门服务态度、服务质量较差，这是一个原因。另外一方面，我们院系领导同志也有问题，不熟悉学校各项规章制度，缺乏学习，有时提意见有很大的盲目性，甚至是乱提意见。我们院系领导调整比较频繁，当教授当惯了，走上领导岗位比较轻视管理。实际上管理工作是很琐碎、很细致的。既然当了系主任、总支书记，就得学习，包括学校各项规章制度的学习，就必须对你本身必须履行的职责十分了解。否则是不利于管理和服务水平提高的，是不利于我们教学科研水平提高的。院系的领导工作也是管理岗位，学校的各级部门都是管理岗位，我们这些管理岗位都是为教学科研第一线服务的，如果我们服务水平差，营造的政策环境比较差，那么我们一流学科的建设就会受到很大的影响。所以，真正把服务落实下来，营造一个良好的、有利于发展的政策环境，锻造一个具有很高效率的管理体系，是非常重要的一件事情。当然，对我们的管理干部，很多问题上也缺乏关怀。有时批评得多，使用得多，鼓励得少，培养得少。从组织上来讲，要关心我们的干部，要关心他们的成长，同时也要对他们提出严格的要求，要求他们具有较强的服务意识、效率意识、大局意识。这样才能优化我们的管理环境，提高我们的管理水平，管理就是服务，这个服务不是端茶递水，更重要的是营造良好的政策环境，要提高我们的工作效率，服务要到位。

3. 改善硬件环境。主要指的是我们的教学设施以及配套的后勤管理设施、校园环境。我们已经讲过多次，学校也已经作了巨大努力。我们依然作这样的承诺，经过3年多的时间，人民大学的教学设施一定会有根本性的改变。今年8月份我们的世纪馆、游泳馆将如期竣工并全面投入使用，多媒体教学楼10月份竣工，校庆时投入使用。这三个建筑有45 000平方米，投入使用后，将在某些方面根本改善人民大学的教学环境。首先体育教学的环境大大改善了，多媒体教学楼的使用，使我们现代化教学手段上一个台阶。但是，我们教授的工作环境依然没有得到根本的改善，所以我们现在正全面地抓西北区建设工程，几座新的学院大楼竣工后，我们每一位教授肯定会有一个工作间，没有任何问题，到2004年9月，基本可以实现。三年之内，要使人民大学的教学设施和教师工作环境有根本性的改善，不说世界一流，也是中国一流。世界一流也就是一个教授七八平方米工作间，我想这个目标一定可以实现。当然，其他的硬件环境都正在不断改善。

4. 要改善国际交流环境，进一步加强外事工作。一段时间以来，我们的国际交流工作越做越好，现在新的局面正在出现。我们要在过去工作的基础上，发挥学校、院系和教授个人的积极性，把国际交流工作做得更好，三个方面的积极性都要调动起来，改善我们国际交流的环境，同时要提高国际交流的质量和水准。教育部领导同志对我们讲，我们的一流大学对国外一些三流、四流学校的交往应适当注意，要减少盲目性。另一方面教育部的外事工作最近也有一个观念的更新，不完全从学校定位上来考虑问题，更重要的是从学科来考虑。美国有的三流学校的某些学科却是一流的，这样也是可以交流的。国际交流地域的广泛性很重要，我们学校要进一步注重欧美这一块，我们的教师有日本背景的不算少，但有欧美背景的则比较少。当年苏联对建立人民大学的支持非常大，现在交往很少了，这样不行，所以我们经济学院准备最近举行中俄高级经济论坛，我非常赞同，非常支持。苏联解体后出现了各种各样的问题，但俄罗斯这个国家是伟大的国家，俄罗斯民族是伟大的民族，不光是自然科学，俄罗斯的人文社会科学也都是非常了不得的。总之，我们国际交流的环境要进一步改善。

5. 最后一点就是加大经费投入。学校用于学科建设的经费要大幅度增加。我前面讲了那么多的优化和改善，归根到底要靠经费的投入。学校最近已经采取措施，除了正常的教学、科研经费等运转经费以外，另外已经立项 5 200 万元。我们要保证这些资金充分发挥效用，真正使我们人民大学的学科建设登上新的台阶，开创新的局面。

关于怎样加强学科建设我谈了四点比较具体的意见，完善学科布局是一个基础，提高学术水平和人才培养能力是核心，加强队伍建设，特别是高水平人才队伍的建设是关键，加大投入、优化环境是保证。从这几个方面来开展工作，这些工作不是哪个人的事情，也不是哪个部门的事情，既不能说成只是校部的事，也不能说成只是院系的事，这是全校的事，是共同的事，是大家共同的责任，大家要齐心协力做好这项工作。

最后，关于这次会议，我再简单讲几句。我们希望这次会议开成虚实结合、重在落实的会议。所谓“虚”，主要是分析形势、提高认识、统一思想，其实也是实的；所谓“实”就是讲实话、鼓实劲、干实事；“重在落实”主要指我们的思想要落实，措施要落实，最终要落在行动上。让我们在虚实结合、重在落实的指导思想下，把这次会议开好。

在第二届“北大论坛——走向未来的人类文明”上的致辞

中国人民大学校长　纪宝成
(2002 年 11 月 16 日)

尊敬的袁贵仁副部长、许智宏校长，
各位领导、专家、老师们、同学们：

今天很高兴能有机会参加这次论坛。首先感谢论坛主办者北京大学的盛情邀请。我代表中国人民大学对论坛开幕表示衷心的祝贺！

人类文明就像浩瀚的江流，从古到今，充满生机，奔流不息。我们每一个人，在如此浩瀚的长河中，虽然微不足道，但却是其中的一分子，是文明的继承者，也是发扬者和创造者。所以，我们关注自己文明的走向，是自然而然的事。但关心并不代表我们就真正了解自己的文明。创造丰富多彩文化的聪明的人类，有时会被自己创造的眼花缭乱的物质外在所蒙蔽，过分关注小的细节的东西，而忽视一些大的根本的东西，所谓“一叶障目，不见泰山”。所以，此次论坛主题为“走向未来的人类文明——多学科的考察”，推动大家去思考这样一些大的根本的东西，意义深远。

拥有悠久而光辉灿烂的文明史的中华民族，曾经在世界历史长河中扮演了重要的角色。在我国当前全面建设小康社会、推进中华民族的伟大复兴的进程中，中华文明对世界文明发展的作用将越来越令世人瞩目。在全球化背景下，各种文明之间联系将更加紧密，并出现一些新的特点。自觉地将中华文明放到世界文明长河中去加以考察，多角度地关注和考察人类文明的未来走向，是中国当前人文社会科学研究的最重要任务之一。

下面，我就人类文明发展和走向的研究简单谈个人的三点粗陋之见：

第一，研究人类文明的发展和走向，首先要正确认识和对待文明发展的多样性和和谐性，注意文化的融合与特色。各国文明的多样性，是人类社会的基本特征，也是人类文明进步的动力。人类在漫长的历史中创造了绚丽多彩的文明。各个民族、各个国家由于其地域、历史、传统的不同，创造了具有不同特点的文明，形成了各具特点的语言、哲学、文学艺术、宗教、道德、政治法律思想、科学等。如东方人的筷子和“筷子文化”、西方人的刀叉和“刀叉文化”，很有意思。无论是东方的文明还是西方的文明，不仅在历史上都对人类文明作出了重要贡献，而且在一定范围和一定程度上彼此相互影响，相互融合，相互促进。一种文化能经千百年流传至今，自然有它的合理性在里面，所以，我们在心里先不能有劣等文化和优等文化之偏见，比如“9·11”，在痛恨恐怖分子采取极端手段伤害无辜的同时，我们也认为美国政府应该对自己推行的对外价值判断和政策进行反思。美国的文明中当然有其先进的部分，但人类社会发展到现在，还没有一种文明可以说是完美无缺、不需要从其他文明中吸收营养的。真正强大的文明应当是有包容力的文明，有海纳百川气度的文明。我们在学术上总是提倡“百家争鸣，百花齐放”；人类文明一样，要做百花园，要百花争妍、千妍竞秀，在不同中追求共同，在特色中追求和谐。最近江泽民主席访问美国时，特别提到了孔子的“和而不同”思想，我想是有深刻含义在其中的。《国语》上说，“和实生物，同则不继”，不同文明之间彼此尊重，允许对方保持自己的个性与特点；同时加强交流、加强理解，取长补短，才能真正做到和谐相处，不断创新，共同繁荣，达到“万物并育而不相害，道并行而不相悖”的境界。我很欣赏费孝通先生概括的四句话：“各美其美，美人之美，美美与共，天下大同。”这种文化理念已得到越来越多的学者的认同。1998年11月14日，联合国第53届大会决定将2001年确定为“联合国不同文明对话年”，其目的就在于通过“对话”推进不同文明之间的相互交流与尊重，增进了解与和平。应该公正地看待不同的文明，整个社会环境应该如此，我们的研究态度更应如此。

第二，研究人类文明的发展与走向，应当有问题眼光，要以问题研究为中心。人类总是在发现问题、研究问题和解决问题中前进的。马克思曾指出，对一个时代来说，“主要的困难不是**答案**，而是**问题**。”“**问题**就是公开的、无畏的、左右一切个人的时代声音。问题就是时代的口号，是它表现自己精神状态的最**实际的**呼声。”（《马克思恩格斯全集》第40卷，289～290页）这一论断非常精辟，非常深刻！我们所讲的“问题”主要不是指一般的、抽象的问题，而是指与时代紧密联系的，在社会发展中出现的亟待解决的重大的理论与实践问题。以问题为中心，就是说我们不仅要重视一般理论的研究，更要关注现实，特别是要关注和研究时代和社会发展中出现的重大问题，把握住时代发展的脉搏。

文明的问题，说到底，是一个实践的问题、社会的问题。文明同社会实践密切相关。正如恩格斯所说，“……文明是实践的事情，是一种社会品质……”（《马克思恩格斯全集》第1卷，666页）研究现时代的文明及其发展，必须立足于时代发展和社会实践，抓住人类文明进程中的重大问题，关注与文明发展相关的重大的理论和现实问题。不管哪一个民族的文明，不管哪一种类型的文明，不管是儒家文明还是基督教文明、伊斯兰文明，都有与时代和社会实践相关联的问题。不抓住问题，也就不能把握时代的脉搏。不抓住文明发展中的问题或矛盾，也就不能把握文明的本质规律，从而不能通过研究和解决问题来寻求文明发展的出路。只有善于发现、分析和解决人类文明发展中出现的突出的问题，才能使我们深刻地了解各种文明的本质特点、发展规律，进而才能使我们采取适当的措施化解文明之间及文明内部的各种矛盾，维护社会稳定和保证文明的健康发展。

随着世界的经济、政治、文化、科技的迅速发展，人类文明面临的问题层出不穷，面临的挑战前所未有。从世界范围来看，我们应该关注全球化进程中的文化与经济、政治的关系，关注不同地域、不同民族、不同类型的文明或文化之间的关系，关注现代化进程中传统文化与现代文化的关系，关注宗教与民族的问题，关注生态危机、贫富分化、文化霸权主义等问题。这些问题的研究与解决，对于消除世界各大文明之间的对立与冲突，化解传统与现代、科学与人文、人与社会、人与自然，以及全球文化与民族文化等各方面的矛盾都是不可缺少的。

从国内来看，必须研究我国现代化进程中物质文明、精神文明和政治文明建设面临的各种问题，特别是注意研究如何塑造民族精神、解决诚信危机、加强道德建设，以及如何借鉴吸收国外先进的文化成果等问题。研究和解决这些问题，有助于搞好社会主义物质文明、精神文明和政治文明建设，有助于推动中华文明的传承更新和发扬光大。最近，江泽民同志在党的十六大报告中也特别指出，“全面建设小康社会，必须大力发展社会主义文化，建设社会主义精神文明。当今世界，文化与经济和政治相互交融，在综合国力竞争中的地位和作用越来越突出。”“全党同志要深刻认识文化建设的战略意义，推动社会主义文化的发展繁荣。”因此，具有问题眼光和问题意识，研究和解决人类文明进程中突出的问题，无论是对我国经济、政治和文化发展，还是对人类文明的健康发展，都是非常重要的。

第三，研究人类文明的发展与走向，应该加强多学科的交叉融合。从第二次工业革命以来，我们的学科就开始细分，如果说几个世纪以前，还有达·芬奇那样的通才的话，那么现在，大概没有人敢说自己是通才了。学科的精深当然有它的好处，不断揭示物质运动的规律并服务于人类。但是，人类行为对人类自身生存环境的各种意义上的破坏，要求我们在微观上创造精神物质文明的同时，在宏观上也要思考人类文明的走向并促进其健康发展。正如上个世纪初学科的发展趋势为越来越细，如今，学科的一个重要发展趋势就是不同学科之间的交叉融合，它是防止因为学科越来越细导致弊病的重要保证。但导致这种交叉融合趋势的根本原因是现在科学研究的对象与问题本身的复杂性。文明内涵的丰富性和文明问题的复杂性，决定了对它的研究必须是跨学科和多学科的研究。要求我们通过多学科的交叉研究，用多维视野去观察和思考人类文明的未来走向。

文明工程是一个系统工程，需要进行哲学、历史学、文学、经济学、政治学等人文社会科学范畴内的具体学科的研究，需要进行数学、物理、化学、生物、地理等自然科学范畴内的具体学科的研究，更要将这些研究结合起来，进行综合性交叉型研究。这样一种综合性交叉型研究，可以认为是当今创新的必由之路。而没有创新，就没有文明的进步。其中，存在处理人文社会科学与自然科学关系的问题，也有处理一类科学中具体分支学科关系的问题。因此，我们应当而且必须提倡人文精神与科学精神结合，不同学科紧密合作，服务于揭示真理这同一目标。《周易》有言，“观天文以察事变，观人文以化天下”。这表明，古人已认识到，在人类社会发展中，天文与人文、科学精神与人文精神都是不可缺少、并行不悖的。1917年蔡元培先生在执掌北京大学时即已可贵地提出治学者不可“偏守一门”，并将此直接体现在北大课程的设计上，他取消了原北大文、理、法三科的界限而设系，重视自然科学教育与人文教育的并驾齐驱，所以北大能有今天的成就。北大为蔡先生骄傲，整个中国教育界也为他骄傲啊！大家知道，美国的大科学家爱因斯坦，英国的历史学家斯诺、汤恩比等也曾对文化的融合作出过精深的阐述。他们的观点对我们今天处理科学与人文的关系仍然很有借鉴意义。

我们论坛主题的副标题是“多学科的考察”，正好体现了文明研究的多学科、跨学科的特点。我们期望在这次论坛上，在座的哲学家、经济学家、语言文学家、历史学家、法学家、政治学家从不同的角度对人类文明进行研究，并发表自己的高见。

最后，预祝论坛取得圆满成功，谢谢！

在中国人民大学第25次学生代表大会上的讲话

中国人民大学校长　纪宝成
(2002年3月30日)

今天，中国人民大学第25届学生代表大会在这里隆重召开，这次会议是我校在新世纪举行的第一次学生代表大会，谨此，我代表学校向大会的顺利召开表示热烈的祝贺，并借此机会向全校大学生致以亲切的问候。

学生代表大会及其常设机构学生会，是学生自我教育、自我管理、自我服务的群众团体，在学校校园生活中发挥着极其重要的作用。刚才，靳磊同学从7个方面回顾了第24届学生会的工作，内容丰富多彩，工作开展得有声有色，很令我感动。从报告中我们可以感受到我校学生会、学生干部（包括学生会干部、班级干部）在带领全校同学刻苦学习、奋发拼搏，形成良好的校风、学风，包括积极开拓第二课堂、丰富校园生活中起到了模范、带头作用；在学校及社会一些重大活动中，学生干部打前锋、担重任，起到了中坚、骨干作用；在代表和维护学生合法权益、反映同学们建议和要求方面，学生会和学生干部起到了桥梁、纽带作用。因此，在这一届学生会履行职责即将终止的时候，我代表学校向学生会的全体干部致以崇高的敬意。同时，我希望即将由本次代表大会产生的新一届学生会和它的全体干部，学习24届学生会在工作中积累的经验，发扬优良传统，继续为人民大学的发展、为人民大学学生的健康成长作出自己的贡献。

同学们，今天你们是学校的主人，你们身上展现的是学校的风采，代表的是学校的未来和希望。几年以后，你们将要服务于社会、报效祖国，中华民族的伟大复兴要靠你们这一代青年去实现。所以借此机会，我要对你们提一点希望：希望我们人大毕业生在今后的人生旅途中成为“国民表率、社会栋梁”。人民大学是全国最优秀一批高中毕业生的集中地，人民大学的莘莘学子、青年才俊，将来理所当然、责无旁贷应成为“国民表率、社会栋梁”。怎样才能成为国之栋梁呢？让我们一起重温江泽民总书记去年4月寄语全国大学生的话：希望你们成为理想远大、热爱祖国的人；希望你们成为追求真理、勇于创新的人；希望你们成为德才兼备、全面发展的人；希望你们成为视野开阔、胸怀宽广的人；希望你们成为知行统一、脚踏实地的人。总书记从五个方面提出对全国大学生的希望，我希望同学们能够透过这五句话，体会到内含的殷切期望，体会到自己作为炎黄子孙肩上的重任。如果你们能够从这五个方面着手，按照总书记的谆谆教导来剖析自己、锤炼自己、提高自己，现在开始就志存高远，注重个人情操和创新能力的培养，同时具有“千里之行，始于足下”的实践精神，那么，将来你们一定能成为国民表率和社会栋梁，一定能创造出无愧于时代和人民的业绩。

新世纪开始的时候，人民大学在党中央、国务院的殷切关怀下，在教育部党组和北京市委领导下，启动了“实践‘三个代表’思想，创建世界一流大学”的历史进程，并迈出了可喜的第一步。现在全校师生员工正在学校党委领导下，高举“发展是硬道理”的旗帜，以建设世界一流大学为目标，以改革为动力，以发展为主题，抓改革、抓调整、抓管理，在改革当中发展，在调整当中前进，在管理当中提高，学校正呈现前所未有的大好局面，大家都能够感受到学校的变化，这是全校教职员工和同学同心同德、努力奋斗的结果。

但未来的路很长，面临的挑战也很多，我们不能有丝毫的松懈，要继续努力。首先，我们要搞好学科建设。学科的调整和建设是学校发展的龙头，抓好学科建设才能使学校继续前进。在教育部最新公布的全国重点学科排名当中，我校重点学科总数在全国高校中名列第五，其中人文社会科学重点学科名列第二，而社会科学重点学科则名列第一。雄厚的学科是建设世界一流大学的最重要的基础之一。此次评选结果进一步为我们创建世界一流大学坚定了信心。学校最近正在考虑斥巨资加强学科建设，包括师资队伍、硬件设施和教材建设等，学校将数以千万计的资金加大对学科建设的投入。

在加强学科建设的同时，我们的校园建设也将加大步伐。世纪馆、多媒体教学楼、游泳馆暑假将全面竣工，学校道路将全面整修。在党中央、国务院、教育部亲切关怀下，西北区改造建设工程也将于今年正式启动。这项工程规模很大，20万平方米。几年以后，一个新的现代化大学城将耸立在人民大学西北区。在这三五年内，在“十五”建设期间，如果我们能够抓住机遇、开拓奋进，紧紧抓住学科建设、校园建设不放，我们就能为创建世界一流大学打下坚实的基础。希望同学们也能与时俱进，随着建设世界一流大学的进程更好地成材。

青春年华，是火一样的年华。希望同学们珍惜青春年华，珍惜大学生活，在人民大学的图书馆、宿舍楼、教学楼内，在春华路上、求是园中、百家廊下努力学习，勤于思考，奋发成材。

最后，祝大会圆满成功，祝同学们身心健康，学习进步。

在北京师范大学“小康社会：创新与发展”论坛上的致辞

中国人民大学校长　纪宝成
(2002年12月14日)

尊敬的袁贵仁副部长、陶西平主席，陈文博书记、钟秉林校长，
各位领导、专家，老师们、同志们：

今天很高兴能有机会参加这次论坛。首先感谢论坛主办者北京师范大学和北京市哲学社会科学联合会的盛情邀请。我代表中国人民大学对论坛开幕表示衷心的祝贺！

在党的十六大结束不到一个月的今天，论坛主办单位以“小康社会：创新与发展”作为主题举办论坛，紧扣时代，贴切时务，为大家提供一个思考、交流、讨论的平台，意义深远。

小康社会是中国人千百年来的理想世界和现实奋斗目标。《诗经·大雅·民劳》篇有“民亦劳止，汔可小康”句，其中小康主要指经济较宽裕、不愁温饱的状态，是如今有文字可考最早对小康的憧憬；后代文章中所出现之“小康”，大抵如此。但《礼记·礼运》中把禹、汤、文、武、成王、周公统治时政通人和之世称为小康，其中就不止含有仓廪实之意，更含有知礼仪之意。

漫长的几千年过去了，中国人仍在追求着小康。如果说改革之初，我们概念中的小康还只是解决温饱问题。那么，随着小平同志提出的“三步走”的发展战略的前两步的实现，温饱问题基本得到解决，有的地方已先富裕起来，人民生活水平有了很大提高的今天，党的十六大报告中提出的“全面小康”已经完全走出了《诗经》中的概念，也超出了所有前人对小康的概括，而是物质文明程度与精神文明程度都较高的新小康概念了，对小康社会的阐述除了经济指标外，还有政治文明、文化文明和可持续发展等方面的要求。报告指出，全面建设小康社会的目标，是中国特色社会主义经济、政治、文化全面发展的目标；全面建设小康社会，要使经济更加发展，民主更加健全，科教更加进步，文化更加繁荣，社会更加和谐，人们生活更加殷实。

众所周知，作为语言、文学、艺术、科学及其他一切意识形式在内的精神产品的文化，与经济、政治一样，是社会的基本组成部分。先进的文化是人类智慧的结晶，是人类社会的灵魂和社会进步的基础，也是一个国家、一个民族发展前进的源源不竭的精神动力。五千年来，正是有赖于中国传统文化和现代文化所赋予的生命力、创造力和凝聚力，中华民族才历经坎坷，而始终屹立于世界民族之林。在当代社会，文化和文化建设的重要性已越来越为人们所认识，加强文化建设、促进文化的发展与繁荣也成为各国发展建设的主要内容与任务之一。

我们有足资骄傲的五千年文明，有蜚声中外的孔子等先圣先贤，有影响世界的儒道思想。近代以来，在饱受列强凌辱之后，中国人发奋图强，号召“师夷长技以制夷”，呐喊“拿来主义”，多方面引进了西方的现代文明；新中国建立后，特别是改革开放以来，我们在探索有中国特色的社会主义时，也在逐步形成有中国特色的社会主义现代文化，并在很多方面都取得了可喜的成绩。但是，就目前而言，我认为我国文化发展上至少还存在着三个不平衡。

一是就社会总体而言，存在着文化与经济发展的不平衡。改革开放以来，我国的经济发展是有目共睹的，人民物质生活水平也有了很大提高，但是文化的发展却相对滞后，不能充分满足人们的精神文化需要，也不能满足社会全面进步的需要。我们看到，轻视文化的作用，以及由此导致轻视精神文明建设、轻视思想道德建设、轻视人文社会科学的现象大量存在；由此助长的惟利是图、物质至上、追求享乐主义、拜金主义的现象大量存在。在文化市场上，出现了大量的不健康的、质量低劣的产品，特别是对青少年身心健康带来了很大的危害。这些问题都对我们提出了严峻挑战。

二是就文化本身来说，存在着自然科学与人文社会科学发展的不平衡，亦即所谓重理轻文的思想积重难返。这样导致的后果是人文精神的缺乏，科学精神与人文精神不能很好地统一起来，自然科学与人文社会科学难以互相补充、互相促进，而自然科学界与人文社会科学界也缺乏了解和沟通。我们

的先人早在两千多年前就已提出“观天文以察事变，观人文以化天下”的卓越思想，主张科学精神与人文精神的统一；英国科学家斯诺则在上世纪50年代提出了“两种文化论”，即人文文化与科学文化，并为两种文化间的互不理解有时甚至互相排斥表示忧虑，因此他主张具有人文素养的科学家参与政治，主张文官要有科学素养。人文精神与科学精神的割裂问题延续了又何只是斯诺提出来的这几十年！现在，人们都已认识到人文素养与科学素养的缺一不可，但真正将之摆到江泽民同志提到的“四个同等重要”的位置上，可能还需要长期不懈的努力。从根本上解决这个问题，可能还有赖于我们教育工作者培养出人文素养与科学素养兼备、眼光开阔、胸怀宽广、知识丰富、全面发展的新一代创新人才。

三是就文化影响来说，目前存在着“请进来”与“送出去”之间的不平衡。我们引进麦当劳、肯德基，引进好莱坞大片、日剧、韩剧，引进机器猫、哈利·波特，现在我们城市的有些年轻人吃着洋快餐、看着外国电影电视，说着洋泾浜，用土洋结合的所谓现代眼光看待问题，甚至出丑也是出洋相。我不想就这些现象的好坏作评价，问题的核心是我们大量“请进来”的同时并没有相应“送出去”。我们学习甚至有些人几近崇拜哈佛的案例教学时，并没有很好地注意到案例教学中国古已有之，谁说“二十四孝”不是案例教学?《资治通鉴》中又有多少已流传千年的经典案例?我们吸收西方文化的精华时，应该同时尽量发掘中华文化宝藏服务全人类，从而也在最大的程度上让外国人了解中国和中国文化，扩大中华文化在世界范围的影响，让我们的价值观也能对世界主流价值观的形成起重要影响，成为它的重要组成部分。所以，我们自己要先以一种正确的态度对待我们的传统文化，继承其中的精髓；同时，以一种自信的姿态、开阔的眼界，通过合适的切入点，有系统地、科学地向外国人介绍我们的文化。对孔子的“不患人之不已知，患不知人也”这句话，有人理解为“不怕别人不了解自己，怕自己没努力去让人了解”，我看有一定道理。我想，“送出去”也是我们目前做得不够、在文化建设中需要加强的一个重要问题。我们至少应将之摆在与“请进来”同样重要的水平线上。

所以，在文化建设推进全面小康过程中，我们必须分析文化建设中现存的问题，把握先进文化发展的前进方向，来促进文化的和谐发展，从而真正达到全面建设小康社会的目标。作为教育工作者，在这样一个伟大的历史进程中，任重而道远。我们要先加强自身的各方面素养，培养全面的、和谐的文化理念，再将之传授给我们的学生。在通过教育推进文化建设方面，我个人认为至少有三个方面需要教育工作者高度重视。

一是处理好民族文化与世界文化的关系。人类在漫长的历史中创造了绚烂多彩的世界文明。各个民族、国家由于地域、历史、传统的不同，创造了具有不同特点的文化。无论是东方文化还是西方文化，不仅在历史上都对人类的文明进步作出了重要贡献，而且在一定范围和一定程度上相互影响，相互融合，相互促进。同时，众所周知，中华民族优秀文化的形成和发展，从未离开过对世界优秀文化的吸收和融会。因此，繁荣社会主义文化，既要有民族意识，又要有世界眼光；既要保持民族文化特色，弘扬民族优秀文化传统，又要批判地吸收和借鉴世界各民族创造的一切文明成果，达到“和而不同”，也就是费孝通先生倡导的文化境界，“各美其美，美人之美，美美与共，天下大同”。

二是处理好继承和创新的关系。中华文明，绵延五千年，从未被打断，创造了人类文明史的奇迹。中华民族的历史就是继承和创新的历史。因循守旧，墨守成规，一个民族就会丧失生命力；没有继承，创新也只能是空中楼阁、无源之水。前不久，中国人民大学成立了孔子研究院暨中国传统文化研究中心，宗旨就是要“继承优秀传统文化，弘扬孔子思想精华，提升国民人文素质，建设人类美好未来”。北京师范大学具有百年悠久历史，在对中华文明的继承和创新上作出了许多贡献。例如，白寿彝先生主编的《中国通史》受到很高的评价，堪称史学研究的精品、上品，并荣获第四届吴玉章人文社会科学奖特等奖。江泽民同志在考察中国人民大学时，总结出了中国人民大学“始终奋进在时代前列”的优良传统。我想，这样一句话可以很好地诠释继承与创新的关系。我们应该站在时代的前列，在文化发展中把继承与创新有机地结合起来。

三是处理好基础研究和应用研究的关系。基础研究和应用研究应当协调发展、相得益彰。既要鼓励科研人员面向经济建设主战场，努力解决现代化建设和现实生活中的重大问题，又要加强基础研究，发扬“板凳须坐十年冷”的精神，十年磨一剑，力争出科研精品、上品。这几年，由于市场经济的快速发展，社会上各种诱惑太多了，学者们甘于寂寞、潜心钻研的似乎少了。作为大学校长，我觉得要做两方面的工作。第一，要在投入上对基础研究进行倾斜。应用研究可以市场化运作，可以短平快，但是基础研究需要投入较大，周期较长，所以应该政府多投入、学校多支持。第二、加强学风建设。提倡严谨而不保守、活跃而不浮躁、锐意创新而不哗众取宠、追求真理而不追逐名利的学风。

实现全面小康的理想，激励着每个中国人。相信参加此次论坛的专家学者会从不同的角度，用创新和发展的思维，带给我们新的知识、新的思考。最后，预祝论坛取得圆满成功，谢谢！

在中国人民大学纪念建党八十一周年暨优秀共产党员和优秀党务工作者表彰大会上的讲话（摘要）

中国人民大学党委书记　程天权
(2002年6月26日)

老师们、同学们、同志们：

在中国共产党成立81周年纪念日即将到来之际，我校隆重召开纪念建党八十一周年暨优秀共产党员和优秀党务工作者表彰大会，这既是一次对党的生日的纪念大会，也是一次弘扬先进的表彰大会，更是一次向新的目标进军的动员大会。在此，我代表学校党委向辛勤工作在全校各个工作岗位上的广大共产党员致以亲切的慰问和衷心的感谢！向受到表彰的优秀共产党员和优秀党务工作者表示热烈的祝贺！下面，我讲三点希望：

一、希望各位共产党员铭记党的历史，弘扬党的传统，坚定党的信念，自觉实践“三个代表”重要思想

中国共产党具有光荣的历史和优良的传统，党成立后的81年，是中国发生伟大变革的81年。在81年的历程中，我们的党以其崭新的世界观，为了民族解放、国家昌盛、社会进步，带领全国各族人民英勇奋斗，历经战争与和平、革命与执政、建设与改革、挫折与胜利，取得了民主革命和社会主义革命与建设的辉煌成就，成为推动历史前进的强大的政治力量。中国共产党发展壮大的历程就是一部马克思主义与中国国情不断结合并产生巨变的辉煌史诗，以毛泽东为核心的第一代党中央领导集体，领导人民取得了新民主主义革命的胜利，确立了社会主义基本制度，开辟了人民群众当家作主的新纪元；以邓小平为核心的第二代党中央领导集体，实行改革开放的伟大决策，坚持从中国国情和社会主义初级阶段的实际出发，领导人民成功地走出了一条建设有中国特色社会主义的新道路；以江泽民为核心的第三代党中央领导集体，面对世界多极化、经济全球化、文化多元化的发展趋势，以“三个代表”为指导，深化改革，扩大开放，抓住机遇，加快发展，迎接挑战，战胜风险，不断开创着社会主义现代化建设的新局面。这一切在历史上，是一座丰碑；在世界上，是一面旗帜。沧桑历史，千秋伟业，印证了一个真理：始终代表中国先进社会生产力的发展要求、始终代表中国先进文化的前进方向、始终代表中国最广大人民的根本利益的中国共产党的领导是中国社会发展的必然选择，只有中国共产党才能领导中国人民取得民族独立、人民解放和社会主义建设的伟大胜利，才能谱写建设有中国特色社会主义的新篇章，才能在新世纪实现中华民族的伟大复兴。

总结历史，我们发现中国共产党之所以取得一次又一次的伟大胜利，归根到底在于她的先进性，在于她代表了先进生产力的发展要求，代表了先进文化的前进方向，代表了最广大人民群众的根本利益。因此，在庆祝建党81周年的时刻，我们必须自觉学习“三个代表”、努力实践“三个代表”，永远保持我们党的先进性。当前，全校工作的指导思想就是“实践‘三个代表’重要思想，创建世界一流大学”，学校的改革、发展、建设面临着许多新情况、新问题，新挑战，全体共产党员必须进一步增强责任感和使命感，顺应历史的发展，站在时代的潮头，按照“三个代表”的要求，深入学习认真贯彻江总书记“4·28”讲话精神，进一步解放思想，与时俱进，积极推动我国哲学社会科学事业的发展繁荣，努力加快我校创建“以人文社会科学为主的世界知名的一流大学”的进程。

二、希望各位优秀共产党员和优秀党务工作者再接再厉，戒骄戒躁，发挥榜样作用，推进党建工作再上新台阶

在过去的一年里，我们高举邓小平理论伟大旗帜，深入学习贯彻江总书记在北大、清华讲话，在北戴河“八七”讲话以及“七一”讲话，以“三个代表”重要思想统领各项工作，围绕创建世界一流大学的宏伟目标和学校“十五”规划确定的各项目标，认真贯彻学校党委的要求，落实行政布置的各项工作，积极探索加强和改进学校党建工作的新途径、新方法，大力加强了党的思想、组织和作风建设，为推动学校的改革和发展起到了强有力的保证作用，因此才有了江总书记“4·28”视察和鼓励我们建设世界知名一流大学的重要指示。回顾一年来的党建工作，我们深切感到在学校各级党组织和广大优秀共产党员、优秀党务工作者的共同努力下，我校党建工作取得了新成绩，迈出了新步伐，具体表现在：全校上下精神振奋，凝聚力大大增加，建设世界一流大学的信心大大增强，建设世界一流大学的步伐加快，干劲更足，成效更明显。党、政府、社会对人大的工作好评不绝，人大人的光荣感更激发了使命感、责任感。人大人的光荣感更激发了我们要深入学习“4·28”讲话、“5·31”讲话，努力实践“三个代表”重要思想，向着我们心中的目标努力前进。在实践“三个代表”的过程中，我校各个工作岗位上涌现了一批优秀共产党员和优秀党务工作者，他们大胆探索，积极开拓，勇于站在改革的前列，开创改革新局面；他们积极投身思想政治工作，化解矛盾，凝聚人心，为维护学校的稳定发挥了重要作用；他们廉洁勤政，忘我工作，以模范行动发挥了表率和楷模作用。今天受到表彰的共产党员和党务工作者，就是其中的优秀代表，他们身上集中体现了新时期党组织的先进性和共产党人的优良品质，展现了共产党人的精神风貌。实践证明，正是由于有这样一大批甘于奉献、兢兢业业的优秀党员和党务工作者，我校的改革与发展事业呈现出了蓬勃生机，步入了一个持续、健康、快速发展的轨道。

我们还应当看到，在肯定成绩、表彰先进的同时，我们的党建工作还存在一些差距和不足。主要是一些基层党组织战斗力还不强，部分党组织政治核心作用发挥得还不够，思想政治工作还存有薄弱环节，一些党员干部工作作风不扎实，少数党员同志党性修养还比较欠缺等等。这些问题必须引起我们的高度重视，必须要认真加以解决。学校党委要求，全校各级党组织和广大党员干部要广泛深入地学习和宣传先进典型和模范事迹，在全校掀起一个争先创优的热潮。同时，学校党委希望受到表彰的先进集体和个人，要珍惜党和人民给予的荣誉，要继续发扬党的优良传统，把取得的成绩作为前进的新起点，戒骄戒躁，再创新业绩，再做新贡献。

三、希望各位新党员谨记党的宗旨，增强党性修养，坚持党性原则，勇为先锋，争作模范，为党的伟大事业作出积极贡献

今天，我们十分高兴又一次见证一批优秀同志在鲜红的党旗下庄严宣誓，加入到我们党的组织，在此，我谨代表学校党委向你们表示热烈祝贺，欢迎你们加入到党的队伍中来，希望你们早日成为一名组织上、思想上都真正合格的共产党员。

当今世界，政治环境、价值观念依然十分复杂，斗争仍然存在。科学技术突飞猛进，国力竞争日趋激烈，知识经济初显端倪，一个经济全球化、世界多极化、生存数字化、文化多元化的时代正向我们走来，在这样的时代背景下，中国共产党既会获得难得的机遇，又将经受严峻的挑战。胜利与挫折、成就与困难、主流与支流、本质与现象、希望与困惑，相互交织，同时并存。在这种形势下，大家要努力成为一名合格的、优秀的共产党员，就必须以党员的标准严格要求自己、鞭策自己，牢记党的宗旨，增强党的意识，坚定政治立场，坚持党性原则。实践证明，信念的危机是最致命的危机，理想的动摇是最危险的动摇。作为党员，你们要坚定理想信念，要切实履行职责，按照“三个代表”的要求，时刻把人民的利益、国家的利益，把党员的荣誉放在首位。

作为中国共产党亲手创办的第一所高等学府，中国人民大学具有特殊的历史和光荣的传统。人民大学的发展始终与党同呼吸，共命运，以毛泽东同志为核心的党的第一代领导集体亲手缔造了中国人民大学，以邓小平同志为核心的党的第二代领导集体给了中国人民大学第二次生命，以江泽民同志为核心的党的第三代领导集体赋予了中国人民大学“与时俱进”的新品质、新灵魂。实事求是，艰苦奋斗，追求真理，开拓进取，始终奋进在时代前列，这既是我校代代传承的光辉传统，也是每一位人大人应该保持的优秀品质，作为一名新党员，希望你们勇为先锋，争作模范，充分发挥出共产党的先锋模范和战斗堡垒作用，为学校的发展、为党的事业作出积极贡献。

老师们、同学们、同志们，当前学校迎来了历史上最好的发展机遇，4 月 28 日，江总书记亲临我校视察，提出要把我校建设成为一所以“人文社会科学为主的世界知名的一流大学”，这使我们备受鼓舞，也备感责任重大。江总书记的伟大号召，是人民大学向世界一流大学进军的嘹亮号角。创建世界一流大学是一项伟大的工程，它对我们提出了更大的挑战和更高的要求，因此，学校党委希望各级党组织和广大共产党员深入学习领会江总书记“4·28”重要讲话精神，严格按照“三个代表”的要求，进一步解放思想，振奋精神，同心同德，励精图治，为创建以人文社会科学为主的世界知名的一流大学作出新的更大的贡献！

谢谢！

在中国人民大学 2002 年纪检监察工作会议上的讲话（摘要）

中国人民大学党委书记　程天权
(2002 年 3 月 28 日)

2002 年纪检监察工作会议是中国人民大学学习、贯彻、执行党中央纪检监察工作会议精神的一次重要会议，会议传达了江总书记在中纪委第七次全会上的讲话精神，听取了周建明同志对去年工作的总结和对今年工作的部署，非常具体、详细。下面，我围绕学习贯彻中央重要会议精神和学校当前的改革发展工作讲三点看法：

一、要正确评估当前高校党风廉政建设的形势，充分认识高教战线党风廉政建设的长期性、艰巨性和复杂性

近年来，我们高教事业就像全国的经济建设、社会发展一样，在中央科教兴国战略的指导下，更加被干部、群众重视，不仅是年轻人，而且还包括成年人，甚至老年人都高度关注高教事业，高等教育在国家的经济社会生活中所起的作用也越来越大。高教改革所取得的重大成就在一定程度上满足了我们国家现代化建设过程中的基本需要，教育事业发展主要形势是可以充分肯定的，本届政府每年在财政中拨出一个百分点来支持教育就是一个中央重视教育有说服力的证明。我们的党风廉政建设与我们的事业发展形势也是一致的。这是主要的方面，也是大家都感到满意的方面。

但是，我们应该看到在教育事业得到长足发展的同时，也存在不少问题，我们不看到问题不行，不把问题讲透也不行。虽然很多同志在肯定成绩的同时也看到了一些问题，但是对这些问题不讲透，不加以高度重视，不改变它，使得群众不满意，提不起劲来，有很多牢骚。从党风廉政建设的情况来看，社会有不少问题，高教系统也不是像过去说的是那么一块圣洁的地方，近年来也受到了冲击和影响，而且呈一种上升趋势，这是非常令人关注和焦虑的。教育部最近发布了一些统计数据，表明当前的党风廉政建设还有大量工作要做。

10年前，小平同志的南方讲话准确地回答了“什么是社会主义，怎样建设社会主义”的问题，高瞻远瞩地提出了“三个有利于”和“发展是硬道理”的重要思想，加上此前十多年思想解放运动的铺垫准备，我们的经济和社会蓬蓬勃勃地发展起来了，与此同时也出现了很多问题。针对这些问题，江泽民总书记高举邓小平理论旗帜，发展、丰富邓小平理论，回答了在这种条件下，在我们建设社会主义现代化的时候，在改变我们处于社会主义初级阶段相对落后面貌的时候，共产党应该是怎样的一个党，应该怎样建设这个党，“三个代表”重要思想集中回答的就是这个问题。“三个代表”的提出，实际就是解决中国共产党的执政基础、执政地位，实现“为人民服务”宗旨这样的问题。现在有的人占据位置不干事，不思进取，有的坐在位置上不把人民交给的权利很好地使用，违背人民的意愿，在这种情况下人民群众是不满意的。我又想起10年前邓小平的讲话，他7次提到我们做的事情要用“人民满意不满意”、“高兴不高兴”来衡量，一切出发点和归宿点、判断事物是非的标准就是“人民满意不满意”、“高兴不高兴”。我们可以用简单的逻辑来讲，人民高兴的、满意的、拥护的，就是对的，就是应该做的；反之，就是错的、要改正的，不改正就不行的。所以，我们讲实践“三个代表”，不是空洞地讲理论和唱高调，唱高调人民是不会满意的。我们应该充分认识到高教战线党风廉政建设还是一个长期的、复杂的、艰巨的任务，在高教改革取得突破性进展的情况下，要看到形势仍然十分艰巨。我们要增强自觉性和责任感，这是我想说的第一个问题。

二、纪检监察工作是党的建设、学校事业的一个重要组成部分，是围绕学校中心工作开展的不可或缺的工作，要结合学校实际深入开展党风廉政建设工作

1. 以贯彻党风廉政建设责任制为龙头工作，做到认识到位、工作到位、责任追究到位，要把责任制渗透到学校工作的各个方面、各个环节。我们要解放思想，奋发努力，要在条件艰苦、各方面工作都要向前发展、不利因素很多的情况下，齐心协力推动学校向前发展，这是我们首先要做的，这是我们学校事业的中心。这种形势要求我们所有党的同志，特别是领导同志要认真地按照“三个代表”要求去实践、去要求自己。我们的认识要到位，我们的工作要到位，我们要有全局意识和责任意识，或者说要把我们的局部工作放到全国的范围里去，要有政治意识。一个单位的这些工作没做好，就会影响这个单位群众对党的信心，很多单位都这样的话就会影响党的整体形象。应该讲，我们很多同志做了很多工作，非常辛苦，但同时也存在很多问题。这些问题不仅在纪检监察工作中要讲，在其他地方也要讲。今天从纪检监察角度来讲，我们特别强调工作一定要到位，工作不到位，职责不能履行，就要追究责任，要把责任制渗透到学校工作的各个方面。我们现在有些情况的确不令人满意，人大是以人文社会科学为主的大学，不管是讲公共管理、企业管理，还是讲政治理论课，我们都是行家里手，但是我们在管理方面还存在一些问题。有些事情我们掉以轻心、满不在乎，一个单位主要的党政领导同一时间都出差去了，都离开学校比较远，却没有请示报告，这是违反规定的。单位承担责任的人都走掉了，这怎么能让人放心呢？一个家尚且不能如此，一个单位领导肩负沉重的责任，怎么能这样呢？如果单位有了什么事情，去找谁？学校的文件、精神、措施怎么贯彻下去？

2. 要以纠正带有行业特点的不正之风为重点，净化育人环境，为学生成才创造良好条件。有的同志认为高校同志的经济问题只是极个别现象，不会像外面一样贪污、腐败得那么厉害，可是我们的的确确也有我们的权力，在我们的行业里也有不正之风，也有一些群众非常不满的事情。我们一定要防微杜渐，谨小慎微，要为学生创造良好的受教育的环境。学生在学校里能否受到好的思想、作风的影响，对学生来说非常重要，学生的成长需要我们细致入微地从每一件小事、从一言一行上去教育培育他们。一件事没做好，就会让学生感到非常失望，他就可能放大到对社会的看法，像这样的事情我们是不能轻视的。

3. 端正学术风气，加强学术道德建设，抵制不正之风，推动学术活动的健康发展和学术事业的繁荣昌盛。现在与我们学校党风廉政建设有关系的，与社会对我们的要求有关系的就是要我们抓好学术风气、端正学术风气，加强学术道德建设，这不仅仅是党风廉政建设的问题，还需要各级组织来抓，要从事情的源头上加以遏止、杜绝。很多情况我们要分析分析，比如假文凭问题，有很多干部，已经当官了，还要拿文凭，自己却不来上课。我们常委会上讨论过这类问题，这种事情非常棘手，从良心上讲，这是不正之风，应该抵制，从现实来讲要杜绝是很难的事情，很多人得罪不起。如何处理这些问题，总书记、岚清同志、至立同志都反反复复地讲到领导干部混文凭的事情，这对遏止这种不正之风有好处。我想组织部门在考察干部时要更加严格，更注重实际。我一直说要严格区分，有的人是真文凭真货色，有的人是真文凭假货色，有关部门应该对没文凭却有真货色的给以足够重视，这样对文凭的看法就会健康一些。

目前，社会上普遍存在浮躁、急功近利的风气，总希望快速成名成家、获得利益，这里面也有导向问题，比如我们评职称，与各种利益挂靠太紧，这也助长了浮躁情绪。对学校来讲，学校是一个学术重地，一个学人要是有剽窃、抄袭行为，不讲学术道德，社会舆论就能把他打入“地狱”。对于这类教训，我们要引以为戒。

4. 要从加强基建工程、财务管理、政府采购等各项制度建设入手，加大从源头上治理腐败的力度。上次中层干部会上，我讲“不能楼起来了，人倒下了”这个话，是敲警钟。学校现在正处于搞大规模建设的时期，千万不能出现这样的事情。楼起来了，人倒下了，不仅是我们对干部不负责任，而且会造成巨大损失。现在很多事情非常险恶，常常非你所愿所想，不知不觉就掉进了陷阱。现在揭发出来的很多同志，原来都是好同志，到了领导岗位由于经不住各种的包围、顶不住各类糖衣炮弹，加上个人在思想意识上还有弱点，这样就被“拉下水”了，非常可惜。我有一个强烈的愿望和理想，希望在我们工作期间，人民大学的面貌发生根本性的变化，摆脱原来条件非常差、贫穷落后的状况，使教师、同学在一个校园环境、学术环境、人际环境比较宽松、比较祥和、充满凝聚力的环境里工作学习，也希望通过我们的努力把我们很多同志推出来，把我们的学术骨干推出来，把我们的管理骨干推出来，把我们的经验推出来，但同时我们没有人倒下。这是一件不容易的事情，这是一个理想，我们也是大会小会不断地讲。我想，多讲讲听的时候不是很舒服，但是常讲对大家是有好处的，也是对我自己的教育。我们现在搞招生、搞基础设施建设、搞财务管理等等都会碰到这类问题。我们希望抓好制度建设，并使我们的制度真正起到作用，而不是一纸空文。我们也希望各级组织十分重视思想教育，进行监督和引导，警钟长鸣，保持清醒。这也是全校师生员工期盼的，是上级领导期盼的，是我们自己希望能够做到的。

三、纪检监察干部承担着光荣职责，要廉洁自律，要成为廉政建设的示范群体，做廉政建设的表率

纪检监察工作是我们在座的各位同志还有其他一些同志共同承担的光荣职责，大家是感激我们这样的工作的，我们自身就应该是一个示范群体，树立模范形象。做纪检工作很清贫，但很光荣。我们这个队伍应该是积极、健康、向上的群体，是个优秀的群体，不能是一个不讲原则、不讲纪律、松松垮垮，甚至藏污纳垢的群体。同志们担任这项工作本身就具有一种自我警示作用。

对于这支队伍，党委认为是值得信赖的，是值得依靠的，我们要成为各单位的“守护神”，要有一种警示力量和威慑力量。大家要树立起信心来，要理直气壮。应该有种光荣感。当前我们特别强调，全校同志都要把注意力集中到“实践‘三个代表’思想，创建世界一流大学”的中心工作上来，共同努力，一步一步使我们向世界一流迈进。我们每个干部要把学校的稳定、学校事业的发展、学校的声誉放在心上。现在有些单位注意力还不够集中，想工作、谈工作很少，内部矛盾的、情绪的东西还比较多。我一直认为只要不是同一个人，看问题就会有差异，这是很正常的。我们要“爱其同，敬其异”，充分发挥民主集中制原则的重要作用，把意见放到桌面上来，把意见以符合知识分子特点的合适方式提出来讨论，营造团结气氛，增强凝聚力，共同推动学校事业大步向前迈进。

总之，今天我们召开的这个一年一度的纪检监察工作会议意义十分重大，纪检监察工作是学校党建工作的重要组成部分，我希望每一位党的干部在安排工作时“弹好钢琴”，时刻不要忘记纪检监察工作。我们衷心希望学校事业发展起来的同时，人也健康地成长起来。

■ 重要文件

中国人民大学“十五”期间教育事业发展计划纲要

序　言

21世纪是中华民族实现伟大复兴的世纪。党中央提出了跨世纪社会主义现代化建设的宏伟目标，《国民经济和社会发展第十个五年计划纲要》描绘了我国在新世纪的发展蓝图，对科教兴国战略作了全面部署，教育事业的发展迎来了前所未有的历史机遇。

“九五”期间，我校认真贯彻党和国家关于教育改革与发展的一系列重大方针、政策，以“211工程”建设为龙头，以教学科研为中心，以队伍建设和人才培养为重点，以校内管理体制改革为动力，加快了发展的步伐，各项工作取得了显著的成绩，为“十五”期间我校教育事业的发展奠定了基础。

2000年10月，在纪念中国人民大学命名组建50周年之际，党和国家充分肯定了我校取得的辉煌成绩和作出的巨大贡献，明确提出了把我校建设成为“以人文社会科学为主的世界一流大学”的奋斗目标。这是我校跨入新世纪的里程碑，标志着我校进入了全面建设以人文社会科学为主的世界一流大学的新的发展时期。

一、面向新世纪学校教育事业发展的指导思想和奋斗目标

（一）制定“十五”计划的基本指导思想

高举邓小平理论伟大旗帜，全面贯彻江泽民同志“三个代表”重要思想，以《中国教育改革和发展纲要》和《面向21世纪教育振兴行动计划》为指针，以建设以人文社会科学为主的世界一流大学为奋斗目标，以发展和建设为主题，以改革和创新为动力，解放思想，实事求是，抓住机遇，锐意进取，提升核心竞争力，开创我校教育事业发展的新局面。

（二）学校总体发展目标

经过20年或再长一段时间的努力，把我校建设成为以人文社会科学为主的世界一流大学。

（三）2001—2005年发展目标和主要预期指标

“十五”期间是我校建设和发展的关键时期，将为把我校建设成为以人文社会科学为主的世界一流大学奠定坚实的基础。

“十五”期间学校建设与发展的目标是：

——巩固提高基础学科、优势学科，大力发展应用学科、交叉学科，初步构建“主干的文科、适当的理科、必要的工科”协调发展的学科体系；

——扩大办学规模，优化办学结构，深化教学改革，更新教学观念，加强教学管理，提高教学质量和办学效益，形成比较完备的多层次人才培养体系；

——贯彻“双百”方针，推进理论创新，优化科研体制，多出学术精品，积极为经济建设和社会发展服务；

——瞄准世界学术前沿，加强对外交流与合作，扩大我校的国际影响；

——深化校内管理体制改革，改进工作作风，提高工作效率，构建数字化综合管理平台，实现学校管理运行机制现代化；

——推进人事和分配制度改革，优化教职工队伍结构，适当扩大教师队伍规模，全面提高教职工素质；

——搞好校园规划与建设，加大投入，使学校的办学条件得到根本改善。

学校教育事业发展的主要预期指标是：

发展规模 在校全日制学生总数争取达到18 000人，其中，本科生9 000人以上，研究生8 000人，留学生1 000人，本科生和研究生的比例保持在1.1∶1左右。成人高等教育学院在校生保持在10 000人左右，网络教育学院在校生稳步增长。

学科建设 通过3～5年的努力，进一步完善学科布局，争取增加本科专业10个左右，总数达到65个左右；增加硕士点20个左右，总数达到109个左右；增加博士点20个左右，总数达到70个左右；一级学科博士学位授权点增加4个左右，总数达到13个左右；博士后流动站争取增加1～2个，总数达到10个左右；国家重点学科增加8个左右，总数达到22个左右。

教学科研 到“十五”末期，本科学生中生均教学业务费争取达到2 000元，全校50%以上的本科生基础课、专业课和80%以上的研究生课程运用多媒体教学手段；经济、管理、法律、国际关系、环境、信息、统计等学科25%～30%的专业课程用外语或双语教学。各类课题资助经费争取在“九五”期间的基础上翻一番，我校教师在国内人文社会科学核心期刊和SSCI、A&HCI收录的期刊中发表的论文数居于国内高校前三位。

国际交流 通过5年的努力，在进一步扩大我校对外交流数量的同时，争取将我校对外交流的质量提升到一个新的高度。争取每年举办的国际学术会议达到20次以上；在校留学生人数达到1 000人；在办好现有的合作办学项目基础上，促成更多的合作办学项目；广泛动员一切国际资源，使我校的国际地位具有更大的提高。

队伍建设 到“十五”末期，我校生师比保持在15∶1左右，教师队伍规模达到1 900人左右，60%左右的教师应具有博士学位，研究生以上学历教师的比例应达到90%以上；教授、副教授岗位占教师总岗位数的70%左右。

校园建设 经过5年的努力，力争校本部校舍总面积增加25万平方米，完成投资约12亿元人民币。重点建设多媒体教学楼、体育场馆，以专业教室、实验室、图书馆、教师办公室为主要建设内容的学院大楼等教学科研用房和学生宿舍、学生食堂等学生生活服务设施，争取从根本上改善学校的办学条件。

二、实现发展目标的基本工作思路和主要措施

（一）基本工作思路

以发展和建设为主题，以学科建设为龙头，以教学和科研为中心，一切为了学生，一切为了教学、科研，努力开创学校各方面工作的新局面。基本工作思路可概括为“1231”。

——“一个高举”。高举“发展是硬道理”的旗帜，大力增强机遇意识、发展意识，抓住机遇，加快发展。只有发展，才能保持优势、发展优势；只有发展，才能发扬传统、保持荣誉；只有发展，才能改变某些方面的落后面貌，化解或缓解长期以来积累的各种矛盾，从矛盾中解脱出来，开拓

前进。

——“二个建设”。搞好学科的规划与建设，搞好校园的规划与建设。学科建设是学校发展的龙头，校园建设是学校发展的物质保障，二者紧密相连。只有切实抓好这两项建设，学校的发展才有可靠的保证，才能在新的世纪实现新的跨越和腾飞。

——“三个狠抓”。抓改革、抓调整、抓管理。改革、调整和管理中蕴藏着极大的发展潜力，蕴藏着许多发展机遇。我们要在改革中发展，在调整中前进，在管理中提高。

——“一个加大”。加大资金投入。千方百计多渠道筹措办学资金，尤其要争取国家财政更多拨款，提高学校自身创收能力，积极运用市场融通部分办学资金，实现空前规模的资金投入。

（二）主要措施

1. 适应社会经济发展的需要，适当扩大办学规模，提高办学质量和效益，完善多层次的人才培养体系。“十五”期间，我们要适应国家经济建设和社会发展的需要，按照学校总体奋斗目标的要求，在继续坚持以本科生为基础、研究生为重点的原则下，提高本科生教学质量，积极扩大研究生规模，努力发展留学生教育，完善成人高等教育，开拓网络教育领域，逐步形成规模与结构相统一的多层次人才培养体系。

2001—2005年间，我校本科生招生规模将保持稳定，在校本科生总人数在“十五”末期达到9 000人以上；研究生招生人数争取以每年100人左右的速度增长，在校研究生总人数在2005年达到8 000人；积极发展留学生教育，留学生总人数争取在2005年达到1 000人；成人高等教育学院在校生保持在10 000人左右；网络教育学院在校生稳步增长；非学历教育培训事业规范发展。

2. 加强学科规划与建设，完善学科布局，实现资源的优化组合和合理配置。学科建设是学校“十五”期间改革与发展的核心工作，对于学校新世纪的发展具有重要的战略意义。学校要在巩固提升基础学科、优势学科的基础上，以完善学科布局为核心，以创造一个良好的学科发展体制和环境为基础，通过实施“211工程”和“面向21世纪教育振兴行动计划”项目的建设，科学规划，增加投入，重点建设，正确处理好基础学科与应用学科的关系、人文社会科学学科与自然科学学科的关系、优势学科与一般学科的关系、传统学科与新兴学科的关系、人大特色（个性）与普遍发展（共性）的关系，以实现学科建设的基本目标。

积极适应社会经济发展和我校学科建设的需要，遵循教育发展的规律，大胆借鉴国内外一流大学的成功经验，兼顾国际通行、中国特色、人大独有的原则，进一步做好院系设置调整工作。一方面，通过解决院系专业设置重复、组织结构不甚合理和规范、办学资源和力量分散等问题，实现资源的优化组合和合理配置，争取通过2～3年的努力，逐步理顺校、院、系管理体制，从而为初步形成“主干的文科、适当的理科、必要的工科”的学科体系和布局奠定基础。另一方面，通过加强新兴应用学科和交叉学科的建设，形成我校学科发展若干个新的增长点；争取在新建若干个理工科专业的基础上，筹建应用理工学院。

到“十五”期末，我校人文社会科学多数学科确保国内一流或力争名列前茅，部分学科力争接近或达到世界一流水平，新发展的若干新兴、交叉学科力争形成一定的国内优势。

3. 强化教学管理，推进教学改革，构建适应新形势的人才培养模式和教学管理体系。以制度创新强化教学管理，积极推进教学改革，加强教材建设和教学基层组织建设，抓紧制定适应新形势、面向新世纪的培养方案和课程体系，加强教学内容、教学方法、教学手段的改革，使我校的办学质量和教学管理处于国内一流水平。

——引进全面质量管理理念，建立并完善“全面质量管理体系”，积极创造条件，启动教务信息管理系统，推进教学管理手段的现代化。

——在应用学科推进双学位试点及主副修制度；进一步推进本—硕、硕—博连读制度；积极实行硕士生弹性学制改革，继续办好MBA、MPA和法律硕士教育，争取我校在全国优秀博士学位论文评选中继续位居前茅；继续加强中文、历史、哲学、经济学、马克思主义理论教育等国家基础学科人才培养和科学研究基地，以及国家大学生文化素质教育基地的建设，为国家培养更多的厚基础、高素质、复合型人才；适应加入WTO后社会经济发展对人才的需要，积极在法律、国际经贸、金融、财务、税收等领域试办“英才班”，培养外语水平高、通晓国际规则、熟练运用专业知识的高级人才。

——开展“本科教学工作优秀评价”，认真贯彻“以评促改，以评促建，评建结合，重在建设，重在提高”的原则，全面审视学校和各院系的教学思想、教学理念、办学实力、教学水平、人才培养质量以及社会适应度，要从教学条件、教学过程、教学效果三个方面入手，进行认真、科学、高水平、高质量的“本科教学工作优秀评价”。

——不断加大对教学的投入，设立教学改革、教材建设、教学手段现代化等专项基金，力争在“十五”末期本科生生均教学业务费达到2 000元。基本实现教学手段的现代化，争取在“十五”末期实现本科生50%的基础课、专业课和80%的研究生课程运用多媒体教学手段。

——加大课程体系和教学内容改革力度，积极推进有条件的课程采用外语授课，经济、管理、法律、国际关系、环境、信息、统计等学科力争实现25%～30%的专业课程使用外语或双语教学。加大教材建设力度，精心组织编写国家“‘十五’规划重点教材”和面向21世纪具有人大特色的系列教材，在有条件的专业积极探索引进英文原版教材教学。

4. 深化科研体制改革，加强科研攻关与创新能力，巩固我校学术水平的领先地位。深化科研管理体制改革，加强12个国家级人文社会科学重点研究基地和其他重要研究基地的管理与建设，根据需要组建若干跨学科、跨院系的高水平、高层次的研究机构，建设一支一流的科学研究队伍，提高学校核心科研能力和竞争力，推进理论创新和研究方法创新。树立良好学风，严格学术规范，正确处理好基础研究和应用研究之间的关系，切实组织丰富的学术活动，组织并举办好“中国人文社会科学论坛”，探讨各学科的学术前沿问题，寻求新的突破。特别要重视加强中国国情研究，加强同实际部门的联系，加强对现代化建设进程中产生、提出的重大理论问题和实际问题的研究，要善于解决实际问题，对政府有关部门的决策有更多的影响力和更重要的发言权，把我校的科学研究工作推向新的更高的水平。

——以重点研究基地建设为龙头，带动我校一批优势学科稳定地发展，力求在主流学科及学科主流上居于国内前沿，一些学科接近或达到国际水平。

——发挥传统学科的优势，积极支持人文社会科学与自然科学、技术科学和管理科学相互渗透的新兴学科和交叉学科的研究，强调原创性和开拓性，在若干学科形成国内外均具一定影响的学术流派。

——全面提高人文社会科学的研究水平，积极培养和造就一批学贯中西的中青年学科带头人和科研骨干。

——创新科研体制与机制，组织科研攻关，取得一批具有重大学术影响和重大社会意义的科研成果，在重大理论和现实问题的研究方面力争取得突破性进展。

——积极开展和扩大国际学术交流和合作研究，采取有效措施，设立中国人民大学科研基金，对于纵向课题，给予适当的校内配套经费，加大科研奖励力度，鼓励在SCI、EI、SSCI、A&HCI收录的期刊上发表论文。

——继续办好现有学术期刊，充分展示和宣传学校科研成果。

——提高科研管理水平，加强科研成果的评估管理，继续细化科研考核与奖励制度，逐步完善学术休假制度，在项目管理、科研信息发布等工作中实现电子化并逐步网络化。

5. 瞄准世界学术前沿，努力开创对外交流与合作的新局面。

——坚持实行“强强合作”的原则，“十五”期间进一步与世界上主要国家和地区的著名大学建立学术联系，特别是争取与高等教育发达国家中的一流大学及学科建立实质性的合作关系。从国际教育和文化交流的需要出发，与具有合作前景的国家和地区的知名大学开展广泛的合作与交流。加强与台港澳地区的学术交流工作，扩大我校在台港澳地区的影响。

——积极创造条件，支持专家学者出国（境）参加国际学术会议、讲学及交流。举办双边与多边国际学术会议，每年举办不同规格的会议次数争取达到20次以上。

——鼓励、支持并积极组织形式多样的学生对外交流活动。

——有计划、有步骤地聘请境外专家学者和外籍语言教师来我校讲学、授课。继续办好国际名人学术讲座和外国驻华大使系列讲座活动。

——继续办好我校和美国纽约州立大学布法罗分校EMBA合作项目；与美国哥伦比亚大学合作筹建中国人民大学中美高级经济管理学院；鼓励和支持有关院系与国外教育、研究机构开展多种形式的合作办学。

——切实加强留学生工作，开拓办学思路，广开招生渠道，建立适应市场竞争的招生机制。加快并促进新留学生楼的建设，改善留学生的居住及学习条件。

——加大对外宣传力度，树立学校良好的国际形象，扩大学校的国际影响。

6. 改善师资队伍结构，提高管理人员素质，建设一流的教师队伍和高素质的管理干部队伍。通过不断深化改革，建立适应我校改革和发展需要的人事管理体制。适度扩大教师队伍规模，加大结构调整的力度，全面提高教职工素质，逐步提高具有博士学位教师的比例，提高教学水平，加强师德建设；在管理和教辅人员中，增加具有本科及研究生学历人数的比例，通过多种培训，提高管理和教学辅助工作的水平。

——建立合理的人才流动机制，积极推行人事代理制度，逐步完善聘任制，健全考核机制，强化聘后管理。

——深化人事分配制度改革，进一步改革用人制度，强化岗位意识和岗位责任。按需设岗，以岗定责，竞争上岗。体现岗位、责任和贡献大小的差别，按照按劳分配、绩效优先、优劳优酬、奖勤罚懒的原则，完善重绩效、重贡献的分配激励机制。

——争取在行政管理人员中实行职员职级制。

——探索和建立符合教学、科研发展规律的组织形式，优化教职工队伍结构，使教学、科研、管理和后勤、产业人员的配置达到比较合理的比例。争取“十五”期间教职工总体收入水平有明显提高。

——优化教师资源配置。积极引进人才，加大人才引进的资金投入，五年内引进100名学科建设急需的高水平人才。多渠道、全方位公开招聘学科发展急需的海内外优秀人才。

——加强教师队伍建设，注重培养骨干教师，特别是35岁左右的青年学术带头人。强化教师培训，体现终身教育的思想，完善教师培训体系，结合《面向21世纪教育振兴行动计划》的实施，有计划、有目的地多渠道选派中青年骨干教师出国访问进修，每年派出不少于30人。

——建立择优任用、聘任与考核相结合的激励机制，加大处、科级干部交流的力度，增强干部队伍的活力。着力解决党政管理干部在工作环境、事业发展和生活条件等方面的实际问题，保证党政管理干部队伍的稳定性。

7. 加强校园规划与建设，根本改善学校办学条件。“十五”期间，学校要积极争取国家的重点支持，充分利用各种专项资金，适当利用银行贷款，大力加强基本建设，从根本上改变学校办学条件落后的状况。

——继续完成已经开工的世纪馆、游泳馆、多媒体教学楼、宜园3楼、仁达大厦的建设。

——重点建设校园西北区，实施西北区改造和建设工程，主要建设内容是新建3座学院楼群、一个相对集中的学生生活区、国际会议中心、培训中心，新建总面积20万平方米。

——加强图书馆建设，增加图书采购的种类和副本数量，增加各种学术期刊的数量，提高图书资料的使用效率，启动并大力进行数字图书馆的建设，力争成为国家数字图书馆建设试点。

——加大实验室建设投入，改善公共教学实验室的条件，重点建设若干个新兴应用学科的专业实验室，建立并健全学校实验室的共享机制。

——加强校园网络建设，加速构建以教学科研为中心、以信息化管理为手段的现代化数字平台。

经过五年的建设，我校的校园建设能够基本满足学校事业发展对各类用房的需要，并初步做到校园功能完善、设施齐全，环境优美、建筑风格协调，文化气息浓厚。

学校通过深化住房制度改革，较大范围地解决教职工的住房问题。按照自愿原则，以适当方式回收职工现有校内住宅，增加校内教学、科研用房，提高学校办学资源的综合利用效率，从而为学校的进一步发展创造条件。

8. 完善后勤社会化改革，建立新型的后勤服务保障体系。紧紧围绕建设一流大学的目标，坚持为教学、科研、师生服务的宗旨和后勤社会化改革方向，加强基础设施改造和校园环境建设，提高管理与服务水平，保证学校各项事业的顺利发展。

——理顺后勤集团与学校在人事、财务、资产、服务等方面的关系，加强管理，保证运行服务。

——实现节能型学校的建设目标，对地下供热、供水、供气、排水管道进行全面改造，彻底解决跑、冒、滴、漏严重的问题，大幅度降低能耗。

——大力加强绿化美化工作，建设绿色校园，从2001年起力争用3年左右的时间，改造绿地10万平方米，新建绿地5万平方米。在进行整体设计的基础上，分期对旧建筑外立面进行粉刷。对道路、广场、便道、路灯进行全面改造。

——继续做好电力增容工作，以保证各项事业发展的需要。

——建立和完善校内安全防控体系，创造文明、安全、安定、祥和的校园环境。适度增大投入，提高安全防范措施的科技含量，实现人防、物防和技防的有效结合。

——逐步创造条件全面引入竞争机制，促进社会化改革的发展，力争在2005年前后，基本实现以学校办后勤为主向社会办后勤为主的转变。

9. 强化资产管理，提高学校资产综合利用效率，积极推动产学研结合与转化，致力于为社会提供全面服务，加快校办产业发展。按照现代资产管理的观念，改革学校资产管理方式，提高资产综合利用效率，满足以教学科研为中心的学校教育事业的发展。依托我校人文科学、社会科学和经济管理学科资源和人力资源的优势，以智力服务于社会主义现代化建设，特别是为首都的社会经济发展服务，坚持经济效益和社会效益的有机统一，积极探索加快我校校办产业发展的途径。

——建立系统、科学、规范的资产管理制度，充分利用现代信息技术，提高资产管理效率和管理水平。积极推进并实行政府采购制度，规范管理工作程序，提供周到、高效、细致的服务。

——成立学校资产管理公司，代表学校管理经营性国有资产，改变资产管理的观念、方式和手段，使之符合现代资产管理的规范。

——按照市场运行规则和现代企业制度的要求，研究、制定出版社、书报资料中心中长期发展战略。出版社要以出版经营作为主阵地，同时向高科技的信息产业进军，建设好“中国高校教材图书网”和“中国高校人文社科信息网”，并加大市场开发的力度，建立现代化的市场营销体制和运行模式，力争发展成为一个现代化的出版集团。书报资料中心要在继续保持其在社会上具有的良好声誉的同时，大力进行内部管理体制改革，进一步加快信息资料的数字化进程，使之能够在激烈的竞争中不断创新、不断发展。

——依托我校独有的人文社科优势，筹划建设人大文化产业创业园区，加强校园周边开发。

——调动各方面积极性，整合各种资源和力量，进一步规范发展教育培训事业，在为社会提供更多、更优质服务的同时，拓宽学校办学资金来源渠道。

通过五年的努力，力争在“十五”末期，在积极探索校办产业发展模式的同时，使我校的校办产业总产值有较大幅度增长，实现年利税和向学校上缴年利润逐年增加。

10．加强学校与社会各界的联系，多渠道筹措办学资金。

——进一步加强校友工作，筹建中国人民大学校友总会，加强与海内外校友的联系与沟通，增强校友的凝聚力和向心力，激发校友的荣誉感和自豪感。

——积极筹建学校董事会和教育发展基金会。

——积极努力地争取尽可能多的国家财政拨款，通过科研开发、智力服务、银行贷款和企业合作等方式，拓宽渠道，多方面筹集办学资金，加快学校的发展。

——进一步加强学校资金管理，加大审计监督力度，严格执行财务制度，形成自上而下的多级财务内部控制体系，提高资金的使用效率。

11．加强党建和思想政治工作，保证学校各项改革和工作的顺利进行。

——党的建设要全面贯彻“三个代表”的要求，建立、健全科学的领导体制和工作机制，重视各级领导班子建设，进一步加强党风廉政建设，努力推进干部工作的科学化、民主化和制度化。大力培养选拔优秀年轻干部，改善领导班子结构，加大党政干部交流，特别是部处间、院系间、院系与部处之间干部交流的力度。

——按照党要管党的原则和从严治党的方针，建立切实可行的考核评估机制，大力加强党的基层组织建设。

——坚持从新的实际出发，以改革的精神研究和解决现实中面临的各种问题，积极探索新形势下思想政治工作的新途径和新方法，促进学校的改革、发展和稳定。

——以“党建”带“团建”，探索新时期共青团和学生工作的新思路和新形式。发挥工会、教代会作用，进一步做好职工之家建设。广开言路，发动广大师生为学校发展献计献策，提高学校各项决策的科学性。

——全面推动新世纪中国人民大学形象工程，塑造我校在新世纪的新形象，提高我校在国内国际的知名度和综合影响力，创造一个有利于学校发展的外部大环境。

——充分发挥民主党派、无党派人士在学校改革和发展中的重要作用，调动离退休人员的积极性，动员并团结全校师生员工积极参与学校的改革、发展和建设，保证学校各方面工作的顺利进行和“十五”计划的如期实现。

中国人民大学2001—2002学年第二学期工作计划要点

（2001—2002学年校政字24号）

一、指导思想和工作思路

本学期工作的指导思想是：高举邓小平理论伟大旗帜，实践“三个代表”重要思想，创建世界一流大学。围绕学校总体发展目标和“十五”规划，以创一流为目标，以改革为动力，以发展为主题，开拓务实，团结奋斗，切实加强学科建设、校园建设、队伍建设，努力提高教学水平、科研水平、管理水平和办学效益，以实际行动迎接党的十六大的召开，迎接学校第十二届党代会的召开，迎接学校65周年校庆。

本学期的工作思路是：继续实施“1231工程”，即高举“发展是硬道理”的旗帜，大力增强机遇意识、发展意识，抓住机遇，加快发展。搞好学科规划与建设、校园规划与建设。抓实改革、抓实调整、抓实管理，在改革中发展，在调整中前进，在管理中提高。继续千方百计筹集办学经费，克服建设和发展的瓶颈问题，为实现学校的奋斗目标打下坚实的物质基础。概括为一个高举，两个规划与建设，三个抓住不放，一个加大投入。

二、中心工作

1. 发展规划工作。结合学校“十五”计划纲要，加强学校整体规划和长远发展的战略研究，重点解决好拓展办学空间、学科规划与建设、院系调整等带有全局性、战略性的问题。

2. 学科建设。以学科建设为龙头，全方位、有重点地加强学科建设，全面体现人民大学鲜明的学科特色和强大的学科实力。要一手抓国家重点学科的建设，一手抓重点建设学科的建设。以25个国家重点学科的颁布为新的起点，抓住“211工程”二期建设即将启动的契机，认真、逐一地分析每个学科的现状、优势和不足，居安思危乃至“居危思危”，从发展趋势、竞争对象、人才引进、资金投入、科研立项、条件保障等多方面进行深入研究，形成一系列有针对性的具体措施。要从增强学校核心竞争力出发，加大学科建设力度，扶优扶强，济弱扶新，强化落实，形成学校、学院（系、所）、教研室齐抓共建、层层落实的良性机制。要大大加强国际性学科和必要的理工科的建设，大大加强与国外相关学科的交流与合作，促进学科建设的国际性、开放性，每个院系都要对口联系国外至少一所著名大学的相关院系，开展密切合作。努力建设与世界一流大学相应的、与国际接轨的一流学科。组织开好学科建设和科研工作会议。

3. 教学科研工作。教学工作方面，按照21世纪人才培养模式，全面修订2002年本科教育、研究生教育、成人教育教学方案，体现中国人民大学的办学理念和人才培养规格，深化教学改革，提高教学质量，加强教学评估，大力推进教学质量体系建设，抓好教学环节管理创新工作；进一步落实“十五”教材规划、教材编写工作；加强优秀课程、优秀课堂的建设与评估工作；大力推进本科生双语教学和教授、博导进本科生课堂的工作，加快组建教学语言以英语为主的国际经济管理研究中心；加强MPA、MBA、法律硕士三大文科专业学位的教学工作；探索人才培养的新模式，试行本硕连读、硕博连读制度，缩短硕士生培养时间，进行双学位制度的试点；做好学位评定委员会的换届工作；召开研究生工作会议。加强图书馆和重点实验室建设，积极推进数字化图书馆开发，改革图书管理体制。搞好成人教育学院成立50周年纪念活动，总结经验，深化改革，使成教工作上一个新台阶；稳步发展网络教育，完善机构，加强管理，做好教材、管理平台和课件升级工作。

科研工作方面，推动科研工作多出高水平、标志性的成果，抓好课题立项、评价和成果发表工作；举办层次高、影响大的学术研讨会；全方位开展科研工作的国际交流。组织好普通高校第三届人文社会科学研究成果评奖申报工作；进一步加强人文社会科学重点研究基地的管理与建设，做好基地年检工作；筹备召开“与时俱进的中国人文社会科学——中国人文社会科学论坛（2002）”；搞好校庆科研成果展。

4. 体制改革、机制转换工作。进一步深化各项改革工作。继续推进院系调整，合理配置资源，促进资源共享，加快人文学院的组建工作；要探索学院运作的科学模式，保护系及教研室的积极性，保留一定的发展空间；院、系成立后要保持一定的稳定性，并与国际接轨。继续深化后勤社会化改革，深挖改革潜力，做到方向不变，压力不减，进一步转换观念，转换机制，理顺关系，建立健全各种内部规章制度，巩固改革成果；继续进行用工制度创新；实行准市场化原则，减少资源浪费，提高经济效益；不断提高服务质量和服务水平，增强保障能力，并配合校庆做好相关后勤保障工作。整合人大出版、期刊资源，研究筹组出版集团，抢占高校出版界的制高点，探索内涵式集团化的发展道路。加强和改进教育培训中心工作。积极筹建中国人民大学研究生院深圳分院。进一步研究中介服务、咨询服务的组织化、规范化问题，完善机制，形成特色，塑造品牌，提高学校为社会服务的水平和能力。

5. 队伍建设。继续深化人事制度改革，转变观念，转换机制，理顺关系，调整结构；进一步完善分配制度，适当提高岗位津贴标准，适当拉开差距；进一步完善对个人业绩的考核，合理调整考核指标；进一步完善定编、定岗、晋升、轮岗、降职、辞退等工作制度。关心教职工的日常生活，继续加强教职工住房制度改革工作，最大限度地扩大教职工的受益面。师资队伍建设方面，继续实施“十五”期间的“百人引进”工程，结合学科建设的需要，加大优秀人才的引进力度，特别是海外留学人才的引进；对于比较薄弱的学科，可采取“团队引进”的方式；适当从政府、企业聘请教师，积极选留本校和兄弟院校的优秀博士生；加强师资队伍的梯队建设，尤其是中青年教师的培养，创造有利于青年教师成才的氛围，鼓励学贯中西，鼓励面向实践，使其在工作中锻炼和成长；加强教师的培训、考核和管理工作；打破传统的用人模式，为逐步过渡到真正的聘任制创造条件、摸索经验。管理干部队伍建设方面，拓宽干部选拔、培养的渠道，加强管理干部队伍新老交替工作；加强选留优秀本科生、硕士生乃至博士生从事管理工作的力度；探索部分管理岗位与教师岗位打通，实行制度创新；加强各级别管理干部的轮岗交流工作，有计划选派管理干部挂职锻炼，拓宽挂职的层次和地域；善待、爱护管理干部，通过培训、进修、出国考察等多种措施提高管理干部素质，落实好各项待遇，稳定高素质管理人才；干部队伍要逐步试行教育职员制；抓好干部廉政自律工作，完善监督机制，尤其要加强财务监督工作。开好人事组织工作会议。

6. 校园建设与环境整治。加强基础设施建设，彻底改造地下管网，高标准、高质量翻修“四纵两横”的校园主干道路。加大校园环境整治力度，改造校园绿地草坪，增设人文景观，加快校园绿化美化工作。抓好世纪馆、游泳馆、多媒体教学楼、操场改造、供电外线增容、百家园二期工程、附中扩招基建工程等在建工程的管理，确保如期竣工。全面启动校园西北区改造与建设工程的规划设计和申报立项工作，为下半年开工建设打好基础。确保仁达大厦年内复工。多渠道筹措学校建设资金，改善办学条件，改善校园环境。认真总结房改经验，继续推进住房制度改革，做好房产资源的功能调整、重组工作，包括红楼调整工作、校内办公用房的局部调整，为教学科研争取更多的空间。

7. 党建与思想政治工作。开好学校第十二届党代会，使实践“三个代表”重要思想、创建世界一流大学进一步成为全校党内外师生员工的精神动力和实践指导，努力建设一个创业、振兴的党委领导班子。做好院系调整党政干部的换届工作。继续推进党的基层组织建设，组织好党校的各项培训工作，加强党校培训教材的编写和师资队伍的建设。

8. 校庆工作。以校友、校史、校貌为主线，抓好一个庆典（65周年庆典）、两个展览（校史展、科研成果展）、三个会（校友会、基金会、董事会）和一个奖（吴玉章奖）等筹备工作。召开系列校友论坛，编制校友录，出版《人大之子》丛书第一卷和其他庆典用书。协助部分省市及海外地区完善校友会组织，建立应届毕业生与各地校友会联络的基本方式。进一步加强与海内外校友的联系。

9. 宣传工作。继续加强理论宣传、时事宣传工作。同时，要服务于创建世界一流大学的需要，配合校庆和党代会，有重点、有步骤、全方位地向海内外宣传中国人民大学，加大对学校改革举措、成功经验、重点学科、重要成果、重大活动及优秀学者、优秀中青年教师、优秀学生的宣传力度，塑造学校形象，扩大学校影响，为创建世界一流大学营造良好的舆论氛围。学校有关部门、各院系都要积极开展或参与宣传工作。加强学校网站建设。

10. 学生工作。加强学生思想教育工作的深度和力度，鼓励优秀教师从事学生管理和思想教育工作，加强班主任管理工作，带动学生工作的全面、健康发展；以全民道德素质建设为核心，加强学生日常管理工作；加强学生的心理健康教育和心理咨询工作。做好优秀学生评比、典型事迹推广宣传；在借鉴国外先进经验基础上，完善奖贷学金管理制度，加大困难生的资助力度；做好学生学籍管理工作，加强招生、就业工作的管理与服务。推进青年志愿服务工作；推动学生课外学术活动上新台阶，引导学生刻苦攻读，奋发向上，形成良好的学习氛围；进一步开展积极、高雅、健康、向上的校园文化活动；筹备校庆系列文体庆祝活动。

二〇〇二年三月十二日

关于印发《关于学习、宣传和贯彻江泽民总书记考察我校重要讲话的决定》的通知

（人大校党字［2002］22号）

各分党委、党总支、直属党支部：

现将校党委《关于学习、宣传和贯彻江泽民总书记考察我校重要讲话的决定》印发给你们，请组织本单位全体师生员工认真学习。

二〇〇二年四月三十日

关于学习、宣传和贯彻江泽民总书记考察我校重要讲话的决定

在党的十六大即将召开的重要时刻，2002年4月28日，江泽民总书记亲临我校考察和指导工作，并在与我校师生座谈时发表了重要讲话。江泽民总书记的重要讲话（以下简称《讲话》）充分肯定了我校建校65年来为马克思主义在中国的传播和普及，为我国哲学社会科学的发展与繁荣，为我国社会主义革命、建设和改革事业的发展作出的贡献，深刻阐述了哲学社会科学在提高全民素质，在治党治国和建设有中国特色社会主义事业中的巨大作用，对哲学社会科学的发展繁荣提出了殷切希望和要求，充分体现了以江泽民同志为核心的党中央对我校的亲切关怀，对我国高等教育事业和哲学社会科学的高度重视。

《讲话》发表以后，立即在我校，在全国哲学社会科学界、高等教育界产生巨大反响，广大干部、教师、学生备受鼓舞。江泽民总书记的这一重要讲话，是继北大、清华讲话之后对全国高等院校的又一次重要讲话；也是继去年北戴河“八七”讲话之后对哲学社会科学的又一次重要讲话。《讲话》不仅对我校建设世界知名的一流大学有着极其重要的指导意义，而且对推动我国高等教育事业发展、繁荣我国哲学社会科学事业有着非常重要的推动作用。

江泽民总书记的这一重要讲话是在我校发表的，其中许多重要思想对我校创建以人文社会科学为主的世界知名的一流大学有着特殊的重要意义。因此，我校理应走在全国学习、宣传和贯彻《讲话》精神的前列，既关注我校自身的发展，更要站在全国哲学社会科学界的高度，为我国哲学社会科学的发展繁荣摇旗呐喊，为推动全社会重视和发展哲学社会科学作出中国人民大学应有的贡献，以不辜负党和人民的殷切期望。

经学校党委研究，现就我校学习、宣传和贯彻《讲话》的有关问题，作出如下决定：

一、认真组织师生员工学习领会《讲话》精神，进一步提高对哲学社会科学重要性的认识，增强创建以人文社会科学为主的世界知名的一流大学的决心

1. 各单位、各部门要把学习《讲话》作为一项重要工作来抓，集中一段时间，组织广大师生员工，通过座谈会、研讨会、报告会、笔谈等多种形式，认真学习《讲话》内容，深刻领会《讲话》精神，进一步提高对哲学社会科学重要性的认识，增强发展我国高等教育、繁荣哲学社会科学的决心和信心。

2. 要紧密结合我校创建以人文社会科学为主的世界知名的一流大学的工作实际，学习领会《讲话》精神，进一步强化我校作为我国人文科学、社会科学、管理科学教育研究重要基地的“基地”意识和我校创建“世界一流”的“一流”意识，增强创建世界知名的一流大学的决心和信心。

3. 要将学习重点放在《讲话》对我校建校65年来所做工作、所做贡献和既定奋斗目标的肯定，对哲学社会科学在我国经济发展和社会进步中的重要地位和巨大作用，对如何发展哲学社会科学的“五个高度重视”，对如何进一步繁荣哲学社会科学的“五点希望”的阐述等相关内容上，深入领会

《讲话》的精神实质。

4. 要从"三个代表"重要思想的高度来学习领会《讲话》精神，进一步明确哲学社会科学的发展方向，明确衡量我国哲学社会科学性质、方向和水平的根本尺度——是否体现了中国先进生产力的发展要求、中国先进文化的前进方向和中国最广大人民的根本利益。

二、通过各种渠道广泛宣传《讲话》，积极营造学习贯彻《讲话》精神的良好氛围

1. 各单位、各部门要充分发挥理论队伍特别是理论骨干的作用，充分利用广播、电视、报刊、网络、宣传橱窗等媒体，在校内外乃至国内外广泛宣传《讲话》的主要内容和重要意义，宣传我校广大师生员工学习《讲话》的体会，积极营造推进贯彻落实《讲话》精神的有利氛围，为切实推进全国性的学习、贯彻工作，进而推动我国高等教育的发展和哲学社会科学的繁荣作出更大贡献。

2. 要结合《讲话》精神，大力宣传我校建校65年以来的成就和贡献。要着力宣传我校的光荣传统和优良校风；宣传党和政府对我校的高度重视和亲切关怀。宣传我校作为我国人文科学、社会科学、管理科学教育研究重要基地的突出地位；宣传我校为马克思主义在中国的传播和普及，为我国哲学社会科学的发展与繁荣，为我国社会主义革命、建设和改革事业的发展所作出的重要贡献。

3. 要大力宣传哲学社会科学对我国改革开放和有中国特色社会主义现代化建设事业的巨大作用和重要意义。着力宣传哲学社会科学在帮助人们认识自然、社会和思维变化和发展的规律，正确认识纷繁复杂的社会现象，提高道德素养和精神境界中的重要作用；着力宣传哲学社会科学对于领导干部提高领导水平，特别是在治党治国和建设有中国特色社会主义事业中的巨大作用。

4. 宣传工作要有重点、有深度，密切联系实际，把宣传重点放在《讲话》是对北大、清华讲话以及北戴河"八七"讲话的延伸和发展，其中的"五个高度重视"、"五点希望"是对"四个同样重要"的深化和发展。要突出强调《讲话》是新世纪发展和繁荣我国哲学社会科学的行动指南，对发展我国哲学社会科学高等教育有很强的指导意义；也是我校创建以人文社会科学为主的世界知名的一流大学的纲领性文件。

三、结合工作实际，认真贯彻落实《讲话》的基本要求和主要精神

1. 各单位、各部门要以高度的社会责任感和历史使命感，在深入学习《讲话》的基础上，认真分析研究我校各项工作中的成绩与不足，结合我校实施"1231"工程、狠抓学科建设和校园建设、创建以人文社会科学为主的世界知名的一流大学的实际工作，深入研究和思考如何进一步加强和改进本单位的工作，大力推进学校的整体工作。

2. 要对照《讲话》对广大青年学生提出的期望，深入研究和思考如何进一步加强人文社会科学高等教育的改革和建设，深入研究和思考人才培养，特别是学生综合素质教育问题，要从课程设置、教材编写、学制改革、思想素质教育等基础性工作做起，夯实学校建设和发展的根基，提高教学质量和人才培养质量，努力把学生培养成为国民表率、社会栋梁。

3. 要进一步增强创新意识，加强科研工作，以研究促学习，以研究带宣传。要深入研究和思考如何进一步加强我校人文社会科学的25个全国重点学科、12个全国重点研究基地的建设，深入研究和思考如何调动、发挥学校科研的雄厚力量，围绕我国经济、社会发展中出现的具有全局性、战略性、前瞻性的重大理论和现实问题，组织力量集中攻关，为理论创新和繁荣作出新的贡献。

4. 要深入研究和思考如何加强我校哲学社会科学队伍建设，不断加大人才引进和制度改革的力度，不断改善科学研究和人才培养的条件，积极营造支持科学探索、鼓励学术创新的学术环境和社会环境。

5. 要进一步加强学风建设，坚持用马克思主义的立场、观点和方法指导教学科研工作，坚持严谨治学，实事求是，民主求实，树立良好的思想风范和师德风范。要积极倡导甘于寂寞、淡泊名利，关注现实、多思慎思，注重积累、厚积薄发，加强团结、和谐合作，相互切磋、共同进步的的优良学风。鼓励教师做好传授知识的“经师”，更要做好善于育人的“人师”。

各单位应制定学习、宣传和贯彻《讲话》的计划上报党委宣传部，并及时报告工作进展、成果及其他有关情况。

二〇〇二年四月三十日

关于认真学习贯彻党的十六大精神的通知

（人大校党字［2002］41号）

举国关注、举世瞩目的中国共产党第十六次全国代表大会已经胜利闭幕。为了深入学习贯彻十六大精神，把全校师生的思想和认识统一到十六大精神上来，努力开创我校各项工作的新局面，加快推进实践“三个代表”重要思想、创建世界一流大学的进程，根据中共中央、中共教育部党组、中共北京市委关于认真学习贯彻党的十六大精神的一系列通知要求，现就我校学习贯彻十六大精神的有关问题通知如下。

一、学习贯彻十六大精神的意义

十六大是我们党在新世纪召开的第一次代表大会，也是我们党在开始实施社会主义现代化建设第三步战略部署的新形势下召开的一次十分重要的代表大会。大会把“三个代表”重要思想同马克思列宁主义、毛泽东思想和邓小平理论一道确立为我们党必须长期坚持的指导思想，提出了新世纪新阶段党和国家的奋斗目标和行动纲领，选举产生了新一届中央领导集体。这次大会是一次团结的大会、胜利的大会、奋进的大会，极大地振奋了全党和全国各族人民的精神，进一步展示了我们党坚持改革开放、维护世界和平与促进共同发展的良好形象，对我们党和国家事业的发展具有重大的历史意义。

江泽民同志在十六大的报告中坚持以马克思列宁主义、毛泽东思想和邓小平理论为指导，从历史和时代的高度，全面分析了新世纪新阶段我们党面临的国际国内形势，科学总结了改革开放以来特别是十三届四中全会以来党领导人民建设中国特色社会主义的基本经验，进一步阐述了“三个代表”重要思想的历史地位和贯彻“三个代表”重要思想的根本要求，深刻阐明了我们党在新世纪坚持举什么旗、走什么路、实现什么目标等重大问题，对建设中国特色社会主义经济、政治、文化和党的建设等各项工作作出了全面部署，是一篇马克思主义的纲领性文献，是我们党在新世纪新阶段的政治宣言，是全面建设小康社会、加快推进社会主义现代化的行动纲领。

认真学习十六大报告，全面贯彻十六大精神，对于我们胜利实现全面建设小康社会的奋斗目标，加快推进社会主义现代化进程，努力开创中国特色社会主义事业的新局面，具有重大的现实意义和深远的历史意义。认真学习贯彻党的十六大精神，把全校师生的思想统一到十六大精神上来，是我校当前和今后一个时期的首要政治任务，全校各级党组织和全体党员要增强政治意识、大局意识、责任意识，把学习贯彻十六大精神的工作抓紧抓好，迅速掀起一个学习贯彻十六大精神的新高潮。

二、学习贯彻十六大精神的重点

要紧紧抓住以下重点，全面准确理解和把握十六大精神：

1. 要紧紧围绕高举邓小平理论伟大旗帜，全面贯彻“三个代表”重要思想，继往开来，与时俱进，全面建设小康社会，加快推进社会主义现代化，为开创中国特色社会主义事业新局面而奋斗这一主题，深刻理解坚定地站在时代潮流的前头，团结和带领全国各族人民，实现推进现代化建设、完成祖国统一、维护世界和平与促进共同发展这三大历史任务，在中国特色社会主义道路上实现中华民族的伟大复兴，是历史和时代赋予我们党的庄严使命；深刻理解十三届四中全会以来我们党领导全国各族人民在改革、发展、稳定等各方面取得的巨大成就对于团结全党、振奋民心，鼓舞斗志、开创未来，具有重大而深远的意义；深刻理解党领导人民建设中国特色社会主义的基本经验是党长期探索和实践的结晶，是全党的宝贵财富，必须认真坚持并在实践中不断丰富发展；深刻理解全面建设小康社会是党在新世纪新阶段的奋斗目标，必须最广泛地动员全党和全国各族人民为实现这一目标而努力奋斗；深刻理解必须把发展作为执政兴国的第一要务，不断解放和发展生产力；深刻理解必须把党的领导、依法治国和人民当家作主有机统一起来，积极发展社会主义民主政治，建设社会主义政治文明；深刻理解必须牢牢把握先进文化的前进方向，大力弘扬和培育民族精神，发展中国特色社会主义文化，建设社会主义精神文明；深刻理解全面建设小康社会，开创中国特色社会主义事业新局面，就是要发展社会主义市场经济、社会主义民主政治和社会主义先进文化，不断促进社会主义物质文明、政治文明和精神文明的协调发展；深刻理解必须始终不渝地奉行独立自主的和平外交政策，同各国人民共同推进世界和平与发展；深刻理解完成十六大提出的各项任务，必须毫不动摇地加强和改善党的领导，全面推进党的建设新的伟大工程；深刻理解面对很不安宁的世界和艰巨繁重的任务，全党必须增强忧患意识，居安思危，倍加顾全大局，倍加珍视团结，倍加维护稳定。

2. 要紧紧把握"三个代表"重要思想这一灵魂，充分认识"三个代表"重要思想是对马克思列宁主义、毛泽东思想和邓小平理论的继承和发展，反映了当代世界和中国的发展变化对党和国家工作的新要求，是加强和改进党的建设、推进我国社会主义自我完善和发展的强大思想武器，是我们党必须长期坚持的指导思想；充分认识始终做到"三个代表"，是我们党的立党之本、执政之基、力量之源；充分认识贯彻"三个代表"重要思想，关键在坚持与时俱进，核心在坚持党的先进性，本质在坚持执政为民。要通过学习，引导广大党员、干部和师生进一步提高对"三个代表"重要思想历史地位和重大意义的认识，进一步增强贯彻落实"三个代表"重要思想的自觉性和坚定性。

3. 要紧紧把握解放思想、实事求是、与时俱进这一精髓，充分认识坚持党的思想路线，解放思想、实事求是、与时俱进，是我们党始终保持先进性和增强创造力的决定性因素，引导广大师生自觉地把思想认识从那些不合时宜的观念、做法和体制的束缚中解放出来，从对马克思主义的错误的和教条式的理解中解放出来，从主观主义和形而上学的桎梏中解放出来，善于在解放思想中统一思想，用发展着的马克思主义指导新的实践。

4. 要认真学习十六大报告关于大力实施科教兴国战略、关于教育在现代化建设中的地位和作用、关于坚持党的教育方针、关于推进教育创新、关于坚持社会科学和自然科学并重等一系列重要论述，进一步认清教育工作者肩负的历史使命和光荣职责，努力推进教育创新，深化教育改革，为实现党和国家在新世纪新阶段的奋斗目标贡献力量。

5. 要认真学习十六大报告关于加强和改进党的建设部分，深刻认识做好党建方面六项重要工作对于社会主义现代化建设全局的决定意义。要深入理解关于我们党始终是中国工人阶级的先锋队，同时是中国人民和中华民族的先锋队的论述。要充分认识加强党的基层组织建设对贯彻"三个代表"要求的重要意义。

三、学习贯彻十六大精神的要求

1. 要认真研读江泽民同志的报告和党章，在掌握基本观点、领会精神实质上下功夫。学校将举办专家学者、干部教师、青年学生等不同层次的培训班、座谈会、研讨会、经验交流会，深化对十六大精神的学习和理解。

2. 要坚持"分层次，有重点"的方针，重点抓好党员特别是党员领导干部的学习。各级党组织要认真组织、周密安排，把集中学习与个人自学、通读文件与专题研讨结合起来，广大党员特别是领导干部要带头学习好、领会好、掌握好、贯彻好十六大精神。

3. 学习十六大精神，要弘扬理论联系实际的学风，紧密联系本单位实际，深入研究本单位内存在的重大问题，按照发展要有新思路、改革要有新突破、开放要有新局面、各项工作要有新举措的要求，推进我校各项工作的改革和发展。要把十六大精神贯彻到学校的教学、科研、管理和其他各项工作中去，抓紧做好高校“两课”教材修订、师资培训等工作，继续推进“三个代表”重要思想“进课堂、进教材、进学生头脑”工作；要围绕十六大报告提出的有关重大理论和实际问题，组织科研力量，开展联合攻关，推出一批有深度、有分量的研究成果；要依托校内雄厚的学术力量，成立中国人民大学“三个代表”思想研究中心，加大对“三个代表”重要思想的研究和宣传；要以十六大精神和“三个代表”重要思想为指针，进一步加强和改进学校党的建设和思想政治工作。

各单位学习、宣传和贯彻十六大精神的情况，请及时报告党委宣传部。

二〇〇二年十一月二十五日

关于召开中国共产党中国人民大学第十二次代表大会的通知

（人大校党字［2002］23号）

各分党委、党总支、直属党支部：

经我校党委第158次常委会研究决定，中共北京市委和中共教育部党组批准，中国共产党中国人民大学第十二次代表大会拟于2002年6月召开。现将召开这次党代会的有关事宜通知如下：

一、我校第十二次党的代表大会是在全校师生努力学习和实践“三个代表”重要思想，认真贯彻江泽民同志“七一”重要讲话、《中共中央关于加强和改进党的作风建设的决定》和江泽民同志在我校考察工作时的讲话，迎接党的十六大的胜利召开和我校65周年校庆，全面启动创建以人文社会科学为主的世界知名的一流大学的大好形势下召开的。这次大会的主要任务是，按照“三个代表”重要思想和江泽民同志在我校考察工作时的指示精神，总结我校第十一次党代会召开以来的工作，提出今后几年的工作目标和任务，团结和动员全校党员和广大师生员工，解放思想，实事求是，与时俱进，开拓进取，为把中国人民大学建设成为以人文社会科学为主的世界知名的一流大学而奋斗，以优异成绩迎接党的十六大的胜利召开。

二、这次代表大会的主要议程包括：

1. 听取和审议我校第十一届党委会的工作报告；

2. 听取和审议我校党的纪律检查委员会的工作报告；

3. 选举我校第十二届党委会；

4. 选举我校党的纪律检查委员会。

三、我校第十二次党代会的代表名额为240人左右（单数）。党委还将邀请部分同志列席大会。

本次代表大会的代表，以各分党委、党总支、直属党支部为选举单位，按照党章的规定和《中国共产党基层组织选举工作暂行条例》、《北京市基层党组织换届选举工作暂行规定》的要求选举产生。具体办法见附件1。

四、我校第十二届党委会和党的纪律检查委员会的组成人员的产生，要充分发扬民主，实行三下三上、上下结合的方针，根据多数党员和党组织的意见提出候选人名单。具体办法见附件2。

五、校党委号召我校各级党组织和全体党员，要在以江泽民同志为核心的党中央的领导下，以邓小平理论和“三个代表”重要思想为指导，贯彻落实江泽民同志在我校考察工作时的讲话精神，团结和动员全校党员和广大师生员工，振奋精神，努力工作，以良好的精神面貌和优异的工作成绩迎接我校第十二次党代会的召开。

附件：1. 中国共产党中国人民大学第十二次代表大会代表产生办法（略）

2. 中国共产党中国人民大学第十二届委员会委员、常委、书记、副书记和纪委委员、书记、副书记产生办法（略）

中共中国人民大学委员会
二〇〇二年五月十五日

关于将中国人民大学“邓小平建设有中国特色社会主义研究中心”更名为“邓小平理论研究中心”和成立中国人民大学“‘三个代表’重要思想研究中心”的决定

（人大校党字［2002］42号）

各分党委、党总支、直属党支部：

为了认真学习、贯彻党的十六大精神，深入开展“三个代表”重要思想研究，经中共中国人民大学第十二届委员会第三次常委会讨论，决定将原中国人民大学“邓小平建设有中国特色社会主义研究中心”更名为“邓小平理论研究中心”，同时成立中国人民大学“‘三个代表’重要思想研究中心”。两个中心实行两个牌子一套班子的体制，归党委领导，挂靠在马克思主义学院进行工作。中心组织机构重新设置（原组织机构取消），中心设主任一名、副主任三名、秘书长一名、副秘书长两名。中心主要任务是组织、协调全校力量，按照“三个代表”重要思想的要求进行理论研究，探讨全局性、前瞻性、战略性重大理论和实践问题；协调、组织全校从事马克思主义和中国特色社会主义教学与研究特别是从事“两课”教学与研究的力量，开展邓小平理论、“三个代表”重要思想教学、科研的规划；承担国家、教育部、北京市及社会其他方面提出的重大课题的研究和攻关，并开展与校外同类研究机构的联系、交流与合作。

附：中心组织机构人员名单：

中心主任：程天权

副 主 任：马俊杰、沈云锁（常务）、王顺生

秘 书 长：吴潜涛

副秘书长：秦宣、温乐群

二〇〇二年十一月二十九日

关于调整校园住房功能布局的决定

（2001—2002学年校政字20号）

根据学校事业发展总体规划以及建设以人文社会科学为主的世界一流大学的要求，学校将对现有校园的功能布局进行调整，逐步实现职工住宅区、教学区和学生生活区的功能分离。根据这一要求，现就校园住房功能布局调整问题作出如下决定：

一、调整校园住房功能布局是学校事业发展战略的需要

为满足学校教育事业发展战略以及实现“十五”发展规划的需要，结合学校深化住房制度改革政策的实施，决定对现有校园住房功能布局逐步进行调整，合理利用学校整体资源，形成布局合理、功能适当、便于管理的校园格局。

二、校园住房功能布局调整的第一步是将红楼调整为学生宿舍

自2002年3月起，陆续将红一、红二、红三楼调整为学生宿舍，使红楼与东风楼共同构成校园东区学生生活区，以便对教职工周转房与学生宿舍进行集中规范管理，改善教职工租住周转房的条件。红楼在20世纪五六十年代为学生宿舍，70年代末、80年代初也曾部分作为研究生宿舍，功能设计、房屋结构适宜于学生居住。后因学校房屋资源紧张，临时改为办公用房、教工集体宿舍，此次调整，实际上是恢复红楼的功能定位，主要用于解决学校2002年招生需要，实现房改政策所确定的提高办学效益的宗旨，促进学校事业的整体发展。红楼调整为学生宿舍后，要按照学生宿舍管理的相关规定和制度进行管理，收取相应的住宿费用。

三、为搬迁职工提供相当于现住房面积的周转房，并力求在居住条件方面有所改善

居住在红楼内的教职工原则上一律调整至职工住宅区周转房内居住。学校将根据教职工个人情况、住房标准和在红楼住房面积等条件，分别提供相应的房源，报名登记排序后，进行相应选择，租住职工住宅区周转房。根据职工住宅区周转房的房源情况，适当改善教职工租住周转房的条件和居住环境。要确保职工住宅区周转房在调整时具备入住条件，进行必要修整，提供相应服务。

四、严密组织，明确纪律，保证红楼调整工作顺利进行

红楼居住人员复杂，住房分配条件、分配性质差异明显，住户对住房条件的要求各不相同，调整难度巨大。学校各级领导要执行学校决策，履行各自职责，做好思想工作，采取稳妥、积极、坚决的措施，完成这项任务。学校成立校园住房功能布局调整工作领导小组，全面领导调整工作。对于在工作中违反学校规定的教职工，视情节轻重予以纪律处分。红楼调整时间自2002年3月起实施，2002年9月底结束。资产处根据本决定制定具体调整方案，组织实施。本决定未及事宜按学校房改有关政策规定执行。原有我校有关红楼分配政策与学校房改政策不一致的，以学校房改政策及本决定为准。

二〇〇二年一月十一日

中国人民大学重点研究基地机构管理细则（试行）

（2001—2002学年校政字22号）

为了加强我校人文社会科学重点研究基地的机构人事管理，进一步深化科研体制改革，全面推进学校学科建设和科研队伍建设，根据教育部《普通高等学校人文社会科学重点研究基地管理办法》，结合学校实际情况特制定本细则，作为重点研究基地机构建设和人事管理的依据。

第一条　领导体制

一、校长与基地主任签订聘任协议，明确有关责、权、利关系，基地主任对校长负责。

二、校长委托校重点研究基地办公室定期考核基地主任并对基地的学术活动和科研工作进行指导和评估。

三、学校设立重点研究基地工作委员会，由校长和主管科研副校长任主任、副主任，部分学术委员会委员、各基地负责人和有关职能部门负责人为成员。下设重点研究基地办公室，由科研处处长任办公室主任。基地管理办公室负责：

1. 组织学校重点研究基地推荐申报工作；
2. 制定重点研究基地的具体建设计划，并负责检查、落实；
3. 提供良好的科研条件和相应的配套经费；
4. 组织和支持重大学术活动；

5. 向教育部社政司定期报告工作。

四、校长委托科研处负责对基地的日常管理。

五、相关院、系、所负责安排基地的教学任务，落实学校向基地下达的研究生招生计划，并提供相应的支持。

第二条　基地的建构

基地是学校直属的实体性研究机构。

一、有不少于七名专职科研人员，一名行政人员和一名资料管理人员。

二、拥有独立的办公、实验和资料室用房及设备。

三、能够独立安排科研工作、聘任专兼职人员（包括行政和资料人员）、制定内部分配政策，经费实行独立核算。

四、设置独立、与院（系）平行，在与校内有关院系保持密切合作关系的同时，不与其“合二为一”或“一个机构，两块牌子”；教学院系负责人（正职）原则上不能兼任重点研究基地负责人（正职）。

五、基地采取教育部和我校共建、以自建为主的方式，实行竞争入选、定期评估、不合格淘汰、达标递补的动态管理。

第三条　基地主任的责任、权利与义务

一、基地主任依据公开、公平、竞争的原则在校内招聘，条件成熟后面向国内外招聘；其聘期3年，试用期1年，招聘办法由学校学术委员会制定。

二、基地主任原则上不得兼任院、系、所的其他职务。

三、基地实行主任负责制，重大事情实行民主集中制，由基地学术委员会讨论决定。基地主任的主要职责是：

1. 全面实施教育部确定的重点研究基地建设标准；实施学术委员会确定的学术发展规划；制定内部管理规章制度。

2. 聘任基地副主任以下专兼职研究人员及行政和资料管理人员，并依据学校有关考核办法对上述人员进行考核及发放奖酬金。

3. 基地日常管理，在财务制度允许范围内筹集和批准使用经费。

4. 基地主任定期主持召开基地主任办公会议，处理本基地的重要事务。基地主任办公会议原则上由主任、副主任参加，必要时可吸收各研究室主任或全体专职人员参加。

5. 基地主任因故暂时不能主持本所日常工作时，应委托一名基地副主任代为主持。

6. 在基地建设、相应学科建设、课程开发、教师队伍建设及人才培养等方面向校长提出建议。

7. 基地主任行使上述职责必须遵循学校的有关制度规定和相应程序。

四、基地主任政治待遇等同于院系所正职领导。

五、基地主任实行告假制度，离校15天以上向主管校长请假，6个月以上须提前2个月向学校提出。

第四条　基地内部的人事管理

一、基地副主任的聘任与职权

1. 基地可以设基地副主任，由基地主任本着公开招聘的原则聘任，与基地主任签订聘任合同。

2. 基地副主任的职责与权利：

(1) 按照合同的规定，协助基地主任做好本所的管理工作；

(2) 在基地主任授权的范围内行使对有关事务的管理权和决策权；

(3) 在基地主任因故不能履行其职责时，受基地主任委托代理主持本基地工作，处理基地主任授权范围内的重大事务。

二、研究室主任的聘任与职权

1. 基地下设的各研究室主任由基地主任本着公开招聘的原则聘任，与基地主任签订聘任合同。

2. 研究室主任的职责与权利：

(1) 主持本室的各项学术研究活动，负责本室科研工作的日常管理；

(2) 在授权下，主持起草本研究方向发展规划；

(3) 在基地主任授权下，主持设计本研究方向年度重点科研项目；

(4) 基地主任授权下，负责准备国家社科基金、教育部人文社会科学重点研究基地重大项目（KRI ProjectⅠ，以下简称KRIPⅠ、教育部人文社会科学研究一般项目中为重点研究基地设立的专门研究课题（KRI ProjectⅡ，以下简称KRIPⅡ）以及其他重大科研项目中与本研究方向有关的项目的申报工作；

(5) 负责管理本室专兼职人员，考核其工作业绩，并向基地主任报告，建议基地主任给予相应奖惩；

(6) 室主任定期向所长或基地主管副主任汇报本室的科研工作情况，每6个月向基地主任和基地主任办公会议提交本室工作的书面报告。

三、专职研究人员的聘任与职权

1. 专职研究人员由基地主任本着公开招聘的原则，根据课题设置情况聘任，并与基地主任签订聘任合同。

2. 专职研究人员每年在基地研究的时间不得少于6.5个月。

3. 专职研究人员职责与权利：

(1) 在合同规定的期限内完成承担的科研任务；

(2) 按基地财务制度的规定使用基地提供的科研经费；

(3) 任职期间，有权使用基地提供的办公室、电话、电脑、网络、图书资料等办公设备和研究资源；

(4) 就基地的科研规划、管理制度、日常工作等提出建议；

(5) 提名学术委员、兼职研究员、兼职教授、访问学者、高级访问学者人选。

四、兼职研究人员的聘任与职权

1. 基地根据课题设置需要招聘兼职研究人员，兼职研究人员由基地主任聘任，与基地主任签订聘任合同。

2. 兼职研究人员每年驻基地研究的时间不少于1个月。

3. 兼职研究人员的职责与权利：

(1) 在合同规定的期限内完成基地承担的科研任务；

(2) 按基地财务制度的规定使用基地提供的科研经费；

(3) 驻基地研究期间，有权使用与专职研究人员相同的办公场所、办公设备和图书资料；

(4) 驻基地研究期间，享受本所提供的食宿条件。

五、专职行政管理人员的聘任与职权

1. 基地根据工作需要设立专职行政管理人员一名，由基地主任向社会公开招聘，并与基地主任签订聘任合同。

2. 专职行政管理人员的职责与权利：

(1) 负责处理本基地的日常行政管理事务，及时向基地领导汇报；

(2) 负责搜集和整理本所成员对基地工作的意见和建议，及时向基地领导汇报；

(3) 负责基地科研人员科研办公条件的保障工作；

(4) 跟踪国外同类学术机构管理制度的发展变革，对基地管理制度提出改进意见。

六、专职图书资料管理员的聘任与职权

1. 基地根据工作需要设立专职图书资料管理员一名，由基地主任向社会公开招聘，并与基地主任签订聘任合同。

2. 专职图书资料管理员的职责与权利：

(1) 定期向基地研究人员发送附有最新书目的图书购置意愿表，征求本基地研究人员的意见，汇总后报请基地主任和基地主任办公会议批准，并根据基地主任和基地主任办公会议的批示尽快完成相应图书资料的购置、编目、收藏和管理工作；

(2) 为本基地专兼职研究人员的科研工作提供图书资料服务，保障基地研究课题的图书资料的合理使用；

(3) 与校图书馆及其他图书资料机构保持密切的工作联系，为基地专兼职研究人员利用其他机构的图书资料提供最大便利，为课题组成员提供专题文献检索服务；参与本基地学术信息的开发工作，特别是数据采集工作；

(4) 通过因特网跟踪国内外有关学术出版物的出版情况，向基地研究人员提供最新学术信息；

(5) 做好本基地学术信息的网络发布工作和基地网页的日常维护工作。

七、人员考核与奖惩

1. 基地主任的工作由校长根据基地主任的业绩予以相应的奖惩。

2. 学校对基地主任的解聘须报教育部社政司协商。

3. 基地副主任、研究室主任、专兼职研究人员、专职行政管理人员、专职图书资料员的奖惩，由基地主任根据有关人员的直接领导人或基地主任指定的考核小组的意见，依照有关合同和本所奖惩条例决定。

4. 基地副主任、研究室主任、专兼职研究人员、专职行政管理人员、专职图书资料员的解聘由基地主任根据合同的有关条款全权决定，若拟解聘 KRIP 序列重点科研项目的负责人，须征得基地学术委员会的同意。

5. 基地成员的业绩考评按各项相关制度的规定操作。

6. 基地成员对本人或他人考评业绩以及相应奖惩持异议的，可以提请基地主任办公会议复议；对基地主任办公会议复议结果仍持异议的，可以提请基地主任或校学术委员会仲裁。校学术委员会的仲裁结论为最终结论。

附件：中国人民大学重点研究基地科研编制数一览表（略）

二〇〇二年三月五日

中国人民大学机构设置(调整)报批、行文的若干规定

(2001—2002 学年校政字 37 号)

第一条 为进一步加强学校管理部门的协调运作，使学校机构设置（调整）的报批、行文形成规范化、程序化、科学化的管理机制，提高工作效率，特制定本规定。

第二条 新设学院、校属系，学院内设系、院系调整，教辅单位的设置、调整，由主管校领导牵头，组织发展规划处、组织部、人事处、教务处、科研处、研究生院等单位论证，由发展规划处提出方案，经学校党委常委会讨论决定后，由学校办公室以“校政字”字号发文。

第三条 校部机关机构设置、调整，由主管校领导牵头，组织组织部、人事处论证，由组织部草拟方案，经学校党委常委会讨论决定后，由学校办公室以“校政字”字号发文。

第四条 因校外办学、合作办学、开辟新校区涉及的新设机构或机构调整，由主管校领导牵头，

组织发展规划处、组织部、人事处、教务处、科研处、研究生院、财务处等单位论证，由发展规划处提出方案，经党委常委会讨论决定后，由学校办公室以“校政字”字号发文。

第五条 校直属经营性机构的设置和调整，由主管校领导牵头，组织资产处、组织部、人事处、发展规划处、财务处论证，由资产处提出方案，由校长办公会讨论决定。投资额500万以上的由党委常委会讨论决定。由学校办公室以“校政字”字号发文。

第六条 教学、科研序列科级单位的设置与调整，由相关院系负责方案的起草并提出申请报告，报学校人事处。人事处牵头会同教务处、科研处、研究生院讨论并会签，报主管校领导审批后，由学校办公室以“校办字”字号发文。

第七条 行政、教辅序列科级单位的设置与调整，由相关处级单位负责方案的起草并提出申请报告，报学校人事处。人事处审议后，经主管校领导审批，由学校办公室以“校办字”字号发文。

第八条 不纳入学校正规行政建制序列的科研组织的设置与调整，由相关院系提出方案和申请报告，报科研处。科研处牵头会同人事处、研究生院讨论并会签意见后，报主管校领导审批，由学校办公室以“校办字”字号发文。

第九条 因工作需要设立各类委员会、领导小组、办公室以及其他（临时）工作机构的，由学校办公室负责方案的起草，组织部参与讨论、会签意见。方案报主管校领导审阅后，报请校长办公会或党委常委会讨论决定。学校办公室以“校政字”字号发文。

第十条 基层党支部的设置与调整，由相关（分）党委、党总支审议后，报党委组织部备案。党的（分）党委、党总支、直属党支部的设置与调整，由组织部提出方案，报学校党委常委会讨论决定，由学校办公室（党委办公室）以“校党字”字号发文。

第十一条 党委各部、（分）党委、党总支所属科室的设置与调整，由相关部、（分）党委、党总支提出意见，报党委组织部。组织部与人事处会签后，报主管校领导审批。经书记办公会讨论决定后，由学校办公室（党委办公室）以“校党办字”字号发文。

第十二条 本规定自发布之日起执行，学校原有规定凡与本规定相抵触的，一律以本规定为准。

二〇〇二年六月五日

关于组建成立人文学院的决定

（2001—2002学年校政字38号）

为创建以人文社会科学为主的世界知名的一流大学，促进我校人文学科的建设与发展，不断提升我校人文学科的实力，增强学校的核心竞争力，根据《关于进行院系调整的决定》（2000—2001学年校政字［2001］1号）的精神，经学校研究，决定在哲学系（宗教学系）、中国语言文学系、历史学系和清史研究所的基础上，组建成立中国人民大学人文学院。

人文学院统筹负责全校人文核心学科专业的发展规划与建设。三系一所要在学院的统一指导下，在哲学、文学、历史学三个学科门类内发挥各自的教学管理、人才培养和科学研究的优势，按照学校人文学科建设与发展的战略、规划和具体要求搞好学科建设、科学研究、人才培养和师资队伍建设，继续保持并提升我校人文学科的优势和重大影响力。

人文学院的组建成立，是贯彻落实江泽民总书记4月28日考察我校时重要讲话精神的具体体现，是学校在创建以人文社会科学为主的世界知名一流大学的历史进程中，实施学科布局调整和促进学科发展的重要内容，是学校在新世纪全面提升核心竞争力的重要举措。希望人文学院本着“发扬传统、优势互补、兼容并蓄、创新求实”的原则，在保持原有优势的基础上，大胆开拓，勇于创新，努力继承和传播中华民族的优秀文化，积极吸取人类文明的一切优秀成果，为我校的建设和发展，为推动我国人文学科的繁荣和发展作出更大的贡献。

二〇〇二年六月十九日

中国人民大学深化住房制度改革政策时间延期实施办法

(2001—2002 学年校政字 40 号)

一、我校深化住房制度改革政策自 2001 年 7 月 1 日实施以来，取得了良好的效果。为进一步推动房改工作，扩大房改政策受益面，更大范围改善职工住房条件，置换校园，决定适当延长房改政策实施时间。我校深化住房制度改革政策实施截止时间从原定的 2002 年 6 月 30 日延长至 2002 年 12 月 31 日。凡按照学校房改政策规定，在 2002 年 7 月 1 日—2002 年 12 月 31 日期间到校外购房的职工，仍可享受学校校外购房补贴。

二、取消学校校外购房补贴年度调节系数。2002 年 7 月 1 日至 2002 年 12 月 31 日期间到校外购房的职工校外购房补贴年度调节系数为 1。

三、有关房改政策各项事宜，均按《中国人民大学关于深化住房制度改革的决定》、《中国人民大学深化住房制度改革实施办法》等文件办理。

四、本办法自 2002 年 7 月 1 日起实行，解释权归学校住房制度改革领导小组。

二〇〇二年六月二十五日

中国人民大学引进高层次人才工作暂行办法

(2001—2002 学年校政字 42 号)

为加强教师队伍建设，实现“建设以人文社会科学为主的世界知名的一流大学”的战略目标，特制定《中国人民大学引进高层次人才工作暂行办法》。

第一条 引进高层次人才的指导思想

坚持公开、公平、公正的聘任原则，择优录用。根据学校学科建设规划，向重点学科、科研基地以及学校近期重点发展的学科倾斜。瞄准学科最高水准，引进在国内有重大影响或在国际上有一定知名度的一流人才，为创建世界知名的一流大学提供有力的队伍保障。

第二条 引进高层次人才的对象和条件

引进的高层次人才包括著名专家、知名学者、中青年骨干。

著名专家是指担任中国科学院院士、中国工程院院士或在人文、社会科学和自然科学领域具有重大影响，可以担任特级岗教授的著名专家学者。

知名学者是指在国内学术界有重大影响，曾经或正在承担重大科研项目，具有博士生导师资格，可担任学科带头人，具备一级 A 岗教授任职条件，年龄一般在 50 岁以下的专家。

中青年骨干是指在国内学术界有一定影响，正在承担重大科研项目，可以胜任硕士生导师及以上工作，具备一级 B 岗或一级 C 岗教授任职条件，年龄一般在 45 岁以下的学者。

引进的高层次人才必须具有较高的外语水平和较强的国际学术交流能力，学术造诣高深，研究领域在国内外居于学科前沿，能从事教学科研第一线工作，胜任核心课程讲授任务，并具备较强的学科梯队建设能力和组织领导能力。其学术水平一般应达到以下要求：

1. 作为主持人完成的科研成果曾经获得省部级一等奖以上，或国家科技进步、科技发明、自然科学三等奖以上奖励。

2. 曾经主持过国家重点科研项目。

3. 作为第一作者的学术论文至少有3篇以上曾被SCI、EI、ISTP、SSCI等收录，或在国内重要学术刊物上发表过有较大影响的学术论文。

第三条　引进高层次人才的岗位和工作条件

1. 根据引进的高层次人才的条件和情况，可分别聘为特级岗教授、一级A岗教授、一级B岗或一级C岗教授。

2. 按照学科建设的需要，可申请5万元、10万元或15万元不等的科研启动经费，以及教学科研必需的设备、设施和条件。申请科研启动经费须提出明确的课题规划，科研经费的管理按学校的有关规定执行。

3. 如确有所需，可为特级岗教授配备科研助手，并根据学科建设的需要，组建专门的教研室、研究室或实验室，由学校提供编制和助手津贴。

第四条　引进的高层次人才的生活待遇

1. 享受与校内同类岗位教授相同工资及福利待遇。

2. 根据国家住房制度改革的精神和《中国人民大学关于深化住房制度改革的决定》及其实施办法规定的标准，按照不同人才层次，采取货币化手段校外购房的方式解决引进的高层次人才的住房问题。

(1) 对已享受国家福利分房政策，但住房面积未达到学校规定补贴面积标准的京内引进高层次人才，按其不达标面积发放一次性差额住房补贴，差额面积补贴金额标准参照当年北京市经济适用房的价格确定。

(2) 对已享受国家福利分房政策，但住房面积未达到学校规定补贴面积标准的京外引进高层次人才，其差额面积补贴金额标准参照当年北京市经济适用房的价格确定；已达标部分面积的销售价格如低于当年北京市经济适用房的价格，由学校补齐其差额部分。

(3) 短期内无法到校外购房的，由个人提出申请，用人单位、人事处、资产处审核后，可暂时租住校内周转房，租期一般不超过2年，租金标准按《中国人民大学校内周转房管理规定》执行。领取住房补贴后，其租住的校内周转房应退还学校。

(4) 引进的高层次人才到校外按照市场价格购买商品房、经济适用房及二手房，在正式办理人事调动手续及建立住房公积金、住房补贴账户后，由引进的高层次人才个人提出申请，人才引进单位初步审核同意，经人事处审核，资产处核定其住房补贴。引进的高层次人才应根据自己的需求和条件，自行购买校外商品房、经济适用房或二手房，购房后凭购房合同、发票或交款凭证和其他学校要求提供的证明，分期领取校外购房补贴。

(5) 引进的高层次人才应按照与学校签定的协议，完成其相应的教学科研和学科建设任务并为学校服务满10年。如违反协议或服务期不满而申请调动，须退回或部分退回所领取的一次性购房补贴。

(6) 解决引进的高层次人才住房问题的有关程序和规定按照资产处依据本办法所制定的实施细则执行。

(7) 对因特殊原因确未享受国家福利分房政策的无房人员，由学校研究另行处理。

3. 对京外引进的高层次人才按其所聘岗位分别给予5万元、4万元或3万元不等的安家费。

4. 根据实际情况和国家相关的政策，协助解决其配偶的进京户口及子女入学问题。

第五条　对符合上述引进高层次人才条件，在海外知名一流大学获得博士学位，已经担任助理教授或相同教职以上职务并且业绩优良者，或在著名国际组织、国际机构、学术团体和跨国公司任重要职务并作出突出业绩的归国人员，可按照本办法规定的聘任程序，聘任到特级岗、一级A岗和一级B岗或一级C岗，并按照所聘岗位分期发放20万元、15万元和10万元不等的一次性安家补贴，用于补贴购买校外住房。按学科建设需要可分别申请5万元、10万元和15万元不等的科研启动经费，申请科研启动经费须提出明确的课题规划，科研经费的管理按学校的有关规定执行。

第六条 对符合上述引进高层次人才条件，人事档案关系未调入我校，实行合同聘用制的人员，不发放一次性购房补贴或一次性安家补贴，由学校按其所聘岗位提供校内周转房，周转房的租金由学校全额补贴。科研启动经费和安家费享受与其他引进高层次人才同等待遇。

第七条 组织领导机构

成立由主管校长担任组长，学校学术委员会副主任委员、相关职能部门负责人参加的“中国人民大学引进高层次人才工作领导小组”，根据学校学科建设的总体规划，审议并通过人才引进的相关制度、人才引进规划和当年引进计划，确定引进人才的最终人选。

人事处按照学校高层次人才引进的规划，负责具体操作工作。

第八条 引进高层次人才工作程序

1．引进高层次人才的单位根据学科建设需要和相关人事规定，研究讨论引进高层次人才的类型、规模、岗位设置、招聘要求、使用计划、承担学科建设任务和所要达到的目标等，制定计划并经人事处报学校引进高层次人才工作领导小组。

2．引进高层次人才工作领导小组审议各单位所提交的高层次人才引进计划。

3．经学校批准后，用人单位通过各种有效途径向国内外公开招聘。

4．应聘者向用人单位提出书面应聘申请，并附个人基本情况的资料。用人单位对应聘者的学术水平及其成果进行初步审查。

5．用人单位召开答辩会，邀请校内外专家学者担任答辩委员，组织应聘者进行公开答辩（含学术报告），并填写《中国人民大学引进高层次人才推荐表》，将答辩结果和所有相关资料报人事处。

6．人事处聘请校内外专家对人选情况和答辩结果进行匿名评审，并提出鉴定意见报学校引进高层次人才工作领导小组。

7．学校引进高层次人才工作领导小组审议并通过引进高层次人才的最终人选，特殊情况须报校长办公会批准。

8．学校及用人单位与引进的高层次人才签订聘用合同。

第九条 引进高层次人才的管理

1．避免人才引进中“重引进，轻管理”现象的出现，切实发挥人才在教学科研及学科建设中的作用，加强人才引进后的各项管理工作。

2．人事处和用人单位分别建立引进高层次人才档案，对引进的高层次人才进行跟踪考评，及时总结经验。

3．用人单位应根据学校有关规定，积极为引进的高层次人才创造教学科研所需的各项条件，明确规定人才的学科建设任务，并制定相应具体工作计划。引进的高层次人才原则上应完成不低于同类岗位的教学科研任务。

4．加强对引进的高层次人才的工作考核：

(1) 引进的高层次人才应于每学年末向所在单位作述职报告，对工作进行总结，并提出下一阶段的工作设想。

(2) 引进的高层次人才工作满两年后，应接受中期考核，合格者可继续聘任。

(3) 每学年末，用人单位对引进的高层次人才的科研能力、教学水平和在学科建设中发挥的作用进行鉴定，对未能较好完成岗位职责的人员应提出指导性意见，对问题严重者给予工作警告，直至解聘。

5．学校根据各单位制定的高层次人才引进计划，定期对人才使用单位进行检查，考核人才发挥作用的状况以及人才引进计划的完成情况。

第十条 本办法适用于校内各教学研究单位，自校长办公会讨论通过之日起执行，由人事处负责解释。

二〇〇二年七月二日

关于成立中国人民大学孔子研究院的决定

(2001—2002 学年校政字 47 号)

为大力彰显孔子思想学说，弘扬中国优秀传统文化，促进我校人文学科建设，经校长办公会讨论决定，批准成立中国人民大学孔子研究院。

孔子是我国历史上最负盛名的哲学家、思想家和教育家，同时也是一位具有国际影响的思想巨擘，他的思想和学说对中国乃至世界上许多国家都产生了并将继续产生广泛而深刻的影响。在新的时代条件下，根据“古为今用”的方针和批判继承的原则，成立中国人民大学孔子研究院，进一步研究并大力弘扬和推广孔子思想、学说中的合理因素，是我校充分利用学术资源和社会支持，加强学术研究，提高教育和研究水平的一个重要举措，因而，不仅具有深远的理论意义，而且具有显著的现实意义，对加强我校人文学科与国内外学术界、文化界、教育界的广泛交流和联系，促进我校人文学科建设，提高我校人文研究水平，进一步确立我校在全国人文社会科学教育研究领域中的领先地位，把我校建成以人文社会科学为主的世界知名的一流大学有着十分重要的意义。

孔子研究院以我校人文学院为依托，按校内基地模式运作和管理。

希望孔子研究院在人文学院及其他单位和部门的支持下，凝聚研究力量，选择攻关项目，加强对外联系，开展学术交流，为推进对孔子思想学说以及中国优秀传统文化的研究和弘扬，巩固我校在中国传统文化教育研究领域的优势地位，作出应有的贡献。

二〇〇二年八月二十一日

中国人民大学捐赠工作管理办法

(2002—2003 学年校政字 7 号)

为将我校建设成以人文社会科学为主的世界知名的一流大学创造足够的物质条件，改善学校的办学条件和校园环境，加强学科建设和队伍建设，并保证所获得的捐赠资金得到充分、合理的使用，特制定本办法。

一、学校采取积极政策，欢迎海内外所有关心中国人民大学建设和发展的企事业单位、团体、个人以合作、投资、捐赠等多种形式，支持我校教育事业的发展。

二、学校及其下属各单位接受的捐赠包括捐赠款、捐赠实物等多种形式，捐赠款统一纳入学校教育发展基金。基金类别如下：

1. 事业发展基金：指捐赠者指定专门用于学科建设、基建项目、文体活动等教育发展事业的捐赠款。

2. 教育奖励基金：指捐赠者指定专门用于奖励教学科研工作的捐赠款。

3. 奖学金：指捐赠者指定专门用于奖励优秀学生的捐赠款。

4. 助学金：指捐赠者指定专门用于资助困难学生的捐赠款。

5. 其他用于学校发展，但没有指定专门用途的捐赠款。

三、学校及下属各单位以任何名义接受的社会捐赠，均由学校教育发展基金理事会统一登记，颁发证书并定期公布，由财务处指定专人负责具体的资金管理工作，设立专门账户。

1. 受赠单位接受的捐赠，需将捐赠协议及相关文件的复印件交到教育发展基金理事会备案。

2. 受赠单位收到捐赠后，由财务处财务管理科办理捐赠款立项手续，根据捐赠款的用途进行专项管理。各种类别的捐赠款、捐赠设备、捐赠实物等由相关部门归口管理。

3. 捐赠款的支出按照现行会计制度及学校有关资金管理的规定执行，但捐赠协议中有特别规定的，可按照协议执行。基建项目捐赠款如要求单独开立银行账户的可按照相关规定办理银行开户手续。捐赠设备等固定资产的报增按学校有关规定执行。

四、学校及其下属各单位以任何名义接受的社会捐赠，均须与捐赠方签订捐赠协议。

五、各企事业单位、团体、个人捐赠完全自愿，对具体捐赠数额不作要求。

六、对捐赠者，学校可提供下列相关服务：

1. 介绍中国人民大学发展规划和现状，接洽有关捐赠事项，提供捐赠项目建议。

2. 尊重捐赠者意愿，向其提供捐赠资金使用情况的报告，确定项目联系人，保证其所捐赠的资金和物资发挥应有的效用。

3. 学校定期公布捐赠者名单和捐赠金额，并将所有捐赠者列入学校捐资捐赠名册，永久保存；对捐赠有突出贡献的单位、个人，学校还将列入校史，并进行事迹宣传。

七、捐赠工作的相关规定：

1. 对所有捐赠者，学校均将颁发捐赠纪念证书（捐赠金额在10万元以上的，纪念证书将由校长亲笔签发）。捐赠资金或实物在1万元人民币以上者，学校将颁发捐赠纪念牌；捐赠资金或实物在10万元人民币以上者，学校将颁发铜质纪念牌；捐赠资金或实物在50万元人民币以上者，学校将颁发银质纪念牌；捐赠资金或实物在100万元人民币以上者，学校将颁发金质纪念牌，并授予“中国人民大学教育贡献奖”。

2. 捐赠基建、文体等项目者，可根据捐赠金额及捐赠者意愿对项目进行冠名。捐赠金额原则上不低于所捐项目资金的二分之一或三分之一。

3. 根据捐赠者学历、学位、职称和经历情况可授予兼职（客座）教授、副教授、研究员、副研究员等称号。

4. 聘请有重要贡献的捐赠者为学校教育发展基金理事会理事、常务理事；学校校务、院（系）务委员会委员或其他名誉职务。

5. 在国家法律、法规、学校制度允许的范围内，学校可以多种形式与捐赠者进行合作、共建。

八、对捐赠联系人的奖励：

1. 对促成无偿捐赠有实质性贡献的联系人，经教育发展基金理事会审定，学校可以课题费、考察费、助学金、奖金等形式给予奖励，额度为捐赠金额的3%～5%。

2. 对促成合作捐赠、有偿捐赠、实物捐赠的联系人，学校将参照上款标准给予1%～3%的奖励。

3. 如遇特殊情况，奖励形式及金额报主管校长审批。

九、本办法从发布之日起执行。

二〇〇二年九月二十六日

关于试行新的中国人民大学视觉形象识别系统的决定

（2002—2003学年校政字8号）

各院、系、所，机关各部、处及直（附）属单位，南方（珠海）校区建设工作委员会：

为改变我校视觉形象系统模糊不清、使用混乱的状况，更好地树立中国人民大学的形象，增强学校的凝聚力，提高学校的国际性，促进各项事业的发展，加快学校建成以人文社会科学为主的世界一流大学的进程，学校决定试用新的中国人民大学视觉形象识别系统。

经学校校长办公会讨论，现就有关问题决定如下：

一、确定学校新的视觉形象识别系统。

（一）确定以“圆形篆书人字图案”为中国人民大学标志（见附件图一）。该标志以三个并列的篆书“人”字图形为基础，结合我校中英文校名全称及建校时间，并经专业艺术设计而成。其中三个“人”字分别寓意“人民、人本、人文”，即“人民的大学”、“以人为本的精神”和“以人文为主的特色”，准确地揭示了我校的特色、优势和传统；三个“人”字排列，则隐含“三人行，必有我师焉”、“三人成众”、“携手劳作”、“同向并行”等意，象征我校师生实事求是、注重实践、团结拼搏、艰苦奋斗的优良传统和兼容并蓄、开放进取、与时共进的精神风貌。

（二）确定以专门配制的、体现理性、大气和包容性的“人大红”（C20M100Y80K20/Pantone201C）为中国人民大学特用的标准色。

（三）确定以取自吴玉章老校长手迹的“中国人民大学”行书字体为中国人民大学校名的专用标准字体。

（四）确定以上述标志、标准色、标准字及其标准组合为核心构成的视觉形象识别系统为我校新的视觉形象识别系统。

二、自2002年10月1日起，试用新的视觉形象识别系统，试行期一年。试行期间，将根据试行状况逐步进行修订完善，随后将作为永久性视觉形象识别系统正式使用。

三、自新的视觉形象识别系统试行之日起，我校原有的标志一“圆形宝塔红星图案”（见附件图二）在一定范围内继续使用（具体办法另行制定）；原有的标志二“红蓝双色人字图案”（见附件图三）自动废止；其他非正规发布的学校标志一律停止使用。

四、成立“中国人民大学形象建设委员会”，负责指导中国人民大学视觉形象识别系统的规划、实施、审核和验收工作；设置专门的咨询机构，为全校各单位涉及学校视觉形象的工作提供日常性技术和专业咨询服务，确保形象建设工作的专业水准（上述机构的组成另行发布）；由学校办公室承担新的视觉形象识别系统试行的具体工作，在“中国人民大学形象建设委员会”领导下全面负责视觉形象识别系统的具体实施。

五、在“中国人民大学形象建设委员会”领导下，学校办公室负责具体制定中国人民大学视觉形象识别系统（试行）的管理办法，经“中国人民大学形象建设委员会”同意后发布实施；同时负责编辑印制《中国人民大学视觉形象识别系统管理手册》，并以印刷版和电子版两种形式，作为内部文件供全校各单位参照使用。

六、自即日起，在全校范围内广泛开展中国人民大学视觉形象识别系统的宣传普及活动。活动将以多形式、多渠道展开，重点宣传视觉形象识别系统的主要理念、基本精神以及管理使用方法，以提高全校师生的思想认识和规范意识，动员广大师生员工自觉宣传、使用新的视觉形象识别系统。具体活动安排另行通知。

附件：

图一　新标志（圆形篆书人字图案）

图二　原标志一（圆形宝塔红星图案）

图三　原标志二（红蓝双色人字图案）

二〇〇二年九月二十五日

附件

图一　新标志（圆形篆书人字图案）

图二　原标志一（圆形宝塔红星图案）

图三　原标志二（红蓝双色人字图案）

关于成立中国人民大学人文奥运研究中心的决定

（2002—2003 学年校政字 15 号）

为落实并完成北京市委、市政府委托中国人民大学研究“人文奥运”课题的科研任务，确保“人文奥运”研究顺利开展，并在较短时间内作出较大成果，以展示中国人民大学作为我国人文社会科学研究重镇的整体实力，经学校研究决定，成立中国人民大学人文奥运研究中心。

中心为学校直属的专门研究“人文奥运”课题的相对独立的学术研究机构，挂靠人文学院。

二〇〇二年十一月二十九日

2002年统计资料

表1　　教职员工人员构成一览表　　单位：人

类别＼项目	合计	专任教师	教辅人员	行政人员	工勤人员	科研机构人员	工厂人员	附属单位人员
总　计	3 010	1 164	422	516	265	244	22	377
其中：女性	1 480	436	302	262	114	102	8	256
正高级	424	345	8	4		55		12
副高级	757	499	77	59		56		66
中级	986	253	251	230		123	4	125
初级	248	31	74	95		5	3	40
无职称	595	36	12	128	265	5	15	134

表2　　专任教师学历构成一览表　　单位：人

类别＼项目	合计	研究生毕业		本科毕业	专科毕业及以下
		博士	硕士		
总　计	1 164	399	530	180	55
其中：女性	436	84	256	68	28
正高级	345	175	110	54	6
副高级	499	140	230	85	44
中级	253	59	160	30	4
初级	31	3	17	10	1
无职称	36	22	13	1	

表 3 研究生学生数一览表 单位：人

	毕业人数	授学位数	招生数	在校研究生数			
				合计	一年级	二年级	三年级
总 计	1 354	1 238	2 929	7 129	2 929	2 354	1 846
其中：女生	474	468	1 281	2 994	1 297	968	729
博士生	323	306	711	1 740	711	580	449
硕士生	1 031	932	2 218	5 389	2 218	1 774	1 397
国家任务小计	881	863	1 404	3 544	1 404	1 175	965
博士生	251	237	401	1 021	401	339	281
硕士生	630	626	1 003	2 523	1 003	836	684
委托培养小计	112	73	372	969	372	321	276
博士生	39	24	220	524	220	184	120
硕士生	73	49	152	445	152	137	156
学生自筹经费研究生小计	361	302	1 153	2 616	1 153	858	605
博士生	33	45	90	195	90	57	48
硕士生	328	257	1 063	2 421	1 063	801	557

表 4 本、专科生学生数一览表 单位：人

		当年毕业生数			招生数			在校学生数		
		合计	本科	专科	合计	本科	专科	合计	本科	专科
总 计		1 665	1 455	210	2 288	2 288		8 083	8 083	
按学科统计	哲学	29	29		44	44		132	132	
	经济学	330	330		468	468		1 685	1 685	
	法学	255	255		334	334		1 216	1 216	
	文学	283	196	87	472	472		1 636	1 636	
	历史学	29	29		33	33		154	154	
	理学	107	107		127	127		389	389	
	工学				69	69		200	200	
	管理学	632	509	123	741	741		2 671	2 671	

表 5 留学生情况一览表 单位：人

	当年毕业生	授予学位数	当年招生数	在校学生数
总计	360	89	378	708
博士生	10	10	17	31
硕士生	21	20	22	54
本科生	59	59	149	357
培训生	270		190	266

表 6 成人教育、网络教育学生数一览表 单位：人

	当年毕业生数			招生数			在校学生数		
	合计	本科	专科	合计	本科	专科	合计	本科	专科
总计	1 734	1 089	645	15 784	13 250	2 534	30 163	24 828	5 335
成人教育	1 734	1 089	645	3 254	2 586	668	11 107	8 338	2 769
其中：函授部	1 249	799	450	1 137	1 057	80	4 097	3 485	612
夜大学	371	245	126	1 879	1 402	477	6 514	4 535	1 979
成人脱产班	114	45	69	238	127	111	496	318	178
网络教育				12 530	10 664	1 866	19 056	16 490	2 566

表 7 校园与校舍面积、固定资产一览表

	总计
全校占地面积（平方米）	668 185
校舍面积（平方米）	651 188
其中：教室	64 875.2
实验室、实习场所	19 674
图书馆	27 215
体育馆	23 406.3
行政办公用房	36 164
学生宿舍	133 493.3
学生食堂	18 319.2
教工单身宿舍	19 929
教职工住宅	236 295.8
教职工食堂	0
生活福利及其他用房	71 816.8
固定资产额（万元）	70 562
其中：教学、科研仪器设备	5 902
图书（万册）	310.02

表 8 学校基建投资状况表 单位：万元

	合 计	其 中		已完成投资中资金构成				竣工面积（平方米）	
		国家投资	自筹投资	建安工程		设备购置	其他	小计	其中：住宅
				小计	其中:住宅				
投资计划	18 534	7 599	10 935	18 534	786	0	0		
完成投资	15 864	6 278	9 586	15 933	1 075	0	0	56 082	24 598

表 9 经费收入状况表 单位：万元

总计	财政拨款	事业收入	基建拨款	其他收入
95 407	40 594	36 853	7 599	10 361

表 10 经费支出状况表 单位：万元

总计	事业支出	基建支出
92 316	84 717	7 599

表 11 科学研究基本状况一览表

科技活动人员情况(人)			研究与发展课题数(项)				科研与发展成果情况					科研成果获奖情况(项)
							理论成果			应用成果(项)		
社科活动人员	研究与发展人员	研究与发展全时人员	合计	基础研究	应用理论研究	应用研究	合计	出版专著(部)	发表论文(篇)	提交有关部门	鉴定成果	
1 862	741	110	760	258	138	364	2 536	241	2 295	1 631	100	27

机构与干部

中共中国人民大学第十一届委员会常委、委员和纪律检查委员会委员名单

党委常委（以姓氏笔画为序）

王新清（2002/01— ）　牛维麟　石亚军（ —2002/01）　纪宝成
沈云锁（ —2002/01）　张建明　陈一兵（2002/01— ）　林　岗
周建明　袁　卫　程天权

党委委员（以姓氏笔画为序）

王新清（2002/01— ）　牛维麟　石亚军（ —2002/01）　纪宝成
关　伟　刘援朝　李昭公　沈云锁（ —2002/01）　杨干忠
张建明　吴美华　严守权　陈一兵（2002/01— ）　林　岗
周建明　郑杭生　袁　卫　涂光晋　程天权　曾宪义

纪委委员（以姓氏笔画为序）

冯　俊　叶凤美　朱小平　吴美华　周建明
周　石　姚开建　徐孟洲　曾铁凯　靳振英

■ 中共中国人民大学第十二届委员会常委、委员和纪律检查委员会委员名单

党委常委（以姓氏笔画为序）

马俊杰　王新清　牛维麟　纪宝成　张建明　林　岗　袁　卫
徐志宏　程天权

党委委员（以姓氏笔画为序）

马俊杰　王新清　王　霁　牛维麟　叶秋华　冯　俊　冯惠玲
刘向兵　刘彭芝　纪宝成　杨瑞龙　吴潜涛　张建明　陈一兵
陈雨露　陈　桦　林　岗　郝立新　袁　卫　徐志宏　程天权

纪委委员（以姓氏笔画为序）

王学敏　王新清　龙翼飞　严守权　吴美华　耿建新
郭洪林　涂光晋　董克用　焦国成　靳振英

■ 校级领导干部名单

校长：纪宝成

副校长：袁　卫　牛维麟　林　岗　冯惠玲　冯　俊
马俊杰（　—2002/09）　陈一兵（2002/09—　）

党委书记：程天权

党委副书记：沈云锁（　—2002/01）　张建明　石亚军（　—2002/01）
马俊杰（2002/09—　）　王新清（2002/01—　）　陈一兵（2002/01—2002/09）

纪委书记：周建明（　—2002/09）
王新清（2002/09—　）

■ 校长助理名单

彭和平　高培勇　贺耀敏　王　霁（2002/08—　）　刘大椿（2002/11—　）

■ 学校第九届学术委员会名单

主　任：纪宝成

副主任：(以姓氏笔画为序)

冯惠玲(常务) 刘大椿 林 岗 贺耀敏 袁 卫 曾宪义

秘书长：郝立新

副秘书长：(以姓氏笔画为序)

王 珊 陈 桦 赵秉志 徐二明 董克用

委 员：(以姓氏笔画为序)

马 中 王 珊 王 霁 王利明 王顺生 方立天 方汉奇 邓荣霖
冯惠玲 刘大椿 刘广和 吕一林 孙家洲 成同社 纪宝成 许光建
吴晓求 宋志明 宋新宁 张成福 张雷声 李文华 李景治 李路路
杨干忠 杨东梁 杨瑞龙 谷克鉴 陈 桦 林 岗 金勇进 胡乃武
贺耀敏 赵国俊 赵秉志 赵影华 郝立新 唐 忠 徐二明 徐庆平
秦惠民 耿建新 袁 卫 郭庆光 郭庆旺 郭成康 高培勇 章安祺
黄卫平 黄泰岩 曾宪义 曾湘泉 焦国成 董克用 翟振武

注：中国人民大学第九届学术委员会名单于2002年3月21日确定。

■ 学校第六届学位评定委员会名单 (2002)

主 席：纪宝成

副主席：袁 卫 曾宪义

委 员：(以姓氏笔画为序)

马 中 邓荣霖 冯惠玲 刘大椿 李景治 郑杭生 林 岗
胡乃武 秦惠民 郭成康 郭庆光 章安祺 董克用 魏权龄

■ 学校第四届教职工代表大会常设主席团成员名单 (1996/03—)

主 席：王新清(2002/03—2002/11，现仍为成员)
马俊杰

副主席：胡乃武 苏 苹 陈一兵

秘书长：毛佩琦(1996/03—1997/05) 褚永增

副秘书长：褚永增(1996/03—1998/03) 马秀琴

成 员：(以上均为成员) 1996年3月当选成员

王晓东 王福明 孙红培 刘彭芝 沈云锁 张建明
张 慧 吴美华 武书文 林 嘉 欧阳志远 徐志宏
郭国庆 郭星华 涂光晋 彭和平 魏权龄

说明：本届教代会主席团成员任期较长，期间一些同志由于工作调动和退休，不再担任主席团工作，按照《中国人民大学教代会主席团成员试行替补的规定》进行了替补。

校部机关、各院（系、所）、直（附）属单位负责人名单（以2002年12月底为准）

学校办公室（校长办公室、党委办公室）		
	主　任	刘向兵
党委组织部	部　长	徐志宏
党委宣传部	部　长	吴潜涛
	常务副部长兼新闻中心主任	郑水泉
党委统战部	部　长	周淑真
纪委	副书记	吴美华
纪委办公室（监察处）	处　长	吴美华（兼）
研究生院	院　长	袁　卫（兼）
	副院长	刘大椿（兼）
		吴晓求
		伊志宏
发展规划处	处　长	关　伟
教务处	处　长	陈　岳
科研处	处　长	郝立新
人事处	处　长	郭洪林
学生处（部、武装部）	处(部)长	倪　宁
国际交流处	处　长	赵锡军
财务处	处　长	林　钢
保卫处（部）	处　长	马周年
资产与产业管理处	处　长	武宝瑞
校园建设管理处	处　长	查显友
审计处	处　长	荆　新
后勤管理处	处　长	武龙生
离退休工作处	处　长	赵庆山
校工会	主　席	马俊杰（兼）
	常务副主席	褚永增
校团委	书　记	高祥阳
机关党委	书　记	王新清（兼）
	常务副书记	张　慧
校友工作办公室	主　任	解　红
人文学院	院　长	陈　桦
	分党委书记	焦国成
	哲学系（宗教学系）系主任	焦国成（兼）
	清史所所长	成崇德
	历史系系主任	成崇德（兼）
	中文系系主任	章安祺

经济学院	院　　长	杨瑞龙
	分党委书记	高德步
财政金融学院	院　　长	陈雨露
	分党委书记	孙红培
法学院	院　　长	曾宪义
	分党委书记	叶秋华
马克思主义学院	院　　长	沈云锁
	分党委书记	张雷声
国际关系学院	院　　长	李景治
	分党委书记	余　浩
新闻学院	院　　长	郭庆光
	分党委书记	刘夏阳
徐悲鸿艺术学院	院　　长	徐庆平
	常务副院长	郭星华
	直属党支部书记	魏惠云
外国语学院	院　　长	张卫平
	党总支书记	赖志金
对外语言文化学院	院　　长	李　泉
	党总支书记	武惠华
环境学院	院　　长	李文华
	常务副院长	马　中
	党总支书记	王宏伟
信息学院	院　　长	王　珊
	党总支书记	严守权
商学院	院　　长	徐二明
	分党委书记	耿建新
公共管理学院	院　　长	董克用
	分党委书记	（空缺）
劳动人事学院	院　　长	曾湘泉
	党总支书记	（空缺）
档案学院	院　　长	冯惠玲（兼）
	党总支书记	赵国俊
成人高等教育学院	院　　长	杨干忠
	党总支书记	杨干忠（兼）
网络教育学院	院　　长	林　岗（兼）
	常务副院长	顾宗连
统计学系	系主任	易丹辉
	党总支书记	刘爱平
中共党史系	系主任	王顺生
	党总支书记	杨凤城
农业经济系	系主任	唐　忠
	党总支书记	孔祥智

社会学系	系主任	李路路
	党总支书记	（空缺）
人口学系（所）	所长	翟振武
	党总支书记	（空缺）
深圳研究院	院长	袁卫（兼）
	常务副院长	陈建
体育部	主任	苏长青
	直属党支部书记	李欣欣
图书馆	馆长	杨东粱
	党总支书记	武书文
网络信息管理中心	主任	顾涛（兼）
教育培训中心	主任	李湘
档案馆	馆长	冯惠玲（兼）
	副馆长	吕小明
校医院	院长	李存胜
	党总支书记	赵永奎
后勤集团	总经理	黎玖高
	分党委书记	裴晟
人大世纪科技有限公司	总经理	黎玖高（兼）
出版社	社长	贺耀敏（兼）
	总编	周蔚华
	党总支书记	王学敏
书报资料中心	主任	邱金利
	总编	宋志明
	分党委书记	肖小波
校工厂	厂长	范民
	直属党支部书记	范民
印刷厂	厂长	董四湖
附属中学	校长	刘彭芝
	分党委书记	王珉珠

各院（系、所）简介

■ 人文学院

人文学院成立于2002年6月，在原哲学系（宗教学系）、中国语言文学系、历史系、清史研究所基础上合并组建，其中哲学系、中国语言文学系、历史系均是国家文科基础学科人才培养和科学研究的重要基地。

人文学院下设哲学系（宗教学系）、中国语言文学系、历史系、清史研究所。学院现有哲学、伦理学、宗教学、汉语言文学、历史学5个本科专业，马克思主义哲学、中国哲学、外国哲学、伦理学、宗教学、科学技术哲学、美学、逻辑学、文艺学、语言学及应用语言学、汉语言文字学、中国古代文学、中国现当代文学、比较文学与世界文学、古典文献学、中国古代史、中国近代史、世界史、专门史、史学理论及史学史、历史文献学21个硕士学位点，马克思主义哲学、中国哲学、外国哲学、伦理学、宗教学、科学技术哲学、美学、逻辑学、文艺学、中国古代史、中国近代史、世界史、专门史13个博士学位点，并拥有一级学科学位授予权的学科2个，国家级重点学科4个，教育部文科人才培养与科学研究基地3个，教育部人文社会科学重点研究基地3个。学院拥有一批享誉国内外的著名专家学者，共有专任教师151人，其中教授82人，副教授56人。学院现有在校生1 100人，其中本科生411人，硕士生362人，博士生327人。

人文学院成立后，加强了与国际著名高校的合作交流，目前已与美国、英国、法国、德国、日本、俄罗斯、韩国、香港、台湾、澳门等二十多个国家和地区的著名学者、高等学校及学术团体建立了学术交流与合作。

经济学院

经济学院成立于1998年，由原经济学系、国际经济系和经济学研究所合并而成，是新中国理论经济学学科的重要奠基者和开拓者之一，是国家文科基础学科人才培养和科学研究基地之一。

学院现有经济学、国际经济与贸易、经济学与数学3个本科专业，政治经济学、西方经济学、经济思想史、经济史、国民经济学、国际贸易学、世界经济、网络经济学8个硕士学位点和博士学位点。学院现有专任教师90人，其中教授31人，副教授46人。全院共有在校生996人，其中本科生509人，第二学士学位生17人，硕士生299人，博士生171人。资料室藏书1万余册，期刊103种，外文期刊6种。

经济学院具有很强的科研实力，推出了大批高质量的、具有重大影响的优秀科研成果，在宣传和研究马克思主义经济理论、引进与研究外国经济思想和现代西方经济理论以及创建中国世界经济学学科体系、探索改革开放的理论与政策、培养经济学理论和实践人才方面作出了重要贡献，在国内始终保持领先地位。在2002年教育部重点学科的评选中，经济学院的政治经济学、西方经济学、国民经济学被评为国家重点学科，其中政治经济学、西方经济学名列榜首；世界经济被评为北京市重点学科。

财政金融学院

财政金融学院的前身是1950年成立的财政信用系，1997年学校在原财政金融系和投资经济系的基础上成立财政金融学院。

学院下设财政系、金融系、保险系、投资经济系和电子应用中心。现有财政学、金融学、保险学、金融工程、信用管理5个本科专业，财政学和金融学2个硕士学位点和博士学位点。学院师资力量雄厚、结构合理，共有专任教师63人，其中教授22人，副教授29人。全院现有学生1 378人，其中本科生849人，硕士生371人，博士生158人。

财政金融学院不断加强与国际学术界的交流合作，先后与美国麻省理工学院、哥伦比亚大学、英国剑桥大学、日本一桥大学和庆应大学等著名学府建立了良好的合作与交流关系。学院在全国率先运行“中美合作高级金融试验班”项目，与美国哥伦比亚大学共同培训研究生的“经济政策与财政金融管理”（PEFPM）学位项目。

法学院

法学院的前身是1950年学校成立的法律系，是新中国诞生后中央人民政府创办的第一所正规的高等法学教育机构，经过多年的努力，已经成为全国法学教育领域的教学、研究和国际学术交流中心，并形成了全方位对外学术交流合作的格局，已开始跻身于世界著名法学院行列。

学院下设10个教研室和各专项研究所、研究中心，现有法学1个本科专业，法学理论、法律史、宪法学与行政法学、刑法学、民商法学、诉讼法学、经济法学、环境法学、国际法学9个硕士学位点，法理学、法律史、宪法学与行政法学、刑法学、民商法学、诉讼法学、经济法学 7 个博士学位点。法学院是全国法律硕士教育首批试点单位，经国务院批准设立了中国第一个法学博士后流动站。

学院师资力量雄厚，既有一批在国内外享有盛誉的资深教授，也有一大批在全国各学科有重要影响的中青年法学家。现有专任教师 72 人，其中教授 39 人，副教授 31 人，博士生导师 51 人。现有在校生 2 624 人，其中本科生 528 人，第二学士学位生 45 人，硕士生 1 694 人，博士生 357 人。学院设有现代化的物证技术实验中心、中国法制信息港和藏书 10 万余册的学院图书馆，创办了向国内外公开发行的核心期刊《法学家》。

■ 马克思主义学院

马克思主义学院成立于 1996 年，由原马列主义发展史研究所和马克思主义理论教育研究所合并而成，是全国第一个“马克思主义理论与思想政治教育人才培养和科学研究基地”。

学院现有马克思主义理论与思想政治教育、马克思主义哲学、政治经济学、科学社会主义与国际共产主义运动 4 个硕士和博士学位点，同时拥有马克思主义哲学 1 个博士后流动站。学院现有专任教师 29 人，其中教授 18 人，副教授 11 人。全院共有学生 186 人，其中硕士生 90 人，博士生 95 人，博士后 1 人。学院资料室拥有图书 2 万余册，期刊 120 余种。

马克思主义学院负责全校本科生“邓小平理论概论”、“思想道德修养”，硕士生“中国特色社会主义理论与实践”，博士生“马克思主义与当代社会思潮”等共 28 门课程的教学工作。近年来，学院推出了大批高质量的、具有重大影响的优秀科研成果，在宣传和研究马克思主义理论、探索改革开放的理论与政策、培养优秀的高层次人才方面作出了重要贡献，许多科研成果多次在国内获奖。

■ 国际关系学院

国际关系学院成立于 2000 年，是在原国际政治系、东欧中亚研究所、欧洲问题研究中心的基础上组建的，是全国著名的政治学与国际关系人才培养和教学研究基地。

国际关系学院下设国际政治系、外交学系、政治学系、中国政治研究所、世界社会主义研究所、东欧中亚研究所、欧洲问题研究中心等 7 个教学研究单位；同时以研究项目的方式组合现有教学研究人员，成立了美国研究中心、国际事务研究所、联合国研究中心、东亚研究中心、比较国际政治经济研究所、公务员研究所等人员流动的开放性研究机构。学院现有国际政治、外交学、政治学 3 个本科专业，政治学理论、科学社会主义与共产主义运动、国际政治、国际关系、外交学、中外政治制度、中国政治、世界经济 8 个硕士学位点和博士学位点。学院现有专任教师 60 人，其中教授 19 人，副教授 23 人。全院共有在校生 756 人，其中本科生 468 人，硕士生 201 人，博士生 87 人。学院拥有中文藏书 2.2 万余册，外文藏书 3 000 册，中外文期刊近百种。

■ 新闻学院

新闻系成立于1955年。1988年，学校在原新闻系的基础上成立新闻学院，经过十几年的发展，新闻学院已成为我国新闻传媒领域人才培养的重要基地。

学院现有新闻学、广播电视新闻、广告学3个本科专业，新闻学、传播学2个硕士学位点和博士学位点。学院现有专任教师35人，其中教授9人，副教授16人。全院共有在校生739人，其中本科生446人，硕士生227人，博士生66人。学院设有广播电视实验室、激光照排实验室、新闻摄影实验室、彩扩室和资料室，资料室保存有解放前的报刊样本3 675种、报纸影印本422本，解放后的报纸合订本1 000余本，期刊2 500本，中外图书资料18 500余册。

新闻学院广泛开展对外学术交流与合作，目前已与美国、加拿大、德国、日本、韩国和我国香港、台湾地区多所高校的相关院系建立了良好的长期合作关系。复校以来，学院共派出访问学者36人次，海外讲学教师63人次，出国进修教师13人次。

■ 徐悲鸿艺术学院

学院成立于1999年，以我国著名艺术大师徐悲鸿先生命名，是一所集音乐、美术专业为一体的综合性艺术学院。

学院设有绘画、动画、景观、艺术设计、音乐5个本科专业。全院现有教师27人，其中教授5人，副教授6人。为了保持专业教学的前沿性和活力，学院还聘请了近20位在各艺术领域有突出成就的知名专家和学者担任兼职教授。目前在校本科学生617人。

徐悲鸿艺术学院负责全校一部分艺术类公共课程，并开设本科课程70余门。学院在教学及人才培养上注重对学生的人文修养和综合创新能力的培养，注重全面提高学生的综合素质。

■ 外国语学院

外国语学院在原外语系的基础上于2001年6月成立。

学院下设德国研究中心、澳大利亚研究中心、日本研究中心3个研究中心，大学英语教学部、研究生英语教学部2个教学部，现有英语、日语、德语、法语、俄语5个本科专业，英语语言文学、日语语言文学、俄语语言文学3个硕士学位点。全院共有专任教师117人，其中教授11人，副教授68人。学院现有在校生445人，其中本科生378人，硕士生67人。学院资料室共藏书16 075册（部），另有合订期刊520种。

建院以来，学院派出1/3以上的青年教师出国进修或开展科研工作。派出人员归国后，在教学、科研工作中发挥了巨大作用，大大促进了外语专业本科和硕士学科点的建设。

■ 对外语言文化学院

对外语言文化学院成立于1996年，由原对外汉语教学中心和原语言文字研究所合并组建而成，是从事对外国人（包括海外华裔）汉语和中国文化教学、研究和交流的专门机构。

学院现有汉语言1个本科专业，汉语言文字学、语言学及应用语言学2个硕士学位点，设有教材与教法、课程与测试、汉语与文化、语言理论与应用、汉语教学多媒体与新技术5个教研室。现有专任教师33人，其中教授5人，副教授13人。学院共有长期留学生778人，其中语言生595人，本科生161人，硕士生22人。

对外语言文化学院与国外多所著名大学和科研机构建立了广泛而密切的联系，已与英国的杜伦大学、日本的明治大学、韩国国民大学、台湾师范大学和香港中文大学等多所国际知名高校正式建立了学术交流与合作关系。

■ 环境学院

环境学院成立于2001年，由原商品学系、原农经系环境经济与管理教研室合并而成，是国内高校少有的多学科综合性环境学院，涵盖了经济学、管理学、理学和工学等多个学科。

学院下设环境经济与管理系、商品学系、环境科学系、环境经济研究所、商品科学研究所和检测中心等教学科研机构。学院现有公共事业管理、商品学、环境科学3个本科专业，人口、资源与环境经济学、生态学、环境科学、自然资源管理、企业管理、食品科学、应用化学7个硕士学位点，人口、资源与环境经济学1个博士学位点。其中，人口、资源与环境经济学被教育部确定为本学科惟一全国重点学科。学院拥有较强的师资和科研力量，共有专任教师42人，其中教授6人，副教授15人，中国工程院院士1人。学院还聘请了中国工程院、国家环保总局、世界银行、亚洲开发银行、美国田纳西大学等国内外一流的专家学者为兼职教授和博士生导师，形成了我国环境经济与管理领域最具影响力和功底扎实的学术梯队。全院共有在校生439人，其中本科生325人，硕士生89人，博士生25人。

学院负责全校物理、生物、化学的公共课程，并开设本科课程80余门、研究生课程40余门。资料室藏书1万余册，期刊149种，外文期刊1种。环境学院是学校14个得到国家“211工程”支持的学院之一。目前学院正在进行的科研项目有20余项，总金额已超过700万元。

■ 信息学院

信息学院成立于1994年，由原经济信息管理系和信息中心合并而成，是我国最早建立的信息技术领域人才培养和科学研究的基地之一。

信息学院下设计算机科学与技术系、经济信息管理系、数学系3个系和数据与知识工程研究所、运筹学与数量经济研究所2个研究所。现有信息管理与信息系统、计算机科学与技术、数学与应用数学3个本科专业，计算机应用技术、计算机软件与理论、系统理论、数量经济学、运筹学与控制论、基础数学6个硕士点，数量经济学、计算机应用技术2个博士点。学院拥有一批在计算机科学技术、信息系统和信息管理、数学与应用数学诸领域著名的学科带头人，共有专任教师75人，其中教授13人，副教授29人。全院现有学生618人，其中本科生490人，硕士生120人，博士生8人。资料室藏书11 000余册，其中外文3 000余册，期刊47种，外文期刊16种。

学院承担了大量国家重大重点科研项目，并直接参加与我国信息化密切相关的自主软件系统开发，在计算机技术、数据库技术、数量经济、运筹学、信息系统与信息管理、电子商务、企业管理、金融数学、证券分析、保险精算等领域中均取得了丰硕的科研成果。目前，学院已与美国、欧洲以及我国香港的多所大学和科研机构在数据库管理系统、中文数据库系统，数学规划及其应用、数据包络分析（DEA）、复杂系统、电子商务、商业MIS、证券、期货等研究领域建立了长期的合作关系。

■ 商学院

商学院是2001年由原工商管理学院和会计系组建而成，是我国工商管理教育的重要基地，囊括了工商管理类从本科到博士后所有学位和培养项目。

商学院下设贸易经济系、企业管理系、会计学系3个学系和中小企业发展研究中心、工业经济与管理科学研究所、市场调查所、中国市场营销研究中心、财会理论研究所、会计与财务管理研究所等研究机构。学院现有企业管理、产业经济和会计学3个全国重点学科，工商管理、市场营销、工程管理、会计学、财务管理、贸易经济6个本科专业，工商管理硕士（MBA）、企业管理、旅游管理、管理科学与工程、会计学、技术经济及管理、国际贸易学、产业经济学8个硕士点，产业经济学、企业管理、会计学、技术经济及管理4个博士点。学院现有专任教师137人，其中教授36人，副教授63人。全院共有学生3 020人，其中本科生1 120人，硕士生1 663人，博士生237人。图书室藏书12 000余册，管理类专业杂志220余种，专题资料600余卷。

商学院与美国、加拿大、英国、法国、日本、韩国、以色列、澳大利亚、比利时、荷兰等国的著名大学有长期、密切的人员互访及学术交流合作关系。自1984年起，与加拿大麦吉尔大学等院校长期合作，联合培养MBA、MPA和博士生。1999年，学院与美国布法罗纽约州立大学联合培养高级经理人员、工商管理硕士（EMBA），目前该项目已成为国内最优秀的EMBA项目之一。

■ 公共管理学院

公共管理学院组建成立于2001年6月，是学校为发挥培养国家公务人员的传统优势，适应新世纪我国首次开办MPA教育的需要，在优化重组校内有关系所的基础上组建的，是国家公务员培养和培训的重要基地。全国人大常委会副委员长蒋正华教授担任学院首届顾问委员会主席。

学院现下设国民经济管理系、行政管理学系、土地管理系3个系，教育科学研究所、区域经济与城市管理研究所、国防与国家安全研究所、社会保障研究所、组织与人力资源研究所、财政与税收管理研究所6个研究所和非营利组织研究中心、人力资源开发与管理研究中心、政府管理与改革研究中心、商品流通与储备研究中心、房地产信息中心5个研究中心。学院现有国民经济管理、行政管理、土地资源管理3个本科专业，国民经济学、数量经济学、土地资源管理、区域经济学、行政管理、教育行政管理、教育经济与管理、教育法学、劳动经济学、国防经济、社会保障 11 个硕士点，国民经济学、行政管理、区域经济学、土地资源管理 4 个博士点。学院现有专任教师 88 人，其中教授 21 人，副教授 39 人，同时还聘请了国内外著名专家、学者 30 多人担任客座教授和兼职教授。学院共有在校生 1 087 人，其中，本科生 351 人，硕士生 491 人，博士生 245 人，另外，还招收了首届 MPA 学生 240 人。

学院各系所承担了自然科学基金和社会科学基金的大量科研课题，并为各级政府提供公共政策咨询。此外，学院还积极开展对外学术交流活动，已与多所世界知名高校建立了学术交流与合作关系。

■ 劳动人事学院

劳动人事学院成立于 1983 年，是由原国家劳动人事部与中国人民大学联合创办的，2000 年隶属关系转归中国人民大学。目前，学院已成为国家最重要的劳动和社会保障、人力资源管理专业人才培养基地和学术研究机构。

学院现有劳动与社会保障、人力资源管理、社会工作 3 个本科专业，劳动经济学、社会保障、人力资源管理 3 个硕士点，劳动经济学、人力资源管理 2 个博士点。学院现有专任教师 32 人，其中教授 10 人，副教授 17 人。全院现有在校生 537 人，其中本科生 366 人，硕士生 139 人，博士生 32 人，校外在职攻读研究生班学员 500 余人。

教材建设是劳动人事学院 2002 年启动的一项重点工作。学院与中国劳动和社会保障出版社正式启动了首批 10 本“全国劳动和社会保障核心教材”计划，还与复旦大学出版社合作启动了近 20 本“当代人力资源管理系列教材”建设计划。2002 年，学院承担的在研项目达 20 多项，其中包括国家重点项目、教育部重点项目、北京市社科基金重点项目等，部分科研成果发表在《新华文摘》、《中国社会科学》等核心期刊。

■ 档案学院

档案学院成立于 1952 年，经过 50 年的建设与发展，已成为我国目前信息管理科学教育单位中学科门类最齐全、教育层次最完整的院系之一，是我国培养信息、档案管理高级专门人才和信息管理科学研究的重要基地。

学院现有档案学、信息管理与信息系统 2 个本科专业，图书馆学、情报学、档案学和中外政治制度 4 个硕士点，档案学 1 个博士点。学院现有专任教师 26 人，其中教授 5 人，副教授 15 人。全院共有在校生 280 人，其中本科生 163 人，硕士生 88 人，博士生 29 人。学院拥有国内藏书量最大、中外档案专业期刊种类最全的档案专业资料室，拥有各类图书期刊达 20 余万册。

学院十分重视科研工作，承担了全国档案学科国家级、省部级一半以上的科研项目。目前，学院在档案学基础理论、电子文件、电子政务、档案保护技术等学术领域，居于全国领先或前沿地位。近十年来，出版了大量的高水平教材和学术论著，部分著作在国内外学术界产生重大影响。学院整体的科研实力在国内相关学科领域始终处于领先地位，其中部分学科引领了中国档案学理论和实践研究发展的走向。

■ 成人高等教育学院

中国人民大学是1952年首家经中央批准创办成人高等教育的高等学校。经过50年的发展，成人高等教育学院已经形成了包括函授、夜大学、网络教育、高等职业技术教育、成人脱产班、自学考试、各种继续教育和岗位资格培训等多形式、多层次的成人高等教育模式，为国家培养了大批专业人才，取得了良好的社会声誉。

2002年，学院调整了部分专业设置，现共开设16个专业，其中包括会计学、国际经济与贸易、金融学、贸易经济、市场营销、工商管理、行政管理、法学8个夜大学专业，会计学、国际经济与贸易、金融学、工商管理、经济管理、证券投资、税收、乡镇财政、新闻学、法学10个函授专业，会计学、工商管理、计算机应用3个成人脱产班专业，外事英语、现代商务2个高等职业技术教育专业。学院现有专任教师51人，其中教授5人，副教授31人。学院在全国各主要省（区）市分设了3个分院和26个函授站（点），现有在校生12 844人，其中夜大生6 514人，成人脱产生496人，外地函授生4 097人，自学考试助学生1 556人，高等职业技术教育生181人。

学院在加强成人教育领域研究的同时，突破、改革原有的教材建设模式，将教材建设推向市场、推向社会，在提高所使用教材质量的同时，也使教师的科研成果得到社会的检验和认可，使学院的教材建设步入良性循环。

■ 网络教育学院

网络教育学院成立于1998年，是国内高校中成立最早的网络教育学院。2002年，网络教育学院从成人高等教育学院中分离出来，成为独立的办学实体。分离后的网络教育学院是学校对网络教育实行统一归口管理的职能部门，又是具体组织实施网络教育的教学单位。

学院下设学院办公室、招生培训部、教学管理部、学生管理部、网络教育研究部、系统开发与管理部、财务部7个职能部门，北京和上海2个直属教学服务中心。网络教育学院设有学历教育和非学历教育两大教育项目。在学历教育方面，依托学校在人文、管理和社会科学方面的优势，开设了会计、金融、市场营销、工商管理、国际贸易、财政税收、公共事业管理、法学、汉语言文学等9个本、专科专业，共有注册学生23 761人。

2002年，学院着重加强教学资源的建设。截止到2002年底，已开发完成光盘课件119门，网络课件93门，网络运行课程80门。学院对原系统平台已有功能进行完善和优化，提高了系统的可靠性，同时开始进行基于微软“.net”技术新一代教学教务管理平台的开发工作。

■ 统计学系

统计学系成立于1952年，是新中国统计学学科的奠基者和开拓者之一，是全国统计学教学和研究的重要基地。

统计学系现有统计学1个本科专业，统计学、概率论与数理统计2个硕士学位点，统计学1个博士学位点。全系共有专任教师29人，其中教授10人，副教授14人，入选教育部跨世纪优秀人才培养计划2人。统计学系现有在校生374人，其中本科生211人，硕士生113人，博士生50人。资料室有中文图书7 000余册，外文图书2 000余册，中文期刊100余种，外文期刊35种。

统计学系负责全校“统计学”公共课程，并开设本科课程30余门，研究生课程20余门，办有学术刊物《统计与精算》。统计学系教师积极致力于和国际统计学科发展方向相接轨的工作，将数理统计方法与社会经济统计结合，统计理论、方法与应用结合，文理结合、相互渗透、交融发展，形成了一批特色鲜明的研究方向。

■ 中共党史系

中共党史系始建于20世纪50年代初，是全国相关学科领域内重要的人才培养和科学研究基地。

中共党史系下设中共党史及党建、毛泽东思想和邓小平理论、当代中国3个教研室，台港澳研究中心、当代中国研究中心、二十世纪的中国研究室3个科研机构。现有中共党史1个本科专业，中共党史、当代中国史2个硕士学位点，中共党史1个博士学位点。现有专任教师22人，其中教授7人，副教授10人，同时还聘请了中共中央党史研究室、中共中央文献研究室、国务院港澳事务办公室以及中国社会科学院当代中国研究所的主要负责人担任兼职教授。全系共有在校生148人，其中本科生80人，硕士生36人，博士生32人。

中共党史系面向国家改革开放和现代化建设中的重大理论问题和现实问题，发挥自身优势，不断开拓新的教学和研究领域，在中国共产党重大历史事件及其历史经验、马克思主义中国化及其历史经验、毛泽东思想与邓小平理论、中国共产党与当代中国政治、中国政党与政党制度、执政党建设、祖国统一以及台港澳地区政治与社会等研究方向均取得了显著成绩。“九五”期间，承担国家、教育部、北京市的人文社会科学研究项目等共11项（其中有国家重大项目1项、重点项目1项）。

■ 农业经济系

农业经济系成立于1954年，是全国综合性大学中建立最早、最具影响的农业经济系。

农业经济系是全国第一批农业经济管理博士学位授予单位，2000年首批取得农林经济管理一级学科博士学位授予权。现有农林经济管理、农村区域发展2个本科专业，农业经济管理、林业经济管理、技术经济及管理3个硕士学位点，农业经济管理、技术经济及管理2个博士学位点。全系现有专任教师25人，其中教授6人，副教授9人。全系共有学生250人，其中本科生150人，硕士生63人，博士生37人。资料室藏书1.15万余册，中外文期刊85种。此外，农业经济系还设有世界银行文献中心，存有世界银行定期赠送的各种出版物1 100余册。

农业经济系是我国农业经济学科的主要开拓者，是我国农业经济与农村政策的重要研究中心和涉农领域综合应用型管理人才的主要培养基地。农业经济系共开设本科课程30余门、研究生课程20余门，编写了新中国第一本社会主义农业经济学、新中国第一本土地经济学、新中国第一本中国农业经济史、新中国第一本农业技术经济学、新中国第一本农村发展经济学等教材，并承办了中国人民大学书报资料中心复印报刊资料《农业经济导刊》。农业经济系创造出了大批高质量的、具有重大影响的优秀科研成果，尤其在农业经济理论、农村经济政策、土地经济理论与政策、农村反贫困、农产品国际贸易、涉农企业管理、资源经济管理、农业技术经济等方面的研究独树一帜。

■ 社会学系

社会学系是在1984年成立的社会学所基础上于1987年6月正式成立的,是国内最重要的、拥有最为完整的社会学教学、科研和人才培养体系机构之一。社会学系自成立以来,始终坚持面向社会学理论的发展前沿和中国社会改革开放中的重大理论和实际问题,努力促进社会学在当代中国改革实践中的应用。

社会学系现设有社会学和社会工作2个本科专业,社会学理论与方法、人类学、民俗学3个硕士点,社会学理论与方法、人类学2个博士点,拥有全国高校社会学学科中惟一的国家一级学科博士学位授予权,2002年该学科被评为全国高校社会学学科中仅有的两个重点学科之一。社会学系现有专任教师25人,其中教授9人,副教授10人。现有在校生370人,其中本科生260人,硕士生69人,博士生41人。

近三年来，社会学系教师出版各类著作50余部，出版教材16部，发表各类论文350余篇，其中，在国外和国内核心学术期刊上发表论文55篇。社会学系还与美国、日本、德国、俄罗斯、澳大利亚和我国香港地区的著名大学社会学系建立了密切的学术联系，合作开展了大量科学研究项目，多次举办国际学术研讨会，在国际社会学界具有相当的知名度。

■ 人口学系（所）

成立于20世纪80年代初的人口学系（所），是适应中国作为世界第一人口大国发展的需要、融自然科学和社会科学为一体的交叉性学科——人口学的教学和科研机构，是国内人口学研究的重要基地和对外窗口。

人口学系（所）现有人口学1个本科专业，人口学、人口、资源与环境学2个硕士点和博士点，其中，人口、资源与环境学为全国重点学科。人口学系（所）拥有一批享誉国内外的著名学者，共有专任教师31人，其中教授7人，副教授13人。现有学生49人，其中硕士生35人，博士生14人。资料室藏书2 000余种、50 000余册。

为培养合格的跨世纪人才，人口学系（所）特别注重对学生系统理论教育和应用技能的训练。人口学系（所）学科建设涉及领域广泛，在人口统计、预测规划等方面提供了大量研究成果，推动了我国人口科学研究和教学的发展。联合国人口基金在中国建立的中国国家人口学培训中心设在人口学系（所），每年有数位联合国官员和国际知名学者来系、所、中心访问讲学。

■ 体育部

体育部下设基础课、选项课、训练课3个教研室。目前有专任教师共44人，其中教授1人，副教授16人。

中国人民大学 65 周年校庆活动

一、概况

中国人民大学65周年校庆筹备工作围绕“校友、校史、校貌”三条主线，于2001年9月正式启动。2002年4月28日，江泽民总书记视察中国人民大学并发表重要讲话，指出要把中国人民大学建设成为以人文社会科学为主的世界知名的一流大学。在江泽民总书记重要讲话精神指引下，中国人民大学65周年校庆在社会各界的大力支持下，经过全校师生员工、广大校友的积极努力，取得了圆满成功，实现了“1231”的工作重点目标，即“一个庆典”（65周年庆典及吴玉章奖颁奖活动)、“两个展览”(校史展、科研成果展)、“三个系列活动”(系列学术活动、系列校友活动、系列文体活动)、“一批基建项目”(世纪馆、游泳馆、多媒体教学楼等若干重点工程项目竣工，校园基础设施改造及绿化美化建设总项目完工及西北区校园改造与建设工程开工等)。

2002年11月1日，中国人民大学建校65周年庆祝大会暨第四届吴玉章奖颁奖仪式隆重举行。中共中央政治局常委、全国人大常委会委员长李鹏同志出席仪式并发表重要讲话，对中国人民大学在社会主义建设事业中所作出的贡献给予了高度评价，并期望中国人民大学继续努力，在人文社会科学领域取得更大成绩，为中华民族的伟大复兴，为建设一个富强、民主、文明的社会主义现代化国家作出更大的贡献。

校庆活动起到了宣传中国人民大学新形象、新发展、新面貌，凝聚广大师生员工力量，发挥广大校友及社会各界大力支持的优势，提高学校核心竞争力的积极作用。

二、中国人民大学隆重举行建校65周年庆祝大会暨第四届吴玉章奖颁奖仪式

2002年11月1日下午，“中国人民大学建校65周年庆祝大会暨第四届吴玉章奖颁奖仪式”在世纪馆隆重举行。下午3点，在热烈的掌声中，中共中央政治局常委、全国人大常委会委员长李鹏来到会场，出席庆祝大会，向全体师生员工和广大海内外校友表示热烈祝贺，向获得吴玉章奖的各位专家学者表示祝贺和敬意。中共中央政治局原常委宋平，中共中央政治局委员、中国社会科学院院长李铁映，全国人大常委会副委员长许嘉璐，最高人民法院院长、校友肖扬，我校老校长、原国家经贸委主任袁宝华，中央统战部常务副部长、校友刘延东，教育部部长陈至立，国务院副秘书长、校友高强，国家计委常务副主任、校友王春正，北京市委副书记强卫等领导出席了大会。国务委员兼国务院秘书长王忠禹打电话给纪宝成校长，对中国人民大学建校65周年表示祝贺。

李鹏委员长发表热情洋溢的讲话。他指出，中国人民大学是我们党和中央人民政府创立的第一所新型大学。65年来，中国人民大学为中国革命和建设事业作出了重要贡献，培养了大批优秀人才。中国人民大学是一所有着优良革命传统的学校，这个传统可以概括为坚定正确的政治方向、理论联系实际的学风和为人民服务的人生观、价值观，希望这种优良传统在新的时代得到继承和发扬。

李鹏委员长强调，人文社会科学与自然科学是“车之两轮”、“鸟之双翼”。科学技术是第一生产力，人文科学、社会科学和管理科学也同样可以转化为生产力，在以经济建设为中心的今天，这一点非常重要。他说，在一定意义上说，管理就是改革，就是要调整和处理好生产力和生产关系之间的关系，这就要求实现管理的科学化。他要求中国人民大学发挥自身优势，在人文科学、社会科学和管理科学研究与人才培养方面作出新的努力和探索。

李鹏委员长说，中国人民大学建校以来为国家培养了17万名优秀的各类专门人才，希望今后继续为建设中国特色社会主义事业培养更多优秀人才，为中华民族的伟大复兴，为建设一个富强、民主、文明的社会主义现代化国家作出更大的贡献。

在热烈的掌声中，李鹏和出席会议的领导同志为吴玉章奖和吴玉章优秀科研奖、优秀教学奖获奖者颁奖。吴玉章奖是面向全国为奖励人文社会科学领域的优秀成果而设立的。2002年是第四届，共有31项优秀成果获奖。李鹏同志曾担任第一届吴玉章奖基金委员会主任，现任第四届吴玉章奖基金委员会名誉主任。

教育部部长陈至立在大会上致辞，代表教育部祝贺中国人民大学建校65周年。她说，2002年4月28日，江泽民总书记亲临中国人民大学考察并发表重要讲话，要求把中国人民大学建设成为“以人文社会科学为主的世界知名的一流大学”，这是对我国高等教育发展提出的一项战略性要求，也是对中国人民大学全体师生寄予的殷切期望。21世纪是中华民族实现伟大复兴的时代，需要与时俱进的哲学社会科学。中国人民大学作为我国人文科学、社会科学、管理科学教育和研究的重要基地，在繁荣和发展哲学社会科学方面大有作为，中国人民大学全体师生要继续贯彻落实江泽民总书记的重要讲话精神，加快创建以人文社会科学为主的世界知名的一流大学的进程。她表示，教育部将高度重视中国人民大学的建设和发展，加快与北京市共建中国人民大学的步伐。

北京市委副书记强卫宣读了中共北京市委书记、市长刘淇的贺信。

庆祝大会由我校党委书记程天权主持。

纪宝成校长在庆祝大会上讲话，他首先代表中国人民大学向出席庆祝大会的各位领导、各位来宾、各位朋友、各位校友表示热烈的欢迎和衷心的感谢，向荣获第四届吴玉章奖的专家学者们表示热烈的祝贺。纪宝成校长回顾了中国人民大学65年建设和发展的历程和取得的成就，深切缅怀为中国人民大学的创建和发展作出不可磨灭的贡献的老一辈校领导，深切怀念为中国人民大学的人才培养和科学研究奠定坚实基础的老一辈著名教授、学者，并向正在各个岗位辛勤耕耘的全校广大师生员工和关心、支持学校建设发展的海内外校友表示由衷的感谢和亲切的问候。他指出，李鹏委员长在讲话中

高度肯定了中国人民大学65年来取得的巨大成就，并从迎接21世纪挑战，实现中华民族伟大复兴的战略高度，阐述了教育特别是人文社会科学教育的特殊重要性，陈至立部长代表教育部致辞，强卫副书记宣读中共北京市委书记、市长刘淇同志的贺信，对中国人民大学提出了殷切希望，这是对学校广大师生员工的巨大鼓舞和鞭策。我们要认真学习贯彻落实李鹏委员长的讲话精神，以优秀的成绩来回报党和人民对我们的期望。

纪校长满怀希望地说，十六大的召开也必将为中国人民大学的发展注入新的动力，带来新的契机，我们坚信，在党中央、教育部和北京市的正确领导下，在社会各界的鼎力支持下，全校师生员工团结奋斗，我们就一定能够为建设中国特色社会主义事业作出更大的贡献，一定能够在中华民族的伟大复兴中跻身世界一流大学的行列。

北京大学党委书记闵维方作为国内大学的代表在大会上发言。他说，中国人民大学不愧为我国人文社会科学高等教育领域的一面光辉的旗帜。中国人民大学的发展道路，不仅是高等教育改革中的成功探索，而且也为全国兄弟院校的改革与发展提供了内涵丰富的宝贵经验。

吴玉章奖获奖者代表戴逸教授在大会上的发言追忆了吴老对中国革命作出的丰功伟绩，为兴学育才作出的巨大贡献，并代表获奖者表达了积极钻研、开拓创新、与时俱进、取得更好的成绩、不辜负殊荣的决心。

奥地利维也纳大学常务副校长约翰·尤伦尼奇和校友代表陈锡添、教师代表陈雨露、学生代表侯健美分别发言。

在主席台就座的有关领导、校友还有：全国政协港澳台侨委员会主任、校友朱训，中央编制委员会办公室主任、校友张志坚，国务院政策研究室主任、校友桂世镛，全国政协常委、国务院体改办原党组书记贺光辉，国家安全部原部长、校友凌云等。来自中央国家机关和部分省、自治区、直辖市的党政军领导同志，国内外部分著名高校的负责人、代表出席了庆祝大会。参加大会的还有我校知名校友胡福明、高玉宝、田华、王军霞、莫慧兰等以及海内外校友与学校师生员工代表共4 000多人。

三、校友工作（详见“管理工作”部分的“校友与捐赠工作”）

四、校史工作

以校史资料收集、校史编纂和校史展览三部分内容为主线的校史工作经过一年多的努力，取得了积极的成果。

校史编写工作在编写小组的领导下，顺利完成了到各有关部门及全国各地收集资料的工作，经过多次召开座谈会，征求有关同志意见和建议，确定了校史编写大纲。2002年5月22日召开的校庆筹备工作专题会议进一步明确校史整理和编写工作要充分体现人大特色，突出江泽民总书记在视察中国人民大学发表重要讲话时提出的“三为”思想，即“中国人民大学师生为马克思主义在中国的传播和普及，为我国哲学社会科学的发展与繁荣，为我国社会主义革命、建设和改革事业的发展作出了重要贡献”，通过多种形式展现中国人民大学的辉煌历程。

经过一年多的精心筹备，校史展览馆于2002年11月1日开馆。展览共分为四个时期：第一时期展现了从陕北公学到华北联大、华北大学等中国人民大学的前身；第二时期从1950年中国人民大学命名组建到“文化大革命”时期被迫停办；第三时期是1978年复校以来中国人民大学的发展历程；第四时期为江泽民总书记视察中国人民大学及中国人民大学新一届领导班子确立“创办以人文社会科学为主的世界知名一流大学”发展目标，展现了中国人民大学师生求改革、谋发展，校园面貌发生翻天覆地的巨大变化及人文社会科学发展光辉的远景。既有珍贵、丰富的史料，同时又容纳了代表中国人民大学学科建设顶尖水平的教学科研成果展示，各部分展览均配备多媒体触摸屏演示。校史展实现了11万名校友、33万条数据的互联网查询。多媒体制作实现了很多技术性的突破，其中查询互动式页面、音频视频循环播放动画镜头等技术，都是全国高校首创。通过翔实细微的校史陈列展览，不仅展现了中国人民大学65年走过的风雨历程，更可以使人们从中寻找中国人民大学生存的根基，谋划发展的美好未来的思路。

五、校貌工作

经过两年多的大力整治和改造，中国人民大学校园面貌发生了可喜的变化，以全新的校容校貌迎接校庆65周年。

在基本建设方面，2002年是中国人民大学建校以来竣工校舍面积最多、完成基建投资最多、建筑质量标准最高的一年。宜园3楼学生公寓、世纪馆、游泳馆和多媒体教学楼等一批重要工程先后竣工，总竣工面积达到5.6万平方米。世纪馆和多媒体教学楼继2001年品园5楼之后再度获得北京市建筑工程结构“长城杯”称号。世纪馆是截至目前我国高校中面积最大、功能最全的综合性文体馆，馆内设施完善、功能齐全、设备精良、建筑质量优秀，是我校新世纪主要标志性建筑之一。多媒体教学楼是我校新建的现代化、智能化、数字化的多媒体公共教学楼，楼内设备先进、数字化程度高，可进行多媒体交互式教学和卫星远程教学。新建的游泳馆更实现了几代人大人建设一个标准的室内游泳馆的心愿。

在校园环境综合治理方面，在国家有关部门的大力支持下，2002年暑期，学校开始了中国人民大学命名组建50多年来首次校园基础设施改造，对校园内上水、雨水、污水、电力、电信、网络、广播、路灯照明、道路等基础设施进行全面彻底改造。一期工程改扩建项目包括大操场西部、品园路、谨勤路、知行路、春华路西段、明志路和中心花园区。

在大范围拆除危旧房屋的同时，学校开展了大规模的校园绿化、美化工作，先后建成百家园、宜园、汇贤园、凝园、先园；改造中心草坪，对部分楼前、路旁进行绿化，完成运动场和各种球场改造，新增绿化面积近3万平方米。

未来3～5年内实施的“西北区改造与建设工程”占地约12万平方米，拟新建各类用房26万平方米。其中包括经济管理、法学、人文、艺术、新闻等学院大楼和学校大礼堂，共15万平方米，培训中心主楼2万平方米，学生公寓及配套设施8.6万平方米。

来自全国各地的校友欢聚一堂，目睹世纪馆、多媒体楼、游泳馆、求是园等一系列崭新建筑，为母校旧貌换新颜而交口称赞的同时更对学校明天发展充满信心！

六、设计、确定、推广视觉形象识别系统

进入新世纪，为适应创建世界一流大学的需要，我校开始重新设计、确定并实施推广新的视觉形象识别系统。本着“具有人大特色、体现人大传统、蕴涵人大文化、展现人大精神”的原则，在充分调研和广泛听取师生员工意见、建议的基础上，学校设计确立了新的视觉形象识别系统，并于65周年校庆前夕在全校试用新的视觉形象识别系统，为65周年校庆活动献上了一份厚礼。

学校领导对新的视觉形象识别系统的设计、推广工作非常重视，纪宝成校长和程天权书记为此做过专门指示。2001年，学校成立了以牛维麟副校长为组长的视觉形象识别系统设计小组，作为65周年校庆筹备活动的一个重要分工组。随后，以设计小组为基础，成立了纪宝成校长为主任、牛维麟副校长和马俊杰副书记为副主任的“中国人民大学形象建设委员会”，指导视觉形象识别系统的规划、实施、审定和验收工作；成立了以学校办公室为主的视觉形象建设办公室，具体负责视觉形象识别系统的实施和管理工作；并委托知行堂广告有限公司为视觉形象识别系统提供专业的技术支持和咨询

服务。

学校在设计视觉形象识别系统时得到韩美林、陈绍华等著名专业设计师的指导。为增强标识的国际性，设计人员访问了哈佛、耶鲁等多所世界名校的网站，初期产生了三个方案，学校通过多种方式做民意调查，在广泛征求学校师生员工意见的基础上，对方案进行了反复修改，最终在2002年9月25日校长办公会上，确定了我校新的视觉形象识别系统。为迎接学校65周年校庆的到来，从2002年10月1日起，学校决定试用新的视觉形象识别系统，试行期一年。

新的视觉形象识别系统确定了校标、校名专用字体、标准色及其组合等一系列使用标准和规范，其中"圆形篆书人字图案"作为中国人民大学标志，以三个并列的富有历史感的篆书"人"字图形为基础，结合我校中英文校名全称及建校时间，并经专业艺术设计而成。其中三个"人"字分别寓意"人民、人本、人文"，即"人民的大学"、"以人为本的精神"和"以人文为主的特色"，准确地揭示了我校的特色、优势和传统；三个"人"字排列，则隐含"三人行，必有我师焉"；"三人成众"；"携手劳作"；"同向并行"等意，象征我校师生实事求是、注重实践、团结拼搏、艰苦奋斗的优良传统和兼容并蓄、开放进取、与时俱进的精神风貌。

新的视觉形象识别系统得到了全校师生的广泛赞誉，也赢得了广大校友的一致好评。同时，我校是全国第一所实施推广视觉形象识别系统的高校，该系统在兄弟院校中产生了重要影响，也得到了社会各界人士的认同。

七、校庆期间其他重要活动

（一）发展繁荣人文社会科学高层论坛

2002年10月30日下午，"发展繁荣人文社会科学高层论坛"在中国人民大学隆重开幕。

本次论坛的主题为"中国高校人文社会科学教育、研究的改革与发展"。在为期两天的论坛中，与会人士就高校在发展繁荣人文社会科学中的使命和进一步加强高校人文社会科学教育与研究的对策两个议题展开了深入探讨。

与会同志认为，发展繁荣人文社会科学，必须克服重自然科学轻社会科学的倾向。自然科学是生产力，社会科学通过提高劳动者素质等途径也可以转化为生产力。社会科学有利于人们树立正确的世界观、人生观、价值观，有利于培育人们的科学思想、科学方法和科学精神，提高科学文化素质，有利于提高人们的道德素养和精神境界，推动精神文明建设，有利于转变人们的思维方式、行为方式和决策方式，增强人们分析问题和解决问题的能力。当前，我国已进入全面建设小康社会的关键时期。尤其是加入WTO以后，面临着各种新的机遇和挑战，出现了很多新情况、新问题，亟待人们掌握和运用哲学社会科学知识来进行分析、解决。只有掌握必备的人文社会科学理论，才能保持头脑清醒、立场坚定、科学应对；否则就容易迷失方向，走弯路。

与会同志强调，高校是培养高层次人才的摇篮，高校应以"三个代表"重要思想为指导，贯彻江泽民总书记关于繁荣发展哲学社会科学的三次重要讲话精神，坚持"二为"方向和"双百"方针，建立支持学术探索、鼓励学术创新的机制，营造有利于优秀人才脱颖而出的环境，努力培养一支适应时代要求的人文社会科学人才队伍，为发展先进文化作出应有的贡献。

本次论坛由中国人民大学主办。教育部副部长袁贵仁、中宣部副秘书长兼理论局局长陈俊宏、全国社科规划办副主任余志远、教育部社政司司长靳诺，北京大学党委书记闵维方、清华大学党委书记陈希、南京大学校长蒋树声、武汉大学党委书记顾海良、中山大学校长黄达人、南开大学校长侯自新、厦门大学党委书记王豪杰、山东大学校长展涛、华东师范大学党委书记张济顺、浙江大学副校长胡建淼、四川大学副校长杨继瑞，以及中国人民大学校领导纪宝成、程天权、冯惠玲、马俊杰等出席论坛。

（二）中国人民大学与香港理工大学两校共庆建校65周年活动

为庆祝中国人民大学和香港理工大学各自建校65周年，2002年10月31日，两校共同举办了题为“知识经济条件下的高等教育”的研讨会。

研讨会在中国人民大学逸夫会议中心举行。会议开始前，中国人民大学校长纪宝成、副校长牛维麟、党委副书记张建明、副校长冯俊会见了以潘宗光校长为首的香港理工大学代表团。

研讨会由中国人民大学副校长冯俊主持，纪宝成校长和潘宗光校长首先在开幕式上致辞，并互赠了纪念品。

上午举行的研讨会采取了两校学者交替发言的形式，学者们对知识经济条件下的高等教育问题进行了探讨和交流。中国人民大学知名学者、教授刘大椿、徐二明、陈雨露、韩小明，香港理工大学徐林倩丽教授、陈文鸿博士、朱文晖博士、徐惠群教授、阎洪副教授在研讨会上相继发言。在下午继续举行的研讨会上，香港理工大学校长潘宗光发表了以“高等教育经验的分享”为主题的演讲。

（三）校史馆开馆仪式

经过为期一年的筹备工作，中国人民大学校史展览馆于2002年11月1日上午8时举行了隆重的开馆仪式。中国人民大学校长纪宝成、校党委书记程天权等校领导及清华大学美术学院洪麦恩教授、芬兰图书交流处代表等嘉宾出席了开馆仪式。

纪宝成校长在开馆致辞中代表学校感谢校史馆筹备小组同志们的辛勤工作，并阐述了建立校史馆的意义。他指出，国不可无史，同样，校也不可无史。没有历史，我们将无法总结经验、吸取教训；回顾历史，可以清楚地明白我们从哪里来、将要到哪里去；我们应以史为鉴、继往开来。江泽民总书记视察中国人民大学时称赞人民大学是人文科学、社会科学、管理科学的教育研究基地，这既是对中国人民大学历史的肯定，同时也是对人大未来的期许。以毛泽东为核心的党的第一代领导集体缔造了中国人民大学，以邓小平为核心的党的第二代领导集体给了中国人民大学第二次生命，以江泽民为核心的党的第三代领导集体则赋予了中国人民大学与时俱进的新品质、新灵魂。中国人民大学在其发展历程中始终得到了党和国家历代领导人的关怀和支持，中国人民大学始终与党的重大战略相联系，与人民血肉相连，与党和国家同呼吸、共命运。人大人对新中国的建设与发展作出了开拓性的贡献。

华北联合大学时期的校友、人文学院哲学系彭明教授，20世纪50年代学生代表、经济学院吴易风教授，1978年复校以后招收的首届学生代表、人文学院哲学系李秋零教授及新世纪跨入人大校门的学生代表、档案学院2001级本科学生王佳——四位成长于中国人民大学不同时期的师生先后在开幕式上发言，回顾了中国人民大学在战火硝烟中的成长；1950年命名组建，与新中国同辉煌的发展；历经复校后以后各个时期不断发展建设，走向新世纪的光辉历程。老少同台，共同抒发了作为人大人满腔的豪情和对中国人民大学灿烂明天的坚定信念。

剪彩仪式后，校领导和参加开馆仪式的各地校友会的负责人、校友代表、在校师生代表参观了校史馆。

（四）西北区改造与建设工程开工仪式

在欢庆建校65周年之际，学生公寓和西北区改造与建设工程正式启动。

在2002年11月1日上午举行的西北区改造与建设工程启动仪式上，教育部副部长张保庆和我校领导纪宝成、程天权、牛维麟、林岗、冯惠玲、冯俊、王新清、陈一兵出席仪式。张保庆副部长和纪宝成校长分别致辞。牛维麟副校长主持仪式。纪宝成校长在讲话中指出：西北区改造与建设工程对于改善学校的办学条件和今后长期稳定、发展具有十分重要的意义。工程的建成，将使我校教学、科研和学生生活类校舍面积在现有基础上翻一番，从根本上解决办学用房严重短缺问题，基本改善校园环境和校园基础设施状况，大大促进我校学科建设和发展，还将为中关村中心区建设增加亮点。

对于这项实现新世纪奋斗目标的奠基性、关键性工程，中央和教育部以及北京市领导给予了高度关注：李岚清副总理多次听取学校领导关于工程建设情况的汇报；2002年8月19日，学校在向当时任中共中央政治局委员、北京市委书记的贾庆林同志汇报工作时，贾庆林同志表示北京市将全力支持中国人民大学西北区改造与建设工程，特事特办；陈至立部长对中国人民大学西北区改造与建设工程也作出了专门批示，强调教育部将予以重点支持；张保庆副部长多次到校视察，对工程提出了指导意见。

在西北区改造与建设工程开工仪式上，纪校长表示，在党中央、国务院的亲切关怀下，在教育部和北京市的直接领导下，通过全校上下3年左右时间的努力，建设有人大特色的一流校园的目标一定能够实现。

（五）诗书画名家笔会

为庆祝中国人民大学65周年校庆，11月1日在学生活动中心东厅举行了诗书画名家笔会。上午10时，纪宝成校长和程天权书记等校领导与来自全国各地的书画界名流共同出席了开幕仪式。

程天权书记代表学校向来宾们致欢迎辞，他指出，中国人民大学是以人文社会科学为主的综合性高等学府，已经成为国内人文社会科学领域的一面旗帜，人文气息浓厚。此次诗书画笔会活动既是校庆65周年系列活动的一个重要组成部分，又是人文社会科学界名家的一次聚会。笔会的主题是“展现中国人民大学65年来走过的光辉历程，为实现新世纪里将人民大学建成世界知名的一流大学的宏伟目标而奋斗”。

开幕式上，纪宝成校长和程天权书记与到会嘉宾兴致勃勃地观看了象征着吉祥和喜庆的舞狮表演。当校领导和来宾共同为狮子点睛时，活动气氛达到了高潮。

简短的开幕式后，诗书画名家笔会的现场泼墨挥毫，在场观众兴致高昂地评赏着名家的一幅幅精妙作品，上至年过花甲的人大老校友，下至正值青春年华的在校学生，都折服于中华五千年文明所传承下来的深厚诗书画底蕴之中。

此次诗书画笔会由校庆办公室统一组织，校工会、校团委、徐悲鸿艺术学院、离退休工作处等部门协助完成具体工作。活动由三个阶段组成：9月20日—10月28日为第一阶段，即作品征集阶段，主要面向校内绘画艺术专业师生、书画爱好者、离退休教师和老干部书画协会，校外通过中国书法家协会等单位征集有关作品；第二阶段为诗书画创作笔会，即校庆活动日当天的笔会典礼活动；第三阶段为诗书画展览阶段。

11月1日名家笔会到会的书画界名流有：欧阳中石、张飙、申万胜、吴震启、刘征、王成喜、杨立舟、谢志高、詹庚西等。中国书法家协会主席、著名书法家沈鹏，中国美术家协会常务副主席、著名画家刘大为，文化部艺术司司长、著名画家冯远等也专门为此次笔会创作了作品，向中国人民大学校庆65周年表示祝贺。

（六）多媒体教学楼竣工仪式

2002年11月1日，中国人民大学多媒体教学楼竣工仪式在多媒体教学楼南侧广场举行。校长纪宝成、党委书记程天权、副校长林岗、党委副书记张建明、马俊杰出席了仪式。

党委书记程天权代表学校向教学楼的设计、施工、监理等建设者们表示衷心的感谢，对各界人员共同努力，使得多媒体教学楼主体结构工程获得北京市建筑工程质量最高奖项“结构长城杯”，表示祝贺。他指出，多媒体教学楼是中国人民大学新世纪竣工的一项十分重要的工程，是具备数字化、多媒体、交互式教学和卫星远程教学的现代化、智能化公共教学楼。它的竣工改变了学校长期以来教室紧张的状况，将较大程度地改善学校的教学条件和校园面貌。

中建三局副局长王祥明代表施工单位发表了讲话，纪宝成校长为竣工典礼揭幕。

（七）有关捐赠活动

校庆期间，各地的校友纷纷向母校献礼，表达对母校的热爱之心、喜悦之情和衷心祝愿。10月31日下午，各地校友会向校庆捐赠礼品仪式先后举行。

这些捐赠活动主要有：深圳校友会捐赠吴玉章老校长的青铜头像雕塑；河北校友捐赠易水名砚一

方，寓意桃李芬芳，振兴中华；93级财政专业硕士研究生河南班全体同学捐赠钧瓷特大花瓶一对，瓷瓶取型金柱擎天，寓意奋发向上，祥和圆满；海南校友会捐赠“黎锦”巨幅挂画；山西校友会捐赠黄河壶口瀑布浮雕推光漆大型屏风；香港校友会捐赠刻有我校校徽的水晶碑；珠海校友会捐赠玉制雕刻龙船一艘，寓意扬帆启航，再创辉煌；湖南省人大常委会副主任郭俊秀校友捐赠湘绣挂屏一幅，寓意欣欣向荣；前世界冠军、法学院99级学生王军霞捐赠健身器材，用于学校世纪馆健身房。此外，部分校友向母校捐赠了个人收藏的反映学校各个发展历史阶段的物品。另外，全国各地校友会共计向校庆捐款37万余元。

此前，校内外各界人士也为校庆活动积极捐赠。校党委书记程天权将个人珍藏的茅盾手迹《子夜》影印线装全本、中国共产党80年珍贵档案线装本、毛泽东点评通鉴纪事本末线装本等珍贵文献捐赠给校庆活动；珠海市政府、海南省政府驻京办事处、南宁市政府等部门及香港嘉汉国际林业投资公司陈德源先生等各界人士先后向校庆捐赠。

（八）校庆文艺演出

校团委、学生艺术团精心设计、筹备组织了两台内容丰富的文艺演出，作为献给中国人民大学65周年华诞的贺礼。

11月1日上午9点15分，学生艺术团题为“相逢是首歌——献给校庆65周年的祝福”的综合文艺演出在八百人大教室拉开帷幕。校学生艺术团键盘乐队演奏的《青春舞曲》为会场平添了喜庆热烈的气氛。声乐大赛中屡获大奖的王漾漾一首《送给妈妈的茉莉花》声情并茂，打动了每一位观众。演出的高潮出现在高科技乐器双排键独奏《五千瓦》，张晓蕴同学丰富的肢体语言和娴熟的演奏技巧给人强烈的视听震撼。随着《唱支山歌给党听》、《南泥湾》、《我的祖国》等一首首耳熟能详的革命歌曲的联唱，整个演出在一片喝彩声中谢幕。

晚7点30分，“中国人民大学65周年校庆文艺晚会”在世纪馆隆重举行。开场舞蹈《欢腾》、民乐合奏《庆典序曲》之后，《青春——为中国人民大学65周年校庆而作》的大型自创民乐将晚会气氛推上高潮。歌曲联唱《激情燃烧的岁月》、《二十年后再相会》、交响乐《红旗颂》把在场观众仿佛带回到难忘的流金岁月之中。舞蹈《晨风》用缕缕清风中万物充满勃勃生机的情景昭示了中国人民大学光辉灿烂的明天，表达了人大师生、校友对未来的无限憧憬。晚会在交响乐《走进新时代》高昂的号角声中圆满结束。

（九）各部处、院系所开展的校庆活动

校庆期间，各部处、各院系所分别开展了形式多样的活动，成为校庆系列活动的有机组成部分，为65周年校庆增光添彩。

新闻学院于10月26、27日在逸夫会议中心与北京日报报业集团联合举办了“媒介经济与传媒集团化发展”学术研讨会。学生新闻传播文化节之2002年度国际获奖广告片展映及纪念“中日友好30周年”摄影作品展于11月1日校庆活动日当天推出。

商学院校庆活动以11月2日在逸夫会议中心举办的“李占祥教授从教50周年庆典暨‘新世纪中国企业管理的理论与实践问题’学术研讨会”为代表。纪宝成校长、林岗副校长出席会议并致辞。

由校友办公室主办的“77、78级学生毕业20周年返校活动”于11月2日上午举行，活动内容包括：校友返校参观校园面貌，77、78级学生代表队与学校女队进行篮球比赛，“中国人民大学校庆65周年暨77、78级学生毕业20周年纪念会”等。纪念大会上，纪宝成校长致辞，他代表学校对77、78级学生毕业20年来在祖国各条战线上建功立业所取得的成绩表示祝贺。作为中国人民大学78级学生的一员，纪宝成校长满怀深情地回忆了当年的校园风貌、学生生活和给予自己谆谆教诲的老师们。大会听取了77、78级校友向学校捐赠“追求”雕塑和大型壁画的情况，宣读了中国人民大学77、78级学生20年宣言，该宣言表达了人大学子献身祖国建设的壮阔情怀和祝愿母校不断发展繁荣的美好愿望。

财政金融学院围绕校友联谊和学术研讨两个内容开展了各种活动，其中包括："黄达-蒙代尔经济讲座"之部长系列讲座，中越双边研讨会，歌颂祖国、喜迎校庆全校书画大赛，"校院庆杯"拔河、篮球赛，并邀请民族歌舞团来校演出。

校庆65周年，同时也是我校很多院系成立50周年，各院系在校庆日前后，纷纷举办院庆系庆活动。法学院以教学、科研、院庆和中国法学教育走向世界为主题，完成了大型橱窗展览。在11月1日举办的"中国近代法律文化"研讨会和"依法治国"研讨会上，最高人民法院副院长张军、中央党校副校长石泰峰分别发表了专题演讲。农业经济系举行毕业10周年、20周年班集体返校、校友系列讲座。10月12日，档案学院迎来建院50周年庆典，为了配合档案学院建院50周年纪念活动，展示学院在学科建设、教学管理、科研管理等方面取得的成就，学院召开了全国性的"数字档案馆建设研讨会"与"知识管理教育研讨会"，取得了很好的效果。统计学系围绕校庆65周年和建系50周年开展了以"成功企业数据挖掘（DATA－MINING）暨数量化管理论坛"、"金融与保险——博士生论坛"等为代表的系列学术研讨会和袁卫、金勇进、易丹辉、赵彦云等一批名家主讲的"教授系列讲座"。经济学院开展的"世纪之约"校庆、院庆活动，农业经济系设立的"中国人民大学农业经济系校友文库"，马克思主义主义学院举办的"与时俱进的马克思主义"座谈会，人口学系师生举行的校友联欢文艺演出、乒乓球赛等，信息学院召开的校友座谈会、学院建设与发展咨询会，公共管理学院、人文学院、外语学院、环境学院、劳动人事学院举办的校友座谈会等庆祝活动，为校庆活动增添了丰富内涵。

附录

中国人民大学65周年校庆公告（第二号）

百年大计，教育为本。为实现党和国家把中国人民大学建设成为"以人文社会科学为主的世界知名的一流大学"的目标，改善办学条件，优化育人环境，我校正在建设和即将建设一批具有划时代意义的重要工程，欢迎海内外所有关心中国人民大学建设和发展的企事业单位、团体、个人以合作、投资、捐赠等多种形式，支持我校教育事业的发展。

一、捐资捐赠项目

（一）学术科研类

项目01号　吴玉章奖基金

用以奖励国内有重大影响的高水平的哲学社会科学论著和鼓励成绩卓著的教学、科研人员。项目概算：100万元人民币/届

项目02号　中国人文社会科学论坛

是展示中国人文社会科学研究水平的重要窗口，每年举办一次。项目概算：20万元人民币/次

项目03号　中国人民大学科学研究基金

资助和奖励中国人民大学重点科研项目。项目概算：30万元人民币/年

（二）基础建设类

项目04号　世纪馆

是目前国内高校中最大的多功能文体馆，也是我校新世纪标志性建筑之一。项目总概算：1.3 亿元人民币

项目 05 号　多媒体教学楼

我校建设的一座数字化、智能化、现代化的公共教学大楼。项目概算：7 100 万元人民币

项目 06 号　游泳馆

由包含 10 条泳道（50×25 米）的标准游泳馆和附属用房组成，配有先进的循环水处理系统，可承办国际性大型游泳和跳水比赛。项目概算：500 万元人民币

项目 07 号　第二足球场

为人工合成草坪足球场，可提供全天候的足球教学和课外活动场地。项目概算：200 万元人民币

项目 08 号　室外塑胶篮球场、排球场

采用世界上广泛流行的全塑胶聚胺酯弹性球场材料，是我校体育教学、比赛和学生课外活动的主要场地。项目总概算：125 万元人民币

项目 09 号　经济管理科学大楼

是一座集教学、科研、试验、办公于一体的综合性大楼。项目概算：2 亿元人民币

项目 10 号　纪念钟楼

建成后将成为我校的重要标志。项目总概算：300 万元人民币

项目 11 号　中心广场草坪

位于我校教学区中心位置，是 2002 年校貌建设工程的重点项目。项目概算：150 万元人民币

（三）校园环境、人文景观类

项目 12 号　求是园

项目概算：120 万元人民币

项目 13 号　宜园

项目概算：80 万元人民币

项目 14 号　汇贤园

项目概算：50 万元人民币

项目 15 号　凝园

项目概算：20 万元人民币

项目 16 号　雅园

项目概算：30 万元人民币

项目 17 号　“吴玉章校长与学生在一起”铜雕像

项目概算：35 万元人民币

项目 18 号　百家园

项目概算：120 万元人民币

（四）65 周年校庆活动类

项目 19 号　学生艺术团专场演出

我校学生艺术团是国内高校中具有相当艺术水准的业余大学生文化艺术团体，2002 年计划应邀出访欧洲、新加坡等地举办专场演出并在校庆之日举办大型文艺晚会。项目概算：200 万元人民币

项目 20 号　电视台演播室

拟在学校电视台原有编辑制作设备的基础上，对演播室设备进行更新改造，以达到专业电视台小型演播室的标准。项目概算：35 万元人民币

项目 21 号　校史展览馆

为我校建设世界一流大学的形象工程，旨在展现中国人民大学 65 年来的光辉历程。项目概算：

300万元人民币

项目22号　百所中学校长论坛

邀请教育部基础教育司、考试中心和百所著名中学校长参加，推动高等教育与基础教育的接轨。项目概算：35万元人民币

项目23号　校庆出版物和纪念品

校庆期间，我校将以多种形式编印一系列出版物，并制作校庆相关纪念品等。项目概算：450万元人民币

二、校庆捐赠鸣谢办法

1. 校庆捐资捐赠完全自愿，对具体捐赠数额不作要求。

2. 学校定期公布捐赠者名单和捐赠金额，并将所有捐赠者姓名列入校庆捐资捐献名册，永久保存；对捐赠有突出贡献的单位、个人，学校还将列入校史，并进行事迹宣传。

3. 捐助校庆基建、文体等项目者，可根据捐赠金额及捐赠者意愿对项目或项目内馆室进行冠名。

4. 捐赠资金或实物者，学校将颁发纪念证书、纪念章或纪念牌。

5. 捐赠世纪馆座椅者，根据捐赠先后顺序挑选和排列座位号。

6. 学校根据捐赠金额情况，给予联系人适当奖励。

三、捐赠方式

校庆捐赠联系人：王鲁佳 时光寨

联系电话：86-10-62511426

传真：86-10-62511422

网址：www.ruc65.com或xiaoqing65.ruc.edu.cn

电子邮件：aaruc@263.net

地址：北京市海淀区中关村大街59号

邮编：100872

户名：中国人民大学

开户银行：光大银行海淀支行

关于捐资捐赠的详细内容和办法，请登录人大校庆网：www.ruc65.com或xiaoqing65.ruc.edu.cn或电话咨询：86-10-62511426

（2002年4月12日刊登于《光明日报》等报刊媒体）

中国人民大学65周年校庆公告（第三号）

2002年11月1日，中国人民大学将迎来建校65周年华诞。我们向各界朋友致以衷心的感谢和崇高的敬意，向海内外所有校友致以节日的祝贺和亲切的问候！

自2001年11月1日《中国人民大学建校65周年校庆公告》（第一号）发布之日起，校庆活动便进入了紧张有序的筹备阶段，学校和各院系先后组织了“全国百所重点中学校长论坛”、“中国人文社会科学论坛2002”、“2002年亚洲管理教育论坛”、“中美公共管理国际学术研讨会”、“北京2008—人文奥运”、“新中国暨中国人民大学创办成人高等教育50周年庆祝大会”、首届“学习型组织国际论坛”等一系列活动。为迎接母校华诞，学校进行了大规模的基础设施改建，世纪馆、游泳馆、运动场

陆续竣工，校园道路和地下管网改建基本完成，多媒体教学楼即将启用，西北区改造与建设工程开工在即。我们相信，校庆之时，学校将以全新的神采和气象迎接广大校友和四海宾朋。

2002年4月28日，江泽民总书记视察中国人民大学，亲自主持座谈会并发表重要讲话，高度肯定了中国人民大学广大师生为马克思主义在中国的传播和普及、为我国哲学社会科学的发展与繁荣、为我国社会主义革命、建设和改革事业的发展作出的重要贡献，并指示要把中国人民大学建设成为以人文社会科学为主的世界知名的一流大学。江泽民总书记的视察，奏响了人大新世纪建设与发展的序曲，翻开了学校历史的崭新篇章，是对我校师生员工和广大校友的巨大鼓舞，也把我校“迎接学校65周年校庆，建设世界一流大学”活动推向了一个新的高潮。

11月1日，学校将在新落成的世纪馆隆重举行庆祝大会暨吴玉章奖颁奖仪式。学校同时还将举办“发展繁荣人文社会科学”高层论坛、中国人民大学与香港理工大学两校共庆建校65周年活动、中国人民大学校史馆开馆仪式、中国人民大学西北区改造与建设工程开工仪式、多媒体教学楼竣工仪式、仁达大厦复工仪式、诗书画名家笔会、校庆文艺演出等一系列活动。为方便各位领导和广大校友出席、参加各类活动，特将校庆期间的主要活动公告于后。

此外，各院系也将举行学术研讨会、座谈会、联谊会、体育比赛等各种形式的庆祝活动。

我们热切期待中国人民大学各个发展时期（陕北公学、华北联合大学、北方大学、华北大学、朝阳大学、中国人民大学）广大校友重返母校，再叙情谊，共怀同窗旧事，我们诚挚邀请四海宾朋莅临校园，同庆盛典，齐商人大未来。当天，学校和各院系将在校园内设接待站，热情欢迎各方校友、来宾。

特此公告，敬祈周知。

中国人民大学校长　纪宝成

党委书记　程天权

2002年10月24日

附：中国人民大学65周年校庆日主要活动一览

时间	活动内容	地点
10月30—31日	发展繁荣人文社会科学高层论坛	逸夫会议中心
10月31日	中国人民大学与香港理工大学两校共庆建校65周年活动	世纪馆主馆
11月1日 上午9:30—11:00	中国人民大学建校65周年庆祝大会暨吴玉章奖颁奖仪式	世纪馆主馆
11月1日 下午2:30—5:00	中国人民大学校史馆开馆仪式 西北区改造与建设工程开工仪式 多媒体教学楼竣工仪式 仁达大厦复工仪式 诗书画名家笔会	世纪馆校史馆 西北区工地 多媒体教学楼前 仁达大厦工地 世纪馆
11月1日 晚6:30—9:00	校庆文艺演出	世纪馆

联系地址：北京市海淀区中关村大街59号中国人民大学校庆办公室
联系人：刘向兵、郭洪林、解红、顾涛
邮政编码：100872
电话：86-10-62515216/62511422
传真：86-10-62515233/62515263
网址：www.ruc65.com
电子邮件：xiaoqing65@mail.ruc.edu.cn

（2002年10月24日刊登于《人民日报》、《光明日报》、《中国教育报》等报刊媒体）

中国人民大学 65 周年校庆活动实施方案

中国人民大学 65 周年校庆活动自 2001 年 9 月启动，各项活动有序展开。2002 年 4 月 28 日，江泽民总书记视察我校并发表重要讲话，给我校以极大的鼓舞，我校校庆活动也由此进入一个新的时期。

经学校 65 周年校庆筹备工作领导小组研究，自 2002 年 6 月起，校庆活动由筹备阶段进入组织实施阶段。根据《中国人民大学校庆 65 周年工作方案》(2001—2002 学年校政字 11 号) 及校庆筹备工作领导小组会议的有关精神，特制定本实施方案。

一、工作目标

1. 总体目标

以江泽民总书记在我校发表的"4·28"重要讲话为指导，通过校庆纪念活动，彰扬优良传统，展示辉煌成就，充分调动广大师生和校友以及所有关心中国人民大学建设和发展的社会各界朋友的积极性，激励和鞭策大家团结一心，携手奋进，为把我校建成以人文社会科学为主的世界知名的一流大学努力奋斗。

2. 具体目标

围绕总体目标，组织实施阶段的具体目标为：

(1) 进一步学习贯彻江总书记 2002 年 4 月 28 日，在与中国人民大学师生座谈会上的讲话精神，继续高扬人文社会科学旗帜，为我国哲学社会科学的发展繁荣作出贡献。

(2) 进一步宣传我校在新中国高等教育和人文社会科学领域的突出地位，宣传党和政府对我校建校 65 年来卓越成就的高度评价，宣传我校建成"以人文社会科学为主的世界知名的一流大学"的奋斗目标，扩大学校在海内外社会各界的影响，巩固江总书记视察我校的成果。

(3) 回顾中国人民大学建校 65 年来的光辉历程，总结我校的优良传统和办学经验，挖掘学校深厚的人文底蕴，提炼人大办学理念，增强广大师生和校友的自信心和自豪感。

(4) 广泛联络各界各地校友，组织各类校友活动，建立健全校友联络体系，凝聚人心，激励广大校友为学校的建设和发展贡献力量。

(5) 进一步展示我校"解放思想，实事求是，与时俱进，开拓创新"的新形象，展现我校在学科建设、人才培养以及国际交流方面的新面貌，加强校园规划与建设，优化育人环境。

(6) 各项活动要号召广大师生员工共同参与，力争把校庆活动办成"教师的校庆、学生的校庆、校友的校庆"，办成广大师生员工和校友自己的节日。

二、工作重点

把江总书记视察中国人民大学并发表重要讲话的有关精神体现在各项校庆活动中，围绕"校史、校友、校貌"三条主线，以 65 周年庆典及吴玉章奖评奖活动为核心，搞好校史展、科研成果展，举办系列性学术活动、校友活动和文体活动，组织一系列基建项目的开工、竣工仪式。上述工作重点简称为"1231"，即：

1. 一个庆典 (65 周年庆典及吴玉章奖评奖活动)；
2. 两个展览 (校史展、科研成果展)；
3. 三个系列活动 (系列学术活动、系列校友活动、系列文体活动)；
4. 一批基建项目 (若干项目竣工，西北区改造与建设工程开工等)。

三、组织实施体系

校庆活动领导小组是校庆活动的领导机构。校庆活动领导小组下设校庆办公室。校庆具体工作分十三个组展开，即：

1．宣传组

2．学校形象设计组

3．吴玉章奖评奖组

4．校史编写组

5．展览组

6．国际及港澳台活动组

7．院系活动组

8．文体活动组

9．校友工作组

10．资金筹措组

11．校园规划建设组

12．校园环境整治组

13．庆典活动筹备组

整个校庆活动在校庆活动领导小组的统一领导下，在校庆办公室的总体协调下，在各个工作组的具体组织下，有计划、有步骤、有重点地实施。各项活动实行组长负责制，各组由组长主持，制定相应的工作计划或方案，将工作分解、细化，责任到人，明确日程，严格有序进行。

四、主要活动及时间安排

1．《中国人民大学校史》等校庆出版物的出版。(2002年10月前)

2．完成校史展览。(10月上旬)

3．完成中国人民大学65周年校庆宣传画册。(9月中旬)

5．完成中国人民大学电视专题片。(10月中旬)

6．发布校庆第三号公告。(10月中旬)

7．组织系列校友活动。(6—11月)

8．完成学校形象设计（VI）及校庆礼品、纪念品设计，总结发布校训，恢复校歌。(10月中旬)

9．各院系所围绕校庆开展系列性学术报告、论坛、科研成果展示及有关纪念活动。(6—11月)

10．组织纪念中国成人高等教育50周年庆典大会。(9月7—9日)

11．组织“诗书画笔会”。(10月上旬)

12．组织“名家、名师讲座”。(9—10月)

13．组织中国人民大学孔子研究院成立仪式及“中国人民大学—香港理工大学共庆建校65周年学术研讨会”等国际及港澳台学术交流活动。(11月上旬)

14．世纪馆、多媒体教学楼、游泳馆、塑胶操场工程建设及竣工典礼，西北区改造与建设工程奠基仪式的组织。(9—10月)

15．校园道路改扩建、地下管网改造等工程的组织实施。(9月)

16．百家园后期工程完工。(10月初)

17．组织“企业家论坛——美国管理学大师彼得·圣吉演讲”活动。(9月)

18．校庆综合演出委约作品、校庆65周年主题晚会筹备、排演、场景布置。(10月底)

19．举办“中国人民大学建校65周年大会暨第四届吴玉章奖金颁奖仪式”。(11月1日)

20．中国人民大学、香港商报联合举办“双庆论坛”。(11月上旬)

五、经费预算

因校庆活动经费有限，学校经费预算仅保证部分项目的开展，各组经费不足部分，以资金筹措组及各组分别筹集为宜。

(2002年7月25日发布)

中国人民大学65周年校庆组织实施体系

一、校庆活动领导小组

组长：牛维麟

副组长：王新清

成员：张建明、冯惠玲、冯俊、马俊杰

领导小组下设校庆办公室（以下简称“校庆办”）

主管领导：牛维麟、王新清

主任：刘向兵

成员：郭洪林、顾涛、王宏伟、盛希贵、解江凌

二、校庆各项工作分组实施

（一）宣传组

主管领导：王新清

组长：吴潜涛

成员：褚永增、郑水泉、郭庆光、李梦超

校庆办协调人：王宏伟

（二）学校形象设计组

主管领导：牛维麟

组长：刘向兵

成员：盛希贵、褚永增、高祥阳、葛秀珍

校庆办协调人：盛希贵

（三）吴玉章奖评奖组

主管领导：冯惠玲

组长：郝立新

成员：刘向兵、林钢

校庆办协调人：顾涛

（四）校史编写组

主管领导：冯惠玲

组长：沈云锁

成员：牛润珍、王安陆

校庆办联络人：王宏伟

（五）展览组

主管领导：冯惠玲

组长：吕小明、郝立新

成员：吴潜涛、陈岳、刘大椿、倪宁、高祥阳
校庆办协调人：王宏伟
（六）国际及港澳台活动组
主管领导：冯俊
组长：赵锡军
成员：郝立新、陈岳、陈桦
校庆办协调人：郭洪林
（七）院系活动组
主管领导：袁卫
组长：徐志宏
成员：陈岳、刘大椿、郝立新、赵锡军、葛秀珍
校庆办协调人：郭洪林
（八）文体活动组
主管领导：张建明
组长：高祥阳
成员：褚永增、苏长青
校庆办协调人：解江凌
（九）校友工作组
主管领导：冯俊
组长：解红
成员：潘平、徐飞、王粤、代鹏
校庆办联络人：顾涛
（十）资金筹措组
主管领导：冯俊
组长：彭和平
成员：关伟、倪宁、林钢、解红、高祥阳、黎玖高
校庆办协调人：郭洪林
（十一）校园规划建设组
主管领导：牛维麟
组长：查显友
成员：武龙生、黎玖高
校庆办联络人：盛希贵
（十二）校园环境整治组
主管领导：马俊杰
组长：武龙生、马周年
成员：查显友、武宝瑞、黎玖高
校庆办联络人：顾涛
（十三）庆典活动筹备组
主管领导：牛维麟、王新清
组长：刘向兵
成员：郭洪林、顾涛、王宏伟、盛希贵、解江凌

（2002年7月25日发布）

中国人民大学建校65周年校庆日活动工作方案

（2002年10月29日校长办公会通过）

2002年11月1日为我校建校65周年纪念日，校庆日当日活动为整个校庆活动的重中之重，是我校校友、校史、校貌工作的集中展现，将把为时一年之久的校庆活动推向一个新的高潮。组织好校庆日当日活动，有助于进一步扩大我校的社会影响，增强我校广大师生员工的凝聚力，增进海内外广大校友对母校的感情，从而全面实现校庆工作的目标。

为组织好校庆日活动，根据《中国人民大学校庆65周年活动实施方案》及2002年9月25日校长办公会和10月25日校庆专题办公会议精神，制定本方案。

一、主要活动

<table>
<tr><th colspan="2">时间</th><th>主要活动</th><th>地点</th><th>组织单位</th></tr>
<tr><td colspan="2">10月30日/31日</td><td>发展繁荣人文社会科学高层论坛</td><td>逸夫会议中心</td><td>科研处
校庆办公室</td></tr>
<tr><td colspan="2" rowspan="3">10月31日</td><td>中国人民大学与香港理工大学两校共庆建校65周年活动</td><td>逸夫会议中心</td><td>国际合作与交流处
科研处
校庆办公室</td></tr>
<tr><td>与兴发集团有限公司合作项目签约仪式</td><td>逸夫会议中心</td><td>校庆办公室
资产与产业管理处</td></tr>
<tr><td>庆祝中国人民大学建校65周年招待晚宴</td><td>世纪金源大酒店</td><td>各有关部门</td></tr>
<tr><td rowspan="7">11月1日</td><td rowspan="5">上午</td><td>中国人民大学校史馆开馆仪式</td><td>中国人民大学校史馆</td><td>档案馆
校庆办公室</td></tr>
<tr><td>西北区改造与建设工程启动仪式</td><td>贤进居门前</td><td>校园建设管理处
校庆办公室</td></tr>
<tr><td>诗书画名家笔会</td><td>学生活动中心多功能厅</td><td>校团委
校庆办公室</td></tr>
<tr><td>多媒体教学楼竣工仪式</td><td>多媒体教学楼南侧广场</td><td>校园建设管理处
校庆办公室</td></tr>
<tr><td>学生艺术团演出</td><td>八百人大教室</td><td>校团委
校庆办公室</td></tr>
<tr><td>下午</td><td>中国人民大学建校65周年庆祝大会暨吴玉章奖颁奖仪式</td><td>世纪馆主馆</td><td>校庆办公室</td></tr>
<tr><td>晚上</td><td>校庆文艺演出</td><td>世纪馆</td><td>校团委
校庆办公室</td></tr>
</table>

二、各项活动日程安排（略）

三、准备工作安排（略）

教育教学和学科建设

本科生教育

一、概况

本年度，本科教学工作的基本思路是：贯彻落实教育部《关于加强高等学校本科教学工作提高教学质量的若干意见》（教高字［2001］4号）文件的精神，根据2001年学校教学工作会议关于“十五”期间本科教学发展规划的要求，以修订本科教学方案为突破口，进一步推进本科教学改革，完善校内教学质量监控体系，从而保证本科教学质量的稳步提高。本科教学的主要工作是：修订本科教学方案，构建高质量的本科课程体系；加强教材建设；推动本科教学方法和教学制度的改革；完善校内教学质量监控体系，加强教学督导；启动第二批本科教学改革项目立项的申请和评审工作。

本年度，经院系申报，学校组织专家论证，并报教育部备案，新增金融工程、信用管理、应用心理学等三个本科专业。经个人申报，院系综合考评，学校免试推荐研究生领导小组批准216名本科生获得免试推荐保送研究生资格。经学校学位委员会讨论通过，同意授予1 394名本科生学士学位，53名学生第二学士学位。我校与北京理工大学联合申报的“国家大学生文化素质教育基地”顺利通过教育部组织的中期检查。

二、修订教学方案

2002 年，我校对本科教学方案进行了全面的审视和修订调整。学校在此项工作中贯彻了四个主要指导思想：一是高起点、高层次、高素质的人才培养目标；二是以学生为本的理念；三是重视基础理论、基本技能的同时，也重视创造性和创新意识的培养；四是知识教育、能力训练和素质培养相结合。学校据此对教学方案主要做了如下调整：

2002 级本科教学方案中，学科基础课和主干专业课每门课程最少在 3 学分以上，学科基础课和专业必修课平均占总学分的 37.39%。通过主干的学科基础课和专业课的系统教授，为学生打下深厚的学科专业知识功底。

选修课程主要由三个部分构成：一是素质课，学校将素质课分为人文素质、自然科学素质、艺术教育三个系列，在每个系列中开设若干门课程，共计 19 门课程，同时限定学生在每一类课程中必修的学分数，学生据此进行选修；二是专业选修课，2002 级教学方案中，各专业开出两倍于要求学生选修学分数的专业选修课的课程门数，使学生有充分的选择余地；三是全校任选课，每年开设 200 门左右的全校任选课，规定学生在校期间必须从中选修 15 个学分。在 2002 级方案中，这三类课程的选修学分占总学分的比例平均值为 23.54%。

重视以学生整体能力、素质提高为重点的创业教育。学校强调创业教育“重在培养学生创业意识，构建创业所需知识结构，完善学生综合素质”，将第一课堂与第二课堂相结合来开展创业教育。在第一课堂方面，开设“企业家精神”、“风险投资”、“创业管理”等创业教育系列课程；改革教学方法，倡导参与式教学，以鼓励学生创新思维为导向等。在第二课堂方面，鼓励学生创造性地投身于各种社会实践活动和社会公益活动中。通过开展创业教育讲座、竞赛等活动，形成了以专业为依托，以项目和社团为组织形式的“创业教育”实践群体。我校的创业教育已成为文科大学生开展创业教育的一种新模式，对其他高校具有较大的示范作用。

本次教学方案的修订是落实 2001 年本科教学工作会议提出的重新审视和修订教学培养方案的具体行动。整个修订过程由教务处提出修订意见，各院系教研室集体讨论，院系学术委员会通过提交教务处，教务处组织学科组专家会议进行逐一评审，最后将评审组意见反馈院系进行进一步修改定稿。这项工作历时半年以上，是中国人民大学建校以来规模最大、时间最长、修改较为全面的一次本科教学方案修订，基本体现了学校通过修改培养方案，改革课程体系，提高教学质量和教学管理水平的主旨。

三、教材规划、建设与获奖

在近年来各院系相继出版“21 世纪系列教材”和学校“十五”教材规划的基础上，经过认真准备和详细论证，积极申报“十五”国家级教材立项。经专家评审，在全国 500 余所高校和有关单位申报的 6 000 余种教材中，2 021 种教材被列入“十五”国家级教材规划。其中教育部指定的有 1 633 种，我校共有 91 种教材入选，位居全国高校第二；其中人文社会科学类 88 种，占全国的 12.5%，位居全国高校第一。这一成果不仅展现了我校在人文社会科学领域的领先地位和雄厚实力，而且为提高教学质量、加强学科建设奠定了良好的基础。

本年度，学校还组织了北京市精品教材立项的申报工作。北京市高等教育精品教材建设学科（专业）评审委员会对全市高校所申报的 647 个立项申请进行了评审，最终有 262 个申请项目被确认为 2002 年北京市高等教育精品教材建设立项项目。我校共有 20 种教材获得立项，立项总数居北京高校第三，其中人文社科类立项项目名列第一。

在 2002 年教育部组织的普通高等学校优秀教材评奖中，我校共有 21 种 55 本教材获奖，其中，一等奖11种41本，二等奖10种14本。在获奖教材中，人文社科类教材获一等奖本数为40，占一等奖总本数的27.9%，在全国同类教材评比中名列第一。

四、学科建设与教学改革

1. 加强学科和专业建设。2002年，适应我国加入WTO的需要，我校又增加了金融工程、信用管理、应用心理学等三个社会急需专业，使本科专业总数达56个，扩大了学校的办学规模。这使我校的学科发展布局逐步向综合化、全面化发展，对培养符合社会需要的复合型人才起到了较好的作用。

2. 加强对教学研究的支持和投入。2002年学校组织教师积极申报国家、部委及北京市级教学改革项目，我校承担北京市级教学立项3项。学校组织了第二批本科教学改革立项项目的申报。这些教改项目包括教学方法的改革、教学软件的开发、教学管理、人才培养模式的改革、教材建设等，对我校的本科教学工作起到了较大的促进作用。

3. 加强教学方法和教学手段的改革。2002年学校召开本科教学工作例会，继续提倡以学生为本的创造性教学，鼓励教师在教学过程中使用现代化的教学手段和方法，激发和培养学生学习的兴趣以及学生独立思考、自主学习的能力。2002年，全校使用多媒体手段进行教学的课程已经占全部课程的60%左右，并形成了一批较成熟的经济管理类专业主干课程教学案例。

4. 完善教学管理规章制度。为了适应教学改革不断发展的形势，经过长期调研和论证，学校重新修订了本科学生学籍和成绩考核等基本教学管理制度，在教学理念和管理方法上都体现了新的思路。在新修订的《本科学生学籍管理实施细则》中，增加了4年学制内未修满学分者可申请延长学习期限至6年的新规定。新的《本科学生成绩考核及管理办法》规定了考试不及格可以重修，取消了累计重修（重考）达6门次者、重修课程不及格者不得再次重修，以及累计或重考达5门次者不授予学位等规定。对考试方式、成绩统计形式和课程考试成绩的优秀率等作出了新的要求。此外，还着手修订了《中国人民大学本科生转系、转专业规定的实施细则》、《中国人民大学优秀教学奖评选办法》、《中国人民大学优秀课程评选办法》等文件。

五、国家大学生文化素质教育基地建设

1999年，经教育部批准，我校和北京理工大学联合，启动了“国家大学生文化素质教育基地”项目的建设。两校在合作中，一方面互派教师、互选课程、联合开办素质教育讲座，进行多方位的交流；另一方面又根据两校的专业、学科特点，在各自学校开展了特色鲜明的基地建设工作。通过基地建设，既进一步提高了人才培养质量，又以培养德智体全面、协调发展，适应中国改革开放逐步深化的新形势需要的高素质、创新型、国际化人才为目标，提升了基地建设的品质。

2002年10月9—11日，国家大学生文化素质教育基地中期检查评审专家组对我校与北京理工大学合作建设的“国家大学生文化素质教育基地”进行了中期检查。专家组在听取两校有关领导关于基地建设的工作报告后，审阅了相关材料，并分别与哲学系、历史系、清史所、学工部等系所、部门的教师以及部分学生代表就大学生文化素质教育的相关问题进行了座谈。随后，专家组成员在我校有关领导的陪同下，参观了学生活动中心和世纪馆；当晚，专家组成员在我校逸夫会议中心欣赏了由两校学生艺术团举办的汇报演出。

教育部专家组组长叶朗教授代表专家组认为：中国人民大学与北京理工大学共建国家大学生文化素质教育基地，指导思想明确，政策措施到位，组织领导得力。在机构设置、人员编制、场地建设和经费投入等几个方面都很好地落实了项目要求。两校共建基地实力雄厚，各有自己的特色。两校充分

发挥各自学科优势，精诚合作，优势互补，制定了合理的方案计划，在理论和实践两方面都取得可喜的成绩。两校在联合共建国家大学生文化素质教育基地过程中积累了丰富的经验，探索了进一步发展的空间，确定了下一步发展的目标。专家组对两校基地建设的成果给予充分肯定。

六、本科教学改革项目的论证与立项

为推动我校本科教学改革，提高本科教学质量和教学效果，在第一批教学改革建设项目结项后，教务管理部门申请设立由学校给予经费支持的第二批教学改革建设项目。本科教改立项项目由各院（系）负责组织建设，学校教务处负责统一管理。2001年底，学校批准开始进行第二批教改项目的建设。

在教务处的组织下，历时5个月，经过教师申报、院（系）初选、学校专家评审、重新申报四个阶段，共筛选出52个项目（另有1个第一期教改立项的续建项目）作为第二批教改立项建设项目。2002年4月开始立项建设，学校投入资金200余万元进行支持。第二批教改立项项目共涉及21个院（系），包括多媒体教学课件开发、实践教学、跨专业人才培养、新专业建设、艺术教育课程建设等内容。

七、教学质量监控和教学督导

2002年，学校继续推行“中国人民大学教学质量体系”；共对教师1 328人次1 490个课堂进行评估，有48 576学生人次参评，其结果汇编成《中国人民大学本科课堂教学质量评估总册》，发放到各院系和学生班级。为了保证评估工作的科学化，教务管理部门组织力量对“中国人民大学本科课堂教学质量评估体系”进行专项研究，对课堂教学质量评估工作进行改进，主要包括：改进指标体系、改革统计方法、重新编制教学质量评估结果处理统计软件、加强评估过程管理、增加院系专家打分的环节等等。同时，继续加强教学督导工作，共有28名教学督导员到课堂听课700多门次，撰写了7万余字的教学督导报告。教务部门多次召开教师、学生座谈会，内容涉及教学工作的各方面，对学校教学管理工作的改善和教学质量的提高起到了积极的推动作用。为保证教学督导工作的质量，学校教务管理部门组织制定了《教学督导员工作手册》、《教学督导员听课手册》、《本科课堂教学督导评价标准》等19项关于教学督导工作的制度和文件。

八、体育教学

体育部在职、在岗教师37人，人均授课7次/周。为一、二年级本科生开设4个学期体育课，每学期18周课，每周2个学时；为三年级本科生开设体育选修课，每周2个学时，共18周。学生上体育课人数分别是：一年级2 300人，二年级2 300人，三年级150人，研究生200人。本科生一年级第一学期开设基础体育课，以基础体育理论、长跑、武术长拳、健美操、篮球、素质等项目为教学内容，以行政班级为教学班，男女生分班上课，为第二学期专项教学打基础；第二至四学期为专项体育课教学，分别开设男女生篮球、排球、足球、网球、乒乓球、武术、太极拳、太极扇、传统养生、体育舞蹈、游泳，男生健美、散打，女生艺术体操、健美操；三年级为体育选修课，以技术性要求比较高的篮球、网球、乒乓球、武术、散打、体育舞蹈、游泳、健美操等项目为教学内容，在二年级普修课程的基础上，进一步提高学生的体育技术和技能。

对患有各种慢性疾病、并经校医院证明不能进行正常体育锻炼的学生开设体育保健课，教授传统养生理论和自我保健知识。

九、艺术教学

2002年，艺术教育中心积极开展“探索以人文社会科学为主的世界一流大学的艺术教育模式”的科研攻关，创新我校艺术教育的工作思路。针对我校艺术教育师资缺乏、结构不合理等现状，研究采取“专兼职结合，以兼职为主”的人才构建模式，研讨积极整合社会资源推动学校艺术教育发展的思路。

艺术教育中心多次召开学生艺术团客席教师、客座教授以及带团教师工作研讨会，研讨学生艺术团的发展方向，决定学生艺术团的带团实行契约模式的目标管理，申请带团可以竞争，带团教师如果工作不达标，解除带团资格。

学生艺术团的发展进入成熟期。4月，江泽民总书记在考察我校时，专门视察了学生艺术团民族乐团的排练，对学生的精湛表演给予高度评价，李岚清副总理也称赞我校学生艺术团是“业余团体，专业水平”。江泽民总书记等国家领导人对我校学生艺术团和艺术教育的肯定和鼓励，极大激发了我校艺术教育不断进取的信心。

加强国际交流。8月，应法国、奥地利和德国艺术教育和文化交流机构的邀请，中国人民大学学生艺术团合唱团成功访问西欧三国，加强了我校与当地音乐界、教育界的联系，展示了中国大学生良好的精神风貌。

为了提高教育质量，艺术教育中心组织教师交叉听课，为提高整体教学的水平和质量提供有力的帮助，并组织艺术教育中心的教师积极参与艺术教育教学的项目申报和科学研究。由艺术教育中心教师共同参与的“中国人民大学学生艺术素质拓展行动”项目在被评为学校教学成果评比一等奖和北京市教学成果二等奖的基础上，又得到新的发展和完善。

加强与国内同行的交流。10月，艺术教育中心在四川成都与国家艺术教育委员会联合举办第二届大学和中学艺术教育发展论坛，全国有30多家媒体参与报道，社会反响强烈。光明日报开辟专栏，连续10期刊登论坛的文章。

10月下旬，艺术教育中心与学校相关部门以及北京理工大学相关部门共同筹备并顺利通过了高校大学生文化素质教育基地建设的中期检查。

附录

本科专业目录

一级学科	专业代码	专业名称
哲学	010101	哲学
	010103	宗教学
	010104	伦理学

一级学科	专业代码	专业名称
经济学	020000	保险
	020101	经济学
	020102	国际经济与贸易
	020104	金融学
	020105	国民经济管理
	020106	贸易经济
	020109	金融工程
	020111	信用管理
	020130	财政学
法学	030101	法学
	030201	科学社会主义与国际共产主义运动
	030202	中国革命史与中国共产党党史
	030301	社会学
	030302	社会工作
	030401	政治学与行政学
	030402	国际政治
	030403	外交学
	030404	思想政治教育
文学	050101	汉语言文学
	050201	英语
	050202	俄语
	050203	德语
	050204	法语
	050207	日语
	050301	新闻学
	050302	广播电视新闻学
	050303	广告学
	050403	音乐表演
	050404	绘画
	050406	美术学
	050408	艺术设计
	050418	动画
历史学	060101	历史学
理学	070101	数学与应用数学
	071401	环境科学
	071502	应用心理学
	071601	统计学
工学	080605	计算机科学与技术

一级学科	专业代码	专业名称
管理学	110102	信息管理与信息系统
	110104	工程管理
	110201	工商管理
	110202	市场营销
	110203	会计学
	110204	财务管理
	110205	人力资源管理
	110207	商品学
	110301	行政管理
	110302	公共事业管理
	110303	劳动与社会保障
	110304	土地资源管理
	110401	农林经济管理
	110402	农村区域发展
	110502	档案学

本科必修课程目录

2001—2002 学年第二学期本科必修课程目录

人文学院

1 《说文解字》导读
2 当代西方美学
3 道德与法律比较研究
4 方言学
5 方志学
6 佛教的历史与思想
7 公文写作
8 公务员应试及应用写作
9 古代汉语
10 古希腊史
11 汉语史
12 黑格尔《精神现象学》
13 历史文献学
14 伦理学专题
15 逻辑与批判性思维
16 马克思主义哲学发展史原著选读
17 马克思主义哲学原理
18 美学概论
19 美学原理
20 欧盟史
21 史学与国学
22 世界当代史
23 世界古代史
24 世界近代史
25 世界科学技术史
26 世界通史
27 世界文明史
28 世界现代史
29 隋唐史
30 外国文学史
31 文学理论
32 文学名著赏析
33 文字学
34 西方古代艺术
35 西方史学史
36 西方文化概论
37 西方文艺理论史
38 西方语言学名著选读
39 西方哲学

40 西方哲学导论
41 西方哲学智慧
42 西方政治制度史
43 现代汉语
44 应用伦理学
45 语言学概论
46 哲学
47 哲学导论
48 中国当代史
49 中国古代史
50 中国古代史学史
51 中国古代文化常识
52 中国古代文学史
53 中国近代史
54 中国近现代经济史研究
55 中国近现代思想史
56 中国近现代政治制度史
57 中国历史文选
58 中国通史
59 中国文学理论史
60 中国先秦哲学原著选读
61 中国现代文学史
62 中国现当代文学
63 专业外语
64 宗教学原理

经济学院

1 比较经济学
2 产业组织学
3 当代西方经济学流派
4 电子商务
5 发展经济学
6 公司财务
7 国际工商管理
8 国际金融
9 国际经济学
10 国际贸易
11 国际商法
12 货币银行学
13 计量经济学
14 经济学说史
15 马克思主义政治经济学原理
16 期货交易
17 世界经济学
18 市场行情预测
19 市场营销
20 外贸函电
21 西方公司理财
22 西方经济学
23 专业外语
24 证券投资学
25 《资本论》

财政金融学院

1 保险学
2 财政学
3 国际金融
4 货币银行学
5 计量经济学
6 企业会计
7 商业银行业务与经营
8 证券投资学
9 中国税制

法学院

1 财政税收法
2 法理学
3 法律基础
4 法律英语
5 犯罪心理学
6 公司法
7 国际法
8 国际经济法
9 国际私法
10 环保法
11 环境资源法
12 婚姻继承法
13 经济法
14 经济法概论
15 劳动法
16 立法学
17 联合国教科文组织版权法与邻接权法
18 民法案例分析
19 民法分论

20 票据法
21 破产法
22 商法学
23 司法文书
24 外国法制史
25 外国刑法
26 刑法分论
27 行政法与行政诉讼法
28 诊所式法律教育
29 证据法学
30 知识产权法
31 知识产权国际法条约
32 知识产权实务
33 中国法制史

马克思主义学院

1 邓小平理论概论

国际关系学院

1 当代世界政治与经济
2 当代中国外交
3 当代中国政府与政治
4 发展中国家政治与经济
5 公务员概论
6 国际法
7 国际公共关系
8 国际共产主义运动史
9 国际组织
10 毛泽东思想概论
11 欧洲一体化政治经济
12 日本政治与经济
13 社会学概论
14 涉外礼仪
15 涉外文书
16 世界经济概论
17 世界宗教
18 世界政治经济与国际关系
19 台湾政治
20 外国政治制度
21 外交礼仪
22 西方政治思想史
23 西方政治制度史
24 新中国对外关系史
25 行政学原理
26 政党学
27 政治学概论
28 中国传统政治理论
29 专业外语

新闻学院

1 标题与版面
2 播音与形体
3 公共关系学概论
4 公关与广告
5 广播电视工程技术
6 广告策划
7 广告摄影
8 广告学概论
9 摄影技术
10 视觉传播与报道
11 网络传播
12 新闻编辑学
13 新闻采访与写作
14 新闻理论
15 新闻理论与法规
16 新闻摄影
17 舆论调查原理与方法
18 专业外语

徐悲鸿艺术学院

1 动画基础
2 工笔人物临摹
3 花鸟单元
4 建筑概论
5 建筑装饰
6 艺术解剖学
7 精品分析
8 景观概论
9 漫画基础
10 美术
11 平面构成
12 人体画
13 色彩
14 色彩构成

15 色彩学
16 设计
17 视唱练耳及音乐理论
18 素描
19 西方建筑概论
20 写意人物
21 阴影透视
22 营造法式与仿古建筑
23 园林概述
24 园林植物与配置
25 专业外语
26 装饰绘画
27 装饰美术

外国语学院

1 俄语
2 日语
3 英语
4 德语
5 德语泛读
6 德语会话
7 德语精读
8 德语听力
9 俄语翻译
10 俄语泛读
11 俄语精读
12 俄语听力
13 俄语语法
14 法语
15 法语会话
16 法语精读
17 日本概况
18 经济德语
19 日本经济
20 日语电影
21 日语泛读
22 日语函电
23 日语会话
24 日语精读
25 日语口译
26 日语听力
27 圣经
28 美国文化
29 美国文学
30 现代俄语
31 应用文写作
32 英国戏剧
33 英语翻译
34 英语泛读
35 英语高级阅读
36 英语精读
37 英语口译
38 英语口语
39 英语视听
40 英语听力
41 英语写作
42 语言学

对外语言文化学院

1 高级汉语
2 古文选读
3 广播听力
4 汉语与文化双向
5 汉语语法偏误分析
6 汉语精读
7 汉语口语
8 旅游地理
9 普通话正音
10 唐诗欣赏
11 汉语听力
12 现代汉语
13 汉语写作
14 汉语阅读
15 中国当代文学作品选
16 中国概况
17 中级报刊阅读

环境学院

1 动物性食品商品学
2 纺织工艺概论
3 纺织纤维商品学
4 服装科学
6 高分子材料学
7 管理学原理

8 环境法学
9 环境规划
10 环境学
12 环境与资源经济学
13 进出口商品检验
15 模拟电路和数字电路
16 染整概论
17 日化商品学
18 商品包装学
19 商品标准化与质量管理
20 生物
22 食品工艺学
23 食品商品学
24 食品商品学总论
25 食品生物化学
26 食品营养与卫生
27 食品贮藏学
28 数量分析方法应用
29 物理
30 新产品开发
31 新型工业品
32 有机化学
33 专业外语

信息学院

1 Infomix 高级教程
2 操作系统
3 电子商务
4 概率统计
5 高等代数
6 高等数学
7 会计信息管理
8 计算机接口
9 计算机图形学
10 计算机组成原理
11 离散数学
12 面向对象程序设计
13 普通物理
14 人工智能
15 实分析
16 数据处理概论
17 数据库系统概论
18 数学分析
19 数值分析
20 数字逻辑
21 算法分析与设计
22 网络
23 网络基础
24 微积分
25 系统科学概论
26 信息经济学
27 应用数理统计

商学院

1 标准化与质量管理
2 不动产投资分析
3 财务分析
4 财务管理
5 财务管理通论
6 产业经济学
7 产业组织
8 成本管理学
9 成本会计学
10 初级会计学
11 非营利组织市场营销
12 服务营销
13 高级会计学
14 工商管理基础
15 公共关系
16 管理咨询
17 广告学
18 国际财务管理
19 国际会计学
20 国际贸易
21 国际贸易理论与实务
22 国际企业管理
23 国际商务
24 国际市场营销
25 宏观经济学
26 宏观市场营销
27 会计学
28 会计制度设计
29 货币银行学
30 计算机财务管理

31 计算机会计核算系统
32 计算机审计
33 计算机应用基础
34 价格理论与定价政策
35 建筑制图
36 贸易史
37 纳税会计
38 企业概论
39 企业会计学
40 企业战略管理
41 审计学
42 市场调查
43 市场营销
44 物流管理
45 专业外语

公共管理学院

1 办公自动化
2 不动产开发与建设用地管理
3 地籍管理
4 房地产市场与价格
5 公共管理的方法与技术
6 管理学原理
7 国家发展计划
8 国家公务员
9 机关管理学
10 计量经济学
11 计算机新技术与新软件
12 市场营销
13 投入产出分析
14 土地利用规划
15 土地资源管理
16 外国宏观经济管理
17 西方经济学
18 现代管理学
19 现代政治学
20 行政监察学
21 行政学导论
22 运筹学
23 政府经济学
24 中国政府与行政

劳动人事学院

1 福利与救济
2 工作分析
3 公文写作
4 管理思想史
5 就业理论与管理
6 劳动法
7 劳动政策分析
8 人口经济学
9 人力资源管理
10 社会保险
11 社会保障概论
12 社会保障国际比较
13 社会调查研究方法
14 社会心理学
15 社会学
16 社会政策
17 现代人心理问题研究
18 应用计算机技术
19 职业安全与卫生
20 职业生涯设计与就业指导
21 职业与劳动社会学
22 专业统计与信息系统

档案学院

1 办公自动化
3 档案保护技术学
4 档案管理学
5 档案计算机管理
6 电子文件管理
7 方志学
8 古代汉语
9 管理信息的加工与处理
10 计算机基础
11 科技档案管理学
12 科技文件学
13 社科文献检索
14 世界档案史
15 现代管理与行政学
16 现代汉语
17 现代图形技术
18 中国档案事业史

19 专业外语

统计学系

1 保险学原理
2 财务管理与财务分析
3 抽样调查原理
4 调查方法与技术
5 金融数学
6 精算学选讲
7 利息理论
8 生存分析
9 时间序列分析
10 时间序列分析与预测
11 市场分析方法与实务
12 数据挖掘
13 统计计算
14 统计学

中共党史系

1 比较政府与政治
2 当代中国社会阶层
3 当代中国统一问题
4 当代中国政府与政治
5 党务工作概论
6 邓小平理论
7 公务员概论
8 毛泽东思想概论
9 秘书学
10 统一战线概论
12 中国近现代政治制度史

农业经济系

1 发展经济学
2 管理学原理
3 计算机应用
4 农产营销学
5 农村经济学
6 农业价格分析
7 农业经济学
8 农业企业管理
9 企业会计学
10 生态学基础
11 中国农业概论

社会学系

1 SPSS 软件包
2 城市社会学
3 公共关系概论
4 社会保障
5 社会调查研究方法
6 社会分层与流动
7 社会服务与社会工作
8 社会工作导论
9 社会学概论
10 心理学概论
11 政治学概论
12 中国社会史
13 中国社会思想史
14 组织社会学

体育部

1 保健
2 健美
3 健美操
4 篮球
5 排球
6 乒乓球
7 体育舞蹈
8 网球
9 武术
10 养生
11 艺术体操

2002—2003 学年第一学期本科必修课程目录

人文学院

1 当代西方美学
2 当代西方史学流派
3 佛教概论
4 古代汉语
5 海德格尔《存在与时间》

6 汉语史
7 汉语文化学
8 科学技术哲学
9 理论语言学
10 历史文献学
11 伦理学
12 马克思主义哲学史
13 马克思主义哲学原理
14 美学概论
15 民间语言学研究
16 批判性思维
17 人生哲学
18 人文社科导论
19 生态哲学
20 史学导论
21 世界当代史
22 世界通史
23 世界文明史
24 世界现代史
25 世界中古史
26 数理逻辑
27 外国文学名著选读
28 外国文学史
29 维特根施坦《逻辑哲学论》
30 文化哲学
31 文艺批评学
32 西方古代艺术
33 西方美学史
34 西方文化概论
35 西方文论
36 西方语言学名著选读
37 西方哲学导论
38 西方哲学智慧
39 现代科学技术导论
40 现代西方哲学
41 训诂学
42 应用文写作
43 语言学概论
44 语音学
45 哲学基本技能训练
46 哲学名著导读
47 中国当代史
48 中国古代典籍导读
49 中国古代史
50 中国古代史学史
51 中国古代文学史
52 中国古代政治制度史
53 中国历史文选
54 中国通史
55 中国文学理论史
56 中国文学名著赏析
57 中国文学名著选读
58 中国现代史
59 中国现当代文学
60 中国哲学智慧
61 专业外语
62 宗教文化专题
63 宗教仪规

经济学院

1 产业组织理论
2 当代中国经济
3 发展经济学
4 管理学原理
5 国际金融
6 国际经济法
7 国际经济合作
8 国际经济宏观微观案例分析
9 国际经济学
10 国际贸易理论与实务
11 国际贸易体系
12 国际商法
13 国际商务谈判
14 国际市场行情预测
15 国际投资学
16 宏观经济学
17 货币银行学
18 计量经济学
19 马克思主义政治经济学原理
20 市场营销
21 微观经济学
22 项目评估
23 信息经济学
24 中国近代经济史

财政金融学院

1 保险学
2 财政信息化导论
3 财政学
4 公司财务
5 国际结算
6 国际金融
7 国际税收
8 货币银行学
9 金融工程
10 金融信息化导论
11 社会保障
12 税法
13 税收代理实务
14 税收管理
15 投资经济学
16 投资银行概论
17 外汇风险管理
18 银行会计与结算
19 证券投资技术分析
20 证券投资学
21 专业外语
22 资产评估

法学院

1 保险法
2 法理学
3 法学基础理论
4 法医学
5 公平交易法
6 公司法
7 国际法
8 婚姻继承法
9 技术合同法
10 金融法
11 经济法案例分析
12 经济法
13 律师制度概论
14 罗马法
15 民法总论
16 民事诉讼法
17 商标法
18 外国民商法
19 外国宪法
20 物证技术学
21 西方法律思想史
22 宪法学
23 刑法学
24 刑法总论
25 刑事诉讼法
26 行政法与行政诉讼法
27 刑事案例分析
28 证据调查
29 中国法概论
30 中国法律思想史
31 中国宪法
32 著作权法

马克思主义学院

1 邓小平理论概论
2 大学生思想道德修养

国际关系学院

1 比较政府与政治
3 当代世界政治与经济
4 当代西方政治思潮
5 当代中国社会阶层
6 当代中国外交
7 当代中国政府与政治
8 地方政府与政治
9 俄罗斯政治与经济
10 公务员管理学
11 国际关系史
12 国际金融
13 国际贸易
14 国际政治经济概论
15 国际政治学概论
16 国际组织
17 海峡两岸关系
18 基层政治与乡土文化
19 基础汉语
20 美国政治与经济
21 涉外文书
22 世界经济概论

23 世界宗教
24 台湾社会变迁
25 外交学
26 西方政治思想史
27 宪法经济学
28 政治社会学
29 政治学名著选读
30 中国国情
31 中国农村基层政权
32 中国外交
33 中国宪政问题
34 中国政治思想史
35 专业科研方法论
36 专业外语

新闻学院

1 传播媒介管理概论
2 电视编辑制作
3 公共关系学概论
4 公关与广告
5 广播电视栏目编辑
6 广播音响报道
7 广告创意与表现
8 广告学概论
9 记录片创作
10 摄影采访与图片编辑
11 摄影专题
12 网络经营管理
13 网络设计与制作
14 网络新闻传播
15 新闻编辑学
16 新闻采访与写作
17 新闻理论
18 新闻伦理与法规
19 新闻评论学
20 新闻摄影
21 中国新闻事业史
22 中外新闻传播史

徐悲鸿艺术学院

1 CI 策划
2 白描
3 版面设计
4 插图
5 传播语言
6 传统技法
7 创意思维
8 创作
9 创作赏析
10 动画概论
11 动画基础
12 动画设计
13 动作设计
14 多媒体设计
15 风景区规划原理
16 钢琴
17 钢琴艺术史
18 广告策划与实践
19 合唱
20 黑白技法
21 花鸟画单元
22 建筑概论
23 建筑绘画
24 建筑经营与策划
25 景观建筑概论
26 乐队合奏
27 美术
28 美术设计
29 民族音乐
30 色彩
31 色彩学
32 山水画单元
33 设计
34 审美发展史
35 视唱练耳与音乐理论
36 视听觉艺术对比
37 室内乐重奏
38 书法文化
39 书籍装帧
40 素描
41 透视学
42 外国美术史
43 西方音乐史
44 写意工笔

45 园林工程概论
46 园林设计
47 中国画
48 中国建筑史
49 中国美术史
50 重唱及歌剧
51 专业外语

外国语学院

1 英语
2 当代英文散文选读
3 德国概况
4 德国文化史
5 德语
6 德语精读
7 德语听力
8 俄语
9 俄语泛读
10 俄语精读
11 俄语视听课
12 俄语外贸会话
13 俄语修辞
14 俄语语法
15 法语
16 法语会话
17 法语听力
18 法语综合实践
19 经济德语
20 经贸日语
21 经贸谈判
22 日语
23 日语报刊
24 日语笔译
25 日语精读
26 日语听力
27 现代俄语句法
28 英语报刊
29 英语翻译
30 英语泛读
31 英语精读
32 英语口译
33 英语听力
34 英语应用文写作

对外语言文化学院

1 《骆驼祥子》原文阅读
2 报刊原文阅读
3 当代中国话题
4 高级汉语
5 古代汉语
6 汉语语法偏误分析
7 汉字知识
8 汉语基础阅读
9 经贸基础会话
10 汉语精读
11 汉语口语
12 论文阅读与写作
13 人脑电脑汉字
14 实况广播听力
15 汉语听力
16 文献阅读与写作
17 现代汉语
18 写作
19 中国简史
20 中国文化概论
21 中国现当代文学简史
22 汉语中级阅读
23 中外文化交流
24 中文计算机应用

环境学院

1 纺织品品种分析
2 纺织品质量分析
3 环境管理
4 环境规划
5 环境化学
6 环境经济核算
7 环境学基础
8 环境政策
9 普通物理学
10 日化商品学
11 商品学概论
12 生态经济学
13 生物

14 食品分析与检验
15 食品商品学总论
16 食品微生物学
17 市场营销
18 无机化学
19 无机化学与实验
20 物理
21 物理化学
22 现代商品检测技术
23 项目分析与环境经济评价
24 消费心理学
25 植物性食品商品学
26 自然资源管理

信息学院

1 SPSS
2 编译原理
3 博弈论与信息经济学
4 操作系统
5 程序设计实践
6 抽象代数
7 电子商务
8 多媒体技术
9 复分析
10 高等数学
11 工业企业信息管理
12 汇编语言
13 会计信息管理
14 计量经济学
15 计算机模拟
16 计算机应用基础
17 经济预测与决策
18 离散数学
19 面向对象建模
20 人工智能
21 软件工具开发
22 数据处理概论
23 数据结构
24 数据库概论
25 数学分析
26 数学规划
27 体系结构
28 网络
29 微积分
30 线性代数
31 信息管理概论
32 信息系统分析与设计
33 证券信息管理
34 智能软件
35 专业外语

商学院

1 财务管理学
2 财务管理专论
3 财务会计学
4 电子商务
5 房地产市场
6 服务营销
7 高级会计
8 工程概预算
9 公共关系学
10 管理会计
11 管理信息系统
12 管理学原理
13 国际财务管理
14 国际会计
15 国际市场营销
16 会计制度设计
17 计算机财务管理
18 计算机会计学
19 计算机审计
20 计算机应用基础
21 技术经济学
22 金融市场与公司战略
23 零售商业
24 旅游经济学
25 纳税会计
26 企业创新管理
27 企业概论
28 企业会计学
29 企业战略管理
30 企业组织理论与设计
31 人力资源管理
32 审计学

33 生产作业管理
34 市场调查
35 市场营销
36 土地估价
37 外贸函电
38 网络营销
39 微观经济学
40 物流管理
41 销售管理
42 政府与事业单位会计
43 专业外语
44 组织行为学

公共管理学院

1 城市经济学
2 当代中国政府
3 公共政策导论
4 公文写作与处理
5 管理学基础
6 国家发展计划
7 国家公务员管理
8 国民经济管理案例分析
9 国民经济管理学
10 计量经济学
11 经济分析基础
12 经济预测学
13 领导学
14 区域经济概论
15 人事行政
16 社会发展的宏观管理
17 市场营销
18 西方经济学
19 行政道德
20 行政法学
21 行政管理软件
22 行政学
23 政策分析方法
24 证券理论与实务
25 政治学
26 专业外语

劳动人事学院

1 工资管理
2 就业管理与理论
3 劳动法
4 劳动经济学
5 劳工关系
6 企业管理概论
7 人力资源管理
8 社会保险学
9 社会保障学
10 社会调查研究方法
11 社会心理学
12 社会政策
13 统计学原理
14 专业统计与信息系统
15 专业外语
16 组织行为学

档案学院

1 办公自动化
2 档案保护技术
3 档案管理学
4 档案计算机管理
5 档案文献编纂学
6 档案文献复制技术
7 电子文件管理
8 公关理论与技巧
9 公文处理
10 计算机网络技术
11 科技档案管理
12 科技文件学
13 秘书学概论
14 清代文书
15 情报学
16 社科文献检索
17 世界档案史
18 文件处理与管理
19 现代管理与行政学
20 信息管理导论
21 信息记录技术
22 中国档案事业史
23 中国政府与行政

24　中国政治制度史
25　专业外语

统计学系

1　多元统计分析
2　非参数统计
3　概率论
4　国民经济核算原理
5　国民经济综合统计分析
6　计量经济学
7　金融统计
8　描述统计
9　社会医学统计
10　试验设计与统计质量控制
11　寿险精算学
12　数据库管理系统
13　随机过程
14　损失模型
15　统计软件应用
16　统计学
17　修匀数学
18　应用回归分析

中共党史系

1　当代中国经济发展与改革
2　当代中国民族宗教问题
3　当代中国文化与知识分子问题
4　党史人物选讲
5　党史研究理论与方法
6　毛泽东思想概论
7　统一战线概论
8　新民主主义与实践
9　中国近代史
10　中美关系史
11　专业外语

农业经济系

1　比较农业经济学
2　比较农业政策
3　计量经济学
4　计算机应用
5　农村金融
6　农村经济管理学
7　农村社会学
8　农业技术经济学
9　农业经济学
10　农业企业管理学
11　土地经济学
12　系统工程
13　中国农业概论

社会学系

1　城市社会学
2　家庭社会学
3　人口社会学
4　社会变迁与现代化理论
5　社会调查研究方法
6　社会工作导论
7　社会心理学
8　社会学概论
9　社区概论
10　文化人类学
11　西方社会学
12　心理学概论
13　信任社会学
14　中国社会史
15　中国社会思想史

人口学系

1　公共管理

体育部

1　健美操
2　篮球
3　排球
4　乒乓球
5　散打
6　体育舞蹈
7　网球
8　武术
9　足球

实验室基本情况

实验室名称	实验室个数	房屋使用面积（平方米）	教学任务完成量						科研任务		社会服务		工作人员											
			所开实验		人时数									教师				实验技术人员						
						其中								专职										
			个数	时数	合计	研究生	本科生	其他	承担课题	时数	项目数	时数	合计	小计	教授副教授	讲师	兼职	小计	高级工程师实验师	工程师实验师	其他技术人员	技师	工人	其他
合计	15	8 353	148	4 160	314 211	55 871	247 456	10 884	7	1 374	6	1 080	59	8		1	7	45	9	31	5		5	1
中文系实验室	1	24	1	10	130		130						1	1			1							
经济实验室	1	581	6	79	34 042	25 440	8 602				2	16	3					3		2	1			
财金学院实验室	1	240	3	9	255	144	111		3	600			4	2			2	2		2				
法学院实验室	1	380	13	324	19 334	4 004	15 330		1	200		24	1					1		1				
新闻学实验室	1	796	14	503	23 272	3 594	18 882	796					6	1			1	5	1	3	1			
环境学院实验室	1	1 200	41	194	4 388	376	4 012				2	1 000	6					6	2	4				
测试中心	1	288	14	418	11 949	340	11 529	80	1	100	1	30	4					4	2	2				
信息技术综合实验室	1	153	2	50	4 910		4 910						6					6	2	4				
计算机公共课实验室	1	1 325	14	1 152	168 216		168 216						11					6		3	3		4	1
商学院实验室	1	600	6	108	12 371	371	2 076	9 924					6	1			1	4	1	3			1	
档案学院实验室	1	768	29	351	12 304	60	12 160	84			1	10	7	1			1	6	1	5				
农经系实验室	1	336	3	28	1 642	144	1 498		1	24			2	1			1	1		1				
社会学实验室	1	72	1	920	21 160	21 160			1	450			1	1		1								
人口所计算机室	1	120	1	14	238	238							1					1		1				
电教中心	1	1 470																						

本科教学教师职称分布情况

2002—2003 学年第一学期

全校		教授	副教授	讲师	助教	其他	合计
教师总数		343	515	286	22	49	1 215
任课教师		127	293	149	12	29	610
百分比		37.03%	56.89%	52.1%	54.55%	59.18%	50.21%
课程门数		130	283	153	16	39	621
百分比		26.53%	57.76%	31.22%	3.27%	7.96%	
课堂数		160	507	262	27	50	1 006
百分比		15.9%	50.4%	26.04%	2.68%	4.97%	100%
总学分		409	1 121	596	47	103	2 276
百分比		17.99%	49.24%	26.19%	2.06%	4.52%	100%
人均周时		3	3	4	3	3	
公共课	门数	9	70	40	7	6	132
	百分比	6.82%	53.03%	30.3%	5.3%	4.55%	100%
	课堂数	13	144	73	16	13	259
	百分比	5.01%	55.68%	28.13%	6.17%	5.01%	100%
	学分数	21	220	111	17	14	383
	百分比	5.48%	57.44%	28.98%	4.44%	3.66%	100%
基础课	门数	102	239	121	8	28	498
	百分比	20.48%	47.99%	24.3%	1.61%	5.62%	100%
	课堂数	106	272	135	9	32	554
	百分比	19.22%	48.96%	24.44%	1.62%	5.76%	100%
	学分数	273	667	341	24	76	1 381
	百分比	19.8%	48.28%	24.68%	1.74%	5.5%	100%
专业课	门数	24	45	24	2	2	97
	百分比	24.74%	46.39%	24.74%	2.06%	2.06%	100%
	课堂数	26	50	28	2	2	108
	百分比	23.89%	46.7%	25.73%	1.84%	1.84%	100%
	学分数	80	118	82	6	6	292
	百分比	27.37%	40.41%	28.12%	2.05%	2.05%	100%
选修课	门数	13	40	26	0	3	82
	百分比	15.85%	48.78%	31.71%	0	3.66%	100%
	课堂数	15	40	26	0	3	84
	百分比	17.86%	47.62%	30.95%	0	3.57%	100%
	学分数	35	116	62	0	7	220
	百分比	15.91%	52.73%	28.18%	0	3.18%	100%

2002—2003学年第二学期

全校		教授	副教授	讲师	助教	其他	合计
教师总数		377	526	284	38	12	1 237
任课教师		118	285	144	19	10	576
百分比		31.3%	54.18%	50.7%	50%	83.3%	46.6%
课程门数		114	285	185	29	17	630
百分比		21.43%	53.57%	34.77%	5.45%	3.2%	
课堂数		136	509	306	51	22	1 024
百分比		13.28%	49.71%	29.88%	4.98%	2.15%	100%
总学分		371	1 138	625	100	54	2 288
百 分 比		16.22%	49.74%	27.32%	4.37%	2.36%	100%
人均周时		3	3	4	5	5	
公共课	门数	16	51	21	0	4	92
	百分比	17.39%	55.43%	22.83%	0%	4.35%	100%
	课堂数	16	98	38	0	6	158
	百分比	10.13%	62.03%	24.05%	0%	3.8%	100%
	学分数	35	175	55	0	12	277
	百分比	12.64%	63.18%	19.86%	0%	4.33%	100%
基础课	门数	97	232	138	24	10	501
	百分比	19.36%	46.31%	27.54%	4.79%	2%	100%
	课堂数	94	251	155	36	10	546
	百分比	17.22%	45.97%	28.39%	6.59%	1.83%	100%
	学分数	278	689	387	84	34	1 472
	百分比	18.89%	46.81%	26.29%	5.71%	2.31%	100%
专业课	门数	8	48	38	3	2	99
	百分比	8.08%	48.48%	38.38%	3.03%	2.02%	100%
	课堂数	12	111	80	10	4	217
	百分比	5.53%	51.15%	36.87%	4.61%	1.84%	100%
	学分数	27	160	112	10	4	313
	百分比	8.63%	51.12%	35.78%	3.19%	1.28%	100%
选修课	门数	14	51	33	3	2	103
	百分比	13.59%	49.51%	32.04%	2.91%	1.94%	100%
	课堂数	14	49	33	5	2	103
	百分比	13.59%	47.57%	32.04%	4.85%	1.94%	100%
	学分数	31	114	71	6	4	226
	百分比	13.77%	50.44%	31.42%	2.65%	1.77%	100%

教育教学获奖情况

2002年全国普通高等学校优秀教材获奖书目

序号	教材名称	编著者姓名	编著者单位	出版社	责任编辑	获奖等级
1	21世纪素质教育系列教材——高等学校美育教材系列（6本）	薛永年、李祖、邵大箴、于平、修海林、李吉提	中国人民大学等	中国人民大学出版社	陈泽春、秦桂英	一等奖
2	21世纪新闻传播学系列教材（5本）	方汉奇等	中国人民大学等	中国人民大学出版社	陈萍、司马兰、刘仰东	一等奖
3	21世纪法学系列教材（14门核心课）	曾宪义	中国人民大学等	中国人民大学出版社	郭燕红、张玉梅等	一等奖
4	西方经济学（第二版）	高鸿业	中国人民大学	中国人民大学出版社	马学亮	一等奖
5	货币银行学	黄达	中国人民大学	中国人民大学出版社	张冬梅	一等奖
6	会计学	阎达五、于玉林	中国人民大学	中国人民大学出版社	张冬梅	一等奖
7	21世纪工商管理系列教材（6本）	徐二明、郭国庆、宋远方、王利平	中国人民大学	中国人民大学出版社	陈莹、陈宏、张冬梅	一等奖
8	教育部高职高专法律类规划教材（9本）	曾宪义、黄京平韩大元、叶秋华	中国人民大学	中国人民大学出版社	柯美成、张玉梅等	一等奖
9	刑法学	高铭暄、马克昌、赵秉志	中国人民大学等	北京大学出版社 高等教育出版社	冯益娜	一等奖
10	财务管理学	王庆成、郭复初	中国人民大学、西南财经大学	高等教育出版社	张海宁	一等奖
11	数据库系统概论（第三版）	萨师煊、王珊	中国人民大学	高等教育出版社	柳秀丽	一等奖
12	微观经济学与宏观经济学	缪代文	中国人民大学	高等教育出版社	陈瑜	一等奖
13	文学理论新编（修订本）	陈传才、周文柏	中国人民大学	中国人民大学出版社	陈泽春	二等奖
14	21世纪哲学系列教材（4本）	孙正聿、陈波、张法、刘大椿	中国人民大学等	中国人民大学出版社	李艳辉、林坚等	二等奖
15	全国普通高等学校马克思主义理论课教材（《马克思主义哲学原理》、《毛泽东思想概论》2本）	陈先达、庄福龄、王顺生、杨耕	中国人民大学	中国人民大学出版社	李艳辉、张玉梅等	二等奖
16	物证技术学	徐立根	中国人民大学	中国人民大学出版社	张玉梅	二等奖
17	财政学	陈共	中国人民大学	中国人民大学出版社	张冬梅	二等奖
18	国际金融	陈雨露	中国人民大学	中国人民大学出版社	徐晓梅、陈宏	二等奖

序号	教材名称	编著者姓名	编著者单位	出版社	责任编辑	获奖等级
19	社会统计分析方法——SPSS软件应用	郭志刚	中国人民大学	中国人民大学出版社	潘宇	二等奖
20	电子商务概论	方美琦	中国人民大学	清华大学出版社	范素珍	二等奖
21	中国社会学史新编	郑杭生、李迎生	中国人民大学	高等教育出版社	于健航	二等奖
22	合同法新论·总则(修订版)	王利明、崔建远	中国人民大学	中国政法大学出版社	丁小宣	二等奖

2002年北京市高等教育精品教材建设立项项目汇总表

序号	所在院系	项目责任人	立项教材名称	资助类别
1	人文学院	葛晨虹	《大学生文明礼仪教程》	一般
2	人文学院	梁　坤	《新编外国文学史》	一般
3	财金学院	类承曜	《固定收益证券》	一般
4	财金学院	陈雨露	《公司财务》	重点
5	法学院	徐孟洲	《信托法》	一般
6	国关学院	陈　岳	《国际政治学概论》	重点
7	国关学院	李景治	《当代世界经济与政治》	一般
8	国关学院	宋新宁	《国际政治经济学概论》	一般
9	国关学院	金正昆	《现代外交学概论》	一般
10	国关学院	高　放	《科学社会主义的理论与实践》	重点
11	国关学院	张　旭	《转轨经济学》	一般
12	环境学院	张象枢	《人口、资源与环境经济学》	一般
13	商学院	王利平	《管理学原理》	重点
14	公管学院	张　昕	《公共政策与经济分析》	重点
15	统计学系	薛　薇	《统计分析方法及SPSS在金融分析中的应用》	一般
16	统计学系	贾俊平	《统计学》	一般
17	社会学系	杨伟民	《社会政策导论》	一般
18	社会学系	胡鸿保	《中国人类学史新编》	一般
19	社会学系	李迎生	《社会工作概论》	一般
20	人口学系	邬沧萍	《人口、资源、环境关系发展史》	重点

教育部“十五”国家级教材规划立项项目

(2002年确认立项)

序号	教材名称	主编姓名	院系
1	马克思主义文艺论著选讲	陆贵山、周忠厚	人文学院
2	北约简史	许海云	
3	当代西方史学流派	徐浩	
4	中国哲学智慧	向世陵	
5	马克思主义哲学原理新编	陈志良	
6	伦理学新编	焦国成	
7	宗教学概论	何光沪	
8	西方哲学原著导读	张志伟	
9	西方哲学智慧	张志伟	
10	马克思主义哲学原理	陈先达	
11	思想道德修养	罗国杰	

序号	教材名称	主编姓名	院系
12	中国经济史	贺耀敏	经济学院
13	国际经济学	黄卫平	
14	世界经济概论	杜厚文	
15	政治经济学	林岗	
16	政治经济学	陈享光	
17	世界经济史	高德步、王珏	
18	西方经济学	高鸿业	
19	国际贸易结算与信贷	韩玉军	
20	税收原理	钱晟	财政金融学院
21	财政学	陈共	
22	金融学（货币银行学）	黄达	
23	公共经济学	高培勇	
24	国际税收	朱青	
25	证券投资学	吴晓求	
26	公司财务	陈雨露	
27	公共经济学	郭庆旺	
28	消费经济学	伊志宏	
29	商业经济学	纪宝成	
30	财务管理概论	王化成	
31	房地产评估	俞明轩	
32	法律基础教程	谷春德	法学院
33	民法	王利明	
34	劳动法	关怀、林嘉	
35	刑法学	高铭暄	
36	刑事诉讼法	陈卫东	
37	中国法制史	曾宪义	
38	婚姻家庭法	杨大文、龙翼飞	
39	经济法	史际春	
40	外国法制史	林榕年	
41	知识产权法	刘春田	
42	税法	徐孟洲	
43	民事诉讼法	江伟	
44	西方法律思想史	谷春德	
45	实用经济法教程	刘文华	
46	宪法	韩大元	
47	行政法与行政诉讼法	胡锦光	
48	刑法	黄京平	
49	刑事诉讼法	王新清	
50	知识产权法	郭禾	
51	简明马克思主义史	庄福龄	马克思主义学院
52	邓小平理论概论	徐志宏、秦宣	
53	当代世界经济与政治	李景治	国际关系学院
54	国际政治经济学概论	宋新宁	
55	国际政治学导论	陈岳	
56	外交学	金正昆	

序号	教材名称	主编姓名	院系
57	新闻编辑与评论	蔡雯	新闻学院
58	广告学教程	倪宁	
59	网络广告	倪宁	
60	网络传播技术	匡文波	
61	环境与自然资源经济学	马中	环境学院
62	生态与环境管理	邹骥	
63	商品学概论	万融	
64	信息管理概论	陈禹	信息学院
65	电子商务的理论与实践	方美琪	
66	数据结构与数据管理	苏俊	
67	数据库系统概论（第四版）	王珊、萨师煊	
68	操作系统教程	孟静	
69	高级会计学	阎达五	商学院
70	初级会计学	朱小平	
71	财务会计学	戴德明	
72	财务管理学	荆新	
73	成本会计学	于复生	
74	管理会计学	孙茂竹	
75	审计学	耿建新	
76	计算机会计学	张瑞君	
77	会计信息系统	张瑞君	
78	电子商务物流管理	宋华	
79	电子商务概论	成栋	
80	人力资源管理概论	董克用	公共管理学院
81	公共管理伦理学	张康之	
82	办公室管理	胡鸿杰	
83	公共管理的方法与技术	魏娜	
84	组织行为管理	李剑锋	劳动人事学院
85	社会保障	郑功成	
86	薪酬管理	曾湘泉	
87	档案保护技术学教程	郭莉珠	档案学院
88	档案学概论	冯惠玲、张辑哲	
89	信息检索教程	冯惠玲	
90	管理会计	陈兴滨	成人教育学院
91	会计原理	陈兴滨	
92	统计学	袁卫	统计学系
93	应用随机过程	张波	
94	毛泽东思想概论	王顺生	中共党史系
95	农村经济管理学	郑风田、孙中才	农业经济系
96	社会学概论	郑杭生	社会学系
97	社区工作	夏建中	
98	社会调查研究方法	郝大海	
99	社会心理学	沙莲香	
100	人口概论	翟振武	人口学系

建设部国家级“十五”教材规划立项项目

(2002 年确认立项)

序号	教材名称	主编姓名	院系
1	房地产经济学（第二版）	林增杰	公共管理学院

2002 年宝钢优秀教师奖获奖教师

单位	姓名
人文学院	李小树
新闻学院	喻国明
外语学院	赖志金
农业经济系	孔祥智

2002 年度中经报教师获奖名单

单位	姓名	职称
人文学院	殷国光	教　授
人文学院	韩东晖	副教授
经济学院	黄卫平	教　授
新闻学院	钟　新	副教授
新闻学院	周　勇	讲　师
新闻学院	殷　强	副教授
商学院	吕景胜	副教授
劳动人事学院	何凡兴	副教授
档案学院	胡鸿杰	教　授
统计学系	彭　非	教　授

获北京市教委教改立项项目汇总

序号	项目名称	项目负责人	所属院系	备注
1	《网络传播教学体系及教学方法研究》	彭　兰	新闻学院	2002 年的项目
2	《如何在大学文科教育中贯彻实施“创业教育”》	陈　岳	教务处	2002 年的项目

学校教改立项项目汇总

编号	项目名称	申请单位	项目负责人
1	人文素质课程建设	人文学院	张志伟
2	汉语言本科专业现存问题分析及改革研究	人文学院	贺阳、李林
3	中文系双语教学探索及教材建设	人文学院	杨恒达
4	《语音学》语音训练多媒体教程	人文学院	劲松
5	关于“文史哲人才培养模式”项目申报	人文学院	陈桦
6	经济类专业基础课《政治经济学》教材建设及多媒体教学课件的开发利用	经济学院	张宇
7	财政金融学院本硕连读项目	财金学院	钱晟、瞿强
8	金融工程专业建设项目	财金学院	瞿强
9	信用管理专业建设项目	财金学院	庄毓敏
10	诊所法律课程及相关教材	法学院	甄贞
11	证据学学科群教学的一体化及多媒体化建设	法学院	李学军
12	跨学科人才培养模式实践	法学院	吴宏伟

编号	项目名称	申请单位	项目负责人
13	《邓小平理论概论》多媒体课件开发	马克思主义学院	张新
14	大学生“思想道德修养”课实效性改革	马克思主义学院	吴潜涛、王易
15	外交学专业基础建设与新探索	国关学院	李宝俊
16	新建出版学专业	新闻学院	郭庆光、蔡雯
17	世界美术史双语教学多媒体课件	徐悲鸿艺术学院	徐庆平、郑小华
18	复合实践型艺术设计人才培养模式实践	徐悲鸿艺术学院	黄华三、童岩
19	德俄日法双语制教学	外语学院	成同社、赖志金、袁妮、刘霞
20	2002年大学英语教学模式创新试点	外语学院	杨树臣
21	自然科学素质课多媒体教学课件开发	环境学院	唐晓纯
22	计算机多媒体教学和案例库互动式教学方式的建立	环境学院	陈冠
23	环境学院理工科课程、实验与实习基地建设	环境学院	唐晓纯、杨昌举
24	电子商务专业建设	信息学院	方美琪
25	信息化建设跨学科人才培养	信息学院	陈禹
26	《互联网应用基础》网络教学平台	信息学院	尤晓东
27	计算机公共课题库及考试软件开发	信息学院	杨小平
28	基础会计数字多媒体教学及实验课件	商学院	朱小平
29	在商学院举办国际商务专业本科人才培养试验	商学院	谷克鉴
30	市场营销专业多媒体教学课件与案例教学开发	商学院	吕一林、李先国
31	国民经济管理案例课程建设	公管学院	靳晓黎、金乐琴
32	土地资源管理专业多媒体教学方法研究	公管学院	谭峻
33	人文社会科学创新人才培养模式研究	档案学院	赵国俊
34	统计学21世纪本科系列教材多媒体课件的建设及相关研究	统计系	彭非
35	全校公共政治理论课《毛泽东思想概论》多媒体教学课件的开发利用	党史系	齐鹏飞
36	农林经济管理专业教材及其配套多媒体教学课件的建设	农经系	曾寅初
37	《社会学概论》教学方法改革与多媒体课件开发	社会学系	郑杭生
38	社会工作专业（本科）的主干课程	社会学系	李迎生
39	全英语情景互动式教学法	人口学	宋健、张作俭
40	以人口管理和老龄工作管理为特色的公共管理专业课程教学体系建设	人口学	姚远
41	中国人民大学创业教育的实践	教务处	陈岳
42	以人文社会科学为主的研究型大学本科教育模式研究	教务处	陈岳、张晓京
43	多媒体数码钢琴集体课	艺教中心	姜万通
44	“打击乐教室”暨打击乐集体课	艺教中心	姜万通
45	艺术教育资料库建设	艺教中心	姜万通
46	中国人民大学艺术素质教育系列讲座课程建设	艺教中心	别敏、明文军

中国人民大学2002年“十大教学标兵”获得者

1	财政金融学院	庞　红
2	法学院	姚　辉
3	新闻学院	张　征
4	外国语学院	陈丽丽
5	对外语言文化学院	王淑红
6	环境学院	杨昌举
7	信息学院	韩　梅
8	商学院	徐经长
9	统计学系	金勇进
10	体育部	赵影华

2002年"十大教学标兵"组织奖获得者

1 人文学院哲学系
2 环境学院
3 统计学系
4 中共党史系
5 农业经济系

接受进修教师及访问学者情况统计表

院（系）	国内访问学者	单科进修
人文学院	15	6
经济学院	6	12
财政金融学院	1	14
法学院	35	27
马克思主义学院	13	0
国际关系学院	1	3
新闻学院	10	32
外语学院	0	0
环境学院	1	1
信息学院	1	12
商学院	10	22
公共管理学院	6	15
劳动人事学院	4	17
档案学院	5	3
统计学系	4	5
中共党史系	10	2
社会学系	1	1
人口学系	1	0
合计	124	172
共计	296	

参加体育比赛情况

（一）男子篮球队

1. 5月份参加北京市高校篮球联赛获冠军；

2. 10月份参加CUBA北京赛区选拔赛获冠军。

（二）女子篮球队

1. 5月份参加北京市高校篮球联赛获亚军；

2. 10月份参加CUBA北京赛区选拔赛获第二名；

3. 12月份参加由我校承办的第五届CUBA中国大学生篮球联赛（东北赛区）获第三名。

（三）男子足球队

参加由我校承办的第三届飞利浦中国大学生足球联赛（北京赛区）获冠军。

（四）男子排球队

1．5月份参加在北京大学举办的北京市高校第三届“永林杯”软式排球联赛获冠军；

2．6月份参加在北京航空航天大学举办的北京市大学生“排协杯”比赛获第三名；

3．10月份参加在北京航空航天大学举办的全国大学生第十三届“兴华杯”排球联赛获第六名；

4．11月份参加在北方交通大学举办的北京市大学生排球联赛获甲组冠军。

（五）武术队

1．5月参加在北京邮电大学举办的北京武术比赛中：获团体总分第七名；郭小光获男子南拳第一名、剑术第二名、枪术第二名；丁汀获女子陈式太极拳第二名、查拳第三名、四十二式太极剑第三名；邵赟获女子南拳第一名、棍术第二名、朴刀第二名；皮力获男子通背拳第二名；易鑫获男子南拳第二名、刀术第二名、查拳第二名。

2．7月参加在天津理工学院举行的全国大学生武术锦标赛：郭小光获男子南拳第三名；皮力获男子通背拳第三名。

（六）乒乓球队

11月参加在北京第二外国语学院举办的北京市乒乓球比赛中获女子团体第二名，房珊获女子单打第三名，房珊、叶子获女子双打第三名。

（七）田径队

1．5月参加在北京科技大学举办的北京高校第40届田径锦标赛，获1块金牌，5块银牌，4块铜牌；

2．7月参加在大连东北财经大学举办的第十届全国大学生田径锦标赛，获2块银牌，1块铜牌。

学校田径记录

（男子）

项目名称	成绩	运动员	时间（年）	地点	备注
100米	10″9	赵彤杰	1988	北大	
200米	22″2	李　鹏	1996	北体大	
400米	51″1	云爽爽	1995	先农坛	
800米	1′57″1	郑怡宁	1995	先农坛	
1 500米	4′04″99	孙天齐	2002	大连	
5 000米	16′04″17	孙天齐	2002	大连	
10 000米	34′54″9	刘　雨	1998	北体师	
110米栏	14″4	李　鹏	1998	北体师	电计时
400米栏	54″8	李　鹏	1998	北体师	
4×100米接力	42″8		1998	湖南师大	电计时
4×400米接力	3′24″54		1997	清华	电计时
3 000米障碍	9′56″9	韩景峰	1998	北体师	
跳高	2.03米	云　高	1996	人大	
跳远	7.16米	周宏声	1999	长春	
三级跳远	15.33米	曹　辉	1995	先农坛	
铅球	15.20米	郭　岱	1994	山东师大	
铁饼	44.44米	范广琦	1992	师大	
链球	44.90米	马格努斯	1999	长春	

(女子)

项目名称	成绩	运动员	时间（年）	地点	备注
100 米	12″4	孙　卓	2001	清华	
200 米	25″7	孙　卓	2002	北科大	
400 米	58″4	周秀玲	1999	长春	电计时
800 米	2′25″5	仰娇杨	1997	清华	
1 500 米	5′23″1	李　盈	2002	人大	
3 000 米	11′48″7	李　盈	2002	人大	
100 米栏	14″7	白　静	2000	工大	
400 米栏	1′7	陈文杰	1997	清华	
4×400 米接力	50″1		2000	工大	电计时
4×400 米接力	4′05″42		1999	长春工大	电计时
跳高	1.74 米	殷　舜	1999	长春	
跳远	5.85 米	孔　然	1992	奥体中心	
三级跳远	12.55 米	孔　然	1992	奥体中心	
铅球	12.52 米	张　瑞	2002	人大	
铁饼	33.02 米	张　瑞	2002	人大	
标枪	38.18 米	张　扬	2000	工大	

■ 研究生教育

一、概况

2002 年是我校研究生教育事业的发展史上十分重要的一年，由学校主办、研究生院组织召开了全校研究生工作会议和全校学科建设工作会议。进一步明确了研究生教育工作应继续坚持以提高培养质量为中心的目标，积极探索了人文社会科学研究生培养的有效途径。

2002 年，我校招生规模比 2001 年有较大增长，博士生录取 722 人；硕士生录取 2 232 人。

2002 年，我校落实弹性学制改革要求，组织制定硕士生培养新方案；对研究生培养现状进行调研和对比研究；明确博士生发表科研论文的要求。

2002 年，全校共有 25 个学科点入选国家级重点学科，在全国各高等院校中总数名列第五名；4 个学科点入选北京市重点学科。

2002 年，开展了第九批博士生导师的遴选，共遴选出 395 名博士生导师，其中原有博士生导师 318 名，新增博士生导师 77 名，使导师队伍力量增强。

二、全校学科建设工作会议

2002 年 4—7 月，研究生院承担了全校学科建设会议的组织和准备工作，对我校的学科现状进行了详细的统计分析并撰写了学科建设情况报告，为全校的学科情况分析提供了比较详细的依据和基础材料。

2001年7月10—11日，我校学科建设工作会议圆满召开。会议强调，学科建设是学校工作的龙头，是学校整体事业的核心，是学校发展的主旋律。会议从世界高等教育和中国高等教育发展的视角，冷静审视中国人民大学学科建设的现状，以高度的历史责任感，提出完善学科布局、提高学术水平和人才培养能力、加强师资队伍建设、增加投入改善环境等学科建设的战略构想和实施方略，推动我校学科建设进入了一个新的起点。

国务院学位办主任周其凤出席会议并讲话，纪宝成校长作关于"全面加强学科建设，创建世界知名一流大学"的主题报告，袁卫副校长作关于"我校学科建设现状的分析"报告，党委书记程天权作会议总结。学校领导牛维麟、林岗、张建明、冯惠玲、冯俊、马俊杰、王新清、陈一兵及各院、系、所、各部处负责人、部分教师及学生代表出席会议。

三、招生工作

2002年共有2 195名考生报考攻读博士学位研究生，报名人数较2001年（1 844人）增长19%。通过对考生入学考试成绩与科研能力的考察，录取博士生684人，录取总数较2001年（569人）增长20%。

共有12 391名考生报考攻读硕士学位研究生，较2001年增加3 972人，增长幅度为47.1%。依据"德、智、体全面衡量，择优录取"的原则，共录取内地统招硕士生2 207人。其中，推荐免试生152人（含接收外校推荐免试生10人），往年资格返回生22人，全国统一入学考试考生1 303人，MBA联考考生337人，法律硕士联考考生287人，单独考试考生106人。首次招收21个院、系、所67个专业试行弹性学制的硕士生，同时稳步发展本硕连读招收硕士生工作，已确定经济学院、财金学院、信息学院共47人的本硕连读资格。

2002年我校继续在西藏自治区通过单独考试招收硕士研究生，自治区推荐131人参加考试，共录取29人，其中14人为少数民族干部。

港澳台地区有共54人报考研究生，共录取港澳台地区研究生35人。其中，博士研究生27人，硕士研究生8人。从生源地看，香港特别行政区考生6人，澳门特别行政区考生4人，台湾地区考生25人。另外，与香港树仁学院联合招收新闻学硕士生3人，与香港城市大学联合招收法律硕士课程班93人。

外国来华留学生共46人报考研究生，共录取28人。其中，博士研究生11人，硕士研究生17人。从生源地看，录取韩国考生18人，日本考生4人，其他国家6人。

继续招收法律硕士、工商管理硕士、公共管理硕士三类在职攻读专业学位硕士研究生及"两课"教师在职攻读硕士学位研究生。报名人数共计1 931人，共录取686人，分别为法律硕士75人、工商管理硕士84人、公共管理硕士453人，"两课"教师攻读"马克思主义理论与思想政治教育"专业硕士生74人。

共接收推荐免试生152人，其中接收外校推荐免试生10人。从2002年推荐免试生中选留了43名优秀团干部留校工作，保留入学资格两年；选留了7名团干部参加"青年志愿者扶贫接力计划研究生支教团"工作，保留入学资格一年。

全校共有67个专业招收试行弹性学制的硕士生。

2002年7月，研究生院使用自行设计开发的网上报名系统，承担了北京市11个专业学位的网上报名工作；9月，开始硕士研究生、博士研究生网上报名，硕士生采用网上报名的考生比例为95%，博士生为100%。

为了规范招生工作程序，研究生招生办公室编制了《中国人民大学2002年研究生招生工作手册》，并于2002年10月对研究生招生教务秘书进行了业务培训和计算机培训。我校承担了北京地区高校2002年硕士生入学考试统考政治理论科目11万份试卷的评卷工作；还承担了北京地区高校2002年招收在职攻读工商管理硕士、公共管理硕士和法律硕士专业学位全国联考的报名和考试工作。

四、培养工作

（一）落实弹性学制改革要求，制定硕士生培养新方案

硕士生学习期限从3年调整为2～2.5年，学分数调整为32～38之间，最多不超过38学分，研究生如能在2～2.5年内完成学习任务可正常毕业。同时，继续贯彻“宽口径、厚基础”的硕士生培养方针，进一步优化课程设置，规范课程教学。

（二）召开全校研究生工作会议，探讨研究生培养工作的新思路

2002年4月12日，以“改革、开拓、创新，创建一流研究型大学”为主题，组织召开了全校研究生工作会议。纪宝成校长、程天权书记到会发表讲话，副校长兼研究生院院长袁卫传达了国务院学位委员会第十五次会议精神并作工作报告。国务院学位办主任、教育部研究生工作办公室主任周其凤院士到会祝贺并讲话。学校党政领导、全体博士生导师、相关部处负责人和研究生教务秘书260多人出席了会议。

会议集中探讨了21世纪的研究生教育如何满足现代化建设对高层次人才的新需求，如何适应我校“实践‘三个代表’思想，创建世界一流大学”的新形势，如何面对扩大招生对研究生培养工作的新挑战等等问题。

与会同志对《关于在部分院系所实行本硕连读的办法》、《关于试行硕博连读的办法》、《关于逐步推行博士学位论文匿名评审制度的几点意见》等11项文件进行了热烈的讨论。与会者一致认为，我校必须增强创新意识，发扬优良学风，调整培养模式，始终不渝地抓好研究生教育质量。

（三）对研究生培养现状进行调研和对比研究

一是到研究生招生人数较多的院系如经济学院、马克思主义学院、外语学院、新闻学院、法学院、人文学院、财金学院进行调研，了解研究生培养状况；二是召开留学回国教师座谈会，从国外研究生培养管理工作中汲取经验。2002年10月，研究生培养办先后两次召开留学回国教师座谈会，了解国外大学研究生培养管理工作的具体做法。

（四）研究生课程和教材建设情况

继续对课程教学情况进行检查，特别是对新学期的开课情况和期末考试工作进行检查。2002年全校共开设硕士研究生课程1 308门，比2001年多开设49门课，课时总数达53 913小时，授课教师人均周课时3.57小时。其中公共课128门，占9.8%，学科基础课198门，占15.1%；专业课490门，占37.5%；选修课492门，占37.6%。公共课、学科基础课、专业课、选修课的课时比为1:1.97:4.72:3.48。与2001年相比课时总数、授课教师人均周课时有所下降，但专业课和选修课课时有所增加。

我校3部教材入选2001—2002年度教育部研究生工作办公室向全国推荐的研究生教学用书。截至2002年度，全国审定通过了285部“研究生教学用书”，我校共有11部教材入选，在全国92所参评高校和科研机构中评选教材部数名列第三。

（五）明确博士生发表科研论文的要求

为进一步规范和明确博士生发表科研论文期刊的层次，2001年5月研究生院汇编了《核心期刊和专业期刊目录》，并于2002年6月制定了《关于博士研究生科研要求的几点意见》。对期刊类别和发表论文的量化标准作出明确规定，要求博士生在学期间完成相应的科研成果。从统计结果看，博士生重视科研工作，刻苦钻研业务，对科研论文统计通报工作也给予了支持和配合。农经系、法学院、软科所、劳人院、马列学院、人口学系、历史系、行政学系、土管系有50%以上的在校博士生在规

定的时限内发表科研论文。2000 级博士生 464 人共发表科研论文 271 篇，2001 级博士生 589 人共发表科研论文 282 篇。

(六) 继续开展研究生教育质量评估工作

研究生院针对全校学科专业特点，从教学投入、教学控制、教学产出三个方面全面考核研究生课程教学状况，经过反复讨论、调研、分析、共筛选出 15 项具体评估指标。2002 年全年总共评估博士生公共课 10 门，硕士生专业必修课 457 门。在 625 人次被评估教师中，84.03%的教师授课质量为优；11.98%的教师授课质量被评为良；0.83%的教师授课质量被评为中；0.69%的教师授课质量被评为可。从总体看，全校研究生课程教学质量较高。

五、学科学位工作

(一) 全国及北京市重点学科的评选工作

2002 年 1 月，教育部正式公布国家级重点学科，全校共有 25 个学科点入选，在全国各高等院校中名列第五名。同时，继续进行北京市重点学科的申报工作，经过评议答辩，学校申报的世界经济、国际政治、计算机应用技术、行政管理 4 个学科点最终入选，计算机应用技术学科点的入选，大大增强了我校建设理工科的信心。

(二) 组织第九次学位授权审核

2002 年 10—12 月，组织全校相关院系所进行了博士点和硕士点的申报工作。此次学位授权审核，全校共申报一级学科授权 4 个，分别是法学、中国语言文学、公共管理、图书馆情报与档案管理；博士专业 12 个，分别是国际法学、汉语言文字学、中国古代文学、比较文学与世界文学、英语语言文学、概率论与数理统计、运筹学与控制论、生态学、计算机软件与理论、教育经济与管理、社会保障、情报学；自行审批硕士专业 7 个，分别是德语语言文学、艺术学、美术学、设计艺术学、应用数学、生态学、环境科学。

(三) 一级学科内自主设置学科点

2002 年 10—12 月，根据国务院学位办在一级学科授权范围内自主设置二级学科点的指示，全校共有 40 个学科点申报硕士点或博士点。经过研究生院审批，共向国务院学位办上报备案博士点 10 个，分别是网络经济学、金融工程、流通经济学、中国政治、老年学、传媒经济学、当代中国史、人力资源管理、市场营销管理、财务管理；硕士点 15 个，分别是网络经济学、金融工程、税务、保险学、房地产经济学、流通经济学、中国政治、老年学、社会工作、传媒经济学、当代中国史、人力资源管理、市场营销管理、财务管理、自然资源管理。

(四) 第六届校学位评定委员会工作

2002 年 6 月 27 日，第六届校学位评定委员会举行第一次全体会议，审议了 2001—2002 学年第二学期学位授予工作。9 月 19 日，学位评定委员会举行了第二次全体会议，审议了我校 2002 年优秀博士学位论文评选结果。

(五) 学位授予情况

2002 年全校共授予博士学位人数 339 人，比 2001 年增加 81 人；授予硕士学位 1 850 人，比 2001 年增加 234 人，其中同等学力硕士 796 人，专业硕士学位 595 人。

从我国恢复学位制度以来到 2002 年底止，全校共授予博士学位人数 1 748 人，其中论文博士 44 人；授予硕士学位 12 714 人，其中同等学力硕士 8 829 人，专业硕士学位 2 142 人。

(六) 组织全国及学校优秀博士学位论文评选

2002 年 4 月，2002 年全国优秀博士学位论文评选结果公布，全校有 3 篇博士学位论文入选。

2002 年 6—10 月，全校开展了 2002 年校级优秀博士学位论文评选，各院系所共推荐论文 32 篇，经过各分会和校学位评定委员会的评选，有20篇获得中国人民大学优秀博士学位论文称号，并从中进一步优选出10篇，参加2003年全国优秀博士学位论文的评选。

(七) 组织遴选2004—2005年博士生导师

2002年下半年，全校开展了第九批博士生导师的遴选。经各院系所推荐，各分委员会和校学位评定委员会的讨论和严格评选，共遴选出395名博士生导师，其中原有博士生导师318名，新增博士生导师77名。

六、其他形式的研究生教育

(一) 举办研究生课程进修班、研修班

组织落实全校举办研究生课程进修班、研修班计划，共开班上课72个；办理外单位合作举办研究生课程进修班委托书38份；审核各院、系、所申请结算办班学费报告；审核并组织颁发研究生课程进修班、研修班结业证书，共计8 008人（本）(从1995—2002年累计颁发研究生进修、研修结业证书26 108人（本))；布置预报全校举办2003年研究生进修班计划工作，共申报了74个班，上报北京市学位办公室审批备案。

(二) 同等学力人员申请硕士学位课程考试的组织和管理工作

接受同等学力人员申请硕士学位人数有7 134人，其中本年度进行课程考试资格认定共计1 689人；办理同等学力人员考试的申请手续，共计462门课程 11 682人（门）次；协助财务处收取各类课程考试费、考试资格申请费；组织学校统一课程的考试，其中校内设考场440个，参加考试9 773人（门）次；校外设考场137个，参加考试2 746人（门）次。

研究生培养方案中规定的课程考试（包括全国水平考试）成绩全部合格的学员共计627人；参加2002年全国水平考试并取得合格证书的学员共计1 361人。

到2002年底止，全校接受同等学力人员申请硕士学位、办理考试资格卡的已达11 236人，其中完成全部学位课程考试的有3 500人，2 065人通过了学位论文答辩，获得了硕士学位，占申请学位课程考试总人数（11 236人）的18.4%，占已完成全部学位课程考试人数（3 500人）的59%；申请考试届满的学员有4 512人，其中有1 555人获得硕士学位，占34.5%。

(三) 研究生科技档案工作

组织全校2002年硕士、博士研究生科技档案的收集汇总、立卷装订的归档工作，共计归档科技档案2 276卷；组织全校2002年硕士、博士研究生学位论文的收集汇总工作，分别送交北京图书馆、中国人民大学出版社及社会科学院情报中心，共计存档学位论文8 417篇。

附录

2002年评选的国家级重点学科一览表

所属一级学科	2002年评选的国家级重点学科（25个）
哲学	马克思主义哲学
	伦理学
理论经济学	政治经济学
	西方经济学
	人口、资源与环境经济学
应用经济学	国民经济学
	区域经济学
	财政学
	金融学
	产业经济学
	劳动经济学
	统计学
法学	宪法学与行政法学
	刑法学
	民商法学
政治学	中共党史
	马克思主义理论与思想政治教育
社会学	社会学
	人口学
中国语言文学	文艺学
新闻传播学	新闻学
历史学	中国古代史
工商管理	会计学
	企业管理
图书馆、情报与档案管理	档案学

2002年评选的北京市重点学科一览表

所属一级学科	2002年评选的北京市重点学科
理论经济学	世界经济
政治学	国际政治
计算机科学与技术	计算机应用技术
公共管理	行政管理

教育部人文社会科学重点研究基地名单

中国经济改革与发展研究院
刑事法律科学研究中心
伦理学与道德建设研究中心
佛教与宗教学理论研究所
清史研究所
中国财政金融政策研究中心
民商事法律科学研究中心
人口与发展研究中心
新闻与社会发展研究中心
应用统计科学研究中心
欧洲问题研究中心
社会学理论与方法研究中心

博士后流动站名单

应用经济学
工商管理
理论经济学
法学
社会学
哲学
历史学
中国语言文学

中国人民大学荣获 2002 年全国优秀博士学位论文名单

序号	专业名称	姓名	导师	论文题目
01	伦理学	肖群忠	罗国杰	中国孝文化研究
02	刑法学	田宏杰	赵秉志	中国刑法现代化研究
03	新闻学	蔡　雯	郑兴东	新闻传播的策划与组织——宏观新闻编辑研究

中国人民大学优秀博士学位论文名单

专业名称	作者姓名	导师姓名	论文题目
马克思主义哲学	彭新武	陈志良	发展的当代意蕴——一种复杂性研究
中国哲学	刘成有	宋志明	近现代居士佛学研究
科学技术哲学	段伟文	刘大椿	网络空间的伦理基础
政治经济学	王检贵	黄泰岩	劳动与资本双重过剩下的经济发展
政治经济学	刘　刚	杨瑞龙	企业的异质性和企业竞争行为分析
西方经济学	刘凤良	高鸿业	资源可耗竭条件下的经济增长模型

专业名称	作者姓名	导师姓名	论文题目
国民经济学	魏革军	胡乃武	中国货币政策传导机制研究
金融学	周　炜	王传纶	企业价值的理论分析
劳动经济学	董克用	赵履宽	经济体制转轨时期薪酬问题研究
统计学	封建强	易丹辉	中国股市价格行为研究
法律史	李利军	曾宪义	英美陪审制度研究
民商法学	吴兆祥	王利明	侵权法上的严格责任研究
科学社会主义与国际共产主义运动	方长平	李景治	国家利益分析：一种建构主义视角
社会学	冯仕政	郑杭生	市场化改革进程中再分配体制的再生
文艺学	姚建斌	章安祺	詹姆逊的马克思主义阐释学研究
新闻学	杨保军	童　兵	新闻事实论
会计学	支晓强	阎达五	经理薪酬计划
企业管理	孙彩虹	陈　禹	基于案例的推理系统维护方法研究
农业经济管理	鲜祖德	严瑞珍	转型时期中国农村贫困研究
档案学	张照余	王传宇	档案信息网络化建设研究

授予博士学位、硕士学位的学科、专业目录

学科门类	一级学科	一级学科授权时间	专业代码	专业名称	博士点批准时间	硕士点批准时间
01 哲学	0101 哲学	1998/06/19	010101	马克思主义哲学	1981/11/03	1981/11/03
			010102	中国哲学	1981/11/03	1981/11/03
			010103	外国哲学	1984/01/13	1981/11/03
			010104	逻辑学	1998/06/19	1984/01/13
			010105	伦理学	1984/01/13	1981/11/03
			010106	美学	1998/06/19	1986/07/28
			010107	宗教学	1998/06/19	1993/12/17
			010108	科学技术哲学	1986/07/28	1981/11/03
02 经济学	0201 理论经济学	1998/06/19	020101	政治经济学	1981/11/03	1981/11/03
			020102	经济思想史	1984/01/13	1981/11/03
			020103	经济史	1998/06/19	1981/11/03
			020104	西方经济学	1996/04/29	1993/12/17
			020105	世界经济	1981/11/03	1981/11/03
			020106	人口、资源与环境经济学	1998/06/19	1998/06/19
	0202 应用经济学	1999/06/10	020201	国民经济学	1984/01/13	1981/11/03
			020202	区域经济学	1986/07/28	1984/01/13
			020203	财政学	1984/01/13	1981/11/03
			020204	金融学	1981/11/03	1981/11/03
			020205	产业经济学	1984/01/13	1981/11/03
			020206	国际贸易学	1999/06/10	1993/12/17
			020207	劳动经济学	1993/12/17	1986/07/28
			020208	统计学	1981/11/03	1981/11/03
			020209	数量经济学	1999/06/10	1984/01/13
			020210	国防经济		1999/06/10

学科门类	一级学科	一级学科授权时间	专业代码	专业名称	博士点批准时间	硕士点批准时间
03 法学	0301 法学		030101	法学理论	1986/07/28	1981/11/03
			030102	法律史	1990/11/20	1981/11/03
			030103	宪法学与行政法学	1986/07/28	1981/11/03
			030104	刑法学	1984/01/13	1981/11/03
			030105	民商法学	1986/07/28	1981/11/03
			030106	诉讼法学	1993/12/17	1981/11/03
			030107	经济法学	1993/12/17	1990/11/20
			030108	环境与资源保护法学		2000/12/07
			030109	国际法学		1981/11/03
	0302 政治学	2000/12/29	030201	政治学理论	1986/07/28	1981/11/03
			030202	中外政治制度	2002/06/27	1986/07/28
			030203	科学社会主义与国际共产主义运动	1981/11/03	1981/11/03
			030204	中共党史	1981/11/03	1981/11/03
			030205	马克思主义理论与思想政治教育	1990/11/20	1990/11/20
			030206	国际政治	2001/01/09	1981/11/03
			030207	国际关系	2000/12/29	1996/04/29
			030208	外交学	2002/06/27	1998/06/30
	0303 社会学	2000/12/29	030301	社会学	1993/12/17	1986/07/28
			030302	人口学	1984/01/13	1981/11/03
			030303	人类学	2000/12/29	1998/06/30
			030304	民俗学		2000/12/07
04 教育学	0401 教育学		040111	教育法学		2000/08/29
05 文学	0501 中国语言文学		050101	文艺学	1993/12/17	1984/01/13
			050102	语言学及应用语言学		1981/11/03
			050103	汉语言文字学		1986/07/28
			050104	中国古典文献学		1998/06/30
			050105	中国古代文学		1986/07/28
			050106	中国现当代文学		1981/11/03
			050108	比较文学与世界文学		1981/11/03
	0502 外国语言文学		050201	英语语言文学		1986/07/28
			050202	俄语语言文学		1998/06/30
			050205	日语语言文学		1996/04/29
	0503 新闻传播学	2000/12/29	050301	新闻学	1984/01/13	1981/11/03
			050302	传播学	1998/06/19	1998/06/19
06 历史学	0601 历史学	2000/12/29	060101	史学理论及史学史		1981/11/03
			060104	历史文献学		2000/12/07
			060105	专门史	2000/12/29	1998/06/30
			060106	中国古代史	1981/11/03	1981/11/03
			060107	中国近现代史	1986/07/28	1981/11/03
			060108	世界史	1998/06/19	1986/07/28
07 理学	0701 数学		070101	基础数学		2000/12/07
			070103	概率论与数理统计		1998/07/03
			070105	运筹学与控制论		1998/07/03
	0711 系统科学		071101	系统理论		2000/12/07

学科门类	一级学科	一级学科授权时间	专业代码	专业名称	博士点批准时间	硕士点批准时间
08 工学	0812 计算机科学与技术		081202	计算机软件与理论		2000/12/07
			081203	计算机应用技术	2000/12/29	1981/11/03
	0817 化学工程与技术		081704	应用化学		2000/12/07
	0832 食品科学与工程		083201	食品科学		1998/07/03
12 管理学	1201 管理科学与工程		120100	管理科学与工程		2000/12/26
	1202 工商管理	2000/12/29	120201	会计学	1986/07/28	1981/11/03
			120202	企业管理	1986/07/28	1981/11/03
			120203	旅游管理		1998/06/30
			120204	技术经济及管理	2000/12/29	1986/07/28
	1203 农林经济管理	2000/12/29	120301	农业经济管理	1986/07/28	1981/11/03
			120302	林业经济管理		2001/01/09
	1204 公共管理		120401	行政管理	1998/06/19	1990/11/20
			120403	教育经济与管理		2000/12/07
			120404	社会保障		1998/06/19
			120405	土地资源管理	2000/12/29	1998/06/19
	1205 图书馆、情报与档案管理		120501	图书馆学		1998/06/30
			120502	情报学		2000/12/07
			120503	档案学	1993/12/17	1984/01/13
20 专业学位	2001 法律硕士		200101	法律硕士		1996
	2006 工商管理硕士		200601	工商管理硕士		1990
	2007 公共管理硕士		200701	公共管理硕士		2000/04/25

博士生指导教师名单

专业	姓名	院系所名称
马克思主义哲学	安启念 陈先达 陈志良 郭 湛 郝立新 李 燕 马俊峰 王 霁 夏甄陶 肖 前 杨 耕 杨焕章	哲学系
	梁树发 马绍孟 庄福龄	马克思主义学院
中国哲学	葛荣晋 宋志明 向世陵 张立文	哲学系
外国哲学	冯 俊 李毓章 张志伟	哲学系
逻辑学	陈慕泽 孙中原 赵总宽	哲学系
伦理学	葛晨虹 龚 群 焦国成 罗国杰 宋希仁 夏伟东	哲学系
美学	王旭晓 徐庆平 张 法	哲学系
宗教学	方立天 何光沪 李秋零	哲学系
科学技术哲学	刘大椿 欧阳志远	哲学系

专业	姓名	院系所名称
政治经济学	陈享光　胡　钧　黄泰岩　李义平　林　岗　马庆泉　宋　涛　韦　伟　卫兴华　杨瑞龙　张　宇	经济学院
	顾海良	马克思主义学院
经济思想史	高鸿业　吴易风	经济学院
经济史	陈勇勤	经济学院
西方经济学	方福前　高鸿业　刘凤良　吴汉洪　吴易风	经济学院
世界经济	杜厚文　雷　达　张　帆	经济学院
	周新城	国际关系学院
人口、资源与环境经济学	李文华	环境学院
	鲁明中　马　中　张坤民　张象枢　邹　骥	农业经济系
	翟振武	人口学所
国民经济学	胡乃武　邵汉青　郑超愚	经济学院
	白和金　高铁生　桂世镛　刘　瑞　刘成瑞　刘起运　王春正　魏礼群　武少俊　钟契夫	国民经济管理系
区域经济学	张可云　陈秀山　王海平　张敦富	区域经济所
财政学（含：税收学）	安体富　陈　共　高培勇　郭庆旺　米建国　钱　晟　谭荣华　王传纶　项怀诚　袁振宇　朱　青	财政金融学院
金融学（含：保险学）	贝多广　曹龙骐　陈雨露　戴相龙　黄　达　林清泉　刘曼红　沈伟基　吴晓求　张洪涛　张　杰　赵锡军　周升业　朱毅峰　庄毓敏	财政金融学院
产业经济学	谷克鉴　黄国雄　纪宝成　李　悦　李金轩　卢东斌　马龙龙　杨昌举	商学院
国际贸易学	曹远征　高成兴　韩玉军　黄卫平	经济学院
劳动经济学	董克用　孙健敏　文　魁　肖鸣政　曾湘泉　赵履宽　郑功成	劳动人事学院
统计学	顾　岚　金勇进　吴喜之　易丹辉　袁　卫　张　波　赵彦云	统计学系
数量经济学	魏权龄　徐伟宣　章祥荪	信息学院
法学理论	吕世伦　孙国华　朱景文　朱力宇	法学院
法律史	程天权　刘海年　叶秋华　曾宪义　赵晓耕　郑　定	法学院
宪法学与行政法学	韩大元　胡锦光　许崇德　杨建顺	法学院
刑法学	高铭暄　顾肖荣　韩玉胜　胡云腾　黄京平　姜　伟　卢建平　邵沙平　王作富　谢望原　赵秉志	法学院
民商法学	董安生　郭　禾　郭明瑞　郭寿康　刘春田　龙翼飞　王利明　吴汉东　杨大文　叶　林　赵中孚	法学院
诉讼法学	陈卫东　程荣斌　何家弘　江　伟　王新清　杨立新　甄　贞	法学院
经济法学	刘文华　史际春　吴宏伟　徐孟洲　余劲松　赵秀文　周　珂	法学院
政治学理论	程虎啸　黄嘉树　彭　明　张　鸣	中共党史系
	刘　晓　王乐理　杨炳章　张小劲　周淑真	国际关系学院
科学社会主义与国际共产主义运动	李景治	国际关系学院

专业	姓名	院系所名称
科学社会主义与国际共产主义运动	秦　宣　沈云锁　卫建林　许征帆　叶卫平　赵　汇	马克思主义学院
中共党史	陈明显　罗正楷　石仲泉　王顺生　张启华　张同新　朱佳木	中共党史系
马克思主义理论与思想政治教育	段忠桥　刘建军　吴潜涛　许启贤　许征帆　杨瑞森　张雷声　张　新	马克思主义学院
国际政治	蔡　武　金灿荣　宋新宁	国际关系学院
国际关系	陈　岳　李宝俊　时殷弘	国际关系学院
社会学	李路路　李　强　沙莲香　夏建中　郑杭生　郑也夫	社会学系
人口学	杜　鹏　顾宝昌　郝虹生　乔晓春　邬沧萍　姚　远	人口研究所
人类学	胡鸿保　潘绥铭	社会学系
文艺学	陈传才　程光炜　黄克剑　金元浦　陆贵山　杨恒达　叶君远　袁济喜　詹杭伦　章安祺	中国语言文学系
新闻学	蔡　雯　成　美　方汉奇　梁　衡　童　兵　徐　泓　郑保卫	新闻学院
传播学	程曼丽　郭庆光　喻国明　郑兴东	新闻学院
专门史	成崇德　杨念群	清史研究所
中国古代史	徐兆仁	历史系
	戴　逸　郭成康　黄爱平　刘凤云　秦宝琦　张　研	清史研究所
中国近现代史	陈　桦　戴　逸　黄兴涛　李文海　杨东梁	清史研究所
世界史	李世安　王皖强　徐　浩	历史系
计算机应用技术	杜小勇　方美琪　王　珊	信息学院
会计学	宋　常　戴德明　耿建新　荆　新　王化成　阎达五　朱小平	商学院
企业管理	包　政　陈　禹　邓荣霖　郭国庆　黄津孚　李宝山　李　焰　李占祥　刘凤军　吕一林　王凤彬　王以华　徐二明　杨　杜　伊志宏　郑海航　郑明身　周绍鹏	商学院
技术经济及管理	黄卫伟　李　平　汪星明	商学院
	孙中才	农业经济系
农业经济管理	陈锡文　程漱兰　孔祥智　罗伟雄　唐　忠　严瑞珍	农业经济系
行政管理	毛寿龙　刘熙瑞　张成福　张康之　朱立言	行政学所
土地资源管理	叶剑平　李　元　林增杰　谢经荣	商学院
档案学	冯惠玲　郭莉珠　王传宇　赵国俊	档案学院

2002年非全日制在校研究生（单证）人数统计

年份	工商管理硕士（MBA）	法律硕士	公共管理（MPA）	马克思主义理论与思想政治教育	合计
2002	329	261	688	261	1 539

博士学位、硕士学位、同等学力申请硕士学位获得者名单

博士学位获得者名单

专业名称	姓名
马克思主义哲学	李海洋 余华东 秦志华 毕芙蓉 高绍君 郭镇海 兰毅辉 李屹立 李志红 毛百战 齐 鹏 谭继东 杨建梓 杨 悦 姚弘芹 庄晓东 侯衍社 黄继锋 吴汉民 吴家华
中国哲学	罗安宪 朴喆洪 孙小金 王心竹
外国哲学	李恩来 孟彦文 张能为
逻辑学	郭 垒 黄志强 张安民 朱建平
伦理学	贺更行 李清栋 王彩玲
美学	蔡永海
科学技术哲学	曾华锋
政治经济学	阎庆民 赵立东 诸一军 李 雯 张 旺 张存刚 黄 萍 王 群 张锦峰 乔根平 许长青 王生升 张余文 杨其静 方远明 严 冰 张 新 周蔚华
经济思想史	刘怀洲 张 林 朱 彤 车卉淳
经济史	蔡 挺 陈 兵 肖 善
西方经济学	卢 平 于同申 周耀东 郭罐清
世界经济	秦志辉 王海平 邱朝成 王志强 汪全银 孙晓明
人口、资源与环境经济学	吴 健 尹昌斌 张 越
国民经济学	马 永 江世银 李志刚 刘 强 刘新民 吴松林 张连如 周志文
区域经济学	窦 杰 段枚焱 胡建平 李 娟 刘奇洪 石碧华 朱坚真
财政学	李 鸣 汪红驹 王晓悦 崔 军 龚辉文 黄国龙 黄 毅 李本贵 李建军 秦泮义 宋永明 王 君 王在清 朱江涛
金融学	代 鹏 李昌英 李 洁 刘文生 史燕平 王明富 吴晶妹 吴 清 余 智 张 研
产业经济学	陈春平 李有荣 鲍 克 蔡荣生 陈国辉 郭 旭 何孝贵 洪 玫 金永生 李 飞 梁 胜 刘向东 王 强 王亚星 吴冠之 邹雨露
劳动经济学	曹金彪 潘锦棠 徐振斌
统计学	张 清 高敏雪 李宏纲 刘家平 申小玲 王福新 薛 薇 杨宏亮 叶礼奇
法学理论	李瑞强 佟吉清 何贝倍 张俊杰 刘青峰 邓少岭 胡水君
法律史	王 立 朱伟雄 余 辉
宪法学与行政法学	郭春明 刘志刚 刘嫣姝 陈玉田
刑法学	李文峰 王 铼 周加海 谢 彤 张智辉 苏彩霞 左坚卫 赵永红
民商法学	杨一介 吴高臣 李建伟 曲宗洪 阳 平 刘 悦 刘俊臣 付翠英 李适时 胡开忠 陈界融 程玟玟 许宏涛 解志国 胡春雨
诉讼法学	段厚省 邓 云 张学军 孙维萍 杨正万 刘 敏 徐美君 张 艳
经济法学	石青凯 王源扩 朱永杨 李艳芳 马志毅 张雪梅 李友根 孟雁北 曹 平 胡晓珂

专业名称	姓名
政治学理论	金英勋 李灿元 陈家刚 李秋学 李学通 牛 彤 王鸿生 王树春 王英津 张广生 张立鹏
中共党史	刘 杰 宋安明 周战超 高晓林 李敬煊 李 军 李 强 刘建萍 刘先春 刘 娅 朴炯一 汤 涛 王海军 王丽萍
科学社会主义与国际共产主义运动	宋新宁 吴洙烈 王金根 杨光斌 胡志高 李跃华 赵慧玲
马克思主义理论与思想政治教育	靳 诺 马先辉 孟 鑫 邱 吉 沈雁昕 王向明 苑秀丽 翟文忠 周华珍
社会学	丁夏荣 郭玉锦 潘 宇 程 勇 胡连奎 李路路 李守信 李 霞 吕新萍 石 伟 陶传进
人口学	宋 健
文艺学	杜 彩 高宏生 刘雪芹 吴 波 徐 珂 许亚青 杨彩霞 张 进
新闻学	陈富清 高金萍 胡黎明 郎劲松 刘澜昌 裴延辉 宋素红 詹万里
传播学	林 江 唐 凌 赵彦华
中国古代史	宝音朝克图 阚红柳 刘文鹏 罗 布 牛贯杰
中国近现代史	韩 廉 翁 飞 杨剑利 朱 浒
世界史	贾文华 许海云
会计学	金香淑 刘俊彦 文光伟 严基昊 杨肃昌 陈良华 董丽红 高 晨 郭 菁 凌 飞 刘文鹏 柳 青 任庆和 宋廷锋 杨松令 张瑞君 朱南军
企业管理	陈运涛 杨开峰 刘美霞 曲 波 尚国非 叶剑平 张 锋 陈仁玮 段盛华 郭性喆 焦叔斌 李桂荣 李先国 莫宇宏 司 岩 汤 彬 王 安 王建民 吴京芳 吴艳辉 许 可 袁建中 张亚明 张志军 周施恩
农业经济管理	田 丰 杨朝兴 刘冬梅 陈 洁 况伟大 金志勇 姚 莉
行政管理	李图强 祁光华 魏娜
档案学	宫晓东 胡鸿杰 黄霄羽 李财富 李 欣 吴品才 伍振华 张世林

硕士学位获得者名单

专业名称	姓名
马克思主义哲学	常永红 王建永 陈玉峰 杨随银 吴泽群 甘光千 杨 光 张红安 李 媛 韩冬梅 刘彦君 魏小巍
中国哲学	楚艳红 黄桂霞 叶 勤
外国哲学	洪广欣 孙煦琛 王永阳 刘 娟
逻辑学	辛 杨 庞振新
伦理学	李文明 郭开森 张 雷 展 茜 温 宏 李秀艳
美学	吴卫东 曾 静 何兰芳 耿 涛
宗教学	王 玮 翟风俭 陈 平
科学技术哲学	耿希继 王 宇 张 蕾 弓巧英
政治经济学	沈卫裕 韩锡伟 于天荣 范志勇 黄志钢 崔峻岗 熊 昆 谢光权 张晓丹 姜永华 张文芳 程爱兰 向弟海 张培丽
经济史	和旭超
经济思想史	齐奕东 段学平
西方经济学	杨 军 朱永红 王 强 刘永攀
世界经济	牛霖琳 周大勇 陈 军 陈 春 杨 超 赵 丰 孙 萌 匡静诺 刘仁慧 王晓飞 王 峰 王佳菲 马莉莉
人口、资源与环境经济学	孙永健 王文杰 马立荣 邱 劲 徐 燕 郭秀丽

专业名称	姓名
国民经济学	李晓佳 朱金周 赵德增 蒋剑平 李琦 张海峰 成卫华 周燕 泽科 覃志华 史彦刚 吴蓍 胡挺 史璐 詹旭 袁富华 雷洋 廖俊霞 周敏 崔雅丽 郭芬 彭春燕 张燕晖 何晓英 余建英 张宏坤
区域经济学	王奇 郝瑞明 王飞 陈余富 荣文笏 徐静 陈蕴真 朴惠园
财政学	隋晓 邓永勤 杨智敏 高振宇 宋兴义 白彦锋 刘向明 钱立峰 董文赜 巩秀银 蓝万霞 汪绮 宋国华 刘立栋 李娜 梁季
金融学	刘丰 李鹏 平其峻 刘毅 梁征 韩笑 沙飞 李健 庞兴华 蔡如海 叶茂 林煜 操仲春 朱立元 冯烜 郭伟 毛真海 李继刚 王军 李建 李悦 金唐 牛锐 郑艳文 贺照艳 陆燕华 苗嘉 朱怡然 李勤 杨莉 马马都 扎克
产业经济学	洛赛 徐志峰 马振华 王宏杰 沙莉 周方 李振坤
国际贸易学	梁承娥 杨洋 宋贵斌 马骥 李丹 李辉 徐传斌 程惠 马嘉
劳动经济学	迪科 赵文进 王俊杰 朋震 吴克禄
统计学	陈少杰 饶海斌 袁晓斌 胡浩 袁彬 李强 饶志刚 张琅 刘雪冬 陈静 李敏 张彬 景昕
数量经济学	冯兴东 祝金甫 秦婷
法学理论	张小平 方好
法律史	史永丽 周玲 任静 张华 占锦
宪法学与行政法学	刘双宁 霍增辉 杜强强 赵银翠 赵婷婷 潘乐儿
刑法学	王春景 高素群 赵瑞罡 康伟 张鹏涛 张新平 方芳 黄继彬
民商法学	韩景峰 鲁政 段威 张琦 孙光明 钟鸣 王永挺 马特 罗水 熊德政 严钢 任生 冯丰 李春谊 张斌 戚兆岳 王雪岚 李颖 杨蕾 朱华芳 周茜薇 秦嫵 尚萍 高天红 董克难 赵冠群
诉讼法学	李伟 崔国振 周秋平 张忠 张和杰 王鲁峰 陈冉 曹立壁 陈崇 王丽 杨燕妮
经济法学	唐兆华 倪敏 蒋成华 吴国刚 王斐民 谢增毅 杜洪祯 孙晓烨 蒋星辉 张慧颖 张立亚 史宇华 胡艳 刘春玲 王玲 许帅 朴永民 金惠媛
国际法学	郁青峰 吴薇 郭立仕 杨国浩 刘春凌 王艳萍 李镇玉 波波夫
政治学理论	谈火生 韦学恩 陈伟刚 赵玉华 张永会 于晓虹 李姿姿 田湘红 郭艳
科学社会主义与国际共产主义运动	光炜 陆立生 邵合营 盖宁 康旭芳 王艳敏 徐丹丹
中共党史	刘培宝 张云 张政伟 高向阳 张德辉 郭保东 苏振良 于朝运 廖胜华 王大江 刘艳宇 刘巧丽 黄黎明
马克思主义理论与思想政治教育	杨利春 黎刚 于洋 马维利 陈雪亮 李合亮 种法瑱 刘群 张劲 刘蕾
国际政治	戴锋宁 黄胜伟 梁守杰 王子瑾 王忠元 靳一 孔彬
国际关系	孙延华 王帆 王世峰 耿海艳
外交学	范勇 何润锋 李存娜 孙耀
社会学	刘仲翔 吴善辉 夏海 张达 陈宝龙 董研 蒋静 李莉 李诗扬 黄盈盈 林昭廷
人口学	李兵 史梅 韩荣炜 高桥清彦 卡丽米
人类学	杨春宇
文艺学	戴书伟 李莉

专业名称	姓名
汉语言文字学	欧阳晨　仝春建　许国永　陈伟栋
语言学及应用语言学	马春华　董淑娟　韩明淑
中国古代文学	王正文　李国训　李　颜　刘　睿
中国古典文献学	黄真顺
中国现当代文学	刘　震　侯群雄　张立霞　杜付贵
比较文学与世界文学	杨　钧　姜　坤　李　嵘　付　蔷
英语语言文学	张　皓　陈　俊　周　莉　高永辉　朱书义　李冬芳　张　红
俄语语言文学	高铁英
日语语言文学	刘　颖
新闻学	林瑞琪　刘　毅　周英峰　曹建伟　王明浩　袁　奇　刘　嵘　杨　福 陈发宝　牛永斌　张开荣　黎永强　王婉勤　余志莹　许　颖　王佳航 王　军　曾　铭　卫晓莉　刘莉莉　林彦森　闵椿基　朴　仙
传播学	刘海龙　顾洪文　徐福健　文雪莲　刘　斌　郑玉杰　沈霄戈　连晓东 吴继宏　周　倩　刘　星　刘　苹　阴卫芝　刘　迅
史学理论及史学史	李莉萍　王金梅　王　琴
专门史	吕天佑　杜晓鹏　张凯峰
中国古代史	徐　妍　全秀慜　郑金刚　谢　玲
中国近现代史	陈文斌　刘立志　阎丽霞　赵丽云　刘润堂
世界史	马源洪　姬文波　宋　敏　许彦敏　张金苹　孟秀霞
运筹学与控制论	岳瑞锋　佟　鑫　段　新
概率论与数理统计	张景肖　杜冀雁
计算机应用技术	任　赪　谷明洋　孙秀明　沈宇希　彭超明　张立中　周荣贵　于　沛 张建生　张广建　丁　浩　孙　刚　常瑞君　曹会萍　付　征　郭　宏 谷明哲　张文若
会计学	陈　勇　赵音奇　孙　征　何广涛　吕睿智　丁树俊　刘俊勇　周　华 刘瑜宏　刘心强　孙晓光　冯震宇　王澔侃　刘丽华　王　倩　武莉淳 肖雪莹　姜　敏　陈　秋　林　俞　赵晓红　徐丽娟　张琦丽　何鑫森 余红燕　胡葆青　姚　文　刘荣贤　吕周勇　杨逢真　曹　敏　余　谦 吴利红　阮碧玉
企业管理	王　霆　徐　杨　刘松博　王　辉　刘　宏　黄九亮　李光宗　许　睿 张英隽　姜钦华　韩城彬　徐家新　李俊峰　李湘华　詹凌静　王　兰 王晓轶　李睿华　杜宏伟　韦文国　李为民　陈　达　王　胜　李　刚 徐成德　马　平　胡品洁　宋执芹　李　鹍　莫杜巴
旅游管理	王　朔　李　捷
技术经济及管理	朱宏光　马　荣　付　强　王俊杰
农业经济管理	王仁华　安保军　郭　峰　王　立　李　晔
行政管理	彭秀志　唐德权　张　鹏　郄少健　岳修龙　张建川　周洪敬　潘　娜 王巧玲　张春娜　王冬芳　唐　钧　曹立华　郭宪勇　宋莉芳
社会保障	叶向峰　白　冰　冯亚丽
土地资源管理	朱海洪　白彦军
图书馆学	梁炳超　张　琳
档案学	谢凌奕　申　琰　郭　敏　李春霞　丁　媚

专业名称	姓名
法律硕士	周勇 姜正宏 陈显伟 周松平 宫艳芳 崔焕鹏 吴娟萍 童春望 张献勇 杨慧 刘飞 刘黎 孙涛 冯修华 陈德武 肖伟华 秦灵华 王黎亚 张连军 龚涛 汤新颖 刘余杰 王空 侯媛媛 孙文晔 朱力凡 范贞 那娜 李胜军 刘海波 李秀芹 熊开 余伟平 史丹如 朱大鹏 王东 王茜 武雅斌 马志辉 郑昕 史江涛 孙培红 唐凯林 谭铁民 佘燕 王震亚 孙树文 杨墨 赵瑞 胡亚莉 贾小勇 孙丽珠 韩增辉 田兆斌 周冬梅 郭林虎 杨锟 刘林海 孙金亮 孙剑 孙开用 朱胜华 崔玉隆 陈明 刘云梅 王恩胜 徐显珍 潘继东 鲍金虎 占光胜 余永龙 何恬 徐厚华 林玉萍 刘国生 黄华 张伟 潘红燕 刘景省 徐伟 杨梅 周智勇 张宗强 郝洪斌 尚曼龙 吕群 史厚军 闫文锋 王正苍 王志坤 王青松 刘小冬 杨琪 吴肇棕 宋长黎 曾志明 严武龙 张帆 黄蕾 曾跃林 杜军 杨述兴 于培明 王志 唐勇 莫清海 王梅 郭建杰 周涛 党四光 赵海滨 谢罡 郭海华 张丽鹏 卢广京 陆正明 王健 刘太宗 李昌立 图木尔 徐峰 梅明喜 龚先友 聂文慧 樊学峰 张超 付幼华 吕宏伟 陈辉 陈峰 张才斐 杨中领 高秦伟 刘爱民 周军 钟海波 田水牛 何肖锋 郑宏 苏朝晖 邓钟 胡圣杰 张海涛 樊钉 路吉全 王志刚 朱小晶 王鹏 杨雄华 杨诚 汪贻祥 王路 邹功富 石现升 阮钧 薛磊 曹鹏程 马学雷 蔡虎 曹毅 杨国强 李长征 吴刚 康文瑛 盈芳 杨洪武 张秀春 朱红 谢红慧 杨燕萍 王艳秋 王玲 杨洁 韩依浓 卢国惠 周娅 游立 谈晓颖 蒋凌澜 李慧 安静 冉晔 周鸿 范海兰 雷德容 吴洁 王桂云 娄冬梅 肖骊珠 吴峥嵘 阎慧 王锐敏 肖艳君 尹训国 卢川 姜成 陆金学 黄刚 何生 邹开红 朱夫曼 何春丽 侯迎华 张璟 陆正琳 王玥海 郭燕红
工商管理硕士	张帆 彭明 陈金亮 谭俊峰 何海波 杨洋 王九相 伊钢 冯亮 帅岭 安树民 郭晓敏 孙新夏 李成 陈泽江 王刚 李明明 李振国 梁军 韩朝辉 陶勇 甘炜 张玮 聂继军 乔岩 徐小勇 靳涛 杨怀宇 蔡京川 吕京 孙恺 赵宏达 葛亮 王登山 高健 朱玉明 伏瑞龙 蒋永国 孙立功 张立章 刘运志 王拥军 许先海 李红雨 高华 王晓明 赵民杰 刘绍双 吴国义 任喜棠 赵泽祥 沈哲新 唐春峰 毕宇 宋勤峰 曹兴军 王志勇 罗湘春 赵春晓 苗刚 孙国维 杨文海 李建阳 李如刚 刘春明 陈文生 聂青 王长久 王冰 谭强 陶启文 虞翔 张渝 郑允岐 周翔 颜春晖 杨大立 徐鹏飞 孙辉 雷文 关国强 何波涌 崔力军 刘玉明 刘振华 李学峰 吴学飞 张健 杨东 王洪辉 刘彦春 于海平 汪涛 曹智 陆洋 党佩玉 祁首晖 赵辉 何屹 陈仁华 何宁 申红权 张虹 卢鹏云 张仲谦 苏欣 刘君 张同国 朱子君 廖喆 张岭 周骁林 刘涛 王立群 刘巍 周昕 陶为波 付亮 寇振宇 马群 刘志勇 杨辉 王铁民 孟祥禄 史飞 王建国 龚红鹏 王政 袁勇 刘建平 王声平 陈建国 张章 相戬军 鲁轩君 陈锋 罗隽 秦炳海 李平 赵军 王永富 黄鹏 王涛 王志永 廖年生 张军 邹晓亮 李光宇 卢文纲 裴三中 高昌 许勇 邓建宇 张永红 刘江 赵炳利 张劲松 杨季初 秦海岩 韦锋余 杨应刚 王晓辉 李日祥 张新德 全河 廖安平 范官清 周新春 贾立峰 梁振文 周长春 王奕川 张毅 张兴华 石拓 冯哲 罗武华 王金波 刘冀 胡成根 杨鑫 丁一飞 吴军 徐铁 柳成锋 赵九阳 郭首哲 徐健 王雨波 杨赤寰 艾西南 王伟 郝耀伟 王阳 笪学锋 曹奇勋 钟锦文 谢海洋 伍冬明 涂方根 李英杰 杨鹏 郑勇 熊焰 王茵 钟志红 董秀康 张晖 李祗辉 杨晓玲 袁丽珍 王宜蘋 刘颖 戴明霞 谷颖捷 王春卿 孙福春 陈春华 张艳妍 周琼 赵芸 阮晓 黄希 邹志云 张决 陈京花 罗延枫 梁东书 胡昕 周晓宁 刘桂红 王劲松 曾鸣 钟荔 何珏 刘力 高翔 胡文辉 任惠利 姜妍 黄金婵 黄海昀 任远存 张莉 刘卫 蒋俊雅 易昕 李维爽 施洁 王莉梅 朱阜顺 贺慧玲 吴建英 汪莹晖 尹从越 周敏 邱丽 王枫 张瑾 杨林 杜向秋 薛漫霜 沈红梅 韩宇双 曹华 王靖 慕凤丽 傅志江 王华 刘艳芝 魏华 张进明 韩辅华 崔淑艳 郑晓清 刘欣宇 张辉 卢国柱 肖峰 范军波 张阳平

同等学力申请学位硕士名单

专业名称	姓名
马克思主义哲学	孙振宇
伦理学	刘玉平 冉晔 秦树理
科学技术哲学	刘翠娥
政治经济学	王咏波 张晓 陈维俊 周田新 李江 李光熙 赵英玉 吕盛华 王传旗 富鲲 周冬 王常青 程天渝 王玮 张林芬 高云虎 王金波 李全修 李伟 吕连科 毕伟 董学武 于长学 张志成 杜鹏 赵珩 王淑琴
西方经济学	练绪宁 王益萍 王珏慧 陈英乾 曾家健 马立珍
世界经济	陶文宇 任冬 屈文丽 史慧利 王思为 李敏 王飞 于明 杨江权 陈英 彭文龙 朱洪 童自刚 王志伟 王乐斌 付华 陈钦霞 王雪梅 董青 张朔 徐惠喜 张进 黄万青 张弘 王迎新 邓源源 陈静 高婧 姜冰
国民经济学	孙洁 包随义 卞学泽 王拥军 张森 王蕾 张洪波 杨冰 王月华 贺琼 谌利民 张庆旭 格根 桂飙 邵冬 石梅娟 郝成 苏丹婷 夏斯伟 张锋 周俊彬 安燕清 全宇红 朱玉红 李军 梁芝玲 李建华 尹国海 高星 刘艳 丁彤
区域经济学	张朝辉 潘睿 曾令军 潘菁 段英俊 董春杰 孔祥敏 庞龙 戴伟
财政学	曲扎 杨锐 肖厚国 陈凡彦 廖贻东 陈艳 秦君玲 刘力春 吴小海 陈江 王霄絮 郭乡平 朱强 费凌云 狄文 陈智利 钟芳青 张红江 石立公 蔡可辉 王军 胡文勇 王红珠 王玉红 王汉超 霍俊卿
金融学	黄援 徐少杰 贾岩 郭立 梁久有 李振宇 胥浩 王国宝 王明新 段霞 李敬华 薛思漫 邱引珠 杨晓伟 黄亚非 杨文军 湛凤霞 夏令武 曹利群 赵霜苗 钟剑 司薇 薛冬云 陆金根 董鹏宇 王华松 朱宇明 杨文杰 傅强 于小晖 赵昱东 武浩 凌罗毅 吴振宇 刘延文 贺静 王东 裘炜 王一平 闵祥强 黄云松 田宁 王裕奎 余赞 孙彩云 李清 陈宇 朱晓军 汤进喜 李丽 高峰 李宇明 董俊松 赵华 陈维强 顾俊 孙荣 王群 朱宇宏 高晨 魏蔚 田丽 张翎 王伟 高智华 吴超 王洁 李锋 郭翠萍 张旭 施维 武芳 杨骥 钟吉鹏 孙佳 王宝滨 杨青 黄华 潘国潮 吴凡 胡琴 汪波 孙东升 谷春燕 李朝晖 周瑞 卢祎萍 孟庆波 李梦江 夏爽 王勇 方远东 宋海波 马朝红 周天彤 张河壮 刘迪 巨强 蒋松云 雷杨 赵静 王玉芹 聂无逸 崔立新 李江平 郭云峰 吴哲 暴峰 朱鼎朝 窦红 佟英 杨健松 曹燕飞 李宇 杨壮 张迎 吴建胜 李培松 蒋巧巧 冯小金 李嘉 钱伟忠 刘永胜 郭镇华 黄孝华 邓颖 李丹 王明亮 孙春 徐伟 刘燕 刘雁 刘萍 王旭东
产业经济学	刘晓鸾 张君浩 徐永昌 佟健 张梅 郑宏伟 周宇 黄利斌 廉月娟 李瑞华 邸连柱 乔梁 全文化 周恒 陈祖平 刘颖 王艳华 尉永平
国际贸易学	王宏晓 曹深江 王葵花 吴赓

专业名称	姓名
劳动经济学	苏爱民 郝　丽 王振侠 吴　彦 张小东 汤惠朝 许　岚 温　敏 江　平 钟大立 郭小兰 徐　晖 申　兵 张　瑾 刘海英 任育军 刘　武
统计学	魏涛远 葛素群 周雯雯 过劲松 王　林 童晓莉
数量经济学	程长进 李冬梅 韩　梅 陈世滨
法学理论	徐　莹 范　宏
刑法学	陈霆宇 初炳东
民商法学	李秀丽 陈振宁 杨　海 王雪冰 赵玉忠 徐文艳 袁拥军 王月园 赵英良 赵文生
诉讼法学	孙　莉 殷启峰 陈洪宗 杨永志
经济法学	杨宇澜 张　翔 晋慧珍 谭崇钧 王秀春 申林平 刘关军 陶元迪 寿舒宁 陈福平 史嵩宇 刘艳华 江水东 张玉凯 鲍显庄 张兴剑 张　芳 杨　戎 薄建伟 李开发 汪祖伟 孙　勇 齐蕴聪 邵红霞 俞　磊 谢玉冰 宋亮华 曾星辉 倪玲玲 宋芳芳 王庭义 李　锐 吴　娟 王　娟 姜四清 纪　擎 李业顺 刘淑英 赖香根 曲　词 吕安宁 张　弛 张冬梅 吴　惠 林路冰 周　硕 黄　炯
国际法学	黄冬梅
马克思主义理论与思想政治教育	暴来泉 雷国锋 王敦琴 李森林 宋晓芹 徐　东 苏宝梅 常春梅 彭向阳 李淑湘 杨　倩 翟安英 刘明永 张丽虹 王景巘 祁刚利 张文镝 周俊成 李　敏 廖启云 楚凤梅 赵爱玲 张文华 李晋玲 郑晓红 张秀仕 李德芝 牛临虹 薛晓明 郭正红 朱晓云 刘振霞 郝爱军 张　波 常福英 樊中琴 王爱锦 薛　仲 房晓琳 李牡丹 贾秀梅 安玉英 葛振纲 高玉萍 程过富 任云丽 李彩青 李宏飞 薛　智 孙丽英 李竹转 裴育萍 聂月爱 高美丽 杨国斌 李福杰 张光勤 史君锋 杨　莉 王进芬 赵华灵 杨相琴 陈海龙 柯新凡 祝　琳 葛巧玉 李青岭 乔水舟 郑小九 张丽青 郭文荣 卞玉岭 雷新超 刘合行 范小西 韦留柱 周金恋 赵传海 文永林 许建兵 陈　娱 贺艳秋 高淑芳 时树菁 黄建水 徐新林 黄世明 程素卿 张　迪 王金山 宋艳萍 韩洪涛 李振东 唐战立 张励仁 孟凤英 高　庆 周　丽 郑芝玲 王江英 柴　林 粟迎春 李江梅 黄　平 马晓红 孙月红 高淑贤 熊晓琼 杨菊梅 薛顺兴 邢瑞煜 李晓曼 詹春燕 宗永平 王　霞 罗淑荣 马立新 李　莉 康　华 桂全民 金　箴 刘　荣 李家新 蔡志英 彭玉芬 赵莉萍 冯　萱 马鸿雁 田仁超 梁健宏 陈良军 张荣军 廖永红 卫虎娃
国际关系	卢　韦 王迎喜 温朝霞 詹　冬
国际政治	杨　楠 华　晓 王爱莲 阳　刚 姜晓红 张青豫 周丽娟 贺　萌 王宝泉 朱长生
文艺学	马圣霞 康　帅
语言学及应用语言学	脱　傲 徐京梅 饶　勤 莫林虎
中国现当代文学	唐秀颖 何　庄 王鹤松
英语语言文学	吕秋凝 石洪宇 钟　玲
新闻学	余伟利 孙　畅 高立鹏 徐春昕 熊树民 浦树柔 赵陕雄 修　宇 金　鹏 刘小峰 祁　智 刘　俐 郑宇丹 郑　敏 郝　萍 韩　梅

专业名称	姓名
会计学	杨　莉　丁漫虹　张　晖　商在敏　邢敦忠　马明珠　盛秀玲　李红娟　王培亮　阎丽华　牛成喆　巫　兰　傅　薇　张敬晗　卢其顺　张义敏　葛　强　王　凯　李　镆　赵　忻　赵　芹　施　颖　倪　莹　鲍　军　刘　芳　耿成轩　乐永宏　张旭霞　刘　波　沈红兵　朱　莹　王　荣　曹祥金　刘鸿雁　刘明玺　单宝杰　申先菊　申　兵　禹树仁　张晓丽　王碧玉　陈　锐　张荣林　张晓丹　邓　广　袁　健　李　娜　邓可晖　彭　波　张　晨　张艳霞　杨坚旭　孟　飞　李飞扬　余云波　王瑞青　黄著文　岑　梅　于红冰　孙　林
企业管理	范淑芳　程　义　史福厚　鲍金亮　朱润喜　高　山　董惠梅　付彩云　潘　钢　燕　珍　韩玉芬　李政群　周　松　李云青　董会军　张　楠　白京羽　孟爱民　姚明德　毕　巍　初立红　史新伟　李中山　张慧文　姜　硕　王丽亚　季启明　秦　剑　贺石彬　沈　澎　张　晶　张志辉　黄　挺
技术经济及管理	董宝胜　姜　玲　时力华　王胜本　刘　瑜　郑卫民　王敬宁　孟宪全　王学志
农业经济管理	陈守伦　曾玉平　孙梅君　林冬梅　朱登明
行政管理	景百胜　张　明　郑朝领　母敬涛　黄京红　袁　江　隗铁夫　李　青　黄受华
土地资源管理	常建新
社会保障	蔡　艳　蒋志强　吴军华
档案学	王建君　张小莉　李　军　黎　霞　吴　芳　张林华　邹　晔　金　梅　徐　莲　李梦军
工商管理硕士	王力刚　吴蔚蔚　杨永春　卜生伟　吴琴红　石　瑛　曲光武　马　申　王玉龙　许宏斌　赵利杰　李秉红　杨耀辉　魏明亮　王淑贤　杨于武　程　斌　贾　谋　吴　凯　石七林　窦爱东　刘　江　朱　健　刘冬顺　朱　平　沈承秀　靳　军　王文涛　郁晓军　董　旭　金　萍　温　东　高兆刚　严　苹　李　文　杜　昊　徐卫晖　于红英　周亚飞　文　奇　王肇英　杨盛远　屈燕妮　赵利华　董建林　暴建军　张建平　薛　岩　卜　巍　任广庆　王　平　马智广　徐正宪
法律硕士	金瑜铭　翟瑞卿　张忠月　刘喜文　周根才　瞿卫东　陈文松　张德瑞　刘　颖　刘志高　何尧德　芦瑞玲　韦贵红　王丽萍　许　红　张径舟　倪连福　赵　英　衣学东　裴　正　张文杰　韦小萍　杨　涛　杨淑颖　王延文　于　涛　刘世杰　姜　霜　刘　健　于秋磊　陈建平　雷　扬　王　靖　张　晶　王　薇　袁　巍　冯锦卫　陈志刚　肖　柠　倪贵东　肖艳芳　姜海涛　朱旭晖　朱　磊　刘春雷　陈成霞　潘　萍　赵　静　刘　浩　牛正良　马　昆　姚建新　王　宇　吴长生　夏君丽

对外教育教学

一、概况

随着学校对外交流的扩大和国际声望的提高，我校外国留学生的招生人数也逐年增加，在校生规模逐年扩大。2002 年秋，在我校学习的 708 名外国留学生中，本科生为 357 人，硕士研究生 54 人，博士研究生 31 人，其他进修和学习汉语的学生 266 人，接受学历教育的人数超过 60%。

二、课程建设

本年度，学校完成了2002级本科培养方案的修订。在实行教研室主任审阅签署考试试卷制度的同时，实行原始试卷的立卷归档保存制度。进一步完善了各门课程的教学大纲，修订了汉语长期进修生和短期进修生的教学大纲。为留学生开出“中国民俗学”、“《骆驼祥子》原文阅读”、“老舍作品语言分析”等高级选修课。实行教案提交和检查制度，成立留学生分班测试工作小组。召开精读课研讨会。为对外汉语教学方向硕士研究生增设“对外汉语教学史”、“对外汉语教学学科理论研究”等课程。

三、教材建设

本年度，出版中国文化教材《中国古代文学选读》、《中国现代文学选读》、《唐诗选读》等。在上一年度工作的基础上，继续完成对外汉语系列配套教材《发展汉语》的编写工作。这套教材主要包括：《初级汉语》、《中级汉语》、《高级汉语》、《初级汉语口语》、《中级汉语口语》、《高级汉语口语》、《初级汉语听力》、《中级汉语听力》、《高级汉语听力》、《中级汉语阅读》、《高级汉语阅读》等，其中大部分教材完成初稿，部分教材进入试用阶段。

四、教学改革与管理

为加强学校对外教育教学改革和管理，学校有关部门成立了“对外教育教学质量管理委员会”，制定了教学考核标准，出台了《兼职教师管理办法》。本年度还开展了教学手段革新，进行多媒体课件建设，“汉语文化双向”、“中国人文地理”、“中国境内的世界文化遗产”等课程基本上实现了多媒体课件教学。

五、其他工作

2002年7月12日，国家对外汉语教学领导小组办公室主任严美华、副主任姜明宝来我校考察对外汉语教学发展现状，纪宝成校长、冯俊副校长会见了严美华主任一行。国家汉办教学处、综合处，我校国际交流处、对外语言文化学院等有关单位负责人会见时在座。

2002年6月，我校近20名外国留学生参加了由北京市政府有关部门和北京电视台联合主办的“我与北京”外国人征文演讲比赛，其中，斯里兰卡籍留学生阿普拉荣获演讲决赛及现场问答二等奖，俄罗斯籍留学生帕夫尔荣获演讲决赛三等奖。

附录

2002年秋季外国留学生人数统计（按类别）

本科生	硕士生	博士生	普通进修生	高级进修生和学者	语言生	人数合计
357	54	31	27	11	228	708

2002年秋季外国留学生人数统计（按院系）

序号	单位	本科生	硕士生	博士生	普通进修生	高级进修生和学者	语言生	人数合计
1	对外语言文化学院	102	5				228	335
2	国际关系学院	68	12	3	2			85
3	新闻学院	51	8	1	2			62
4	法学院	37	3	2	2	1		45
5	中国语言文学系	30	1	1	11			43
6	经济学院	23	5	4	2	1		35
7	商学院	16	5	5	5	1		32
8	历史系	15	2		1			18
9	公共管理学院	4	2	1		2		9
10	财政金融学院	3	2	3				8
11	哲学系	1	2	2	2	1		8
12	社会学系	2	3	2				7
13	档案学院	4	1			1		6
14	清史研究所		1			4		5
15	中共党史系		1	3				4
16	劳动人事学院			2				2
17	马克思主义学院			1				1
18	农业经济系		1					1
19	人口学系			1				1
20	外语学院	1						1
	合计	357	54	31	27	11	228	708

2002年秋季外国留学生国别统计（主要国家）

国别	韩国	日本	英国	蒙古	美国	越南	老挝	印度尼西亚	法国
人数	458	80	10	10	9	8	8	7	7

■ 继续教育

☞ 成人高等教育

一、概况

成人高等教育是中国人民大学高等教育的重要组成部分，其教学实施单位为成人高等教育学院。成人高等教育学院的办学形式有夜大学、函授、成人脱产班、高等职业教育、自学考试全日制助学教育和岗位培训6种；办学层次有专升本、高中起点本科、专科、二学历4种类型。

2002年，夜大学有8个专业，共6 514名学生；函授共开设10个专业，有函授生4 097人，每学期开设的各类课程达160门；成人脱产班开设3个专业，有学生496人；高等职业技术教育设有2个专业，有学生181人；自学考试全日制助学教育开设7个专业，有学生1 556人；岗位培训共培训学员3 850余人。成人高等教育学院共有在校生12 844人（不包括岗位培训）。从学历层次看，夜大学专升本3 438人，高中起点本科1 097人，专科1 605人，二学历374人；函授专升本3 485人，专科612人；成人脱产班本科318人，专科178人。

2002年，共有毕业学生2 347人（不包括岗位培训、自学考试助学生），其中，有专升本1 267人，高中起点本科45人，专科741人，二学历88人，高职206人。

二、招生工作

2002年报考我校成教院的考生仅北京地区就达到了10 498人，比2001年增加了2 087人，增幅为24.8%，其中专科报名人数912人，高中起点本科6 229人，专升本3 357人。2002年，我校成教院共录取新生3 255人，其中专科668人，高中起点本科1 978人，专升本609人。

三、教学管理

（一）专业设置

2002年，我校成教院共开设16个专业。其中，夜大学设有8个专业：会计学、国际经济与贸易、金融学、贸易经济、市场营销、工商管理、行政管理、法学。函授设有10个专业：会计学、国际经济与贸易、金融学、工商管理、经济管理、证券投资、税收、乡镇财政、新闻学、法学。成人脱产班设有3个专业:会计学、工商管理、计算机应用。高等职业技术教育设有2个专业:外事英语、现代商务。

（二）课程建设

2002年，开设新课15门：商法、中国法制史、中国政治制度史、行政决策、毕业论文写作指导专题、领导学、思想道德修养、WTO及其知识产权协定、服务市场营销、连锁企业经营与管理、资产评估、西方政治制度导论、证券法实务、投资银行业务与经营、企业领导学。同时，对原有的课程内容中陈旧的部分进行了修订更新，以满足经济、社会发展提出的新要求。成教院很多教师积极探索并改进教学形式，一些教师采用双语教学方式，许多教师采用多媒体教学方式。

（三）教材建设

2002年，成教院教师编写了《企业人力资源管理》、《会计学基础》、《择业心理咨询概论》、《证券投资分析》、《现代西方经济学》5本教材。部分教师还参加了教育部组织的专升本考试大纲、考试指南、辅导教材等编写工作，公开出版了一批助学、助考的成人学习材料。

我校成教院改革、突破原有的教材建设模式，即只由本院教师写、只在本院学生中使用的小而全模式，将教材建设推向市场、推向社会。教师参加编写教育部等组编的规划教材、各出版社组编的系列教材；学院使用这些有本院教师主编、参编的教材，既提高了所用教材的质量，又使教师的科研成果得到实践的检验。

四、举办学术活动

（一）举办新中国暨中国人民大学成人高等教育创办50周年庆祝活动

2002年9月7日上午，中国人民大学、中国成人教育协会、北京高校成人高等教育研究会，联合在中国人民大学逸夫会议中心举行“新中国暨中国人民大学成人高等教育创办50周年”庆祝大会。（详见“特载”部分）

（二）举办“21世纪中国成人高等教育论坛”

2002年9月7日下午至9日，中国成人教育协会、北京高校成人高等教育研究会、我校成人高等教育学院和网络教育学院联合举办了“21世纪中国成人高等教育论坛”。来自祖国大陆、台湾、香港、澳门四地的70多位专家学者参加了研讨会，共提交论文42篇，内容涉及中外成人高等教育的比较、中国成人教育和继续教育、社会转型与成人高等教育、学历教育与学科教育、大学教育与大学后教育、成人高等教育质量量化考评办法以及港澳台成人高等教育研究等问题。

五、《成人高教学刊》入选核心刊物

2002年，由我校成人高等教育学院主办的《成人高教学刊》进入全国文化教育类核心刊物系列，标志着我校成教研究跃上了一个新的台阶。

☞ 网络教育

一、概况

2002年1月，网络教育学院从成人高等教育学院中分离出来，成为独立的办学实体。分离后的网络教育学院是中国人民大学对网络教育实行统一归口管理的职能部门，又是具体组织实施网络教育的教学单位。其主要职能是：统筹学校校园外网络教育的建设规划，制定实施步骤，在学校有关职能部门的指导下，负责全校网络教育资源的协调、开发和管理，以及具体负责学校网络教育的各项教学和管理工作。网络教育学院由主管教学的副校长兼任院长，实行全员聘任制，共设有7个职能部门和两个直属的教学服务中心。截止到2002年12月31日，网络教育学院共有专职教职员工146人，注册本、专科学生23 761名。

2002年底，网络教育学院与“东方兴业公司”签署了新的技术服务协议，并决定由网络学院常务副院长兼任“东方兴业公司”的总经理，从而有效地增强了我校对网络教育质量的全面管理。

二、招生工作

面向在职人员，建立开放的、大众化的高等教育和继续教育服务体系，是我校网络教育的发展方向。

(一) 招生政策

1. 招生专业和报名条件：2002年度我校网络学历教育设有7个专业，即金融、会计、国际贸易、工商企业管理、市场营销、财政税收、公共事业管理（限专升本），涵盖了三个学历教育层次，即高中起点专科、高中起点本科和专科起点本科。根据教育部对网络教育的招生政策，我校要求报考高中起点专科和高中起点本科的学生须具有普通高中、职业技术学校、中等专业学校毕业证书；报考专科起点本科的学生须具有国民教育系列的专科或专科以上学历毕业证书。

2. 学制、学费和学习期限：(1) 学制、学习期限：高中起点专科、专科起点本科学制3年，学习期限2～5年，80学分；高中起点本科学制5年，学习期限4～7年，160学分。在学习期限内完成教学计划规定的全部学分，即可毕业。(2) 学费：80～100元/学分（中西部地区为80～90元/学分，东部地区为100元/学分）。

(二) 入学方式

1. 免试入学：报读同等学力层次第二专业者，学生持原学历毕业证书免试入学。2002年度按上述免试条件录取的新生共计723人。

2. 通过水平测试入学：不符合免试条件者，必须参加我校自行命题组织的入学水平测试。学校根据网络教育的招生计划、参加入学测试的人数、入学测试的结果等综合确定录取比例。

(三) 报考和录取

2002年度报名人数为17 175人，其中，报名参加水平测试的人数为16 452人，实际参加考试的人数为14 830人，通过测试录取的人数为11 405人，录考比为1:1.3。

(四) 非学历教育

从2002年9月开始，我校网络教育开设了单科选修和专业进修等非学历教育，以满足现代社会在职人员自我完善和提升个人社会竞争能力的需要。

三、网上教学资源和教学设施建设

我校网络教育资源的建设重点是：确保向学生推出的每一门课程，都是有较高质量的多媒体网络课程；努力建设一个功能齐备、技术先进的大型网上教学和教学管理的系统平台；力争在2004年底，使80%左右的网络课程都有配套的具有一定网络教育特点的专用教材。

(一) 课件

截止到2002年底，在已经招生的3个办学层次、7个专业中，已经开发完成光盘课件119门，网络课件93门，网上运行的课程有80门。网络课件的开发主要由内容编写、教师讲解拍摄和技术制作合成三大部分组成。网络课件完全采取基于Internet的模式。在课件中，使用了在Internet中流行的所有媒体：文字、图片、视频、声音、动画等。课件中用到的语言有：HTML、XML、JavaScript、VBScript。

(二) 纸介教材

网络教育学院使用的纸介教材由经过学院选拔的主讲教师编写，由人大出版社负责出版。2001年网络教育学院和人大出版社启动了出版现代远程教育系列教材的合作项目，截止到2002年底已出版教材9种。

(三) 网络教学及支持系统平台的改进

为提高网络教育学院的管理效率，为越来越多的学生提供更好的服务，从2002年4月开始对旧平台已有的功能进行完善和优化，提高和改善系统的一些性能并补充亟待使用的新的功能，同时开始基于美国微软的“.net”技术的新一代的教学教务管理平台的开发工作。新平台开发完成之后，将全部取代原有的平台。

四、教学管理

(一) 教学管理工作

我校网络教育的主要对象是在职人员。按照在职人员的学习特点，运用计算机、多媒体、互联网进行非实时的教学活动是我校网络教育的主要教学形式。我校网络教育的教学过程主要由以下教学环节组成：纸介教材的自学、多媒体课件（光盘版或网络版）的自学、网上导学、网上答疑、网上讨论、网上作业并辅之以适当的面授和巡回教学。

(二) 考试管理工作

网络学院自2002年7月开始执行课程考试计划，即每次考试的科目相对固定。每年在1月、4月、7月、10月安排四次考试。在开设的全部课程中，除公共基础课和部分专业基础课每年考四次外，其余课程每年只安排两次考试，且同一门课程集中在上半年（1月、4月）或下半年（7月、10月）连考两次。学生可参考考试计划并结合自身情况合理安排选课及考试科目。

为了严肃考风考纪，学院每次课程考试皆实施巡考制度，即由学院选派合格的老师前往各服务站检查、指导各考点的考试组织工作。

每次课程考试结束后，学院都针对各考点的考试组织和考风考纪情况予以评分，并把评分结果和各考点在考试中出现的问题及时反馈给各服务站，使各服务站不断总结经验教训、有针对性地改进考试工作。同时，考试的评估结果也是每年优秀服务站评选的依据。

(三) 教学效果的评估和教学改革与创新

1. 课件质量评价：包括学生评价和辅导教师评价。

2. 网上辅导教师工作质量评价：每月依据《辅导教师月工作评价标准》和《辅导教师月工作评价方法》对辅导教师承担的各门课程的辅导情况进行评价。辅导教师在服务器上每天填报《教学日志》，月底完成并上交教学工作总结，在《辅导教师月工作评价表》中填写自评栏目，然后由所属教学组的组长进行评价，最后由教学评价人员依据自评、教学组长评价结果，结合辅导教师月工作量等给出综合评价结果。

3. 巡回教学评价：每次巡回教学结束后，由参加该场次巡回教学的学院管理人员填写《巡回教学评价表》，并结合服务站的组织情况、学生出勤情况、教师授课效果等完成书面总结评价意见、建议。

4. 进一步完善各个教学环节和教学过程，在原《关于本科毕业论文的有关规定》的基础上，制定了新的《本科毕业论文写作管理办法》；推出了作为学生选修课程的“小学分课程”并制定了相应的管理办法。

(四) 学生活动的组织和管理以及网上校园文化环境的建设

1. 学生组织的建立与管理：

网络教育学院建立了多种形式的学生组织，包括班级、兴趣小组、同学联谊会及文体俱乐部等，共建立班级550个，选举班长399人，较好地实施了班级管理制度，引导学生以班级为单位开展交流活动。同学联谊会共有注册学生4 296人。

2. 学生活动的组织与管理：

学生活动主要包括助学性活动、交流性活动、公益性活动三类。2002年网络教育学院初步建立了一整套学生活动的管理办法，倡导并协助服务站开展了丰富多彩的学生活动。

2002年11—12月，围绕中国人民大学65周年校庆，在网上组织了校史知识竞赛、校庆征文、校庆贺卡以及书法、绘画、摄影作品大赛等活动，并在CMR网站上开辟了“校庆征文”、“校庆贺卡”、“校庆动态”及“投稿作品展”四个栏目。通过校庆系列活动，使学生加深了对中国人民大学的了解，增强了学生的自豪感和归属感。

3. 网上校园文化建设：

(1) CMR网站设有学院通知、服务站通知、杨老师信箱、服务热线、教学辅导、语音答疑、网络教室入口和班级同学录。新设立了十六大学习专区、版主空间、校庆征文、校庆贺卡、校庆动态和校庆投稿展六个栏目。

(2) 论坛建设：CMRBBS论坛共有杨老师论坛、学生园地、文学空间、证券论坛、音乐之声和菜鸟天堂六个论坛。2002年度BBS论坛中新注册人数共4 536人，目前总注册人数为7 132人，占在读人数的30%，总计发言数量为114 470贴，其中主题发言数为37 934贴，累计回贴发言数为76 534贴。

(五) 教师培训和咨询服务

网络教育学院每学期末或开学前都统一组织参加本学期多媒体课件制作的教师和参加课程辅导的教师的培训，系统介绍网络教育教学的方式、方法和要求。各教学组长负责对本教学组教师随时进行日常工作的指导和培训，组织教师参加与网络教育教学有关的讲座。

五、远程教学服务站建设

2002年网络教育学院设有远程教学服务站（中心）50个（包括山东电大、河北电大、杭州电大下属的24个服务站），其中38个设在省市级电大，其他分设在普通高校、职大等教育机构。

附录

2002年招生录取人数和在读人数统计表

2002年招生录取人数统计表

层次	专业名称	报名人数	录取人数	注册人数
高中起点专科	会计	870	612	503
	市场营销	408	284	226
	工商企业管理	724	496	459
	国际贸易	416	289	262
	金融	279	194	157
	财政税收	34	24	19
高中起点本科	会计	779	549	483
	市场营销	378	263	218
	工商企业管理	1 299	895	829
	国际贸易	662	460	413

续前表

层次	专业名称	报名人数	录取人数	注册人数
	金融	500	347	304
	财政税收	52	36	29
专科起点本科	会计	2 484	1 725	1 608
	市场营销	685	476	439
	工商企业管理	2 820	1 949	1 840
	国际贸易	1 329	923	887
	金融	1 477	1 026	961
	财政税收	219	152	130
	公共事业管理	1 087	755	704
本科第二学历	会计	123	123	90
	市场营销	46	46	35
	工商企业管理	189	189	160
	国际贸易	132	132	110
	金融	121	121	104
	财政税收	28	28	24
	公共事业管理	34	34	30
	总计	17 175	12 128	11 024

2002 年在读学生统计表

层次	专业	在读学生人数				
		总 计	200103	200109	200203	200209
高中起点专科	会计	1 020	217	296	298	209
	市场营销	411	63	124	119	105
	工商企业管理	919	153	308	212	246
	国际贸易	448	59	127	153	109
	金融	374	109	116	84	65
	财政税收	23	0	4	12	7
	合计	3 195	601	975	878	741
专科第二学历	会计	5	0	2	1	2
	市场营销	2	0	0	0	2
	工商企业管理	2	0	2	0	0
	国际贸易	1	0	1	0	0
	金融	0	0	0	0	0
	财政税收	0	0	0	0	0
	合计	10	0	5	1	4
高中起点本科	会计	1 051	319	243	263	226
	市场营销	396	92	85	107	112
	工商企业管理	1 624	383	420	438	383
	国际贸易	706	116	175	226	189
	金融	840	273	262	180	125
	财政税收	48	4	13	11	20
	合计	4 665	1 187	1 198	1 225	1 055

续前表

层次	专业	在读学生人数				
		总 计	200103	200109	200203	200209
专科起点本科	会计	2 417	763	642	522	490
	会计（跨）	1 504	505	398	328	273
	市场营销	180	66	43	26	45
	市场营销（跨）	739	184	192	182	181
	工商企业管理	596	262	154	119	61
	工商企业管理（跨）	3 718	969	1 088	942	719
	国际贸易	351	135	68	89	59
	国际贸易（跨）	1 307	271	294	415	327
	金融	997	440	278	173	106
	金融（跨）	1 752	635	443	376	298
	财政税收	152	76	29	20	27
	财政税收（跨）	150	2	66	45	37
	公共事业管理	33	0	6	18	9
	公共事业管理（跨）	864	1	214	344	305
	合计	14 760	4 309	3 915	3 599	2 937
本科第二学历	市场营销	77	20	22	21	14
	会计	190	47	54	57	32
	工商企业管理	377	82	132	104	59
	国际贸易	172	24	39	76	33
	金融	218	49	67	73	29
	财政税收	45	14	5	21	5
	公共事业管理	52	0	24	14	14
	合计	1 131	236	343	366	186
总计		23 761	6 333	6 436	6 069	4 923

☞ 教育培训

一、概况

2002 年，教育培训部门认真贯彻落实江泽民同志在十六大报告中提出的“加强职业教育和培训，发展继续教育，构建终身教育体系”的重要思想以及学校提出的“一高三大”即“高起点，大目标，大事业，大贡献”的奋斗目标，从长远战略发展的高度，对国际国内教育培训产业的竞争态势和发展趋势深入研究，积极应对，制定出了一系列有步骤、分层次的立体综合发展战略和规划。

2002 年，教育培训部门不断加强非学历教育培训的制度和队伍建设，逐渐建立起制度化、规范化、科学化的教育培训工作体系。在发展已有各类培训项目的基础上，不断在非学历教育培训领域开拓创新。主要开办了 2003 年研究生入学考试考前辅导班、各类入学考试考前辅导班、职业资格考前辅导班和高等教育自学考试考前助学项目等；与文化部共同举办了“文化艺术管理研究生课程研修”项目；与人事部中国高级公务员培训中心共同举办了“管理培训课程培训”；举办了广州市公共行政管理知识培训班、高级职业经理工商管理硕士（MBA）课程研修班、中山市委组织部干部培训班、伊春市干部培训班。截至年底，教育培训部门顺利完成了 2002 年的各项工作任务和指标。

二、非学历教育培训清理整顿工作

进一步深入开展清理整顿工作，巩固了2001年清理整顿工作的成果。学校先后颁发了《教育培训工作专题办公会议纪要》、《关于重申归口管理教育培训和暂停刊登一切教育培训招生广告的通知》、《2002—2003学年第2次校长办公会纪要》等重要文件，为建立健全全校范围内的非学历教育培训规范管理体系提供了重要的政策支持。由学校办公室牵头，教育培训中心积极筹备我校统一的非学历教育培训的行政管理机构。该机构从行政管理上统一全校非学历教育培训事业。主要任务包括制定总体规划、审批项目、规范广告宣传、开展质量评估等。

重新审视和完善我校非学历教育培训工作的管理机制，对已经开始举办的非学历教育培训班进行全面、详细的登记和整理，完善项目管理方法和全校非学历教育培训的整体管理机制。调整现有教育培训体制和结构，理顺各方面关系。有效配置和使用校内教育培训资源。建立了以教育培训中心为主体，以各业务培训部门为骨干，各院、系、部、处、所为支撑，相互间紧密联合，分工合作的工作体系。对各类业务培训进行了科学划分，总结培训管理中的经验和成果，不失时机地将各类非学历教育的工作实务提升到一定的理论高度，逐步实现了非学历教育培训的监督和管理机制与非学历教育培训事业共同发展的新局面。通过财务审查明确了教育培训中心的财务管理体制，促进教育培训中心制定和完善了财务管理制度，学校培训工作在税务、收支方式等方面得到了规范。

2002年9月19日，高等学校成人非学历教育培训工作调研会在我校召开。会议由教育部高等教育司主持，来自中国人民大学、北京大学、北京航空航天大学、北京交通大学、北京工业大学、北京理工大学、北京工商大学、北京师范大学、北京外国语大学、对外经济贸易大学、中央财经大学、中国政法大学等首都12所高校的有关负责同志参加了会议。

三、制度和队伍建设

在制度建设方面，教育培训中心在总结2001年工作得失的基础上，通过对中心内部工作和管理体制的调研与分析，制定了《关于加强报告制度的通知》、《关于加强人事管理的通知》、《中国人民大学教育培训中心财务报销制度（试行）》、《中国人民大学教育培训中心项目申请与过程管理程序（试行）》、《中国人民大学教育培训中心通讯费用报销办法（试行）》、《中国人民大学教育培训中心业绩酬金发放办法（试行）》、《关于加强临时聘用人员教育和管理的通报制度建设制度》等一系列文件，为管理的制度化、规范化、科学化奠定了坚实的基础。

在队伍建设方面，根据教育培训的特点和发展需要，教育培训中心不断加强人力资源的开发和合理配置，逐渐打造出一支由高学历、高素质、精通培训业务的管理人才组成的专业化培训管理队伍，为保证2002年全校非学历教育培训正常、规范的发展起到了决定性作用。截止到2002年末，教育培训中心共有员工220人，其中，学校在职人员10人，中心直接聘用人员4人，各项目聘用人员206人。

四、各类培训

（一）高级干部培训

根据不同地区、不同环境、不同风格学员的多样化需求，教育培训中心在课程设计、培养方案等方面不断提高，丰富了干部培训班的教学内容，保证了教育培训的教学质量，提高了学员的学习质量，提升了中国人民大学教育培训的声誉。2002年，教育培训中心开办的“高级干部培训班”有：为期2个月的“内蒙古呼盟少数民族后备干部培训班”；为期半个月的“中山市中青年领导干部行政管理研修班”；为期 3 个月的“广州市公共行政管理知识培训班”；人事部“管理培训课程讲座”等。

（二）高等教育自学考试助学教育

以国家继续大力实施“科教兴国”战略为契机，教育培训中心继续加大投入，积极推进素质教育，突出社会市场需求，强化教育服务理念，实现了日常管理制度化、招生宣传规范化、教学评估检查经常化。在实际工作中，始终注重加强基础设施建设、加强师资队伍建设、加强优质品牌建设，“人大自考”在同业中树立了良好的形象，深受广大学生、家长和社会各界的好评。2002 年校本部在校学生人数在保持对资源充分、合理利用的情况下较去年稳中略降，总人数比上年同期减少 1.25%。同时适应市场竞争新形势需要，开辟了北京西三旗自考校区，开办第一年共招收学生 977 人。

（三）短期培训

2002 年，教育培训中心各类考前辅导班和职业资格考试辅导班规模继续扩大。开设各类考前辅导班 70 多个班次，合计授课时间 4 200 多个小时，培训人数 6 074 余人。考研辅导班共开 4 期，即春季基础班、暑期强化班、秋季周末班、冲刺串讲班，分政治、英语、数学三科教学，合计辅导人数 4 074人。

■“十五”期间“211 工程”建设项目启动

一、概况

实施“十五”“211 工程”建设，对于落实江泽民同志“4·28”讲话精神，加快推进我校建设以人文社会科学为主的世界知名的一流大学具有重要意义。中国人民大学“十五”“211 工程”的建设内容包括 14 个重点学科建设项目、3 个公共服务体系建设项目和 3 个师资队伍建设项目。项目总投资 14 000 万元，其中中央专项资金 7 000 万元（国家计委 1 850 万元，财政部 1 850 万元，教育部 3 300万元），学校自筹资金 6 000 万元，地方政府配套 1 000 万元。

重点学科建设项目为：新世纪新闻传播学科整合创新工程，中国法学，金融政策与金融管理，中国经济学的建设与发展，中国企业管理的理论与实践，哲学理论创新与当代中国社会发展，中国现代化进程中的社会学学科建设——理论与应用，全球化时代的国际政治经济与中国对外战略，信息科学技术与信息管理学科群建设，公共政策与公共管理，中国生态、资源、环境经济学与可持续发展战略，当代社会主义理论与实践，中国历史与传统文化，流通经济与物流管理。

公共服务体系建设项目为：数字图书馆，交互式远程教育系统支撑平台，管理信息系统升级。

师资队伍建设项目为：引进人才工程项目，“重点建设学科项目”学科带头人国际化培训项目，青年学术骨干培训项目。

二、“211 工程”建设项目管理机构

根据学校组干字［2000］10 号文件（《关于设立发展规划处的决定》）精神，“211 工程”办公室由原来挂靠在学校办公室下改为挂靠在发展规划处。2001 年 6 月，学校设立“面向 21 世纪教育振兴行动计划”项目管理办公室，具体负责“行动计划”项目、“211 工程”建设项目的组织、实施、管理、协调和检查等项工作。2002 年 9 月，成立中国人民大学“十五”“211 工程”建设领导小组，下设“211 工程”办公室，具体负责“十五”期间“211 工程”项目建设准备及督办工作。

三、“十五”“211 工程”项目申报工作

(一) 确定建设项目

2002 年 9 月 12 日，学校召开专题办公会，确定 14 个重点学科建设项目、3 个公共服务体系建设项目及负责人，并明确“十五”“211 工程”建设项目工作原则。学校在充分协商、反复论证、不断交流、反馈研讨的基础上，确定“十五”“211 工程”建设项目资金总额为 14 000 万元，其中中央专项资金 7 000 万元，与北京市共建资金 1 000 万元，学校自筹资金 6 000 万元，并形成了“十五”“211 工程”拟建重点学科建设项目汇总表，经过学校“211 工程”领导小组研究决定后，于 9 月 28 日上报教育部。

9 月 30 日，教育部下达《关于对你校“十五”“211 工程”重点学科建设项目的批复意见》，批准我校上报的“十五”“211 工程”建设项目。在各单位编写各个项目的可行性报告的基础上，“211 工程”办公室汇总编写了《中国人民大学“十五”“211 工程”建设项目可行性研究报告》（以下简称《可行性报告》）和《中国人民大学“十五”“211 工程”建设分项目可行性研究报告》。

(二) 专家预审

11 月 3—4 日，教育部组织部分专家对我校“十五”“211 工程”建设项目进行预审。专家组的成员有吴树青、方惠坚、秦绍德、史宁中、逄锦聚、张文显、马严。经过 2 天紧张的预审工作，我校顺利通过了专家评审。各位专家对我校“十五”“211 工程”建设项目给予了充分肯定和高度评价。

教育部预审专家在充分肯定我校“十五”“211 工程”建设项目的同时，也对我校编写的《可行性报告》中的部分内容提出了修改意见，主要是应进一步凝练重点学科建设项目的方向，整合内容，加强各方向之间的关联，使重点更加突出，力争在基础理论和应用研究方面多出传世之作以及对我国经济社会发展产生重要影响的成果。在设备购置和资料购置方面，学校可更多地集中财力，购置一些大型的设备及文献数据库，以进一步拓展公共服务体系。同时部分专家又根据其各自的研究领域，对相关子项目提出了一些有益的建议。

根据专家提出的建议，特别是根据纪宝成校长关于“十五”“211 工程”建设“应建立在以前积累的基础上，对学校整体工作起带动和领导的作用，起到‘点睛之作’的作用”的重要讲话精神，又重新修改了《可行性报告》。

(三) 中国国际工程咨询公司对我校“十五”“211 工程”项目预审

12 月 9 日，受国家计委委托，中国国际工程咨询公司对我校“十五”“211 工程”项目进行评审，这次评审的主要内容是从工程技术角度评估项目的可行性和技术性。

专家对学校“十五”“211 工程”建设项目资金安排、大型设备购买以及有关设备使用率等方面进行了认真评估。专家认为：设备购置符合我校发展的学科建设和公共服务体系建设的发展需求，符合“十五”“211 工程”设备购置原则，总的配置是合理的。学校师资队伍建设包括人才引进工程、重点建设学科带头人国际化培训项目、青年学术骨干培训项目。这些项目各有侧重，层次分明，能够为“211 工程”建设提供人才保障。同时，专家组对我校部分项目的资金投入和有关设备提出了调整建议，提出对“中国生态、资源、环境经济学与可持续发展战略”、“管理信息系统升级”和“数字图书馆”三个项目分别增加 35 万元、35 万元和 4 万元的自筹经费，用于设备购置。

附录

"十五""211工程"主要建设内容

一、重点学科建设项目

(一) 新世纪新闻传播学科整合创新工程

主要研究内容为:(1) 新闻传播与中国社会发展;(2) 媒介经济与国民经济发展;(3) 新世纪新闻学教学改革与创新;(4) 广播电视传播的观念与方法创新;(5) 新世纪中国出版业发展与人才需求;(6) 新闻传播教学与实验系统建设。

项目总投资780万元,其中中央专项资金580万元,学校自筹资金200万元。

(二) 中国法学

主要研究内容为:(1) 中国法制信息港二期建设;(2) 国家重点学科"宪法与行政法律科学"的建设;(3) 国家重点学科"刑事法律科学"的建设;(4) 国家重点学科"民商事法律科学"的建设;(5)"国际法律科学"的建设。

项目总投资530万元,其中中央专项资金380万元,学校自筹资金150万元。

(三) 金融政策与金融管理

主要研究内容为:(1) 金融中介和金融市场的关系;(2) 金融市场的发展与货币政策;(3) 金融体系的稳定性研究;(4) 公司金融与公司治理;(5) 金融风险的计量与管理。

项目总投资680万元,其中中央专项资金380万元,学校自筹资金300万元。

(四) 中国经济学的建设与发展

主要研究内容为:(1) 中国经济改革的实践与政治经济学理论的创新;(2) 现代西方经济学与中国社会主义市场经济理论建设;(3) 中国经济持续稳定增长与宏观经济管理问题研究;(4) 经济全球化条件下的中国经济对外开放;(5) 经济学研究的方法和分析技术。

项目总投资680万元,其中中央专项资金380万元,地方政府资金100万元,学校自筹资金200万元。

(五) 中国企业管理的理论与实践

主要研究内容为:(1) 中国企业战略与组织模式研究;(2) 现代企业的业务重构和管理模式研究;(3) 中国企业市场竞争力研究;(4) 工商管理教学支持系统软件包开发;(5) 财务管理理论创新研究;(6) 环境保护会计与审计研究;(7) 中国企业战略会计管理研究。

项目总投资680万元,其中中央专项资金380万元,学校自筹资金300万元。

(六) 哲学理论创新与当代中国社会发展

主要研究内容为:(1) 马克思主义哲学中国化进程的反思;(2) 中国当代哲学理论创新研究;(3) 以德治国与社会信用建设;(4) 中华民族精神与中华民族凝聚力;(5) 当代中国社会信仰与宗教。

项目总投资410万元,其中中央专项资金380万元,学校自筹资金30万元。

(七) 中国现代化进程中的社会学学科建设——理论与应用

主要研究内容为:(1) 现代化进程中中国社会结构演变的长期趋势;(2) 影响中国市场经济体制建设的非经济因素;(3) 社会转型过程中的社会政策;(4) 21世纪前期中国人口老龄化社会影响研究;(5) 中国人口城市化与人口迁移;(6) 社会调查数据库、中国人口迁移流动与城市化数据库和中国老龄信息资料数据库。

项目总投资450万元，其中中央专项资金400万元，学校自筹资金50万元。

(八) 全球化时代的国际政治经济与中国对外战略

主要研究内容为：(1) 以马克思主义的国际政治理论以及邓小平国际战略思想和江泽民同志关于国际问题的论述为指导，概括和总结新时期中国对外战略的基本框架和轮廓，探讨中国为争取和平与发展确定的战略主线和策略设想；(2) 依据国际政治经济学的前沿理论，着力研究经济全球化背景下大国间政治关系格局及其演变趋势、国际政治经济秩序的历史变迁与未来发展趋势、国际政治格局中的多极化发展空间及策略、中国独立自主外交政策的战略构想等问题；(3) 在基础理论力求实现系统化创新的基础上，有针对性地研究全球政治经济条件下的中欧关系、中美关系、中俄关系以及中国的周边国际环境，跟踪重大国际事态的发展和变化，提出有战略决策意义和对策意义的应用性研究成果。

项目总投资580万元，其中中央专项资金380万元，地方政府资金100万元，学校自筹资金100万元。

(九) 信息科学技术与信息管理学科群建设

主要研究内容为：(1) 电子政务的战略与实现技术研究；(2) 高性能数据库管理系统的研究；(3) 数据挖掘技术与商务智能研究；(4) 基于Web Service的信息系统建设与管理的理论及技术研究；(5) 社会信息化环境下档案信息资源管理应用理论研究。

项目总投资930万元，其中中央专项资金630万元，地方政府资金200万元，学校自筹资金100万元。

(十) 公共政策与公共管理

主要研究内容为：(1) 公共管理学科体系与人才培养模式研究；(2) 公共政策的制定、实施、评估研究；(3) 国民经济和社会发展战略、规划与宏观经济政策研究；(4) 公共财政框架背景下的财政学科建设和财政政策安排；(5) 西部开发政策与重大工程项目的区域效应评估；(6) 中国劳动力市场及其统计指标体系研究；(7) 中国社会保障制度创新与发展研究。

项目总投资810万元，其中中央专项资金430万元，地方政府资金100万元，学校自筹资金280万元。

(十一) 中国生态、资源、环境经济学与可持续发展战略

主要研究内容为：(1) 可持续发展经济学理论研究（人口、资源、环境经济学理论框架）；(2) 自然资源与环境质量价值评估技术的建立与应用研究；(3) 全球气候变化的经济学与制度研究；(4) 生态保育、生态建设与区域可持续发展综合研究；(5) 生态、资源、环境与人口实验室、数据库建设及其分析工具开发。

项目总投资1 200万元，其中中央专项资金560万元，学校自筹资金640万元。

(十二) 当代社会主义理论与实践

主要研究内容为：(1) 当代世界新变化与马克思主义的创新与发展研究；(2) 中国共产党的建设与执政经验研究；(3) “三个代表”重要思想与中国特色社会主义研究；(4) 中国共产党重大历史事件与人物研究；(5) 新时期马克思主义理论与思想政治教育研究。

项目总投资420万元，其中中央专项资金380万元，学校自筹资金40万元。

(十三) 中国历史与传统文化

主要研究内容为：(1) 关于清代“康乾盛世”的局限性及其原因；(2) 关于清代的灾荒及政府对策；(3) 关于孔子及其思想学说；(4) 关于对中国传统文化理论的诠释；(5) 关于汉唐时期的儒家文化与政治制度；(6) 关于汉唐时期的国家管理与法律。

项目总投资400万元，其中中央专项资金380万元，学校自筹资金20万元。

(十四) 流通经济与物流管理

主要研究内容为:(1) 中国消费品市场监测与物流体系创新;(2) 农产品批发和期货市场比较研究与模拟实验室建设;(3) 中国外贸发展与国际产业问题研究。

项目总投资440万元,其中中央专项资金380万元,学校自筹资金60万元。

二、公共服务体系建设

(一) 数字图书馆建设与研发项目

主要建设内容为:(1) 数字资源整合系统;(2) 数字信息服务系统;(3) 计算机网络系统;(4) 数字图书馆研究与开发。

项目总投资1 000万元,其中中央专项资金300万元,地方政府资金100万元,学校自筹资金600万元。

(二) 交互式远程教育系统支撑平台项目

主要建设内容为:(1) 建立具有采集教学过程和数据处理能力的多媒体教室;(2) 建立课件制作中心,配备多媒体制作软件、课件合成软件和10台制作课件所需的PC级服务器;(3) 建立互联网网络中心;(4) 开发资源库,包括素材库、课程库、题库和模拟考试库;(5) 开发并维护教学站点;(6) 开发远程教育的管理软件。

项目总投资300万元,其中中央专项资金100万元,地方政府资金200万元。

(三) 管理信息系统升级项目

主要建设内容为:通过管理信息系统的建设,逐步实现校园网环境下的办公事务、教务管理、人事管理、学生管理、财务管理、外事管理、资产管理、科研管理等管理职能的规范化、网络化、现代化,并以事务管理和信息资源为基础,建立模型库、方法库,进而提供全方位、多层次的图表数据信息,为领导决策提供支持。

项目总投资980万元,其中中央专项资金580万元,地方政府资金400万元。

三、师资队伍建设

主要建设内容为:(1) 引进人才工程项目:引进约80名左右符合我校学科建设发展需要和"十五""211工程"重点学科建设项目急需的、在国内外有重大影响的知名学者和有较大发展潜力的中青年学术骨干;(2) "重点建设学科项目"学科带头人国际化培训项目:选派并资助30名左右"十五""211工程"重点学科建设项目学科带头人,到世界一流大学进行进修和交流;(3) 青年学术骨干培训项目:选派50名左右参与"十五""211工程"重点学科建设项目的中青年骨干教师到国内一流大学或相关学科处于一流水平的国内其他大学从事一年以下的进修和学习。

项目总投资2 730万元,其中引进人才工程项目2 000万元,"重点建设学科项目"学科带头人国际化培训项目450万元,青年学术骨干培训项目280万元。

■ 图书馆

一、概况

图书馆由东馆和西馆两部分组成,馆舍总面积26 160平方米,设有5个借阅处,9个阅览室,1个语音室,阅览座位共计1 882个。暑假期间学校安排对图书馆馆舍进行维修改造,主要解决了系统部机房改造和全馆电力增容问题。图书馆馆藏文献总量约250万册。全年校拨经费345万元，专款19.4万美元（额度）。图书馆设有8个部室：办公室、借阅部、资源部、咨询部、系统部、教学研究室、古籍特藏部、技术服务部。在编人员160人，其中，正高职称4人、副高职称22人、中级职称90人。图书馆采用美国SIRSI公司的Unicorn图书馆自动化管理系统和支持该系统的美国SUN公司与CISCO公司的硬件设备，图书馆局域网与校园网、中国教育和科研计算机网、Internet网相连形成了良好的网络环境。

二、数字图书馆建设

在我馆数字图书馆建设中心组织、协调下，系统、资源、咨询、教学四部室以课题制的方式开展工作。课题制的采用，是我馆机制改革之后，顺应现代图书馆发展要求，进行现代化管理实践的有益尝试。

在数据库建设方面，完成法学学科资源库建设，总数据量35万条，含全文资料12万篇。建设了教师文库题录数据库，教师科研成果数据库，目前已提供检索服务。

以现有馆藏资源为核心，将各种介质的资源、特色资源、网络资源进行全方位的揭示和整合，建设集题录、全文、相关资源及多媒体资源为一体的OPAC资源系统。全面整合经济学学科的学术资源，目前数据库主要收录以下数据：（1）学术论著19 322条。其中馆藏经济类电子书5 305条，中外文经济学核心期刊54种，2001年以后的学术论文12 672篇，1969—2002年51位诺贝尔奖获得者论文90余篇。（2）专家学者：472位经济学博导。（3）学术机构：国内教育机构324家。（4）学术会议：国内外2000年以后的会议信息258条。（5）科研项目32条。（6）案例事件：近年经营管理案例53条。（7）信息来源：国内外出版社、杂志社、网站、数据库等信息源619条。

协助对外语言文化学院资料室完成了软件的安装，对人员进行了操作指导，帮助各系完成书目数据的检索工作661条，其中，对外语言文化学院从CALIS检索并下载书目数据373条，国际关系学院176条，人口所58条，财经学院54条；在我馆的帮助下，各系所完成新书及回溯26 393册，其中，国际关系学院完成8 350册，人口所完成6 283册，财金学院完成5 000册，对外语言文化学院完成2 500册，经济学院完成4 260册。

三、文献信息资源建设

2002年调整书刊复本量，书刊种类明显增长。本学年共购进中文图书12 129种，31 021册；外文图书1 846种，2 217册；中文报刊1 738种；外文报刊518种；接收外文赠书524种；接受中文图书捐赠2 548种；购进电子中文图书3 000种。今年中文书总册数虽减少842册，但种数增加1 247种，同比增长11.46%；外文图书增加709种，同比增长62.36%；中文报刊增加14种，同比增长0.8%；外文报刊增加39种，同比增长8%；中文书接受捐赠增加842种，增幅49%；外文书接受捐赠减少133种，减幅20%。

剔除中文图书15 000册，包括：大学出版社样本书和库本阅览室部分过时的自然科技类图书（其中500余册调拨给本校汉语中心和附小）。剔除1991—1993年期刊合订本复本3 000册（其中533册调拨给人大后勤集团北戴河疗养所）。

增加电子书的选购。从国家图书馆18万册电子书中选订本校教师著作、教学参考书、优秀学术专著3万册，并选择“书生电子图书”进行试用。

建立网络资源采集机制：在经济学学科资源检索系统建设的过程中注重网络学术资源的采集，特别是灰色文献的采集。至今已采集核心期刊论文、著名专家论著、学术性报告、讲义、音频、视频资源29 000条。

核对图书馆购买的中英文电子期刊共11 727种：在6个中英文网络联机数据库中，图书馆拥有英文电子期刊9 536种，其中7 673种为全文刊，中文电子期刊2 191种（全文）。核对2001年图书馆购买纸本刊中免费提供电子版的情况，400种英文刊中有71种提供网络版。

本学期开始公务目录与机读书目数据库数据的核对工作，核对馆藏历史记录、现有馆藏记录、历年剔旧、丢失记录的工作已完成1/3。

四、文献信息服务

本学年建立了咨询馆员制度。读者工作主要侧重两个方面，一是读者培训工作，二是与读者的沟通。具体有：调整库本阅览室；改造录像室有关设施；为读者举办“信息检索讲座”46场，参加人数901人次，约70％为教师、博士生和硕士生；制作检索手册500余份，检索材料3 000多份；配合中文系、法学院、新闻学院的教学，举办了10余场专场教学录像；传递文献原文76篇，为本校领导传送105册期刊目次；完成44件课题检索，解答读者咨询；建立读者联系，利用图书馆主页的“建议与意见”专栏和馆内“回音壁”回复读者意见338条；在学校“天地人大”BBS站设立了宣传专栏，积极同学生读者进行交流；在每周推出新书目录的同时，选择有代表性的新书扫描封面做简介、在网上发布，今年共做了15期，向读者推荐新书150本。

各借阅处今年出借图书38万余册，图书归架40万余册（含阅览室图书归架）；报刊、电子、音像、古籍等阅览室接待读者105万余人次；复印量77万多张。在原有馆际互借基础上，与11所高校建立馆际互借关系；参加calis馆际互借系统二期测试工作。

五、古籍、特藏收集整理及其他工作

为江泽民主席视察人大和65周年校庆举办“特藏珍品展”，共展出馆藏珍善本书刊100余种。为“中国家谱总目”项目提供工作单391种，为馆藏家谱书目数据库提供工作单376种。初步清理碑帖拓片2 000余种，约5 000余册。为美国中文善本书国际联合会目录项目提供工作单600余种。起草馆藏零散古籍整理规划和著录规则。完成图书馆科研项目《馆藏吉金书目提要》书稿约160 000字。清点善本书共2 700余种，约100 000册。

本学期教研室完成本科生“社科电子信息检索”教学54课时；2001级研究生课程“社科信息理论与方法”的教学36学时。组织2002级研究生的入学面试以及1999级研究生的毕业论文答辩工作。全馆公开发表学术论文29篇，著作3部，在IFLA大会宣读论文1篇。

科学研究

一、概况

2002年，学校科研工作坚持“树精品意识，抓精品管理，产精品成果”的指导思想，积极推进精品项目工程建设，取得了新的成绩。

5月，学校成功举办“中国人文社会科学论坛（2002）”。论坛上，国家有关部门的领导以及来自全国人文社会科学界的专家学者，围绕“与时俱进的中国人文社会科学”这一主题，共商发展和繁荣哲学社会科学的大计。

学校组织编写了一年一度的《中国人民大学经济发展研究报告》、《中国人民大学社会发展研究报告》和《中国人文社会科学发展研究报告》。学校为此组织专门的课题组，跟踪研究中国的经济、社会和人文社会科学发展状况，注重实效性、针对性、预见性，发现重大问题，研究重大问题，回答重大问题，为政府决策提供科学参考。同时，为了形成一个向有关部门传递政策建议的制度，建立学者建议与政府决策之间的信息反馈机制，使政府的决策更具有现时性、客观性、针对性，充分发挥中国人民大学思想库的作用，学校创办了《问题与思路》刊物，以不定期内部报告的形式上报政府有关部门，2002年共出刊5期，取得了良好的社会效果。

在我校建校65周年庆典之际，组织了第四届吴玉章奖评奖活动。经认真评审与广泛公示，最终有31项成果获奖，其中特等奖1项，一等奖10项，优秀奖20项。

我校还举办了科研成果展览，对学校科研工作进行了回顾和总结。65年来，中国人民大学坚持“双百方针”，坚持理论联系实际，取得了丰硕的成果。自改革开放以来，学校共取得教材、专著、论文等教学科研成果近5万项，居全国高校人文社会科学研究前列。展览集中展示了各学科不同时期的优秀科研成果，其中不乏具有开创性、前瞻性和重大影响的科研精品，这些成果客观反映了学校科研工作前进的足迹。

二、科研机构

学校现有12个全国普通高等学校人文社会科学重点研究基地（新闻与社会发展研究中心主任变更为郑保卫教授，经济改革与发展研究院院长已变更为黄泰岩教授），111个院（系）属科研机构。其中，部分校属重点科研机构介绍如下：

（一）孔子研究院

为弘扬中华优秀传统文化，大力彰显孔子思想学说，加强学校人文学科建设，促进学校人文学科与国内外学术界、文化界、教育界的广泛交流与合作，中国人民大学于2002年11月成立了孔子研究院。研究院的建院宗旨是：继承优秀传统文化，弘扬孔子思想精华，提高国民人文素质，建设人类美好未来。

孔子研究院为中国人民大学直属研究机构，校内以人文学院为依托，按校内科学研究基地模式运作和管理。研究院的组织机构由理事机构、学术咨询机构和行政机构三部分组成。理事机构包括中国人民大学孔子研究基金会和中国人民大学孔子研究海外基金会（香港）。基金理事会的职能是筹集社会资金，负责管理中国人民大学孔子研究基金。基金会理事长由中国人民大学校长纪宝成担任。学术咨询机构为中国人民大学孔子研究院学术委员会，其职能是决定研究院的学术定位与发展战略，评议审查科研项目与科研成果。行政机构实行院长负责制，下设研究交流部、教学培训部、市场推广部和办公室。中国人民大学校长纪宝成担任孔子研究院名誉院长，著名学者张立文担任院长兼学术委员会主席，著名学者方立天、中国人民大学副校长冯俊、人文学院院长陈桦担任副院长。

中国人民大学孔子研究院立足于高起点、高水准、高规格的发展战略。拟创办学刊、设立研究专题、出版儒家学术典籍、举办系列学术会议和学术讲座、设立国学研究奖、设立奖学金和助学金、创建研究网站、在大学生中进行中国传统文化知识的讲习活动，力求通过多层次、多渠道开展学术研究和学术推广活动。

联系电话：86-10-62513561

E-mail：ruc-confucius@163.com

网址：http://confucian.ruc.edu.cn

（二）“三个代表”重要思想研究中心

中国人民大学“‘三个代表’重要思想研究中心”于2002年11月29日成立。中心设主任1名、副主任3名、秘书长1名、副秘书长2名。主要任务是组织、协调全校力量，按照“三个代表”重要思想的要求进行理论研究，探讨全局性、前瞻性、战略性重大理论和实践问题；协调、组织全校从事马克思主义和中国特色社会主义理论教学与研究特别是从事“两课”教学与研究的力量，开展邓小平理论、“三个代表”重要思想教学、科研的规划；承担国家、教育部、北京市及社会其他方面提出的重大课题的研究和攻关，并开展与校外同类研究机构的联系、交流与合作。中心按照教育部人文社会科学重点科学研究基地的模式运行。中国人民大学党委书记程天权教授任中心主任，马俊杰、沈云锁、王顺生任副主任。

研究中心依托科学社会主义与国际共产主义运动、中共党史（含：党的学说与党的建设）、马克思主义理论与思想政治教育3个硕士和博士学位点。其中，中共党史学位点，是我国第一批硕士和博士学位授予点，1986年和2002年两次被评为全国重点学科；马克思主义理论与思想政治教育也在2002年被评为全国重点学科。中心着重开展基础研究，重点开展“三个代表”重要思想与马克思主义理论创新、全面建设小康社会的理论与实践、执政党建设的理论与实践三个方向的研究。

联系电话：86-10-62511288

(三) 人文奥运研究中心

中国人民大学人文奥运研究中心于2000年10月成立，是学校直属的专门研究“人文奥运”相关理论与实践问题的相对独立的学术研究机构，是人文奥运相关人才的培养培训基地，是通过宣传、交流、咨询、策划、培训、实践等活动形式促进人文奥运实践的文化中介机构。中心的运作按照教育部人文社会科学重点研究基地的模式运行。中国人民大学副校长冯惠玲任中心主任，金元浦任执行主任，徐兆仁、葛晨虹、肖群忠任副主任。

中心设学术研究部、咨询策划部、宣传联络部、国际交流部、社会培训部、青年工作部。中心设立学术委员会。中心坚持多学科交叉渗透、强强联合、开放式管理，并与校内有关院系、教育部重点研究基地保持密切合作关系。

中心的主要任务与目标是组织并完成人文奥运的重大科研项目，推动我国人文奥运研究的整体水平；培养培训奥运行动相关人员如奥运官员、志愿者及其他服务人员，提升奥运人员的素质；通过文化、道德、礼仪等内容的培训，提高国民与北京市民的文明素质；通过举办全国或国际学术会议，交流人文奥运的研究成果，宣传人文奥运理念，推动人文奥运实践；加强图书资料建设与人文奥运网站建设，努力使本中心成为人文奥运研究的全国学术交流和资料信息中心；通过主动承揽奥组委和其他政府部门的委托研究课题，开展调研与合作研究，向有关部门提供人文奥运的参考咨询服务；提出若干人文奥运建设项目的创意，成为政府与市场、社会的智力与文化中介；积极开展人文奥运的宣传、服务等实践活动。

联系电话：86-10-62511149

三、学术刊物

中国人民大学现有10种学术期刊，其中，《档案学通讯》总编变更为胡鸿杰。另有复印报刊资料系列刊125种，文摘卡系列刊14种，报刊资料索引系列刊2种。

四、科研项目和科研经费

2002年，中国人民大学共获准各类项目立项290项，新项目批准经费2 483.60万元。其中国家社会科学基金项目29项，批准经费201.00万元；国家自然基金项目12项，批准经费166.00万元；863项目2项，批准经费120.00万元；教育部人文社会科学规划项目50项，批准经费633.00万元；霍英东教育基金项目2项，获得资助经费29.22万元；北京市哲学社会科学基金项目、北京市社科联项目、北京市教育规划项目11项，批准经费36.10万元；其他部委和企事业单位资助项目184项，资助经费1 298.28万元。

2002年新立项的290个项目中，有42项重点（重大）项目，其中国家社会科学基金重点项目4项；教育部人文社会科学规划重大项目3项，基地重大项目25项；北京市哲学社会科学基金特别委托项目3项。

到2002年年底为止，我校共有在研项目760项，当年投入人员401人，其中研究生107人。2002年拨入项目经费2 209.70万元，支出1 985.00万元。

五、科研成果

2002年，中国人民大学出版专著241部，编著和教材379部，工具书和参考书68部，古籍整理著作4部，译著51部；发表论文2 295篇，译文25篇。成果应用方面，提交有关部门成果1 631项，鉴定成果100项。共有11部专著获得北京市社会科学理论著作出版资助。

2002年，中国人民大学教师获北京市第七届哲学社会科学优秀成果奖27项，其中一等奖7项，二等奖20项；获第四届吴玉章人文社会科学奖一等奖3项，优秀奖5项；获全国优秀博士学位论文奖3项；获司法部法学教材与法学优秀科研成果奖16项，其中一等奖3项，二等奖4项，三等奖7项，优秀奖2项。

（一）北京市第七届哲学社会科学优秀成果奖一等奖成果简介

1.《二十世纪中国易学史》

作者：杨庆中

出版单位：人民出版社

该书是第一部系统探讨20世纪中国易学发展史的专著。作者以马克思主义唯物史观为指导，从大量第一手资料出发，比较了各家各派的研究方法和成就，揭示了它们之间批判、继承和创新的关系，全面系统地分析了20世纪中国易学研究的性质、特点和方法。

该书立足于20世纪中国学术思想的发展，讨论20世纪的易学研究，在学术界尚属首次，具有开拓性的意义，对促进易学研究的健康发展必将产生积极影响。同时，该书以20世纪的易学研究为基础，展望了未来易学研究的发展方向，这对于建设有中国特色的社会主义新文化同样具有积极意义。

2.《人是什么》

作者：夏甄陶

出版单位：商务印书馆

本书站在马克思主义立场上回答了“人是什么”的问题，从人是“自然存在物”、“社会存在物”、“有意识的存在物”和“从事活动的存在物”等方面，系统地提示了人的本质和存在方式的丰富内涵。本书的特点在于，从马克思主义的实践观点出发，以人的关系、活动为主线，统一了关于人的自然、社会、意识等各个方面的界定，对人的本质作了实践唯物主义的系统论述。这一论述，有力地回答了历史唯物主义是否是“人学空场”的问题，为建构马克思主义人学理论提供了坚实的理论基础。同时，它对于解决人的素质、人的发展等有关人的问题提供了理论指导，具有重要的实践意义。

3.《西方经济学》

作者：高鸿业

出版单位：中国人民大学出版社

本教材以马克思主义为指针，系统介绍西方经济学的基本理论和基本方法，及时反映西方经济学发展的最新成果，并本着“洋为中用”的原则，结合中国国情对西方经济学的总体和具体内容进行分析与评论。与同类成果的主要不同点：(1) 充分考虑了我国学员学习西方经济学的不同要求和需要；(2) 较系统地介绍了西方经济学的基本内容；(3) 除了介绍西方经济学说外，也对其进行了必要的分析和评论；(4) 每章末尾均附有参考书目，以方便读者作进一步的研究和参考。本书的理论和实践意义：(1) 帮助中国读者系统学习、掌握西方经济学的基本理论和基本分析方法；(2) 有助于读者了解、跟踪西方经济学的新发展和新动向；(3) 有助于中国学员正确理解西方经济学，达到“洋为中用”的目的。

4.《诺斯与马克思——关于制度变迁道路理论的阐释》

作者：林岗

发表刊物：《中国社会科学》

本文通过系统的比较分析，成功地回应了新制度经济学对马克思制度理论的挑战，指出以诺斯为代表的新制度经济学对社会结构长时段变迁的解释存在着许多致命的缺陷。诺斯的路径依赖理论无法处理各种社会结构相互作用的关系及其产生的利益冲突，他关于“制度报酬”、“政治科斯定理”以及制度变迁中文化的作用的论述，都是不成立的。相反，马克思的制度变迁理论具有逻辑与历史的一致性。通过细化马克思的“生产力—生产关系；经济基础—上层建筑”分析式，完全能够解决新制度经济学所面临的各种理论问题，因此，诺斯等新制度经济学对马克思制度理论的各种攻击是不成立的，从根本上讲，马克思制度理论具有新制度经济学难以匹敌的优越性。

5.《当代国外社会思潮》

作者：段忠桥

出版单位：中国人民大学出版社

这是一本为高校政治学相关专业的本科生、研究生编写的教材。它以马克思主义为指导，对20世纪70年代以来在西方发达资本主义国家有较大影响的九种社会思潮——未来主义、新自由主义、后现代主义、后殖民主义、分析的马克思主义、生态社会主义、女权社会主义、市场社会主义和“第三条道路”，作了系统的介绍、深入的分析和全面客观的评价。它的出版在一定程度上填补了我国政治学研究领域的空白。通过本教材的学习，学生可以全面了解当代资本主义的本质及其新变化，认清人类社会发展的基本趋势，坚定社会主义必然战胜资本主义的信念。

6.《比较法社会学的框架和方法》

作者：朱景文

出版单位：中国人民大学出版社

比较法社会学是比较法和法社会学相结合的产物，试图通过法制化、本土化和全球化三个不同视角，寻找不同法律制度之间关系的社会—法律基础。传统的比较法学的重点在各国法律制度的比较，但它往往不能解释造成法律制度异同的社会原因；而传统的法社会学的重点在于解释法律的社会基础和制约法律动作的社会环境，阐释法律受到社会制约的重要属性，但它的解释往往集中在一国的法律与社会关系的范围内，很少涉及国际法律意义上的社会领域。在全球化的大背景下，国内与国外、国际的法律与社会关系日益紧密地联系在一起，把它们作为一个整体，研究它的框架和方法，是比较法社会学的目的。

7.《清史编年》(十二册)

作者：李文海

出版单位：中国人民大学出版社

《清史编年》是中国人民大学清史研究所历20年时间集体编写的一部多卷本历史著作，是为国家纂修大型《清史》所做的重要的前期工作。它采用改进的编年体裁，记叙了自清军入关到清帝退位共268年间中国历史上的所有重大史事，涉及政治、经济、社会、文化等诸多方面的问题，较为全面地展现了清王朝的盛衰过程。此书旁征博引，不仅汇集了大量的原始资料，且对以往许多清史研究的成果亦多加借鉴和吸收，所以基础性、系统性和可靠性是此书最重要的特色。此书在继承中国史学优秀传统的基础上，又对之进行了现代性的改造，体现了史学的现代追求，不仅成为清史研究者有效的资料参考书和工具书，而且可以在更宽广的领域内发挥实际作用。

(二) 第四届吴玉章奖一等奖作品简介

1. 18世纪的中国与世界

作者：戴逸

出版单位：辽海出版社

戴逸教授主编的《十八世纪的中国与世界》是国家哲学社会科学“八五”规划重点项目、教育部“211工程”重点课题，历时近10年而完成，共分为导言、政治、军事、边疆民族、农民、经济、社会、思想文化、对外关系九卷。国际18世纪研究会主席、德国萨兰德斯大学教授约翰·施洛巴赫(Jochen Schlobach)盛赞该书出版“是一件具有里程碑意义的事情”。

本书的学术贡献主要表现在以下几方面：一是汇集中国史和世界史两方面专家学者，把中国和世界连成一个整体，进行综合研究，改变了过去中国史学界将中国史与世界史分隔和孤立研究的习惯。

中国社科院近代史研究所所长王庆成研究员指出："这部《十八世纪的中国与世界》对18世纪清代历史的政治、经济、军事、思想文化等各方面都作了细致深入的研究，更由于把中国放在当时的世界坐标系中加以考察，因而使读者认识中国的真实地位和状态，认识以后中国的历史命运之由来。我觉得这是本书的理论性和基本学术贡献"。二是有助于国际学术界了解18世纪的中国，推动了真正完整意义上的世界18世纪史的研究。本书积极探寻"中国文化自身发展变化的原动力"，对于向西方学术界了解中国历史打开了一扇窗户，对于打破西方中心主义提供了一个示例。2000年世界历史学大会在奥斯陆举行时，大会圆桌会议即专门将18世纪的中国与世界作为主题讨论，并特意请本书主编戴逸教授作主题报告，对中国学术走向世界作出了应有贡献。三是对于打通清前期和清后期的历史研究颇有裨益。清史研究在孟森、谢国桢等老一辈学者早期开拓阶段主要对清入关前后的历史探索较为致力，近代史研究则往往都从1840年开始，这样，清中期历史研究的薄弱，就使得有清一代268年的历史脉络因前、后期的隔膜状态而隐约不彰，《十八世纪的中国与世界》的学术努力，对于打通古代和近代的梗阻具有重要的学术价值。

本书出版后受到各界关注与广泛好评，有助于人们较为真切地了解当代中国诸多问题的来龙去脉，加深对改革开放历史内涵的理解，并为探索中国特色的现代化道路，提供了历史的和理论的依据。

2.《中国新闻事业通史》

作者：方汉奇

出版单位：中国人民大学出版社

《中国新闻事业通史》全面、系统地介绍和评述了中国新闻事业的历史。全书分为古近代部分、现代部分和当代部分三卷，共267万字。

和同类专著比较，本书具有以下的几个特点：一是集中了全国中国新闻史研究工作者的力量。参加撰稿的作者在中国新闻史的研究方面各有专长，都是新闻史研究的国家级的骨干力量，所担当的都是他们各自最熟悉的领域，充分发挥了集体的智慧和优势。二是力图以毛泽东思想、邓小平理论和江泽民关于新闻工作的多次讲话为指导。坚持运用辩证唯物主义和历史唯物主义的立场观点和方法，对历史上的新闻事件和新闻史人物进行论述和剖析。在涉及现代当代的一些政治问题时，以中共中央发布的两次"关于若干历史问题的决议"为准绳。在涉及两次决议以后的一些具体问题时，坚持在观点上和中央保持一致。三是内容丰富。涵盖了报纸、期刊、通讯社、广播、电视、新闻摄影、新闻记录电影、新闻法制、新闻教育、新闻广告、新闻经营管理、著名新闻工作者以及新闻思想等新闻事业历史的各个方面。四是重视第一手材料，尽可能地少用二手材料。由于坚持使用第一手材料，所作的分析论证和分析，更加符合实际，订正了此前出版的新闻史专著中以讹传讹的错误达2 000处以上。此外，还加强缺口的研究，填补了以往新闻史研究中的一些重要的空白。五是注意吸取和借鉴新中国成立以来，特别是改革开放以来海内外中国新闻史学界的重要研究成果，包括参加编写者本人的研究成果。

本书出版不久，即受到海内外新闻学界的关注，目前已为我国大陆60所以上的新闻传播院系定为必备教学用书。香港中文大学、树仁学院、珠海书院等校新闻系和台湾政治大学新闻与传播学院、世新大学等新闻院系，也纷纷将其选作教材和教学参考用书。

徐培汀著的《新闻史学史卷》（复旦大学出版社2001年10月第一版）对本书作了全面的评价，认为本书："订正了大量已出版的新闻史专著中的错误，填补了新闻史研究中的不少空白，为读者勾勒了一部有关中国新闻事业发展的绚丽多彩的历史画卷。是一部中国迄今为止规模最为宏大的新闻学专著，代表了中国新闻史研究的最高水平"（见该书408页）。

（三）2002年司法部法学教材与法学优秀科研成果奖一等奖成果简介

1.《海峡两岸刑法总论比较研究》

作者：赵秉志

出版单位：中国人民大学出版社

《海峡两岸刑法总论比较研究》是霍英东教育基金会第四届高等院校青年教师基金项目“海峡两岸刑法问题的比较研究”最终研究成果。由中国人民大学法学院赵秉志教授主编，于1999年7月由中国人民大学出版社出版发行，全书共117万字。该书于2002年11月1日荣获第四届吴玉章奖一等奖。

《海峡两岸刑法总论比较研究》一书是迄今为止我国内地第一部全面、系统对大陆刑法与台湾刑法进行比较的专著，填补了我国内地刑法研究的一项空白；该书对两岸有关刑法规定的优劣进行了客观、公允、科学的评析，对有关刑法司法适用中存在的众多问题进行了全面的、多角度的、深入的探索，提出了许多科学、合理的观点或建议，有利于增强刑法适用的准确性、公正性和科学性；该书作为中国大陆第一部对中国大陆刑法与中国台湾刑法进行全面、系统、深入比较研究的专著，无论其研究内容还是研究方法，对于今后开展两岸刑法的比较研究乃至整个刑法理论的研究都具有重要的启发和参考作用。同时，该书对于今后两岸刑法理论界、刑事实务界开展学术交流与合作，也具有相当的促进作用。

2.《司法改革研究》

作者：王利明

出版单位：法律出版社

《司法改革研究》一书是我国第一部从理论上系统阐述司法改革的著作。作者在深入总结、思考我国司法实践中一系列重大疑难问题的基础上，借鉴国外关于宪政、司法制度、程序制度、审判方式的最新资料，结合我国宪政制度的特色和实际情况，完成了本书。

在本书的总论中，作者援引国内外最新资料，从详细论述司法权的性质、司法公正、司法独立、司法权威与司法民主等司法制度的基本理论入手，总结、提炼了我国司法改革应该追求的目标，为司法改革过程中一系列具体问题的解决奠定了扎实的理论基础。作者在本书的分论中，结合我国司法改革的具体实践，重点讨论了法院的管理体制和设置的改革、审判方式改革的目标、证据制度和陪审制度的完善、建立法律职业制度、完善对法院的监督制度等司法改革中迫切需要解决的问题，提出了相关的解决措施。作者对这些问题的研究，都立足于我国的特殊国情，注重对我国现实中广泛存在的问题的系统化、体系化的解决，对于进一步推动我国司法改革，必将起到良好的借鉴作用。

（四）2002年全国优秀博士学位论文简介

1.《孝与中国文化》

作者：肖群忠

出版单位：人民出版社

台湾五南图书出版股份有限公司

本成果首次以文化学的综合视野对中国传统“孝”文化进行了全面而系统的研究，提出“孝”是中国文化中具有根源性、原发性、综合性的核心观念和首要文化精神，是中国文化的显著特色。对“孝”道的起源、历史演变及其规律进行了分析考察，全面而深刻地论述了“孝”在中国文化中的综合意蕴与广泛影响，阐发了孝道的根本精神、规范体系、孝道实践及其机制，对孝文化作出了历史反思与当代价值重估，分析了“孝”的历史地位、性质的两重性和对当代社会的亲子关系、社会养老、社会文明进步的意义和价值。

本成果曾在《哲学研究》、《教育研究》、《光明日报》、《孔孟月刊》（台湾）等发表系列论文近20篇。不仅由人民出版社出版，而且还经台湾中华发展基金会学术评审，在台湾出版了繁体字版。中国伦理学会副会长、北京大学哲学系教授、博士生导师魏英敏评价说：“这部著作可以说是中国从古至今系统的卓有成效的研究孝文化的力作。”中国伦理学会会长、中国人民大学哲学系教授、博士生导师罗国杰也认为这“是一篇既有理论意义又有现实意义的力作，此书在台湾的出版，对于进一步弘扬中华民族的文化和优良道德传统，对于加强两岸人民的团结和促进祖国的统一，必将产生有利的影响”。

2.《中国刑法现代化研究》

作者：田宏杰

出版单位：中国方正出版社

《中国刑法现代化研究》通过对中西刑法现代化起源之比较考察，指出：中国刑法现代化的目标就是要实现形式合理性与实质合理性相融合、社会保护与人权保障相统一的现代刑事法治。法治内涵的丰富性和多样性，决定了中国刑法的现代化应当是从精神气质、制度设计到实际运作的超越和变革。这种超越和变革，既是传统在现代的延续，又是现代对传统的扬弃；既是对外国现代刑法文明的甄别与吸纳，又是与国际刑法的相互融合与转化，更是对中国刑法本土资源的发掘和创造性转换；既需要政府的主导，又离不开民众的参与；既是实体刑法的现代化，又是程序刑法的一场革命。

作为我国第一部深入、系统地研究中国刑法现代化问题的学术著作，该书不仅填补了我国刑法理论在现代化问题研究上的空白，富有挑战性和开拓性，而且颇有理论深度和创见性，对于我国现代刑事法治国家的建设具有重要的理论价值和深远的现实意义。

3.《新闻传播的策划与组织——宏观新闻编辑研究》

作者：蔡雯

出版单位：新华出版社

新闻传播的策划与组织是当代我国新闻传播领域中引起广泛重视和争议的前沿性课题，该书在综合运用新闻学、传播学、舆论学、系统科学、管理学、心理学和经营管理等多学科知识和理论的基础上，从理论探讨和实际操作两个层面对此进行了深入系统的研究，构建了较为完善的新闻传播策划的理论体系，并提出了具有可操作性的应用模式，同时对新闻实践中存在的诸多现实难题进行了分析和阐述，提出了富有建设性的建议。该书内容包括：策划与组织新闻传播的动因分析、客体与主体研究、媒介定位、媒介新闻单元设计、新闻报道策划、组织和控制。

六、学术活动

2002年，中国人民大学主办各级各类学术会议180次，其中国际学术会议42次，国内学术会议124次，与港澳台地区交流会议14次。其中，重要学术会议有：

（一）中国人文社会科学论坛（2002）

5月18日，由我校举办的“中国人文社会科学论坛2002——与时俱进的中国人文社会科学”在逸夫会议中心召开。我国人文社会科学界的俊彦会聚一堂，围绕“与时俱进的中国人文社会科学”这一主题，共商发展和繁荣哲学社会科学的大计。

全国人大常委会副委员长成思危，中共中央宣传部副部长雒树刚，中国社会科学院副院长朱佳木，教育部党组成员田淑兰，北京大学副校长、中科院院士韩启德等出席论坛开幕式并发表讲话。我校校长纪宝成致开幕辞，副校长冯惠玲主持论坛开幕式。

全国人大常委会副委员长成思危作了题为“探索社会复杂性”的演讲，程天权书记作了题为“实践‘三个代表’重要思想，发展繁荣哲学社会科学”的演讲，中国工程院院士、中国社会科学院学术委员李京文教授，中国人民大学哲学系陈先达教授，香港岭南大学校长陈坤耀教授，中国人民大学法学院副院长王利明教授分别以“经济学也要与时俱进迎接挑战”、“哲学繁荣之路”、“新经济与资讯科技年代的人文社会科学”、“中国人格权的发展与保护”为题发表了演讲。

纪宝成校长在论坛上提出三点倡议：倡议国家在制定哲学社会科学五年规划的基础上，加快制定全国哲学社会科学长期发展规划；倡议启动21世纪国家发展繁荣哲学社会科学行动计划；倡议建立和完善哲学社会科学工作者研究成果的评价机制，并尽快付诸实施。这一倡议得到了与会者的积极响应，并在社会上产生了较大的反响。

分论坛围绕“全球化语境中的文化论争”、“重建诚信”、“‘9·11’后的世界”、“关注民生”等人文社会科学研究的一些热点问题展开。

（二）发展繁荣人文社会科学高层论坛

10月30—31日，由我校主办的“发展繁荣人文社会科学高层论坛”在逸夫会议中心举行。教育部副部长袁贵仁、中宣部副秘书长兼理论局局长陈俊宏、全国社科规划办副主任佘志远、教育部社政司司长靳诺、副司长黄百炼、北京大学党委书记闵维方、清华大学党委书记陈希、南京大学校长蒋树声、中山大学校长黄达人、武汉大学党委书记顾海良、南开大学校长侯自新、厦门大学党委书记王豪杰、吉林大学校长刘中树、山东大学校长展涛、华东师范大学党委书记张济顺、浙江大学副校长胡建淼、四川大学副校长杨继瑞和我校领导纪宝成、程天权、冯惠玲、马俊杰出席论坛。

这次论坛的主题是中国高校人文社会科学教育、研究的改革与发展；议题包括大学在发展繁荣人文社会科学中的使命和进一步加强高校人文社会科学教育与研究的对策两个方面。

与会者就如何进一步理解江泽民总书记关于发展繁荣哲学社会科学的三次讲话精神，如何制定一系列制度、政策和措施落实江泽民总书记关于“四个同样重要”的重要思想，我国人文社会科学发展中存在的问题与不足，如何为人文社会科学的发展与繁荣创造良好的学术环境，高校领导班子在促进人文社会科学教学与研究中的职责，人文社会科学人才的培养以及人文社会科学如何更好地服务于社会等问题进行了深入的讨论，并提出了许多建设性的观点和意见。

（三）“孔子与当代”国际学术研讨会

11月30日，我校孔子研究院成立庆典暨“孔子与当代”国际学术研讨会在逸夫会议中心举行。

国务院原副总理、国际儒学联合会会长、中华孔子基金会名誉会长谷牧，全国政协常委、全国政协科教文卫体委员会副主任委员、民进中央副主席楚庄，教育部副部长章新胜，北京大学哲学系教授、中国人民大学孔子研究院学术委员会顾问张岱年，我校校长、孔子研究院名誉院长纪宝成，我校党委书记程天权，孔子后裔孔黛碧以及海内外专家学者300余人出席庆典仪式。

我校副校长冯俊宣读学校关于成立孔子研究院和中国传统文化研究中心的决定。谷牧、章新胜为中国人民大学孔子研究院揭牌。楚庄、纪宝成为中国传统文化研究中心揭牌。楚庄副主任委员、章新胜副部长、纪宝成校长、张岱年先生、孔黛碧女士和中国人民大学孔子研究院院长张立文教授分别在成立庆典上致辞。

成立庆典结束后，“孔子与当代”国际学术研讨会举行。汤一介、张岂之、成中英、汤恩佳等著名学者分别以“儒家思想对当今和平、发展问题可有之贡献”、“今天看孔子儒学”、“六类儒家行动起来，努力弘扬孔子儒家思想”等为题，在大会作学术报告。其他专家学者以“孔子思想的当代价值”、“孔子思想和学说”、“孔子与儒家思想”、“孔子学说与东亚文化”、“孔子学说与全球化”等为主题，在各分会场展开研讨活动。

（四）首届中美公共管理国际学术研讨会

6月16日，由中国行政管理学会和美国公共行政学会联合举办、我校公共管理学院承办的首届中美公共管理国际学术研讨会在我校举行。全国人大常委会副委员长蒋正华致信祝贺，国务院副秘书长徐绍史、中国行政管理学会会长郭济、国际行政科学学会副主席徐颂陶、中国人民大学校长纪宝成、中国政法大学党委书记石亚军出席开幕式并致辞。美国行政学会前会长霍哲（Marc Holzer）、国际公共管理大师尼古拉斯·亨利（Nicholas Henry）、欧文·休斯（Owen Hughes）、特里·库珀（Terry L.Cooper）等近200名国内外资深专家和知名学者参加了本次大会。

研讨会的主题为“公共管理与治道变革”，着重从公共行政的角度，探索世界各国，尤其是中国在改革开放中所面临的政府绩效评估、公共组织与人力资源、电子政务、危机管理等方面的理论和实践问题。会议还就政府职能的转变、政府行为的法制化、政府决策的民主化和科学化、政府信息公开化等问题展开了研讨。

会议期间，我校公共管理学院联合学校出版社举办了“公共管理前沿问题系列讲座”。此前，中国人民大学出版社出版了国内第一套系统、全面引进的《公共行政与公共管理经典译丛》。

此次会议是中美两国联合举办的规模最大、层次最高的公共管理国际学术会议。

（五）2002亚洲管理教育论坛

6月8—9日，由我校商学院主办的2002年亚洲管理教育论坛在逸夫会议中心隆重举行。我国大陆和香港地区的知名企业家、大学校长、著名商学院院长，来自美国、澳大利亚、英国、泰国的学者教授，国内专家学者和部分港澳台学者，围绕“管理教育与知识经济”这一主题，探讨知识经济对企业管理、管理教育产生的影响。

本届论坛由学者论坛、企业家论坛和管理学院院长论坛三部分组成。在学者论坛上，我校商学院院长徐二明教授、美国艾德菲（Adelphi）大学黄志民教授等作主题报告，与会学者就管理课程的设计与创新、管理科学研究方法、互联网教学、商业伦理等共同关注的问题分九组进行了专题研讨。

在企业家论坛上，摩托罗拉（中国）有限公司董事长赖炳荣、深圳证券交易所总经理张育军、香港合生创展集团有限公司总裁谢世东等企业界代表与专家学者就知识经济时代企业管理出现的新问题和新方法进行了广泛而深入的交流。

在管理学院院长论坛上，香港城市大学管理学院院长陈乃九教授、北京大学光华管理学院常务副院长张维迎教授、清华大学经管学院常务副院长陈国青教授、中国社科院工业经济研究所所长吕政教授、上海财经大学副校长夏健明教授等就中国的管理教育在21世纪特别是加入WTO以后如何发展、中国的EMBA对管理教育的影响等问题进行了深入的交流与探讨。

（六）“马克思主义经济学与21世纪”研讨会

4月22日上午，由中国《资本论》研究会、中国人民大学经济学院和中国社会科学院经济研究所联合主办的“马克思主义经济学与21世纪”研讨会在我校逸夫会议中心举行。我校校长纪宝成教授、副校长林岗教授、冯惠玲教授、冯俊教授出席了大会，纪宝成校长发表讲话，林岗副校长致开幕辞。

我国老一辈著名经济学家吴树青、宋涛、刘诗白，中青年经济学家顾海良、洪银兴、林岗，日本著名马克思主义经济学家伊藤成（Makotoitoh），英国经济学家本·法因（Ben Fine）以及国内外高等院校、科研机构的百余名经济学者参加了此次会议。

会议集中讨论了劳动和劳动价值理论、新经济、经济全球化及社会主义市场经济等国内外关注的热点和重点问题。国内外几十位经济学家分别在大会和分组会议上发言。

与会专家表示，当代世界经济的发展验证了马克思主义经济学在21世纪仍将具有强大的生命力，马克思主义经济学是与时俱进的科学，中国社会主义市场经济制度的建立和发展，将有助于丰富和发展马克思主义经济学的基本理论，中国经济学界在发展马克思主义经济学理论方面肩负着特殊的历史使命。

（七）“转型中的中国政治与政治学发展”国际学术研讨会

7月15—16日，由中国人民大学国际关系学院、中山大学政治与公共事务管理学院和美国中国政治研究学会联合主办的“转型中的中国政治与政治学发展”国际学术研讨会在我校逸夫会议中心举行。来自国内近50家高教科研机构和出版机构的学者以及北美和欧洲各国的学者共170多人参加了本次会议。

本次研讨会的主题为“转型中的中国政治与政治学发展”。围绕这一主题，会议集中探讨了中国政治的现实焦点问题和走向，从政治学的视野重新审视了现当代中国发生的重大历史事件和历史上的重要思想观念，从国际、国内两个角度考察了当前中国与世界的重要政治、经济关系，也以实际事例阐述了政治学在当代中国的建构模式和发展趋势。这次研讨会探讨的问题广泛涉及了影响当前中国政治发展的各种重要问题，充分展现了当前国际、国内中国问题研究在这些题域中的主流学术观点，是一次难得的国际学术交流盛会，对提升中国政治学的研究水平，扩大中国政治学在国际上的影响具有非常积极的意义。

此次会议是近年来在中国举办的规模最大、影响最广的以中国政治与政治学发展为主题的国际学术研讨会。

(八) 中日韩“WTO与农业发展”国际学术研讨会

8月5—6日，由我校农业经济系主办的“中日韩‘WTO与农业发展’国际学术研讨会”在逸夫会议中心举行。

来自中日韩三国大学、研究机构和政府部门的学者、专家和政府官员参加了此次研讨会。农业经济系主任唐忠教授主持开幕式。副校长袁卫教授代表中国人民大学致欢迎辞，日方代表、东京农工大学前校长尾井功教授，韩方代表、联合国粮农组织（FAO）驻菲律宾首席代表、韩国农林部政策局前局长李相茂博士分别代表本国致辞。

22位专家在研讨会上作学术报告。与会代表的报告和讨论涉及农产品贸易，农业多功能性，农业补贴，农产品贸易争端与绿色壁垒，公平贸易和自由贸易，下一轮WTO农业谈判，农业组织产业化经营与专业合作社的发展，新的国际化规则，东北亚地区粮食安全问题，入世半年来中国农业所面临的形势分析，中国政府对策，中日韩三国间农产品贸易和与区外的贸易，如何改革WTO现有农业规则，“蓝箱”、“黄箱”、“绿箱”政策中与农民收入相关的政策，中日蔬菜等贸易战，整合三国农业资源，中国农户增收，如何面对欧美粮食生产大国的挑战等问题。

(九) 全球化条件下两岸三地劳工与社会保障研讨会

1月5—6日，由我校劳动人事学院与香港城市大学当代中国研究中心共同举办的“全球化条件下两岸三地劳工与社会保障研讨会”在我校逸夫会议中心隆重举行。

来自国家劳动和社会保障部、民政部、国务院体改办、国家计委、国务院发展研究中心等中央部门和包括台湾、香港在内的我国27所大学及中国社会科学院、中国劳动保障科学研究院、(台湾) 中国社会保险学会、香港社会保障学会等学术机构的80多位劳工与社会保障专家参加了研讨会，全国总工会等多个在京单位也派出代表列席研讨会。国家劳动和社会保障部副部长、中华全国总工会副主席王东进，中共中央党校副校长及校学术委员会主任刘海藩，国务院体制改革办公室秘书长宋晓梧，教育部社政司副司长黄百炼，我校校长纪宝成等出席研讨会开幕式。开幕式由我校劳动人事学院副院长郑功成教授主持。

此次研讨会共收到学术论文70多篇，提交会议交流的论文60篇，其中来自台、港学者的论文13篇。会议围绕着全球化与劳工政策、全球化与社会保障、两岸三地现行社会保障制度的检讨等主题，先后召开了五次大会和六场次分组报告会。

与会专家一致认为，经济全球化既为发展中国家参与全球化进程并分享世界发展的共同成果提供了机遇，也直接增大了一些经济风险与社会风险，尤其是劳工关系正在发生着新的变化，劳资关系和社会保障问题正在成为所有参与全球化进程的国家或地区必须重点考虑的问题。对中国大陆而言，在促进经济发展的同时维护劳工权益，采取有效政策来缓解失业问题并尽快健全新型社会保障制度，已经成为政府面临的重要且迫切的任务。

(十) 第三届网络时代信息管理国际会议

8月11—13日，由中国人民大学、清华大学主办，中国计算机学会数据库专委会协办的第三届网络时代信息管理国际会议（WAIM'2002）在北京友谊宾馆召开。

本次会议的目的是汇集网络时代信息管理领域的最新研究成果和实践经验，探讨今后所面临的关键性挑战问题和研究方向。来自21个国家和地区的100余名代表参加了此次为期3天的大会。日本东京大学教授、本次大会主席吉川正（Masaru Kitsuregawa）教授主持开幕式，本次大会名誉主席、北京航空航天大学校长李未院士致开幕词，中国人民大学副校长冯俊、清华大学副校长龚克、国家自然基金委员会信息科学部常务副主任刘志勇到会并致欢迎辞。中国计算机学会数据库专委会主任、我校信息学院院长王珊，WAIM 执行委员会主席陆宏均，WAIM'2002 大会主席、清华大学计算机系主任周立柱等参加了开幕式。会议包含 2 个大会辅导报告、2 个特邀报告和 10 个学术分组讨论。

本次会议收到论文共计 169 篇，经过程序委员会认真审议，录用 26 篇长文和 14 篇短文。录用率为 24%，其中长文录用率为 15%，达到国际最高等级的论文录用水平。论文内容广泛，覆盖 XML 和互联网、时空数据、多维数据、数据挖掘、学习工作流和电子服务、生物信息学、视图、联机分析处理、查询优化和更新等研究领域，基本上反映了当今国际上在这些领域中的研究水平。

(十一) "北京 2008—人文奥运" 论坛

7 月 9 日下午，由中国人民大学人文奥运研究中心和北京奥组委新闻宣传部共同举办的"北京 2008—人文奥运"论坛在我校逸夫会议中心举行。我校党委书记程天权出席论坛并致辞。

中国人民大学人文奥运研究中心主任、副校长冯惠玲宣读了"人文奥运行动倡议"，该倡议提出了人文奥运行动的宗旨、目标、口号和具体实施方法，涵盖了宣传人文奥运精神、开展人文体育活动、促进中外文化交流、提高市民文明素质、改善北京人文环境等多个方面。北京奥组委新闻宣传部副部长张海峰介绍了"北京 2008 奥运规划"。与会学者从不同角度探讨了"人文奥运"的内涵以及如何在奥运筹备、组织过程中体现这一理念。

论坛上，作为首家专门培训人文奥运志愿者的机构——中国人民大学人文奥运志愿者培训中心正式挂牌，"中国人民大学人文奥运网站"也同时正式开通。

(十二) 21 世纪中国成人高等教育论坛

9 月 7—9 日，由中国成人教育协会、北京高校成人高教研究会、中国人民大学成人高等教育学院、中国人民大学网络教育学院联合主办的"21 世纪中国成人高等教育论坛"在我校召开。来自我国大陆、台湾、香港、澳门的近百名专家、学者参加了此次论坛。

论坛共收到论文 42 篇，内容涉及中外成人高等教育比较、中国成人教育和继续教育、终身学习和终身教育理论与实践、中国成人高等教育的历史、现状、发展趋势和规律、中国成人高等教育的结构性调整、成人教育的学习群体、社会转型与成人高等教育、成人高等教育学分割管理、成人高等教育质量量化考评办法以及港澳台成人高等教育研究等。

与会专家学者就学历教育与学科教育、职业教育与成人教育、成人教育与全日制教育、传统教育与现代媒体教育、"精英教育"与"大众普及教育"、大学教育与大学后继续教育、学位与学历等等问题进行了广泛而深入的讨论。

附录

2002 年新增院（系）属科研机构一览表

序号	所属单位	名　称	成立时间
1	财政金融学院	中国人民大学信托与基金研究所	2002/09/11
2	公共管理学院	中国人民大学房地产信息中心	2002/05/15
3	人文学院	中国人民大学人文奥运研究中心	2002/11/29

续前表

序号	所属单位	名　称	成立时间
4	商学院	中国人民大学新兰德研究中心	2002/03/27
5	商学院	中国人民大学中国医药物流研究中心	2002/03/26
6	社会学系	中国人民大学人类学民族学研究所	2002/04/23
7	外语学院	中国人民大学日本人文社会科学研究中心	2002/01/10
8	哲学系	中国人民大学希腊哲学与欧洲古典哲学研究中心	2002/05/28
9	哲学系	中国人民大学马克思主义哲学与当代世界问题研究中心	2002/01/23

挂靠中国人民大学学术团体一览表

序号	单　位	法人代表	成立时间
1	全国经济管理院校工业技术学研究会	杨国良	1983
2	全国马克思列宁主义经济学说史学会	顾海良	1987/06
3	全国经济地理研究会	胡兆量	1980/10
4	全国高校社科信息资料研究会	朱　卫	1988
5	中国商品学会	万　融	1994/07
6	中国实学研究会	葛荣晋	1992/10
7	中国新闻史学会	方汉奇	1992
8	中国信息经济学会	方美琪	1989
9	北京科学技术美学协会	周忠厚	1992/08

纵向省部级以上科研项目一览表

序号	项目名称	主持人	单位
国家社科规划基金青年项目			
1	全球化与本地化交互作用下的中国农村中小企业发展新战略	郑风田	农业经济系
2	康雍乾时期舆图研究	孙　喆	清史研究所
3	公民日常行为的道德分析	李　萍	哲学系
国家社科规划基金特别委托项目			
4	与时俱进与马克思主义哲学的繁荣之路	陈先达	哲学系
国家社科规划基金一般项目			
5	加入WTO后我国资本账户放松管制的风险与开放顺序的方案选择	陈雨露	财政金融学院
6	证人制度研究	何家弘	法学院
7	国际恐怖主义犯罪及其法律对策	赵秉志	法学院
8	我国入世后企业面临的环境法新问题	周　珂	法学院
9	MPA教育与中国公共部门人力资源开发创新体系研究	董克用	公共管理学院
10	华北农村民间组织的存在发展对现时期乡村治理	张　鸣	国际关系学院
11	环境保护对我国外贸的影响与对策研究	杨昌举	环境学院
12	中国转基因安全管理模式研究	宋　林	环境学院
13	20世纪英美保守主义政治思潮比较研究	王皖强	历史系

续前表

序号	项目名称	主持人	单位
14	马克思主义发展史重大问题研究	庄福龄	马克思主义学院
15	近代新疆当局治理伊斯兰教依禅派问题之研究	潘向明	清史研究所
16	中国区域经济合作与冲突研究	张可云	区域所
17	第五次全国人口普查数据的开发与分析	邬沧萍	人口研究所
18	会计制度与税收法规的协作问题研究——以加强税收监管为中心	戴德明	商学院
19	当前中国城市反贫困工作中的组织创新问题研究	洪大用	社会学系
20	社会转型加速期农村社会保障问题研究	李迎生	社会学系
21	中国金融业风险分析评价方法研究	易丹辉	统计系
22	传播技术最新发展及其影响研究	匡文波	新闻学院
23	虚拟与人的实践方式革命：马克思主义哲学与数字化时代的思考	陈志良	哲学系
24	二十世纪中国易学专题研究	杨庆中	哲学系
25	新世纪中国文化产业的开拓与发展	金元浦	中文系
26	明清之际的文人社团和文学运动	叶君远	中文系
国家社科规划基金重点项目			
27	全球化条件下的法治国家	朱景文	法学院
28	新的历史条件下马克思劳动价值论的继承和发展研究	卫兴华	经济学院
29	建立和规范社会主义统一市场秩序研究	纪宝成	商学院
国家自然基金面上项目			
30	不同行业群中上市公司治理机制与绩效的相关性研究	徐二明	商学院
31	双层优化在管理中的应用	刘国山	商学院
32	企业环境信息披露及其审计研究	耿建新	商学院
33	集约型物流与企业物流成本控制	宋　华	商学院
34	农户采纳绿色农业技术行为的实证研究	孔祥智	农业经济系
35	中国奶业国际竞争力国家钻石模型的测度与分析	程漱兰	农业经济系
36	城市建设文件，档案信息的集成管理与集成服务研究	安小米	档案学院
37	知识转移推进企业信息化的机制与模式研究	左美云	信息学院
38	面向分析的高性能数据库关键技术研究	陈　红	信息学院
39	WEB 数据抽取与集成技术研究	孟小峰	信息学院
40	区域非均衡发展中的财政支持系统与财政风险防范机制	陈秀山	区域所
41	创新式民营企业管理制度与外部环境的实证研究	郭国庆	商学院
教育部人文社会科学研究规划项目			
42	当代资本主义新变化	赵　汇	马克思主义学院
43	科技创新与文化创新的整合机制研究	林　坚	出版社
44	弗协调道义逻辑的探索及道义逻辑史研究	余俊伟	哲学
45	西方现代美学中的“语言转向”及其对中国美学发展的意义	牛宏宝	哲学
46	抑制恶性出口竞争制度化模式的国际比较研究	王亚星	商学院
47	市场开放条件下垄断行业成本和价格管理的理论与方法	许光建	国民经济管理系
48	中国企业职工养老金的价值决定及其信息监管制度研究	戴德明	商学院
49	中国房地产泡沫及预警系统研究	丰　雷	土地管理系
50	入世后我国商业银行信用风险管理研究：制度·模型·方法	龚明华	财政金融学院
51	随机寿险模型及其应用	张　波	统计学系
52	美国国会决策模式及其对美国外交政策的影响	李庆四	国际关系学院
53	大陆法系研究	叶秋华	法学院
54	中国行政法的民主化发展趋势及其制度创新研究	莫于川	法学院
55	当前弱视群体社会支持的政策体系与实施模式研究	李迎生	社会学系

续前表

序号	项目名称	主持人	单位
56	马克思主义理论创新与全面建设小康社会	郝立新	哲学系
57	高校人文社会科学研究发展战略研究	郑水泉	党委宣传部
58	经济可持续发展条件下的经济增长理论研究	刘凤良	经济学院
59	中国就业、收入分配与社会保障相关政策选择研究	郑功成	劳动人事学院
60	中国思想传统与现代政治哲学的演进	刘　晓	国际关系学院
61	社会信用的刑法保护	黄京平	法学院
62	民法总则基础理论研究	姚　辉	法学院
教育部人文社会科学研究基地重大项目			
63	欧盟东扩的国际政治经济影响	时殷弘	欧洲问题研究中心
64	欧元对欧洲及全球政治经济的意义	方福前	欧洲问题研究中心
65	农村人口老龄化与养老问题研究	梁　鸿	复旦大学
66	中国现代化发展中人口迁移与流动研究	乔晓春 段成荣	人口与发展研究中心
67	中华人民共和国经济发展研究（新中国50年经济发展）	贺耀敏	中国经济改革与发展研究院
68	我国“三元经济”发展模式研究	林　岗	中国经济改革与发展研究院
69	中国税收负担与税收政策问题研究	安体富	财政金融政策研究中心
70	入世后我国货币政策的外部环境和现实选择	邱崇明	厦门大学
71	十五时期中国社会舆情的调查与检测	喻国明	新闻与社会发展研究中心
72	中国新闻周刊研究	涂光晋	新闻与社会发展研究中心
73	中国新闻传播法制建设研究	郑保卫	新闻与社会发展研究中心
74	民法典草案建议稿及立法理由书	王利明	民商事法律科学研究中心
75	侵权行为法研究	张新宝	民商事法律科学研究中心
76	中国当代公民道德研究	许启贤	伦理学与道德建设研究中心
77	东西方公民道德研究	冯　俊	伦理学与道德建设研究中心
78	佛教与宗教学理论译丛	何光沪	佛教与宗教学理论研究所
79	隋代三大师佛学思想综合研究	张风雷	佛教与宗学理论研究所
80	康乾盛世研究	陈　桦	清史研究所
81	清代灾荒研究	李文海	清史研究所
82	国际人权两公约与我国刑事法律的协调完善	卢建平	刑事法律科学研究中心
83	中国近代刑事法律的改革及其启示	郑　定	刑事法律科学研究中心
84	国外社会学理论新趋势	刘少杰	社会学理论与方法研究中心
85	中国社会思想史与社会学思想史研究	江立华	华中师范大学
86	统计在社会科学中的应用研究——法律、政治、新闻、教育、文献计量、伦理学	王琪延	应用统计科学研究中心
87	我国政府统计抽样调查制度的理论方法研究	倪加勋	应用统计科学研究中心
教育部人文社会科学研究重大项目			
88	民营企业的融资与治理问题研究	杨瑞龙	经济学院
89	中国农村金融体系的重建：制度安排与政策取向	张　杰	财政金融学院
90	北方农村80年变迁——以定县调查为基础	郑杭生	社会学系
教育部人文社会科学研究专项任务项目			
91	思想理论教育的形成与发展	张雷声	马克思主义学院
教育部科技司科学技术重点研究项目			
92	转基因食品安全性评价指标体系的研究	宋　林	环境学院
93	面向分析的“三高一大”新型数据库中的关键技术	陈　红	信息学院
教育部留学归国人员科研启动基金			
94	唐宋官僚形态与政治体制研究	刘后滨	历史系

续前表

序号	项目名称	主持人	单位
95	中国（明朝）韩国（李朝）外交使节唱和诗文研究	詹杭伦	中文系
96	城乡结合部土地问题研究	吕　萍	公共管理学院
97	发展中经济的金融制度研究	龚明华	财政金融学院
科技部863项目			
98	基于web service的web数据库集成技术	孟小峰	信息学院
99	面向领域的数据分析与挖掘技术研究	陈　红	信息学院
全国教育科学规划基金项目			
100	高等学校教育竞争力研究	赵彦云	统计系
101	我国创建世界一流商学院的研究	吕一林	商学院
102	中国人文社会科学高等教育发展战略研究	纪宝成	商学院
103	基于Internet分散式远程教学质量保证体系的建立	郝成义	网络学院
104	中国现实教育法律纠纷问题研究	秦惠民	教科所
105	人力资源开发的理论与方法	肖鸣政	劳动人事学院
106	21世纪高等商科教育发展和改革动向与趋势的国际比较研究	徐二明	商学院
北京市哲学社会科学基金规划项目			
107	北京生态城市建设研究	邹　骥	环境学院
北京市哲学社会科学基金特别委托项目			
108	北京市城乡结合部发展与制度创新研究	董克用	公共管理学院
109	人文奥运研究	冯惠玲	档案学院
110	“三个代表”理论框架及思想体系研究	程天权	法学院
北京市哲学社会科学基金委托项目			
111	北京市社会养老保险研究	乔小春	人口研究所
112	首都经济与第三产业的发展	陈秀山	公共管理学院
113	北京市未来发展的情景设计方案	邹　骥	环境学院
114	北京市18区县竞争力评价	赵彦云	统计学系
北京市教育科学基金青年专项项目			
115	高等学校法人及其自主权问题研究	申素平	教科所
116	如何使学前儿童获取早期阅读经验的研究	任志红	幼儿园
北京市自然科学基金项目			
117	随机流与实算子代数中的概率问题	张　波	统计系

省部级以上各类获奖成果一览表

北京市第七届哲学社会科学优秀成果奖

序号	成果名称	作者	成果形式	获奖等级
1	二十世纪中国易学史	杨庆中	专著	一等奖
2	人是什么	夏甄陶	专著	一等奖
3	西方经济学	高鸿业	教材	一等奖
4	诺斯与马克思：关于制度变迁道路理论的阐释	林　岗	论文	一等奖
5	当代国外社会思潮	段忠桥	专著	一等奖
6	比较法社会学的框架和方法	朱景文	专著	一等奖
7	清史编年（十二册）	李文海	专著	一等奖

续前表

序号	成果名称	作者	成果形式	获奖等级
8	中国人口规模与年龄结构矛盾分析	翟振武	论文	二等奖
9	跨越［峡谷］——马克思晚年思想与当代社会发展理论	张云飞	专著	二等奖
10	正学与开新——王船山哲学思想	张立文	专著	二等奖
11	二十世纪中国的社会学本土化	郑杭生 王万俊	专著	二等奖
12	中国经济改革发展报告——反通货紧缩的政策选择	黄泰岩	专著	二等奖
13	交易费用分析框架的政治经济学批判	刘元春	专著	二等奖
14	国有企业治理结构创新的经济学分析	杨瑞龙	专著	二等奖
15	区域经济政策——理论基础与欧盟国家实践	张可云	专著	二等奖
16	中国对外贸易发展中的竞争政策选择	谷克鉴	论文	二等奖
17	养老金改革：模式选择及其金融影响	伊志宏	专著	二等奖
18	市场化进程中的中国财政运行机制	高培勇	专著	二等奖
19	税收负担的经济分析	钱　晟	专著	二等奖
20	中国资本市场：创新与可持续发展	吴晓求	专著	二等奖
21	司法改革研究	王利明	专著	二等奖
22	非诉讼纠纷解决机制研究	范　愉	专著	二等奖
23	侵权法论（上、下册）	杨立新	专著	二等奖
24	欧阳修全集（第1~6册）	李逸安	古籍整理著作	二等奖
25	汉藏语言研究的理论和方法	瞿霭堂 劲　松	专著	二等奖
26	海外华文传媒研究	程曼丽	专著	二等奖
27	有限政府的经济分析	毛寿龙	专著	二等奖

2002年司法部法学教材与法学优秀科研成果奖

序号	成果名称	作者	成果形式	获奖等级
1	海峡两岸刑法总论比较研究	赵秉志	著作	一等奖
2	司法改革研究	王利明	著作	一等奖
3	比较法社会学的框架和方法——法制化、本土化和全球化	朱景文	著作	一等奖
4	新型经济犯罪研究	高铭暄	著作	二等奖
5	行政法	杨建顺	译著	二等奖
6	民事诉讼法学原理	江　伟	教材	二等奖
7	婚姻家庭法（第二版）	杨大文、曹诗权	教材	二等奖
8	刑罚价值论	谢望原	著作	三等奖
9	新编证据法学	何家弘	教材	三等奖
10	中国律师学	陈卫东	教材	三等奖
11	非诉讼纠纷解决机制研究	范　愉	著作	三等奖
12	国际私法	章尚锦	教材	三等奖
13	印度社会的法律改革	王云霞	论文	三等奖
14	劳动法	关　怀	教材	三等奖
15	行政指导论纲——非权力行政方式及其法治问题研究	莫于川	著作	优秀奖
16	关于完善个人所得税法若干重大问题的法律思考	朱大旗	论文	优秀奖

学校及各院系举办的学术活动一览表

序号	会议名称	举办时间
1	全球化条件下两岸三地劳工与社会保障研讨会	2002/01/05
2	海尔百年讲堂系列讲座	2002/01/09
3	中日（日中）法学首次国际学术研讨会	2002/01/15
4	纪念“邓小平南方谈话”10周年研讨会	2002/01/18
5	恐怖袭击后的美国与国际格局	2002/01/19
6	第六届中国资本市场论坛	2002/01/19
7	“坚持和完善中国共产党领导的多党合作制度”理论研讨会	2002/01/21
8	刑事执行法制建设理论研讨会	2002/01/30
9	《假冒犯罪的惩治与防范》国际研讨会	2002/03/06
10	全国高校“诊所法律教育专业委员会”成立大会及学术研讨会	2002/03/07
11	第一届中共党史党建博士点研讨会	2002/03/18
12	房地产法研讨会	2002/03/20
13	民法典草案专家座谈研讨会	2002/03/20
14	刑法立法解释、司法解释研讨会	2002/03/20
15	“黑哨”问题、“黑熊”事件学术研讨会	2002/03/21
16	尚钺同志诞辰一百周年纪念大会	2002/03/21
17	中国经济和科技创新论坛	2002/03/23
18	海峡两岸研究生学术交流研讨会	2002/03/27
19	“经济全球化与中国人文社会科学的繁荣与发展”论坛	2002/03/28
20	刑事证据制度改革研讨会	2002/03/29
21	民商法前沿系列论坛研讨会	2002/04/02
22	首都生态城市建设研究专家咨询会	2002/04/09
23	CGE模型参数识别	2002/04/11
24	中国古代文论与古代文学学术研讨会	2002/04/14
25	复印报刊资料《语言文字学》专家咨询会	2002/04/19
26	全国宪法学发展研讨会	2002/04/20
27	中国首届创业者高峰年会	2002/04/20
28	马克思主义经济学与21世纪	2002/04/22
29	中亚地区安全与大国关系	2002/04/24
30	当代国际刑法与国际犯罪问题研讨会	2002/04/26
31	区际刑事司法协助法律研讨会	2002/04/29
32	民事证据法专家建议稿研讨会	2002/05/06
33	全国百名重点中学校长论坛	2002/05/08
34	第二届中日企业人力资源开发与管理国际研讨会	2002/05/11
35	第七届京津地区青年概率统计学术研讨会	2002/05/11
36	毛泽东文艺思想与中国现代著名文艺家学术研讨会	2002/05/11
37	中国人文社会科学论坛2002分论坛：“9·11”后的世界	2002/05/18
38	中国人文社会科学论坛2002分论坛：关注民生：就业、收入分配与社会保障	2002/05/18
39	中国人文社会科学论坛2002分论坛：重建诚信	2002/05/18
40	中国人文社会科学论坛2002分论坛：全球化语境中的文化论争	2002/05/18
41	中国人文社会科学论坛2002	2002/05/18
42	中德第三届法律研讨会	2002/05/20

续前表

序号	会议名称	举办时间
43	证券法研讨会	2002/05/20
44	法律与全球化——实践背后的理论学术研讨会	2002/05/25
45	当代中国社会分化与政策选择学术研讨会	2002/05/26
46	中日司法改革国际研讨会	2002/06/08
47	亚洲管理教育论坛	2002/06/08
48	世界报业发展论坛	2002/06/13
49	中国—加拿大人口迁移与流动国际研讨会	2002/06/14
50	首届中美公共管理国际学术研讨会	2002/06/16
51	教育部高等学校法学教育指导委员会及中国法学教育研究会年会	2002/06/16
52	数字时代的信息库——数字档案馆专题研讨会	2002/06/18
53	刑法学研究的方向、方法学术研讨会	2002/06/23
54	卫兴华教授从教 50 周年学术研讨会	2002/06/23
55	现代经济前沿专题论坛：转型与经济学	2002/06/27
56	庆祝王传纶教授八十华诞学术研讨会	2002/06/29
57	知识管理教育学术研讨会	2002/06/30
58	“北京 2008—人文奥运”论坛	2002/07/09
59	宪法学教育面临的挑战及未来发展趋势研讨会	2002/07/13
60	对抗制诉讼模式国际研讨班	2002/07/15
61	转型中的中国政治与政治学发展	2002/07/15
62	《中国民法典》（专家建议稿）研讨会	2002/07/15
63	“美国对华政策：今天与明天”学术研讨会	2002/07/17
64	刑事审判认证研讨会	2002/07/20
65	WTO 背景下的中国传播业未来发展	2002/07/22
66	中美劳动关系与人力资源管理专业建设研讨会	2002/07/23
67	英国刑事诉讼中的检察官律师地位研讨会	2002/07/24
68	21 世纪科学技术日中学术研讨会	2002/07/28
69	《中国审判案例要览》第九次全国编写研讨会	2002/08/02
70	中日韩“WTO 与农业发展”国际学术研讨会	2002/08/05
71	第三届 Web 时代信息管理国际会议	2002/08/11
72	第九届国际清史学术讨论会	2002/08/12
73	纪念梁启超《新史学》发表 100 周年学术讨论会	2002/08/22
74	中国大陆及港澳台地区土地可持续利用学术研讨会	2002/08/25
75	科学精神与人文精神研讨会	2002/08/25
76	21 世纪中国成人高等教育论坛	2002/09/07
77	英国气候变化政策研讨会	2002/09/10
78	国际刑法协会秘书长赫尔穆特·艾普（Helmut Epp）教授学术报告会	2002/09/11
79	全国经济管理类专业实验室工作研讨会	2002/09/13
80	现代宪法解释：理论、规则与程序学术研讨会	2002/09/14
81	海峡两岸法学教育座谈研讨会	2002/09/16
82	全国高校及司法机关“法学教育与国家司法考试”学术研讨会	2002/09/18
83	社会主义经济理论与实践	2002/09/18
84	全国第三届物流大会	2002/09/23
85	中美教育合作研讨会	2002/09/25
86	2002 国际教育合作周	2002/09/25
87	中日企业法制研讨会	2002/09/26
88	首届学习型组织国际论坛	2002/09/26

续前表

序号	会议名称	举办时间
89	第三届中日人力资源开发与管理国际研讨会	2002/09/28
90	日本宪法问题研讨会	2002/10/02
91	民法典草案专家座谈研讨会	2002/10/04
92	汽车召回法律问题国际研讨会	2002/10/08
93	中俄高级经济论坛	2002/10/08
94	法律与社会——法律社会学国际研讨会	2002/10/11
95	档案教育发展研讨会	2002/10/13
96	《宪法》解释的理论与实践研讨会	2002/10/15
97	历史学学术研讨会	2002/10/17
98	面向二十一世纪的中国人文科学研讨会	2002/10/18
99	全国区域经济学科发展研讨会	2002/10/19
100	中国古代文学与古典文献学博士生培养工作研讨会	2002/10/19
101	"性存在"研讨会	2002/10/21
102	宪法与行政法治国家重点学科建设座谈研讨会	2002/10/21
103	媒介经济与传媒集团化发展学术研讨会	2002/10/26
104	《行政许可法(草案)》专题研讨会	2002/10/27
105	中国—越南"加入WTO与财政金融政策的调整"双边研讨会	2002/10/28
106	发展繁荣人文社会科学高层论坛	2002/10/30
107	中国近代法制学术研讨会	2002/11/01
108	成功企业数据挖掘(Data-Mining)暨数量化管理论坛(2002)	2002/11/02
109	李占祥教授从教50周年学术研讨会	2002/11/02
110	中国生态保护与建设公共效益与私人投资论坛	2002/11/03
111	海峡两岸资本市场实证研究学术研讨会	2002/11/06
112	第二届全国企业战略管理教育论坛	2002/11/22
113	制售假冒伪劣商品犯罪问题座谈研讨会	2002/11/23
114	"全球化背景下劳动关系与企业社会责任"国际研讨会	2002/11/25
115	"孔子与当代"国际学术研讨会	2002/11/30
116	中国信息经济学会年会	2002/12/03
117	变革中的就业环境与社会保障研讨会	2002/12/07
118	2002绿色选择与绿色营销学术研讨会	2002/12/07
119	中美哲学家对话	2002/12/08
120	"大法官讲坛"开幕式及首场讲座:法院、法官与司法改革	2002/12/08
121	首届中国社会保障论坛	2002/12/09
122	海峡两岸学生学术研讨会	2002/12/10
123	东北亚经济合作与法律课题研讨会	2002/12/11
124	法律人类学讲座及研讨会	2002/12/11
125	万通地产首届高校博士生论坛	2002/12/12
126	经济社会统计国际学术研讨会	2002/12/16
127	"中国人才流动四方谈"研讨会	2002/12/17
128	比较文学与比较文化	2002/12/21
129	法律史学术沙龙开幕及首场学术研讨会	2002/12/21
130	关于合作作品权利归属研讨会	2002/12/27
131	高铭暄刑法学发展基金成立大会	2002/12/28
132	司法体制比较研讨会	2002/12/28
133	刑罚适用及其价值取向学术研讨会	2002/12/29
134	"世界一流大学与人文社会科学"学术报告会暨座谈会	2002/12/30
135	中国人民大学图书馆2003年学术研讨会	2002/12/30

第四届吴玉章奖获奖情况一览表

序号	成果名称	作者姓名	出版单位	出版时间	奖励等级
1	中国通史（多卷本）	白寿彝总主编	上海人民出版社	1999年	特等奖
2	有中国特色社会主义文化研究	黄楠森 龚书铎 陈先达主编	山东人民出版社	1999年	一等奖
3	朱德熙文集	朱德熙	商务印书馆	1999年	一等奖
4	现代汉语词典（修订本）	中国社会科学院语言研究所词典编辑室	商务印书馆	1996年	一等奖
5	18世纪的中国与世界	戴逸主编	辽海出版社	1999年	一等奖
6	中国近代经济史，1895—1927	汪敬虞主编	人民出版社	2000年	一等奖
7	国际法引论	王铁崖	北京大学出版社	1998年	一等奖
8	海峡两岸刑法总论比较研究	赵秉志主编	中国人民大学出版社	1999年	一等奖
9	中国新闻事业通史	方汉奇主编	中国人民大学出版社	1999年	一等奖
10	教育大辞典增订合编本（上、下）	顾明远主编	上海教育出版社	1998年	一等奖
11	中国教育制度通史（8卷本）	李国钧 王炳照主编	山东教育出版社	2000年	一等奖
12	现代化进程的矛盾与探求	丰子义	北京出版社	1999年	优秀奖
13	新时期中国发展观——兼与当代国外发展观的比较研究	范燕宁等	首都师范大学出版社	1999年	优秀奖
14	时代风云变幻中的马克思主义	许征帆	中国人民大学出版社	1996年	优秀奖
15	现代汉语方言音库	侯精一主编	商务印书馆	1995—2000年	优秀奖
16	夏汉字典	李范文	中国社会科学出版社	1997年	优秀奖
17	寰球透视：现代化的迷途	钱乘旦 刘金源	浙江人民出版社	1999年	优秀奖
18	环境与技术选择——清代中国西部地区农业技术地理研究	萧正洪	中国社会科学出版社	1998年	优秀奖
19	中国近代海关史	陈诗启	人民出版社	1999年	优秀奖
20	世界经济学新编	李琮主编	经济科学出版社	2000年	优秀奖
21	企业的利益相关者理论及其应用	杨瑞龙 周业安	经济科学出版社	2000年	优秀奖
22	发达资本主义经济中的垄断与竞争——垄断资本理论研究	高峰	南开大学出版社	1996年	优秀奖
23	相对合理主义	龙宗智	中国政法大学出版社	1999年	优秀奖
24	公司法人格否认法理研究	朱慈蕴	法律出版社	1998年	优秀奖
25	司法改革研究	王利明	法律出版社	2000年	优秀奖
26	同研究生谈新闻评论	邵华泽	人民日报出版社	1999年	优秀奖
27	新闻采访学（第二版）	蓝鸿文	中国人民大学出版社	2000年	优秀奖
28	“蜜蜂华报”研究	程曼丽	澳门基金会	1998年	优秀奖
29	报业经济与报业经营	唐绪军	新华出版社	1999年	优秀奖
30	现代教育论	黄济 王策三主编	人民教育出版社	1996年	优秀奖
31	教育发展不平衡研究	杜育红	北京师范大学出版社	2000年	优秀奖

第四届吴玉章优秀科研奖

罗国杰　　高铭暄

第四届吴玉章优秀教学奖

张志伟　　靳晓黎

第四届吴玉章基金委员会名单

名誉主任：李　鹏　　宋　平

主任委员：袁宝华

副主任委员：（按姓氏笔画排序）

王洛林　冯惠玲　田巨峰　纪宝成　邵华泽　赵启正
郝建秀　徐光春　袁贵仁　黄　达　程天权

委　　员：（按姓氏笔画排序）

马绍孟　方汉奇　王传纶　王利明　王宗伯　王洛林　王肇文　冯惠玲
田巨峰　叶　朗　甘惜分　刘大椿　刘向兵　纪宝成　许征帆　邬沧萍
齐世荣　吴大琨　吴树青　宋　涛　张文显　张腾霄　李文海　李德顺
杜厚文　邵华泽　闵维方　陈　禹　周新城　林　钢　罗国杰　金浪川
郑杭生　胡明扬　贺耀敏　赵启正　郝立新　郝建秀　钟契夫　徐光春
袁宝华　袁贵仁　顾明远　顾海良　高铭暄　曹明新　黄　达　曾宪义
程天权　谢维和　戴　逸

秘 书 长：冯惠玲（兼）

副秘书长：刘向兵　　郝立新

司　　库：林　钢

发展规划

■ 学科和事业发展规划

一、概况

2002年学校的发展规划工作开始从以宏观整体设计为重心，逐步向以发展战略研究、决策咨询参谋为主要工作方向的转变，加大了在学科布局、招生规模、拓展办学空间、专项资金管理等具体工作方面的参与、推进力度。

2002年，根据《关于院系调整工作的决定》（校政字［2001］1号）和《中国人民大学"十五"期间教育事业发展计划纲要》（以下简称"十五"计划纲要）的要求，抓住时机，积极推进了人文学院的组建和社会与人口学院的筹建工作；并根据"适当的理科、必要的工科"学科布局建设的要求，抓紧对相关学科进行深入调研，开始进行学校理学学科发展的调研论证和理学院筹建论证工作。

2002年初，由发展规划处牵头组成赴珠海办学工作小组，推进双方合作办学事宜的磋商并起草双方合作办学协议。

为了贯彻江泽民总书记视察学校时的重要讲话精神，2002年5月，由袁卫副校长主持，发展规划处牵头，学校成立了"428计划"工作小组，负责起草中国人民大学"428计划"。

根据学校总体工作安排和学校领导的指示，发展规划处继续协助相关院系和职能部门开展对徐悲鸿艺术学院办学问题的调研，形成若干份论证、参考报告。并就徐悲鸿艺术学院今后办学方向、招生规模等问题与相关职能部门一起开展论证。最后由发展规划处牵头，财务处、校园建设与管理处、资产与产业管理处共同组成工作小组，承担徐悲鸿艺术学院回迁谈判、协议起草等多项工作。

二、与珠海市签订合作办学协议

4月8日上午，我校与珠海市人民政府合作建设中国人民大学南方（珠海）校区协议书签字仪式在我校逸夫会议中心举行。教育部副部长张保庆，教育部发展规划司副司长韩进，教育部高教司副司长葛道凯，珠海市委副书记、市长方旋，珠海市委副书记罗春柏，珠海市委常委、香洲区委书记丘树宏，珠海市副市长余荣霭，珠海市政府副秘书长潘京，珠海市政府副秘书长吕明智，珠海市政府副秘书长蒋宝鸿，我校领导纪宝成、程天权、袁卫、牛维麟、林岗、张建明、冯惠玲、冯俊、马俊杰、陈一兵出席了签字仪式。程天权书记主持了签字仪式。广东省副省长李鸿忠致电表示祝贺。广东省、珠海市有关部门负责人以及我校相关部门和院系负责人参加了签字仪式。

我校校长纪宝成、珠海市市长方旋分别代表中国人民大学和珠海市人民政府在协议书上签字。根据双方合作协议，珠海市人民政府将无偿为中国人民大学提供4 000亩永久办学用地，同时出让3 000亩以上土地以开发融资方式为中国人民大学南方（珠海）校区筹措建设资金。中国人民大学将依托60多年办学积淀的学科优势、人才优势和资源优势，借助珠海经济特区“科教兴市”、可持续发展战略的强大支持，毗邻港澳、辐射华南的地理优势，在办学理念、学科建设、人才培养、教学改革、科研创新、社会服务等方面进行积极探索，采取整体规划、超前设计、分步实施的方式，按照“大规模、高起点、新模式、新机制、正规化、现代化、国际化”的思路，兴办中国人民大学“原汁原味”的现代化大学校区，兴办正规化的高等教育，同时根据社会经济发展需要有选择地开展其他各类教育。

教育部副部长张保庆发表重要讲话，并对合作双方表示祝贺。张保庆副部长指出，中国人民大学与珠海市政府合作建设中国人民大学南方（珠海）校区是我国高等教育发展过程中的一件大事，是新形势下如何更快更好发展我国高等教育的一种探索，衷心希望双方精诚合作、密切配合，本着“高起点、高水平、新机制、新模式”的指导思想，建设好中国人民大学南方（珠海）校区，为珠海市、广东省乃至全中国的经济发展作出更大贡献，为中国高等教育改革与发展提供新的经验。

三、院系调整

（一）人文学院的组建

为整合我校人文学科，增强学科实力，在认真分析我校人文学科布局及广泛调研国内外知名大学人文学院或文理学院发展历史与现状的基础上，充分征求哲学系（宗教学系）、中国语言文学系、历史学系和清史研究所关于院系调整的意见，形成组建人文学院的讨论方案，由主管校领导牵头，组织相关职能部门论证后，形成了中国人民大学人文学院组建方案，该方案经学校党委常委会讨论通过。2002年6月19日学校正式印发《关于组建成立人文学院的决定》（2001—2002校政字38号）。

（二）理学学科发展论证工作及理学院的筹建论证工作

根据我校创建“以人文社会科学为主的世界知名的一流大学”的建设目标和整体规划，遵循“主干的文科，适当的理科，必要的工科”的学科建设思路，对国内外知名大学理学院、工学院及文理学院的理工学科专业设置和机构设置情况进行调研，同时研究我校理工学科专业设置、教学科研优势，并组织理工学科相关专业及院系进行座谈，征求各方意见，完成对我校现有理工院系及专业设置的整体论证，与此同时对理学院的设置进行了前期论证和调研。

（三）社会与人口学院组建的论证

为适应现代高等教育发展的趋势，发挥中国人民大学社会学与人口学的学科互补优势，增强我校在人文社会科学方面的综合实力，在广泛调研国内外知名大学社会学专业设置及充分征求原社会学系、人口学系（所）关于院系调整意见的基础上，形成组建社会与人口学院的讨论方案。

四、拓展办学空间

（一）南方（珠海）校区建设情况

2002年4月8日，珠海办学合作协议签订后，我校召开了多次专题办公会，研究赴珠海办学问题，形成了《中国人民大学南方（珠海）校区学科发展与院系设置规划的方案》。

8月28日，纪宝成校长主持召开南方（珠海）校区建设专题办公会议，程天权书记和学校其他领导牛维麟、林岗、张建明、冯惠玲、马俊杰出席会议，学校相关部门领导都参加了会议。会后成立了"中国人民大学南方（珠海）校区建设总指挥部"，由纪宝成校长任总指挥，牛维麟、林岗、张建明任副总指挥，协调、组织本部各种力量支持南方（珠海）校区建设。组建了"中国人民大学南方（珠海）校区建设工作委员会"，具体负责南方（珠海）校区建设工作。由牛维麟副校长任主任，王霁任常务副主任，关伟任副主任。根据工作进展和实际需要，该工作委员会先行设立规划发展部、校园建设部、资产运营部、人力资源部。

9月22日，南方（珠海）校区建设工作委员会开赴珠海，就校区的总体规划、一期建设资金的筹融资等问题与有关单位和机构进行了接触和磋商。11月5—6日，德国、美国及澳大利亚三家国际设计公司参加南方校区的规划设计评审会，并由专家进行了封闭评审。

（二）其他办学空间拓展

在学校总体发展规划及校领导的直接领导下，发展规划处会同我校有关部处就办学空间拓展问题进行了广泛的研究论证，并先后对昌平大学园区、顺义等地进行了实地考察，并将考察论证的情况向学校领导进行了汇报。

五、徐悲鸿艺术学院回迁

在学校领导的直接领导下，就徐悲鸿艺术学院办学一事与北京市海淀区四季青乡西山公司进行谈判。在双方接洽的过程中，学校召开了多次专题办公会议，并由学校财务处、校园建设管理处、资产处和发展规划处等4家单位组成专门工作小组与北京市海淀区四季青乡西山公司就徐悲鸿艺术学院回迁进行磋商。最终，双方于2002年9月正式签订协议书，终止双方于1997年签订的"租赁合同书"，解除合作关系。徐悲鸿艺术学院回迁我校西郊校区。

六、专题研究

按照学校"十五"计划纲要的要求，着力加强学校发展的整体设计、宏观工作思路、中长期发展战略的研究，组织专项课题，形成若干有重要影响的政策建议或研究报告。

（一）中国人民大学管理机构名称设置研究

结合学校的实际情况，在新形势下探索进行高校行政组织结构及设置的改革与创新，探索淡化行政职能部门的"权力意识"，提高服务的质量与效率，探索有利于学科建设、人才培养和科学研究等工作的推进和完善，有利于实现学校的办学目标，为实现创建世界一流大学的远景目标打下基础的有效途径。

(二) 中国人民大学科研工作及管理体制规划研究

吸收借鉴世界一流大学的科研工作和管理体制规划的成功经验，对学校的科研工作和管理体制进行规划，提出能够充分合理地利用和配置一切可能利用的资金、人力的规划性建议。

(三) 中国人民大学文化产业园区规划研究

根据学校“十五”规划和社会经济发展的现实情况，就创建我校文化产业园的相关问题进行探讨，并就创建文化产业园区和文化产业集团提出建议和初步方案。

(四) 中国人民大学咨询服务机构专题研究

就整合我校的咨询服务力量，规范其活动的开展，打出人民大学的统一品牌，并借此提升学校的社会形象，增加学校的社会效益和经济效益等方面问题进行深入调研。

(五) 中国人民大学人才培养模式专题研究

从高层次创新人才所应具备的知识结构、能力结构等方面阐述21世纪人才所应具备的素质，提出我校应结合自身的实际和优势确定我校人才培养的特色，即在注重全面素质教育、文化教育的同时，应突出人才组织能力和管理能力的培养。

七、工作内刊

(一)《决策参考》

2001年12月—2002年1月，发展规划处对珠海办学问题进行了初步研究，形成了我校南方（珠海）校区建设与发展的规划框架设想及主要问题分析，分两期刊出。

(二)《规划论坛》

围绕“428计划”的制定，汇集了《〈北京大学创建世界一流大学规划〉概要》、《大学校园规划与学科规划、事业规划的关系及其相关思考——以北京大学为例》、《上海财经大学人文社会科学研究“十五”规划要点》等兄弟院校的文件、主题报告等，为我校的发展规划工作提供思路。此外，还就理学院筹建工作进行了专题跟踪，及时反映意见，互通信息。

(三)《名校动态》

2002年，《名校动态》内容涉及毕业生就业、日本高等教育状况、哈佛大学资金筹集、高校基础教育、学科融合、科研创新机制、美国高校的特征、东京大学、国外部分高校理工专业设置等。全年共刊印4期。

■ 校园规划与建设

一、概况

“十五”期间基本建设的重要任务是，除完成目前已经开工的世纪馆、多媒体教学楼、游泳馆的施工外，将利用收回造纸六厂用地的有利时机，重点建设校园西北区，实施西北区建设与改造工程。5年内，我校基本建设工程的开竣工面积将达到30万平方米，其中教学科研用房16万平方米，学生生活用房8万平方米，开发用房6万平方米。与此同时，我们还将大力美化、绿化校园环境，彻底改造目前比较陈旧的校园基础设施，建设节能型校园。

通过5年左右的努力，力争我校基本建设工作取得突出进展，把我校校园建设成为一座功能完善、环境优美、清洁节能、特色明显，与我校社会地位相称的一流校园。

二、在建、拟建和已竣工项目情况

（一）经济学科与法学院楼

经济学科楼与法学院楼为连体建筑，项目建议书和可行性研究报告分别于2002年4月和2002年11月获得教育部批准。

经济学科楼与法学院楼的设计工作同步进行。2002年，经济学科楼完成了初步设计，经征求有关单位意见后，委托设计单位进行施工图设计，至年底，施工图设计已完成80%工作量。

法学院楼占地约10 000平方米，总建筑面积约51 283平方米，地上32 407平方米，地下18 876平方米。地上13层，地下2层，檐高51.3米。总投资26 613万元。主要建设内容包括：供法学院等有关学院高年级本科生和研究生使用的各类专业教室、科研实验用房、会议及学术研讨室、专业图书资料室、教师办公室、行政办公用房、地下停车场、人防和设备用房、其他配套用房等。

（二）西北区学院楼二期工程

该项目总建筑面积约44 813平方米。地上10层，建筑面积约27 712平方米；地下2层，建筑面积约17 101平方米。檐高46米，结构形式为框架剪力墙结构。主要建设内容包括供我校新闻学院、人文学院等学院高年级本科生和研究生使用的各类专业教室、实验室、资料室、新闻演播厅、行政办公室、教师办公室、1 500人学术报告厅、会议室、地下车库、设备用房和其他配套用房。

该项目的项目建议书和可行性研究报告已分别于2002年8月和2002年11月获得教育部批准，设计方案经过征求学校有关部门意见，先后进行了多次修改完善。

（三）西北区学生公寓

该工程项目总建筑面积约85 540平方米。由A—F栋6个单体建筑构成，其中A栋建筑面积约21 318平方米，地上14层，地下2层；B栋建筑面积约14 675平方米，地上16层，地下2层；C栋建筑面积约14 330平方米，地上15层，地下2层；D、E栋建筑面积约20 517平方米，地上12层，地下2层；F栋为食堂和管理用房，建筑面积约14 702平方米，地上6层，地下2层。结构形式为框架剪力墙结构。该工程主要建设内容为学生公寓、学生食堂、学生浴室、学生活动室、地下自行车库、地下人防等。

学生公寓建成后主要用于全日制学生住宿，共有1 222间学生宿舍，每间使用面积约20平方米～23平方米，可容纳约5 000名学生住宿。根据国务院领导关于大学生公寓建设的意见，我校西北区学生公寓主要建成板式和点式（塔楼）筒子楼公寓，房间内不建卫生间，每层设学生公共活动室及公共盥洗室和厕所。

该项目的项目建议书和可行性研究报告已分别于2002年4月和2002年9月获得教育部批准。A栋工程于2002年11月获得规划许可证，并于2002年11月正式开工建设。B—F栋工程的初步设计已经完成。

（四）世纪馆

该工程已于2002年7月31日如期竣工。竣工后至今已获得以下奖项：北京市结构“长城杯”；北京市青年优质工程；北京市用户满意工程；全国用户满意工程；中建总公司优质“金奖”工程。

（五）游泳馆

2002年2月开始装修施工，2002年3月开始设备安装调试，2002年8月31日如期竣工。

（六）多媒体教学楼

2002年4月完成主体结构，2002年12月竣工交付使用。该项目获北京市结构“长城杯”。

（七）仁达大厦

该项目于2002年9月取得规划许可证。10月底，我校与仁达大厦的原施工总承包单位——北京市第三建筑工程公司达成协议，后者在完成工程交接手续后撤场。11月，仁达大厦开始复工续建。

（八）运动场改造工程

该项目于2002年4月开工建设，田径场跑道和辅助区基础按照一级公路标准施工，跑道区和跳高、撑杆跳高等主要功能区基础面层采用改性沥青混凝土铺设，塑胶面层采用意大利进口的“蒙多”牌预制塑胶（该产品曾用于巴塞罗那等多届奥运会场地）铺装，是目前全国高校内性能、标准最高的田径跑道。田径场的基础施工于2002年7月完成，全部工程于2002年10月完成。2002年11月通过中国田径协会验收，获得“使用证书”。

（九）基础设施改造工程

2002年初，根据教育部的统一要求，我校就校园基础设施运行中存在的突出问题及相应的改扩建规模、内容、资金需求、实施计划等编制了可行性研究报告，教育部于2002年4月以教发函［2002］150号文批准了上述报告，并将该项目列为国债和修购专项资金项目。

基础设施改扩建工程是对学校西郊校区（本部）61公顷范围内的给水、污水、雨水、中水、电力、弱电（包括电话、有线电视、校园广播、校园网）、燃气、热力、道路及照明设施等进行改扩建，其中给水、污水、电力、弱电、燃气、热力、道路及照明设施属更新改造范围，雨水、中水系统属新增基础设施，改造、新增各种地下管线累计总长度约为20万米，新建、改建校园道路约90 000平方米，新建停车场约10 000平方米，新建路灯照明设施约300套，改建、新建变配电设施5座。

一期工程于2002年6月18日正式动工建设，于2002年10月28日竣工交付使用，先后完成了包括品园路、谨勤路、知行路、明志路、春华路西段、吴玉章路西段、中心草坪东西侧路及中心甬路、环游泳馆路、世纪馆西侧停车场（兼灯光球场）在内的校园基础设施的改扩建，共铺设各种管线累计长度6万米，改建校园道路28 000平方米，新建停车场6 000平方米，新建路灯照明设施89套，安装中心草坪景观灯具32套，完成投资约2 000万元。

附录

关于中国人民大学校园总体规划的批复

（市规发［2002］170号）

中国人民大学：

你校关于报送《中国人民大学校园规划》的报告（人大校字［2002］21号）收悉。经审查，现批复如下：

一、原则同意用地功能布局及总体建设规模：

中国人民大学校园总建设用地60公顷，其中教学用地50公顷。学生规模18 000人，教职工3 200人。其规划总建设规模71.8万平方米，其中新建建筑面积为32万平方米。

原则同意校园总体布局，公共教学区、院系教学区、学生生活区、教工生活区、体育运动区、科技研发区等功能分区，各区既相对独立，彼此又有近便的联系，同时应加强校园建筑空间的开放性与连续性，形成以绿化走廊为主干并向周边渗透的建筑空间体系。

二、原则同意道路交通系统布局。

原则同意汇贤路的线形调整方案。汇贤路为规划城市支路，应允许社会车辆通行，并将其作为联系校园东西方向的主干道，同时加强对外的交通联系，特别是汇贤路与苏州街的衔接问题，须商市规划院、市交管局、市政公司等有关部门进一步研究论证。

三、原则同意绿化系统布局。

在汇贤路南侧留出30米宽绿化带，同时在东西校门之间的空间联系通道上营造一定的绿化开放空间，形成绿色走廊。生活区与教学区之间也留有绿化分隔空间。

四、做好中关村大街、苏州街、人大南路城市设计研究工作，其沿街规划设计方案报我委审查。

五、大华衬衫厂用地由于是国家正式批准占地，故应征得该单位及其上级部门同意后，再行确定。

特此批复。

二〇〇二年二月二十六日

■ 专项资金管理

一、修购专项资金管理

2002年已经批准的3 000万元修购专项资金，由项目管理办公室负责总体管理和控制，财务处负责资金运行管理，相关职能部门实行专项负责，项目单位具体执行、自我管理。项目管理办公室在资金额度、工程进度、项目检查（中期）、项目调整、评估、验收方面进行全面管理，并负责项目单位与学校相关单位的协调工作。

2002年6月，根据教财司函［2002］86号《关于追加2002年教育事业费的通知》精神，我校申请2002年（追加）中央级普通高等学校修购专项资金项目。我校安排4个项目，项目总经费1 205万元，其中申请财政预算拨款1 000万元，并上报教育部审批。

8—9月，组织2003年学校修购专项资金项目申报工作。学校各单位共申报34个项目，拟申请财政拨款15.7亿元，其中修缮项目10个，设备购置项目24个。

二、“面向21世纪教育振兴行动计划”专项资金管理

2002年是教育部“面向21世纪教育振兴行动计划”专项资金项目执行的最后一年。我校项目管理办公室完成“面向21世纪教育振兴行动计划”一期项目后，确定了“面向21世纪教育振兴行动计划”专项资金项目（二期）重点建设目标，即重点学科建设和基础设施建设。

5月，在学校统一安排和部署下，项目管理办公室组织全校各院系开展项目申报和论证工作，最后确定14个重点学科建设项目和3个基础设施建设项目，项目资金总额为1.3亿元。11月，由于项目资金使用方向发生变化，项目管理办公室对已申报的项目重新进行相应的调整。

对外交流与合作

一、概况

2002年，我校国际交流与合作工作迈上了一个新台阶。在我校65周年校庆之际，《中国青年报》专版刊登了题为《大步走向世界的中国人民大学》的专题文章，并以《兼收并蓄、积极吸收世界先进文化，合作交流、跨步迈进国际知名大学行列》为题，对我校建校以来在国际交流与合作方面取得的成就给予了全方位的报道。

2002年是我校国际交流活动硕果累累的一年。全校出国及赴港澳台地区进行学术交流活动近千人次，其中校级团组11个，访问了瑞士、法国、意大利、丹麦、挪威、芬兰、美国、日本、韩国以及香港、台湾地区；外籍来华长短期专家、学者共200多人次，其中长期专家、外教22人次，短期专家、学者179人次；与美国、英国、德国、挪威、日本、意大利、韩国、澳大利亚、港澳台地区等18所高校签订了合作协议书或意向书；开展了美国富布莱特项目、哈佛大学燕京书社学者派遣项目、第二期安第斯共同体五国“中国经济增长模式”研修班、中欧高等教育合作项目、韩国高等教育财团项目、美国哥伦比亚大学“经济政策与财政金融管理”双硕士项目、香港生产力促进局专业发展合作项目等一系列对外交流与合作项目；主办或举办了40余个国际及双边研讨会。

二、重要来宾及重大活动

2002年，我校先后邀请世界各国各界知名人士数十人来校访问并演讲，他们中既有国家元首、政党领袖，也有驻华大使和著名学者。其中，厄瓜多尔总统贝哈拉诺（Bejarano）在被授予我校名誉博士学位仪式上，发表了题为“今日厄瓜多尔”的专题演讲，为我校与南美国家的高校建立关系开创了新局面；澳大利亚工党领袖克林（Crean）先生为我校学生作了题为“澳大利亚与中国：老朋友，新伙伴”的专题演讲，受到广大学生热烈欢迎；斯洛文尼亚外交部长鲁佩尔（Dimitrij Rupel）先生以“斯洛文尼亚、东南欧和欧洲的一体化”为题发表了演讲。

2002年，我校和英国牛津布鲁克斯大学，挪威理工大学，德国斯图加特大学，美国纽约州立大学布法罗分校、加州州立大学圣荷塞分校、哥伦比亚大学，澳大利亚伊迪·考文大学，日本龙谷大学、鹿尔岛大学，韩国庆熙大学等签署了校际交流协议。

三、重要出访活动

2002年我校共派出访问团组15个，其中重要团组有：纪宝成校长5月和10月率团访问美国，9月率团出访日本；程天权书记9月率团访问欧洲瑞士、法国、意大利3国。

9月，纪宝成校长获日本创价大学授予的名誉博士学位。10月，应美国哥伦比亚大学特别邀请，纪宝成校长作为惟一一位受邀请的中国大学校长，出席了该校新任校长博林格·李（Lee C.Bollinger）先生的就职典礼并致辞。

9月，程天权书记率团出访欧洲3国，促成我校与许多重要机构建立了联系，并在广泛领域达成了合作意向。

四、名誉教授、名誉博士及外籍专家工作

2002年我校共聘请客座教授7名、名誉教授2名。

2002年，我校聘请各类外国专家、学者近200人，其中任教半年以上的专家教师24人，来华短期讲学、学术研究、访问和参加国际会议的学者有175人，主要来自美国、英国、德国、法国、日本、俄罗斯、韩国、芬兰等国，涉及工商管理、公共管理、经济、法学、环境、国际关系、新闻、社会学、哲学、历史、文学、艺术等学科、专业领域。

在我校长期任教的语言类外籍教师、专家，利用其母语优势、文化背景以及教授语言课程的实践经验，为我校的外语教学工作作出重要贡献。他们承担了学校从本科到博士生层次的涉外专业的口语、听力和写作课程，在他们的辛勤耕耘下，学生们的综合运用语言的实际能力大大提高。长期专家中也有部分非语言类的专业人员，如任教于财政金融、法学、艺术学院的外国专家，此外，还有两位美国富布莱特项目专家帕特里克·摩根（Patrick Morgan）和皮茨瓦达（Pittswada），他们分别在国际关系学院和公共管理学院任教。

短期来华的专家中，主要是从事讲学、科研、学术访问及参加国际会议的学者，对拓展我校国际合作领域，提高国际学术地位也起到了很大的推动作用。

五、主要交流项目

我校在2002年加强了与韩国高校的联系。纪宝成校长应邀出席“2002中韩大学校长国际会议”，和出席会议的十余所著名大学校长共同讨论《培养二十一世纪高级人才中韩合作方案》；为纪念中韩建交10周年，我校还与韩国釜庆大学共同举办了以“汉拿山到长城”为主题的大学生交流大长征活动，受到两国媒体的关注。

继2001年成功举办了国家对外经贸部援外项目——南美安第斯共同体五国“中国经济增长模式”

研修班后，我校在2002年举办第二期研修班，玻利维亚、厄瓜多尔、委内瑞拉、秘鲁等国驻华使节出席了开学典礼。

2002年5月，中国人民大学与美国哥伦比亚大学“经济政策与财政金融管理硕士学位项目”在我校签约并正式启动，参加该项目的学员由双方共同招生，共同培养，共同授予两校学位。

六、国家、单位公派出国情况

2002年我校因公短期出访373人次，主要出访国家有美国、俄罗斯、加拿大、日本、韩国、澳大利亚等国和东南亚、欧洲各国，按出访目的排列依次为：访问考察142人、出席国际会议104人、合作研究56人、学生交流24人、短期讲学11人，其他形式的短期出访36人。

2002年办理因公长期出国手续49人，其中高级访问学者2人，普通访问学者23人，读学位2人，研究生13人，本科生9人。主要出访国有美国、英国、加拿大、俄罗斯、日本、韩国、英国、德国、芬兰等。

七、港澳台交流

我校已与港澳台地区建立了全方位、高层次的合作交流关系，有力地推动了我校教学和科研水平的提高，扩大了我校在港澳台地区的影响力，并极大地丰富了我校的办学资源。交流的具体情况如下：

（一）合作项目

1. 2002年1月，我校与香港岭南大学签订了“学术与学生交流合作”协议。双方在协议中达成了互派学者、委托代招学生、互派交换生等意向，并于2002年下半年开始实施协议内容。目前，我校已派出3名学生赴香港岭南大学学习。

2. 我校从2001年10月开始与香港生产力促进局合作开展为香港中小企业高级管理人员提供培训项目，至当年11月，我校已与香港生产力促进局在我校合作开展了5期研修班，已有约90名学员毕业。

（二）交流活动

2002年，我校赴港澳台地区交流为392人次。1月，纪宝成校长率团访问香港，其间，纪校长一行访问了香港高校、政府部门、大型企业和中资机构，拜访了南怀谨等知名学者。6月，纪宝成校长再次赴香港，参加香港《大公报》百年报庆。在参加报庆期间，纪宝成校长拜会了香港特别行政区行政长官董建华先生，访问了香港生产力促进局，签署了合作协议。11月，纪宝成校长、冯俊副校长率我校代表团一行8人访问香港，先后参加了《香港商报》50周年报庆活动和香港生产力促进局活动开幕式，拜会了香港方福树堂基金主席方润华先生和香港金利来集团有限公司董事局主席曾宪梓先生，访问了中国人民解放军驻港部队司令部、京港学术交流中心和李嘉诚基金会，并与香港理工大学联合举办了以“大学在经济结构转型过程中的角色”为主题的学术研讨会。代表团还受到了香港特别行政区行政长官董建华先生的接见。1月，纪宝成校长率团赴台进行学术交流，代表团一行6人先后参访了台湾政治大学、东吴大学、辅仁大学、逢甲大学、朝阳科技大学、中山大学等高校，与政治大学签订了交流合作备忘录，并拜访了台湾逸仙文教基金会。7月，我校土地管理系组团赴台参加“第四届（2002）土地管理学术研讨会”。8月，王新清副书记率我校师生团一行40余人赴台湾逢甲大学进行互派交流活动。10月12—20日，我校党委书记程天权（以校务委员会主任的身份）率学校行政代表团一行8人赴台湾逢甲大学等校进行学术交流。12月11—18日，我校统计学系师生代表团一行23人赴辅仁大学交流访问。

同期，港澳台地区来访活动也较活跃。1月，香港浸会大学校长吴清辉访问我校。3月，澳门科技大学校长周礼皋、香港理工大学校长潘宗光、香港瑞安集团有限公司副董事长王英伟先生访问我校。4月，香港岭南大学校长陈坤耀访问我校。5月，香港嘉汉林业有限公司董事长陈德源先生来我校访问并为我校环境学院捐款。11月，香港理工大学校长潘宗光、香港仲盛控股有限公司执行董事孔黛碧、香港利丰发展有限公司董事张家敏先生、澳门大学副校长黄亚钧来我校参加我校建校65周年庆典。12月，香港利丰集团主席、香港大学校务委员会主席冯国经先生来我校访问并接受我校授予的名誉教授称号。12月，香港凤凰卫视资讯台总编辑阮次山先生来我校访问并接受我校授予的客座教授称号。

八、国际会议

2002年我校举办国际及双边会议40余个，主要分布于经济、管理、人口、环境政治、国际关系等学科。其中，“中国—加拿大人口迁移问题”、“首届中美公共管理国际学术研讨会——公共管理与治道变革”、“WTO与农业发展——中、日、韩三边国际学术研讨会”、“宗教伦理与当代社会——东方与西方”等会议都有比较大的规模和影响。首届“中俄高级经济论坛”则受到中俄两国经济学界、商界的广泛关注，俄罗斯驻华大使罗高寿先生出席了开幕式。

附录

2002年与我校续签、签订校际交流协议的国外及港澳台高校一览表

洲名	国家/地区	院校名称	签署时间
欧洲	英国	牛津布鲁克斯大学	2002/05
	挪威	挪威理工大学	2002/06
	德国	斯图加特大学	2002/06
美洲	美国	陶森大学	2002/04（续签）
		纽约州立布法罗大学	2002/05
		加州州立圣荷塞大学	2002/05
		哥伦比亚大学	2002/05
大洋洲	澳大利亚	伊迪·考文大学	2002/08
亚洲	日本	龙谷大学	2002/03
		鹿儿岛大学	2002/07
	韩国	庆熙大学	2002/09
	台湾	政治大学	2002/01
		淡江大学	2002/04
	香港	岭南大学	2002/04

2002 年聘请客座教授一览表

授予人姓名	性别	国家/地区	时任职务、职称	授予日期
约翰·赫尔斯通·坡拉德 (John Hurlstone Pollard)	男	澳大利亚	麦考利大学精算系主任，教授	2002/01
赛奇（Anthony Saich）	男	美国	哈佛大学肯尼迪政府学院	2002/01
伯纳德·皮茨瓦达（Bernard T.Pitsvada）	男	美国	乔治·华盛顿大学工商与公共管理学院	2002/04
森栋公夫（Kimio Morimune）	男	日本	日本京都大学教授	2002/06
钱颖一	男	中国	美国加州伯克利分校经济学院终身教授	2002/03
徐林倩丽（Judy Tsui）	女	香港	香港理工大学商学院院长	2002/10
阮次山	男	香港	香港凤凰卫视资讯台总编辑	2002/11

2002 年授予名誉教授称号人员一览表

姓名	性别	国家/地区	时任职务、职称	授予日期
热若尔·罗兰（Gerard Roland）	男	比利时	美国加州大学伯克利分校教授	2002/05
冯国经（Fung Kwok King）	男	香港	香港大学校董会主席	2002/12

2002 年因公短期出国人员统计表

合计	访问考察	国际会议	合作研究	学生交流	短期讲学	其他
373	142	104	56	24	11	36

2002 年因公长期出国人员统计表

留学身份	高访	普访	读博（博士后）	硕士生	本科生	合计
国家公派	2	10	2	8	2	24
单位公派		13		5	7	25
合计	2	23	2	13	9	49

管理工作

■ 人事工作

一、概况

2002年是中国人民大学人事制度改革承前启后的一年，人事处根据学校建设世界知名一流大学的目标和统一规划，进一步落实人事、分配制度改革的政策和措施，为今后学校人事制度改革的深入打下基础。2002年人事工作的重点在于继续完善人事政策，制定出台了一系列的规范性文件和规章，开展了“科级干部岗位交流”工作，加大引进高层次人才的范围和力度，继续补充完善岗位业绩酬金实施方案；在总结经验的基础上注重自身建设，练好内功，理顺内部关系，整理各项规章制度，制作科室工作流程，提高服务水平和办事效率，建设人事处主页，开展网上办公。

二、教职工基本情况

2002年中国人民大学教职工队伍建设本着规模适当、结构调整的原则，继续向着有利于学科建设、有利于学校建设的方向发展。

截止到2002年12月31日，学校教职工总规模5 927人。其中，在职教职工总人数为3 524人，占总规模的59.5%，比2001年减少18人，减员幅度为0.5 %；离退休人员2 300人，占总规模的38.8 %；博士后流动人员103人，占总规模的1.7%。

教师总数1 442人，其中，获博士学位572人，硕士学位629人，本科241人。教职工平均年龄41岁，其中教师平均年龄42岁，教授平均年龄50岁。

(一) 增员情况

截止到2002年12月31日，学校增员163人。比2001年实际增员减少121人。

2002年学校增员中，教学科研75人，占46.0%；党政管理61人，占37.4%；图书资料6人，占3.7%；出版印刷12人，占7.4%；中小学幼教9人，占5.5%。本年增员中，获博士学位的57人，占35.0%；获硕士学位的42人，占25.8%；本科毕业的64人，占39.3%。

2002年学校增员中，选留毕业生140人，占85.9%（其中，博士38人，硕士38人，本科64人）；引进人才8人，占4.9%；海外归国6人，占3.7%；接收博士后5人，占3.1%；调入4人，占2.5%。

2002年学校增员工作中，继续近几年来人事制度改革的深化，转变用人观念。在选留毕业生中，进一步加大选留外校毕业生的比例，选留外校毕业生60人，占选留毕业生的42.9 %。加大引进国内外优秀人才的力度，教师队伍结构得到进一步改善。

(二) 减员情况

2002年学校减员181人，其中离退休78人，占43.1%；调出校外83人，占45.9 %；辞职、辞退、自动离职等16人，占8.8 %；在职死亡4人，占2.2 %。减员中，正高级专业技术职务24人，占13.3 %；副高级专业技术职务9人，占5.0 %。

附：2002年中国人民大学教职工基本情况一览表

人员及分类	数量	比例（%）
总规模	5 927	100.0
在职总人数	3 524	59.5
其中：女性	1 824	51.8
教师	1 442	40.9
其中：专任教师	1 238	85.9
非教师专业技术职务	675	19.2
党政管理人员	572	16.2
工勤人员	365	10.4
中小学幼教	470	13.3
其中：教师	419	89.1
附中	339	9.6
附小	96	2.7
幼教	35	1.0
博士后流动人员	103	1.7
离退休人员	2 300	38.8
离休人员	616	10.4
退休人员	1 684	28.4

三、人事制度

1. 2002年5月24日，我校发布了《中国人民大学科级干部岗位交流工作暂行办法》（2001—2002学年校政字33号）。科级干部是我校各项工作的中坚力量之一，进行科级干部交流工作，是为了提升党政教辅管理干部素质，提高管理工作效率和水平，以适应我校改革形势。2002 年 7 月校部机关 13 名科级干部进行了岗位交流。

2. 2002 年 3 月 29 日我校发布了《中国人民大学临时工管理暂行规定》(2001—2002 学年校办字 18 号)。该规定在以前对临时工管理的基础上，进一步规范了管理制度，同时保障单位和个人的权益。

3. 截止到 2002 年 12 月 31 日，我校通过人事代理方式聘用人员 15 人，占当年全校增加人员的 9.2%。由于我校 2001 年人事代理工作取得了良好效果，起到了很好的示范效应，校内一些单位主动要求在本单位扩大实行人事代理的范围。

4. 2002 年 12 月 18 日，我校向中国国际人才开发中心移交了 329 份已作自动离职、辞职、解除公职、开除公职、离职、除名等处理人员的滞留档案。

四、考核聘任

《岗位业绩酬金实施意见》自 2000 年实施以来，得到了全校教职工的关注和拥护。为使岗位业绩酬金考核更具科学性、合理性和可操作性，学校“岗位业绩酬金工作小组”在广泛征求各院系、处(部) 意见的基础上，对相关考核条款作了调整、补充，制定了《岗位业绩酬金实施意见的补充规定》，在补充规定中，增设了教师按学期考核发放酬金和指导研究生任务有三年过渡期等考核内容；完善了审核程序，增加了考核结果在院系公示一周等条款。

2001—2002 学年，参加岗位业绩考核的教师共有 1 059 人，岗位业绩考核合格的有 1 016 人，占考核人数的 95.9%；考核不合格的有 43 人，占考核人数的 4.1%，其中教授 5 人，副教授 16 人，讲师 22 人；连续两年考核不合格的有 14 人，其中教授 1 人，副教授 6 人，讲师 7 人，相关院系根据学校考核文件规定，作出了相应处理意见，2 人解聘，9 人低聘，1 人调离教师岗位改任教辅工作，退休 2 人。

在本学年考核中超额完成教学、指导任务的有 708 位教师，学校共发放超额酬金 243.7 万元。

附：中国人民大学 2001—2002 年度岗位业绩考核情况表

年度	考核人数	岗位酬金（万元）	合格率（%）	超课时人数	超课时酬金（万元）	不合格人数	连续两年不合格			
							低聘人数	解聘人数	转岗人数	退休
2001—2002	1 059		95.9	708	243.7	43	9	2	1	2

五、教师培训

(一) 岗前培训及考试

根据国家教育部的有关精神和北京市高校师资培训中心的要求，我校从 8 月 26 日至 9 月 13 日举办了青年教师岗前培训班，并分别于每门课程结束后进行了考试。培训班每天 8 学时，总计约 110 学时。开设了《高等教育法规》、《高等教育学》、《高等教育心理学》和《高校教师职业道德修养》4 门课程。授课教师以教育学专业毕业的青年教师为主，也有多年从事教学工作的老教授，教学效果得到了学员的好评。

此次培训是我校征得北京市教委师资培训中心的同意后举办的第三期岗前培训班，也是我校自 1988 年起为每年新留校的青年教师和干部举办的第十四期青年教师岗前培训班。根据上级文件精神和我校实际情况，此次参加培训的近 50 名学员，主要是 2002 年新留校的教师。参加培训结业考试的 48 名青年教师，经严格的考试和考核，各门成绩全部合格。

(二) 计算机培训及考试

根据《关于进一步落实我校计算机应用水平培训工作的规定》及相关条例的要求，凡我校1951年1月1日以后出生、2003年9月1日之前报到的教师、党政干部及教辅人员均应于2003年12月前通过计算机应用水平考试，以此作为上岗资格和考核条件，同时作为申报副高及以上职称的必备条件。学校于2002年上半年和下半年共组织了4次培训和2次考试，共有493位教职工通过考试并取得了合格证书。

(三) 职称外语培训及考试

2002年的职称外语考试是为2003年晋升高、中级专业技术人员服务的，本次考试采取了网络报名方法，由单位集体组织，统一报名。考试分为A、B两个级别，考试成绩合格者，由人事处颁发统一印制的外语考试合格证。考试合格证有效期为3年，2000年度及以前的外语考试合格证不再有效。

职称外语考试前，人事处与外语学院组织了专门的培训，本次职称外语考试共有231人获得合格证书。

(四) 师资外语培训及考试

为提高当前我校师资的英语水平，人事处和国际合作与交流处合作举办了第一期和第二期师资英语培训班。

六、人才引进

2002年我校制定了《中国人民大学引进高层次人才工作暂行办法》，规定了引进高层次的对象与条件、生活待遇、科研待遇、引进程序等，为科学、规范地引进高层次人才提供了制度保障。

2002年共引进高层次人才14人，其中海外留学归国人员3人。

七、教师获奖助情况

(一) 高校青年教师奖

教育部“高校青年教师奖”坚持教学、科研“双高”标准，获奖人选是经过严格遴选、专家评审产生的。“高校青年教师奖”每年奖励支持100人左右，奖励总经费的最高标准为50万元，支持期限为5年。第三届教育部“高校青年教师奖”获奖人选于2002年5月公布并举行颁奖大会，我校共有4位教师（焦国成、王利明、郭庆旺、王化成）获得此项奖励。

(二) 高校优秀青年教师资助计划获助者

2002年中国人民大学共有4位教师（雷达、孟小峰、王晓军、姚辉）获得此项资助。

八、职称工作

2002年度我校教师及其他专业技术职务评聘结果为:

大学教师共评聘了48位教授，55位副教授，34位讲师，10位助教；中小学教师共评聘了13位中教高级教师，19位中教一级教师和小教高级教师，25位中教二级教师和小教一级教师；教育管理系列共评聘了3位副高职、12位中级职务和26位初级职务人员；思想政治教育系列共评聘了2位副高职、2位中级和12位初级职务人员；其他专业技术职务中，图书资料系列共评聘了2位正高职、9位副高职、10位中级职务和5位初级职务人员；出版系列共评聘了2位正高职、8位副高职、4位中级职务和8位初级职务人员；工程实验系列共评聘了4位副高职、4位中级职务人员；卫生系列共评聘了5位中级职务人员。

九、博士后工作

截止到2002年12月31日，我校共有法学、哲学、理论经济学、应用经济学、社会学、历史学、工商管理和中国语言文学8个博士后科研流动站。同时，经学校研究决定，并报全国博士后管理委员会办公室备案，准予我校公共管理学科依托国家重大项目招收项目博士后研究人员。我校8个博士后流动站，涵盖42个博士点，另有两个学科可以招收项目博士后研究人员。

2002年度，我校按照“保持规模、略有增加”的指导思想，新接收博士后研究人员55人，比上年增加38%。马克思主义学院、劳动人事学院第一次招收博士后研究人员。

附：中国人民大学2002年博士后在站情况

招收总数	项目招收人数	企业联合招收人数	年初在站人数	年内在站人数	年末在站人数	离站人数
55	1	5	68	123	103	20

中国博士后科学基金申报工作：2002年度，我校博士后研究人员积极申报中国博士后科学基金第三十二批、第三十三批资助金，共有25名博士后申请，4名博士后获得基金资助，分别是：理论经济学博士后研究人员焦斌龙、法学博士后研究人员韩秀桃、公共管理项目博士后杨庆媛、哲学博士后研究人员袁祖社。

企业博士后工作：2002年，我校继续扩大与积极开展与国内知名企业的合作，分别与中国华融资产管理公司、长江证券有限公司、广东证券有限公司等企业签署合作协议并联合培养博士后。并继续保持与深圳证券交易所等原合作单位的关系，实现了学校学术资源与企业资金资源的优势互补，促进了产学研的有机结合。

博士后联谊工作：2002年，在北京市博士后联谊会的换届选举当中，我校推荐参选博士后韩秀桃当选为北京市博士后联谊会副理事长兼秘书长。同时，我校人事处荣获中国博士后科学基金会颁发的“2002年度博士后联谊工作组织优秀奖”。

制度建设：2002年，根据国家人事部、全国博士后管理委员会的相关要求，结合我校的实际情况和人事、科研管理的总体要求，以促进博士后研究人员的科研工作积极性和主动性，提高我校博士后工作在学校总体工作中的效益为宗旨，对原有博士后制度进行了修改和补充，修订了《中国人民大学博士后工作管理办法》、《中国人民大学科研流动站管理办法》、《中国人民大学博士后科研经费资助办法》、《中国人民大学博士后经费科研资助办法》、《中国人民大学企业博士后工作指南》，基本形成了我校系统完整的博士后管理制度。

同时，学校在积极探索流动编制人员的使用方面，鼓励各院系吸引博士后研究人员充实到教学科研队伍当中来，讨论建立《博士后研究人员上岗任教制度》，使院系的流动编制人员使用与博士后研究人员的培养相结合，同时在使用中发现适合从事高校教学研究的优秀人才，吸引其补充到我校师资队伍当中。

十、岗位业绩酬金实施办法的修改与完善

学校岗位业绩酬金实施办法在执行了三年的基础上，进行了第三次修改完善。此次修改，总结了我校岗位业绩酬金执行三年的情况，对岗位业绩酬金的考核办法和标准进行了修改。在考核方面，根据建设世界知名的一流大学的目标，对各个岗位的工作质量和工作数量提出了新的要求，进一步严格了考核程序。在岗位业绩酬金的标准方面，加大了向教学和科研倾斜的力度，进一步拉大差距，教学科研岗增加了一级C岗，管理岗增加了正处B岗，副处B岗，同时增加了实习人员岗位。使岗位业绩酬

金标准体系更加完善，新的岗位业绩酬金人均1 516元，基本达到了国内一流高校校内津贴标准。

十一、教职工出国（境）

2002年我校共有315人次因私出国（境），共有513人次公派出国（境）。其中长期公派出国共30位教师，涉及13个院系。从派出教师所在院系的分布情况看：人文学院、公共管理学院和对外语言文化学院派出的教师相对较多，其中人文学院6人，公共管理学院和对外语言文化学院各4人；从派出教师的职称分布情况看：教授8人，副教授12人，讲师11人，副高以上职称占67%；从派出渠道看：单位公派15人，国家公派16人；从派往国家和地区看：亚洲最多，共13人，美洲其次，共10人，欧洲第三，为6人，最少的为澳洲，派出1人；从派出教师的年龄分布情况看：主要是中青年教师，35岁以上的有22人，占71%。2002年共有6个重点学科派出了8位教师。

十二、离退休工作

2002年为86人办理退休手续。截至2002年12月底，有离退休人员2 146人，其中离休干部614人，退休人员1 532人（含代管离休干部2人）。离休干部614人中，享受司局级待遇216人，70岁以上497人，占80.9%，80岁以上71人，占11.5%。

2002年注重加强了学校和离退休同志之间的沟通和协调，认真落实老同志的政治待遇。坚持学校领导每学期向老同志通报情况制度，全年组织离退休人员参加各种报告会6场，开展了“学习、实践‘三个代表’主题教育活动”。

组织老同志参加了迎接党的十六大和65周年校庆重大活动。老教育工作者合唱团、健美操队参加了教育部、北京市教委举办的“迎接十六大文艺汇演”。太极扇队参加了市教工委举办的“老同志迎接十六大表演赛”，捧回欢乐杯。合唱团参加“五月的鲜花”校庆歌咏比赛，获表演奖。离退休工作处和老年书画研究会联合举办了“迎接十六大暨母校65华诞老年书画展”，党委书记程天权欣然为此题词：“墨分五色写真情，字合八法抒喜庆”。离退休教职工为65周年校庆书画展提供书画作品43幅。11月1日，部分老年书画研究会会员参加了“庆祝中国人民大学建校65周年诗书画笔会”。

加强了离退休工作队伍建设。修订了《离退休教职工管理处岗位责任制》《离退休教职工管理处工作人员守则》。经学校批准，在原有离退休教职工管理处办公室基础上，2002年9月11日，建立了离休工作科和退休工作科。2002年12月18日，“离退休教职工管理处”更名为“离退休工作处”。

■ 学生工作

一、概况

学生处负责全校学生的日常管理及招生、就业和军训工作。2002年，围绕“一切为了学生”的指导思想，努力完成以下各项工作：广泛宣传，加强联系，抓好生源质量，2002级新生的质量仍较为理想，继续保持招生分数在全国居于第三的位置；承办教育部学生司主办的“全国各省市高招办主任工作会议”，进一步加强了学校与各省市招生办公室的联系，为2003年的招生工作打下了良好基础；坚持以学生为本，树立服务意识，做好学生的日常管理工作；奖励优秀，帮扶贫困，完善我校学生奖学金、助学金、勤工助学等奖助体系；规划职业，组织招聘，帮助、指导学生努力实现理想就业，2002 年本科生一次性就业率达 88.4%，研究生为 95.4%，在全国高校中名列前茅。

二、招生工作

2002 年招生咨询工作，重在抓住江泽民同志来校视察和校庆 65 周年的契机，大力宣传我校在哲学社会科学领域的领先地位。在北京地区，我校共举办、参加大型高招咨询会近 10 次，包括各中学组织的咨询会总共不下 30 多场。5 月份，在校内举办了“全国百所重点中学校长论坛”，邀请了大批基层重点中学的校长，并与这些校长所在的学校建立了稳定的联系。6、7 月间，共派出招生宣传人员 60 多名，参加了全国各地百余场大型咨询会。

2002 年我校共录取 2 312 名本科生，其中包括普通本科生 1 921 人、保送生 65 人、艺术特长生 47 人、体育特长生 25 人、艺术类学生 162 人、港澳台学生 8 人和知识产权法、新闻学两个专业的第二学士学位生 44 人（另有 2001 年录取体育预科转 2002 年本科 14 人、2002 年体育预科生 16 人，国家跳水队世界冠军 10 人）。

三、思想政治教育工作

思想政治教育工作包括学生的日常思想状况调研、班主任管理、入学教育、心理咨询、毕业周教育和学生公寓安全卫生管理。

（一）思想调研

2002 年，针对女大学生就业难的情况，学生工作部在全校学生中进行了女大学生就业难问题的专题调研，形成了专题报告并发表在《教育与职业》杂志上。同时，就党的十六大等热点问题和重大时事问题，多次召集学生座谈。3 月底至 4 月初，进行教育部全国八省市高校学生思想政治状况滚动调查，形成调查报告。

（二）班主任管理

班主任管理包括新生班主任培训、班主任日常管理和优秀班主任评定。2001—2002 学年，全校共有 10 人获“华为奖教金”，39 人获“中国人民大学优秀班主任”，51 人获“院系级优秀班主任”的称号。

（三）入学教育

入学教育的目的是帮助新同学们尽快了解新学校，完成从中学到大学的转变。根据此目的，安排了如下几场报告：迈向世界知名的一流大学、校史报告、大学生活中常见的心理问题及调适、如何面对新的学习与生活、大学生活经验谈、学籍·安全·纪律教育、大学图书馆的使用等。

（四）心理咨询

心理咨询室有专兼职心理咨询老师 5 名，周一至周五下午接待学生咨询。2002 年下半年共接待咨询学生 241 人次。

在做好心理咨询工作的同时，开展普及心理知识教育工作，提高学生的心理素质和自我调整能力。(1) 对 2002 级新生进行心理健康普查，发放问卷 2 305 份。回收问卷 1 921 份，回收率为 83.34%，并完成分析报告。(2) 举行第八届心理健康咨询宣传日活动，程天权书记、张建明副书记、马俊杰副校长等领导光临现场，程天权书记即兴题词“身心两健，事功保障——开展心理健康，完善人格发展”。

（五）毕业周活动

2002 年的“毕业周”安排了如下活动：(1) 致全体毕业生的一封信；(2) 对毕业生进行一次安全教育、文明离校教育；(3) 在毕业生中进行一次“我心中的母校”座谈会；(4) 在毕业生中进行一次“回报社会，服务人民，为母校增光，为校庆添彩”座谈会；(5) 倡议毕业生（以院系所或年级或班级为单位）为母校做一件有意义的活动；(6) 为毕业生组织一场有意义的电影、一场露天晚会和一场有意义的体育比赛；(7) 组织颁发毕业证书仪式；(8) 送给每位毕业生一件文化衫。

(六) 学生公寓安全卫生管理

继续开展“学生公寓精神文明建设”活动。按照教育部、北京市教委的有关要求，成立了“中国人民大学学生公寓管理委员会”，指导学生公寓的安全管理工作。

四、日常管理工作

截至2002年底，在校学生人数为15 184人，其中博士生1 738人，硕士生5 368人，本科生7 962人，第二学士学位生100人，预科生16人。

2002年度，办理学生自费出国留学88人，出国（境）旅游探亲108人，公派出国62人，受处分学生36人，并有34人学籍发生变动。

五、奖学金、助学金工作

(一) 奖助学金体系

奖助学金体系分两部分。一是奖学金，二是对经济困难学生的资助。奖学金方面，设有吴玉章奖学金、中国人民大学校长特别奖学金等48项多种多样的奖励项目；资助工作方面，经过多年的实践，学校形成了“全方位关心、多元化资助、分层次实施、保重点对象”的基本工作思路和以国家助学贷款为主导，奖学金、助学金、勤工助学、困难补助、学费减免、缓交学费等措施来配合的基本的学生资助体系。

(二) 奖学金

2001—2002学年，学校获奖学金人数5 856人次，占参评学生总数的59%，奖励总金额376.67万元（后增至379万元），其中校内奖学金247.39万元，社会赞助奖学金108.98万元，院系自设奖学金20.3万元。

2002年，学校新增加的奖学金有：(1) 爱心奖学金，主要奖励自愿参加无偿献血的学生。本学年共有786人获奖，支付奖学金15.72万元。(2) 中小企业奖学金，主要奖励商学院、公共管理学院、法学院、新闻学院的20名研究生，每年2万元。签订了2年协议。(3) 波司登奖学金，奖励在校学生，设一、二、三等奖，奖励金额分别为5 000元、3 000元、2 000元，每年10万元，签订了5年协议。光华教育基金会将奖学金的额度由原来的14余万元增加到30万元。另外，教育部首次推出评选“国家奖学金”的实施办法，在全国各高等院校评选4.5万名品学兼优、家境贫困的优秀大学生。我校共有125名同学获奖，其中，一等奖28名，每人奖励6 000元，二等奖97名，每人奖励4 000元，全体获奖学生均减免本学年的全部学费。

在2002届毕业生中评选出211名优秀毕业生，其中，市级优秀毕业生64名，校级优秀毕业生147名。

(三) 助学金

2002年，学校共有社会赞助助学金10种，获助学金的学生人数315人，助学金总金额97.77万元。新增加的社会赞助助学金有：扶贫基金会新长城项目助学金，资助我校32名学生；六合兴助学中心助学金，资助13名学生。这两项助学金均是资助新生中的经济困难学生。

2001—2002学年，学校有16名本科新生得到西部开发助学工程的资助，每人每学年由生源所在省市的精神文明办发放5 000元的资助。目前，共有27名来自西部地区的学生受到了此项资助。

2002 年我校还全面贯彻落实了中央宣传部、中央文明办、教育部［2002］11 号文件《关于全部免收西部开发助学工程受助学生学费的通知》的精神。2002 年学校支出 72.96 万元为西部开发助学金和国家奖学金的 152 名学生减免了全部学费。

（四）国家助学贷款

为了方便学生，也为了便于工作，2002 年改变了以往一年申请一次的做法，变一次为两次。2002 年，学校两次共有 742 人申请国家助学贷款，合同金额 1 170 万元，截至 2002 年底我校申请国家助学贷款已累计 2 066 人，合同金额总计 3 693.5 万元。2002 年是我校首批贷款偿还的第一年，从海淀支行统计结果显示，我校还款率是最好的学校之一。11 月 8 日，组织贷款学生观看了“信用行天下”的 DVD 教育片，收到良好效果。

（五）困难补助

2002 年对 59 名学生发放了困难补助，补助金额 1.4 万元。2002 级新生共有 180 人通过绿色通道办理了入学手续，缓交学费住宿费 133 人，金额 89.6 万元，办理借款 47 人，借款金额 8.98 万元。有 43 名新生受到扶贫基金会和六合兴单位的资助，解决了他们的经济困难。元旦期间，学校向近 400 名困难学生发放了 14 万元的困难补助。春节时，向不回家的 250 名学生发放了 15 000 元节日补助。办理研究生普通奖学金补助 2 231 人，支出金额 43.35 万元。

（六）勤工助学

2001—2002 学年度参加校内勤工助学工作的学生 300 人，发放勤工助学金额 14 万元。2001—2002 学年学校为 655 名研究生提供“三助”（助管、助教、助研）机会，共发放津贴 10 万余元。

六、军训工作

9 月 17—30 日，2 101 名本科新生在驻京某部进行了为期 14 天的集中军事训练。此次参训的学生人数 2 300 名。军训团由 17 个连组成，经济学院党总支副书记明占生任政委，另有来自学生处、各院系、校医院、后勤集团的干部、教师 37 人作为带队老师。有 141 名老师和同学荣获中国人民解放军驻京某部嘉奖表扬。

七、就业工作

2002 年，我校学生就业的基本状况是：（1）社会需求比较充分。经济、管理类专业仍是社会的需求热点，人文、社会科学类专业的社会需求量持续增长。（2）就业领域宽广。毕业生面向全国各地区、各行业、各部门就业，但从地区上看，主要分布在大中城市，尤其是北京及沿海开放城市；从行业上看，主要分布在各级政府机关、各类企事业单位、国民经济的支柱产业和新兴行业部门。（3）发展后劲足。就业指导中心有一支专兼职就业辅导员队伍，为毕业生提供政策指导、心理指导、职业生涯规划指导，及时向毕业生提供就业信息。（4）研究业就业率高于本科生就业率。研究生一次性就业率为 95.4%，本科生一次性就业率为 88.4%，二学位的一次性就业率最为理想，为 100%。

附录

2002年各地区招生计划数、文理科录取分数

地区	招生计划（人）	文科录取分数	理科录取分数	地区	招生计划（人）	文科录取分数	理科录取分数
北京	230	543	588	天津	46	582	621
河北	45	578	652	山西	45	603	626
内蒙古	41	598	631	辽宁	66	612	638
吉林	52	576	633	黑龙江	56	611	634
上海	30	482	515	江苏	96	609 （不分文理）	
浙江	78	572	651	安徽	69	588	631
福建	59	598	612	江西	64	597	616
山东	85	628	657	河南	75	626 （不分文理）	
湖北	90	578	638	湖南	90	598	634
广东	71	741	749	广西	37	779	737
海南	26	774	717	四川	81	592	627
贵州	27	591	614	云南	48	552	590
西藏	5	555	598	重庆	51	583	635
陕西	50	600	634	甘肃	20	580	620
青海	20	496	576	宁夏	15	554	570
新疆	32	567	619	艺术类	165		
其他	165						

2002年本科专业招生计划

院系	专业名称	招生计划
哲学系宗教学系	哲学	25
	宗教学	8
	伦理学	8
经济学院	经济学	45
	国际经济与贸易	90
财金学院	财政学（含税收）	40
	金融学	117
	保险	35
	金融工程	25
	信用管理	25
法学院	法学	130
国际关系学院	外交学	45
	国际政治	40
	政治学与行政学	30
社会学系	社会学	35
	社会工作	20
劳人院	人力资源管理	70
	劳动与社会保障	27
商学院	工程管理	20
	工商管理	90
	市场营销	52
	贸易经济	40
	财务管理	45
	会计学（注册会计师方向）	120
公共管理学院	土地资源管理（房地产管理方向）	30
	行政管理	32
	国民经济管理	45
二学位	知识产权法	25
	新闻学二学位	20
	国际政治二学位	
农经系	农村区域发展	22
	农林经济管理	20
人口系	公共事业管理（公共政策与人口管理方向）	22
中文系	汉语言文学	53
外国语学院	英语	60
	日语	16
	俄语	10
	德语	20
	法语	14
新闻学院	新闻学	65
	广播电视新闻	30
	广告学	25
党史系	中国共产党党史	15
历史系	历史学	37
信息学院	计算机科学与技术	70
	信息管理与信息系统	50
	数学与应用数学	30
统计系	统计学（含风险管理与精算学方向）	60
档案学院	档案学（含办公自动化方向）	20
	信息管理与信息系统（政务信息管理方向）	42
环境学院	公共事业管理（环境经济与管理方向）	40
	商品学	35
	环境科学	40
徐悲鸿艺术学院	绘画	25
	动画	20
	艺术设计	100
	音乐表演	20
合计	2 295	

2002年获奖励师生和集体名单

2001—2002学年奖教金获奖名单

姓名	单位	姓名	单位
赵锦兰	商学院	韩东晖	人文学院
汪　玲	商学院	桂　华	经济学院
陶军谋	党史系	姚　辉	法学院
郁志勇	环境学院	刘　鹏	信息学院
刘海滨	学生处	纪洪波	档案学院

2001—2002学年校级优秀班主任获奖名单

姓名	单位	姓名	单位	姓名	单位
余俊伟	人文学院	赵玉麟	公管学院	王皖强	人文学院
诸葛忆兵	人文学院	郭桂英	公管学院	张丽曼	马列学院
李世银	财金学院	王续添	国关学院	段成荣	人口系
姬　冰	财金学院	尹蔚平	国关学院	曹淮扬	商学院
辛　逸	党史系	韩　威	环境学院	刘成运	商学院
于丽娟	档案学院	丁　凯	经济学院	刘向东	商学院
宋　彪	法学院	胡　霞	经济学院	孙永文	商学院
阴建峰	法学院	李军林	经济学院	李　焰	商学院
丁相顺	法学院	仇雨临	劳人院	张红灵	商学院
李传军	公管学院	石　伟	劳人院	康　超	商学院
于显洋	社会学系	姚乡棣	新闻学院	张风格	语言学院
王　燕	统计系	马　政	新闻学院	郝英明	徐艺
赵雷莲	外语学院	丁　锐	信息学院	汪　俊	信息学院

2001—2002学年院系级优秀班主任获奖名单

姓名	单位	姓名	单位	姓名	单位
蒋永军	财金学院	刘东国	国关学院	陈　君	商学院
尹继红	财金学院	李江华	环境学院	何军鸣	商学院
任雪松	财金学院	陈　颖	环境学院	马小军	商学院
钱　晟	财金学院	杜朝晖	经济学院	姜永森	商学院
郭庆旺	财金学院	于同申	经济学院	毕玉玲	外语学院
张文春	财金学院	彭　刚	经济学院	易友人	外语学院
张美芳	档案学院	樊朝晖	经济学院	殷　强	新闻学院
余民才	法学院	黄　隽	经济学院	任　悦	新闻学院
刘计划	法学院	吴保国	劳人院	李艳丽	信息学院
金海军	法学院	金永丽	人文学院	莫健闻	信息学院
邵　明	法学院	孙　哲	人文学院	郭轶丹	徐艺
殷少平	法学院	孟向京	人口系	葛　勇	徐艺
刘晓梅	公管学院	马鸿杰	商学院	郝　敏	语言学院
祁光华	公管学院	章　凯	商学院	吴永焕	人文学院
胡铁成	公管学院	王晓明	商学院	马相武	人文学院
吴爱民	公管学院	王　琳	商学院	洪　波	人文学院
高敏雪	统计系	廖　菲	社会学系	孙　毅	人文学院

2002年各类获奖集体及学生名单

市级先进班集体

2001级博士班
1999级统计学本科班
2000级国际政治本科班
1999级行政管理本科班
2000级哲学系本科班
1999级信息管理与信息系统本科班
2001级国际经济与贸易本科班

市级三好学生

何敏丹 罗莱娜 邱 鹏 刘 鹤 刘 洋 张红玲 李艾明 高 爽 汪 亮
赵永刚 韩 冰 龚丽娟 罗斯琦 聂文娟 姜莉莉 杜蕾娜 王 祎 柳杰艳
唐 杰 乔 昆 李 舒 伍 聪

市级优秀学生干部

李亚娟 阚纯斌 郭 亮 白 硕 王新光 童 锹 时光寨 吕 飞

市级优秀毕业生

党 亮 郭 倩 金 玉 李岩岩 罗 宏 严家建 赵 彬 郑小鸥 李菀瑾
朱效生 陈 晶 崔艳洁 罗 璇 谢元勋 徐积莲 张旭辉 黄 薇 李 雯
刘一伦 翁少群 于舟子 张 莉 赵海荣 赵建峰 赵天广 周艾洁 李 慧
侯 育 张光平 车成刚 靳 磊 李广子 廖冠民 林 林 林 玲 黄瑜琴
刘卉卉 商锋萍 王 亮 颜海燕 杨志伟 王士龙 于宏超 曾 仪 洪世键
崔 日 逄 勇 赵瑞琴 邹慧男 骆海菁 谢创丰 王 平 黄元亮 许 卫
田 霞 陈 静 韩晓宁 宋 豫 张黎明 葛志昊 李国英 王志丹 高 莉
王 颖

校级先进班集体

2000级工商管理二班
2001级工商管理二班
2001级工商管理一班
2001级会计一班
2001级工程管理专业班
2001级注册会计专业班
2000级土地资源管理班
2001级广告学班
1999级新闻三班
1999级国民经济管理班
公共管理学院2001级硕士班

社会学系1999级本科班
环境学院2001级公共事业管理班
2000级商品学班
2001级商品学班
2000级德语班
2001级德语班
2000级英语班
1999级历史班
清史所2001级研究生班
1999级哲学班
1999级国际政治二班
2001级政治学与行政学班
2001级政务信息管理班
档案学院2001级硕士班
2001级法学一班
2000级法学一班
2001级法学二班
2000级法学二班
2000级国际经济与贸易一班
2001级国际经济硕士班
2000级经济学班
2000级财政学班
马列学院2001级硕士班
人口学系硕士班
中共党史系2001级硕士班
1999级人力资源管理班
2000级人力资源管理班
2001级人力资源管理班
财政金融学院2001级硕士班
1999金融学三班
1999中文基地班

校级三好学生

杨　帆　范　薇　曹　玄　王文博　朱　妍　杨　娟　张　营　杨　琼　杨　洋
刘　潇　王　莹　韩　梅　杨丽青　刘　敬　廖淑萍　刘海燕　余　璐　吴　超
戴丽丽　杨　虹　陈　祎　李秀英　莫莉君　李　隽　许日华　张　萍　郭小莉
王淑翩　王云芳　吴广伟　阚纯斌　孙　瑜　刘乐乐　于　建　陈彬彬　莫家盛
邓　莹　单利娜　张　薇　梁建平　万　欣　李冬梅　郑礼华　林　静　王文哲
杨　鹏　陈丽媛　冯　琳　王　荀　张　杨　霍　烨　刘若珂　张国栋　刘凤岭
陈文煊　张珂嘉　张　琳　吴　菁　宋艳艳　刘　倡　上官俊波　杨　丹　余诚康
李　佳　王　剑　纪　超　韩蔡峰　张晓鹤　胡树刚　韩晓怡　王姗姗　贺　佳
刘筱璇　刘　帅　蔡闻佳　傅　莎　马维晨　曹祎舟　陈海银　曾　艳　文　峰

朱宁	杨文欣	邸元	林虹	王兰	吴婷	刘国利	顾严	刘玮
刘晓佳	张琪	曾升	石璨	于强	伍赟	夏凡	张喆	邹维娜
王斌	陈淑华	王春	陈妍君	曾佼佼	曾汀坤	缪菡	贾少星	徐景阳
江海燕	张帆	张超	毛伊娜	王佳	华灿丽	杜雅楠	张丹	孙琳
王彧	王丽妤	段希	唐博	徐肖肖	冯光	张洁洁	解舒舒	赵璐璐
张洁	熊月剑	王硕	邓颢	窦亚平	肖楠	廖凡微	尉玮	白珺
黄剑敏	车妍	晏芳	蒋春晓	王宁风	周洪艳	张天翀	代郑重	符丽
付饶莉	王斌	季晓莉	谷雨	李伟林	张豫	苏婧	贾舒	梁铮铮
汪蓓蕾	王亦高	武聪	司楠	刘滢	陈淑娟	黄欢	吴楠	马婧妤
王可	周瑜	吴芸菲	黄艺彬	李凌	王钰	宋松	昝瑞春	潘乃薏
朱灿辉	文惠	余运西	于丹霞	阳屹琴	王哲	徐亚男	蒋绍华	韦慧陆
楼姝	夏文成	陈盈盈	刘考	杨崴	李华	王成竹	董欣	任敏
谢明芳	高新洁	汪晓凡	王静	邹义祥	凌小玲	凤陶	康媛	王颖
祝云霞	曹蕊	郭艳	何亘	赵宏	许博	邓光霞	于佳璐	田佳
朱杰琼	张思阳	葛孝勤	朱彤	于海荣	刘芸	刘辉	谢彬	宋丹
吴晓卿	张盛军	范龙弋	徐佳	王玉	邓璠	费文旌	王丽颖	陈姗姗
贾巍巍	高丹琼	李欣	谢超	张莉婷	高小飞	韩华	伍静	刘晓平
刘爽	余丹柯	张晓杰	袁黎	汪晓庆	丁艳	胡飞飞	李恒	于丹霞
李佩颖	陈靖	康俊	胡芬芬	文娟	张亮	常杰雅	李岩	岳修明
林琳	王勇	张奇峰	张丹	王晓龙	王莹	任丽	杜彬	黄莺
陈玥	王刚	周万标	王默	潘苑兰	孔宪政	王一君	李江宁	金雪艳
林芬芬	杨雅娴	赵东辉	官文菁	张楠迪扬	赵薇	李超端	柯惠玲	冯军
黄超	杜静	杨静	陈晓斌	孙京博	陈畅	侯双	陆雷	韩伟
秋子	周鑫宇	古明明	张慧	严丽娟	王艳哲	梁雪村	孟登科	赵彤
周宏娟	王利民	江智杰	龚娴	张楚	孙华	王燕	王欢	黄萍
邱丹	张婧	郭睿	曹倩	龚正	林泉	陈谢晟	苏雯	黄瑆
陈娟	谢倩寒	赵越峰	蔡宏艳	李莉	任娟	何玉洁	冷建全	严高剑
韦丽莉	张峰	付立波	陈妍	欧建波	詹兆国	蒋瑜	侯佳音	池义春
杨茜	张望	尹少宣	杜贵彬	莫云生	张珣	朱传奇	肖鑫	聂丹玮
刘振东	李[illegible]	李梅梅	王凯	陈洁秋	王芳	刘晓芳	魏萌芽	遇丽晖
张佩莉	张丽娜	肖珍	吴丹	王颖博	赖莉娟	黄也	李莉	杨文俊
李伟	虞旌晖	徐殿宇	宋程锦	鄢敏	龙源	李咏梅	黄黎	杨冬娟
温韵诗	陈敬	李娇	董大川	杨佩兰	谢婷	程诗	廖玲	王爽
方芳	金亿	朱韵	臧海涛	陈茂坤	陈菁	陈志	兰天义	张彦杰
靳兴初	董明	邵迪	方静洁	张凌云	王春悦	吴振寅	孙芳	邓晴
刁莹	陈影	陈玲	徐婷婷	陈蕾	吴志平	曹春苗	陈凯萌	贾秋雅
李用航	左秀媛	李娜	全文广	金霞	夏亭	单辉	何紫茵	张晶晶
黄河清	陈幸欣	袁丽	王媛媛	宁宇				

校级优秀毕业生

陈永仁	崔同跃	刘红辉	盛欣	孙宇	魏山巍	杨菲	于宏越	左金平
蔡如海	宋兴义	朱怡然	田亮	朱智宾	崔佳佳	王宏伟	鲍金虎	毕德凯

范雪莹 龚涛 郭立仕 韩景峰 黄华 蒋星辉 李伟 李毅荣 刘飞
刘亚丽 齐晓丹 任静 熊正 杨慧 杨蕾 杨梅 尹李峰 余辉
张帆 张雪梅 周加海 程惠 段盛华 黄九亮 李俊峰 刘宏 刘松博
刘巍 卢文纲 王霆 王辉 徐杨 徐传斌 徐健 许可 许勇
薛漫霜 伊钢 张锋 张英隽 迟令贵 何东川 刘美燕 项薇 余翠华
张少华 张晓磊 赵庆芝 朱静 朱岩 宫国辉 王平 戴锋宁 何润锋
史彦刚 张桂凤 张永超 朱凤余 陈红明 刘丽华 刘萍 莫斌 曲宁
王湉侃 王佳 王艳 杨明 张士春 曹卫云 戴凤娟 和旭超 匡静诺
李琦 童冠群 杨兴业 姚昕 刘超群 马岩枫 饶伟国 杨雪 林凌
吕天佑 王晓洁 李跃华 姜妮 王克 安保军 王仁华 牛贯杰 陈余富
陈君 楚丽明 陈达 黄盈盈 袁诚斌 张海辉 李春艳 罗晓利 王超
袁彬 张琅 李婧祎 刘晓娟 刘媛 裘雷 许琳琳 陈晓静 陈雪亚
纪雅林 李梓新 袁奇 曹会萍 贯斌威 沈星星 吴岑 王冬芳 张超
李屹立 李媛 马涛 毛百战 杨随银 王英津 付蔷 董蕊 李娜
李爽 徐刚 余兰

吴玉章奖学金

刘岚 杜蕾娜 孙颖 顾馨耘 杨勇 王丽好 唐杰 张新宇 冯玉军
于春海

科研创新奖学金

汤传毅 唐博 曾毅 秦宇 李作新 许彦 郭研妍 冷建全

学习优秀奖学金

龚娴 冯永昌 王利民 刘亚男 吴琼 陈丽莉 曹玄 刘吉杰 王文博
杨燕煌 林敏华 王媛 赵晓玉 孙一平 赵娜 高圣宝 刘西 郭怡
杨宇菲 罗瑜 戴丽丽 吴超 徐婧 原颖 周鑫怡 杨娟 张营
徐丽芳 杨琼 王胜民 宁叶子 孙锐 洪福海 刘翰飞 聂文娟 张帆
文婧 刘潇 王莹 钟新慧 米芳 刘特持 窦局 柳小娜 铁菲
王新光 杨丽青 刘敬 李岩 韩培培 赵晓男 张斌 邱平 古元峰
张琛 安静 周静 高燕 陈蕴瑜 李玥 黄族胜 周颖 邓思思
李真 杨祎 辛宁 朱玉庚 杜俐丽 蒋伶倩 孙中正 吴頔 毛宝莲
刘蕙蕙 黄丽娟 李永强 陈兴楠 缪继红 祝玮 艾洁 罗晨 郭瑞昌
吴云梅 李静懿 何勇 刘铎 燕冲 徐新玉 李升 段婷婷 郭茂灿
葛秀秀 沈燕娣 张卓妮 赵广宇 叶琳 何亮 苏小梅 孙小雁 朱艺星
王婷婷 金爽 毛燕凌 白洁 陈华 刘畅 石长慧 刘韫劼 马吉英
王芳 陈昱光 温小静 邱洪敏 余璐 胡冥炀 刘若珂 牛洁 陈文煊
金博文 彭艳华 张珂嘉 邓桢 杨雯 张琳 刘凤岭 孙明娟 李晶
杨敏 宋玉玲 王瑾 叶俊杰 林静 纪晨 李娜 冯琳 宋梓淮
王荀 杨鹏 万欣 张杨 霍烨 郑文德 李庆璐 黎建锋 刘雨佳
李冬梅 陈霄 王玮 徐晶 李斌 江琦 王喆 曹璐 王娟
白雪 陈丽媛 徐静 程馨 史辉 吴黎华 梁晨 宋廷徽 罗巧

孙闯 汪卉 姜苗芬 邓莹 孙瑜 刘乐乐 王淑翩 郑宁 杨辛茹
熊欢 陈洁雅 张曙光 郭小莉 王惠娟 王丽 陈历 欧宏伟 阚纯斌
彭亚玲 黄琳紫 马晓炜 钟跃宇 于建 王云芳 杨颖卓 倪宁 徐荣华
刘婷 何锐 刘玉新 单利娜 莫家盛 刘媛 林娜 罗丽春 李智
田亮 沈鸿 高园 邱潮斌 赵晓琳 祝志昌 莫莉君 李芝瑶 吴紫艳
王鸿雁 李秀英 李隽 许日华 陈泊云 张萍 鲁玲 李植 吴瑜宁
吴挺銮 李晶 杨婷婷 付艳 杨侠 于倩 袁菁 洪岩璧 张宁
肖一帆 刘雨蓓 刘磊 张展 王晴 吴菁 李晶 宋艳艳 刘倡
贾琰 胡文婷 上官俊波 兰玉坤 吕海燕 谢德盛 张劼 林文娇 李彪
刘畅 谢倩寒 陈娟 孙欣 陈键 翁茜 李玥 黄波 赵淑芳
夏薇 邵迪 郑祎 陈晨 张馨 穆建红 冉伶俐 李艳 靳兴初
杨希 祝列飞 毛旻昕 王冉 董斌 顾洪明 王泰然 陈晓平 王莹
杜妍妍 陈志 陶丽君 文峰 刘帅 纪超 李佳 王剑 黄伟乐
余艳萍 苗青 魏韵 罗娟 陶承启 林鹤彬 朱宁 张桂颖 王晓姣
夏灼 王勤 陈丹琳 邱宇亮 曹祎舟 曾艳 曹霞 丁阳璐 谢芳
曹栩 马维晨 温媛 邢璐 周眙 刘悦 陈敏生 严丹 陈妍
蔡闻佳 傅莎 蒋坤芝 周斌 韩晓怡 陆燕 贺佳 刘筱璇 邓静茵
李剑 胡树刚 张晓鹤 冯茵茵 黄良浩 匡振旺 杨婧 张丹 宋程锦
崔春芳 鄢敏 曾明 方芳 何岩 牛毅斌 王素洁 黄也 蒙佳钰
廖玲 陈露华 朱屏 陈敬 王红 邸元 王俊程 李梦岚 肖平
温韵诗 贾佳 郭小丽 王爽 李子君 邱星 何雍容 徐殿宇 杨凡
杜莹 顾加佳 程诗 杨文俊 吴婷 顾严 刘玮 石璨 伍赟
张喆 王斌 陈淑华 王春 贾少星 孙丹 刘钦 吴金昱 王晓云
李峰 李程 赵子卿 胡玉婷 田小平 姜杨 蔡娟 李舒 杨维绍
靳菲 李晨 王石龙 朱娅 周爱民 张蔚 杨爽 伍艳艳 韩童
周桃 杨燕惠 符剑平 王路 乔柯姣 周舒芸 刘晓佳 张琪 汪亦平
李宏梅 赵海宏 魏晶 李秋荣 杲海青 袁园 刘磊 冯健 王晓蓉
王波 蔡莹莹 陈栋 林东 靳玉晨 张晓娣 张帆 缪菡 李建琴
李易宁 胡懿峰 张馨月 卜繁亮 肖妍 陈慧 黄小燕 赵淑霞 秦璐璐
施展 谢虹霞 赵帅 梅园 李博 黄颖 钱源 张晔 黄祥芸
张超 鲁瑶 王薇 帕提玛 路文萃 王佳 毕道玉 刘正霏 华灿丽
李振生 赵禾女 张丹 袁靖 王彧 孙琳 周小卜 杜雅楠 范晓媛
郑琦 郑宏远 姚凌煜 陈雪芬 帅方 张秦 张晓蕾 卢燕 马铁英
师若鹏 陈亦佳 赵昕倩 邓冬昀 于泓达 陆丽红 王亚晖 夏燕 赵筱露
丁冬 周润宁 李真 岳川 赵晓倩 姜蕾 高晓莉 谢觐 朱峰
郑琳 鲁洋红 郭丽莎 马文慧 王贤军 杨辰 石松 陈春芳 戴晓艾
张帆 陈瑶 潘佳 刘宁 陈琳 王海啸 余姗姗 韩学慧 李晋
李静 张轶鸥 邢硕 郝向菊 郑斯兰 潭玉群 王娟 王林琦 黄巍
莫玲敏 郭娜 韩金婷 朱金娟 孙雯 张楠 肖文 孙雯雯 葛向科
袁媛 曹巍 金昱 周欣 康琳 曲小娟 邓子良 陈珊 郁蓓蓓
武娜 杨钒 李小寒 段小琳 刘菁 肖钊 侯颖潇 孙彬 王玲
杨丰 王亮 王玲 黄婧雅 邢嵘 胡冰洁 王开宇 陈栋 陈潇

陈小羽 董婧 赵祎 邵佳姝 王子芳 李慧 杜丽娟 谢超峰 王宁
杨琛楠 高楠 杨超 裴淼 赵云 付昌 毛宇 马楠 狄雪梅
崔莹 罗小飞 陈珂 邵笑 张飞飞 杨玫 刘三耳 刘丽 梁潇潇
林晓静 康怡倩 党晶 彭迪 洪燕 林焕伟 庞璇 刘新安 贾磊
李子波 林凌 陆星池 霍明 陈佳玲 赵亚旗 申文波 朱静雯 杨晓芬
杜会真 刘江波 杜茜茜 孟慧慧 罗广 肖莉萍 董蕊 杨帆 蒋霞
聂丽 许伟达 曾雯 修远 刘迪 方欢 胡静 邓鑫 罗圆
苑琳 李晚晴 谭祥轲 王超群 王通书 孙莹 王艳芬 于娜 张洵
陈佳 莫凤英 林洪兰 石枫 冷凤娟 耿含幸 陈蓓 高妍 穆冉
张驰 黄晶晶 吴振寅 陈影 林洁 郭信峰 王宇芳 陈幸欣 林媛
王芳 左秀媛 王天凤 郝宁 王钰 陈玲 黄娟 孔婧倩 王春悦
孙芳 周磊 范苑 袁丽 董慧 胡欣 黄培 宋彦 杜金姝
刘璇 刁莹 曾候花 冯硕 贾楠 曹春苗 吴志平 唐圆圆 郭文佳
张元豪 王思维 张浥林 谢沩 刘娟 邢媛媛 夏亭 顾晨 吴磊
金宁宁 覃殊艳 华亦实 徐怡 文雯 王珺 王丹萍 陈蕾 赵薇
符丽 尹栋逊 季晓莉 李伟林 刘楠 汪蓓蕾 王亦高 贾雨佳 汤耀国
赵婧 王斌 何洁萍 邬静娜 翟雅芳 邓晓笳 张豫 张晶晶 侯媚娜
周邓燕 宋阳 奚海霞 罗娜 刘锦慧 吴蓉 王麒 刘岩 杨金凤
陈竹 杨格 司楠 刘滢 马婧好 唐超 张硕 王可 刘禹杉
黄艺彬 魏兰 淡凤 吴芸菲 潘乃薏 李凌 宋松 周杨 冯冰
刘静 章永哲 明茜 宋兆卿 曹茜 宋文娟 滕秋洁 陈飞 李丽颖
彭岚兰 翁美飞 刘柏汝 王若宜 张苓 李晓蕾 申屠青南 刘芳 杨申
胡佳 夏一璞 孙涛 魏楠 汪玮玮 熊丽 王羽潇 闻婷 武聪
刘琳 肖芸 姜璐璐 张骏 何可人 沈丹丹 黄欢 陈淑娟 武芳
孙旭 尉玮 祖佳 杜春媚 姜啸啸 张萍 姜波 吴楠 宋静姝
廖胜慧 杨琳然 白珺 胡秀娟 周密 郑路 王丽丽 董斯维 翟群
摆娟 高远 张艳平 朱灿辉 刘星 代祥 乔昆 姜斯轶 魏潇
张萌 邵泽刚 任隽 彭加佳 黄彦菲 王硕 杨柳怡 颜珂 李晶莹
邓颢 全璐 刘子桢 李迎霞 倪少娥 周婕 赵博 王涛 杜娟
曲兵林 华建光 喻盈 雷素华 李亚娟 杨倩 黄剑敏 车妍 晏芳
刘波 陈城 罗佳 徐肖肖 杨雷 冯淼 钟民 姜斯婉 李颖鑫
杨雪 宋琪 倪钰 孟晓蕊 万静 何涛 王玉丹 沈国玲 袁瑾
张德生 顾婷婷 张凡 黄星华 李毅 张薇 窦亚平 肖楠 孙文娟
杨婷婷 蔡旭 廖凡微 张可 宋作宇 田剑 龚雯 吴江 姜葳
彭舒婷 陈诚 陈思 袁艺方 吴自强 刘阳 张翼 张冰 周洪艳
吴琼 张天翀 代郑重 张玥晗 刘佳媛 邵嘉瑜 汤慧芸 黄琳 马萃泽
吴佳苓 刘静 冯淑君 卢慧亮 刘珂 邓晴 吴迪 周如 王文佳
何海宁 仵宏元 阳屹琴 荣娜 王哲 蒋绍华 楼姝 蒋晨霞 夏文成
陈盈盈 刘考 李华 李妍 刘林 林莹 董欣 江丽君 刘研
任敏 侯忠艳 刘畅 文央漾 谢明芳 章瑜 高筱兰 李黎 高新洁
王静 邓光霞 何苗 吴云云 凌小玲 高一飞 徐昳 康媛 丰清娥
唐诣 王颖 黄鑫 任梦杰 李飞 曹宇 郭艳 周泽剑 赵宏

许博 王鸿羽 傅彬彬 杨剑锋 杨慧 冯曦 田佳 朱杰琼 张思阳
张畔 陈婕 颜静 于佳璐 葛孝勤 刘婷 刘辉 金玲玲 谢彬
刘芸 李玉华 钱慧 王锣莹 吴晓卿 宋丹 张盛军 林宇 范龙弋
徐佳 徐琨 常伯胜 王玉 王旭鹏 郑俊 徐志英 易畅 邓璠
费文旌 栗振华 陈涵 朱彤 江竹 吴广宇 张阅 饶青 韩华
高小飞 孙贤兵 徐雪 王利 高丹 祝云霞 王晓燕 王舒 李思颖
金旭 高静 张庆丽 曾骎宇 于海荣 王晶晶 阎明 韦妮 岳兴光
凌哲佳 代胜男 阎诣 王丽颖 陈宏 贾巍巍 李欣 谢超 张莉婷
范筱萌 邹婷 崔丹 伍静 范志阳 韩笑 刘雅苹 孙冰 张美达
黄笑颜 潘晨 刘爽 袁黎 刘晓平 余丹柯 贺曼华 赵华君 鲁怡
石馨 刘苒 张晓杰 汪晓庆 陈艳 吴皖林 胡飞飞 丁艳 朴海兰
徐政辉 李斌 路静 李威 葛天慧 孙华 代超 陈子夏 徐杰
赵恬 杨娟 陈曦 潘一嘉 颜烨 李恒 刘元 李娟 解冉
冯超 赵苏 倪时政 蓝华 王诗楠 付莹 刘玎 孙霄宇 张艳
李佩颖 苏玥 常娟 梁莎 赖用功 张茜 于丹霞 康俊 陈靖
赵晶 胡芬芬 林琳 文娟 张亮 常杰雅 李岩 岳修明 肖晔
桂欢 桂欢 袁媛 卢嘉 朱欣 朱晓东 阎斌 张平 张甜
张燕 沈甦 苏醒 赵欣颖 涂甜甜 班雪 董琪 熊琳 王勇
甘衢 吴丹 陈晶 要艳菲 程琳琳 何天芮 张一弛 周玉 徐峰
鲁慧玲 张磊 江鸿 任丽 杜彬 赵鹭 梁静 何艳华 董慧
黄莺 戴旭兰 柯进发 胡文雯 谢静怡 刘晓莉 吴小菁 黄辉 彭纪
刘姗姗 江蕾 李闻 胡霄 王瑞卿 张波 严明亮 贾鹏 郭晓利
阮峥 冯达 佘敏瑛 王琼 王誾峰 王晓灼 刘宁悦 孙东 张祎
段莹 郭敏 许丽萍 匡丹萍 高璐 刘晓 种会奇 侯相宜 李蔡凝
张云燕 唐凡垒 徐华滨 王刚 王晓贞 冯润 刘开平 朱晓昱 李娜
陈籽均 黄春磊 刘梦婷 孙计川 韩敬音 滕晓燕 杨磊磊 柯鸣 王倩
珍颖 王殿明 潘苑兰 余铮 王默 吴林 张萍 屠玥 高洁
王婷婷 吴宜亮 吴晓姗 陈俊瑞 韩东利 蔡豪杰 赵剑桥 夏江洲 曲莎
刘海军 段正利 杨江妮 袁小元 蔡斯斯 黄星焰 吴诗钱 姚馨 刘旻佳
李恩斯 胡妍 邸婵 杜春秀 岳晓婧 杨薇 李伟 高翔 刘宁
金笑斐 李渊博 刘嫣红 梁晶晶 杨简茹 孙萌 袁莉莎 吴继海 解宁
李静 范宣涛 白戈 黎薇 唐蔚 仇耕耘 郑建 徐经纬 李建华
郭茜 张少婷 刘亚楠 蒋慧 崔晶晶 高鹏 张巧 韩婷 耿雪
杨伊玲 李娜 邱文超 叶仲凯 刘倡 刘涤 程倩 张健 艾洋
徐弈明 钟曦 王泽 赵金光 马琳 胡一丁 韩雪 卢楠 王琛琛
杨天竹 陈晓斌 孙京博 侯双 王师 杨柳 徐玲 王一君 李江宁
凌子章 隋晓玮 金雪艳 谢佳艳 张慧 赵东辉 王媛 李旭 潘冠瑾
李丹 官文菁 廖瑜莉 林芬芬 王婷 韩伟 孙丽洁 古明明 袁晓慧
卫宁 刘晓丹 刘启正 费婷 蔡菲菲 程晔 赵洁 门方 乌兰托亚
袁媛 徐俨俨 章姝 林莉 吴铮 郑广瑞 江玲宝 刘金立 陈菲
余梦晖 何乐 张楠迪扬 赵薇 韩芳 赵奎岭 毛晓晓 方素菊 陆雷
周鑫宇 张远晴 许灯红 袁帅 曾艳蕾 蔡丽蓉 秋子 李欣 严丽娟

王艳哲	杨瑛	林琳	秦静	尤婧	江智杰	夏凡	付倩	伍方方
赵彤	张娜	陶晶	应莹	韩悦思	孙华	刁丽钧	刘畅	黄嵋
张作仁	郭睿	龚正	李扬	曹倩	张婧	朱丽	张兰	陈谢晟
余毅	熊羽米	梁谢军	徐少锋	刘博	李莉	任娟	何玉洁	金颖
周芝芝	蔡曦	王卫兵	卢艳民	宗骁	郝妍	张佳	赵萱	王旭
王雪凌	张峰	乔薇	陈巍	杜静	陈妍	张鹏	欧建波	詹兆国
蒋瑜	邵琦洪	田晓燕	秦宇	秦国	王栋	胡旷	接婧	池义春
任宇宁	王琛	梁莹	孙毅	张昭	朱传奇	聂丹玮	倪泳智	赵雪
杨舟	赖永炫	门宝峰	黄宾华	刘振东	李恨	李梅梅	赵阳	田耘
李晶晶	赖彩凤	李鸿	林松祥	金璇	袁志兴	崔娜	张瑶	黄超
李超端	杨静	石悦	漆丽萍	刘韦玮	吴丽丽	左丽娜	陈璐	李淹
柯惠玲	康迪	王伟康	冯军	陈洁秋	王芳	饶晓鹏	于慧慧	胡苗辉
武蓓	陈晓	刘晓芳	魏萌芽	张佩莉	张宇帆	杨名扬	王览月	叶莎妮
李艳	常乐乐	刘春雨	张艳华	梁国栋	凌妍妍	姚安琪	范磊	李珅
吴丹	王颖博	张倩	刘小利	李卫珊	朱陈	李坤	孙瑆	曾争光
张国富	罗斯琦	龙源	郭漫	王菲斐	魏娜	李咏梅	赖莉娟	姚瑶
杨佩兰	蔡奕栋	冷建全	张庆丹	许彦	郭妍妍	苏哲	王淑丽	刘建华
张乐	徐晓俊	尹佳	杨赫	封雪	赵欣	常丽	甘霖	孟登科
杨雅娴	任舒	翟博慧	陈畅	韦莉馨	常悦	惠小萌	杨小真	袁杰
李谦	韩瑞雪	朱江	任明霞	李媛媛				

优秀研究生奖学金

卢春天	姚建平	张永华	蔡鑫	史玲玲	卢国显	管兵	尚直虎	岳添晖
陈晨	郭慧玲	杨蕊	姚志杰	王萍	朱正强	洪颖	王晓光	陈刚
宋亚平	徐瑾瑾	万欣容	李菡	李光宇	李丽慧	朱亚	周薇	黄卉
何庆仁	周朝标	陈鹏展	吴情树	贾学胜	张春喜	赵志云	李忠夏	刘会军
叶苗	邹书越	朱云玲	刘兵	查卉	徐卉	孙彦民	程多杰	汤嘉璐
陈霞	何萍	张承方	何民捷	喻永会	顾荣新	段文君	何顺善	王彧
常廷彬	马威	金顺海	王小龙	覃红	徐欣	李伟	韩燕凤	张扬
蔡崎峰	周发银	李弗甘	彭韶华	刘洋	杨煦	温烨	彭力保	张俊岩
王竹青	郑璇玉	王云	王海燕	杜若岩	胡磊	曹兆兵	刘生亮	孟杰
袁雪石	邓海桑	葛敏	张长江	董明发	童越善	张金才	张胜男	侯德泉
刘波	侯瑞芬	汤丽琨	李彦敏	江东坡	程郁	阎丽萍	张辉	孙笑丹
于春晖	李小群	詹宏毅	殷献民	吕致文	魏如山	李楠	向祥华	沈宏亮
马晓强	王文平	方卫东	罗晓军	周祝平	伍小兰	付晓建	岳嗥	王鹏
胡俊慧	吴艳	章建康	李鹏	陈红	薛学通	邱兆锐	王刚	傅皓辉
杨娟	张卫红	杨明	陈增新	李卫刚	任端平	袁登明	顾雷	郦毓贝
朱云三	梁欣	岳悍惟	吴泽勇	张平华	崔莹	郭斌	邵华莎	李华友
周静	尤广辉	袁钢	郭晓飞	赵立军	周海蓉	张翎	黄锦	汪雯
马宏纲	徐忠海	王春芳	郑杰	王玲	牛振华	李积万	朱雪宁	李燕凌
唐梅	郑志荣	杨跃锋	邢传	李文钊	熊华锋	黄勤衡	冯京佐	李峰
张艳	彭锐锋	牟月辉	姜海涛	陈桂军	邓荣华	欧阳巍	刘妮娜	李晶

刘彩霞　胡育娟　余海丰　张秀智　李维哲　陈伟维　王根索　薛锋　方续萍
郭艳霞　祭鸿雁　耿兴敏　陆凌燕　陈霓　李秀波　樊燕卿　何莉　洪皓轶
陈晶晶　袁钦玲　金月皎　李爱玲　谢文静　朱彦荣　胡军庆　廖晓鸥　史媛媛
唐宋　张耐冬　袁碧荣　杜学霞　裴世娜　刘晨　秦锦文　许艳芳　韩雪青
李婉莉　叶山岭　牛俊伟　李东良　张震　周克武　张伟　郭清香　韩焕忠
徐一飞　田建华　饶涛　孙璐　曹建文　张利芳　刘爱河　王颖　王为民
刘劲杨　秦勇　满兴远　邓宝剑　何群　韩平　龙明明　卢燕青　王晓君
付斌　樊志远　张涛　许静　赵志　马金华　寇文煜　齐虹　唐跃进
彭芳　王洪涛　张学源　高聚辉　刘晖　张彬　李绍玲　郑丹丹　孟天山
钟菁枝　诸兴浩　黄鹤　陈岩　任玉龙　应展宇　张德勇　王敏　杜焱
曾刚　李黎　叶楠　赵苏娅　范广琳　郑国孝　曹虎啸　郭宁　周敏
马健勇　黄佳　杨琳　谭志琪　游炳俊　吴涛　谢波峰　徐佳蓉　靳俐
孙玉霞　许荣　刘晓路　钟佳桂　李晨　桑强　何瑛　夏萍　陈晖
胡翼亮　魏秉全　崔彬彬　陈永倬　周芳　刘肖　吕兆德　杨波　王连娟
程小可　李春瑜　陈高生　闻群　李继先　戴军　顾建平　秦豫　王馨
许继斌　杨冠杰　王正华　李春雷　冯长征　田林　滕明俊　房宪鹏　夏群
杨学军　孙国庆　蔚静　蒋茂森　贺广勋　石建辉　张景耀　李珩　袁勇富
胡锦华　李敏　单世耘　王枫　王伟　杨立宇　王彤彤　杨坡　韩勇
崔银成　黄琪琳　牛云峰　师阳　朱仁健　陈铭　罗路　李万丽　胡明
赵榕　高原　卢强　李伟　汪虹昱　詹承豫　任锡源　王梦华　顾云青
段慧兰　刘雪辉　刘伟　金永灿　张仁建　杨征　武兴伟　张翮　田雪
赵蕾　江红红　李延松　梅扬　高凤荣　胡源　伍春来　王金岩　阮建强
辛平　蒋惠敏　漆海霞　张孝芳　郭枫　王霞　王大广　张兆彬　汤清典
王金磊　马敏　鞠海涛　宋丽　张宗芳　谭英平　孙中震　伍业锋　李颖俊
杜本峰　杨小喆　张丽　蔡颖巍　薛萌　朱琳　李霞　魏广远　郭伟
尹钛　陈迎　左智勇　陈曦　何盈捷　文继军　王宇　张坤龙　程华
占海燕　王艺超　肖英治　秦燕　李颖　何睿　潘文　庞静茹　张丰艺
孙隽　于淑秋　周舒　郑晓峰　王文治　袁勃　成旭　庄小鹏　宁柱
齐瑜　吕鹏军　王克强　邱志红　刘辉　魏佳　樊瑞华　范广慧　杨文静
刘海巍　李洪涛　王鼎

校级优秀学生干部奖学金

苏雯　蔺志强　张雪松　何鑫　李云飞　武石峰　俞里江　苏鑫　杨丹
白硕　明艳　詹建强　司树梅　段鑫隆　季玲玲　郝建苹　郝云峰　石磊
薛媛　李现强　尹利　杨艳　蒙佳钰　乔杨　赵锦勇　黄巍　袁嘉华
黄岳　伍聪　乔昆　李鹏　张麟　司楠　赵薇　王石磊　肖佳
宋科　常博　鄂眉　鲁瑶　刘天然　戴东鲁　孔宪政　刘辰　段毅
潘维健　郭信峰　舒莉萍　谢晓雪　刘晓帆　穆婧　王家胤　付饶莉　张湧
崔昊舒　姜雪飞　李继斌　邓莹　谢全锋　范路炜　艾丽娜　王岚　殷宪宇
周韬　席瑞雪　赵凯　李娟　叶琳　卞维庆　任岚　钱戈戈　马爱华
孟林　杭璨　辛增亮　倪凯　吴晓光　续靖　毛旭新　张馨月　朱琳娜
穆奕　李佳伟　颜静　吴迪　杨福辉　董博　黄伟乐　秦文明　邓晖

梁艳艳　芦鑫　阎芳　张晓杰　李青松　王紫雾　彭舒婷　任珊珊　宋阳
李章军　曾繁娟　田岩　奚亮　鲁晓翠　林洁　潘昌松　陈盈盈　徐婷婷
韦校　余昌华　郭斌　张航宇　胡树刚　索丹　邹玲　王二明　庄鹏飞
张丹奇　汤传毅　崔莹　王姗姗　柳劼　吴自强　杜茜茜　黄敏　谢冬冬
贾力坤　王佳玫　朱静　王敏　胡雅清　杨旸　魏丽　孙佳琳　勾晓峰
赵晓卿　朱明　周淼　柳媛　井昱　华挺　姚平　王丽莉　张一
杨雪　刘星　刘正浩　夏莉　方芳　冯毓瑛　张学源　薛长绪　方昊
陈正志　景向辉　许珂　姚会　刘慧　张森　李宁　张峰　吴广明
李晨　李岚　任凤仙　李德友　李智　黄海腾　马永军　夏向勇　陈蕴瑜
高燕　程悦　聂文娟　王琳琳　田方萌　付中华　杨降祥　徐景阳　潘立华
杨勇　刘河军　颜韬　梁磊　李泉　侯菁菁　裴鹰　赵子卿　韩德强
牟月辉　陈栋　张俊　彭实铖　郑雪　邓荣华　刘燕松　睢颖　王欣然
杜蕾娜　肖振宇　焦雯　杜建柱　李春喜　孙弘毅　曹虎啸　翟景明　臧海涛
罗明鸣　邹曜　张波　丰博　李媛　刘广财　刘晗　王亚晖　沈丽萍
惠小萌　邓冬昀　魏广远　冯静　荆国栋　林莹　黄艳　郑炜　谭超
李少君　党晶　温芳芳　谢晓雪　陈卓　梁潇元　杨海滨　范茂洋　王海啸
刘曦琳　赵晓鸥　金霞　都尔古丽　田洪　刘欣　董青　韩钰　赵酌
梅园　范晓媛　任婕　王佳　杨海昕　余姗姗　刘娜　姜燕　黄柘
胡刚　张红玲　马政　汤涌　姜璐璐　周方　于雪娟　宋静姝　韩婷婷
孟德成　魏丽娜　符丽　孙颖　贾舒　丁章春　苏大鹏　刘育英　叶文平
胡玲　王延鹏　汪亮　高爽　林莹　张俊海　姚贤涛　宋修远　蔡奕勇
李艾明　孙晖　岳平　王正华　许陶　张丹　俞国泰　韩炜　徐冬晓
都广昊　李鹏　崔盛　邱曦鹤　韩家铭　张清勇　徐亚男　蒋绍华　钱明辉
丁靓　何亘　张畔　陈曦　付莹　林尊鹏　李闻　马志明　赵博华
郭鑫　王泽凯　蔡禹　米永红　杜美杰　于凤霞　阎诣　徐晓俊　雷丙寅
倪时政　胡芬芬　文娟　张亮　王勇　赵晓艺　訾成怡　李敏　曾力江
王琼　孙东　陈籽均　张倩　郭鹏　金霞　王岚　彭玉弘　李军
胡煜　周伟　高轩　涂忠林　李竞　杨杰　戴江筱　孙永文　康超
于瑞卓　刘成运　意娜　齐珊　段希　王硕　冯光　刘洋　王为民
杨雷　张驰　解舒舒　刘芳　徐世亮　王晓君　杨诺　张海鸥　徐肖肖
陆绚宇　赵思佳　尉玮　肖楠　井天增　赵鑫　窦亚平　田甜　刘晓帆
陈君　舒莉萍　吴琼　胡润田　王青松　许婷婷　张洁　梅东海　段南
李超端　柯惠玲　黄静　姚文　陈烈钦　王真　龙虎　钟曦　赵金光
王智海　张海军　严丽娟　任舒　杨雅娴　蒋旭东　姜莉莉　张楚　王燕
陈谢晟　李奇　李浩德　闫熠　林泉　邱丹　朱娅　王淼　李少威
刘韦玮　张强　冯军　王怡悦　官文菁　兰剑　杨春甫　朱云乐　聂丹玮
杨茜　侯佳音　陈海　井昱　郭薇　马焘　林希　姚春雷　刘露
蔡奕栋　陈浩　曾毅　赵潇　郝彤亮　李芳龙　任宇宁　梁莹　孟磊
舒向财　于睿　朱宏明　李伟　武志　张敏　孙博　焦慧　赵剑
周迪　艾洋　秦赟　刘天巍　王丹丹　徐经纬　侯雷　林娜娜　胡妍
李萌　谢玲华　张群　袁小元　吴诗钱　许经文　唐蔚　王瑜　胡一丁
谭海粟　吕慧　张中惠　李渊博　高鹏　胡玉　杨军红　曾佼佼　谭砢

王宝龙　韩冰　阎蕊　杨明　黄萍　王雪梅　杨凡　弓剑炜　任玉龙
李思颖　贺广勋　房宪鹏　张锐　许莉　阿勒泰·赛肯　张宏伟　姜东升
周国林　陈凯蒙　贾秋雅　陈宇　于砚文　曾涛　吴佳　周志荣　郭栋
任杰　曾娇凤　王开元　曾文卉　陈恺　刘传军　周浩　杜永全　崔海鹏
周欢　李博　巩悦宗　张彦春　陈彬　赖莉娟　黄也　李伟　王骁
武婷　彭学东　沈恬　赵佳佳　李云鹏　曹玄　李圆　张磊　张振翼
杨楠　张斌　雷鸣　王承蛟　胡译　翁启良　杨虹　赵彦琳　罗莱娜
李尧　梁建平　王文哲　陈彬彬　聂宏光　黎晓园　郑礼华　张薇　刘淑珺
邱鹏　刘玉新　沈鸿　张曙光　孙瑜　吴广伟　朱晓磊　王加春　陈洲章
朱敏　刘少栋　李强　李中华　王甫银　龙毕敏　朱松岭　蔚丽　张睿
陈菁　李照煦　董明　唐杰　唐颖　曾晓菁　何勇　靳兴初　肖丹
葛红娟　肖中云　任媛媛　庞海霞　胡尊胤　钱晓丹　方静洁　邵迪　杨希
谭彦德　刘岚　王莹　林伟　刘亚东　单威　姜一炜　原斌　李哲

社会工作奖学金

单利娜　李智　张琳琳　陈丽媛　杨婷　李晶　娄丹青　张莹　刘凤岭
杨敏　孙闯　彭艳华　于学飞　肖国材　张国栋　郑杨　陈祎　任凤东
王荀　刘若珂　李晓鹏　奚亮　黄琳紫　刘娅铌　李冉　王锴　程雷
李阳　郭虹　田理政　赵辉　徐阳光　梁志红　李大伟　杜鹃　黄若谷
屠振宇　陈菁　姚海放　郑小敏　魏强　普布卓嘎　唐杰　唐颖　石长慧
陈莉　赵莹　陈茂坤　李文才　庞海霞　杜妍妍　郭晓明　丁艳芳　胡尊胤
朱佳　房安文　胡雅清　张彦杰　陈晨　孙黎萌　胡婕　张孝　董明发
王燕妮　余金保　刘韬　李晓春　王澎湖　伍涛　谭砢　尹银　李一男
林静　郝云峰　司树梅　段鑫隆　季玲玲　袁嘉华　石磊　薛媛　李志伟
邱晓明　李现强　尹利　杨艳　蒙佳钰　乔杨　赵锦勇　姜冬女　王珅
邹萌　高海涛　韩丽丽　齐辉　李新　郭敏　许艳斌　范卫强　郁婧
夏禔靰　陈玥　张颂　郭文杰　鲜艳　文娟　陈国睿　费婷　王瑾
孙元嘉　丁玲　赵波　兰玉坤　霍烨　卢章玥　李泽　车妍　黄乐文
赵洁　韦桦　寇伟　田洋　赵奎岭　李松　肖峥　杨杰　肖露
张硕　王硕　彭桦　赵儒　张蕾　徐婷　李振生　李庆璐　高海轮
丁章春　李磊　薛寒冰　吴佳　韩青卓　杜忠朝　周晓军　刘宁悦　邓晓旭
隋琛　傅莎　廖琳　李健希　陈姚　陈佳　曾艳红　张一　顾露华
赵婷婷　武祎　宗静波　左志方　高瑞杰　周阳　黄培　周才春　励剑锋
吴宇　朱爽　吴伟斌　常永　孙京博　冯达　赵蕊　张志玉　刘厦
徐菲菲　文燕　盛婕　洪波　侯双　黄巍　李竞　年夫兵　李晨
韩佳　金霞　杨希　管菊　孙华丽　周莉娜　黄激文　胡庆新　葛苑苑
孙艺萌　岳蒙德　魏芬　刘正浩　邓旭明　袁菁　刘培丽　李梦岚　杨伊玲
李泉　李森　李艳　王楠　蒋丽萍　黄夏琦　孙冠男　张菁菁　李真
孙辉　周淼　刘爱玲　李侃　刘敏　张宁　许敏　马吉英　韩曙光
王钢　陈琳　蒋洁　陈文煊　张冬军　高松　陈伟　郑杨　高晓莉
辛巍巍　贺国帅　丁艳　雪霏　贾青　冯小侠　康媛　常丽　李玉玲
钱晓丹　吕飞　李亚娟　阚纯斌　郭亮　黄巍　黄岳　伍聪　乔昆

李鹏　张麟　司楠　赵薇　王石磊　肖佳　宋科　常博　鄂眉
鲁瑶　刘天然　侯健美　赵瑜　李清昊　邱曦鹤　倪凯　罗莱娜　余羽中
张楠迪扬　王罡　王新光　任岚　李娟　钱戈戈　马爱华　孟林　杭璨
辛增亮　吴晓光　姜一炜　续靖　毛旭新　吴迪　张馨月　穆奕　朱琳娜
李佳伟　颜静　姚凌煜　付志伟　郭晨钟　魏欣　叶志辉　李硕　栾东声
汪震　马萃泽　张天翀　王长虹　梁宾　张馨　李璐　陈岩燕　牛毅斌
许宏伟　宫本伟　姬连庆　张瑾　刘丽丽　况婷婷　李开学　董蕊　殷庆历
王军　刘志强　赵雪松　王钰　李晶莹　石玥　陈蓝蓝　王丹丹　李云庆
郭倩　刘婉　洪岩璧　王博　王波　莫玲敏　苑逸豪　徐雁　周宇
肖一帆　蓝涛　李蔚岚　杨天宇　万静　孙旭　刘京慧　王凯　张鑫
李恒宁　李娴　刘巧霞　黎明　宋玉玲　冯琳　吕华娟　莫笛　李程
雷超　谢倩　李兵　李文斌　李晶　罗志　范洪玥　岳川　曹倩
李志　胡伟　黄彦菲　全文广　张平　张坤　王钰　陈曦　张蔚
周志荣　李文婧　吴佳芩　刘磊　徐明　王善发　刘静　朱赟　朱屏
张照水　戴明　罗敏　张丹　余玄霞　林卓毅　刘天祥　刘雨蓓　郭娜
郭宏强　张亮　吴希　王立新　郭锡山　刘韫劼　葛红娟　朱劼希　时光寒
王小虎　张奕　田奕彤　李彤　宋珊　吕品　高捷　李强　龙毕敏
李洁　祝林　张雁　姚克　陆洋　张晓娣　王震雨　郭靖　母光栋
强明　刘星　袁源　王苗苗　耿含幸　宋廷徽　洪雪　李艳华　黄星华
伏勇　陈茹辛　李昱霖　朱健飞　陈莉　易涵　邹伟　龙丽　余丹柯
黄艺彬　钱炜　刘晓畅　周婕　杨琳然　周密　朱建春　马婧妤　徐宏
王鑫　吴楠　陈霄　张杨　戚天　黄柘　金飞　李智　袁晓婧
唐超　王文博　邱明刚　谭彦德　黄海腾　谢小鹰　付强　赵婧文　林倩雯
孟晓蕊　高妍　车莹　罗嘉　王珺　王胜民　程锦　熊月剑　毛晓晓
赵传昆　邵博　许贵生　洪福海　曹蕊　宋晓威　宋松　郭晓光　温小静
陈琦　颜珂　王承蛟　赵博　赵广宇　张建峰　胡译　刘蕙蕙　赵影映
任杰　韩平　成晓　成晓　吴頔　刘枫　贾琰　王琳琳　高喆
余璐　宁叶子　梅玥　杨福辉　王琳琳　吴广明　田方萌　叶胤伯　谢全锋
万嵩　于春海　张晓鹤　向悦文　罗春　刘佳　谷一桢　万强　许晓明
陆琼　杨天宇　周怡　王晓姣　曾艳　郜付光　林鹤彬　王羽　孙中正
金博文　孙瑜　王建军　周莹　李晶　王爽　李智勇　张展　胡秀娟
周瑜　耿非凡　汤晨思　朱明　王燕　王韬丞　范晓媛　丁一　吴丽丽
顾诚　施巍　康迪　陈晨　邱韵韵　许鹏　欧阳秀红　张莹　李慧
杨华　赵秀举　王莉莉　宋李娜　姜肖华　李特朗　欧阳巍　王文钢　杨跃锋
张晓梅　于辉　成颖利　王宏　刘彩霞　王晴　张玥　卢凌波　王剑锋
孟天山　钟菁枝　严瑾　管强　王芬　臧海涛　罗明鸣　邹曜　张波
刘燕松　睢颖　王欣然　杜建柱　杜蕾娜　焦雯　李春喜　邓冬昀　王祎
胡楠　杨玫　荣琪　何杨　李青松　韩学慧　刘铭铭　张飞飞　马立
白静　王念裕　张宇麟　张炎锋　刘畅　李珂　申文波　沈彬　岑文颖
李媛媛　文雯　李凌　林泉　王伟　李莹　孟猛　毛鑫　朱韵
曾金燕　韩敬音　吴菁　种振宇　孙旭　肖潇　朱金娟　谭祥轲　贾金玉
张志耘　吴新兵　胡婷　张全海　郑金花　胡静　秦宁　赵凯　汪疏文

杨红艳　刘滢　李晓亮　梁磊　陈宁　刘钦　赵立芳　陈栋　陈瑶

张琪　单萍　王元　扈枚珍　李峰　张乾　裴鹰　陈妍君　田岩

曾繁娟　赵子卿　李松宁　曾佼佼　董一　秦璐璐　都尔古丽　王俊程　王佳

倪俊　郑琦　王琼　董青　刘飞　罗丽　梁靓　杨海昕　王中梅

严丽娟　谢芳　杨阳　施宛莎　苑琳　田佳　李婷　刘岁余　孙琳

程琳　金淼　周廷权　杨雷　金彦海　罗佳　许鹏　张媛媛　李芳

姜丽丽　廖凡微　吕仲先　石磊　朴光哲　辛本福　侯景丽　刘甡　李永富

陈科　许宁　许锦云　周笑冰　饶涛　祁润兴　杨维富　曾繁文　付饶莉

谢雪晴　陈姚　刘雨阳　陈奇佳　崔艳蕾　韩平　程蕾　叶柏川　周才政

符丽　王斌　童郷　汪默　任珊珊　高瑜青　王培　杨格　阎芳

陈竹　汤涌　芦鑫　丛子平　邹伟　王学良　刘文硕　李森　汤莉

张金玺　尹云岚　徐芳洁　牛芸　王亮　朱至刚　李娜　张晓明　朱松柏

刘海　孟旭　钱明辉　王鸿羽　杨代芬　宋修远　蔡奕勇　王泽　孙晖

王正华　冯超　许陶　李艾明　俞国泰　陈玥　孙东　都广昊　刘晨

刘晶晶　赵博华　韩炜　杜琳芸　叶褚华　于瑞卓　王泽凯　罗述玢　邵迪

江玲　赵静　黄静　顾晓峰　马军亮　张艳美　张霄羽　于乔霖　张国辉

王师　谢安　马俏　张志盈　李响　康子兴　张远晴　张潇爽　曹楠

孟登科　李忠庆　刘芳　刘芳　郑东华　李聚云　李兴隆　陶晶　王利民

曹骥　刁丽钧　李扬　朱丽　许晓娟　贾晓萌　阎娟　张亚娟　尹子尧

汪涛　孙锐　宗骁　王栋　李昌　宗英俊　倪泳智　朱传奇　肖珍

陈晓　李科研　翁清明　杜忠朝　王芳　武蓓　莫云生　杭璨　朱淼

邓洁　凌妍妍　张麟　张国富　张昭　岑晓羽　李恩斯　伊大伟　李继斌

李亚娟　曹雁檪　袁莉莎　齐文清　徐经纬　艾洋　高杰　韩雪　孙彦

许振鹏　张敏　梁燕　侯雷　庞阔　石小萌　张浩　陈展　于睿

范宣涛　刘洋　王宁　杨艳哲　任哲　叶碧芳　蒋晓光　孟磊　胡妍

舒向财　李煜瑾　王伟光　秦赟　李伟　黄蓓蓉　叶仲凯　王云冲　霍伟明

刘国军　杨威　段希　张睿　邱平　陶关水　赵秋喜　尹健　意娜

张丹　张俊海　戴冰　白硕　陈彬彬　陈曦　陈岩　任玉龙　文武

姚沛年　刘芸　李延松　冯润　陈新华　邱炯尧　张文良　赵鑫　李强

李佳伟　贾秋雅　陈宇　于砚文　任杰　周浩　郭栋　熊欣　付春晓

单辉　崔雪　徐静　黄兴华　张元豪　史洁蕾　李楸　李沛舒　宋旭菲

张凌微

文体优秀奖学金

王鸽子　孙欣　张文静　王炼　刘静　孙鹏　双华斌　张曦　吕飞

孟先　李亚娟　严锴　黄巍　房哲　阚纯斌　胡利华　黄岳　赖熹

盖伟卓　伍聪　乔昆　郭亮　李鹏　张麟　司楠　魏宇航　林沁

赵薇　江竹　董宁　王石磊　王崎　肖佳　黑平平　宋科　胡博

常博　路文萃　鄂眉　刘瑶　王欣然　鲁瑶　刘天然　戴东鲁　齐珊

陈国睿　邵佳姝　王瑾　吴蓉　孙元嘉　李智　孙化雨　赵波　杨挺

范铦　李泽　刘志刚　霍烨　白茹冰　梅丹妮　费婷　黄思塔　倪俊

王倩依　文娟　刘飞　王乐　白锐　金钊　刘铭铭　陈扬　陶昊

李琳 高慧 许蕊 王希 马小鹏 王崟 李晰 高海英 王晶
孙易 刘婷 张唯 童昕光 贾南 张宇 余晶莹 马煜静 刘诗华
金淼 陈萌 郭维娅 于景媛 谢菲 屠玥 石磊 贺秋雨 郑远
刘文博 王卫鑫 张睿 赵斌 邓露 赵晓路 王晓熙 李暐 阎娟
于佳璐 王晶 刘滢 赵一 吕如蓝 石馨 纪晨 刘菖 张琳
丁濛 余磊 张科 武静 梁铮铮 张潇潇 穆雨时 汪卉 张丹
张妮 刘悦 赵剑桥 程旸 米翠伟 魏巍 王卫平 夏苏 任禹臣
姜斯轶 张曦 孙雯雯 金博文 王琳琳 郭丹 欧阳锡伟 赵晓鸥 廖林
马焘 曾艳 丁凡 范铭予 张可 刘圆 方嘉 梁靓 毕丹
戚天 陈明光 叶杨 贺勇 宗静波 孙辉 杨娟娟 刘正浩 李尧
王漾漾 赵欢 张智 孙戈 单萍 黎晓园 郝丹丹 尹君 普布卓嘎
徐梓铭 张立嵬 李鹏 吴江 刘一杉 李松宁 石磊 李智 胡树刚
欧阳宜文 祝志昌 陈栋 徐亚超 刘洋 付强 戴旭兰 郭鑫 阎诣
何乐 韦嘉 彭迪 康怡倩 刘佳 陆煜 刘燊 李红立 左威
陈宇 陈恺 向悦文 张迪 鲜艳 张展 崔龙 刘薇 郑茂林
朱竞 王羽潇 张为昱 付中华 康子兴 肖潇 马婧妤 徐宏 吴楠
郭薇 杨玉萍 刘晓佳 刘媛 廖凡微 段希 意娜 陈[illegible] 王硕
毛旻昕 冯光 王佩晨 刘洋 姜华 程宾宾 董大川 陈茂坤 冯丹
陈菁 田大鹏 李文才 钱晓丹 韩曙光 吐洪江 朱楠 王祎 邓冬昀
黄艳 胡楠 王潇潇 潘佳 柳甄 张蒙 谷雨 季玲玲 陈畅
胥博 王伟康 韦桦 都广昊 吴峰晔 穆奕 徐晶 向楠 杨杰
林俊 寇伟 肖峥 肖露 王硕 李振生 李庆璐 赵奎岭 徐婷
张硕 薛寒冰 刘韫劼 王婧雪 唐颖 夏裎靰 齐辉 郭敏 范卫强
胡静 张颂 李楠 李松 刘忠昌 董青 张新生 候野 黄欣
刘厦 田明 王飞 赵传昆 张龙 肖博 聂磊 孙凯 邢舒
张强 崔海龙 王均 李苒 孙申 郭晓光 易鑫 皮力 邵赟
丁汀 孙天齐 王念裕 徐愿愿 刘琳 赵龙 刘宁 张然 王亚楠
方喆 李阳 张小蕾 耿志强 郑炜 袁旭 丁勇 李珂 张鸣
申强 高喆 刘晓丹 殷舜 孙卓 白静 张倩 郝晓芳

基础学科奖学金

吴媛丽 陈贺 杨远 张振翼 穆婧 刘歆钰 刘青 向悦文 赵一兰
刘维亮 彭薇 张晓萌 王莹 吕鑫 陈晓 张孜孜 江艇 李雅菁
罗明洁 杨洁 刘霄 王丹 汤磊 曹小媛 马东 王国荣 朱佳
原斌 姜一炜 胡雅清 卞维庆 马瑜 李哲奇 李雅雯 贺婷婷 耿纪东
祝鸣 冀晓 龚俊榕 张珍桢 杨继东 李静 张俊 熊月剑 胡小琴
孙华丽 赵鑫 唐思薇 黄亚星 罗皓菱 何新 向巍 王湛 罗佳
张洁 李蕾 苏静 吕仲先 曾庆松 裘梧 武戈 朱璐 钟蓓
李丁 张俊 赵蒙 吴丽萍 刘莹 孙佳琳 陈明 徐其成 白传省
程锦 欧阳秀红 李镭 张媛媛 易涵 付离离 石磊 庄振华 王菲
常博 黄婷 肖亮星 何国娟 张圣英 姚莹莹 赵思佳 夏志胜 李玉霜
田甜 刘晓帆 陈君 王芳 冯芳 吕艳芹 宋颖 杨明 付饶莉

冯雅岚 李奕 刘培丽 李瑞 崔培如 张炜 宋莹 李琳琳 董栋
屈和 杨晓伟 龚勇超 朱越 周泓利 王珏 张鑫 刘闵 吴俊萍
林凤芳 杨普华 徐宏 顾敏莎 谭永怡 张世科 葛瑶瑶 梁晓伟 郭靖
陈文滔 师光虎 余雪松 刘颖 肖肖 王硕 姬琳 李雅婧 刘映雪
戴佳玲 罗海嵩 聂萌 毕文静 关景迪 李必周 潘建华 罗豫湘 许亮
程增波 罗辛谷 李凌 林文智 司腁 杨世佳 王新月 郭梅英 叶进强
王怡波 何赛 李大为 郭宝丽 傅珹珹 任雪梅 沈琦 杨铮 华帅
朱孝春 韩旭煦 文湘慧 李俊宏 任丽君 史倬婧 吴华 高超震 白雪
贾愚 郑巧 郭玉梅 林玮 周小燕 王帆 杨颖 李俊红 齐有波
于祥华 何欢 李雁春 彭敏 王芳 薛白 袁媛 郑荣彬 龙灵芳
罗燕 杨静 高彤 姜鑫 周明 李晓玥 谭博治 曾洁 李勋
钟潇玮 马静雯 牛楠 陈翔 汪国 高峰 杨琳 杨健 潘金烽
束宇 杨鹏 刘远 陈敏 段军龙 童巧珍 孙静 陈伟 刘静静
胡恒 张雨 李俊晔 刘庆 潘杰 吴岳霞 杨玥 王晶晶 杨磊
罗卫 武凯 彭定义 马琳 董岩 江文华 赖睿 张燕 董文静
刘妍 李建伟 翁燕娜 郝金朋 李剑 欧阳青 徐媛媛 刘莹 卢奇
雷海樱 艾丽娜

优秀青年志愿者奖学金

李少卿 刘忠昌 高松 张兆刚 尹倩 王建忠 高颖 戴巍 朱丽
吴桐 阴玥 张金华 葛金梅 张巍 唐朝熙 杨洁昕 秦伟辰 曹志君
陆琼 杨明 林娜 张丹奇 陈铮子 尤琪 尚晓莉 王为欣 王庶
林芬芬 赵永刚 刘超 安若 邓国梁 杜静 谢安 余梦晖 钟智锋
何清伟 王师 孙尚平 吕飞 李亚娟 黄巍 伍聪 乔昆 董青
阚纯斌 郭亮 李鹏 张麟 司楠 赵薇 王石磊 肖佳 宋科
常博 鄂眉 鲁瑶 刘天然 杨永新 路君燮 张瑶 左骏 李少卿
曹馨元 王莉莉 王新光 李娟 唐杰 任岚 钱戈戈 马爱华 孟林
杭璨 辛增亮 倪凯 吴晓光 续靖 毛旭新 张馨月 穆奕 朱琳娜
李佳伟 颜静 姚凌煜 付志伟 郭晨钟 魏欣 叶志辉 李硕 栾东声
汪震 金博文 马萃泽 张天翀 王长虹 梁宾 张馨 李璐 陈岩燕
牛毅斌 许宏伟 宫本伟 姬连庆 张瑾 刘丽丽 况婷婷 李开学 董蕊
殷庆历 王军 刘志强 王钰 李晶莹 罗丽 薛媛 石玥 陈蓝蓝
王丹丹 李云庆 郭倩 刘婉 洪岩璧 王博 王波 莫玲敏 苑逸豪
徐雁 姜一炜 吴迪 周宇 肖一帆 蓝涛 李蔚岚 杨天宇 万静
孙旭 刘京慧 王凯 张鑫 李恒宁 黎明 宋玉玲 冯琳 吕华娟
莫笛 李程 雷超 谢倩 李兵 李文斌 李晶 罗志 范洪
岳川 曹倩 李志 胡伟 黄彦菲 全文广 张平 张坤 王钰
陈曦 张蔚 周志荣 李文婧 吴佳芩 刘磊 徐明 王善发 刘静
王紫雾 刘瑜 吴金昱 乔柯姣 刘玮 沈伟 刘兴 潘建林 任娟
王雪飞 袁园 张楠 李晓涛 李泉 朱爽 易继忠 武志 于博
李琳 李文静 张贯宇 刘栋 许经文 段会宛 谭卓林 李晓云 魏丹卉
王焱炎 白羽 王欣然 宋双江 杨海滨 杨玫 李媛 张若甜 刘曦琳

何 杨 陈 珂 刘三耳 袁孝洪 金 玲 张炎锋 吴新兵 岑文颖 丁 冬
陈永红 张淑敏 郑金花 曹 晔 韩 佳 杨岚馨 朱金娟 孟慧慧 黄 巍
白 肖 李 娴 李奇文 毛旻昕 柴涛磊 王佩晨 谭少亮 陈茂坤 夏 薇
郑 祎 童 铆 秦文明 邓 晖 彭舒婷 梁艳艳 阎 芳 张晓杰 李青松
王紫雾 吴自强 潘昌松 任珊珊 宋 阳 李章军 曾繁娟 田 岩 奚 亮
鲁晓翠 林 洁 郝云峰 司树梅 段鑫隆 季玲玲 袁嘉华 韩丽丽 石 磊
李德友 马永军 勾晓峰 夏向勇 陈蕴瑜 高 燕 程 悦 陈 晓 杨 虹
聂文娟 王文博 黄海腾 付 强 赵传昆 洪福海 宋晓威 车 莹 王胜民
刘 西 李雅雯 贺婷婷 胡玄丹 温小静 时光寨 王小虎 林 伟 芦 鑫
金明顺 李丽颖 张 楠 陈 竹 刘 滢 尹 健 于雪娟 牛娟娟 强 明
陈 炳 陈 历 林 静 覃曼卿 牛 洁 孙 瑜 姜苗芬 刘巧霞 彭艳华
段莹莹 张珂嘉 邱明刚 张 杨 刘立可 李文婧 陈 霄 王维鹏 张国楠
王鸿雁 郑 宁 邱潮斌 顾 芗 母光栋 杨 鹏 汪 亮 孙 晖 李艾明
俞国泰 李文广 韩家铭 黄 岳 都广昊 宋修远 郭 鑫 韩 炜 赵博华
蔡奕勇 林尊鹏 许 陶 张俊海 黄 超 马志明 李 楠 胡俊翔 侍海诗
徐冬晓 崔 盛 邱曦鹤 杨 雷 张 驰 解舒舒 任广意 吕仲先 张洁洁
陈 恭 王晓熙 易 军 陈 诚 王丽好 王 晶 朱 赟 朱 屏 戴 明
张照水 罗 敏 张 丹 余玄霞 林卓毅 刘天祥 刘雨蓓 郭 娜 郭宏强
张 亮 吴 希 韦 妮 黄勤衡 马宇航 王媛媛 王艳哲 林文娇 黄艺彬
王亦高 陈良飞 甘 衢 李 嘉 李 昌 李 鹏 张 博 徐 妍 段婷婷
唐 颖 邓 斌 袁 菁 田 园 唐茜茜 程 巍 肖中云 李 伟 李 晨
葛 强 周舒芸 卢慧亮 付饶莉 米翠伟 张媛媛 熊月剑 裘 梧 顾婷婷
王为民 杨 勇 赵晨岭 白 硕 冯毓瑛 张学源 薛长绪 方 昊 陈正志
景向辉 许 珂 姚 会 刘 慧 张 森 李 宁 张 峰 吴广明 李 晨
李 岚 任凤仙 王文钢 杨跃锋 张晓梅 于 辉 成颖利 崔 龙 刘 倡
原智勇 孙小雁 叶 琳 许 鹏 何圣奇 张远晴 余晶莹 卢 岩 吴丽丽
柳 劼 华 挺 黄 敏 朱云乐 苏 雯 包元杰 黄 瑢 陈 娟 王 敏
陈 影 汤 靓 徐 静 黄河清 闫 蕊 许 辉 韩鹏飞 陈凯萌 郭信峰
于砚文 马一杰 陈 宇 韦 嘉 张文静 王 炼 赵剑桥 王琳琳 李 尧
王 鋆 刘 静 陈 萌 张潇潇 李 舒 卢晓慧 张国富 朱 陈 王 鹏
张 迪 李俊坤 王 晶 李 宇 刘 志 袁文燕 谢 敏 黎 超 吴元锡
李伯一 何 璐 方奕晗 赵华君

爱心奖学金

陈 妍 蒋坤芝 曹 波 范龙弋 陈俊瑞 谢 超 李冬梅 徐 森 宫本伟
刘 帅 盖伟卓 宋 斐 戴 星 桑 强 陈小玲 徐 婧 彭玉弘 赵鑫国
刘正霏 王 琼 杨 砚 兰 剑 陈 丹 袁 靖 李 庆 陈 君 翁霖辉
肖 晔 王 磊 施 巍 王惠娟 刘乐乐 赵 斌 卢昉玲 袁 媛 孙宇保
张 楚 周广为 刘玉华 康 媛 张中华 焦 方 胡俊超 张一弛 李开学
常颜路 曹 倩 张兆刚 唐 艳 张晓杰 马鋆伶 彭 慧 文央漾 袁冬霞
肖宝兴 吕庆翔 安红坤 陈 芳 王家胤 张 娜 谢 芳 夏 静 李 晶
马维辉 刘雨佳 陈雪廷 林敏华 吕昌华 李 娜 赵政伟 彭泰铭 蔡治华

赖小锋	钟秋惠	庄鹏飞	姜 华	万 欣	达文慧	吴迎曦	徐 晶	柳杰艳
王 玮	张 鑫	王 佳	马 骁	李 函	洪丽丽	周 波	邱韵韵	迟英光
曾 明	张 建	黄思塔	张 宁	李晓鹏	蒙佳钰	杨 艳	杨 凡	谢 倩
张 彬	郭月珍	华 义	郭满银	周 清	陈 作	王晓磊	吕云龙	赵平盛
马全童	李 娴	李 睿	张 颖	耿鲁玉	李哲奇	王鸽子	季玲玲	袁功平
石慧莹	张 成	王 锐	孙 华	葛金梅	黄 萍	王 燕	孟 斐	李 威
董 萌	朱 静	杨 阳	赵小伟	米永红	田 凯	赵珊珊	马时权	匡丹萍
党 晶	马一良	黄 婷	陈 涵	陈 屏	彭 洁	何朝梅	丁 艳	张 昕
李向明	罗辛谷	吴晓晖	陆 静	臧小雷	魏 晶	马晓燕	许凌霄	刘 炘

光华奖学金

刘海燕	陆 煜	韩 恒	郑 辉	钱翠丽	李 雪	常树辉	程 玲	李 强
杨 丹	许成磊	屠振宇	赵江勇	卢秋莹	何青叶	宋凯利	孟 军	龙毕敏
王玉秀	尹 飞	王 伟	柳 甄	吴广伟	陈志武	牟 勇	刘志华	肖暤明
朱晓磊	曹 雪	韩 冰	金 蕾	王久高	梁社会	王 瑞	董筱丹	杜晓力
张 莹	陈卫平	梁 宏	云 轩	白 硕	王加春	阎明磊	石献智	姚海放
金 亿	王莉君	张含光	韩蔡峰	张健瑜	郭 琳	潘奎英	李祥波	丁朵朵
田 洪	石宝峰	庄 岩	刘亚楠	张 栋	田方萌	彭彩霞	夏 凡	邹维娜
颜 韬	刘如海	秦永良	曾汀坤	刘圣东	范光耀	刘 杨	张如帆	张晋冬
徐 瑛	张莉敏	徐拥军	庄 芮	冯晓华	焦红艳	张 秋	左君红	张炎锋
郑迎迎	丰 靖	司 萌	赵 静	钟 平	马海燕	李 洁	刘 展	洪 敏
卞伶俐	赵璐璐	唐 科	邢慧娜	沈素敏	莎日娜	侯文蓓	杨晨光	张秀琴
周海春	余开亮	韩玉红	杨 昱	曾艳红	姬 琳	高贵武	魏会平	程鸿彬
毛立平	杨艳萍	张凌云	单 辉	徐 扬	刘 洁	崔佳佳	武 志	蔡红花
舒向财	卢凌波	徐 徐	吴 珊	包理胜	杨冬梅	徐可达	游婷婷	薛 敏
王 芳	俞国泰	黄 岳	徐冬晓	都广昊	尹丽莎	崔 盛	赵宝华	李 海
张永伟	刘 海	袁 淳	刘璇璇	唐 超	张维红	张海军	李亚珠	马 非
杨代芬	陈 静	陈 斌	童 宁	黄 炜	徐丽艳	赵 丽	曹 巍	郭夏云
苗兆光	陈 岩	张 锐	徐士喜	刘晓静	刘 丹	朱晋晶	张文静	张 杨
曾力江	管 强	薛 宇	赵艳清	王秀萍	李 丹	金焕玲	杨小虎	张传武
顾坤锋	崔杰通	寿小丽	罗海林	牛晋芳	戴 鑫	王 欢	黄 萍	陈立杰
王 静	王琳琳	谭琼波	谢 静	吴 红	李 慧	陈 迎	张艳阳	赵政巍
刘 露	陈竹华	韦丽莉	阚道远	伍 聪	丁 锐	王 博	施 薇	弓剑炜
张 翎	张 林	张春柳	张思圆					

宝钢奖学金

罗莱娜	黄冬娅	戴永良	柳杰艳	洪 波	王建军	朱建军	王宏伟	白 洁
吕 飞	赵晨岭							

NKK 奖学金

虞 涛	陈 丹	苏 婧	田 野

国家奖学金

盛娟 耿筱兰 毕涛 黄雅 杨镜梅 梁森法 孙珺瑶 刘家国 徐平生
肖峰辉 辛本华 况婷婷 陈磊 孙黎萌 曾珉 方家 杨丹 李苑琛
韩丽丽 蔡治华 李悦 李艳霞 徐荣蓉 罗志伟 刘国利 刘鹤 丁勇才
张宏艳 杨红艳 王雪梅 陈晓英 张芳芳 张凤娟 张积勇 余运西 丁章春
冯光 王晓翠 张晶晶 王丹 古丽米娜 王媛媛 苏敏 吴颖慧 解舒舒
陈恭 赵英敏 梅东海 刘岸晖 陈禹玎 苑逸豪 邱鹏 郑礼华 俎涛
覃林喜 王琼瑶 孙闯 王海燕 凤陶 李永梁 郑江波 李荣梅 罗晶晶
陆红霞 米永红 肖令君 彭静莉 张奇峰 曾培清 王晓龙 田新仓 陈玥
许河寿 刘秋莎 袁国娟 谢叶群 黄岩 曹金磊 王建灿 王蕾 陈[illegible]
高海轮 巩固 徐海庆 赵秀霞 阚锐常 陈迎春 周日金 刘欢 吴高伟
聂智洋 伊世军 代兴泽 唐君鑫 赵永刚 陈振新 张春来 吴仕建 林泉
张亚娟 高晓莉 文筠 刘曦琳 党晶 郑丽明 张志玉 黄曼妮 薛香娣
张玉君 郭永波 李建坤 钟智锋 陈珂 朱敏 沈康良 肖鑫 遇丽晖
李凌云 林灿 陈工文 姚春芬 叶莎妮 胡喜平 张世科 都静

海航奖学金

赵莹 余诚康 裴鹰 乔维 胡晶晶 蒋春晓 黄河清 于睿 张婉茹
王凯

恒生银行奖学金

杨帆 焦雯 王欣然 王祎 靳蕊

华泰保险奖学金

吴佳景 陈素进 白雪 徐淼 周瑜 张丽娜

华为奖学金

杨冬娟 何璐 朱韵 孟祥升 杜文科 朱红军 靳斌 于凤霞 高爽
何亘 吴琼 黄为 常向荣 朱飞 严冰

黄如论奖学金

梁建平 王文哲 陈彬彬 张静 程悦 廖淑萍 黄瑳 李莉 何敏丹
高振宇 姚平 王秀峰 何杨 孙怡 李少君 宁宇 段希 覃田甜
苏永通 昝瑞春 张雪飞 高东玲 韦慧陆 张俊海 苏静 陈琼琼 岳平
韩家铭 邱科 周宏娟 赵越峰 肖珍 庞海霞

联想奖学金

陈祎 陈妍君 冯健 朱春燕 徐婷婷 翟景明 由飞 王艳 罗宁
姚贤涛 张楚 汪俊 张荣 王建华 黄黎

美的奖学金

王成竹 汪晓凡 乔蓉 武艺 谢敏 孙晖 许莉 杨崴 邹义祥

钱明辉　康　超　宋程锦　周善君　范海波　佟　岩

孙逸仙博士奖学金

林　虹　谢富胜　臧海涛　邵　鹏　龚丽娟

索尼奖学金

王铁成　黄丽雅　毛伊娜　杨文欣　张清勇　李艾明　姜莉莉　蔡宏艳　严高剑
付立波

统一明日之翼奖学金

林经叶　周俊桃　鄢翠萍　葛军伟　刘　敏　陈　洁　董付杰　刘文玲　郭月珍
陈姗姗　王　旭　曹　蕊　谌茂军　谢良钦　邹元勋　袁国华　刘晓辉　邓　洁
谢书华　朱　玲

香港城市大学校长奖学金

成　功　刘飞宇　庞海霞　时延安　陈海银　张望军　桑　瑜　于　强　谢业华
吴成来　鞠宏磊　李　媛　安红坤　曾　涛　刘　辰　胡红英　陈　涛　刘　欣
田文林　王　蕾

信善奖学金

刘　薇　何晓斌　陈岩燕　吴宇星　续　靖　张　薇　刘　淑　牟　冰　韩　梅
朱　妍　吴　强　武烈珍　刘志刚　杜建鑫　陈　菁　陈茂坤　魏　强　聂宏光
虞旌晖　杨晓宁　李　薇　张　民　于　泽　曹　然　曾　升　王春雨　曾佼佼
王佳玫　赵　香　江海燕　王绍侠　于洪钊　梁潇元　谢晓雪　何　潇　梁铮铮
王　钰　赵　青　张洁洁　李瑞芳　刘　洋　刘泳斯　侯健美　王　卓　陈　昱
张贵勇　潮龙起　何紫茵　陈凯萌　董　青　张利庠　刘虹宇　孔微微　许振军
王　芬　唐海华　权伟太　邱　丹　刘宝东　边晓梅　李佳伟　李　鹏　侯佳音
张　望　尹少宣　周海蓉

颐中奖学金

范　薇　吴国亮　钱宗鑫　李　娇　王海丽　董大川　孙　聆　王小虎　邱祖荣
孙弘毅　王由由　林苇苇　刘广财　沈丽萍　黄　艳　霍　侃　刘　晗　王　俊
林鲁宁　陈启清　张　睿　赵晓红　佟　博　徐　娜　杜镇伟　朴　英　高丹琼
宋修远　蔡奕勇　许　陶　林尊鹏　万金洁　彭　莹　张　丹　韩　炜　马志明
李　鹏　赵博华　郭　鑫　杨　茜　杜贵彬　孙玉安　张在建　莫云生　井　瑞

中国经营报报业经营管理奖学金

杨　洋　杨　虹　潘光军　童有好　高　伟　王宁风　黄　鑫　谷　雨　张红玲
孙　瑱　宋　晶　甘　露　丁国旗　黄　幸　张　隆　徐亚男　孟　旭　丁　靓
何之蕾　姚　冀　杨大鹏　尹　健

中国石油优秀生奖学金

万惠仪　赵彦琳　刘　飞　胡　勇　王　兰　李　蕊　吴淑艳　郭　昕　高翠翠
王　羚　苏　昊　李煜瑾　汪　亮　杜美杰　朱懂东

中小企业奖学金

赵　柯　王　丹　张金海　刘河军　段甲强　韩德强　彭黎明　杨晓雪　丁汉青
赵曙光　陈晋平　陈咏梅　雷丙寅　续　芹　白高峰　刘　昕　吴琼琛　陈明珠
杨　凡　刘　辉

三井住友银行奖学金

杨　敏　王　迅　赵　京　胡迎春　郑小敏　贾爱娟　李　莉　徐景阳　陆文军
杨岚馨　冯　佳　陆绚宇　尹树国　李宜静　王　凤　毛丽娜　柴　宁　梁雪村
王　燕　钱防震

2002届各学历层次毕业生落实去向情况表

学历	总人数	去向								实率（%）
		就业		考硕（二、博）		出国		二分/待分		
		人数	%	人数	%	人数	%	人数	%	
本科毕业生	1 402	685	48.9	515	36.7	40	2.9	162	11.6	88.4
二学位毕业生	43	42	97.7	0	0	1	2.3	0	0	100.0
硕士、博士毕业生	733	586	80.0	38	5.2	75	10.2	34	4.6	95.4

2002届各学历层次毕业生就业行业分布情况表

学历	总人数	就业人数	机关		高等学校		科研设计单位		其他事业		金融单位		国有企业		三资企业		其他企业		部队	
			人数	%	人数	%	人数	%	人数	%	人数	%	人数	%	人数	%	人数	%	人数	%
本科毕业生	1 402	685	117	17.1	17	2.5	14	2.0	81	11.8	114	16.6	171	25.0	105	15.3	63	9.2	3	0.4
二学位毕业生	43	42	15	35.7	3	7.1	2	4.8	4	9.5	6	14.3	8	19.0	4	9.5	0	0	0	0
硕士、博士毕业生	733	586	182	24.8	100	13.6	36	4.9	61	8.3	106	14.5	68	9.3	21	2.9	7	1.0	5	0.7

2002届各学历层次毕业生就业地区分布情况表

学历（包括北京生源）	总人数	就业人数	北京（人）	广东（人）	上海（人）	天津（人）	福建（人）	青岛（人）	重庆（人）	成都（人）	杭州（人）	南宁（人）	其他地区（人）
本科毕业生	1 402	685	476	110	12	11	7	6	5	5	3	1	49
二学位毕业生	43	42	37	4	0	0	0	0	0	0	0	0	1
硕士、博士毕业生	733	586	464	36	22	9	5	2	0	0	6	1	41

■ 资产管理工作

一、概况

2002年，资产与产业管理处组织和开展了以下各项工作：进一步深化住房制度改革，扩大房改受益面；配合学校校园环境整治，在继续推进住房制度改革的基础上，加大置换校园力度，组织并完成校园住房功能布局调整工作，逐步调整办公用房，优化资源配置，规范学校房产管理；完善物资设备采购、固定资产管理规章制度；完善人防设施管理；加强经营性资产管理工作。

这些工作的开展使得我校资产管理工作水平得到了明显的提高，其中特别是住房制度改革工作成绩突出，得到了中央领导同志的表扬，取得了比较成功的经验，先后接待了40多个来我校学习取经的单位，为香港房屋署北京考察团、清华大学、北京外国语大学、中国政法大学、国家气象局机关事务管理局等单位作专题报告，《中国青年报》等国内重要媒体也对我校的房改工作进行了宣传报道。

二、进一步深化住房制度改革

（一）组织发放校外购房职工住房补贴

房改政策出台实施以来，广大教职工热烈拥护，积极行动。截止到2002年12月31日，共计有1 734名（1 596户）教职工到校外购买住宅，其中居住在校园内的住房未达标职工和无房职工1 080户（西郊校园356户、无房户724户），在校园外居住的职工516户。

先后组织了五次发放校外购房散户职工住房补贴，同时组织购买世纪城、回龙观住宅职工发放住房补贴。

组织已购房无房户按月国家住房补贴核算发放工作。截止到2002年年底，共向495名无房老职工发放1999年1月至2002年12月的国家按月住房补贴907.131万元。

（二）为校外购房职工提供全方位服务

在房改政策组织实施过程中，遵照学校领导严密组织、万无一失、好事务必办好的要求，成功组织了房改政策实施工作。为广大教职工提供了确定房源、政策咨询、银行公积金贷款、中介机构评估、装修咨询等系列服务。

（三）完成世纪城二期住宅销售组织工作

我校于2001年6月13日与北京金源鸿大房地产公司签订合作协议，整体订购远大路居住区（世纪城）二期塔式住宅楼712套住宅，共10万多平方米。我校职工购买世纪城住宅销售工作由资产与产业管理处负责统一组织。工作程序为宣传咨询、组织看房——报名登记——电脑排序——学校审核确认——职工挑选房号——办理签约购房手续——办理领取住房补贴手续——办理公积金贷款或组合贷款手续等几个步骤。

经过两个销售阶段近1年的销售组织工作，我校职工共签约购买世纪城二期住宅275套。截止到2002年6月12日，共有254户职工已办理世纪城住宅入住手续。除学校组织统一购买外，我校另有73名职工自行购买了世纪城其他住宅，连同我校统一组织购买，此次房改购房中，我校共有327名职工购买世纪城住宅，形成我校校外最大的教职工居住区。

（四）协调世纪城剩余住宅销售

根据学校领导指示，校长办公会同意，世纪城剩余住宅约400多套、6万平方米以整体卖断的方式，与北京市建工集团签订协议。

建工集团销售部于2001年12月20日正式进场销售。截止到2002年12月8日，共计销售住宅411套，剩余住宅47套。

（五）组织回龙观三期经济适用房销售组织工作

制定教职工购买回龙观三期经济适用房工作方案，经过与北京市天鸿集团协商，签订整体订购回龙观三期经济适用房合作意向书。

按照工作方案，组织回龙观三期经济适用房市场问卷调查工作。经统计，全校共有910人意向购买回龙观三期经济适用房。

组织了报名购买回龙观三期经济适用房职工宣传、咨询、办理认购手续等项工作。截止到2002年10月12日，共有317名职工报名认购回龙观三期经济适用房（含附属中学33人）。资产与产业管理处组织经过初步审核后的报名职工分三批进行了摇号排序，共有295名职工参加摇号排序。有275名职工签署了《认购协议书》。

2002年12月21日、22日，根据学校房改工作的整体部署及回龙观三期经济适用房销售组织工作安排，组织我校报名认购回龙观三期经济适用房职工挑选房号。共有252名职工挑选了房号。

在销售过程中，清华大学房产管理部门根据本校职工要求，希望我校协助提供部分回龙观三期房源，供该校无房职工认购。经请示学校领导，我校先后向清华大学提供了相关资料，协助清华大学有关部门进行了该校职工报名摇号排序、集体认购等工作。清华大学共有155名职工报名认购回龙观三期经济适用房。

（六）继续组织房改售房工作，办理已售公房房产证

为按97价购买校外产权房的职工188户办理房屋产权证书和房屋买卖契约。继续办理校外产权房按97价、99价、2001价进行房改售房手续工作。组织按2001价房改售房职工报名登记工作。截止到2002年年底，按95价、96价购买校外产权房改房的职工已全部领取房屋产权证书及房屋买卖契约。

协助财务处根据教育部财务司部署，做好2001年度住房补贴财务决算、2003年度住房补贴预算。

协助高校房地产公司做好西三旗、六道口、望京等处的房改售房工作。向居住在西三旗、六道口、望京等处的76名职工发放房屋产权证书，与48户居住在西三旗住户按99价、2000价签订购房契约。

办理调房人员的售改售、售改租及退房工作。加强职工住房公积金的提存和管理。

（七）加强配套政策的制定和实施

为配合住房制度改革，资产与产业管理处根据学校领导的指示，研究制定并实施了《中国人民大学职工校外购房住宅、校外产权房住宅物业管理费、供暖费补贴暂行规定》及其实施细则、《中国人民大学职工交通补贴暂行规定》、《房改政策实施时间延期暂行办法》等文件。

组织发放校外购房、校外产权房职工供暖费、物业管理费。2002年11月份，我处组织向716名

校外购房职工发放物业管理费、供暖费补贴总额207.78万元，其中物业管理费补贴49.85万元，供暖费补贴157.93万元。

组织发放职工交通补贴。为全校3 600多名在职职工核算交通补贴。购置并开通世纪城班车，协助有关部门制定《中国人民大学运营性班车实施办法》。

按照学校房改政策规定，退还居住在西郊校园内到校外购房职工原购房款、部分集资款。

(八) 加强校外产权房管理工作

参与了志新村、西三旗、六道口、塔院、芙蓉里、望京、双榆树青年公寓等处校外产权房和高校产权房的物业管理工作，交纳供暖费和物业管理费。

(九) 研究制定并实施无房新职工住房制度改革方案

为进一步深化住房制度改革，扩大房改受益面，我处在详细测算各类无房新职工住房补贴的基础上，经反复研究，制定了《中国人民大学无房新职工发放学校校外购房租房补贴暂行规定》，完善了学校深化住房制度改革政策文件。

自2002年10月起，组织实施无房新职工校外购房租房补贴发放工作。

(十) 利用房改腾退房改善职工居住条件、扩大招生规模

截止到2002年12月31日，到校外购房职工可腾退西郊校园内住房565套、4.77万平方米。这些腾退房源全部作为校内周转房管理，用于安置红楼住户、腾退红楼用于学生公寓，大大改善了教职工的居住条件，为扩大招生规模提供了保障。

(十一) 组织回收校外购房职工校内住房

为确保房改腾退房源得以按时收回，资产与产业管理处组织了回收校外购房职工校内住房工作。

(十二) 解决房改过程中特殊问题，清理历史遗留问题

资产与产业管理处就深化住房制度改革、校园住房功能布局调整过程中的有关问题进行了研究，确定了包括房改售房中“租改售”问题，租住军产房购买经济适用房职工住房面积核定问题，房改政策延期问题，西郊校园高层住户调整问题，青年公寓午休床位问题和历史遗留问题等在内的处理办法。

(十三) 认真总结房改经验，加快课题研究，宣传房改成果

按照李岚清副总理接见三校校长会议纪要及第四次高校后勤社会化改革电视电话会议指示精神，认真总结我校房改经验，从理论上加以论证。

以牛维麟副校长为负责人的课题组，制定了课题研究计划，着手研究“高等院校深化住房制度改革模式与对策研究”课题。

配合宣传部门，加大房改宣传力度。为巩固房改成果，扩大实施深化住房制度改革工作影响，形成有利于进一步推进房改，实现校园置换的舆论环境，根据学校领导指示精神，加大房改工作宣传力度，组织并策划了一系列的宣传活动。包括：组织“鲜花贺乔迁”活动，截止到2002年11月30日，共为418户购房职工送上鲜花。包括青年人大11月1日校庆《房改专刊》、《中国青年报》12月12日《圆梦安居——中国人民大学房改纪实》在内的报道均为资产与产业管理处提供的蓝本。

接待来访单位，宣传我校房改经验及成果。共接待了40多个单位，资产与产业管理处受学校领导委托，先后为香港房屋署北京考察团、清华大学、北京外国语大学党委常委扩大会、中国政法大学党委常委会、国家气象局机关事务管理局等单位作专题报告。

三、校园住房功能布局调整

(一) 研究制定校园住房功能布局调整思路与方案

为满足扩大招生需要，根据校长办公会的决定，调整校园住房功能布局。在调查研究的基础上，

起草了《中国人民大学关于调整校园住房功能布局的决定》并研究制定了具体实施方案。

(二) 研究制定并组织实施“421工程”工作方案

在前一阶段通过深化住房制度改革，探索置换校园的经验的基础上，研究通过置换校园深化房改的整体思路，研究制定“421工程”工作方案。

具体研究联合建设项目、置换校园、配套措施、效果分析和风险预测等方面的工作。

与北京市计委、房地局、建委、税务局、财政局、交通管理局等政府部门及开发商落实校园置换相关政策。

与有关开发商谈判，于2002年7月24日签订了合作意向书。

(三) 组织实施红楼调整，确保新生按时入住

根据学校住房制度改革及校园住房功能调整的有关文件精神，按照学校领导决策和红楼调整操作方案，抓紧完成红楼调整以及校内腾退房源的调整工作，确保2002级新生按时入学、按时入住。

配合红楼调整，组织督促房改腾退房回收工作，为腾退红楼288间学生宿舍奠定了基础。

截止到2002年年底，共腾退红楼381间，其中，安排校内周转房151人，安排集体宿舍92人，拆迁28人，其余职工按照学校房改政策到校外购房。

(四) 优化校内资源配置，逐步调整校内办公用房

建立健全校内办公用房数据库、完善办公用房管理系统。为校内20个单位调整了办公用房。

配合西北区工程、仁达大厦工程，办理造纸六厂土地、文化大厦占地产权证明手续；完成西北区40多座房屋测量、核对工作；拆除资料楼后平房。

(五) 研究制定宜园5楼调整搬迁方案，调整部分职工校内周转房

宜园5楼位于西北校区改造工程的边缘，现有46户、涉及28个单位的职工居住。西北区工程开工后，将极大影响到楼内住户的日常生活及居住安全。资产与产业管理处制定了宜园5楼住户搬迁调整方案，并组织实施。

根据校内周转房源情况，制定了部分教职工校内周转房调整方案，并组织实施。

配合学校引进人才计划，与有关部门共同研究制定引进人才相关办法，为39名引进人才安排校内周转房。向今年新来校的123名职工安排59套三居室作为集体宿舍。

清理整顿青年公寓地下室及原职工食堂宿舍。腾退原职工食堂宿舍34间，青年公寓地下二层全部腾空。

四、物资设备采购与固定资产管理工作

(一) 制定与完善物资设备管理规章制度

为配合学校院系调整及学科建设，建立并完善我校物资设备采购、固定资产管理规章制度，以合理发挥资产的效益，更好地为教学科研服务。资产与产业管理处在上学期到各兄弟院校调查研究的基础上，清理整顿了原有物资设备采购、固定资产管理的规章制度，并结合新形势和学校学科发展的需求，研究制定了一系列包括政府采购、询价制度、设备报增报减、设备维修等在内的新规章管理制度。研究制定了《中国人民大学物资设备采购工作管理办法实施细则》，编制了物资设备购置预算各种规范表格及法律文件。

(二) 认真组织设备购置招投标工作

先后组织实施了学生宿舍家具、信息学院、商学院、图书馆实验室网络项目、多媒体教学楼设备、实验楼、图书馆电梯改造、世纪馆设备等项目的招投标采购工作。通过招投标工作，共采购计算机510台（套）、打印机96台、复印机6台、电梯3部，招标总价达1 554万元。其中采购学生宿舍家具7 458件（套），实际支付家具款2 571 375元，比2001年购置家具单价预算节省421 400元。

（三）做好设备购置询价、零散设备采购管理工作

先后组织了零散设备购置询价、采购工作，通过询价体系的建立，共采购零散设备202件（套）。

（四）办理进口物资设备的机电审批与减免税手续

办理进口物资设备的机电审批与减免税手续，并代表学校办理海外捐赠设备进口审批手续。其中IBM公司向我校赠送服务器1台、交换机13台；日本某企业向我校外国语学院赠书3箱。

（五）管理物资设备报增、报减及维修管理工作

设备报增。2002年共报增设备、家具、图书资料106 434件（套、册），总报增金额24 391 319.76元。其中：设备2 717件（套），报增金额20 474 927.26元；图书资料91 140册，金额为3 465 418.22元；家具12 577件（套），金额为450 974.28元。

设备报减。共报减设备、家具、图书资料8 788件（套、册），报减总金额为9 955 498.05元。其中设备1 301件（套），金额9 150 499.83元；图书资料965册，金额19 330.69元；家具6 522件（套），金额785 667.53元。

固定资产转移116台件，金额689 388.6元。

设备报废。报废500元以上固定资产设备1 441台件，金额1 036 398.41元；500元以下1 515台件，金额383 346.54元。回收废旧物资款58 800元。

审核支付设备维修费80 000元。

（六）制定申报并组织实施设备购置修购专项、行动计划

参与我校申报2002年设备购置修购专项、行动计划工作，经财政部、教育部确认，我校2002年共获得设备购置修购专项资金项目7个、财政拨款1 940万元；2002年设备购置行动计划资金项目13个、财政拨款3 000万元。

组织实施设备购置修购专项资金项目、行动计划资金项目前期准备工作。

（七）建立全校资产管理数据库

深入了解学校各教学科研单位设备使用情况，建立全校物资设备管理数据库。

建立全校住宅产权房和办公用房数据库。为规范管理学校房产资源，按照“摸清家底，合理调配，物尽其用，发挥效益”的原则，在本学期进行了房产管理数据库建设。基本建立了校内校外产权房和校内周转房数据库。基本上建立了全校各单位办公用房数据库和办公用房管理软件。

建立房改数据库。在原有职工住房状况数据库的基础上，根据房改进展情况，为5 300多名教职工建立了校外购房职工住房补贴及住房状况数据库。

在建立全校资产管理数据库的基础上，资产与产业管理处逐步进行了办公自动化的数据整理，基本完成全处局域网的综合布线，为下一步实现服务高科技化、办公自动化，最终建立全新的中国人民大学资产管理信息化系统奠定基础。

五、人防设施管理工作

在中央国家机关人防办和教育部人防办的直接领导下，认真贯彻执行了《中央在京单位结合民用建筑修建和使用防空地下室暂行管理办法》。对防空地下室建设标准、易地建设、建设审批程序、竣工验收程序、平时利用审批程序等逐步实现正规化管理，对现有人防地下室进行维护；加强对人防工程进行安全、防火检查；加强并完善我校人防设施管理，整理补充了相关档案资料。2002年12月2日，教育部人防协作组对我校人防工程管理进行检查、验收，我校被评为“教育部人防工作先进单位”，对我校人防管理工作予以充分肯定。

附录

2002年房屋、土地、教职工住宅、实验室以及人防情况汇总表

房屋基本情况汇总表（按用途划分）

房屋用途	面积（平方米）
一、教学及辅助用房	135 170.5
教室	64 875.2
图书馆	27 215
实验室及附属用房	19 674
体育馆	23 406.3
会堂	0
二、行政办公用房	36 164
三、生活用房	243 558.3
学生宿舍	133 493.3
学生食堂	18 319.2
教职工集体宿舍	19 929
教职工食堂	0
生活福利及其他附属用房	71 816.8
四、教职工住宅	236 295.8
合计	651 188.6

2002年土地资源基本情况汇总表（按区片划分）

区片	面积（平方米）
中关村大街59号	591 839
中关村大街37号	121 593
张自忠路3号	43 617
东四十条109号	4 462
鸦儿胡同	6 094
志新村31楼	702.9
清华东路甲7号	8 582
二里庄1号楼	696.8

2002年全校教职工居住现状情况表

全校教职工居住总建筑面积（万平方米）：51
其中：校内教职工住宅建筑面积（万平方米）：11.4 校外教职工住宅建筑面积（万平方米）：39.6
人均居住面积（平方米）：92.73
教职工住房成套率（%）：85

2002年教职工住宅现状情况表

住宅楼	套数（套）	建筑面积（平方米）
西郊校区静园	1 179	75 019
西郊校区林园	521	38 049
西郊校区宜园	244	19 079
西郊校区青年公寓	335	19 929
志新村31号楼	180	14 207
迎春院11楼	28	1 942
芙蓉里7号楼	22	1 522
西三旗育新花园	208	15 807
六道口静淑苑	42	3 149
望京花园	49	4 181
双榆树青年公寓	24	1 102
知春里13号楼	4	330
铁狮子胡同1号	204	16 696

2002年人防工程统计表

项目/地点	人防工程				普通地下室			
	独立办公区		独立宿舍区		独立办公区		独立宿舍区	
	个数	面积	个数	面积	个数	面积	个数	面积
静园5楼			1	489				
静园17楼			1	382				
林园12楼			1	256				
宜园2楼			1	430.2				
宜园3楼			1	623.5				
青年公寓			1	1 074.1				
学生3楼			1	564.6				
研究生1楼							1	943.7
研究生2楼			1	600			1	180
研究生3楼			1	421.6			1	500
留学生楼							1	641.1
旧图书馆	1	375						
贤进楼	1	580						
校部办公楼	1	627						
新图书馆					1	648.2		
教学2楼	1	324						
实验楼					1	1 114		
教学4楼	1	1 394.55						
合计	5	3 300.55	9	4 841	2	1 762.2	4	2 264.8

2002年中国人民大学实验室基本情况

序号	单位	地点	实验室间数	面积（平方米）	用途
1	资产与产业管理处	实验楼	11	264	库房
2	商学院	实验楼	37	888	办公
3	教务处	实验楼	6	144	办公、库房
4	劳动人事学院	实验楼	6	144	实验
5	新闻学院	实验楼	32	768	实验
6	公共管理学院	实验楼	9	216	机房、办公、实验
7	档案学院	实验楼	32	768	实验、办公
8	后勤集团	实验楼	1	24	值班室
9	信息学院	实验楼	9	216	办公
10	社会学系	实验楼	5	120	实验
11	环境学院	实验楼	58	1 392	实验、办公
12	人文学院	实验楼	3	72	办公
13	教育培训中心	实验楼	1	24	办公
14	法学院	实验楼	10	240	实验、教研
15	统计学系	实验楼	6	144	实验
16	农业经济系	实验楼	14	336	机房、办公
17	财政金融学院	实验楼	10	240	教学
18	学校办公室	实验楼	2	48	办公
19	人口学系	实验楼	5	120	机房、办公

2002年资产分类汇总表

报表　　单位：元

大类号	资产类名	年初数	年初额	报增数	报增额	报减数	报减额	年末数	年末额
01	房屋及构筑物	0	0.00	0	0.00	0	0.00	0	0.00
01	土地及植物	0	0.00	0	0.00	0	0.00	0	0.00
03	仪器仪表	2 463	17 029 570.75	120	1 402 282.00	203	729 943.60	2 380	17 701 909.15
04	机电设备	2 451	36 558 724.59	478	3 232 276.60	115	2 143 868.97	2 814	37 647 132.22
05	电子设备	10 597	86 586 062.23	1 733	14 287 144.94	747	5 216 366.73	11 583	95 656 840.44
06	印刷机械	493	9 004 676.64	33	608 414.00	45	393 953.09	481	9 219 137.55
07	卫生医疗器械	173	4 314 881.39	11	15 157.00	29	290 106.00	155	4 039 932.39
08	文体设备	686	1 822 894.82	70	220 104.00	7	22 186.00	749	2 020 812.82
09	标本模型	2	17 000.00	0	0.00	0	0.00	2	17 000.00
10	文物及陈列品	0	0.00	0	0.00	0	0.00	0	0.00
11	图书	0	0.00	0	0.00	0	0.00	0	0.00
12	工具、量具和器皿	168	253 162.17	1	1 399.00	12	10 775.00	157	243 786.17
13	家具	0	0.00	0	0.00	0	0.00	0	0.00
14	行政办公设备	1 889	6 568 501.98	177	551 063.50	55	352 601.05	2 011	6 766 964.43
15	被服装具	4	4 724.00	34	122 654.80	0	0.00	38	127 378.80
16	牲畜	0	0.00	0	0.00	0	0.00	0	0.00
	合计	18 926	162 160 198.57	2 657	20 440 495.84	1 213	9 159 800.44	20 370	173 440 893.97

■ 财务与审计工作

☞ 财务工作

一、概况

2002年学校财务工作继续按照《中国人民大学"十五"期间教育事业发展计划纲要》所制定的面向新世纪学校教育事业发展的指导思想和奋斗目标的要求，围绕学科建设、校园规划建设、师资和干部队伍建设，在教学水平、科研水平、管理水平、办学效益提高方面继续办实事、求实效，抓实"改革、调整、管理"，千方百计筹集办学资金，以空前规模增加投入。2002年度财务工作的总体工作思路是改进服务，加强管理。服务是指树立为教学、科研服务的观念，端正服务态度，提高服务效率和服务质量。管理是指进一步建立健全各项财务管理制度，提高管理水平，为校领导进行决策提供相关的会计信息。

为改变过去办学资金来源主要靠国家拨款和学费等教育事业收入的状况，学校在办学规模不断扩大的前提下，一方面，尽量争取更多的国家财政拨款和专项投入；另一方面，通过严格管理，整顿秩序，改进结算方式等手段，扩大非学历教育收入对学校资金的补充作用；积极加强对外宣传，扩大对外交流与合作，争取更多的捐赠收入；改进管理、完善服务、创造条件，保证科研收入的持续增长；根据学校资金需求，科学、合理地使用银行贷款，控制资金运作成本，提高资金使用效益，在校园建设、住宅置换等方面发挥了积极有效的作用。通过多方筹集资金，增加了对学科建设、校园建设、网络建设、科研基地等方面的投入，保证了教学、科研、网络的正常运转，为进一步改善办学条件提供了必要的资金保证。

根据财政部、教育部有关专项资金管理的文件规定，学校对"211工程"、"面向21世纪教育振兴行动计划"专项资金、修购专项资金等实行全过程项目管理，规范专项资金的管理办法，提高专项资金使用效益。

二、年度收支及预算执行情况

(一) 年度收入总额

2002年度学校总收入99 658万元，其中财政拨款48 356万元，占总收入的48.52%，通过其他渠道筹集的教育经费51 302万元，占总收入的51.48%。2002年度总支出92 479万元，其中事业支出84 717万元，占总支出的91.61%。

(二) 预算执行情况

2002年总收入（含基建部分）实际为99 658万元，比预算增长58.62%；总支出（含基建部分）实际92 479万元，比预算增长47.2%。

三、财务状况专题分析

(一) 年末学校财务状况

2002年末资产总额166 930万元，比上年增加25 668万元，增长18.17%，其中固定资产年末余额76 957万元，比上年增加14 731万元，增长23.67%，主要是学生公寓（品园4楼、宜园3楼）、宜园2楼、中心配电室等工程交付使用。2002年末负债总额26 181万元，比上年减少3 426万元，减少率11.57%，主要是应付及暂存款减少30%。2002年末净资产总额140 749万元，比上年增加29 094万元，增长26.06%。

(二) 年度收支情况

1. 年度收入总体情况

2002年学校接受中央财政拨款48 356万元，其中基建拨款7 762万元（含国债项目），比2001年增长53.17%，主要是“面向21世纪教育振兴行动计划”、“211工程”、修购专项等专项资金拨款增加；教育事业收入34 995万元，比2001年增长55%，主要原因是学校研究生扩招，以及网络教育学生、成人教育学生人数增加等；中央科研经费拨款为1 299万元，与2001年相比增加46.96%，主要是科研纵向课题项目增加；科研事业收入为2 282万元，比2001年增加34%，主要是横向科研课题数目及经费增加；其他收入则主要由于获得了更多的捐赠收入而增长。为庆祝建校65周年，许多校友及社会各界纷纷捐款，使得2002年学校的捐赠收入有很大增加。

2. 年度支出总体情况

2002年我校支出92 479万元，其中事业支出84 717万元，比2001年增长33.34%；基本建设支出7 762万元，比2001年减少13.50%，主要是学校进行校园整体规划，利用专项资金增大了对基建的投入，其支出反映在事业支出类别中，而在基建支出中则不再反映。支出增长主要原因，一是随着学校教育事业收入的增加，用于发放教师课酬及专项业务费的支出也相应增加；二是由于退休人员的增加，离退休人员的工资支出比预算增长较大；三是新增学生公寓（品园4楼、宜园3楼）、世纪馆、游泳馆、中心配电室等的运行费用增加；四是专项资金支出比2001年大幅度增加，主要用于校园改造建设、学科建设、改善教学条件和基础设施改造。

（三）专项资金（“211工程”、“行动计划”和“修购专项”）使用情况

2002年中央教育经费拨款“行动计划”拨款9 700万元，上年结余746万元，本年支出6 098万元，结余4 348万元；“修购专项”拨款（含附中）6 200万元，上年结余1 578万元，本年支出3 922万元，结余3 856万元。因2001年、2002年学校取得的“行动计划”、“修购专项”项目大多涉及房屋维修改造、基础设施改造、基本建设，需跨年度支出，而部分项目已预支项目进度款，但未实际列支，从而造成2002年末有较大的资金结余。

“211工程”拨款已于2002年末到位，学校将在2003年全面开展工作。按照“择优扶重，绩效优先”的原则，根据《中国人民大学“十五”“211工程”建设项目可行性研究报告》制定的学科发展战略，“学科建设”经费主要用于“十五”“211工程”重点建设的14个重点学科项目。“公共服务体系”经费用于“数字人大”建设项目。

2002年“行动计划”支出6 098万元，其中“多功能体育馆”（“世纪馆”）项目实际支出900万元，“多媒体教学楼”项目实际支出3 939万元，“经济学科大楼”项目支出507万元，“西北区学生公寓”项目支出258万元，以前年度未完项目支出494万元。“修购专项”支出则用于学校“教学用房及辅助设施改造”、“道路翻新工程”、“地下管网大修工程”、“实验室网络平台”等项目。这些项目的建设，极大地改善了学校的教学科研及其他办学条件，促进了我校教学、科研质量和管理水平的提高。2002年新增图书价值约333万元，基本满足了广大师生的需求。

（四）综合财务评价指标体系

2002年度学校现实支付能力（可供周转月数）8.5个月，潜在支付能力（可供周转月数）6.0个月，自有资金余额占年终货币资金的比重为52.7%，非自有资金余额占年终货币资金的比重为78.0%，自有资金净余额占年终货币资金的比重为47.0%，自有资金动用程度为27.3%。

四、财务管理

（一）继续完善规章制度，规范学校财务管理

2001年学校财务工作会议推出了以《预算管理制度》为核心的15项规章制度，此后又制定了《专用基金管理》等3项制度。这些制度在2002年得到了有效的实施，规范了学校的财务管理，提高了学校的财务管理水平，使学校的财务工作进入良性循环的轨道。

（二）加强对独立核算单位的监督与管理工作，理顺学校与各单位的财务关系

1．理顺学校与后勤集团的财务关系

后勤社会化改革是学校改革与发展过程中的一项重要举措，而其改革的中心内容之一则是理顺学校与后勤集团的财务关系。2002年学校确定了年度内各项后勤支出预算，既保证了学校的资金能够得到合理的使用，也保证了后勤各项工作的顺利开展；确定了后勤集团2002年实现利润及上缴利润指标，责权利明确，保证其发展有动力。初步通过学校与后勤集团水电暖的结算办法，将过去学校按发生数支付费用，按实际回收数冲减支出，差额由学校负担的结算方式改为“谁受益谁负担”，学校只负担校本级应负担的部分，其余部分由后勤集团负责向各受益单位直接收费。这种结算方式，明确了各方的经济责任，避免了学校额外承担的水电暖的无效支出。

2．理顺学校与校办企业的财务关系

在大量数据资料测算的基础上，确定了校办企业上缴利润的方法以及工资总额与上缴利润挂钩的方法，将简单的承包方式调整为以全成本核算为前提的所得税上缴方式，既调动了校办企业的积极性，维护了其经济利益，也保证了学校投入得到应有的回报。

3．理顺学校与网络教育学院的财务关系

2002年网络教育发展迅速，已成为中国人民大学教育事业计划的一个重要组成部分。由于网络教育的特殊性，学校与网络教育学院以及为网络教育提供技术平台和相关技术服务的东方兴业公司的财务关系未采取与其他院系相同的统一核算、统一管理的方式，因此经过有关各方多次协商并报请学校审批同意，确定了学校与网络教育学院、东方兴业公司的财务关系，并且明确了网络教育学院与东方兴业公司之间的结算关系，维护了学校的经济利益。

4．理顺学校与人大世纪科技发展有限公司的财务关系

人大世纪科技发展有限公司作为独立核算的企业法人，承担了世纪馆、游泳馆、逸夫会议中心、兴发大厦和多媒体教学楼的经营及物业管理工作。经过大量的调研，确定了学校与人大世纪科技发展有限公司的财务关系。

5．理顺学校与金仓公司的财务关系

金仓公司属于学校参股企业法人。经过艰苦细致的工作，确定了学校的持股比例及投资额，保证了学校的合法权益。

6．理顺学校与徐悲鸿艺术学院的财务关系

在徐悲鸿艺术学院迁回学校后，为加强管理，实现统一核算，2002年撤销了徐悲鸿艺术学院单独开设的银行账户，将徐悲鸿艺术学院纳入学校财务的管理系统，资金以及相关的收支业务全部在学校财务处核算和管理，使之在日常教学科研以及行政管理工作中发挥更有效的作用。

（三）专项资金实行全过程管理

2002年“211工程”、“面向21世纪教育振兴行动计划”、“修购专项资金”及配套资金已逐步到位，为管好、用好各专项资金，根据教育部、财政部的有关规定，进一步完善了相关管理办法，对各专项项目实行“合同管理”方式，规范项目执行程序，按项目从申报立项、资金预算、支出核算、结项等进行全过程管理与监控，确保专项资金的使用效益。

（四）加强资金安全管理

为加强资金管理，消除隐患，保证资金安全，促进学校各项事业健康有序的发展，根据《教育部、财政部关于清理检查直属高校资金往来情况，加强资金管理，确保资金安全的通知》（教财［2002］2号文件）要求，多次对校本级、二级核算单位资金情况进行自查，主要内容为：银行存款清单、定期存款清单、对校办产业投资明细、其他对外投资明细、超过3年以上的大额应收及暂付款明细。对于清查中发现的历史遗留问题，提出初步处理意见，报请学校领导审批后及时进行处理。

根据国家有关规定，为保证资金安全、合理的使用，由财务处负责人、审计处负责人对每月银行

对账单审核后签字认可。

根据《中央预算单位银行账户管理规定》的规定，多次进行全校性银行账户自查申报工作，严格银行账户管理。2002年6月，通知全校各单位对已开立的银行账户进行第一次自查、申报，对于违反规定开立的账户要求限期撤销。11月，对校本级、二级核算单位开立的银行账户进行第二次自查、申报工作，将需要保留的银行账户申报教育部、财政部审核批准。清查工作共撤销或拟撤销银行账户30多个。

（五）进一步完善学生收费系统

为确保学校事业收入的重要来源，保证各类学生的学费、宿费及其他杂费能够及时、足额缴至学校，同时也是为广大学生提供更多种、更安全的交费方式，2002年学生学费、宿费收缴工作除继续对在校生采用银联卡划卡、银行汇款、直接缴纳现金等方式外，对新入学的本科生也采用银行卡交费。学校财务处按照预定的时间通过银行网络划卡收费，安全、方便，提高了效率，节约了时间，得到学生及家长的好评。由于学校财务处事先做了大量准备工作，实现了一次划卡成功率80%的好成绩。另外，为加强学费、宿费收缴工作，杜绝欠费现象，学校下发了《关于加强学杂费收缴工作的通知》，制定了《2002—2003学年本科生、研究生学杂费收缴办法》，与此同时，对困难学生开展多种形式的资助，保证其顺利完成学业。引进并完善了“学生收费系统”，实现了交费人数、金额及个人交费情况等的即时查询。

（六）科研经费管理工作

2002年末全校纵向及横向科研课题项目数为1 785个，比2000年末的1 622个增加了163个，2002年的科研经费拨款为1 354万元，科研事业收入为2 282万元，均比2001年有所增长，且呈逐年上升趋势。在这种形势下，学校财务处本着树立为教学、科研服务的观念，端正服务态度，提高服务效率和服务质量的宗旨，完善管理流程，强化全程计算机管理和专人管理，保证及时立项，按项目发卡，凭项目卡使用经费，开通网上查询，在不违反国家有关法令法规及学校相关规章制度的前提下，尽可能满足科研经费使用者的要求，保证科研经费的合法、有效使用。

（七）加强会计核算工作，完善科目设置

在2001年设置的会计科目和核算体系基础上，根据《2003年中央部门项目支出预算管理试行办法》，学校结合自身实际，调整了收支科目，提高了学校会计核算的科学性和会计数据的准确性，从而为支出预算的科学编制与核定创造了更为有利的条件，为实现细化预算，增加透明度，强化预算监督等工作目标奠定了基础。

（八）财务账务系统升级

为了更加完善会计核算制度和财务管理工作，为学校各项事业的发展提供详细、准确、可靠的会计信息，提高学校财务管理水平，在保证日常业务处理不受影响的情况下，校本级财务账务处理软件系统顺利进行升级，并将原有的部门编码、项目编码分别升位为六位和八位，充分满足业务量增大而管理应当更加细化的要求。

（九）收费管理工作规范化

2002年8月，根据《北京市物价局、北京市财政局、北京市教育委员会转发国家计委、财政部、教育部〈教育收费公示制度〉以及有关规定的通知》（京价（收）字［2002］304号），学校对教育收费公示制度进行宣传，及时布置有关收费部门做好此项工作，并将落实《教育收费公示制度》作为加强学校收费管理的一项重要工作，使其规范化、制度化。

按照《教育收费公示制度》的要求，学校将有关收费项目和收费标准在招生简章中予以公布。同时制作公示牌在校内予以公示。根据《北京市地方税务局关于新版普通发票管理的通知》（京地税征［2002］217号）和《北京市地方税务局关于印发〈推广使用税控装置试行办法〉的通知》（京地税征［2002］215号）等文件的规定，学校于10月开始使用新版普通发票和税控装置，并积极进行宣传普及工作。按照国家计委和北京市物价局等部门的规定进行《收费许可证》年检和票据年检工作。

（十）上级部门及学校其他部门配合开展检查、验收工作

2002年9月，配合教育部对学校银行账户自查工作进行检查。2002年末，教育部委托会计师事务所对学校资金自查工作进行检查。2002年12月，财政部委托资产评估中心对学校2001—2002年度修购专项执行情况进行检查并对2003年修购专项申报情况进行评估。配合国际合作与交流处接受北京市首都高校留学生教育工作评估检查。配合北京市地税局和海淀区地税局对学校的税收检查工作。参加《中国人民大学"十五""211工程"建设项目可行性研究报告》论证工作。

（十一）规范固定资产管理，理顺采购程序，提高效益

初步确定学校实行政府采购的具体程序、集中采购的范围及程序，使学校的设备采购办法更为科学合理，降低了设备采购成本，节约学校的采购资金，提高资金使用效益，进一步加强了固定资产的监督力度。

五、全校预算工作会议

2002年11月6日学校召开财务预算会议，各单位主管财务工作的负责人、预算编制人员和财务人员参加会议。冯惠玲副校长、财务处林钢处长、资产与产业管理处有关同志向与会者讲解《中央单位财政国库管理制度改革——资金支付管理办法》、《政府采购制度》、《中央部门预算编制指南（2003年）》、《关于编报2003年度物资设备购置预算的通知》等。为适应国库资金支付制度的改革，学校要求以上述文件精神为依据，规范预算编制要求和报送程序，继续实施预算管理，强调"刚性预算"的特点，要求各单位预算编制进一步细化并强调预算的科学化、合理化。

学校预算审批程序实行"两上两下"制度。"一上"预算在每年8月，由资产与产业管理处、后勤管理处、专项资金管理办公室分别申报资产购置预算、后勤预算、专项资金预算，财务处初审后编制预算方案并向主管财务副校长汇报，经批准后上报教育部、财政部。"二上"预算在每年11月初，由各单位根据财务处下发的通知申报预算，财务处初审后编制预算草案并向主管财务副校长汇报。主管财务副校长向有关校领导通报各单位预算，进行初步沟通和修正。根据12月初教育部下达的"一上"预算批复，财务处对预算草案进行修改。预算方案确定后，经学校党委常委会讨论通过并上报教育部、财政部。预算由财务处具体实施。

☞ 审计工作

一、概况

根据校领导"希望在探索中更好地做好审计工作，为高校的改革与发展服务"的指示，审计处工作人员进一步树立岗位危机意识、审计风险意识、管理需求意识和工作紧迫感意识，坚持用真诚服务的工作态度，赢得了被审计单位的支持、理解，初步打开了工作局面。

2002年，审计处继续以常规的财务收支审计为基础，同时根据学校发展的需要，把经济责任审计和基建修缮工程审计作为工作重点，按照寓监督于服务之中的工作思路，充分发挥了监督和评价的作用，坚持做到"一审、二帮、三促进"，为进一步加强财务管理和增收节支服务。本年度审计处在编人员5人，共完成审计项目120项，人均24项，审计资金总额为91 646万元，促进学校增加收入和节约资金支出合计841万元。

2002年，审计处荣获教育部1998—2001年教育审计工作先进集体表彰。

二、主要工作

（一）财务收支审计

2002年，审计处在日常财务收支审计中，通过对几个财务独立的二级核算单位的审计，共发现单独建账、未纳入学校财务决算报表资金108万元；财务管理不够规范、账外资金201万元；账务处理不规范资金566万元；审计后调账补账纠正错误金额达1 000多万元。在此基础上，审计处建议学校有关部门，采取撤销下属单位账号、改进财务管理模式、加强对报表数字的审核等措施，进一步规范财务管理的措施。

（二）基建修缮工程审计

2002年，审计处共受理基建修缮工程审计项目38项，送审金额16 444万元，审计后确定应付金额15 783万元，审减额达661万元。其中，贤进楼工程结算审计是难度较大的一个项目。该工程于1995年9月正式开工，1998年4月竣工验收并相继投入使用。自交付使用至2002年审计之前的4年多时间里，由于种种原因，始终未能办理结算及交付使用手续。根据学校领导要求力争当年完成多年未了的结算工程的指示，审计处竭尽全力、较好地完成了这项审计任务。

（三）加强审计制度建设，宣传审计法规

为落实“全面审计、突出重点、查深查透”的方针，规范工程审计程序及工程前期基础工作，促进提高基建、修缮工程项目管理水平，2002年，审计处起草制定了《中国人民大学基建、修缮工程预算、结算、决算审计实施细则（试行）》，规定了审计机构和被审计单位双方的职责和工作程序。实践证明，贯彻执行该制度，增强了审计机构和被审计单位法制观念，促进了建设工程之中图纸、洽商等工程档案资料的积累和规范化管理，也对施工单位起到一定的制约作用。学校重大改革所涉及的一些活动、会议，都安排审计人员参加。特别是基建工程和成批或大型设备采购的招投标全过程，审计人员被作为关键的专业技术人员列为招标领导小组成员之一，发表的建设性意见均得到了学校的重视，为提高资金使用效益，起到把关的作用。

同时，审计处配合2002年新任命中层干部培训，从财务收支、工程建设等经济行为中所承担的法定和约定责任两方面，对审计法规进行了宣传，收到了良好的效果。

■ 后勤改革与管理工作

一、概况

2002年是后勤社会化改革进程中成立后勤集团后正式运行的第一年；又恰逢江泽民同志视察我校、学校党的第十二次代表大会胜利召开和建校65周年校庆，后勤系统广大干部和职工在校党委和主管校长的领导下，在全校师生员工的配合和支持下，从大局出发，按照学校工作的整体部署，团结一致、克服困难、积极努力、辛勤劳动，出色地完成了学校交给的各项工作。

二、后勤社会化改革

2001年12月，中国人民大学后勤集团模拟运行（2001年3月开始）结束，进入正式运行阶段。

2002年是后勤集团正式运行的第一年，与学校（甲方）关系仍处于一个新旧体制的更替磨合时期，很多方面关系尚未理顺，需要继续协调，但后勤社会化改革的效果已经初步显示出来：通过开放市场、引入竞争，强化了后勤职工的服务意识，提高了服务质量；后勤系统实行企业会计制度之后，集团反复强调全成本核算、企业化管理、市场化运作，干部、职工的成本意识、核算意识、效益观念明显增强；通过减员增效，增加了后勤职工的危机意识，提高了工作效率。

学校与后勤集团之间的财务关系逐步理顺，由拨款制向结算制过渡，由部门结算逐步改为项目结算。后勤集团进一步加强了对内部财务的统一领导、集中核算，并全面实行企业会计制度。

三、后勤服务保障工作

在学校2002年“三迎”工作中，按照学校分工，后勤系统全面承担了校园环境整治、后勤运行服务保障、校园环境卫生和布置等工作。

按照北京市校园环境整治领导小组2002年3月15日京校治［2002］01号文件（《关于制定2002年北京市校园环境整治与建设项目台账的通知》）精神，于2002年4月12日建立了学校2002年校园环境整治项目台账，共挂账16项，计划拆除的平房面积约为11 900平方米，并定期进行销账。实际拆除面积11 270平方米，基本完成了2002年台账项目任务。

在完成日常教学服务工作的基础上，根据学校的要求承担了多媒体教学楼内多媒体教学设备的方案制定、设备选型、招标、协调施工、安装调试工作，保证了多媒体教学楼按时交付使用。

在日常服务工作中，遵循“以学生为本”的原则，努力改进服务态度，提高服务质量，按照“服务育人”的精神，通过指导学生劳动课与学生建立相互理解和信任的关系，为做好服务工作打下有利的基础。学生宿舍的日常管理以保障安全为重点，在防火、防盗方面做了大量的工作，取得了较好的效果。

圆满地完成了2 300名本科生、1 932名研究生、453名徐悲鸿艺术学院学生、107名国内访问学者和教师进修班学员的住宿接待以及几千件新生行李的接发任务。在暑假期间，学生服务中心按照学校安排，接待各类人员748人。

后勤集团对饮食系统各食堂下达了经济效益指标，同时也提出了社会效益的要求。为了提高伙食质量和服务水平，饮食系统开展了大锅菜比赛和优质服务月活动，创办了《人大餐饮》简报，通过制度建设、规范管理、技术培训和加强成本核算，伙食质量和服务水平都得到提高，各项经济指标基本达到集团要求。11月中旬三大食堂顺利通过北京市教委标准化食堂验收。

修缮运行中心坚持为教学科研和师生员工服务的方向，确保了全校供水、供电、供汽、供暖、消防、电梯等设备的安全运行，并做好水电费经营、浴室管理和修缮服务工作。共完成房屋补漏2 989.8平方米，维修家具、课桌椅及书架等1 793个、土建零修及疏通下水10 950次，更换灯泡14 855个、灯管13 145条、电气零修23 890次。更换各种截门及水龙头2 140个、更换破损管道2 850米、水暖零修14 780次。维修完好率达到98%以上，及时率和服务质量亦有明显提高。

商贸中心一手抓经营管理，一手抓制度建设，通过实践，摸索出一套适合中心体制的经营运作方式，从严掌握进货价格，保障商品质量、品种，本着满足师生需求的原则，不断更新和增加商品品种，2002年商品的品种由900余种发展到7 000余种，使营业额一直保持较高水平。商贸中心还参与伍富商店和禾谷园粮店的回收工作，并以“世纪方兴公司”的名义接管了这两个商店。

四、专项改造与维修工作

2002年从项目的计划、立项、预算、招投标到施工组织、竣工验收、结算审核实行全过程全方位的控制，在工期、质量、经费开支等各个环节上都加强了管理，收到了较好的效果。

全年共完成各类专项工程 54 项，涉及学校教学科研、学生宿舍及附属用房维修，校园环境绿化美化和基础设施的维修改造等几大方面。经费来源主要有四大类：即修购计划专项经费 447 万元（含 2001 年结余 37 万元），行动计划经费 55 万元，学校专项工程经费 1 086 万元，后勤管理处机动费 30 万元，全年预算总经费 1 618 万元（不含日常零修费用）。

专项改造与维修工程的审核工作严格认真，为学校严把开支关。施工单位报来工程结算总金额约 1 705 万元，经后勤管理处审核完 52 项（周转房维修改造项目尚在审核中，施工单位报来结算金额为 83.3 万元）。审核后结算总金额约为 1 285 万元，审减金额 420 万元，审减率为 24.6%。此外，还编制了 2003 年学校专项工程计划，计划大小项目共计 40 项，预算金额约 4 353.1 万元；编制了 2003 年财政部中央级普通高校修购专款项目的计划，完成项目申报 12 项，申报预算金额 2 324 万元。

五、节能管理工作

2002 年节能工作开展顺利，最重要的是完成了建校以来第一次水电运行数据的分类统计分析，弄清了水电运行的基本情况，为领导决策提供了依据，为建立有效的运行机制奠定了基础。2002 年全校用水总量为 2 261 886 吨，用电总量为 26 042 000 度；共支出水电费约 1 668.1 万元，其中水费 260.7 万元，电费 1 407.4 万元。

六、医疗保障

（一）抓好各项工作，迎接医疗改革

抓医疗水平的提高，更好地为师生员工服务；抓服务态度的改善，强化以人为本的服务理念；抓医疗运营管理，树立市场竞争观念。

2002 年 3—12 月，在全院职工中开展了“创三优”（优质医术、优质服务、优质管理）竞赛活动。通过“创三优”活动的开展，使全院职工的思想认识得到提高，思想观念得到转变，服务意识得到加强，改善了服务态度，优化了服务环境，规范了服务程序，为师生员工提供了最优秀的医疗服务，因而使医院的信誉得到提高。2002 年，校医院被北京市精神文明建设委员会评为服务达标单位。

（二）实现了“站转中心”的目标

经过一年多的精心准备和申请，校医院于 2002 年 4 月被北京市卫生局和市教委批准为社区卫生服务中心，实现了站转中心的目标。转为社区卫生服务中心后，校医院仍保留中国人民大学医院名称，加挂社区卫生服务中心标牌。既有利于医院发挥现有功能，充分利用卫生资源，开展多项卫生服务项目，向全校师生员工提供更周到的服务，同时满足了就近居民卫生服务的需求。

（三）规范医院各类管理机构，成立各种管理小组

为加强医院的管理，规范医院的管理机构，明确职责，搞好医院的服务和建设，经校医院党政联席会 2002 年 3 月研究，成立了医德医风教育小组、医疗纠纷管理小组、医疗抢救小组等各类管理机构 15 个。

七、居委会工作

在学校和海淀街道办事处的指导和领导下，经过全体人员的共同努力，2002 年居委会工作进展顺利。在做好爱国卫生、综合治理、计划生育、妇联、青少年教育及民政工作等各项日常工作的基础

上，召开了社区单位代表会议；完成“星光计划”工程；积极参加街道组织的各种征稿活动；组织“五好”家庭的评比工作等。

附录

后勤集团组织机构图

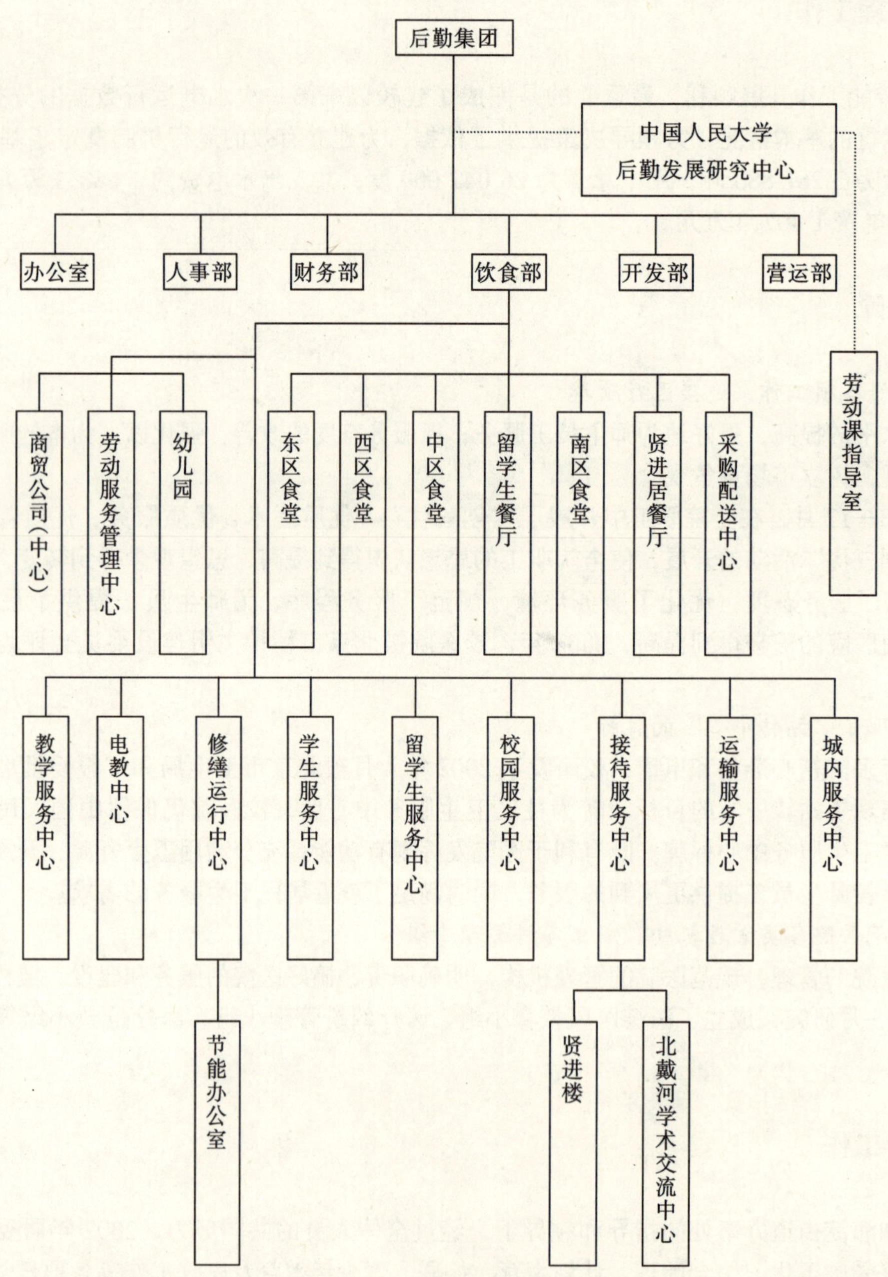

■ 安全保卫工作

一、概况

2002年，安全保卫工作主要围绕学校重大活动和中心工作展开，校各级党政领导高度重视，各单位通力协作，职能部门尽职尽责，确保了各项重大活动万无一失，校园安全稳定，确保了教学科研工作和生活秩序正常平稳，确保了国内外重大事件时期各项安全保卫工作任务圆满顺利完成，为学校、师生员工及家属提供了许多安全保卫服务，使总体工作上了一个新的台阶。

2002年，保卫处被市教工委和北京高教保卫学会评为“保卫学研究优秀组织工作单位”；保卫处编写的《中国人民大学安全服务手册》获优秀学术成果奖。

二、治安、消防、交通安全工作

（一）治安工作

1．查处违法犯罪案件

保卫处协助公安机关查破各类涉嫌治安违法或刑事犯罪案件，全校出现各类违法或刑事犯罪数量明显下降，确保学校稳定安全。

2．治安防范

保卫处加强了对学生宿舍楼的安全防范管理，全年查获进楼推销人员百余人次，控制了宿舍楼发案上升势头。保卫处加强对防盗重点单位的检查指导和巡逻守护，保证了这些重点单位、部位未发生重大盗窃案件；加强校门门卫管理，夜间机动车出门核验证件数千辆次；组织净化校园等活动，清理闲杂人员数百人次，送公安部门收容“三无”人员数十人次。

3．治理工作

2002年保卫处加大对校园环境和秩序的整治工作，加强对扰乱校园秩序人员的管理，成效显著。

2002年1月10日，正式启动了校园报警求助综合服务系统。该系统运行近一年，共接报各种警务和求助电话1 000余个，其中，涉警电话300余个，出警近千人次，及时扑灭火情火险8次，抓获违法犯罪嫌疑人员数十人，排除水患20余起，排忧解难数十次。

（二）消防工作

2002年学校消防工作的重点是加强对学生宿舍及人员密集的公共场所的防火安全管理。全年校领导亲自带领职能部门负责人对全校学生宿舍及重点部位进行防火安全大检查6次，有关职能部门平时对重点部位、学生宿舍、临时工宿舍等进行各类检查100余次。学校多次召开专题办公会议和安全保卫工作会议，研究部署加强防火工作，组织动员各院系领导和学生开展文明安全宿舍建设活动。后勤集团学生服务中心也加大学生宿舍安全管理力度，与学生签订《学生公寓防火安全协议书》5 000余份；针对“一处”等部位9个复印点，私接乱拉电线，使用违规电器的现象，召集相关人员开会，进行整顿并签订《防火安全协议书》。

全年增补、更新及维修灭火器材1 500具，维修、安装应急灯66个，收缴各类违章电器350件。所有这些措施都保证了学校未发生一起火灾事故。

（三）交通安全工作

为了实施“首都畅通工程”，达到“安全、畅通、有序”的目标，创造良好的交通环境，确保党的十六大安全顺利召开，学校主管校长与海淀区交通安全委员会签订了2002年交通安全、十六大、

"两会"、门前三包等方面的责任书共4份。学校按照上级机关不同时期的工作要求，结合具体情况，由学校交通安全委员会主任（主管保卫的校领导）马俊杰、陈一兵先后与全校各部门主管负责人签订《交通安全责任书》共165份次。通过责任书对单位主管交通安全负责人姓名、职务、安全小组成员及联系电话、师生员工人数、驾驶员人数、自行车数量等基础情况进行了统计。学校交通安委会还先后两次与全校驾驶员签订《交通安全保证书》共700余份。

全年共增加、改造、新购各种交通标志及各路段标牌10块，画方向线、交通分道线等1 500米，更换教学中心区禁止机动车驶入的路障。在校内主要道路安装20多条100余米减速带，解决机动车速过快的问题。

2002年，校内未发生甲方责任事故和较大交通事故，学校被评为海淀区交通安全先进单位。

三、其他工作

（一）户证工作

2002年完成毕业生户口迁移1 576人；完成新生户口迁移3 959人；办理新生身份证3 418人。日常师生员工办理各种户籍、挂失、补办身份证等手续合计11 000余人次，办理边防证400份，协助办理暂住证800人。

（二）安全法制宣传教育

2002年，学校保卫处共印制发放《中国人民大学安全服务手册》、《大学生安全守法须知》、《新生安全注意事项》、《学生公寓安全保卫十条》、《致居民的一封信》和各类安全提示及寒假、暑假、国庆节、十六大等重大活动、重要节日前的安全保卫工作通知等宣传材料2万余份。给新生讲授安全法制课2 400人次；对部分师生员工进行防火、交通安全和治安防盗防诈骗等业务讲座培训2 000余人次；请公安、交通、消防干警来校给师生员工上安全课。保卫处联合校团委、新闻学院等单位在东西区、教学区和家属区等4个部位，先后4次累计一个月时间，进行了交通事故展和交通漫画展；举办防火、交通安全专题图片展览12次，参观师生万余人次。学校通过校刊、学生报刊、广播、有线电视、宣传橱窗、黑板报、标语横幅等各种形式，广泛开展安全宣传，对全校师生员工进行遵守交通法规教育。

■ 档案管理工作

一、概况

2002年，档案馆继续围绕档案的收集、整理和提供利用三个方面开展工作。同时，为深入贯彻全国档案局（馆）长会议的有关精神，提高"依法治档"、"科技兴档"的水平，在档案管理规范化建设和数字馆网一体化建设方面开展了大量深入细致的基础工作。作为中国人民大学65周年校庆活动重要组成部分之一的校史展览工作，经过校史展筹备小组及档案馆全体同志一年时间的努力，得以圆满完成各项既定目标，于2002年11月1日校庆活动日当天成功举行了开馆仪式。

在档案收集工作方面，2002年档案馆对学校办公室、后勤集团、人事处、附中等近20个立卷单位和档案分室进行了分类、立卷等业务指导和归档帮助，共收集文书和科技档案2 060卷，照片档案1 003张，各种资料23卷（件），光盘21张，实物档案283件，收录和更新电子档案信息3 360条。人事档案室接收新调入人员档案169卷，各类教工材料1 990份，转递和移交档案470卷；接收2002

级新生档案 5 692 卷，完成对 2002 届毕业生档案的转出工作。

在档案整理工作方面，文书档案室整理照片 1 003 张、照片分类卡片 200 余张；人事档案室为配合对干部人事档案进行达标验收的有关要求，完成了对 2 000 余卷档案的整理工作。整理后的档案基本达到了分类清楚、编排有序、目录清晰、装订整齐的要求，为顺利完成达标验收工作打下了基础。

在档案利用方面，严格按规范要求做好各类档案的安全、保管、保密工作。及时做好档案的核对，坚持面阅、借阅、利用档案登记制度。2002 年共提供借阅和利用文书档案、科技档案 1 572 卷，人事档案（含学生档案）2 345 卷。

二、档案管理规范化建设

为贯彻全国档案局（馆）长会议精神，档案馆重新修订、汇编了《中国人民大学档案工作条例》、《中国人民大学档案岗位责任制》、《中国人民大学档案资料查阅制度》、《中国人民大学人事档案管理制度》以及党群、教学、科技、产品、基建、仪器设备、出版、外事、财会、声像、人物 11 类档案的归档范围、立卷原则及工作程序细则。同时为落实教育部电子注册工作有关要求，协同研究生院、教务处、成教院及各院系，开展学位证书及学位授予材料的规范化管理。

为彻底解决基层归档单位档案工作权责不清、内容不明，档案资料散失严重的问题，档案馆仔细研究了国内外各高校的成功经验，经充分论证，建议学校成立档案工作委员会，全面协调全校各部门工作。同时，要求各基层归档部门健全档案工作人员队伍，并集中统一开展人员培训工作。

三、校史展览工作

中国人民大学 65 周年校庆活动确立了“校友、校史、校貌”三条工作主线，其中筹建校史展览是“校史”工作的重要组成部分。

2001 年 9 月校庆筹备工作会议正式决定举办中国人民大学校史展览，并将其作为 65 周年校庆庆典活动的重要组成部分。学校领导指出：人大校史展览不仅要展现学校 65 年走过的风雨历程，更要通过展览寻找人大生存的根基，谋划发展的美好未来；既要展现 65 年来广大师生员工创办人大、建设人大的风貌、风采和风骨，更要从中找寻激励人大师生员工不断进取的精神与传统，智慧和力量。“既要知道我们从哪里来，又把握我们到哪里去的方向”，只有这样，才能以史为鉴，继往开来。

2002 年 4 月 28 日，江泽民总书记视察人大并发表重要讲话，讲话精神为校史展览的内容确立了主题。校史展览筹备小组先后进行了 3 次攻关性的讨论，程天权书记、冯惠玲副校长以及宣传部、科研处、学生处、档案馆等单位的负责人参加了讨论、修改，并形成了校史展览的总体方案。档案馆投入了大量的人力和物力，对库存的 18 000 余张照片全面梳理，从中查找出反映学校发展重要阶段的照片资料 200 余张、向各单位及校友和教职工借用照片 400 余张次、文字材料 10 余份，并将这些照片、文字和十几份图表用高分辨率扫描并刻制成光盘；前后查阅库存档案 300 余卷次、复印复制 200 余份；向各单位及教师个人借用参展材料 100 余份。

校史展览于 2002 年 11 月 1 日校庆活动日当天顺利开馆。校史展览包括校史展和教学成果展两个部分。校史部分包括四个篇章：第一篇主要回顾了陕北公学、华北联合大学、北方大学、华北大学的发展历程；第二篇介绍人民大学从命名组建到“文化大革命”被迫停办期间的办学情况；第三篇全面地反映了复校以来的各项工作和建设成果；第四篇则展示了进入新世纪后，努力创建世界知名的一流大学的坚实步伐和始终奋进在时代前列的精神风貌。全部展览内容均配以多媒体辅助演示，同时还实现了各个时期不同方式的校友录检索功能。

在校庆活动期间，档案馆又组织全馆人员负责校史展览参观和讲解工作。整个校史展览得到了校领导及校友的肯定和好评。

作为永久展现中国人民大学发展变化情况，开展校史、校情教育的基地，学校决定在校史展览馆的基础上成立中国人民大学校史馆，与档案馆合署办公。

附录

馆藏档案及其利用一览表

类名	目次		单位	基本数据
馆藏档案	全宗		个	6
	案卷		卷	35 946
	案卷排架长度		米	531
	照片档案		张	20 509
本年度进馆			卷	3 751
本年度档案利用情况	总计		卷次	3 691
	利用目的	编史修志	卷次	411
		工作查考	卷次	1 932
		其他	卷次	1 348
本年利用资料			册次	103
本年复印档案、资料			页	13 880

■ 网络信息管理工作

一、概况

2002 年,我校校园网网络规模进一步扩大,全校接入校园网的楼宇达 37 座,铺设光缆约 17 公里,信息点增至 9 000 个,上网用户 6 000 人。建立了一条直接到中国电信的 100M 网络链路,彻底解决了因受中国教育和科研网到中国电信网出口带宽限制而导致校园网用户与中国电信用户互访困难的问题。校园网以光纤连接整个校区,建成一个 100Mbps 的快速以太网主干,同时全面提供电子邮件、主页发布、文件传输、域名解析等网络基本服务。校园网的建设使得我校管理信息系统有了可靠的网络基础平台,许多部门都在校园网络环境下建立了自己的管理信息系统,并投入实际运行,为建立全校综合管理信息系统打下了坚实的基础。与此同时,加强网络信息管理专业技术人才引进工作,充实队伍。

二、主要工作

制定校园网发展规划、年度计划和实施方案，并认真组织落实。其中，我校数字校园建设规划

(草案)、“211 工程（二期)”校园网建设规划等已基本完成，为我校校园网建设制定了远景目标，并为各级领导提供了决策依据。

3月1日，与服务提供商飞华电信公司合作，开通了我校到中国电信的100Mbps出口线路，彻底解决了校园网用户与中国电信用户互访困难的“瓶颈”问题。

4月1日，通过前期的商谈及相应准备，并经校领导批准，赛尔宽带公司正式进入我校，负责学生宿舍楼局域网的维护工作，较大程度上缓解了我校网络用户量大，维护人员少的矛盾。

9月18日，完成世纪馆和研二楼（西区分布层节点）的网络连接，实现千兆接入。这是我校整体管网改造之后，首次铺设和使用单模光纤，是主干全面千兆升级的开始。

9月，完成宜园三楼布线工程并开通了网络，使新学期入住该楼的同学们具备了上网条件。

10月19日，派人参加在南京举办的中国教育和科研计算机网2002学术年会，及时了解校园网新的发展前景和该领域应用技术前沿。

三、校园网结构

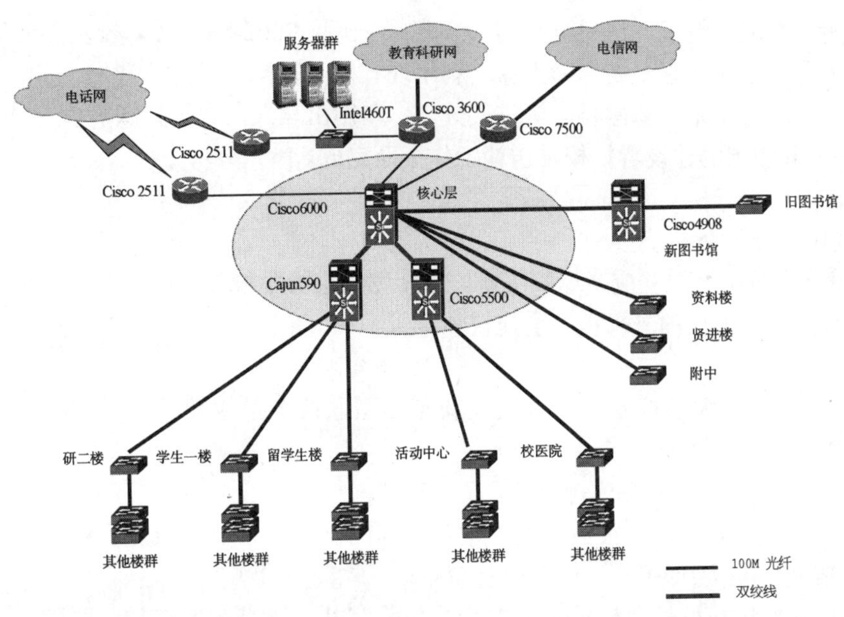

■ 校友与捐赠工作

一、概况

2002年，校友工作部门广泛联络各界各地校友，建立健全校友联络体系，在校友录编制、校友访谈和校友论坛等三个方面取得了显著的效果，使得校友工作较好地起到了凝聚人心、激励广大校友为学校的建设和发展贡献力量的作用。

在各院系和各地校友会的大力支持下，校友工作部门完成了全校性校友数据资料整理工作，制作了校友数据库；与各地校友会精心组织了一系列校友论坛，组织校友返校参观，广泛宣传学校65周年校庆。校领导多次前往香港、广东、福建、山东等地，向校友们通报学校近期的发展情况，并就学校未来的发展与校友们进行座谈。

与此同时，各地校友为校庆活动踊跃捐赠，表达他们对母校的拳拳之心。

二、校友工作

（一）校友数据资料整理

自2001年11月校友工作办公室向各地校友会通报学校65周年校庆事宜后，各地校友分会热心支持母校校友工作，收集整理当地校友资料，为学校了解掌握知名校友情况，为数据库的建设和完善作出了努力和贡献。

5月底，各院系基本完成校友录整理工作，总计有11万条数据。9月，根据学校校庆工作需要，校友办开始对各院系提交的校友录进一步进行整理，由信息学院编制程序，在10月底制成校友录数据库（第一版）。该数据库可以提供姓名、专业、入学时间三种查询途径。

（二）编制知名校友录《人大之子》

几十年来，中国人民大学为国家培养了十几万优秀建设者，其中一大批校友成为各行各业的领导和作出杰出贡献者。在大量整理、汇总、校对校友名录之后，2002年5月，校友办公室完成了中国人民大学校友录的印制工作并翻刻制作为光盘。利用现有校友资料，搜集筛选出1 000人左右，按照政界、企业、银行、教育学术、新闻媒体等进行分类，印制出《人大之子》知名校友录（第一版）。

《人大之子——共和国的建设者》校友访谈工作全面完成。

（三）组织校友返校座谈会

1. 媒体校友座谈会

3月8日，部分媒体知名校友应邀返校座谈。出席座谈会的学校领导有校长纪宝成、副校长冯俊等。座谈会上，校友们就人大的未来提出了建议和希望。

2. 新年校友联谊会

12月13日，中国人民大学校友办举办校友新年小型联谊会。学校党委书记程天权、副校长冯俊、副书记马俊杰等参加了活动。

（四）地方校友会及海外校友会注册工作

2002年，校友会注册工作取得很大进展。重庆、韩国、日本校友会成立。截止到年底，已经有31个地方校友会成立。

3月19日上午，纪宝成校长会见重庆校友会会长张宗礼、秘书长罗炜敏、张弢。重庆校友会的筹备工作于2001年7月启动，经过校友的积极努力，重庆校友会于3月正式获得重庆市民政局批准，注册成为合法社会团体。

4月5日，部分曾在校学习的韩国留学生重返母校，与母校领导会面，准备筹备中国人民大学韩国校友会。8月，校友办主任解红喜迎韩国校友会来宾，并代表学校向他们成立人大韩国校友会表示祝贺。这是继人大北美海外校友会以来，在境外成立的第二个校友分会，标志着人大校友工作的影响正日趋扩大。为庆祝韩国校友会成立，校友办专门向韩国校友会发去贺信，同时赠送了200枚校徽。

5月16日中午，校友工作办公室主任解红会见在日校友李东哲，就成立日本校友会一事进行磋商。11月27日，中国人民大学日本校友会第一届会员大会第一次会议在东京召开。会议通过了校友会章程，选举产生了第一届理事会，人大日本校友会正式成立，使在日校友多年的夙愿得以实现。

袁卫副校长在日研修考察期间促成了日本校友会的筹备；国庆前夕，纪宝成校长的东京之行则直接推进了日本校友会的成立。纪校长寄语在日校友：发扬人大传统，广泛团结，致力于扩大在日本社会的影响。母校领导的亲切关怀和学校近一年来所取得的辉煌成就极大地鼓舞着在日校友。

（五）《校友工作简报》

2002 年全年共出版《校友工作简报》5 期（含捐赠特刊一期）。

三、捐赠工作

我校 2002 年获得各种捐赠总计人民币 1 144.70 万元。其中教育发展基金 841.15 万元，教育奖励基金 81.54 万元，奖学金捐款 219.08 万元，助学金捐款 2.93 万元。(详见附录)

其中，“世纪馆主馆座椅特别捐赠活动”共收到：世纪馆座椅捐赠款 151.96 万元（主席台座椅 47 把，每把 5 000 元；普通座椅 2 129 把，每把 600 元）；其他捐赠款 48.91 万元。

四、校庆系列论坛、讲座活动

（一）校友论坛和讲座

5 月 19 日下午，福建校友论坛暨“学习贯彻江泽民总书记 4 月 28 日在中国人民大学的讲话”专场报告会在福建师范大学音乐礼堂召开，马俊杰副校长应福建省教育厅邀请发表演讲，福建省教育界有关负责人、福州各高校代表及人大部分福建校友约 500 人出席会议；5 月 31 日晚，我校知名校友、美国密歇根州立大学广告学系李海容教授在母校逸夫会议中心，就美国电子商务的发展与现状，为 MBA 学员作了一场别开生面的讲座；9 月 9 日上午，我校北美校友会会长陈志军为 2002 级新生作了他们大学生活的第一场讲座。

（二）2002 年校友总论坛

11 月 2 日下午，中国人民大学校友总论坛在逸夫会议中心二层报告厅举行。来自全国各地以及韩国的校友会代表共 50 余人参加了校友总论坛。程天权书记、冯俊副校长、马俊杰副书记、校长助理彭和平、学校办公室主任刘向兵、校友工作办公室主任解红出席了此次校友总论坛。程天权书记发表了热情洋溢的讲话。程书记就学校发展与校友的关系，地方校友会工作的思路等问题提出了几点建议，鼓励大家和母校同心协力，更加关心支持母校，“校友好，学校会更好”。

附录

校庆期间各界资金捐赠一览表

捐赠人姓名/公司名称	金额：人民币（元）	用途
中国华能集团	800 000.00	吴玉章奖金基金
三井住友银行	32 976.95	奖学金捐款
中小企业合作发展促进中心	20 000.00	奖学金捐款
中国石油天然气集团公司	75 000.00	奖学金捐款
青岛颐中烟草集团公司	100 000.00	奖学金捐款
校友海外联谊会费孝通奖学金	25 200.00	奖学金捐款

续前表

捐赠人姓名/公司名称	金额：人民币（元）	用途
香港道教信善玄宫	640 000.00	奖助学金捐款
香港恒生银行	14 990.87	奖学金捐款
香港城市大学	19 999.95	奖学金捐款
深圳华为技术公司	55 000.00	奖学金捐款
栋梁办任雪梅扶贫基金	1 800.00	助学金捐款
广西付蒋荣华助学金	5 000.00	助学金捐款
华泰财产保险公司	8 000.00	助学金捐款
毕马威华振会计师事务所	9 000.00	助学金捐款
美国黄兴基金会吕振万朝阳奖学金	105 954.74	奖学金捐款
联想集团公司	50 000.00	奖学金捐款
曾宪梓教育基金会	180 000.00	奖学金捐款
香港恒生银行	15 022.67	奖学金捐款
海航集团	70 000.00	奖学金捐款
广东美的集团公司	45 000.00	奖学金捐款
光华教育基金会	300 000.00	奖学金捐款
宝钢教育培训基金会	74 500.00	奖学金捐款
成都鑫迅科技有限公司	100 000.00	艺术教育发展基金
山东青岛林梦先先生	80 000.00	艺术教育发展基金
北京市青联	3 000.00	艺术教育发展基金
中国青少年发展基金会	40 000.00	索尼奖学金
信息学院高级研修班	15 000.00	教育发展基金
美国花旗银行“财金新闻学院奖”	123 967.50	新闻奖（1.5 万美元）
人民日报社新闻奖学金	15 000.00	奖学金捐款
邯郸建工集团北京分公司	10 000.00	教育发展基金
北京航空银燕机电设备公司	300 000.00	校庆捐赠款
中建三局	30 000.00	教育发展基金
中航勘察设计院	100 000.00	教育发展基金
世纪体育馆座椅	1 519 629.43	校庆特别捐赠款
中国人民大学出版社	200 000.00	校庆捐赠款
南宁市政府	100 000.00	校庆捐赠款
校友梁平	10 040.00	校庆捐赠款
77、78 级校友	67 900.00	毕业 20 周年纪念款
波司登股份有限公司	100 000.00	奖学金捐款
中国兴发集团公司	100 000.00	校庆捐赠款
石油大学（北京）	3 000.00	校庆捐赠款
校友顾明远	20 000.00	校庆捐赠款
校友马国华	2 000.00	校庆捐赠款
校友孙福恩	2 000.00	校庆捐赠款
校友唐兴山	1 000.00	校庆捐赠款
校友吴雪凌	100.00	校庆捐赠款
校友刘明远	100.00	校庆捐赠款
校友蒋龙光、李鸿德	20.00	校庆捐赠款
顺峰饮食集团公司	180 000.00	教育发展基金
世联地产顾问（北京）公司	140 000.00	校庆捐赠款
中国建筑三局北京第二建筑公司	50 000.00	校庆捐赠款

续前表

捐赠人姓名/公司名称	金额：人民币（元）	用途
中国人民大学教育培训中心	100 000.00	校庆捐赠款
中国建筑第八工程局（北京）	50 000.00	校庆捐赠款
中国人民大学出版社	400 000.00	视觉形象识别系统捐赠款
澳大利亚澳洲文化研究中心	100 000.00	教育发展基金
香港利希慎基金会	291 465.90	校图书馆古籍图书修复
海尔集团公司	100 000.00	商学院教育发展基金
中国人民大学教育培训中心	10 000.00	教育发展基金
欧盟中心	50 000.00	教育发展基金
中国人民大学农经系	2 150.00	校友发展基金
农经系校友陈希文等	10 000.00	农经系奖学金捐款
孔子后代孔黛碧女士	250 000.00	孔子研究院教育发展基金
重庆市隆鑫集团	50 000.00	经济学院《资本论》研讨会
河南省玉龙食品有限公司	40 000.00	经济学院《资本论》研讨会
河南红日集团	80 000.00	经济学院《资本论》研讨会
嘉益华有限责任公司	50 000.00	经济学院《资本论》研讨会
北京德尚化工有限公司	50 000.00	经济学院《资本论》研讨会
长城公司	50 000.00	经济系首届中俄高级论坛
世华国际金融信息有限公司	220 000.00	财政金融学院
著名画家、教育家李天祥、赵友平夫妇	200 000.00	奖学金捐赠款
澳大利亚安宝集团公司	100 000.00	教育奖励基金
北京华威家具制造有限公司	15 000.00	教育发展基金
北京五河家具有限公司	10 000.00	教育发展基金
双成办公设备厂	20 000.00	教育发展基金
通过各院系部处收到的其他捐赠款	2 483 584.41	

资料来源：1. 学校财务处；2. 校庆办公室；3. 参考各院系上报的捐赠统计资料。均为不完全统计。

校庆期间各界实物捐赠一览表

捐赠者	捐赠项目
深圳校友会	吴玉章老校长的青铜头像雕塑
珠海校友会	玉制雕刻龙船一艘，约长2米，高2米
香港校友会	刻有人大校徽的水晶碑
广西校友会	桂林山水铜版画
河南校友会	黄河澄泥塑牛砚台
四川校友会	精细竹编双面画屏九龙图
山西校友会	黄河壶口瀑布浮雕推光漆大型屏风，宽4.8米，高2.2米
海南校友会	黎锦巨幅挂画一幅，长6.5米，高2米
湖南三湘校友会	湘绣屏风一幅
浙江校友会	绣画《清明上河图》一幅
云南师范大学社会发展学院、云南校友会	梅兰竹菊四幅绣匾
洛阳校友会	国画《牡丹》一幅

续前表

捐赠者	捐赠项目
93级财政专业硕士研究生河南班	钧瓷特大花瓶一对，2米高
河北、北京校友	易水砚一块，约重三吨，长2.6米，宽1.5米，高0.65米
唐山校友	唐山工艺瓷盘一套5件
湖南刘少奇纪念馆	双面绣湘屏风一幅
前世界冠军校友王军霞	体育健身器材（价值32.7万元）
湖南省人大常委会副主任郭俊秀校友	“欣欣向荣”湘绣挂屏一幅，长2米，宽1米
刘济民（原国务院副秘书长，国有大型企业派出监事会主席）	《秋韵集》2 000册
华北大学山西校友、南工团战友联络组	《金色年华》一、二集五套
全国政协委员刘国能	档案书籍若干
江苏老校友孔祥珠	《九鲤》国画一幅
华大校友王星	“抗美援朝，保家卫国”的口号单一张；在抗美援朝战场上缴获的战利品——美军毛毯，并以此为载体上绣五角星、宝塔山、书海和鲜花
黑龙江校友魏东	《黑龙江日报》珍藏名人书法集
校友郑兴永	铜牌一块
工经系58届全体师生	国画腊梅图一幅
甘肃省发展计划委员会黄植培	中国洮砚一尊
浙江大学	都锦生织锦一幅
北京工商大学	金箔浮雕匾额一幅
北京语言大学	奔马工艺品一件
对外经济贸易大学	地球仪一座
中国政法大学	“天道酬勤”纪念匾额一块
中山大学	纪念水晶牌一件
清华大学	冷釉壁画一幅
北京中医药大学	牛角雕《春晖》一幅
北方交通大学	“华尔街金牛”工艺品一尊
北京理工大学	“宝马定乾坤”地球仪工艺表一座
中国农业大学	青龙玉牌一块
北京航空航天大学	“大展宏图”工艺品一件
北京广播学院	地球仪一座
黑龙江省委省政府	桃木花瓶一对
珠海市委市政府	62寸背投机一台
佛山市委市政府	佛陶老子像一尊
中共景德镇市委	“国艳春融”纪念花瓶一只
重庆市高校招生办公室	八骏全图一幅
山西省招生考试管理中心	铜镂花瓶一对
天津市教育招生考试院	苏佩琦现代艺术框画《圣火》一幅
程天权书记	1. 茅盾手迹《子夜》影印线装本全三册 2. 茅盾手迹综合影印线装全五册 3. 中国共产党80年珍贵档案二函十册线装 4. 毛泽东评点通鉴纪事本末八函六十四册线装
宝钢教育基金会	云锦一幅
北京弘高建筑装饰设计工程有限公司	北京弘高建筑装饰设计工程有限公司赠送君子兰七彩盆花一盆
金蝶公司	赠送价值1 800万元的ERP软件
诗书画笔会	名人书画若干幅

校办产业

■ 校办产业状况

一、概况

2002年初，我校校办企业职工总数774人，资产总额26 681.2万元，销售收入18 560.2万元，利润总额5 526.8万元，减免所得税2 193.5万元。

按照学校的总体部署，资产与产业管理部门加强对现有校办产业的日常管理，办理免交企业所得税手续，进行国有资产占有登记的审计工作，组织校办企业认证、年检工作，积极为校办企业服务。同时，强化经营性资产管理，协调人大世纪公司、人大金仓公司、东方兴业公司等企业与学校和政府有关部门关系；协同财务部门，就利润上缴问题与出版社、书报资料中心、校工厂、教育培训中心、印刷厂等单位进行商谈，测算成本，确定上缴利润。

二、校办中小企业改制改革工作

按照国家及北京市关于高等院校校办产业改制的总体要求和工作原则，对我校校办产业的改制思路进行了调查研究和探讨，明确了校办中小企业改制的总体原则、工作思路和框架方案。根据党委常委会决定，研究制定了《中国人民大学校办中小企业改制改革工作方案》。

2002年初，在册校办企业24家，除人大世纪、人大金仓、出版社、书报资料中心等企业外，其余20家企业涉及此次改制改革。其中改制企业4家，需关闭注销企业16家。

三、校属经营性资产管理工作

(一) 完成部分校产管理体制调整工作

根据校长专题办公会的有关精神，由资产与产业管理处牵头，协调教育培训中心、财务处、后勤集团完成了贤进楼和老教协培训楼管理体制的调整，将贤进楼整体和老教协培训楼整体划归后勤集团，并办理慧光公司、深圳仁达咨询公司整体移交给教育培训中心的有关手续。

(二) 完成造纸六厂土地回收工作

在国务院和北京市领导的关心下，经过多年努力，2002年5月20日，北京造纸六厂破产清算组负责人向我校有关部门负责人移交了造纸六厂厂区大门钥匙和有关资料，这标志着被占用40年的土地终于回归我校。此次土地回收将利于我校正在进行的西北区改造与建设工程的规划与实施。

(三) 兴发大厦回收工作

资产与产业管理处协同学校办公室、财务处等部门，就回收兴发大厦事宜与中国兴发集团进行多次洽商。资产与产业管理处在市场调查的基础上，结合房地产、法律方面专家的意见，拟定了回收兴发大厦的工作方案。10月31日，纪宝成校长代表学校与中国兴发集团有限公司正式签署《框架协议书》，就我校回收兴发大厦达成一致意见。按照回收协议，资产与产业管理处研究制定兴发大厦交接工作方案，顺利完成了兴发大厦回收交接组织工作；同时制定兴发大厦回收后经营管理、使用等工作方案。

(四) 办理北戴河休养所产权转移及法人实体注册手续

我校北戴河休养所占地8.33亩，房屋建筑面积为997.38平方米。资产与产业管理处牵头，协调有关部门与河北省秦皇岛市北戴河区职能部门签署了《北戴河休养所产权转移协议》，正式办理了《国有土地使用权证书》、《房屋所有权证书》以及北戴河学术交流中心法人实体工商、税务登记注册手续。配合学校有关部门完成北戴河学术交流中心投资改造、确定经营管理模式的研究。

(五) 办理网络教育学院（东方兴业公司）股权转让、股东变更手续

协调学校法律顾问、网络教育学院就网络教育学院（东方兴业网络教育服务有限责任公司）原股东北京宏基兴业技术发展公司，将股权转让给北京现代兴业网络技术有限公司、现代远程教育有限公司。同时，将学校股权转让给人大世纪科技发展有限公司等，办理了工商变更等法律手续，并和投资方谈判，增加学校在合资公司中的权益。

(六) 加强人大世纪科技发展有限公司经营管理

按照现代企业的管理模式，在工商部门的支持下，申请注册成立了“人大世纪科技发展有限公司”，专门负责仁达科教中心项目的筹资及经营管理。代表学校代为持有人大金仓、东方兴业公司等股权；对有关土地开发项目进行前期咨询及实地考察；编制世纪馆、游泳馆物业管理方案，按市场化、专业化要求管理学校新增经营化资产。

四、仁达大厦项目筹建工作

清理仁达大厦项目前期遗留问题，协助学校建设部门组织设计方案招投标工作，处理前期设计、施工、监理等问题。就前期工程款事宜与承建公司初步达成一致，由我校支付工程款及利息等共2 952万元，该公司配合我校撤场、提供地下部分技术资料等。

五、研究妥善解决印刷厂问题

我校印刷厂地处古建筑内，房屋结构老化，火灾隐患严重。西城区政府根据国家及北京市有关消防安全法律法规的有关规定，明令该厂不宜在古建筑内从事印刷生产活动，要求彻底消除隐患，改变用途，停产整改。8月19日，学校领导向北京市主要领导汇报工作时，贾庆林同志有明确指示。结合学校印刷厂实际情况，资产与产业管理处与该厂负责人多次协商，提出了解决问题的建议报告。

附录

校办企业名录

（截止到2002年12月31日）

中国人民大学出版社
中国人民大学书报资料中心
中国人民大学出版社印刷厂
北京青锋仪器厂
北京慧光经济技术公司
人大世纪科技发展有限公司
北京人大金仓信息技术有限公司
北京红鹿信息技术公司
北京商博技术开发公司
北京仁达星食品有限公司
北京市仁达书报资料咨询服务公司
北京市仁轩图书服务部
北京世纪方兴商贸发展有限公司

校办产业统计综合报表

资产状况

项目		产业单位数（个）	注册资金（千元）	企业用房面积（平方米）	资产总额（千元）	负债总额（千元）	所有者权益合计（千元）
总计		13	79 720	18 126	372 713	91 761	280 952
其中：科技企业		2	13 600	912	21 272	9 252	12 020
经营性质	生产型	4	11 720	15 130	292 322	77 495	214 827
	商贸型	2	3 000	1 250	4 539	1 509	3 030
	其他	7	65 000	1 746	75 852	12 757	63 095

项目		产业单位数（个）	注册资金（千元）	企业用房面积（平方米）	资产总额（千元）	负债总额（千元）	所有者权益合计（千元）
投资性质	学校独资	4	11 720	15 130	292 322	77 495	214 827
	国内联营	2	3 000	1 250	4 539	1 509	3 030
	外资合营	7	65 000	1 746	75 852	12 757	63 095
校内隶属	学校	6	62 220	15 780	344 643	80 002	264 641
	院、系、所	7	17 500	2 346	28 070	11 759	16 311

人员状况

项目		年末职工人数（人）	专业技术人员（人）	管理人员（人）
总计		880	385	107
其中：科技企业		75	10	18
经营性质	生产型	524	260	67
	商贸型	33	0	0
	其他	323	125	40
投资性质	学校独资	524	260	67
	国内联营	33	0	0
	外资合营	323	125	40
校内隶属	学校	633	270	84
	院、系、所	247	115	23

经营和分配情况

项目		企业收入总额（千元）	利润总额（千元）	净利润总额（千元）	企业留利总额（千元）	上缴学校利润总额（千元）	上缴税金合计（千元）
总计		215 235	59 094	48 007	77 701	20 483	25 408
其中科技企业		1 844	－1 098	－1 106	0	3	317
经营性质	生产型	205 226	60 735	49 677	77 646	20 480	24 806
	商贸型	5 558	60	40	40	0	25
	其他	4 451	－1 701	－1 710	15	3	577
投资性质	学校独资	205 226	60 735	49 677	77 646	20 480	24 806
	国内联营	5 558	60	40	40	0	25
	外资合营	4 451	－1 701	－1 710	15	3	577
校内隶属	学校	205 911	60 096	49 038	77 646	20 480	24 858
	院、系、所	9 324	－1 002	－1 031	55	3	550

校办企业情况表

企业名称	资产总额（千元）	负债总额（千元）	所有者权益（千元）	年末从业人员总数（人）	收入总额（千元）	利润总额（千元）	纳税总额（千元）
中国人民大学出版社	206 297	36 936	169 361	274	156 940	49 596	16 100
中国人民大学书报资料中心	75 394	37 656	37 738	176	42 031	11 057	8 192
中国人民大学出版社印刷厂	3 404	2 627	777	79	3 938	12	86
北京青锋仪器厂	7 227	276	6 951	22	2 317	70	428

续前表

企业名称	资产总额（千元）	负债总额（千元）	所有者权益（千元）	年末从业人员总数（人）	收入总额（千元）	利润总额（千元）	纳税总额（千元）
北京慧光经济技术公司	2 111	1 781	330	1	0	－123	0
人大世纪科技发展有限公司	50 210	726	49 484	108	685	－516	52
北京人大金仓信息技术有限公司	20 447	9 182	11 265	62	1 047	－1 147	89
北京红鹿信息技术公司	826	70	756	13	369	49	55
北京商博技术开发公司	368	－80	448	25	42	－12	2
北京仁达星食品有限公司	1 739	749	990	4	3 156	0	0
北京市仁达书报资料咨询服务公司	1 361	667	694	104	167	3	92
北京市仁轩图书服务部	530	411	119	10	1 713	45	114
北京世纪方兴商贸发展有限公司	2 800	760	2 040	29	2 402	60	25

■ 出版社

一、概况

2002 年人大出版社以“三个代表”重要思想和十六大精神为指导，坚持正确的办社宗旨和办社方向，在出版工作中贯彻落实江泽民同志考察中国人民大学时发表的重要讲话精神，努力为我国的哲学社会科学繁荣和发展做贡献，贯彻落实第五次全国高校出版工作会议精神，根据出版社确定的“走内涵式发展道路，实现跨越式发展”战略，进行了组织结构调整、人事制度改革，加强管理，完善制度，推进企业文化建设，正确处理改革、发展、稳定的关系，在进行改革的同时，继续保持了良好的发展态势。2002 年全年出书 1 088 种，图书印制码洋 3.691 8 亿元，发货码洋 3.87 亿元。

教育部社政司于 2002 年 3 月 11 日在我社召开教育部在京直属高校出版社主管校领导改革发展现场会，研讨高校出版社实现跨越式发展战略，冯俊副校长作了题为“走内涵式发展道路，整合校内各种出版资源，建设具有鲜明人文社会科学特色、大而强的中国人民大学出版集团”的发言。2002 年 9 月 28 日出版社迎接了新闻出版总署对大社名社的检查，在做大做强、走面向市场发展的道路上迈出了关键性的一步。2002 年底，贺耀敏社长受新闻出版总署和中宣部出版局邀请，多次参加有关我国新闻出版改革问题的座谈会。

2002 年，人大出版社出版的《管理科学文库》（四册）荣获由中宣部、新闻出版总署组织评审的第十三届中国图书奖。《中国人民大学学报》获我国期刊界最高奖项——国家期刊奖 。王霁同志获 2002 年度“首都五一劳动奖章”。

二、选题策划工作

2002 年上半年落实 2002 年度选题 753 种，2002 年下半年通过市场调研、挖掘出版资源、区域选题开发、部门和行业选题开发，确定 2003 年图书选题计划 600 余种。

重点落实国家“十五”规划教材和中国人民大学 21 世纪系列教材。并受教育部委托落实教育部社政司主编的十六大报告辅导读本。把教材课件开发和双语教材作为重点进行研讨和实施，使人大社在这方面处于领先地位。

按照校领导指示与我校科研处、研究生院共同制定“中国人民大学博士文库”、“中国人民大学从书”、中国人民大学三大报告——《中国人民大学中国经济发展研究报告》、《中国人民大学中国社会发展研究报告》、《中国人民大学中国人文社会科学研究报告》的出版计划。落实庆祝中国人民大学65周年校庆出版物的出版工作。

2002年，出版社在选题策划工作中注重了提高人文社科类图书的学术影响力。通过把《中国人民大学学报》和《教学与研究》整合到人文出版事业部，把《经济理论与经济管理》整合到经济与管理出版事业部，加强书刊互动，用期刊的学术影响带动图书的学术水平，取得了一定的效果。

三、市场营销工作

市场营销部继续实施品牌营销和服务营销的战略，强化品牌意识和服务意识，举办一系列形象宣传和促销活动。3月份在全国各大型书店举办“书香三月人大版图书联展”活动，继续举办“教材进校园，服务到身边”活动，4—6月在山西、福建、辽宁、内蒙古、上海、浙江等地高校举办，9月中旬至10月中旬，由社领导带队分别在江苏、河南、广东、山东、浙江五个省同时进行。8月20日—9月20日，开展第二届“名校、名社、名店图书联展”活动。成功参加了10月在福州举办的全国书市、12月在成都举办的全国大学出版社图书订货会。

2002年3月，我社在全国11个城市建立了“中国人民大学出版社教研服务网络分部”，继续拓展面向直接读者的服务营销，为我社下一步在外地建立分支机构做准备。市场营销部对销售部的地区经理进行了调整，地区经理由原来的8人增加到10人。

经过全社共同努力，2002年出版社的市场营销工作成绩十分突出，发货码洋达到了3.87亿元，销售码洋达到了2.77亿元，分别比2001年增长了27.11%和10%。其中市场营销部发货码洋达到了3.44亿元，比2001年增长了29.7%；书店销售本版图书达到699万元，外版书达到了945万元，分别比2001年增长了22.63%和46.51%，增长比较明显。

四、生产和版权贸易工作

2002年全年出书1 088种，比2001年的976种增长了11.5%，全年出版新书达到665种，比2001年增长了11%，重印书423种，比2001年增长12.2%。从出书品种来说，达到了“日出三书”的规模。2002年出版社图书印制码洋3.69亿元，比2001年的2.94亿元增长了25.5%。全年总印数达到了1 643万册，比2001年增长了12.7%。

出版社的国际合作出现了新局面，2002年出版社的版权贸易收入达到127万元，出售版权23种，引进版权157种。在第九届北京国际图书博览会（书展）上，输出图书的数量98本/种，引进图书的数量79本/种，取得了圆满成功。

五、宣传工作

为加强整体形象宣传和品牌宣传，出版社2002年上半年在《中华读书报》、《中国图书商报》、《中国新闻出版报》、《光明日报》上刊登系列报道，对出版社的跨越式发展战略和取得的成绩进行宣传，扩大出版社和中国人民大学的影响，取得了良好的效果。《中国新闻出版报》2002年3月11日在第一版发表长篇纪实《从3千万到3个亿》，对人民大学出版社近年来的改革发展进行了报道。《中国图书商报》2002年3月14日第一版刊登文章《中国人民大学出版社打造内生式传媒集团》，通过介绍人大社的内涵式发展经验及其运作模式，进一步深入探讨研究大学出版社集团化模式。光明日报2002年4月25日刊登专版文章《追逐高等教育发展的前沿——中国人民大学出版社教材建设巡礼》

介绍了人民大学出版社发挥出版社的积极能动性，努力推进高等学校教材建设的经验和取得的成绩。

为全面、系统宣传人大出版社的“公共行政与公共管理经典译丛”，人大出版社与北大、清华及北京市委组织部于6月份联合举办了“公共管理前沿问题”系列讲座。美国前联邦人事局副秘书长、美国行政管理协会国际分部主任唐纳德·克林格勒（Donald E. Klingner）教授、美国南加州大学公共管理学院教授、美国著名行政伦理专家特里·库珀（Terry L. Cooper）教授、美国佐治亚州南部大学前校长、美国公共管理与公共政策分析专家尼古拉斯·亨利（Nicholas Henly）教授、澳大利亚莫纳什大学管理系教授欧文·休斯（Owne E. Hughes）等著名学者受邀作了专题演讲，扩大了“公共行政与公共管理经典译丛”的影响，更重要的是提升了出版社的学术影响力和品牌形象。

12月18日上午，由出版社与中央编译局联合举办的“马克思主义研究译丛”出版新闻发布会暨新世纪国外马克思主义发展走势研讨会在中国人民大学举行。我校校长纪宝成、副校长冯俊、中央编译局副局长俞可平等出席会议。来自中共中央宣传部、中央编译局、中国社会科学院、北京大学、复旦大学以及我校的部分专家学者在会上发言。

六、管理改革工作

2002年1月出版社组建五大出版事业部,通过组织结构创新,形成出版集团管理模式的雏形,对原有选题策划部、书稿审读部、音像部、校对科、三个期刊进行重新整合,组建了五大出版事业部:经济与管理出版事业部、人文出版事业部、教育培训出版事业部、法律出版事业部、外语与音像出版事业部。

同时，进行人事制度改革，制定完善各项管理制度，加强企业文化建设，成效显著。

七、“中国高校教材图书网”和“中国高校人文社科信息网”建设

受教育部委托建设的这两个网站，中国高校教材图书网2002年5月和6月已经对各高校出版社信息员和各地教材代办站信息员进行了培训，信息上载和数据库建设基本完成，于2002年8月16日正式开通，日平均访问量5 000人次。中国高校人文社科信息网已经开通，继2001年开通各高校科研成果申报功能后，2002年，开通科研成果在线评审功能，教育部将通过社科信息网对全国各高校科研成果进行首次网上评审。

附录

出版社本年度获奖（省部级以上）图书目录

序号	奖项名称	作品名称	系列名称	出版时间	作者
1	第十三届中国图书奖	股利政策理论与实证研究	管理科学文库（4种）	2001	李常青
2		人力资源管理研究	管理科学文库（4种）	2001	赵曙明
3		企业信息化与管理变革	管理科学文库（4种）	2001	王众托
4		中国古代管理思想之今用	管理科学文库（4种）	2001	潘承烈

序号	奖项名称	作品名称	系列名称	出版时间	作者
5		法理学	21世纪法学系列教材（14门核心课）	1999—2000	孙国华
6		宪法	21世纪法学系列教材（14门核心课）	1999—2000	许崇德
7		中国法制史	21世纪法学系列教材（14门核心课）	1999—2000	曾宪义
8		行政法与行政诉讼法	21世纪法学系列教材（14门核心课）	1999—2000	张正钊
9	2002年全国普通高校优秀教材奖（一等奖）	刑法	21世纪法学系列教材（14门核心课）	1999—2000	王作富
10		民法	21世纪法学系列教材（14门核心课）	1999—2000	王利明
11		商法总论	21世纪法学系列教材（14门核心课）	1999—2000	赵中孚
12		知识产权法	21世纪法学系列教材（14门核心课）	1999—2000	刘春田
13		经济法	21世纪法学系列教材（14门核心课）	1999—2000	潘静成
14		刑事诉讼法	21世纪法学系列教材（14门核心课）	1999—2000	程荣斌
15		民事诉讼法	21世纪法学系列教材（14门核心课）	1999—2000	江　伟
16		国际法	21世纪法学系列教材（14门核心课）	1999—2000	程晓霞
17		国际私法	21世纪法学系列教材（14门核心课）	1999—2000	章尚锦
18		国际经济法	21世纪法学系列教材（14门核心课）	1999—2000	郭寿康
19		理论新闻传播学导论	21世纪新闻传播学系列教材（5种）	1999—2000	童　兵
20		电视采访学	21世纪新闻传播学系列教材（5种）	1999—2000	朱羽君
21		传播学教程	21世纪新闻传播学系列教材（5种）	1999—2000	郭庆光
22		外国新闻传播史	21世纪新闻传播学系列教材（5种）	1999—2000	郑超然
23		新闻采访学（第二版）	21世纪新闻传播学系列教材（5种）	1999—2000	蓝鸿文
24		图式与精神——西方美术的历史与审美	21世纪素质教育系列教材——高等学校美育教材系列（6种）	1999—2000	邵大箴
25		风姿流韵——舞蹈文化与舞蹈审美	21世纪素质教育系列教材——高等学校美育教材系列（6种）	1999—2000	于　平

序号	奖项名称	作品名称	系列名称	出版时间	作者
26		视觉传达设计的历史与美学	21世纪素质教育系列教材——高等学校美育教材系列（6种）	1999—2000	李砚祖
27		造物之美——产品设计的艺术与文化	21世纪素质教育系列教材——高等学校美育教材系列（6种）	1999—2000	李砚祖
28		中国绘画的历史与审美鉴赏	21世纪素质教育系列教材——高等学校美育教材系列（6种）	1999—2000	薛永年
29		中国音乐的历史与审美	21世纪素质教育系列教材——高等学校美育教材系列（6种）	1999—2000	修海林
30		市场营销学通论	21世纪工商管理系列教材（6种）	1999—2000	郭国庆
31		管理学原理	21世纪工商管理系列教材（6种）	1999—2000	王利平
32		管理信息系统	21世纪工商管理系列教材（6种）	1999—2000	宋远方
33		经济法实务	21世纪工商管理系列教材（6种）	1999—2000	吕景胜
34		组织行为管理	21世纪工商管理系列教材（6种）	1999—2000	李剑锋
35		公司理财	21世纪工商管理系列教材（6种）	1999—2000	刘曼红
36		货币银行学	“九五”国家级重点教材、教育部面向21世纪经济、管理类核心课程教材	1999/03	黄　达
37		会计学	教育部面向22世纪经济、管理类核心课程教材	2000/11	阎达五等
38		西方经济学（第二版）	“九五”国家级重点教材、教育部面向21世纪经济、管理类核心课程教材	2000/04	高鸿业
39		法学概论	教育部高职高专法律规划教材（9种）	2000	夏锦文
40		宪法	教育部高职高专法律规划教材（9种）	2000	韩大元
41		民法	教育部高职高专法律规划教材（9种）	2000	杨立新
42		刑法	教育部高职高专法律规划教材（9种）	2000	黄京平
43		合同法	教育部高职高专法律规划教材（9种）	2000	隋彭生
44		知识产权法	教育部高职高专法律规划教材（9种）	2000	郭　禾
45		行政法与行政诉讼法	教育部高职高专法律规划教材（9种）	2000	胡锦光
46		刑事诉讼法	教育部高职高专法律规划教材（9种）	2000	王新清
47		民事诉讼法	教育部高职高专法律规划教材（9种）	2000	陈桂明

序号	奖项名称	作品名称	系列名称	出版时间	作者
48	2002年全国普通高校优秀教材奖（二等奖）	马克思主义哲学原理	全国普通高校马克思主义理论课教材（2种）	1999/01	陈先达等
49		毛泽东思想概论	全国普通高校马克思主义理论课教材（2种）	1999/01	庄福龄等
50		哲学导论	21世纪哲学系列教材（4种）	1999—2000	孙正聿
51		科学技术哲学导论	21世纪哲学系列教材（4种）	1999—2000	刘大椿
52		美学导论	21世纪哲学系列教材（4种）	1999—2000	张法
53		逻辑哲学导论	21世纪哲学系列教材（4种）	1999—2000	陈波
54		物证技术学（第二版）		2000/06	徐立根
55		文学理论新编（修订本）		1999/02	陈传才等
56		艺术的意蕴	21世纪素质教育系列教材—人文学科与人文精神系列	2000/01	陈旭光
57		财政学	"九五"国家级重点教材、教育部面向21世纪经济、管理类核心课程教材	2000/06	陈 共
58		国际金融	21世纪财政金融系列教材	2000/01	陈雨露
59		管理会计学	"九五"国家级重点教材	1999/08	余绪缨等
60		社会统计分析方法——SPSS软件应用	21世纪社会学系列教材	1999/12	郭志刚
61	北京市第七届哲学社会科学奖（一等奖）	西方经济学（第二版）	"九五"国家级重点教材、教育部面向21世纪经济、管理类核心课程教材	2000/04	高鸿业
62		清史编年（十二卷）		2000/08	李文海等
63		比较法社会学的框架和方法	法律科学文库	2001/04	朱景文
64	北京市第七届哲学社会科学奖（二等奖）	非诉讼纠纷解决机制研究	法律科学文库	2000/06	范 愉
65		国有企业治理结构创新的经济学分析	中国经济问题丛书	2001/12	杨瑞龙
66		市场化进程中的中国财政运行机制	中国经济问题丛书	2001/01	高培勇
67		税收负担的经济分析	财金科学文库	2000/04	钱 晟
68		中国资本市场：创新与可持续发展		2001/03	吴晓求
69		当代国外社会思潮		2001/06	段忠桥
70		经济全球化与有中国特色社会主义		2001/06	周春明
71		艺术的意蕴	21世纪素质教育系列教材—人文学科与人文精神系列	2000/01	陈旭光
72	吴玉章奖	中国新闻事业通史（三卷本）		1999/02	方汉奇
73		比较法社会学的框架和方法	法律科学文库	2001/04	朱景文
74		海峡两岸刑法总论比较研究		1999/07	赵秉志

序号	奖项名称	作品名称	系列名称	出版时间	作者
75	司法部法学教材和法学科研成果优秀奖（一等奖）	海峡两岸刑法总论比较研究		1999/07	赵秉志
76	司法部法学教材和法学科研成果优秀奖（二等奖）	物证技术学（第二版）		1999/05	徐立根
77		民事诉讼法学原理		1999/09	江　伟
78		婚姻家庭法（第二版）	21 世纪法学系列教材（选修课系列）	2001/12	杨大文
79	司法部法学教材和法学科研成果优秀奖（三等奖）	中国律师学	21 世纪法学系列教材（选修课系列）	2000/12	陈卫东
80		劳动法	21 世纪法学系列教材（选修课系列）	2001/03	关　怀
81		国际私法	21 世纪法学系列教材（14 门核心课）	2000/03	章尚锦
82		非诉讼纠纷解决机制研究	法律科学文库	2000/06	范　愉
83	2002 年度全国优秀畅销书奖	组织行为学（第七版）	工商管理经典译丛	1997/12	［美］斯蒂芬·P·罗宾斯
84		人力资源管理（第六版）	工商管理经典译丛	1999/06	［美］加里·德斯勒
85		营销管理（新千年版·第十版）	工商管理经典译丛—市场营销系列	2001/07	［美］菲利普·科特勒
86		公司治理	《哈佛商业评论》精粹译丛	2001/01	［美］沃尔特·J·萨蒙
87	全国优秀教育音像制品奖	精彩的故事		2001/01	［美］琳达·桑德拉
88		更新教育观念		2002/01	李连宁

■ 书报资料中心

一、概况

2002 年是书报资料中心落实“十五”计划的第二年，是实施与完善中心 2001 年改革成果的第一年。为了实现中心“十五”计划制定的目标，加速中心的发展，在校领导的支持下，针对中心发展面临的问题和矛盾，中心再次进行了改革。此次改革主要实行了主编负责制和项目经理负责制，同时加强对学术期刊编辑室主任的要求，全面强化管理、完善制度，使中心出现了较大的变化。

2002 年，中心在克服了不断增多的市场不利因素的情况下，使刊物的销售保持了良好的增长势头，全年销售总码洋 5 646 万元，比上年增长 27%，比 1998 年增长 145%，实现了销售码洋翻一番的此届领导班子的任期计划；销售总收入 3 644 万元，比上年增长 15%，比 1998 年的 2 145 万元增长 70%。实现利润 1 100 万元，上缴学校 491 万元，比上年增长 62%，比 1998 年的 160 万元增长 207%。

2002 年，中心继续加强作者资源库的建设，逐步完善“作者信息服务俱乐部”的形式和内容，获得作者方面的授权。至 2002 年底，已有 500 多家期刊社与中心建立了正式的委托关系，有 3 000

多名作者加入了中心的作者俱乐部。

二、实行“三项制度”改革

为解决书报资料中心长期以来“大锅饭”的工资制度和僵化的人事用工制度，2001年底、2002年初，书报资料中心采取了一系列改革措施，对中心现有的体制进行了改革，其中最主要的是“三项制度”改革，即用工制度、分配制度和人事制度的改革。主要内容有：完善以岗位责任制和部门责任制为基础的基本管理框架；进一步完善中心全体员工竞聘上岗的聘任（用）制度；建立待岗机制，在严格岗位设置、竞争上岗的同时，妥善安置下岗、待岗人员；加强中心全体员工的业务培训与业绩考核；改革中心的分配制度。

三、在《光明日报》上刊登全文转载量排名榜

在2001年工作的基础上，2002年初，中心对2001年度《复印报刊资料》的转载量再次按原发报刊和作者单位进行了统计，并进行综合排名和分类排名。分类排名的类别设置参考了中国图书馆分类法，分为哲学宗教类、法律类、政治类、教育科学类、经济类、语言文字文学艺术类、历史地理类、文化科学体育类。在分类排名中，全文转载篇数相同时，以索引量多少决定先后次序。

各类排名所涉及的报刊数量、全文被转载的报刊数量、转载全文总量以及所包含的《复印报刊资料》专题的情况如下。

（一）综合排名

涉及报刊数量为3 630种，有全文被转载的报刊数量为2 787种，转载全文总量为23 866篇。涵盖2002年度《复印报刊资料》专题共102个。

（二）分类排名

1．哲学宗教类。涉及报刊数量为1 083种，有全文被转载的报刊数量为397种，转载全文总量为1 761篇。涵盖的《复印报刊资料》专题有9个。

2．社会科学总论类。涉及报刊数量为1 100种，有全文被转载的报刊数量为387种，转载全文总量为981篇，涵盖的《复印报刊资料》专题有6个。

3．政治类。涉及报刊数量为1 386种，有全文被转载的报刊数量为566种，转载全文总量为2 522篇。涵盖的《复印报刊资料》专题有14个。

4．法律类。涉及报刊数量为1 111种，有全文被转载的报刊数量为253种，转载全文总量为1 120篇。涵盖的《复印报刊资料》专题有7个。

5．经济类。涉及报刊数量为1 867种，有全文被转载的报刊数量为1 266种，转载全文总量为7 652篇。涵盖的《复印报刊资料》专题有25个。

6．教育科学类。涉及报刊数量为1 300种，有全文被转载的报刊数量为488种，转载全文总量为1 826篇。涵盖的《复印报刊资料》专题有7个。

7．文化、科学、体育类。涉及报刊数量为1 544种，有全文被转载的报刊数量为592种，转载全文总量为2 330篇。涵盖的《复印报刊资料》专题有8个。

8．语言文字、文学艺术类。涉及报刊数量为1 159种，有全文被转载的报刊数量为451种，转载全文总量为1 938篇。涵盖的《复印报刊资料》专题有8个。

9．历史地理类。涉及报刊数量为1 029种，有全文被转载的报刊数量为324种，转载全文总量为1 132篇。涵盖的《复印报刊资料》专题有9个。

此次排名刊登在2002年3月5日的《光明日报》上。

四、召开在京社科期刊主编座谈会

2002年5月15日，书报资料中心在学校逸夫会议中心召开“学习贯彻江总书记在人大讲话精神，开创人文社科期刊工作新局面”座谈会，《新华文摘》、《哲学研究》、《经济研究》、《北京大学学报》、《中央党校校刊》、《中国人民大学学报》、《北京师范大学学报》等20多家期刊的主编应邀参加。

学校副校长冯俊出席了座谈会，并介绍了江泽民同志到人大考察和人民大学学习、宣传、贯彻江泽民同志讲话的情况。

五、其他重要活动

1．4月18日，以冯俊副校长为团长的中国人民大学书报资料中心文化援助代表团前往四川，向四川荣县玉章中学和荣县中学捐赠了价值30多万元的学习资料。

2．1月12日，中心在京举行有中共中央宣传部、中国教育部、国家新闻出版总署、国家版权局、北京市新闻出版局、中国版权保护中心、ISSN国家中心、学校等有关部门同志参加的2001年度中心工作情况通报会。

3．3月，书报资料中心首次通过自己的期刊载体，向读者进行了较为广泛的读者调查。此次调查采取封闭式与开放式相结合的问卷调查方式，共发出读者调查试卷10余万份，读者反馈踊跃。

4．3月1—3日，由中国人民大学书报资料中心和《学术研究》杂志社等共同发起和组织的“中国学术期刊协作”会议在深圳召开，共有来自全国的近40家期刊社的60余名代表参加了会议。

5．3月12—25日，宋志明总编辑前往英国牛津大学出版社、剑桥大学出版社、布莱克威尔出版社参观访问。

附录

2002年复印报刊资料系列刊种类及名称

期刊代号	专题名称	国内统一刊号	国际标准刊号	邮发代号	刊期
一、复印报刊资料·哲学政法系列刊					
A1	马克思主义、列宁主义研究	CN11－4236/A	ISSN1001－2699		月刊
A2	毛泽东思想	CN11－4237/A	ISSN1009－7570		双月刊
A3	邓小平理论	CN11－4238/A	ISSN1009－7562	82－191	月刊
B1	哲学原理	CN11－4239/B	ISSN1001－2710		月刊
B2	科学技术哲学	CN11－4240/B	ISSN1001－2729		月刊
B3	逻辑	CN11－4241/B	ISSN1001－2524		双月刊
B4	心理学	CN11－4242/C	ISSN1001－2532	2－983	月刊
B5	中国哲学	CN11－4243/B	ISSN1007－6689		月刊
B6	外国哲学	CN11－4244/B	ISSN1007－6719		月刊
B7	美学	CN11－4245/C	ISSN1001－2567		月刊

期刊代号	专题名称	国内统一刊号	国际标准刊号	邮发代号	刊期
B8	伦理学	CN11－4246/C	ISSN1001－2737		月刊
B9	宗教	CN11－4247/C	ISSN1005－4162	2－595	双月刊
C1	社会科学总论	CN11－4248/C	ISSN1001－3431		季刊
C3	管理科学	CN11－4249/C	ISSN1007－0591	82－195	月刊
C4	社会学	CN11－4250/C	ISSN1001－344X	2－984	月刊
C41	社会保障制度	CN11－4251/D	ISSN1007－0613	2－982	月刊
C5	人口学与计划生育	CN11－4252/R	ISSN1005－4235		双月刊
C7	高新技术产业化	CN11－4253/N	ISSN1009－1602		双月刊
C8	新思路	CN11－4254/N	ISSN1009－7465	2－622	双月刊
D0	政治学	CN11－4255/B	ISSN1005－4405	2－593	双月刊
D01	公共行政	CN11－4256/C	ISSN1008－3251	82－190	双月刊
D1	社会主义论丛	CN11－4257/A	ISSN1009－7554		月刊
D2	中国共产党	CN11－4258/A	ISSN1001－3180	2－993	月刊
D3	国际共产主义运动	CN11－4259/A	ISSN1001－3202		季刊
D4	中国政治	CN11－4260/D	ISSN1001－3067		月刊
D410	法理学、法史学	CN11－4261/D	ISSN1007－6697		月刊
D411	宪法学、行政法学	CN11－4262/D	ISSN1007－0575		双月刊
D412	民商法学	CN11－4263/D	ISSN1007－0540	2－979	月刊
D413	经济法学、劳动法学	CN11－4264/D	ISSN1005－4251	2－980	月刊
D414	刑事法学	CN11－4265/D	ISSN1007－0559		月刊
D415	诉讼法学、司法制度	CN11－4266/D	ISSN1007－0516	2－598	月刊
D416	国际法学	CN11－4267/D	ISSN1007－0532		双月刊
D421	青少年导刊	CN11－4268/G3	ISSN1009－7449	2－989	双月刊
D422	工会工作	CN11－4269/D	ISSN1009－136X	2－992	双月刊
D423	妇女研究	CN11－4270/G3	ISSN1005－4243	2－990	双月刊
D5	民族问题研究	CN11－4271/G3	ISSN1009－7457		月刊
D6	中国外交	CN11－4272/D	ISSN1001－2842	82－192	月刊
D7	国际政治	CN11－4273/D	ISSN1005－426X		月刊
	二、复印报刊资料·经济管理系列刊				
F11	理论经济学	CN11－4274/F	ISSN1005－4286		月刊
F13	社会主义经济理论与实践	CN11－4275/F	ISSN1005－4294		月刊
F14	特区经济与港澳台经济	CN11－4276/F	ISSN1008－3286		月刊
F10	国民经济管理	CN11－4277/F	ISSN1009－1572		月刊
F101	财务与会计导刊	CN11－4278/F	ISSN1009－7546	2－409	月刊
F102	人力资源开发与管理	CN11－4279/F	ISSN1009－7678	2－975	月刊
F103	劳动经济与劳动关系	CN11－4727/F	ISSN1671－346X		双月刊
F104	统计与精算	CN11－4280/C	ISSN1009－7651	2－994	双月刊
F107	城市经济、区域经济	CN11－4281/F	ISSN1005－4332	2－592	月刊
F2	农业经济导刊	CN11－4728/F	ISSN1671－3427		月刊
F22	乡镇企业、民营经济	CN11－4283/F	ISSN1009－1610		月刊
F3	工业经济	CN11－4284/F	ISSN1001－3024		月刊
F31	工业企业管理	CN11－4285/F	ISSN1001－2516		月刊
F51	商贸经济	CN11－4286/F	ISSN1009－752X		月刊
F511	商界导刊	CN11－4730/F	ISSN1671－3443	2－659	月刊
F512	市场营销	CN11－4288/F	ISSN1009－1351	18－299	月刊
F52	外贸经济、国际贸易	CN11－4289/F	ISSN1001－3407		月刊
F61	财政与税务	CN11－4290/F	ISSN1005－4375	2－407	月刊

期刊代号	专题名称	国内统一刊号	国际标准刊号	邮发代号	刊期
F62	金融与保险	CN11－4291/F	ISSN1005－4383	2－402	月刊
F63	投资与证券	CN11－4292/F	ISSN1007－6670	2－596	月刊
F7	经济史	CN11－4293/F	ISSN1001－3385		双月刊
F8	世界经济导刊	CN11－4729/F	ISSN1671－3419		月刊
F9	旅游管理	CN11－4295/G3	ISSN1009－1637	2－594	双月刊
三、复印报刊资料·教育、文史系列刊					
G0	文化研究	CN11－4296/G	ISSN1001－2788		月刊
G1	教育学	CN11－4297/G4	ISSN1001－2869		月刊
G2	思想政治教育	CN11－4298/G4	ISSN1001－2753	2－625	月刊
G3	中小学教育	CN11－4299/G4	ISSN1001－2982	2－597	月刊
G30	中小学学校管理	CN11－4300/G2	ISSN1009－7686	2－591	双月刊
G31	中学语文教与学	CN11－4301/G4	ISSN1009－2986	2－599	月刊
G32	中学历史、地理教与学	CN11－4302/G4	ISSN1009－2978	2－616	月刊
G35	中学数学教与学	CN11－4303/G4	ISSN1009－2919	2－615	月刊
G36	中学物理教与学	CN11－4304/G4	ISSN1009－2927	2－626	月刊
G37	中学化学教与学	CN11－4305/G4	ISSN1009－2935	2－617	月刊
G381	中学外语教与学	CN11－4306/G4	ISSN1009－2943	2－618	月刊
G382	中学政治及其他各科教与学	CN11－4307/G4	ISSN1009－296X	2－619	月刊
G39	小学各科教与学	CN11－4308/G4	ISSN1009－2951	2－621	月刊
G4	高等教育	CN11－4309/G4	ISSN1001－2834		月刊
G5	成人教育学刊	CN11－4310/G2	ISSN1009－7503	2－624	月刊
G51	幼儿教育导读	CN11－4311/G4	ISSN1009－749X	82－931	月刊
G53	职业技术教育	CN11－4312/G4	ISSN1001－2826	2－987	双月刊
G6	新闻与传播	CN11－4313/G2	ISSN1009－1343	2－986	双月刊
G7	档案学	CN11－4314/G3	ISSN1001－3334		双月刊
G8	体育	CN11－4315/G8	ISSN1001－3253		月刊
G9	图书馆学、信息科学、资料工作	CN11－4316/G3	ISSN1005－4189		月刊
H1	语言文字学	CN11－4317/H	ISSN1001－3261		月刊
J1	文艺理论	CN11－4318/G	ISSN1001－2761		月刊
J2	中国古代、近代文学研究	CN11－4319/G	ISSN1001－2893		月刊
J3	中国现代、当代文学研究	CN11－4320/G	ISSN1001－2907		月刊
J4	外国文学研究	CN11－4321/G	ISSN1001－2885		月刊
J5	舞台艺术	CN11－4323/J	ISSN1009－766X		双月刊
J7	造型艺术	CN11－4324/J	ISSN1009－7635		双月刊
J8	影视艺术	CN11－4325/J	ISSN1009－7627		双月刊
K1	历史学	CN11－4326/K	ISSN1001－2583		月刊
K21	先秦、秦汉史	CN11－4327/K	ISSN1007－0648		双月刊
K22	魏晋南北朝隋唐史	CN11－4328/K	ISSN1007－0621		双月刊
K23	宋辽金元史	CN11－4329/K	ISSN1007－0605		季刊
K24	明清史	CN11－4330/K	ISSN1007－0583		双月刊
K3	中国近代史	CN11－4331/K	ISSN1001－2621		月刊
K4	中国现代史	CN11－4332/K	ISSN1001－2672		月刊
K5	世界史	CN11－4333/K	ISSN1001－2648		月刊
K9	地理	CN11－4334/K	ISSN1009－7619		双月刊
N1	科技管理	CN11－4336/G3	ISSN1009－1629		月刊
N2	生态环境与保护	CN11－4337/P	ISSN1007－0508	2－985	月刊

期刊代号	专题名称	国内统一刊号	国际标准刊号	邮发代号	刊期
Z1	出版工作	CN11－4338/G2	ISSN1009－1645		月刊
	四、复印报刊资料·限国内发行系列刊				
MF1	体制改革	CN11－4339/D			月刊
TD4	港澳特区行政与社会	CN11－4340/D			月刊
TD41	台、港、澳及海外法学	CN11－4341/D			月刊
TF1	台、港、澳经济	CN11－4342/F			月刊
TF102	海外劳动经济与人力资源管理	CN11－4733/F			月刊
TF31	海外管理学	CN11－4734/G3			月刊
TF5	海外贸易	CN11－4735/F			月刊
TF6	台、港、澳及海外财政、金融	CN11－4346/F			月刊
	五、复印报刊资料·综合文萃系列刊				
V1	当代文萃	CN11－4347/I	ISSN1008－326X	82－930	双月刊
V2	家庭教育导读	CN11－4348/G4	ISSN1009－7481	18－298	月刊
V3	审计文摘	CN11－4349/F	ISSN1008－3243	18－283	月刊
V4	素质教育（中学版）	CN11－4350/G4	ISSN1009－1386	2－414	月刊
V5	都市文萃	CN11－4351/G0	ISSN1009－7643	18－304	半月刊
V6	精神文明导刊	CN11－4352/C	ISSN1009－7473	82－193	月刊
V7	素质教育（小学版）	CN11－4322/G4	ISSN1009－7597	2－415	月刊
	六、复印报刊资料·信息总汇系列刊				
X1	食品信息	CN11－4353/Q	ISSN1005－4472	2－991	月刊
X2	投资与理财	CN11－4354/F	ISSN1009－1858	18－277	半月刊
X3	种植与养殖	CN11－4355/S	ISSN1007－8347	18－278	半月刊
X4	环球财经	CN11－4732/F	ISSN1671－3435	2－687	半月刊
X5	经济政策信息	CN11－4357/F	ISSN1005－474X	18－280	半月刊
X6	证券导刊	CN11－4358/F	ISSN1009－1378		周刊
X7	中外经贸信息	CN11－4359/F	ISSN1005－4448	18－281	半月刊
X8	企业家信息	CN11－4360/F	ISSN1005－443X	18－282	月刊
	七、复印报刊资料索引				
S1	第一分册	CN11－4361/A			年刊
S2	第二分册	CN11－4362/D			年刊
S3	第三分册（年刊）				年刊
S31	第三分册（月刊）	CN11－4363/F			月刊
S4	第四分册	CN11－4364/G			年刊
S5	第五分册	CN11－4365/H			年刊
S6	第六分册	CN11－4366/K			年刊
S7	第七分册	CN11－4367			年刊
S8	第八分册	CN11－4368/G2			年刊
	八、文摘卡片系列				
W－B1	哲学文摘卡	CN11－4369/B	ISSN1009－7287	2－668	季刊
W－B8	伦理学文摘卡	CN11－4371/B	ISSN1009－7295	2－671	季刊
W－C4	社会学文摘卡	CN11－4372/C	ISSN1009－7414	2－672	季刊
W－D1	政治理论文摘卡	CN11－4373/A	ISSN1009－7317	2－674	季刊
W－D41	法学文摘卡	CN11－4374/D	ISSN1009－7333	2－677	季刊
W－F1	经济学文摘卡	CN11－4375/F	ISSN1009－7341	2－678	季刊
W－F101	财会文摘卡	CN11－4376/F	ISSN1009－735X	2－679	双月刊

期刊代号	专题名称	国内统一刊号	国际标准刊号	邮发代号	刊期
W-F512	市场营销文摘卡	CN11-4380/F	ISSN1009-7392	2-684	双月刊
W-F6	财政金融文摘卡	CN11-4377/F	ISSN1009-7368	2-680	双月刊
W-F8	国际经济文摘卡	CN11-4378/F	ISSN1009-7384	2-682	季刊
W-G1	教育学文摘卡	CN11-4379/G4	ISSN1009-7406	2-683	季刊
W-G3	管理学文摘卡	CN11-4370/G3	ISSN1009-7309	2-669	双月刊
W-J1	文艺理论文摘卡	CN11-4381/J	ISSN1009-7422	2-685	季刊
W-J3	现当代文学文摘卡	CN11-4731/I	ISSN1671-3451	2-686	季刊
		九、原发刊			
L1	情报资料工作	CN11-1448/G3	ISSN1002-0314	82-22	双月刊
L2	清史研究				季刊

2002年书报资料中心期刊变更表

专题代号	原刊名	新刊名
F103	劳动经济	劳动经济与劳动关系
F2	农业经济学	农业经济导刊
F511	商业企业管理	商界导刊
F8	世界经济学	世界经济导刊
X4	海外工商	环球财经
W-J3	当代文学文摘卡	现当代文学文摘卡
TF102	台、港、澳及海外劳动经济与人力资源管理	海外劳动经济与人力资源管理
TF31	台、港、澳及海外管理学	海外管理学
TF5	台、港、澳及海外贸易	海外贸易

党建和思想政治工作

■ 组织工作

一、概况

2002年，我校组织工作坚持以邓小平理论和“三个代表”重要思想为指导，以迎接党的第十六次全国代表大会、北京市第九次党代会和我校第十二次党代会的召开及学习贯彻会议精神为契机，围绕中心工作和学校改革与发展大局，全面总结以往工作经验，理清进一步发展的思路，大力加强和推进党员队伍建设、基层党组织建设和干部队伍建设，为创建以人文社会科学为主的世界知名的一流大学提供坚强的思想保证和组织保证。

迎接中国共产党第十六次全国代表大会的召开，学习、宣传、贯彻党的十六大精神，是2002年度全校各级党组织首要的任务。本年度党委组织部除了落实上述任务，以及开展常规性的干部队伍建设（包括院系党政班子换届、中层干部考察任免、院系调整、后备和外派干部考察选派等）、基层党组织建设、党员队伍建设、党校培训与管理以及评优表彰等工作外，还承担了我校第十二次党代会的筹备工作，组织了我校参加北京市第九次党代会代表的选举，进行了全国及北京市“两会”代表、委员的推荐，并参与了迎接江泽民同志视察我校、学校65周年校庆等筹备工作。

二、中共中国人民大学第十二次代表大会有关工作

中共中国人民大学第十二次代表大会于2002年9月成功召开（大会

的详细情况见年鉴“特载”部分)。组织部在学校党委领导下，具体承担了第十二次党代会的筹备工作。

中共中国人民大学第十一次代表大会是1995年11月召开的，按照有关规定，我校本应在1999年底召开第十二次党代会。1999年以来，我校党委也一直把召开第十二次党代会列入工作计划。但鉴于我校具体情况，经上级党组织批准，我校第十二次党代会几经推迟，于2002年9月召开。

2001年12月，经学校党委第158次常委会认真研究，认为我校召开第十二次党代会的时机已经成熟，并于2002年1月25日向中共北京市委和中共教育部党组报送了《关于召开中共中国人民大学第十二次代表大会的请示》，请求于2002年6月召开第十二次党代会。3月，我校接到市委组织部《关于同意中共中国人民大学委员会进行第十二次代表大会筹备工作的通知》后，根据学校党委的要求，组织部等部门即着手进行全校党员与基层党组织情况的统计，“两委”(党委、纪委)工作报告、党代会代表产生办法、“两委”委员产生办法等有关文件的起草，以及召开党代会的宣传动员等前期工作。

5月14日，学校党委召开全委会，通报第十二次党代会筹备工作进展情况，原则通过第十二次党代会筹备工作领导小组及其下属各工作小组、代表资格审查小组的设置及组成人员方案，讨论通过《代表产生办法和两委委员产生办法草案》，并讨论通过《党代会筹备工作日程草案》等有关事项。5月16日，校党委召开党委各部门和各分党委、党总支、直属党支部负责人会议，全面启动第十二次党代会各项筹备工作。

5月17—23日，经汇总形成34个选举单位两委委员第一次提名结果，党委委员人选共提名106人，纪委委员人选共提名111人。

5月24—29日，各选举单位进行两委委员的第二次提名和确定代表预备人选的工作。经汇总，我校各选举单位第二次提名的党委委员人选共70人，其中被1/2以上的选举单位提名的18人；纪委委员人选共71人，其中被1/2以上的选举单位提名的8人。在代表预备人选被批准后，各选举单位自5月25日始进行代表的正式选举。全校各基层党组织代表选举工作于6月8日前全部完成。

6月2日，校党代会筹备工作领导小组召开会议，通报党代会筹备工作进展情况，并在党委会上酝酿两委委员候选人预备人选及党委常委、书记、副书记和纪委书记、副书记候选人预备人选名单。随后，我校党委即向中共教育部党组和中共北京市委分别报送了《关于中国共产党中国人民大学第十二届委员会和纪律检查委员会组成人员候选人预备人选的请示》及一系列相关文件。

6月26日，中共北京市委组织部批复我校党委，同意我校提出的第十二届党委和新一届纪委组成人员候选人预备人选名单，并建议我校于2002年7月11日召开第十二次党代会。由于审批程序方面的原因，经与上级党组织协商，党代会的最终召开日期被确定为2002年9月2—3日。

整个党代会筹备过程，校党委做到了精心组织和周密安排，工作深入、细致、扎实，保证了广大党员和基层党组织的积极参与，充分尊重了广大党员和基层党组织的民主权利，做到了严格按照有关文件和程序办事，严格贯彻民主集中制。在两委委员提名和代表初步人选提名中，全校受教育的党员数占全体党员总数的95%以上，实际参加提名的党员数占党员总数的85%以上。

三、干部工作

截至2002年底，全校共有处级干部249名，其中正处级92名、副处级157名，正处级干部平均年龄48.66岁，副处级干部平均年龄44.57岁；正处级干部中，专职26名、兼职66名；副处级干部中，专职66名、兼职91名。

1. 做好干部调整、补充工作。本年度党委组织部按照学校党委的要求，选拔、任用了一大批德才兼备、年富力强的干部。2002年共提拔处级干部43人，其中副处级提拔为正处级20人，科级或其他提拔为副处级23人，轮岗15人。2002年全校党政班子换届涉及5个单位，其中1个单位党委换届、3个单位行政换届、1个单位党政同时换届。本年学校还合并成立人文学院，为新单位配备了党政两套领导班子。

2．继续做好中层干部年度考核工作。2002年学校对除两厂两社、后勤集团和网络教育学院以外55个单位的202位处级干部（含调研员）进行了考核。考核结果：优秀30人，占被考核干部总数的14.8%；良好168人，占83.2%；合格4人，占2%。学校党委对考核优秀的30人给予全校通报表扬。组织部分别与未达到良好的12名干部谈话，提出诫勉，并请人事处按有关规定扣发了相应的岗位任务津贴。

3．做好干部培训、输送和挂职工作。2002年我校派一名校领导参加第三期教育部直属高校中青年校级领导干部专题研修班；推荐一名干部到北京市委工作；选派一名校领导作为中组部、人事部的援疆干部，赴新疆财经学院任副院长；选派一名教师参加中组部支援西部"博士服务团"，赴重庆挂职。

4．干部队伍建设更加制度化、规范化。2002年3月27日党委常委扩大会议讨论通过《关于中国人民大学中层干部外出请假的规定》，2002年下半年，组织部又拟定了《中国人民大学中层干部选拔任用工作办法》和《中国人民大学中层干部职数管理办法》。

四、基层党组织建设

截至2002年底，我校共有分党委14个，党总支14个，党支部421个（其中3个为学校党委直属党支部）。

2002年度，在我校院系级党组织中，进行了换届选举的党总支有4个：中共党史系党总支、外国语学院党总支、马克思主义学院党总支、对外语言文化学院党总支；新组建的分党委有5个：中共党史系党委、财政金融学院党委、经济学院党委、马克思主义学院党委、人文学院分党委。

2002年以迎接党的十六大召开、学习宣传十六大精神，组织北京市第九次和我校第十二次党代会代表选举等为契机，基层党组织活动明显增加，工作得到了加强。

五、党员队伍建设

截至2002年底，我校共有党员6 298名，其中学生党员3 221名（研究生党员2 298名，占研究生总数的31.7%；本科生党员923名，占本科生总数的11.1%），教师党员931名，干部党员587名，专业技术人员党员152名，工人党员47名，离退休党员1 332名，其他28名。本年度我校还完成1 645人的党组织关系接转工作，其中接收党员1 036人，转出党员609人。

2002年全年我校共发展党员568人，其中教职工党员21人（教师13人），学生547人（本科学生337人，研究生210人）。根据我校学生积极要求进步、要求入党的学生逐年增多的状况，党委组织部在发展优秀学生入党方面逐步形成了"坚持标准，严格程序，主动工作，积极培养"的工作思路。

2002年度，我校党员教育的重点是继续深入学习"三个代表"重要思想，学习江泽民同志在人民大学的"4·28"讲话，深入学习领会党的十六大精神，学习贯彻我校第十二次党代会精神。

在党员管理方面，2002年度除日常工作外，我校还对中学期间发展入党的2002级本科生党员进行了甄别和教育。学校党校和党委组织部还以2002级本科生党员为对象，举办了第4期本科新生党员培训班，对他们强化党的基本知识、基本理论和党的路线方针政策教育，加强了组织纪律观念和党员先进性教育，提高他们的理论水平和党性修养。

六、评优表彰工作

学校党委于2002年上半年开展了评选优秀共产党员和优秀党务工作者的活动。2002年5月，学校党委下发了《关于评选表彰优秀共产党员和优秀党务工作者的通知》，就评优表彰工作做了部署。按照学校党委的部署，各基层单位共向学校推荐提名优秀党员40人、优秀党务工作者27人。经评审小组初步评审，学校党委审查通过，最终产生了35名校级优秀共产党员（其中在职教工31名，学生3名，离退休职工1名）、15名优秀党务工作者。

七、党校工作

2002年，我校党校培训活动更加丰富，内部管理进一步加强，各项工作迈上新台阶。

（一）培训方面

2002年学校党校在办班类型、培训内容以及培训理念等方面都取得了新进展。全年共开设培训班9个，参训人员累计1 400多人，包括入党积极分子培训班（2种3个班次）、党员培训班（1种1个班次）、中层干部培训班（2种2个班次）、后备干部培训班（1种1个班次）、党务人员培训班（1种2个班次）等，基本涵盖了目前高校党校举办培训班的主要类型。培训形式有所创新。如，暑期干部培训班安排在珠海举办并安排了一系列参观考察，学生党支部书记培训班也安排了有关参观考察。

（二）管理和制度建设方面

2002年下半年，学校党校着手对《中国人民大学学生入党积极分子培训规程（试行）》和《中国人民大学党校学员考核办法（试行）》进行了修订，并新拟了《中国人民大学党校学员守则》、《中国人民大学党校学员号码编制规则［2003］》、《关于院系党校制发“学生入党积极分子培训班结业证书”的暂行规定》等制度和管理规定，党校工作规范化、制度化建设取得了新进展。

（三）教材建设方面

2002年度，为规范教育内容，增强培训效果，作为一项“基本建设”，学校党校先后编印了《学习材料选编（供党员和入党积极分子培训使用）》、《学习材料选编（供党员干部培训使用）》、《学习材料选编（供基层党务干部培训使用）》、《中国共产党章程（对照本）》等内部用书。由学校党校策划、组编的“新世纪党课系列教材”的编写工作也正式启动。

八、其他工作

2002年3—4月，按照北京市委要求，我校党委进行了中国人民大学参加中共北京市第九次代表大会的代表的推选工作。在两轮提名的基础上，经全校党员大会选举，最终确定程天权、冯惠玲、陈雨露三人为我校参加北京市第九次党代会的代表。在北京市第九次党代会上，程天权当选为中共北京市第九届委员会委员。

附录

本年度校级优秀共产党员、优秀党务工作者名单

校级优秀共产党员（共35人）：董克用 安体富 周升业 罗天虹 杨瑞龙 叶秋华 宋远方 张小英 赵海荣 鲁明中 涂光晋 张 征 胡鸿杰 柳杰艳 贾俊平 李路路 翟振武 韩 冰 赖志金 易定红 方竹兰 陈 禹 李 林 杨干忠 李梦超 刘向兵 武宝瑞 王放鸣 许宗启 尹忆军 徐 莉 刘宗蕊 王珉珠 胡 宁 雷云环

校级优秀党务工作者名单（共15人）：尹蔚平 张荣才 李炼红 林秋池 史 慧 明占生 严爱军 齐 畅 吴潜涛 马周年 王 健 王永胜 王学敏 李明霞 赵永奎

本年度学校党校领导机构组成情况

党校校务委员会主任：程天权

党校校务委员会副主任：张建明 王新清 陈一兵（ —2002年9月）
马俊杰（2002年9月— ）

党校校长：程天权

党校常务副校长：徐志宏

党校副校长：吴潜涛、倪宁、李遵清

本年度学校党校培训班举办情况一览表

培训班名称	举办时间	参加人数	培训内容
第28期学生入党积极分子培训班	1—6月	560人	培训包括社会调查、自学、专题报告、讨论等形式。其中专题报告的安排为：(1) 关于党的最高纲领和最低纲领的统一（主讲人：张建明）；(2) 认真对待党校培训，切实提高思想理论水平（主讲人：李遵清）；(3) 关于党的纪律和党的作风（主讲人：吴美华）；(4)“三个代表”重要思想的提出及其科学含义（主讲人：徐志宏）；(5) 马克思主义发展史是与时俱进的历史（主讲人：庄福龄）；(6) 关于共产党执政的规律（主讲人：温乐群）；(7) 从中苏改革的不同命运看社会主义建设的规律（主讲人：秦宣）；(8) 关于以德治国方略（主讲人：吴潜涛）。其间，还作了关于学习江泽民在人民大学的“4·28”讲话的辅导。

续前表

培训班名称	举办时间	参加人数	培训内容
第29期学生入党积极分子培训班	7—12月	464人	培训包括社会调查、自学、专题报告、讨论等形式。其中专题报告的安排为：(1)认真对待党校培训，切实提高思想理论素质（主讲人：李遵清）；(2)关于党的纪律和党的作风（主讲人：吴美华）；(3)关于党的最高纲领和最低纲领的统一（主讲人：张建明）；(4)关于共产党执政的规律（主讲人：温乐群）；(5)十六大精神辅导报告（主讲人：程天权）；(6)十六大党章辅导报告（主讲人：吴美华）。
第4期本科新生党员培训班	9—12月	199人	培训包括自学、专题报告、讨论等形式。其中专题报告的安排为：新生党员如何发挥先锋模范作用（主讲人：徐志宏）；人大党组织和党员基本情况及新生党员加强党的知识培训的要求（主讲人：李遵清）；其余报告同于第29期学生入党积极分子培训班2～6讲。
第7期学生党支部书记培训班	10—11月	65人	培训包括自学、专题报告、经验交流、专题讨论、理论和业务知识考试、组织参观等形式。其中集中培训的安排为：(1)学生党支部书记应当具备的基本素质（主讲人：徐志宏）；(2)学生党支部的工作方式方法（主讲人：李遵清）；(3)专题讨论：如何当好学生党支部书记，如何发挥好学生党员的先锋模范作用，如何做好入党积极分子培养教育工作和发展党员工作。其间，主讲人还向学员谈了学习十六大精神的体会。
第8期暑期中层干部培训班	7月	60人	培训包括专题报告、讨论、参观考察等形式。其中专题报告的安排为：(1)人民大学的改革发展思路和管理干部队伍建设问题（主讲人：纪宝成）；(2)如何加强和改进学校行政管理工作（主讲人：王新清）；(3)如何加强和改进学校对外交流工作（主讲人：冯俊）；(4)现代化大学办学理念和如何进一步加强思想政治工作问题（主讲人：程天权）。培训班讨论的内容包括：(1)如何进一步加强党建和思想政治工作；(2)如何进一步转变工作作风；(3)如何进一步理顺行政管理体制和改革干部人事制度；(4)如何进一步开拓该校外事工作新局面；(5)南方（珠海）校区异地办学思路问题等。此外，培训班学员还听取了珠海社会经济发展状况和珠海大学园区的规划和建设情况的介绍（主讲人：余荣霭、吕明智）和南海市数字信息化建设历程和成果的情况介绍（主讲人：邓耀华）。
第16期教工入党积极分子培训班	9—12月	31人	培训包括自学、专题报告、讨论等形式。其中专题报告的安排为：(1)认真正确对待党校培训，切实提高思想理论水平（主讲人：徐志宏、李遵清）；(2)关于党的纪律和党的作风（主讲人：吴美华）；(3)党的十六大精神辅导报告（主讲人：程天权）；(4)党章辅导报告（主讲人：吴美华）。
第12期党务秘书培训班	10—11月	28人	培训包括理论业务知识自学、理论业务知识培训、交流研讨等。其中集中培训的内容包括：(1)党的十六大精神辅导报告（主讲人：徐志宏）；(2)党务秘书的职责（主讲人：吕力）；(3)关于基层组织建设和党务工作中的几个问题（主讲人：李遵清）；(4)经验交流：新形势下做好基层党务工作的经验；(5)工作研讨：如何做好党员发展工作和积极分子培训工作，如何推进党支部建设，如何做好党员教育和管理工作。
第1期青年行政干部培训班	2002年11月—2003年1月	54人	培训包括自学、专题报告、交流讨论等形式。其中专题报告的安排为：(1)对青年科级行政干部的几点希望（主讲人：纪宝成）；(2)十六大精神辅导报告（主讲人：徐志宏）；(3)学校整体工作与发展思路（主讲人：牛维麟）；(4)关于当好基层领导的几个问题（主讲人：马俊杰）；(5)管理的规范化（主讲人：赵国俊）；(6)创新思路与跨越式发展（主讲人：程天权）；(7)关于管理干部的思想和作风建设（主讲人：王新清）。
第13期新上岗处级干部培训班	4—10月	40人	培训包括自学、专题报告、交流讨论等形式。其中集中培训的安排为：(1)对学校中层干部工作的几点要求（主讲人：牛维麟）；(2)关于制度建设和干部作风建设（主讲人：王新清）；(3)学校机构设置及其职能（主讲人：徐志宏）；(4)学校中层干部工作中应处理好的几个关系（主讲人：董克用）；(5)管理的规范化（主讲人：赵国俊）；(6)学校的纪检、审计、财务工作制度（主讲人：吴美华、靳振英、王晓东）；(7)高校中层干部应当具备的几个意识和选才、用才、育才问题（主讲人：纪宝成）。

宣传工作

一、概况

2002年宣传工作强调服务意识，提倡创新精神，紧紧围绕学校的中心工作，对外塑造学校形象，扩大社会影响；对内沟通学校信息，凝聚师生人心，为学校的改革发展发挥了应有的作用。

理论学习与宣传：围绕学校中心工作，结合党的十六大胜利召开、北京市第九次党代会召开等重大事件，以与时俱进的精神，创造性地开展工作。服从和服务于国家建设和学校发展的需要，全面深入地开展理论学习，力求真正起到凝聚力量、鼓舞人心、催人奋进的作用，把全校教职员工的思想统一到“三个代表”的要求上来，统一到中央的战略部署和重要决策上来，统一到学校的建设事业上来。充分发挥学校在人文社会科学领域的综合优势，积极为党和国家政治生活中的重大事件、重要决策、重要精神做好宣传、学习、研究、阐释工作。特别是在江泽民同志作出关于发展繁荣哲学社会科学的重要讲话后，在组织召开一系列座谈会的基础上，组织学校知名专家学者撰写学习讲话的系列文章，在《光明日报》等媒体上连载发表，引起很大的社会反响；在党的十六大胜利召开后，通过座谈会、研讨会、报告会等形式，组织专家学者进行深入研讨和撰写有分量的学术论文；组织专家学者参与编撰有关著作，出版宣传十六大系列讲座音像资料，同时组织学习十六大报告宣讲团，很好地为理论学习提供了机制保障。

新闻宣传与报道：服务于学校的中心工作，进一步明确新闻宣传的工作思路，宣传报道的数量和质量都有大幅度提高。以江泽民同志考察我校并发表关于发展繁荣哲学社会科学的讲话、我校第十二次党代会召开、65周年校庆隆重举行等重大活动为契机，全面地对学校发展的历史、现状和未来作了总结、回顾和展望，针对学校在学科建设和校园建设方面的改革措施和建设成就进行总结、提炼并加以报道，很好地向校内外展示了中国人民大学的光辉历史和崭新形象，同时积极地配合各界媒体作好采访报道，全方位地向社会发出了中国人民大学的声音。其中，对江泽民同志考察中国人民大学作了全面报道，对65周年校庆作了充分宣传，重点配合第二届中国人文社会科学论坛、中国人民大学第十二次党代会等进行了宣传造势，发挥人文社会学科的综合优势，与中央电视台、凤凰卫视等联合推出学术讲坛，确保全年不断出现宣传亮点。新闻网、电视台、广播台、校报等配合学校的中心工作开展了大量的宣传工作，宣传水平不断提升。

二、理论宣传工作

全年分别制定了《2001—2002学年第二学期全校教职员工理论学习计划》、《2002—2003学年第一学期全校教职员工理论学习计划》、《关于学习、宣传和贯彻江泽民总书记考察我校重要讲话的决定》等理论工作计划，引导全校师生员工进一步理解“三个代表”重要思想的科学内涵和重大意义，充分认识发展繁荣哲学社会科学和推进教育创新的重要性，研究思考如何加快建设以人文社会科学为主的世界知名的一流大学的进程，结合学校的实际工作，重点学习、宣传、贯彻十六大精神。在深入学习领会有关精神的基础上，有组织地开展各种研究工作，取得了一批成果。

（一）理论学习和宣传

1．深入学习江泽民同志“七一”讲话和党的十五届六中全会精神。进一步理解“三个代表”重要思想的科学内涵和重大意义，进一步提高实践“三个代表”重要思想的自觉性和坚定性；在理论学习的基础上，联系实际，探讨新形势下学校党的建设与思想政治工作的新思路、新方法，为中国人民大学第十二次党代会的召开和迎接党的十六大营造团结奋进、开拓创新的良好氛围。

2. 学习贯彻江泽民同志的“八七”讲话、“4·28”讲话、“7·16”讲话、“5·31”讲话和在北京师范大学100周年庆祝大会上的讲话精神，结合学习《公民道德建设实施纲要》、教育部《关于加强学术道德建设的若干意见》和世界贸易组织的有关知识。

3. 认真学习贯彻北京市第九次党代会精神。先后组织了党员代表座谈会、教师座谈会、学生座谈会以及理论中心组的学习讨论会，并在此基础上组织学校党员以支部为单位进行了认真的学习讨论，特别是针对北京市第九次党代会报告提出的北京市今后五年要大力实施教育先导发展战略，实施首都教育新世纪重点建设工程，支持北京大学、清华大学、中国人民大学等院校建成世界一流大学，支持首都高校建设一批国际知名的重点学科等相关内容，结合实际工作进行了讨论。

4. 深入学习贯彻党的十六大精神。在十六大召开期间，校党委组织师生员工认真收看了有关大会的报道，并于大会胜利闭幕后在校园里迅速掀起一个学习贯彻十六大精神的热潮。

党委理论学习中心组扩大会议全面动员学习党的十六大会议精神，明确将学习贯彻十六大精神作为一段时期里的首要政治任务和中心工作，将十六大精神贯彻到学校各项工作中，把发展作为学校第一要务，为把学校建设成为世界知名的一流大学奠定良好的基础。宣传部先后以座谈会、研讨会、报告会等形式，组织专家学者进行深入研讨，畅谈学习体会。党委领导亲自挂帅，先后到学校党校和各院系、部处为师生们宣讲，在此基础上，以党委书记程天权为团长，由党委领导和有关部处负责人、有关理论院系学者共12人组成的中国人民大学学习十六大报告宣讲团成立，多次应邀到各院系、部处和基层组织作辅导报告。各单位都也纷纷组织各种行之有效的学习活动。

5. 讲求学习成效，力求有所创新。在开展理论宣传学习时，努力做到全面而有针对性，灵活运用座谈会、研讨会、报告会等多种手段，充分考虑党员座谈会、教师座谈会、学生座谈会以及理论中心组学习讨论等多个层次；建立机制保障，各基层单位都按要求制定了学习计划并提交了总结报告，学校创造性地成立了宣讲团；坚持理论学习与实际工作相结合，各项学习内容相结合。

(二) 理论研究与创新

1. 为发展繁荣人文社会科学鼓与呼，努力探索人文社会科学的发展方向与途径。2002年4月28日，江泽民同志到中国人民大学考察，发表了发展繁荣人文社会科学的重要讲话，提出了“五个高度重视”和“五个希望”；其后，江泽民同志的“5·31”讲话，再次对理论工作者提出了明确要求和殷切期望，指明了理论创新的努力方向；2002年7月16日，江泽民同志前往中国社会科学院考察工作并发表重要讲话，对加强哲学社会科学建设提出了“五点要求”。2002年9月8日，江泽民同志在北京师范大学100周年校庆大会上作关于教育创新的重要讲话。这一系列讲话，具有紧密的内在联系并逐步深化发展，对加强理论创新、发展哲学社会科学提出了很高的要求，也提供了难得的发展机遇。在校党委的统一部署下，宣传部组织了一系列的研讨活动，关于发展繁荣人文社会科学、加强理论创新的声音陆续从中国人民大学这座“理论重镇”发出。

一年来，宣传部先后组织了加强学术道德建设座谈会、学习“4·28”讲话座谈会、学习“5·31”讲话座谈会、学习“7·16”讲话座谈会、学习“9·8”讲话座谈会等，专家学者们在座谈会上的研讨意见陆续见诸《人民日报》、《光明日报》、《中国教育报》等报刊。宣传部与有关部门共同组织，由几十名学者签名发起关于加强学术道德建设的倡议，对人文社会科学工作者本身提出了要求，《中国教育报》、《光明日报》等作了报道。

宣传部还组织了学校领导和专家学者的理论文章在《求是》、《人民日报》、《光明日报》《中国教育报》、《文汇报》、《中国特色社会主义研究》、《高校理论战线》、《中国高等教育》等报刊、杂志上发表了《“三个代表”是衡量哲学社会科学性质、方向和水平的根本尺度》(《新华文摘》全文转载)、《伟大的纲领，行动的指南》、《高度重视哲学社会科学在治党治国中的巨大作用》、《“三个代表”与发展繁荣哲学社会科学事业》、《实践“三个代表”思想，繁荣哲学社会科学——学习贯彻江总书记考察中国人民大学重要讲话》、《哲学社会科学应当重视解决重大理论问题》、《繁荣哲学社会科学和与时俱进的治国方略》、《以人文社会科学为主的大学如何应对入世的挑战》、《高度重视哲学社会在高校科技创新中的巨大作用》，在《光明日报》组织刊发我校知名学者撰写的《时代的呼唤，哲学社会科学的历史使命》等系列文章。

2002年5月18日，“中国人文社会科学论坛（2002）”在中国人民大学举行，纪宝成校长代表学校提出了关于繁荣发展哲学社会科学的几点倡议，宣传部参与了这次倡议的起草。同时，宣传部积极会同各有关院系结合专业特点进一步研究探讨发展繁荣我国哲学社会科学的带有规律性的问题，为学校、为哲学社会科学的发展出谋献策。

2. 引导理论研究方向，倡导研究重大现实问题和理论问题。为贯彻落实北京市和我校有关进一步做好人文奥运工作的精神，学校于2002年7月7日隆重召开“北京2008—人文奥运研讨会”。会议就“人文奥运”的有关问题进行深入研讨，以把“人文奥运”的有关工作进一步做细做好。

2002年9月召开的中国人民大学第十二次党代会，进一步明确在为首都的经济建设、法制建设、“人文奥运”、理论建设和精神文明建设发挥积极作用的基础上，对有关问题进行认真研究讨论，并制定有关落实措施，加大为首都各项建设事业服务的力度。

3. 学习研究十六大精神。在广泛开展学习宣讲活动的同时，为了把学习研究十六大精神的活动推向深入，学校党委常委会研究成立了“三个代表”重要思想研究中心，学校党委书记程天权担任中心主任，主管宣传工作的马俊杰副书记担任中心副主任，党委宣传部部长吴潜涛担任秘书长。

组织各方面力量撰写理论文章并刊发，其中由校领导结合学校工作实际撰写了《大力推进理论创新，积极发展人文社会科学》、《全面建设小康社会，开创中国特色社会主义事业新局面的伟大纲领》、《学习贯彻十六大精神，加快建设世界知名一流大学》、《学习贯彻十六大精神，深化高校后勤社会化改革》等文章分别刊登于《教学与研究》、《高校理论战线》、《北京高等教育》等刊物。围绕加强和改善党的领导，组织撰写一组8篇笔谈文章在《中国人民大学学报》发表。参与撰写教育部社会科学研究与思想政治工作司组编的学习十六大报告体会的著作——《新世纪新阶段的政治宣言和行动纲领》，学校的7位学者完成了6个主要章节的写作和全书的统稿工作。

组织宣传“三个代表”重要思想系列讲座，由学校12位教授宣讲，由中国人民大学出版社出版专著及音像资料《“三个代表”重要思想12讲》公开发行，在社会上引起强烈反响。

（三）思想调查与研究

在定期了解教职员工思想状况的同时，重点根据党和国家政治生活中的重大事件、重要举措和学校的重大活动展开调研。

2002年的主要调研内容有：新学期教师思想状况，高校教师思想滚动调查，对“4·28”讲话、“5·31”讲话、“7·16”讲话和“9·8”讲话的反响，对北京市第九次党代会的反映，对党的十六大的反映，对65周年校庆的反映等，分别报送到教育部、北京市教育工委等有关部门。

2002年3月进行一年一度的北京市高校教师思想滚动调查，调查采用问卷与座谈相结合的形式，分老年、中年、青年三组，调查对象涉及学校文史哲、经济、法学、管理、理工等各个学科，共发问卷200份，回收率超过90%。

三、新闻宣传工作

2002年新闻宣传工作适应建设以人文社会科学为主的世界知名一流大学的要求，围绕学校的中心工作，以重大活动为契机，积极抓住机遇，勇于开拓创新，全面展示了学校改革、建设和发展所取得的重大成绩，塑造了中国人民大学蓬勃向上、积极进取的新形象。

(一) 对外宣传

强化“有备”宣传意识，配合对重大活动的宣传造势，重点报道学校的发展规划，教学、科研、对外交流和后勤改革的成就，全面展现校园的活跃点和闪光点，力求做到策划报道有分量，活动报道有规模，宣传手段有新意，浓墨重彩地展示学校的全新形象。

1. 宣传报道成果。根据对2002年国内报刊和部分海外中文报纸的不完全统计，涉及中国人民大学的报道共计600余篇。新华社、中国新闻社、中央电视台、中国教育电视台、北京电视台、香港凤凰卫视、中央人民广播电台、中国国际广播电台、北京人民广播电台、新浪网、搜狐网、千龙网等各类媒体同时有相关报道。

重点报道内容主要有：江泽民考察中国人民大学并作发展繁荣哲学社会科学的重要讲话，中国人民大学庆祝建校65周年，中国人民大学学习贯彻十六大精神，中国人文社会科学论坛（2002），法学院举办“大法官讲坛”等三大讲坛，中国人民大学创建世界一流大学纪实，中国人民大学加强校园建设，中国人民大学深化住房制度改革，首届MPA开学，中国人民大学设立深圳研究院，中国人民大学筹建珠海校区，中国人民大学成立人文学院，孔子研究院，中国人民大学发展成人教育50年，中国人民大学出版社建设巡礼，优秀跳水运动员集体进入中国人民大学学习，中国大学生足球联赛在中国人民大学举办，全国大学生篮球联赛东北区赛事等。

2. 宣传环境建设。在原有的媒体联谊基础上，进一步协助各界新闻媒体作好采访报道，在继续加强与中央新闻单位联系的同时，加强与有影响力的地方媒体和部分专业媒体的联系和沟通，创造了更宽泛、更良性的传播环境，有助于有针对性地开展宣传。

(二) 校内宣传

适应学校工作的发展趋势，校内宣传媒体从人员和设备上加以改善，更好地配合学校的中心工作和重大活动进行宣传造势，较好地起到了加强沟通、鼓舞力量、凝聚人心的作用。

1. 宣传报道成果。主要配合江泽民同志考察中国人民大学、中国人民大学第十二次党代会、65周年校庆、党的十六大召开、全国大学生篮球联赛东北区赛事等进行宣传造势，重点报道国务院、教育部、北京市有关领导到中国人民大学考察研究校园环境整治和建设发展问题、中国人文社会科学论坛（2002）、学科建设会议、清史纂修、法学院三大讲坛等内容。

全年采集、整理音像和文字资料200多次，完整保存了江泽民同志考察中国人民大学、校庆65周年的全程资料。

2. 宣传阵地建设。

校报 2002年共出版23期（1104—1126），约100万字，电子版同期挂上校园网。编写出版了近62万字的《人民共和国的建设者——中国人民大学校友专访录（第四集）》。

在中国人民大学校庆65周年之际，还编发彩印专刊，报道党中央三代领导集体关怀中国人民大学、中国人民大学各方面的建设成就、优秀学生杰出校友的事迹、校友与母校的根叶之情。

新闻网 充分发挥网络媒体方便快捷、影响面广的优势进行宣传，基本保证重大新闻当天及时上网。全年发布新闻600余条，累计浏览量约26万人次。2002年10月完成改版，进一步丰富信息量，突出图片新闻和人物专访，增强新闻时效。

网新社加强了队伍建设和制度建设。同学们通过培训增强了宣传意识和业务水平，学生记者积极参与重大活动报道，同时在校园文化报道、人物报道、图片报道方面有所突破，对全国大学生足球联赛、全国大学生篮球联赛东北区赛事、五四文化节等所作的跟踪报道和图片报道很好地体现了网络媒体的时效性。

广播台 日常完成每周5天、每天4个时段的节目，共计约500小时。一方面，重视节目策划，加强主题宣传。如在65周年校庆前夕制作播出系列节目《校庆专题报道》，包括历史沿革、建设成就和院系采风、在校庆日当天进行跟踪报道、滚动播出等。另一方面，重视形象建设，加强自我宣传。在逐步明确各栏目定位、内容的基础上，在播出时强调栏目滚动介绍和音乐标识。

有线电视台 引进新的摄录制作设备，提高了节目制作水平。日常完成每周1期的节目，共计40期。

全年拍摄新闻200余次。制作了一系列电视专题片，包括江泽民同志考察中国人民大学专题片《春天的旋律》、中国人文社会科学论坛专题片《实践"三个代表"，创建一流大学，繁荣人文社会科学》、庆祝中国人民大学建校65周年专题片《永远奋进在时代前列》、学习十六大报告系列讲座专题片；配合全国大学生篮球联赛制作的专题片《CUBA与中国人民大学》被中央电视台录用播出。

《校闻简讯》 全年制作12期，采用新的制作设备，版面有很大改进。

（三）重大宣传

1．做实做好江泽民同志考察中国人民大学的有关宣传报道。2002年4月28日，江泽民同志到中国人民大学考察并发表重要讲话。为迎接考察，宣传部协同有关部门筹备了中国人民大学65年成就展。在考察活动前三天，宣传部策划的综合报道《聚一流人才，创一流学科——中国人民大学建设世界一流大学纪实》发表在《光明日报》头版头条，此前，还协助香港《大公报》记者采写了《走进中南海的中国人民大学教授》，对7位曾经为党和国家领导人讲课的知名学者作了报道，为江泽民同志的到来作了很好的舆论铺垫。

4月28日当天，宣传部承担了全程摄像、摄影、录音，并积极收集师生反映，保存了宝贵的资料。

在考察活动后，宣传部有计划、有步骤、有措施地对考察情况进行了全方位、多层面、有深度的宣传。在新华社、中央电视台、《人民日报》、《光明日报》、《中国教育报》等各大新闻媒体对江泽民同志考察中国人民大学进行权威报道、各省市媒体和网络媒体纷纷转载的基础上，又邀请校外媒体进行了更广泛的报道。学校新闻网、广播台、橱窗进行专题报道，《中国人民大学校报》刊出彩色专版，制作发放电视专题片《春天的旋律》光盘、《春天的旋律》画册和《春到学苑催百花》纪实宣传册，使得这一历史性事件深入到学校广大师生员工心中。陆续在各媒体对学校一系列学习江泽民同志讲话座谈会进行报道，反映中国人民大学师生的心声，其中，《中国教育报》2002年4月30日头版发表了《铭记这个春天——中国人民大学师生畅谈江总书记对我国哲学社会科学的关怀》，《光明日报》2002年5月10日专版发表了学校知名学者的座谈会发言。

2．积极配合第二届中国人文社会科学论坛开展宣传。在论坛举办前夕，宣传部广泛与新闻媒体联系，通知论坛召开日期和论坛相关主题；制作宣传海报和宣传册并在校内外发放，提前进行舆论造势；制作了首届中国人文社会科学论坛电视专题片，为出席论坛的各界人士提供参考。

在论坛活动期间，宣传部安排力量进行了全面的摄影、摄像、采访报道，并协助各方面记者进行深入的采访。

在论坛召开之后，新华社以《中国人文社会科学论坛在京举行》为题发通稿，《人民日报》、《光明日报》、《中国教育报》、《中国青年报》、《工人日报》、《科技日报》、中国教育电视台、北京电视台、中国新闻社、新浪网等媒体均以重要篇幅进行了报道。

3．积极为中国人民大学第十二次党代会的召开、党的十六大的胜利召开做好舆论宣传。在学校第十二次党代会前夕，《校闻简讯》制作并展出一期专版，宣传学校第十一次至十二次党代会期间取得的主要成就，配合校园环境布置共同营造舆论氛围。大会期间，充分作好摄影、摄像、采访报道，新闻网、广播台跟踪报道。

大会闭幕后，校报刊出一期彩色专刊，新闻网作专题报道，《校闻简讯》制作专版，广播台编辑播放大会录音，向学校师生员工介绍大会总体情况，通报了新产生的党委领导班子以及大会提出的学校总体发展目标。2002 年 9 月 4 日《中国教育报》和 9 月 9 日《光明日报》分别作了报道，指出中国人民大学党代会确定了总体发展目标，即"用 20 年或更长一段时间，把学校建设成为以人文社会科学为主的世界知名的一流大学"。

4. 做足做好 65 周年校庆的宣传报道。制定校庆宣传筹备方案，明确对内增强凝聚力、对外扩大人民大学的影响的宣传目标，以校史、校友、校貌为主线，突出宣传中国人民大学为马克思主义在中国的传播和普及，为哲学社会科学的发展和繁荣，为社会主义革命、建设和改革事业的发展所作出的重要贡献，进一步明确建设以人文社会科学为主的世界知名的一流大学的总体奋斗目标。

重点宣传学校在学科建设、住房改革及其他领域的成功做法，总结和提炼在建设以人文社会科学为主的世界知名的一流大学进程中的好思路、好做法；宣传知名学者及其成就。首先通过校内的《校闻简讯》制作了房改专版和国际交流专版，随后《实践"三个代表"，创建世界一流大学——纪念中国人民大学建校 65 周年》、《大步走向世界的中国人民大学》、《中国人民大学的核心竞争力》等专版报道在校庆日前和校庆当日相继见报，《圆梦安居——中国人民大学房改纪实》在校庆后发表于《中国青年报》并经李岚清同志批示后在《中国教育报》全文转载，《北京日报》和《北京娱乐信报》也在校庆后对中国人民大学改善教职工住房作了报道。在宣传部协助下，北京市社科联联合北京电视台为中国人民大学 11 位著名老教授拍摄专题片《首都著名社会科学专家》。

为校庆充分做好资料准备和保存工作。积极参与筹建校史馆；编写出版了近 62 万字的《人民共和国的建设者——中国人民大学校友专访录（第四集)》，策划编辑制作 4 套光盘，包括中国人文社会科学论坛（2002)、中国人民大学命名组建 50 周年大会、春天的旋律（江泽民总书记考察中国人民大学）和新版中国人民大学简介；完整采集了校庆系列活动的音像、图片、文字资料；编制中国人民大学 65 周年校庆纪实宣传册。

经过充分的宣传酝酿，校庆日当晚中央电视台《新闻联播》及中央新闻媒体的网络版立即作了报道，有关报道其后相继见诸中央各新闻媒体、省市媒体和网络媒体。学校新闻网、广播台、校报、有线电视台、《校闻简讯》随即作全面报道。

此外，在校庆前完成了百家廊、双趣亭的楹联征集和题写，为校庆活动营造了文化氛围。

5. 通过举办学术论坛，加强对学科建设的宣传。2002 年 12 月 16 日，由中国人民大学党委宣传部与中央电视台科教频道联合举办的《百家讲坛》正式在中国人民大学开设。该讲坛以"汇聚知识精英，共享教育资源，传播现代文化，弘扬科学与人文精神"为特色，双方此次合作旨在整体展现中国人民大学雄厚的学术力量，同时也是对社会普及人文社会科学知识。在 2002 年里，讲坛先后邀请了纪宝成校长和财政金融学院、环境学院、劳动人事学院、公共管理学院的学者作专题学术讲座。

此外，香港凤凰卫视"世纪大讲堂"多次在中国人民大学录制，学校领导和知名学者相继作发展高等教育、发展繁荣人文社会科学的主题演讲和学术演讲，在普及人文社会科学知识的同时，充分显示了学校的学术实力，宣传了一批学术骨干。

统战工作

一、概况

2002年,统战工作在迎接、学习学校十二次党代会和党的十六大精神的高潮中,认真贯彻江泽民同志视察我校"4·28"讲话和党的十六大精神,切实落实党中央关于进一步加强统战工作的决定,紧紧围绕学校改革与发展进程中的中心工作,组织党外人士建言献策,在民主监督、民主管理方面充分发挥民主党派的作用,为把学校建设成为以人文社会科学为主的世界知名的一流大学作出了应有的贡献。

二、各民主党派换届及组织建设工作

协助各民主党派北京市委完成换届工作。2002年各民主党派北京市委换届中，我校有十几位民主党派成员被选为民主党派北京市委委员，其中常委4人，副主任委员1人；中央委员4人。有十几人任职民主党派北京市委专业委员会。

协助北京市归国华侨联合会完成换届工作。北京市归国华侨联合会第十二届委员会于8月进行换届工作，应市侨联的要求，并经学校党委批准，我校推荐了两名具有归侨和侨眷身份的教师作为候选人，并推选参加会议代表2人，其中1人被选为市侨联委员。

张惟英获中国国民党革命委员会北京市委员会表彰先进个人，同时获北京市妇联、人事局授予的"北京市三八红旗奖章"；王燕萍获中国农工民主党北京市委员会表彰先进个人。

三、统战工作会议

为了更好地贯彻落实中共中央《关于进一步加强统一战线工作的决定》,按照市教工委的要求,统战部起草了《中共中国人民大学委员会关于加强学校统战工作的意见》,6月18日经学校党委常委会讨论通过。

10月28日，我校召开2002年全校统战工作会议，各分党委、党总支、直属党支部书记和统战委员参加。会议由党委副书记王新清主持，党委书记程天权讲话。会议下发了校党委制定的《中共中国人民大学委员会关于加强学校统一战线工作的意见》（人大校党字［2002］27号文件），布置了在全校范围进行港、台、澳、侨及海外归国人员普查工作。

四、其他工作

(一) 党外代表人物培养工作

为了加强与党外人士的沟通，促进相互了解，校党委落实了校领导和党外人士交朋友的制度，确定了每一位校领导的联系对象，与民主党派负责人和党外人士及时沟通情况，这是贯彻党中央《关于进一步加强统一战线工作的决定》和中共北京市教工委、北京市委统战部关于加强统战工作决定的重要措施。统战部多次召开民主党派和无党派人士座谈会，了解他们对学校建设、学科发展、研究生培养等方面工作的意见、建议，深入有关院系分党委、党总支调研，了解所属单位的党外代表人物情况，做好党外代表人物的培养工作。

(二) 理论研究工作

组织学校有关专业的学者专家参与中央统战部关于"当代中国政党制度研究"和"参政党建设研

究”重点课题。多篇论文和研究报告被编入中央统战部重点课题研究报告，如周淑真教授《衡量政党制度的标准问题》，《“三个代表”与参政党建设研究》；袁济喜教授《传统文化与当代中国政党制度》；吴美华教授《在当代政党制度中，中国共产党领导的历史意义和现实作用》，《关于新形势下加强参政党思想建设的几点思考》；陈先奎副教授《马克思主义的政党学说与当代中国的政党制度》等。

（三）信息工作

全年上报中央统战部和市委统战部信息 9 条，获得 2001 年北京市信息工作优秀单位三等奖、优秀信息员和优秀信息等奖项。

北京市政协委员陶沙教授提出的《关于加强昌平政法大学、石油大学和化工大学周边网吧管理的几点建议》和魏权龄教授提出的《关于支持数字艺术馆项目，推动文化产业开展数字化应用》两个提案获得北京市政协优秀提案奖。

（四）“华夏英才基金”资助情况

在 2002 年“华夏英才基金”第六批支持党外专家、学者出版优秀学术著作评选中，法学院甄贞教授《面向二十一世纪的中国监察制度》一书获得立项支持。1999—2002 年，我校共有 6 名教授获得该项基金资助，总计金额 17 万元。

（五）侨联工作

完成归国华侨、侨眷、港澳台亲属情况调研准备工作，做好港澳台海外统一战线工作。

附录

各民主党派组织机构情况

党派	委员会	支部（支社）	小组	成员数	外单位成员数	发展	调出	备注
民革		1		13				
民盟	1	4		74				
民建		1		22	3		1（逝世）	联合支部
民进		1		13			1（逝世）	
农工		1		15				
致公党			1	5				
九三		1		23		1		
总计	1	9	1	165	3	1	2	

民主党派成员在其党内任职情况

类别	所在党派	姓名	人数
全国（6人）	民盟中央委员	郑功成 郭国庆	2
	民盟中央文化教育委员会主任	魏权龄	1
	民盟中央法制委员会副主任	皮纯协	1
	民革中央委员	张维英 汤维建	2
北京市（12人）	民盟北京市委副主任委员	郭国庆	1
	民盟北京市委委员	杨树臣 郭国庆	2
	民建北京市委法制委员会委员	刘太刚 李艳芳	2
	民建北京市委科教委员会委员	吴永宏	1
	农工北京市委委员	袁济喜 季冬生	2
	民进北京市委委员、教育工委副主任	肖鸣政	1
	九三北京市委社会法律委员会副主任	马克锋	1
	九三北京市委经济委员会副主任	何晓群	1
	九三北京市委老龄委员会副主任	张冬梅	1
海淀区（1人）	民进海淀区委委员	肖鸣政	1

■ 纪检监察工作

一、概况

2002年，中国人民大学纪委、监察处在上级纪检监察机关和学校党委的领导下，高举邓小平理论伟大旗帜，以“三个代表”重要思想为指导，深入学习贯彻党的十五届六中全会和中纪委第七次全会精神，坚持标本兼治，注重制度创新，继续认真做好党风廉政建设责任制的贯彻落实，深化领导干部廉洁自律，纠正行业不正之风，进行执法监察，积极开展党风廉政建设宣传教育活动，在案件查处、信访信息、专题调研以及加强和完善内部工作制度等方面都取得一定的成绩，为促进学校的改革、发展和稳定发挥了积极的作用。

二、纪委换届选举工作

9月3—4日，中共中国人民大学第十二次党代会召开。校纪委向大会提交了《中共中国人民大学纪律检查委员会向校党的第十二次代表大会的工作报告》，总结了自上次党代会以来校纪委的主要工作，对今后工作提出了建议。大会采用差额选举的办法，选举产生新一届纪委委员，王新清、吴美华、龙翼飞、焦国成、靳振英、耿建新、董克用、郭洪林、王学敏、严守权、涂光晋等11人当选为纪委委员。9月4日晚，新一届纪委第一次全体会议召开，王新清当选为纪委书记，吴美华为纪委副书记。9月24日，校纪委第二次全体会议召开，10位纪委委员到会，1人因出差缺席。会议确定了各纪委委员的联系单位，讨论通过《中国人民大学纪委、监察处信访举报工作实施办法（修订稿）》和《中国人民大学分党委、党总支、直属党支部纪律检查委员工作职责》。

三、领导干部廉洁自律工作

（一）开好领导班子专题民主生活会

1月和12月，在校级领导班子民主生活会召开前，校纪委先后组织召开两次征求群众意见座谈会，收集和听取各单位对学校领导的意见和反映，并及时通报给校级领导班子成员，在民主生活会上进行对照检查。同时，校纪委、监察处派人参加部分单位的民主生活会，对各院系所和机关部处召开民主生活会的情况进行监督检查。

（二）继续做好“三项制度”的申报工作

2002年7月，校纪委起草下发《关于认真做好我校“三项制度”申报工作的通知》，认真组织全校副处级以上干部，做好申报工作。截至10月，共有234名中层干部进行了申报，占应申报干部总数的95.1%。

（三）对新上岗的中层干部进行廉政谈话

6月，校纪委制定并下发《中共中国人民大学纪律检查委员会关于对处级领导干部实行廉政谈话的规定》，校党委副书记兼纪委书记王新清等领导同志分批对新上任的14名中层干部进行廉政谈话，并向他们发放了领导干部学习材料。

四、纠风和执法监察工作

（一）治理中小学乱收费工作

6月6日，校纪委副书记兼监察处处长吴美华参加北京市教委召开的治理中小学乱收费工作会议。6月10日，校纪委书记周建明主持召开治理中小学乱收费工作会议，纪委监察处、学校办公室、附中和附小的有关负责同志参加会议。会议传达了市教委的工作安排，对我校如何落实进行专题研究，对发现的不规范问题，进行督促整改。

（二）对基建工程的执法监察工作

2002年，校纪委、监察处对校内基建工程的招投标工作进行全过程监督，内容主要涉及室外篮球场、校园基础设施改扩建、图书馆新旧馆电气改造、西北区学生公寓A栋、西北区危旧房拆除以及仁达科教中心等七项工程。

（三）继续做好招生执法监察工作

3月，校纪委派人参加学校招生委员会的工作会议，听取学校招生办公室2001年招生工作总结，并对招生办公室2002年的招生工作情况进行监督；4月，校纪委、监察处分别派人参加2002年硕士研究生和博士研究生的招生录取工作，对有关招生录取情况进行监督；8月，重点对本科招生的网上录取工作实施全程监督；10月，监督检查校团委2003届优秀学生干部、优秀青年志愿者免试攻读硕士研究生的选拔程序，对艺术特长生的保研工作也进行了相应监督。

（四）开展专项检查工作

3月，为贯彻落实教育部、财政部《关于清理检查直属高校资金往来情况，加强资金管理，确保资金安全的通知》精神，学校成立资金往来情况清查小组，纪宝成校长任组长，冯惠玲副校长任副组长，审计处、财务处和纪委办公室任组员单位，参加此项工作并实施监督。6月25日，教育部有关领导来我校听取对《监察部、财政部、中国人民银行、审计署关于中央行政事业单位银行账户清理整顿工作有关问题的通知》执行情况的汇报，并检查我校银行账户的设立及管理情况。10月23日，根据中共北京市委组织部关于贯彻落实《中央组织部办公厅关于干部学历、学位检查清理实施意见的通知》要求，学校对所有在职党政干部的学历、学位情况进行检查清理。

五、“党风廉政建设宣传教育月”活动

5—6月，校纪委、监察处组织开展2002年党风廉政建设宣传教育月活动，为配合此项工作的开展，校纪委专门下发文件，对宣传月活动作出安排，提出具体要求。

5月31日，党风廉政建设专题报告会在逸夫会议中心报告厅举行。中纪委驻教育部纪检组副组长、监察部驻教育部监察局局长王明真应邀就当前全国和高校的党风廉政建设工作及反腐败斗争的形势作专题报告。全校中层领导干部、副教授以上党员教师、离退休老同志、教职工党支部书记和学生党员约300人参加报告会。6月19日，校党委书记程天权以“树立正确的利益观”为题在逸夫会议中心400人报告厅主讲专题党课。全校中层领导干部，副教授以上党员，校部机关党员，教师、学生党支部书记，离退休党员代表近500人参加报告会。

5月13日，校纪委、监察处在校园内设立党风廉政建设宣传橱窗，以图文并茂的形式开展宣传教育活动，收到良好的效果。

6月12日，校纪委、监察处举办电影专场，组织放映以反腐败和打黑除恶为题材的影片《致命的一击》，全校教职工党员和学生党员代表1 400余人观看影片。

六、信访及其他工作

（一）信访件的受理工作

2002年，校纪委、监察处全年累计受理信访举报34件次，其中，上年度遗留1件次，本年度受理33件次。截至年底，已办结信访举报31件次，办结率为92%，没有初查核实件和转立案件。

（二）信息报送工作

校纪委、监察处全年共上报中纪委、教育部和市纪委、市教育纪工委等部门各类信息34条，总计8.4万余字。

（三）其他工作

3月28日，全校纪检监察工作会议在逸夫会议中心召开。校纪委书记周建明主持会议，校党委书记程天权出席会议并作重要讲话。校纪委副书记兼监察处处长吴美华在会上传达了江泽民同志在中纪委第七次全会上的重要讲话。校纪委书记周建明总结了校纪委、监察处2001年的工作，部署了2002年的工作任务。会议下发了《中国人民大学2002年纪检监察工作要点》。校纪委全体委员、各院系所及机关各部处的党政领导、纪检委员共90多人参加会议。

1月，校纪委完成对全校46个单位进行的党风廉政建设责任制贯彻落实情况专题调研，并在此基础上形成《关于我校院系部处贯彻落实党风廉政建设责任制情况的调研报告》。6月28日上午，教育部纪检组组长、党组成员田淑兰率教育部纪检组监察局、人事司和直属办一行9人来我校，召开在京部分高校座谈会，检查各高校贯彻落实党风廉政建设责任制及上半年的工作情况。我校党委书记程天权、副书记王新清、纪委书记周建明出席参加座谈会，程天权书记汇报了我校贯彻落实党风廉政建设责任制的工作情况。

根据北京市教育纪检研究会的要求，校纪委承担“新形势下教育战线学术道德、学术纪律有关问题研究”的调研课题，分别于9月19日、26日和27日组织三次专题座谈会，在调研的基础上完成调研报告，于11月1日报送市纪委研究室。

3月，制定和修改了包括内部工作制度在内的十项规章制度，并正式汇编成册。其中，《校纪委、监察处信访举报工作实施办法（修订稿）》和《中国人民大学分党委、党总支、直属党支部纪律检查委员工作职责》，经学校新一届纪委第二次全体会议讨论通过，已在全校范围内颁发实施。

1月，由校纪委办公室王健撰写的调研论文《关于收入申报工作的思考》，获2001年度北京市纪检监察系统优秀调研成果奖；3月，由吴美华、竺清霞和王桐共同撰写的《当前贯彻落实党风廉政建设责任制存在的突出问题及其对策》，被北京教育纪检监察工作研究会评为北京市教育纪检监察系统1999—2001年度优秀论文三等奖；

2月，监察处副处长竺清霞被北京市纪委、人事局、监察局评为北京市优秀纪检监察干部；4月，我校纪委被评为2001年度北京市信访信息工作先进单位，王健被评为信访信息工作先进个人。

■ 工会与教代会工作

一、概况

到2002年底为止，我校共有工会分会53个。其中校级模范职工之家9个，先进职工之家12个，合格职工之家32个，建家合格率100%；有9个分会为北京市先进集体。

本年度校工会工作目标是：紧紧围绕学校中心工作，以教代会建设为龙头，以维护教职工权益为基本职责，以基层工作为重点，以提高工会干部队伍素质为基础，以调动广大教职工的积极性为出发点，使工会工作在为实现学校奋斗目标中发挥更大的作用。工作思路是：加强大局意识，根据改革发展中学校及工会遇到的现实和具体问题，有针对性地安排工作。与此同时，抓一个“实”字，说实话，办实事，求实效。

校工会在努力营造良好的政治、学术、工作、生活环境，积极开展调查研究，发挥工会组织的桥梁、纽带作用，积极推进校务公开和丰富教职工的业余文化生活，增强学校凝聚力，切实履行工会组织的维护职责及提高工会干部的自身素质等方面做了大量卓有成效的工作，为学校的改革与发展作出了积极的贡献。

二、组编出版《求是园诗词选集》

2002年65周年校庆前夕，由纪宝成校长首倡、校工会组编的《求是园诗词选集》由中国人民大学出版社正式出版。纪宝成校长为本书作序，赞誉这本“思想性艺术性统一，豪放型婉约型兼具，题材风格多样化的诗词选集的出版，将会有助于形成厚实的校园文化积淀，有利于弘扬学校的优良传统，也一定会惠及后来学人”。《求是园诗词选集》是“求是园文化丛书”的第一部著作，今后还将陆续出版《求是园散文选集》、《求是园新诗选集》、《求是园学术随笔》等。《求是园诗词选集》的编辑出版，对推动中国人民大学校园文化建设，营造香馨甘怡的人文校园氛围，反映全校师生积极向上的精神风貌和深厚的文化底蕴具有重要意义，在全校师生中产生了巨大的反响。

三、教职工第五届、工会第十四次代表大会筹备工作

10月，工会向学校党委提出召开教职工第五届、工会第十四次代表大会的申请，提出本次大会在总结工作的基础上，要为教代会、工会工作谋划新思路，构建新机制，增添新力量，制定新目标。

12月5日，校党委批复校工会《关于召开中国人民大学第五届教代会和第十四次工代会的请示》，批准学校教代会、工会在2003年适当时机召开教职工第五届、工会第十四次代表大会。月底，经全体教职工民主推选，全校共选出201名中国人民大教职工第五届、工会第十四次代表大会代表。

四、校务公开工作

根据北京市教委的要求，校工会向北京市教委呈交了我校校务公开工作年度报告《校务公开工作总结及今年的计划与设想》，并以“抓认识，抓典型，抓主动，抓深化，抓实效，把管理提高到新水平”为题，汇报了我校开展校务公开工作的情况和设想。同时，向学校递交了《关于落实教育部与中华全国总工会教监[2002]1号文件的建议》，对如何更加深入开展我校的校务公开工作提出了一些想法和建议。学校党委十分重视工会的建议，专门召开会议研究今后如何进一步做好我校校务公开工作。

五、宣传组织工作

（一）理论研究及宣传工作

1.《北京教工》2002年第三期在封面、封二上刊登了江泽民同志视察我校的照片，同期编发了校工会常务副主席褚永增撰写的《工会组织应为哲学社会科学的发展繁荣做贡献》的文章并配加了编者按。

2.《中国教工》2002年第七期刊发了党委书记程天权撰写的《“三化”推进民主办学》。

3.《中国教工》2002年第二期刊发了校工会常务副主席褚永增《修改后工会法的突破及其意义》。

（二）组织工作

1. 在校教代会第四届第十四次主席团会议上，增补王新清同志为教代会主席团常设主席；徐志宏同志为教代会主席团成员。

2. 在第十三届工会委员会第八次会议上，推选王新清同志为校工会委员、常委、主席。并上报市教育工会。市教育工会4月12日批复，同意王新清同志为校工会委员、常委、主席。

3. 在第四届教代会主席团（第十四次）、工会常委会（第十六次）联席会议上决定：因党委副书记王新清工作分工调整，不再担任校工会、教代会相关职务，选举党委副书记马俊杰同志为第四届教代会常设主席团主席和工会第十三届委员会委员、常委、主席。市教育工会12月3日批复，同意马俊杰同志为校工会委员、常委、主席。

4. 3月25日，因石亚军同志调离学校，经批准，党委副书记王新清担任校计划生育委员会主任。10月10日，因学校领导工作分工调整，经批准，校党委副书记马俊杰担任学校计划生育委员会主任。

（三）我校工会和教职工获得的工会系统奖励

1. 我校荣获北京市计划生育先进集体称号。

2. 王雾同志获得北京市首都劳动奖章荣誉称号。

3. 校工会获北京高校职工体育运动贡献奖。

4. 校工会女教职工委员会被评为北京市教育工会2000—2002年度先进女教职工委员会。

5. 王淑红、张志伟、贾俊平、靳晓黎4位同志获得北京市经济技术创新标兵荣誉称号。
6. 褚永增被评为北京市校务公开先进工作者。
7. 马秀琴、王美芹获北京市教育工会先进女教职工工作者荣誉称号。
8. 教师节表彰了李光林等8名在教育战线工作30年的教职工。
9. 高玉清等50人获校级工会积极分子称号。

六、其他工作

1. 为迎接65周年校庆，校工会和体育部联合举办“迎校庆”第四十三届田径运动会，共有来自31个分会的350多名教职工参加了29个项目的比赛。
2. 组织教职工赴山西、海南自费旅游，共有80人参加了该活动。
3. 为教职工子女办理青少年住院医疗、意外保险374人，保险费15 328元；办理独生子女备用金保险843人/1 205份，累计保险费589 485元。
4. 组织2002年救灾募捐活动，此次活动共收捐款12 787.40元，衣物4 426件，统一交海淀街道工委送往灾区。

■ 共青团工作

一、概况

2002年，中国人民大学团委在学校党委和上级团组织的领导下，以邓小平理论和“三个代表”重要思想为指导，紧紧围绕学校的中心工作，从服务学校建设、改革、发展和创建世界一流大学的大局出发，充分利用迎接党的十六大，纪念建团80周年，学校召开党代会、团代会、学代会和隆重纪念中国人民大学成立65周年的契机，坚持“建设是根本，服务是手段，创新是动力，发展是目标”的工作理念，进一步解放思想、实事求是、开拓创新、务实进取，全面加强团的各项工作，有效推进素质教育，切实为广大青年学生的成长、成才服务。

在理论学习和宣传方面，“三个代表”重要思想和十六大精神的学习宣讲取得突出成绩；庆祝建团80周年活动成功开展，我校团委被评为“全国五四红旗团委”；我校第十七届团代会胜利召开，成为我校共青团工作新的里程碑；大学生素质拓展工作取得实质性进展，大学生素质拓展和认证中心成立；在校团委的组织下，广大团员青年为学校的改革积极献计献策，热情参与学校的发展和建设，为65周年校庆做贡献；学生课外学术活动继续发展，青年联合会的国际交流迈出可喜步伐；社会实践主题鲜明，志愿服务扎实开展；校园文化持续发展，许多优秀的品牌文化活动如“五四”文艺比赛在创新中得到发展；学生社团蓬勃发展，社团文化节内容丰富；《青年人大》、人大青年网等共青团宣传阵地继续得到巩固，团学调研工作得到加强；学生会、研究生会等学生组织健康成长，积极发挥桥梁纽带作用。

二、组织建设

2002年，共青团北京市第十一次代表大会和共青团中国人民大学第十七次代表大会的召开，成为我校共青团工作新的里程碑。

4月26日，共青团北京市第十一次代表大会开幕。我校团委书记高祥阳任本次团代会主席团成员、第十五分团团长，并当选共青团北京市第十一届委员会委员。在此次大会上，我校法学院卢建平教授荣获第十六届北京市“五四奖章”、信息学院团委荣获2001年度北京市“五四红旗团委”荣誉称号、徐悲鸿艺术学院2000级动画专业团支部荣获2001年度北京市“五四红旗团支部”称号、我校团委副书记王粤荣获2001年度北京市“优秀团干部”称号、农经系学生冒小飞荣获2001年度北京市“优秀共青团员”称号。

6月9日，共青团中国人民大学第十七次代表大会隆重召开。中国人民大学团委原书记、中共北京市委常委、政法委书记吉林，团中央学校部部长白希，团市委副书记方力，校领导程天权、牛维麟、张建明、马俊杰、王新清、陈一兵等出席大会。校团委书记高祥阳代表共青团中国人民大学第十六届委员会作工作报告。大会还进行了“大学生素质拓展中心”成立的揭牌仪式和中国人民大学2001—2002学年度先进团支部和优秀团员的表彰。

2002年，蓬勃开展的各种形式的理论学习和实践活动，推动了我校共青团思想教育工作的新发展。4月29日，校团委举行了全校团学干部学习贯彻江泽民总书记“4·28”讲话座谈会。11月8日，中国共产党第十六次全国代表大会在北京人民大会堂隆重开幕。校团委组织部分团员青年收看了十六大开幕式，认真收听了江泽民总书记在大会上的报告，并在开幕式结束后举行了团学干部座谈会。12月初，我校组织近百支大学生十六大精神宣讲团，赴北京市东城区各街道社区进行十六大精神的宣讲，反响热烈。

三、宣传工作

2002年，校团委宣传工作在整合资源、建设阵地、发挥辐射作用等方面取得了新的成绩和突破。

校内宣传方面，以校团委机关报《青年人大》为主要宣传阵地，配合学校的重要工作和重大活动做好宣传工作。其中，2002年推出的江泽民同志视察人民大学特刊、十六大特刊、学校房改特刊、CUBA中国大学生篮球联赛东北赛区（人民大学）特刊及CUBA快讯等，都产生了热烈的反响。同时，通过《团学信息》、《团委工作信息》、《团委情况反映》等信息刊物，及时地将我校团学工作的成果向上级团组织和学校领导进行汇报，并与各兄弟院校团委开展广泛交流，收到了良好的效果。

对外宣传方面，始终与社会媒体保持着良好的合作关系，为校团委和学校开展的各项活动作好宣传报道。一年来，新华社、《人民日报》、中央电视台、《光明日报》、《中国青年报》等媒体对我校团学工作的报道达到近百次，进一步扩大了我校共青团工作的社会影响。

12月初，《青年人大》与兄弟高校合作，成功举办了“高校校报巡展”。12月10日，《中国青年报》以“《青年人大》领跑高校报纸巡展”为题对《青年人大》作了全面报道，同时给予了《青年人大》以高度的评价，为《青年人大》扩大了影响，树立了良好的社会形象。

四、大学生素质拓展计划实施工作

2002年，是团中央全面推进大学生素质拓展工作的重要年份。为积极响应团中央、教育部和全国学联的号召，3月底，校团委承接了大学生素质拓展计划的具体实施工作。

5月初，我校就大学生素质拓展认证系统在全国率先提出“双证时代”概念，受到团中央书记处书记赵勇同志的充分肯定。同期，中国人民大学素质拓展认证系统网络版（1.0）开发完成。在广泛征求相关部处负责人、专家学者和团学干部意见的基础上，校团委对素质拓展认证系统不断进行了修订和审议。12月，最终确定了我校大学生素质拓展认证系统的理念和模式，并对大学生素质拓展认证系统作出升级（2.0版），在操作系统上完全实现了最终确定的理念和方案，得到了团中央领导和兄弟高校的一致认可。

五、课外学术活动

2002年，在全面推进大学生素质拓展工作的进程中，校团委把学生的科研创新能力定位为核心竞争力，从创造、创业、创新三个角度加以推动，通过参与创业竞赛、企业课题攻关等形式，积极整合社会资源，服务我校学生核心竞争力的培养。

10月30日，我校获得第三届“挑战杯”中国大学生创业计划竞赛高校优秀组织奖，环境学院汤传毅等5位同学的作品《艾可美生态设计与咨询有限责任公司（设计方案）》获得全国铜奖，这是我校在该项赛事中首次获奖，也是以管理科学为核心内容的作品首次获奖。12月4日，首届海峡两岸知识竞赛决赛在中央电视台举行。由韩冰、张楠迪扬、孙京博三位学生组成的我校代表队勇摘桂冠。

六、社会实践

2002年，我校学生社会实践工作注重通过课题立项、联合组队等形式将实践活动与专业学习结合起来，不断提高活动层次。

4月21日，首都大学生学习、宣传、实践“三个代表”重要思想成果汇报会在我校隆重召开。7—9月，校团委组织了3 000多名学生组成百余支社会实践团，分赴新疆、贵州、四川、陕西、广东、黑龙江、西藏、河南、辽宁等地开展社会实践活动。其中“三个代表”实践服务团37支，“公民道德”实践宣讲团41支，博士研究生农村增收成才服务团6支。

2002年，我校暑期学生社会实践工作获得“全国先进单位”称号，并同时受到北京市委宣传部、北京市教育工委、北京团市委、北京市学联的表彰，获得全部6项奖励；赴新疆研究生“三个代表”实践服务团获得“全国先进团队”称号。

七、青年志愿者行动

2002年是中国人民大学青年志愿者行动不断扩大行动规模、保持高水平发展的一年。在本年度，我校志愿者组织建设继续推进，向着项目化、规范化和专业化方向发展，多次举办全国性、跨校性大型活动，受到社会各界广泛关注和认可。

3月28日，由团中央、中国青年志愿者协会组织实施的中国青年志愿者海外服务计划在我校正式启动。留学生志愿服务工作有了新的进展，近200名中外学生“一对一”结成对子，参与到文化助残、社区服务工作中去；举办“韩国文化节”等国际交流活动；组织“汉语角”，以“中国文化之武术表演”、“中国民乐”等主题向留学生介绍中国传统文化。

利用“5·19”全国助残日这一契机，深入拓展文化助残工作。通过为残疾人士举行青春健康教育课、手语讲座、义卖、万人签名等活动，将文化助残工作开展到了实处。5月19日，全国助残日到来之际，中共中央统战部部长王兆国、全国残联主席邓朴方等领导人到海淀街道友谊居委会视察社区助残工作，我校青年志愿者参与相关活动，受到了领导的接见和高度评价。以“6·5”地球日为契机，启动“环保一月行”活动，推进环保志愿服务。6月5日，志愿者们开展了环保图片展、环保DIY变废为宝、“绿色承诺卡签名”等活动。以世界艾滋病日为契机，开展艾滋病防控宣传活动。8月10—16日，全国大学生“爱心红丝带”志愿者交流营在我校举行，通过专题讲座、参观交流、同伴教育、辩论、文体活动、预防艾滋病宣传海报设计大赛等形式让来自全国7个省市30余所大学的志愿者进一步了解艾滋病防控知识，关爱艾滋病病人和携带者，呼吁全社会关心爱护艾滋病人。同时，青年健康之旅系列讲座及影展也同时举行。

11 月 1 日，全校 800 名志愿者出色地完成了校庆庆典接待、引导、服务、校史校情解说、外宾陪同等工作，受到了学校领导和各界校友的一致认可。以校庆为契机，校园志愿服务力度加大，尤其体现在救防志愿服务工作不断深入推进等方面。4 月 11 日，"'关爱工程'——迎接校庆 65 周年"救防志愿服务系列活动正式启动。

5 月 15 日，校青协救防志愿服务队献血服务分队启动。5 月 24 日，举办"献血爱心大使"林依伦全国巡演人大歌友会，近 3 000 人参加此次活动。11—12 月，举办"讲述献血的故事"征文比赛。

八、社团活动

2002 年，学生社团在校团委的指导下举办了各类学生喜闻乐见的学术和文体活动，并举办了首届社团文化节。各学生社团共举办讲座 108 场、各类演出 13 次、艺术鉴赏活动约 90 次、展览 8 次、户外活动 11 次、联欢会 10 次。社团指导中心与各学生社团共同总结了首届文化节的经验教训，并将相关情况结集为《跬步集》。

九、校园文化

2002 年是我校校园文化生活大丰收的一年。4 月 28 日，江泽民同志等党和国家领导人来我校视察，观看了民族乐团的汇报演出，并给予了高度的评价。李岚清同志称赞该乐团为"业余团体，专业水平"。当晚，"春天的旋律——热烈欢迎江总书记来人大视察"专场演出隆重举行。

3 月 25 日，全新改版的五四文化艺术节亮相，开幕式暨北京歌舞团二十世纪经典音乐会人大专场，令全校师生耳目一新。5 月 12 日举行的五四文艺比赛颁奖典礼更是一次大胆的尝试，引进奥斯卡颁奖典礼的形式，令当晚的典礼气氛异常热烈。9 月 15 日，台湾原住民文化园艺术团人大专场演出在八百人大教室举行，来自宝岛的少数民族风情深深感染和打动了广大同学。

11 月 1 日，人大 65 周年校庆文艺晚会在世纪馆隆重举行；12 月 1—7 日，CUBA 大学生篮球联赛东北赛区比赛在世纪体育馆开赛，开幕式、闭幕式以及文艺演出将我校文化活动变得更加多元和丰富；12 月 8 日，第十七届"一二·九"合唱比赛在世纪馆举行，更大的规模、更热烈的气氛成为了本届比赛的一大亮点；12 月 28 日，以我校学生艺术团为演出主体的"2003 首都大学生新年音乐会"在世纪馆举行，得到各界普遍好评。

2002 年，校学生艺术团各分团继续在北京市及全国各地举办专场演出和音乐会，8 月 13—23 日我校合唱团一行 61 人在校党委副书记张建明的带领下前往法国、德国、奥地利三国进行文化交流演出，获得圆满成功。这是我校学生艺术团体第一次走出国门，登上世界舞台。

十、学生会与研究生会

（一）学生会

本年度，校学生会内部建设得到加强。制定了《中国人民大学学生会奖惩制度》、《中国人民大学学生会工作制度》、《中国人民大学学生会例会制度》等；并在干部招新中首次实行定编定岗，优化了人力资源配置，提高了工作效率；继续实行面向全校同学的招聘活动，保证干部录用的公平、公正、公开；成立培训班，对学生会全体干部进行全面细致的综合培训；创建《工作简报》，改版《工作参考》，完成《工作手册》的编写。

2002年，校学生会邀请各界知名人士举办了30多场学术水平高、内容丰富的学术讲座，并于10—12月，成功举办第十届辩论赛。"服饰文化节形象大使大赛"、"微缩服饰展"、"心情故事征集"、"校园设计制作大赛"等活动以及首次在世纪馆举行的"倾城之旅，霓裳之恋"服饰文化节专场演出，也极大地丰富了广大同学的文化生活。还举办了"五四青年游园联欢晚会"、"迎新文艺演出"、"台湾原住民专场文艺演出"、"校艺术团专场演出"等文化活动，并参与组织协调"65周年校庆文艺晚会"，受到了广泛的好评。成功举办"2002年校庆杯足球超级联赛"和"中国人民大学校庆杯健美操大赛"等传统赛事；积极组织在我校举行的"飞利浦大学生足球联赛"的开幕式以及部分比赛；并在"第五届CUBA中国大学生篮球联赛东北赛区比赛"举行中，配合有关部门承办了比赛宣传及场地布置等多项工作。

(二) 研究生会

4月3日，校研究生会第九届委员会扩大会议选举产生了新一届研究生会常委会。新一届研究生会围绕学校的发展目标，组织和引导同学们积极学习科学理论，提高政治素养，坚定政治信仰，坚持以学术为主线、以实践为重点的工作思路，充分发挥研究生会的角色优势。通过举办学术讲座，开展社会实践和丰富多彩的文体活动，陶冶广大同学的情操，努力营造和繁荣健康、高雅、积极、向上的校园文化，先后举办了"科学精神走进人文殿堂"系列论坛、"中国人民大学历届博士毕业生系列讲座"、迎校庆"名师名家"系列讲座等在校内外具有重要影响的学术论坛，丰富了校园学术文化氛围。12月12日，由我校研究生会主办，北京大学研究生会、北京师范大学研究生会、中国社会科学院研究生会和中央党校研究生会协办，以"经济全球化背景下的企业创新与发展"为主题的"首届北京高校博士生论坛"，在全国范围内产生了重要影响。

为树立"团结、创新、务实、高效"的新形象，校研会在2002年进行了整体VI形象设计。同时，积极建设"研究生在线网"(www.yjsol.com)和刊物《研究生时代》，加强网络化建设和我校研究生学术科研阵地化建设。全面加强基层研究生会组织建设，组织召开了中国人民大学各院系研究生会主席联席工作会议。并进一步明确角色定位，全面代表和维护同学权益，做好学生尤其是研究生与学校沟通的渠道。通过在学校教学楼和宿舍楼设立研会服务信箱和在"研究生在线网"上建立权益保护专栏等多种形式，努力搜集和反映同学呼声，代表和维护同学权益，促进学校发展，充分发挥桥梁和纽带作用。

同时，校研究生会注重加强与兄弟高校研究生会的交流与合作，以争取推动高校研会工作全面发展。4月，主办了"2002年首都高校研究生会工作研讨会"。

人物

■ 中国共产党全国代表大会代表、全国人大代表和政协委员

全国人大代表：

第十届　郑功成（常委）　纪宝成　王利明

全国政协委员：

第十届　魏权龄　郭国庆　徐庆平

■ 中国共产党北京市代表大会代表、北京市人大代表和政协委员

中国共产党北京市代表大会代表：

第九届　程天权（代表、市委委员）　陈雨露　冯惠玲

北京市人大代表：

第十二届　史际春（常委）　何光沪

北京市政协委员：

第十届　周淑真（常委）　张惟英（常委）　邹正方　刘彭芝

袁济喜　肖鸣政　季冬生　甄　贞

■ 民主党派中央委员、北京市委委员

中国民主同盟

民盟中央第九届中央委员会委员：魏权龄　郭国庆

民盟中央第十届中央委员会委员：郭国庆　郑功成

民盟北京市委副主任委员：郭国庆

中国国民党革命委员会

民革中央第十届中央委员会委员：张惟英　汤维建

民革北京市委委员：张惟英

■ 国务院学位委员会委员名单

袁　卫

■ 国务院学位委员会第四届学科评议组成员名单
(1997年5月20日组成)

(以姓氏笔画为序)

方汉奇　邓荣霖　刘大椿　李文海　纪宝成　许征帆　罗国杰　林　岗
郑杭生　袁　卫　高铭暄　黄　达　曹喜琛　曾宪义

■ 北京市学位委员会委员名单

林　岗

■ 北京市学位委员会第一届学科评议组成员名单

(以姓氏笔画为序)

刘大椿　李　强　杨瑞龙　杨东梁　赵秉志　罗伟雄
袁　卫　徐二明　章安祺

■ 教授名单

（以评定时间和调入学校时间为序）

人文学院：

戴　逸	肖　前	夏甄陶	罗国杰	张立文	方立天	李文海	陈先达
杨焕章	刘大椿	郭　湛	程光炜	孙中原	郭成康	黄克剑	李毓璋
成复旺	章安祺	黄爱萍	陈志良	安启念	宋志明	杨　耕	杨恒达
李世安	成崇德	李秋零	焦国成	袁济喜	殷国光	叶凤美	张　法
金元浦	徐兆仁	张　研	陈　桦	王鸿生	郝立新	张国风	杨慧林
孙家洲	何　瑜	马俊峰	龚　群	张志伟	欧阳志远	王旭晓	叶君远
徐　浩	黄兴涛	李　燕	葛晨虹	向世陵	张风雷	陈慕泽	刘凤云
杨念群	李　林	王皖强	詹杭伦	韩陈其	余　虹	宋永培	姜日天
欧阳谦	许　鹏	贺　阳	孙秀秋	李小树	牛润珍	王政尧	张世明
何光沪	温金玉	黄朴民	华林甫				

经济学院：

吴大琨	宋　涛	卫兴华	高鸿业	吴易风	胡乃武	杜厚文	黄泰岩
黄卫平	杨瑞龙	方福前	陈　建	贺耀敏	高德步	韩小明	彭　刚
徐茂魁	张　宇	姚开建	吴汉洪	樊素洁	陈享光	李义平	雷　达
刘振亚	于同申	刘凤良	陈勇勤	郑超愚	韩玉军	关雪凌	

财政金融学院：

黄　达	王传纶	陈　共	安体富	朱毅峰	吴晓求	张婀娜	谭荣华
高培勇	郭庆旺	任淮秀	陈雨露	梁　晶	沈伟基	张洪涛	朱　青
钱　晟	赵锡军	刘曼红	林清泉	庄毓敏	张　杰		

法学院：

高铭暄	曾宪义	赵秉志	王利明	刘春田	朱景文	龙翼飞	史际春
何家弘	郑　定	陈卫东	徐孟洲	赵秀文	韩大元	韩玉胜	胡锦光
黄京平	董安生	朱力宇	叶秋华	杨建顺	叶　林	卢建平	谢望原
赵晓耕	甄　贞	吴宏伟	周　珂	郭　禾	杨立新	林　嘉	汤维建
姚　辉	范　愉	莫于川	张新宝	朱文奇	邵沙平	余劲松	

马克思主义学院：

许征帆	庄福龄	沈云锁	段忠桥	梁树发	张雷声	吴潜涛	秦　宣
刘建军	赵　汇	徐志宏	张　新	曾枝盛	方竹兰		

社会学系：

郑杭生	潘绥铭	李路路	林克雷	郑也夫	夏建中
胡鸿保	于显洋	李迎生			

人口学系：

邬沧萍	翟振武	苏　苹	郝虹生	乔晓春	杜　鹏	姚　远

国际关系学院：

周新城	程虎啸	李景治	黄嘉树	宋新宁	陈　岳	杨炳章	张　鸣
张小劲	李宝俊	钟亚平	刘　晓	周淑真	张惟英	王乐理	金正昆
时殷弘	陈新明	金灿荣					

新闻学院：

方汉奇　喻国明　涂光晋　程曼丽　蔡　雯　郭庆光
倪　宁　郑保卫　赵　赜　周小普

徐悲鸿艺术学院：

郑晓华　徐庆平　沈尧伊　许　俊　洪　涛

外国语学院：

李守京　钱晓惠　张卫平　赖志金　易友人　成同社
张勇先　孙　宏　田育英　袁　妮　陈世丹

对外语言文化学院：

陶　沙　金　戈　张卫国　李逸安　李　泉

环境学院：

马　中　万　融　杨昌举　邹　骥　陈　冠　马忠玉

信息学院：

魏权龄　陈　禹　王　珊　方美琪　胡显佑　朱来义
杨　健　杜小勇　赵国庆　陈　红　孟小峰　林　勇

商学院：

阎达五　李占祥　李宝山　邓荣霖　朱小平　马月才　郭国庆　徐二明
卢东斌　郑明身　戴德明　包　政　黄卫伟　荆　新　耿建新　马龙龙
王利平　王化成　王凤彬　李　平　徐　泓　宋远方　于富生　林　钢
刘凤军　杨　杜　吕一林　伊志宏　李　焰　宋　常　谷克鉴　赵　苹
江　林　成　栋　张瑞君　刘国山

公共管理学院：

刘起运　顾海兵　董克用　朱立言　陈秀山　叶卫平　许光建　张成福
齐明山　刘　瑞　孙久文　张康之　武少俊　靳晓黎　叶剑平　张可云
毛寿龙　陈　璋　叶裕云　秦惠民　严金明

劳动人事学院：

曾湘泉　彭剑锋　孙树菡　肖鸣政　郑功成　姚裕群
孙健敏　潘锦堂　李　昕　常　凯

档案学院：

郭莉珠　张辑哲　赵国俊　刘耿生　胡鸿杰

统计学系：

顾　岚　赵彦云　易丹辉　何晓群　吴喜之　金勇进
高敏雪　张　波　王晓军　彭　非

中共党史系：

彭　明　王顺生　王　东　温乐群　齐鹏飞　杨凤城　吴美华

农业经济系：

严瑞珍　罗伟雄　孙中才　程漱兰　唐　忠　孔祥智

成人教育学院：

杨干忠　陈兴滨　张　践　王琪延　缪代文　王国元

网络教育学院：

顾宗连

体育部：

赵影华

附　中：

许作良

图书馆：

杨东梁　宋平生　马文锋　武继山

出版社：

王　霁　王学敏　陈　莹　周蔚华　沈小农　陈泽春

徐瑞芝　刘　志　孟　超　王克方

书报资料中心：

邱金利

宣传部：

李梦超

后勤管理处：

彭和平

校医院：

赵永奎

校级领导：

纪宝成　程天权　沈云锁　袁　卫　牛维麟　林　岗　石亚军

张建明　冯　俊　冯惠玲　马俊杰　王新清　周建明

注：以上人员名单中包括研究员、研究馆员和编审。

2002年逝世人员

单位	姓名	性别	出生年月	参加工作时间	职务职称	享受待遇	逝世时间
经济学院	徐　禾	男	1925/03	1946/07	教授	局级	2002/01/15
基建处	高洪安	男	1930/12	1947/06	干部	处级	2002/02/19
商学院	刘志宽	男	1928/10	1949/03	副教授	处级	2002/03/15
经济学院	方　生	男	1925/10	1949/05	教授	局级	2002/04/05
哲学系	张懋泽	男	1928/08	1947/09	教授	局级	2002/04/24
哲学系	方　华	男	1923/03	1948/08	教授	局级	2002/05/06
图书馆	颜国雄	男	1931/11	1949/09	副研究员	处级	2002/05/26
财经学院	侯梦蟾	男	1927/05	1949/09	教授	处级	2002/06/05
中文系	俞圣祺	男	1916/06	1938/11	系副主任	局级	2002/07/07
书报中心	束中耀	男	1923/09	1949/05	科长	处级	2002/07/07
中文系	刘忆萱	女	1909/03	1949/09	副教授	局级	2002/07/09
信息学院	江　昭	男	1927/11	1948/12	教授	局级	2002/08/24
统战部	付瑞峰	男	1920/02	1944/03	部长	副局级	2002/09/17

注：按离休干部，处级、副教授以上人物统计。

附录一　2002年中国人民大学大事记

1—3月，根据教育部有关指示和学校安排，我校清史研究所郭成康、陈桦、成崇德和黄兴涛4位教授先后为中共中央政治局常委、国务院副总理李岚清等领导同志举办题为“清史四讲”的学术讲座。讲授的内容分别为“康乾盛世的成就与隐患”、“清代财政与社会经济发展”、“康乾盛世的疆域与民族”和“清代文化的发展与清朝文化政策的得失”。

1月5日，“全球化条件下两岸三地劳工与社会保障研讨会”在我校隆重举行。本次会议由我校劳动人事学院和香港城市大学当代中国研究中心共同主办。来自国家劳动和社会保障部、民政部、国务院体改办等部门，台湾、香港和大陆27所大学和中国社会科学院等研究机构的80位专家学者参加会议。

1月11日，学校召开校领导班子成员述职报告会，校党委委员、纪委委员、校务委员会委员、全体现职中层干部、教代会主席团成员及各民主党派负责人参加了会议。大会由校党委书记程天权主持。

1月13日，为落实《研究北京大学、清华大学、中国人民大学环境治理和后勤社会化改革等有关问题的会议纪要》（国阅［2002］1号）精神，国务院副秘书长高强率有关部委领导来我校考察校园周边环境并召开会议，研究我校环境整治和建设发展的有关问题。国家计委副主任于广洲、教育部副部长张保庆、财政部副部长张佑才、中国人民银行副行长吴晓灵、国家科教领导小组办公室副主任廖晓淇、北京市副市长刘敬民和总后勤部有关部门负责人出席会议。

1月14—21日，纪宝成校长率我校代表团赴台湾，先后访问了政治大学、中山大学、辅仁大学、东吴大学、逢甲大学、朝阳科技大学、育达职业技术学院以及逸仙文教基金会，考察了解各学校或组织的办学历史、发展现状、管理体制、校园环境、办学条件、办学理念和成功经验，洽谈今后进一步合作的相关事宜。之后，纪宝成校长一行顺访香港，拜访了香港部分高校、政府部门、大型企业及中资机构，并拜会了南怀瑾等知名学者。

1月17日，美国哈佛大学肯尼迪政府学院商务和政府中心亚洲项目执行主任朱丽安·常（Julian Chang）教授和项目发展及行政教育部高级副部长彼得·兹摩曼（Peter Zimmerman）教授访问我校，并与我国MPA教育指导委员会及我校和部分国内院校的MPA教学负责人、教授举行了会谈。

1月19日，中共北京市委副书记龙新民，副市长刘敬民、林文漪率队检查我校周边环境整治工作。本次检查旨在落实2001年12月李岚清副总理关于北大、清华、人大三校环境治理和发展规划有关问题的重要指示以及1月13日国务院副秘书长高强在我校主持的专题会议精神。

1月23日，由我校劳动人事学院和美国康乃尔大学劳工与产业关系学院合作开展的全球远程教育项目产业关系与人力资源管理系列课程通过可视会议系统正式开课。

1月26日，中国人民大学入驻深圳虚拟大学园签约仪式在深圳举行。我校校长纪宝成、副校长兼深圳研究院院长袁卫和中共深圳市委副书记、深圳市常务副市长李德成，深圳市副市长郭荣俊，深圳市政协原常务副主席、我校校友邵汉青等出席签约仪式。

1月31日，教育部公布第二次全国重点学科评审结果，我校共有25个学科入选，总数居全国高校第五位，其中社会科学类重点学科居第一位，人文类重点学科居第二位。

2月21日，教育部副部长张保庆来我校考察校园规划和基础建设情况并主持会议，落实《研究中国人民大学周边环境整治有关问题的会议纪要》（国阅［2002］8号）的有关精神，研究我校亟须解决的相关问题。

2月23日，作为中央有关部门主办的“部级领导干部历史文化讲座”系列之一，我国著名历史学家、我校清史所教授戴逸应邀为中央和国家机关130名部级领导干部主讲《论康雍乾盛世》。

2月28日，我国首届MPA开学典礼在我校举行，全国人大常委会副委员长蒋正华出席典礼并讲话。国家人事部副部长、全国MPA教育指导委员会主任委员尹蔚民，国土资源部副部长李元，国家行政学院副院长唐铁汉，中国行政学会会长郭济和我校领导纪宝成、程天权等出席典礼。我校首次招收的240名MPA学员当天开学。

2月，根据北京市规划委员会《关于中国人民大学校园总体规划的批复》（市规发［2002］170号），我校校园总体规划得到北京市有关部门批准。

3月7日，学校召开座谈会，欢送首批4名赴广东挂职锻炼干部。这是落实2001年3月21日中共中央政治局委员、广东省委书记李长春同志接见我校校长纪宝成时双方达成的合作意向的具体行动。

3月8日，纪宝成校长会见香港凤凰卫视咨询台总编辑、首席时事评论员阮次山。当日晚，纪校长作客香港凤凰卫视“时事开讲”栏目，作题为“WTO与中国高教改革”的演讲。

3月11日，纪宝成校长会见香港理工大学校长潘宗光。双方商定联合筹划两校65周年校庆活动及金融和管理学学术研讨会等事宜。

3月15日，纪宝成校长、程天权书记会见中共广东省委常委、珠海市委书记黄龙云和珠海市市长方旋一行，双方进行了亲切友好的交谈。

袁卫副校长应邀参加中国华融资产管理公司博士后科研工作站揭牌仪式，并代表我校与该公司在联合培养博士后研究人员协议书上签字。

3月17日，我校经济学名誉博士、诺贝尔奖获得者、国际著名经济学家罗伯特·蒙代尔访问我校，纪宝成校长、袁卫副校长会见了蒙代尔教授。

3月18—19日，由我校中共党史系发起并主办的第一届全国中共党史博士学位点学科建设高层研讨会在我校召开。

3月21日，我校举行授予厄瓜多尔总统古斯塔沃名誉博士学位仪式，纪宝成校长向古斯塔沃总统授予我校法学名誉博士学位证书并致贺辞，古斯塔沃总统致答谢辞并发表演讲。

3月29日，我校校长纪宝成、清史研究所所长成崇德赴文化部参加《清史》纂修筹备工作领导小组会议。纪宝成校长系该领导小组成员，成崇德教授为领导小组联络员。

我校已故教授、我国著名历史学家尚钺同志诞辰100周年纪念大会在我校举行。全国人大副委员长彭珮云、朝鲜驻华大使崔镇洙和我校领导程天权等出席会议。

4月1日，纪宝成校长会见台湾淡江大学校长张纮炬一行，签订了两校建立合作关系的意向书。

4月5日，我校举行推选北京市第九次党代会代表大会。大会按照有关要求，从中共北京市委正式批复的4名候选代表中正式选举出程天权、冯惠玲、陈雨露3位同志作为北京市第九次党代会代表。

4月5—6日，学校办公室组织召开主题为“沟通，协调，规范，高效”的全校办公室主任和党务秘书工作会议。

4月8日，我校与广东省珠海市人民政府合作建设中国人民大学南方（珠海）校区协议书签字仪式在我校举行。教育部副部长张保庆，中共珠海市委副书记、市长方旋，我校领导纪宝成、程天权等出席签字仪式。程天权书记主持仪式。纪宝成校长与方旋市长分别代表双方在协议书上签字。张保庆副部长、方旋市长、纪宝成校长分别讲话，广东省副省长李鸿忠致电表示祝贺。

4月11日，上海市教育工会代表团访问我校。程天权书记出席座谈会并讲话。

4月12日，我校召开2002年研究生工作会议。国务院学位委员会办公室主任、教育部研究生工作办公室主任、中科院院士周其凤和我校校长纪宝成、党委书记程天权、副校长袁卫出席会议并讲话。

4月14日，由我校中文系承办的"中国古代文体与文学"国际学术研讨会暨人大复印报刊资料"中国古代、近代文学研究"专家咨询会在我校举行。包括香港、台湾在内的全国各地和韩国古代文学领域的专家学者70余人参加此次会议。

4月16—18日，冯俊副校长赴四川荣县吴玉章老校长故乡出席我校书报资料中心向玉章中学捐赠书刊仪式。

4月19日，林岗副校长会见来访的越南财经大学校长一行。

4月20—22日，由我校商学院MBA职业发展中心、《当代经理人》杂志社联合举办的"2002中国首届创业者高峰年会"在我校召开。

4月21日，首都大学生学习、宣传、实践"三个代表"重要思想成果汇报会在我校举行。人大、北大、清华等首都高校的团干部、学生以及学生社团代表近百人参加会议。团中央书记处书记赵勇等出席报告会。

4月22日，由我校经济学院承办的"马克思主义经济学与21世纪"国际学术研讨会在我校举行。

4月24—25日，由我校国际关系学院和欧洲问题研究中心共同主办的"中亚地区安全与大国关系"国际学术研讨会在北京友谊宾馆举行。

4月24日，国家统计局局长、我校兼职教授朱之鑫应邀来我校为师生作了题为"加入WTO后统计工作的新特点、新要求"的报告。

4月26日，纪宝成校长、冯俊副校长会见希腊教育与宗教事务部部长佩特劳斯·埃佛塞米欧一行。我国驻希腊大使馆教育官员和教育部国际司欧洲处项目负责人参加会见。

纪宝成校长会见香港岭南大学校长陈坤耀一行。

4月27日下午，教育部部长陈至立来我校考察，听取我校校长纪宝成、党委书记程天权关于学校工作的汇报，并前往我校图书馆、逸夫会议中心、中区食堂考察。

4月28日，中共中央总书记、国家主席江泽民亲临我校考察工作。中共中央政治局常委、国务院副总理李岚清，中共中央政治局委员、北京市委书记贾庆林随同考察。随同江总书记考察的还有中共中央办公厅主任王刚，中共中央政策研究室主任滕文生，教育部部长陈至立，中共中央办公厅副主任、中央警卫局局长由喜贵，江泽民同志办公室主任贾廷安等。在纪宝成校长、程天权书记的陪同下，江总书记先后参观了我校建校65年成就展、文史阅览室、电子阅览室和图书馆特色藏品。江总书记在吴玉章老校长的雕像前驻足，并兴趣盎然地观看了学生艺术团民族乐团的排练。随后，江总书记亲自主持我校师生代表座谈会。纪宝成校长汇报了学校实践"三个代表"重要思想，创建以人文社会科学为主的世界一流大学的工作情况；清史研究所教授戴逸、法学院院长曾宪义、财政金融学院院长陈雨露和学生代表李红、王颖分别发言。听取师生代表的发言后，江总书记就发展繁荣我国哲学社会科学问题发表了重要讲话，并希望中国人民大学建设成为以人文社会科学为主的世界知名的一流大学。他强调，65年来，中国人民大学为马克思主义在中国的传播和普及，为我国哲学社会科学的发展和繁荣，为我国社会主义革命、建设和改革事业的发展作出了重要贡献。座谈会结束时，程天权书记代表全校师生员工向总书记表达了崇高的敬意和衷心的感谢。随后，江泽民总书记又兴致勃勃地来到学生食堂，同正在就餐的学生们愉快交谈。

当晚，我校召开全校师生员工代表大会，学习江总书记视察我校发表的重要讲话。纪宝成校长主持大会，全体校领导和师生代表800余人参加了会议。纪宝成校长、程天权书记发表重要讲话，号召广大师生振奋精神，为创建“以人文社会科学为主的世界知名的一流大学”而努力奋斗。

4月29日，学校召开党委常委扩大会，全体校领导认真学习江总书记“4·28”讲话，并就如何落实江总书记讲话精神进行了深入研究、讨论；党委组织部组织部分中层干部座谈会，深入学习并探讨如何贯彻落实江总书记“4·28”讲话精神；校党委宣传部组织召开我校老教授学习讨论江总书记“4·28”讲话座谈会。

纪宝成校长、冯俊副校长会见澳大利亚工党领袖西蒙·克林（Simon Crean）先生一行。会见结束后，克林先生发表演讲并回答师生提问。澳大利亚驻华大使艾大伟随同来访。

4月29日—5月3日，纪宝成校长赴韩国参加在汉城举办的“2002年中韩大学校长会议”。

4月30日，程天权书记、冯惠玲副校长参加教育部组织的教育部直属高校学习江总书记在中国人民大学的重要讲话座谈会。教育部副部长袁贵仁主持座谈会，程天权书记作主题发言。

学校召开中层干部大会，通报江总书记考察我校的情况，部署全校贯彻落实江总书记“4·28”讲话精神的相关工作。

4月，教育部办公厅发出通报，表彰2001年度报送信息先进单位，我校名列其中。

4月，中共中央政治局常委、全国人大常委会委员长李鹏校友为我校深圳校友会捐赠母校的吴玉章塑像题字。

5月7日，香港慈辉佛教基金会会长杨宏、中国佛教协会副会长净慧法师一行出席我校哲学系宗教学系与香港慈辉佛教基金会共同设立“慈辉奖学金”签字仪式。

5月8日，我校举行“全国百所重点中学校长论坛”，纪宝成校长出席开幕式并致辞。林岗副校长主持开幕式，张建明副书记作学校情况介绍。

北京市社科联组织召开学习江泽民总书记在人民大学重要讲话座谈会，冯惠玲副校长出席并讲话。

5月11日，中国人民大学深圳研究院挂牌仪式在深圳虚拟大学园举行。深圳市常务副市长李德成，副市长王顺生，市政协原常务副主席、我校校友邵汉青和我校领导纪宝成、程天权、袁卫出席仪式。袁卫副校长主持挂牌仪式。

纪宝成校长到深圳大学为深圳市人文社会科学工作者、深圳大学师生800余人作了题为“新时期繁荣我国哲学社会科学事业的思考”的演讲。纪校长还被聘为深圳大学名誉教授和深圳大学中国经济特区研究中心顾问。

5月11、12日，第二届中日人力资源开发与管理国际研讨会在我校举行。

5月12日，我校深圳研究院与深圳市生产力学会、《深圳特区报》报社等单位联合举办“加入WTO之后的中国社会与经济”论坛。校领导纪宝成、程天权、袁卫出席论坛并分别演讲，高培勇、吴晓求、何家弘等我校5位教授也出席论坛并发表演讲。

5月13日，纪宝成校长赴广东省佛山市考察，在中共佛山市委书记林浩坤的陪同下参观了广东佛陶集团股份有限公司，并就加强我校与佛山市合作问题进行了交流。

5月15—20日，由中国高等教育学会和中国人民大学联合主办的“人文教育中的科学精神与科学方法”高级研讨班在我校举行。来自全国64所高校的92位代表参加了本次研讨班。

5月15日，北京造纸六厂破产清算组与我校签订《北京造纸六厂土地及附着物交接协议》。我校副校长牛维麟和北京市一轻集团公司副总经理、北京造纸六厂破产清算组负责人张庆水分别代表双方在协议上签字。

5月17日，由我校与中国社会科学院当代中国研究所共同创办的“当代中国研究中心”成立仪式在我校举行。纪宝成校长和中国社会科学院朱佳木副院长共同为中心揭牌并分别致辞。

5月18日，我校举行“中国人文社会科学论坛（2002）”。全国人大常委会副委员长成思危，中宣部副部长雒树刚，中国社会科学院副院长朱佳木，教育部党组成员、中纪委驻教育部纪检组组长田淑兰，我校领导纪宝成、程天权和200多名专家学者出席论坛开幕式。纪校长致开幕词，就贯彻“4·28”讲话提出三点倡议：倡议国家在制定哲学社会科学五年规划的基础上，加快制定全国哲学社会科学长期发展规划；倡议启动21世纪国家发展繁荣哲学社会科学行动计划；倡议建立和完善哲学社会科学工作者研究成果的评价机制，并尽快付诸实施。程书记作题为“实践‘三个代表’重要思想，发展繁荣哲学社会科学”的主题报告。冯惠玲副校长主持大会。

5月20日，原北京造纸六厂占用我校土地移交工作在原厂区内进行。北京造纸六厂破产清算组负责人向我校资产与产业管理处、校园建设管理处负责人移交了原厂区大门钥匙和有关资料，我校保卫部门随即接管了厂区的安全保卫工作，校园建设管理处安排施工单位对厂区围墙进行了整修。至此，被占用整整40年的该块土地终于回归我校。

5月21日，程天权书记、冯俊副校长会见WTO副总干事门多萨（Mendoza）一行。随同来访的有联合国贸发组织知识产权和人才开发项目主任佩德罗·罗费（Pedro Roffe）、WTO知识产权局局长海斯等。

受纪宝成校长委托，冯惠玲、冯俊副校长会晤日本东京大学校长佐佐木毅，就双方今后在人文社会科学领域的交流合作进行磋商；袁卫副校长会见德国杜伊斯堡大学副校长海杜克教授一行。

5月22日，中国共产党北京市第九次代表大会正式选举产生中共北京市第九届委员会，我校党委书记程天权当选为委员。

校领导纪宝成、袁卫、冯俊会见美国布法罗纽约州立大学校长威廉·格兰纳（William R. Greiner)教授一行，双方进行了亲切友好的会谈并签署了校际合作协议。

纪宝成校长、冯俊副校长会见了英国牛津布鲁克斯大学校长格雷厄姆·厄普顿（Graham Upton）教授一行，双方签署了为期5年的合作协议。

5月25日，教育部党组副书记、副部长周济一行来我校考察，纪宝成校长向周济副部长作了工作汇报。程天权书记等出席汇报会。

陈一兵副书记出席陕北公学、华北联合大学校友纪念会并致辞。我校老校长黄达主持纪念会。

我校与哥伦比亚大学合作项目签约仪式在我校举行。哥伦比亚大学著名教授、诺贝尔经济学奖获得者罗伯特·蒙代尔，哥伦比亚大学国际关系与公共事务学院院长莉莎·安德森女士和我校校长纪宝成、副校长冯俊参加签约仪式。

5月27日—6月9日，纪宝成校长、冯惠玲副校长率我校代表团访问美国加州州立大学、圣荷塞大学、斯坦福大学、加州大学伯克利分校、丹佛大学、哥伦比亚大学、乔治·华盛顿大学、密歇根大学、金新信托公司和世界银行。

5月30日，斯洛文尼亚外交部长鲁佩尔一行访问我校，鲁佩尔部长还为我校师生作了演讲。

5月，我校世界经济、国际政治、计算机应用技术和行政管理等4个学科点获批为北京市普通高等学校重点学科。

6月8日，“2002亚洲管理教育论坛”在我校举行，全国人大常委会副委员长周光召、国务院发展研究中心副主任陈清泰、教育部副部长章新胜出席开幕式，程天权书记出席并致辞，袁卫副校长主持开幕式。

6月8、9日，由我校法学院和日本律师协会联合举办的“中日司法改革研讨会”在我校举行。

6月9日，共青团中国人民大学第十七次代表大会召开。中国人民大学原团委书记、中共北京市委常委、政法委书记吉林，团中央学校部部长白希，共青团北京市委副书记方力，我校领导程天权等出席本次大会，出席大会的还有北大、清华等兄弟院校的团委书记。全校400百多名团员代表参加了会议。

我校举行仪式，聘任摩托罗拉公司高级副总裁兼中国区董事长赖炳荣为我校客座教授。

6月10—15日，应香港《大公报》的邀请，纪宝成校长作为主礼嘉宾赴香港出席该报百年报庆活动。在港期间，纪校长应邀分别出席香港特别行政区行政长官董建华、中央政府驻港联络办主任姜恩柱、《大公报》社长王国华等举办的专宴，同时还会见了北京、上海、天津等地的领导同志和多名香港政要、知名人士。

6月11日，纪宝成校长和香港生产力促进局总裁邓观瑶在香港签订了我校与香港生产力促进局专业发展项目合作协议书，双方将在专业课程培训等方面进行广泛而深入的合作。

6月13日，由香港《大公报》发起主办、我校参与协办的“世界报业发展论坛”在香港隆重举行。全国人大常委会副委员长成思危、香港特区行政长官董建华、国务院新闻办公室主任赵启正、《人民日报》社长许中田、全国人大常委曾宪梓和我校校长纪宝成等出席开幕式。

6月14日，“中国—加拿大迁移与流动国际学术研讨会”在我校举行。加拿大亚太基金会副主席胡元豹、加拿大驻华大使馆公使戈登·霍顿（Gordon Houlden）和我校党委书记程天权出席开幕式并致辞。

6月16日，由中国行政管理学会和美国公共行政学会联合举办、我校公共管理学院承办的首届中美公共管理国际学术研讨会在我校举行。全国人大常委会副委员长蒋正华致信祝贺，国务院副秘书长徐绍史、中国行政管理学会会长郭济、国际行政科学学会副主席徐颂陶、我校校长纪宝成和美国行政学会前会长霍哲、国际公共管理大师尼古拉斯·亨利、欧文·休斯、特里·库珀等近200名国内外资深专家、知名学者出席开幕式。

6月17日，国务院秘书长王忠禹在中南海会见首届中美公共管理国际学术研讨会部分代表，我校校长纪宝成、副校长冯俊及公共管理学院院长董克用参加会见。

6月20日，我校举行校园基础设施改扩建工程开工典礼，纪宝成校长出席典礼并致辞，程天权书记宣布工程开工，冯惠玲副校长代表学校接受施工单位北京住总市政总公司和监理单位中咨工程建设监理公司捐款，马俊杰副校长主持典礼。

6月23日，我校举行经济学院卫兴华教授从教50周年学术座谈会，纪宝成校长出席并致辞。

6月24日，我校老校长黄达教授作为应邀的12位学者之一，参加了朱镕基总理在中南海主持的经济工作座谈会。

6月26日，纪宝成校长、牛维麟副校长会见国家电力公司副总经理兼中国华能集团公司董事长、总经理李小鹏。双方就加强校企合作进行了深入交谈。

纪宝成校长、冯俊副校长会见韩国高等教育财团事务总长金在烈率领的代表团一行。双方初步议定由我校组建亚洲问题研究中心，韩国高等教育财团资助该中心10年的研究经费。

国家科教领导小组办公室副主任廖晓淇、国办秘书三局副局长张永民来我校考察现有学生宿舍情况，校领导纪宝成等陪同考察并介绍了我校校园规划、学生宿舍建设等有关情况。

我校举行庆祝建党81周年纪念大会，表彰了我校2002年度优秀共产党员和优秀党务工作者。

6月27日，我校财政金融学院举办“黄达-蒙代尔经济学讲座暨《货币经济学手册》（中文版）首发仪式”；冯俊副校长会见了该书主编哈佛大学经济学教授本杰明·弗里德曼。

6月28日，我校举行2002届毕业生毕业典礼。纪宝成校长发表讲话，张建明副书记主持大会。

在京部分高校党风廉政建设工作座谈会在我校召开，教育部纪检组组长、党组成员田淑兰一行来我校参加会议并检查我校党风廉政建设责任制落实情况。校党委书记程天权作了工作汇报，党委副书记王新清、纪委书记周建明参加座谈会。

我校举行授予热若尔·罗兰先生名誉教授仪式暨第五届“现代经济学前沿高级讲习班”学术报告会。

6月29日，我校举行“当前我国财政金融形势与政策暨王传纶教授八十华诞学术研讨会”，纪宝成校长、黄达老校长和林岗副校长出席研讨会。

7月1日，纪宝成校长、冯俊副校长会见田中弘允校长率领的日本鹿儿岛大学代表团，双方签署了友好交流协议书。

7月3日，纪宝成校长、冯惠玲副校长会见台湾青年学者大陆访问团全体成员。

7月8日，第四届吴玉章奖基金委员会第一次会议在我校举行。会议讨论了第四届吴玉章奖的评审进展情况及今后的发展问题。纪宝成校长主持会议，程天权书记等该委员会全体委员出席会议。

7月10、11日，我校隆重举行全校学科建设大会，纪宝成校长作题为“全面加强学科建设，创建世界一流大学”的报告，袁卫副校长主持大会并作题为“关于我校学科建设现状的分析”的报告。全体校领导和各院系（所）、机关各部处负责人、教师代表共300多人参加大会，并进行分组讨论。

7月16日，程天权书记、冯俊副校长会见来我校访问的英国外交大臣斯特劳一行。

7月18—23日，我校中层干部暑期培训班在广东省珠海市举办。学校党政机关主要部门负责同志、各分党委（党总支、直属党支部）书记、各院系分管行政工作的副院长（副系主任）、校教代会主席团成员等近60人参加了本次培训。校领导纪宝成、程天权等出席会议并讲话。

7月20—30日，纪宝成校长出席由教育部主办的“中外大学校长论坛”，并作为论坛小组负责人参加相关组织工作和座谈活动。会议期间，纪校长还专门向教育部部长陈至立、副部长周济汇报了学校工作。

7月22日，由我校新闻学院、新闻与社会发展研究中心与国际传播协会联合举办的“中国传播业未来发展研讨会”在我校举行。本次研讨会系国际传播协会（ICA）2002年年会的组成部分，来自美国、中国香港和中国内地的新闻传播界专家学者100多人参加了会议。

7月23—26日，由国际劳工组织北京局资助、我校劳动人事学院主办的“中美劳动关系与人力资源管理专业建设研讨会”在我校举行。

8月7日，纪宝成校长应邀出席由福建省社科联承办的全国各省、直辖市、自治区社科联协作会暨东南论坛学术报告会，并作题为“学习江总书记讲话，繁荣人文社会科学”的报告。

8月13—23日，应奥地利维也纳大学、德国法兰克福市政厅等的邀请，张建明副书记率我校学生艺术团合唱团一行54人，赴奥地利、德国、法国三国进行文化交流演出。

8月16日，“中国高校教材图书网”（www.sinobook.com.cn）开通仪式在我校隆重举行。中宣部副秘书长兼新闻出版广播影视业改革与发展办公室主任邬书林、教育部副部长袁贵仁、新闻出版总署副署长柳斌杰、我校党委书记程天权等出席网站开通仪式。教育部社政司司长靳诺同志主持开通仪式并致开幕词。

8月19日，中共中央政治局委员、北京市委书记贾庆林主持座谈会，听取我校建设以人文社会科学为主的世界知名的一流大学的有关工作汇报，研究解决我校建设和发展的有关问题。纪宝成校长代表学校向北京市委、市政府领导作了工作汇报。在听取汇报之后，贾庆林书记作重要讲话，对我校给予高度的肯定和评价，并代表北京市委、市政府表示，一定要满腔热情地大力支持人民大学的发展，以实际行动切实贯彻江泽民总书记在人民大学的讲话要求。与会市领导龙新民、孟学农、蒋效愚、朱善璐、林文漪、刘敬民等领导同志也先后讲话，一致表示要对人民大学建成世界知名的一流大学给予大力支持，并就学校提出的具体问题的解决提出了意见和建议。校领导程天权、牛维麟、林岗、冯惠玲、马俊杰等参加座谈会。

8月20—27日，王新清副书记率我校师生代表团一行36人赴台湾逢甲大学、政治大学、淡江大学进行文化交流。

8月23日，在北京市海淀区商业委员会的主持下，我校与超市发连锁公司、禾谷园连锁公司举行交接签字仪式，正式接收超市发人大店、禾谷园人大粮店等商业网点。

8月28日，我校召开全校中层干部会议，通报学校暑期工作进展情况并布置新学期工作。

8月31日，我校成立"中国人民大学南方（珠海）校区建设总指挥部"，纪宝成校长兼任总指挥，牛维麟、林岗、张建明兼任副总指挥。同时成立中国人民大学南方（珠海）校区建设工作委员会，牛维麟副校长兼任该委员会主任，校长助理王霁兼任常务副主任，发展规划处处长关伟兼任副主任。

暑期，我校3 000多名学生组成了100多支社会实践团，分赴新疆喀什和阿勒泰、陕西延安、广东东莞、黑龙江大庆、四川康定、河南南阳等地，开展社会实践活动，其中有"三个代表"实践服务团37支、"公民道德"实践宣讲团41支、博士研究生农村增收成才服务团6支等。

9月2日，教育部副部长张保庆一行来我校视察，校领导纪宝成、程天权、牛维麟陪同。

中国共产党中国人民大学第十二次代表大会预备会召开。大会审议通过了代表资格审查报告，通过了大会主席团成员、秘书长名单和大会议程。程天权同志介绍了大会筹备情况，并提出开好本次大会的要求。

9月3—4日，中国共产党中国人民大学第十二次代表大会召开。教育部党组成员、副部长袁贵仁，中共北京市委常委、市委教育工作委员会书记朱善璐，中央组织部干部三局副局长夏崇源，教育部人事司副司长张兰春，中共北京市委教育工作委员会副书记夏强、李明，教育部人事司处长贾德勇，中共北京市委教育工作委员会联络室原主任张希文，大会主席团执行主席、我校党委书记程天权，大会主席团执行主席、我校校长纪宝成，大会主席团执行主席、我校领导牛维麟、林岗、张建明、马俊杰、王新清、陈一兵，我校老领导张腾霄、黄达、马绍孟等出席了开幕式。大会由我校校长、大会主席团执行主席纪宝成主持，开幕式上，袁贵仁副部长、朱善璐书记作了重要讲话，我校党委书记程天权书记代表第十一届党委作题为"实践'三个代表'思想，加强党的建设，为创建以人文社会科学为主的世界知名的一流大学而奋斗"的工作报告。大会全面总结了我校第十一次党代会以来的工作，提出了创建以人文社会科学为主的世界知名的一流大学的远景目标和近期主要任务，号召全校共产党员和广大师生员工以"三个代表"重要思想为指导，认真学习、贯彻、落实江泽民同志"4·28"讲话精神，加强和完善学校党的建设，为创建以人文社会科学为主的世界知名的一流大学提供有力的思想、政治、组织保证。经过严格的投票程序，马俊杰、王新清、王霁、牛维麟、叶秋华、冯俊、冯惠玲、刘向兵、刘彭芝、纪宝成、杨瑞龙、吴潜涛、张建明、陈一兵、陈雨露、陈桦、林岗、郝立新、袁卫、徐志宏、程天权当选为中国共产党中国人民大学第十二届委员会委员；王学敏、王新清、龙翼飞、严守权、吴美华、耿建新、郭洪林、涂光晋、董克用、焦国成、靳振英当选为中共中国人民大学新一届纪律检查委员会委员。大会通过了《中国共产党中国人民大学第十二次代表大会关于第十一届委员会工作报告的决议》和《中国共产党中国人民大学第十二次代表大会关于纪律检查委员会工作报告的决议》。

9月4日下午，纪宝成校长、冯俊副校长会见来访的英国总检察长史密斯（Gold Smith）勋爵一行。

9月5日，纪宝成校长、冯惠玲副校长出席我校与北京市商业银行授信签字仪式。

9月6日，冯俊副校长会见韩国国民大学校长郑城镇一行。

9月6—18日，程天权书记率团对国际劳工组织（ILO）总部、法国国际商学院、国际劳工组织都灵培训中心和意大利米兰大学进行友好访问，在广泛的领域达成了多项合作意向。

9月7日，新中国成人高等教育暨中国人民大学成人高等教育创办50周年庆祝大会在我校隆重举行。全国人大常委会副委员长成思危、教育部部长陈至立、全国政协委员王光美、北京市常务副市长孟学农等致信祝贺。我校老校长袁宝华、全国政协副秘书长孙怀山、国务院新闻办公室副主任李冰、教育部副部长赵沁平等出席大会，纪宝成校长出席会议并致辞。

9月8日，冯惠玲副校长应邀出席美国加州州立大学海沃德分校北京项目办公室成立仪式，并与该校校长就两校合作开展人文奥运研究和举办学术论坛等事宜进行了交流。

9月9日，我校举行2002—2003学年新生开学典礼，校领导和老教授宋涛、黄达、李文海、许崇德、邬沧萍、陈先达等在主席台就座，纪宝成校长作重要讲话。张建明副书记主持典礼，邬沧萍代表老教授发言，杨瑞龙代表教师发言。2002级本科新生2 300余人参加了开学典礼。

我校举行世纪馆、游泳馆和运动场三大工程竣工典礼，纪宝成校长致辞祝贺，并与校领导牛维麟、林岗、张建明一起为工程竣工剪彩。

纪宝成校长、冯俊副校长会见德国洪堡大学校长于尔根·穆里耐克（Jurgen Mlynek）一行。

我校举行2001—2002学年十大教学标兵、宝钢优秀教师奖表彰大会。纪宝成校长代表学校向获奖教师表示祝贺并向全校教师致以节日问候。

9月10日，纪宝成校长率中国MPA教育指导委员会北欧公务考察团赴北欧四国进行为期19天的考察。

冯俊副校长会见来访的韩国庆熙大学校长赵正源一行。双方签署两校学术合作协议书。

9月16日，我校南方（珠海）校区规划设计方案发标仪式在珠海市举行，德国GMP、美国SWA与Gensler和澳大利亚PTW等设计单位参加投标。

我校举办“中日劳动和社会保障立法研讨会”，中日两国劳动法、社会保障法专家就全球化条件下劳动社会保障立法面临的问题及其前景进行了深入探讨和交流。

9月24日，程天权书记会见专程来我校捐赠老子塑像的中共广东省佛山市委书记林浩坤一行。

9月25日，由我校教育科学研究所等单位举办的“2002年国际教育合作周”（北京）正式拉开帷幕，纪宝成校长出席开幕式并发表题为“新世纪发展中国高等教育的思考”的演讲。

纪宝成校长、冯俊副校长会见我校校友、中华全国工商业联合会副主席保育钧和《香港商报》总编陈锡添。

9月26—30日，在中日邦交正常化30周年之际，纪宝成校长、冯俊副校长应日本创价学会名誉会长、创价学会国际会长池田大作和创价大学的邀请访问日本。在日期间，纪校长接受了创价大学授予的名誉博士学位，并代表我校授予池田大作先生名誉教授称号。纪校长一行还访问了日本文部科学省，与有关官员举行了会谈。

9月26—28日，由我校发起并由中国工业经济联合会、中华全国工商业联合会、中国市长协会和我校共同主办的“首届学习型组织国际论坛”在北京举行。本次论坛的主题是“21世纪变革·创新·发展”。全国人大常委会副委员长王光英、全国政协副主席经叔平为大会发来贺信。全国人大常委会副委员长铁木尔·达瓦买提、北京市副市长林文漪等出席论坛并讲话。学习型组织理论的积极倡导者、世界管理大师、麻省理工学院彼得·圣吉博士参加论坛，并作题为“第五项修炼——10年来学习型组织发展历程”的主题演讲。

9月26日，程天权书记会见德国国防部高级顾问、前北约军事委员会主席瑙曼将军一行。

9月28日，新闻出版总署副署长柳斌杰来我校出版社考察调研。我校党委书记程天权、教育部社政司司长靳诺等陪同考察。

9月28、29日，第三届中日人力资源开发与管理国际研讨会在我校举行。

9月30日，第四届吴玉章奖基金委员会第二次会议在我校举行。

9月，2002年度国家自然科学基金项目申报评审工作结束，我校有10个项目获得国家自然科学基金委员会资助，获得资助经费145万元。另外，我校申报的科技部“863计划”信息技术领域“十五”规划的1个课题也获准立项，获得资助经费40万元。

10月1—16日，纪宝成校长应邀率团访问美国哥伦比亚大学、乔治·梅森大学、犹他大学、加州州立大学长滩分校、纽约州立大学布法罗分校等院校和美国联邦储备局纽约分部、高盛投资公司等机构，会见了美国国会部分中国问题专家，拜会了中国驻美国大使馆及驻纽约和洛杉矶领事馆等机构的负责人。

10月8、9日，由俄罗斯圣彼得堡国立财经大学和我校联合举办的首届“中俄高级经济论坛”在我校举行。俄罗斯驻华大使罗高寿，俄罗斯圣彼得堡国立财经大学校长塔拉谢维奇·列昂尼德·斯捷潘维奇，中国东欧中亚学会会长、前驻俄大使李凤林和我校党委书记程天权等出席开幕式并致辞。

10月9—11日，教育部专家组对我校大学生文化素质教育基地进行中期检查，林岗副校长、张建明副书记陪同并作工作汇报。

10月11—13日，由美国福特基金会赞助、我校社会学理论与方法研究中心举办的“法律与社会国际学术研讨会”在我校举行。

10月12日，我校举行档案学院成立50周年庆祝大会。国家档案局局长兼中央档案馆馆长毛福民、国家档案局副局长郭树银、国家第一历史档案馆副馆长冯伯群和我校副校长林岗、冯惠玲出席大会，全国部分省、市、自治区档案局和部分高校档案专业院系负责人参加大会。

10月12—20日，程天权书记、陈一兵副校长应邀率团访问台湾政治大学、中山大学、逢甲大学、淡江大学等高校。双方就高校行政管理、校园建设、学校资源配置等方面工作进行了深入交流。

10月15日，中共中央宣传部理论局副局长张国祚来我校调研，了解哲学社会科学发展现状，研究改进哲学社会科学工作的办法和措施。冯惠玲副校长就我校哲学社会科学的现状及发展规划作了介绍。

10月18日，我校举行人文学院成立大会。纪宝成校长作重要讲话，冯俊副校长宣读学校关于成立人文学院的决定，王新清副书记宣读人文学院领导班子的任命决定。

郭晶晶等十名国家跳水队运动员正式进入我校人文学院优秀跳水运动员班学习，我校举行开班仪式。牛维麟副校长、张建明副书记和国家体育总局有关领导出席开班仪式。

10月21日，北京大学著名学者张岱年、汤一介和来自海峡两岸的专家学者汇聚我校，共同庆祝中国实学研究会成立十周年。中国实学研究会会长、我校哲学系教授葛荣晋在会上作工作报告。

10月21—26日，为纪念中澳建交30周年及我校建校65周年，我校澳大利亚研究中心举办“第二届澳大利亚文化周”。其间，外交部部长助理、我国驻澳大利亚大使馆前任大使周文重为我校师生作题为“中澳关系与中澳合作前景”的演讲。

10月24日，全国人大常委、教科文卫委员会主任委员朱开轩专程来我校考察工作，纪宝成校长、程天权书记汇报了我校改革和发展的基本情况以及存在的困难和问题。

10月29日，校领导纪宝成、程天权、牛维麟、林岗、冯惠玲一行前往教育部汇报工作。教育部部长陈至立、副部长张保庆和袁贵仁、财务司司长杨周复、社政司司长靳诺、学生司巡视员韩建华、办公厅副主任曹国永、发展规划司副司长季平、国务院学位委员会办公室副主任李军等听取汇报。

我校举行2002年博士学位授予仪式，共有339人获得我校博士学位。校学位评定委员会主席、校长纪宝成，校学位评定委员会副主席、法学院院长曾宪义以及校学位评定委员会委员林岗、冯惠玲、郑杭生、胡乃武、魏权龄、邓荣霖、刘大椿、李景治、章安祺、郭庆光、马中出席仪式。研究生院副院长刘大椿主持仪式。

10月30日，我校举行图书馆建馆65周年庆祝大会。我校副校长林岗、中国图书馆学会副理事长孙蓓欣、国家图书馆党委书记张雅芳等出席会议并致辞。

美国共产党重要理论家哈拉比·瓦底先生在我校发表题为“‘9·11’事件后美国政治经济形势的新变化”的演讲。中宣部理论局原局长靳辉明和我校部分专家学者及博士、硕士研究生100多人聆听了演讲。

10月30、31日，我校举行“发展繁荣人文社会科学高层论坛”。教育部副部长袁贵仁、中宣部副秘书长兼理论局局长陈俊宏、教育部社政司司长靳诺、副司长黄百炼、北京大学、清华大学等12所兄弟院校的主要领导和我校领导纪宝成、程天权等出席论坛。

10月31日，我校举行“知识经济条件下的高等教育”研讨会。香港理工大学校长潘宗光、我校校长纪宝成分别致辞。

我校与兴发集团合作项目签约仪式在我校举行。

世纪馆主馆座椅纪念牌揭牌仪式在我校世纪馆举行。

校领导纪宝成、程天权等分别出席各地校友会和社会各界校庆礼品捐赠仪式。

当晚，我校在世纪金源大饭店隆重举行庆祝我校建校65周年招待晚宴。校领导纪宝成、程天权等和学校老领导、机关部处负责人，以及参加“发展繁荣人文社会科学高层论坛”的部分大学校长(书记)、部分校友共600余人出席招待晚宴。

11月1日，我校建校65周年庆祝大会暨第四届吴玉章奖颁奖仪式在世纪馆隆重举行。中共中央政治局常委、全国人大常委会委员长、我校校友李鹏出席大会并发表重要讲话。中共中央政治局原常委宋平，中共中央政治局委员、中国社会科学院院长李铁映，全国人大常委会副委员长许嘉璐，最高人民法院院长、国家首席大法官、我校校友肖扬，原国家经委主任、我校老校长袁宝华，中共中央统战部常务副部长、我校校友刘延东，教育部部长陈至立，国务院副秘书长、我校校友高强，国家计委常务副主任、我校校友王春正，中共北京市委副书记强卫等领导出席大会。国务委员兼国务院秘书长王忠禹致电祝贺我校建校65周年，陈至立部长代表教育部致辞，中共北京市委副书记强卫宣读中共北京市委、市人民政府贺信，纪宝成校长发表热情洋溢的讲话。北京大学党委书记闵维方、维也纳大学常务副校长约翰·尤伦尼奇分别代表国内大学和国外大学致辞。校党委书记程天权主持庆祝大会，副校长冯惠玲宣布第四届吴玉章奖获奖者名单。吴玉章奖获奖者代表戴逸、校友代表陈锡添、教师代表陈雨露、学生代表侯健美分别在大会上发言。出席庆祝大会的还有国内外高等院校代表、海内外校友与学校师生员工代表共4 000多人。

我校举行校史馆开馆仪式。纪宝成校长代表学校致辞，并与程天权书记、教师代表彭明教授、学生代表王佳等共同为校史馆开馆剪彩。冯惠玲副校长主持仪式。我校知名校友、各地校友会负责人、港澳台大学负责人和知名人士、学校有关部门和单位负责人以及师生代表共360余人参加了开馆仪式。

我校分别举行西北区改造与建设工程启动仪式和多媒体教学楼竣工仪式，教育部副部长张保庆和我校领导出席。

我校举行“庆祝校庆诗书画名家笔会”，包括首都师范大学书法专业博士生导师欧阳中石、解放军艺术学院院长申万胜少将在内的我国诗书画界名家近20人参加了笔会。

我校举行授予最高人民法院副院长万鄂湘和中央党校副校长石泰峰兼职教授仪式。

11月2—5日，牛维麟副校长出席香港理工大学65周年校庆活动和国际应用科技开发协作网第七次网员大会，并顺访澳门大学。

11月2日，我校举行香港嘉汉林业公司向我校环境学院捐赠仪式。冯俊副校长、陈德源董事长、李文华院长代表三方在捐赠协议书上签字。

我校举办各地校友总论坛，程天权书记、冯俊副校长分别讲话，各地校友会负责人参加。

我校举行各省市招办主任座谈会，林岗副校长出席并主持座谈会。

11月4日，我校“十五”“211工程”建设可行性研究报告论证会在逸夫会议中心举行。教育部直属高校工作办公室主任高文兵主持论证会，纪宝成校长就《中国人民大学“十五”“211工程”建设可行性研究报告》向教育部专家组作了说明。下午，教育部专家组宣布对我校“十五”“211工程”

建设可行性研究报告的整体审核意见：专家组一致同意、通过该报告，并建议学校进一步修改完善后抓紧上报。

11月5日，纪宝成校长、冯俊副校长会见西班牙巴塞罗那大学校长琼·图格（Joan Tugore）一行。

纪宝成校长、冯俊副校长会见捷克共和国教育部第一副部长瓦克拉夫·比茨尔（Vaclav Picl）率领的捷克共和国大学校长代表团，双方就开展合作与交流事宜进行了探讨。

11月6、7日，我校南方（珠海）校区规划设计方案评审会在珠海市举行。我校领导纪宝成、程天权、牛维麟、林岗、张建明和珠海市领导王顺生、余荣蔼等出席会议。

11月8日，校领导与学校老领导、理论院系的部分教授和有关部处负责人共同收看中国共产党第十六次全国代表大会开幕式。随后，程天权书记主持召开座谈会，学习讨论江泽民总书记代表中国共产党第十五届中央委员会向大会所作的报告。

11月9日，我校召开党委理论学习中心组扩大会议，深入学习、领会和贯彻党的十六大精神。全体党委委员、纪委委员和“两课”教学指导委员会部分委员以及有关部处、院系负责人参加会议。

11月10日，我校举办第一期青年行政干部培训班，纪宝成校长出席开班仪式并作首场报告。学校各院系所、机关各部处、各直（附）属单位的科级干部50余人参加培训。

11月18日，程天权书记会见前来我校出席瑞士文化周活动开幕仪式的瑞士驻华大使德雷耶(Dreyer) 先生一行。

11月18—23日，纪宝成校长、冯俊副校长率团赴香港出席我校与香港理工大学联合举办的共庆建校65周年研讨会及《香港商报》50周年报庆座谈会。在港期间，纪校长一行拜会了香港特别行政区行政长官董建华、香港金利来集团董事局主席曾宪梓和香港方树福堂基金会主席方润华、李嘉诚基金会负责人，介绍了我校的基本情况和发展目标，并就高等教育和人文社会科学新发展等问题分别交换了意见。

11月19日，我校举行学习贯彻十六大精神报告会，程天权书记详细解读了十六大报告的主题、内容、精神实质等，并部署了我校学习宣传贯彻十六大精神的有关工作，马俊杰副书记主持报告会。全校各院系、机关各部处负责人及党员代表共300余人参加了报告会。

11月21日，我校举行教代会主席团和工会常委会联席会议，程天权书记出席会议并作学习党的十六大精神辅导报告，马俊杰副书记主持会议。

11月25日，纪宝成校长、程天权书记分别会见来我校访问的挪威管理学院伊乐生教授一行，就加强MPA和EMBA人才培养方面的校际合作等问题进行了交流。

11月26日，纪宝成校长、戴逸教授以领导小组成员身份参加文化部召开的《清史》纂修工作领导小组会议。戴逸教授在会上被提名为《清史》编纂委员会主任。

11月27日，我校举行第二期安第斯共同体五国“中国经济增长模式”研修班开班仪式。玻利维亚驻华大使馆公使埃尔南多·阿尔玛萨、安第斯大学校长胡利奥·加雷特·埃依庸和我校校长纪宝成等出席开学典礼并致辞，厄瓜多尔、委内瑞拉和秘鲁等国的驻华使节出席了仪式。

11月28日，程天权书记出席北京市司法局与中国人民大学、清华大学法律援助合作书签字仪式并讲话。

11月30日，“中国人民大学孔子研究院成立庆典暨‘孔子与当代’国际学术研讨会”在我校隆重举行。全国人大常委会原副委员长谷牧，全国政协常委、民进中央副主席楚庄，教育部副部长章新胜，国学大师张岱年，孔子后裔孔黛碧小姐和我校校长纪宝成、党委书记程天权出席成立庆典并讲话。冯俊副校长主持会议，孔子研究院院长张立文教授致辞。孔子研究院网站“孔子在线”同时开通。

袁卫副校长结束在日本为期三个月的研究教授工作后返校。在日期间，袁副校长访问了与我校有合作关系的明治大学、札幌学院大学、九洲大学和一桥大学，参加了日本中国人民大学校友会成立大会。

12月1日，第五届中国大学生篮球联赛（CUBA）东北赛区决赛开幕式在我校举行。纪校长致开幕词，程书记宣布比赛开始，张建明副书记主持仪式。

12月3日，程天权书记会见日本驻我国大使馆文化公使宫家邦彦先生。

12月4日，中英合作气候变化“省级决策者能力建设”培训班在我校开幕。我校党委书记程天权、英国驻华大使馆公使斯蒂芬·布拉德利（Stephen Bradley）等出席开幕式并分别致辞。

我校代表队获得首届海峡两岸知识大赛冠军。国务院台办、国家广播电视总局、中央电视台和台湾中天电视台负责人出席决赛并为我校代表队颁奖。我校代表队由中共党史系本科生韩冰、国际关系学院本科生张楠迪扬和孙京博三人组成，中共党史系副主任齐鹏飞教授担任领队。

12月5日，我校举行仪式，授予香港商界知名人士冯国经名誉教授称号。

12月6日，纪宝成校长赴人民大会堂出席霍英东教育基金会第八届青年教师基金暨青年教师奖颁奖大会。我校经济学院副教授孟捷、哲学系副教授李萍获青年教师基金资助，清史研究所教授黄兴涛获研究类青年教师二等奖，商学院教授伊志宏获教学类青年教师三等奖。

12月6—11日，冯惠玲副校长应日本学习院大学邀请，赴日本出席“档案教育国际研讨会”，并作题为“跨越纸媒体——信息时代的中国档案教育”的学术报告。

12月7日，由我校劳动人事学院与香港城市大学当代中国研究中心、台湾政治大学劳工研究所合作主办的“两岸三地变革中的就业环境与社会保障研讨会”在我校举行。我校党委书记程天权、劳动和社会保障部副部长张小建、中国社会保险学会会长王建伦出席开幕式并致辞。

12月8日，我校法学院主办的“大法官讲坛”、“大检察官讲坛”、“名家法学讲坛”三大讲坛之一的“大法官讲坛”开幕，最高人民法院院长、首席大法官、我校校友肖扬和我校领导纪宝成、程天权等出席开幕式。法学院院长曾宪义主持开幕式，法学院师生代表400余人参加了开幕式。肖扬院长以“法院、法官与司法改革”为题作“大法官讲坛”首场讲演，就法院与法院的职能与作用、人民法院司法改革的情况及推进司法体制改革的思考等问题作了深刻而生动的阐述。讲演结束后，曾宪义院长主持召开座谈会，最高人民法院院长肖扬和我校领导纪宝成、程天权等出席座谈会，我校法学院师生代表40余人参加座谈会。

12月9日，中国高等院校“211工程”项目评估论证会在我校举行，袁卫副校长代表我校向教育部专家汇报了我校“十五”“211工程”设备购置情况，并回答了专家的提问。

由我校劳动人事学院和《中国社会保障》杂志社合办的“首届中国社会保障论坛”开幕式在我校举行。国务院发展研究中心党组书记兼副主任陈清泰、国家劳动和社会保障部副部长刘永富、全国政协常委范宝俊、中国社会保险学会会长王建伦和我校领导纪宝成等出席论坛开幕式。全国人大副委员长丁石孙、全国人大原副委员长雷洁琼给本次论坛发来了贺信。

12月10日，教育部人防办主任刘家富带领教育部人防协作组来我校检查人防工作，将我校人防工作评定为优秀等级。

12月11日，纪宝成校长、冯俊副校长会见澳大利亚驻华大使艾大伟（David Irvine）先生。会见后，艾大伟先生为我校师生作了题为“澳中外交关系展望”的演讲。

12月12日，由中国人民大学、北京大学、北京师范大学、中共中央党校、中国社会科学院研究生院等单位研究生会共同举办的首届“万通地产”北京高校博士生论坛在我校举行，此次论坛主题为“经济全球化背景下企业的创新与发展”。

世界银行副行长芳妮·欧迪埃（Frannie Lé Autier）在世行北京办事处召集主题为“Learn through partnership”（建立伙伴关系，形成学习网络）的圆桌会议。冯俊副校长应邀出席会议，并向与会代表介绍我校与世界银行的主要合作项目和今后的合作意向。

12月13日，纪宝成校长为广州市委托我校教育培训中心举办的“广州市干部公共管理知识培训班”作题为“与时俱进与人文社会科学的发展”的报告。

12月14日，我校校长纪宝成出席由北京市社会科学界联合会和北京师范大学联合主办的“2002学术前沿论坛——小康社会：创新与发展”学术论坛并致辞。我校郑杭生教授等10人参加论坛并作讲演。

12月16日，由中央电视台“科学·教育频道”与我校新闻中心合作录制的“百家讲坛”人大系列讲座在我校开讲。纪宝成校长以“创新与人文社会科学的发展”为题作首场讲演。按计划，我校将有百名知名教授先后登上“百家讲坛”。

12月18日，“《马克思主义研究译丛》出版新闻发布会暨新世纪国外马克思主义发展走势研讨会”在我校举行，中共中央宣传部、中央编译局、中国社会科学院、北京大学、复旦大学等单位领导和我校相关领域的专家、学者近60余人参加会议。

12月24日，纪宝成校长参加在中南海召开的第四次全国高校后勤社会化改革电视电话会议。李岚清副总理出席会议并作重要讲话，对我校解决教师住房问题、置换校园、推进后勤社会化改革工作所取得的成绩给予充分肯定。

12月25日，冯惠玲副校长会见国家审计署副署长刘家义，并为其颁发我校公共管理学院兼职教授聘书。

12月26日，新一届中共中央政治局进行第一次集体学习，我国著名宪法学家、我校法学院教授许崇德以“认真贯彻实施宪法和全面建设小康社会”为题，为中央领导讲解宪法。中共中央总书记胡锦涛主持本次学习活动并发表重要讲话。

我校举行第九届学术委员会第一次全体会议。纪宝成校长为第九届学术委员会委员颁发聘书并讲话。

12月26—28日，张建明副书记出席在杭州举行的中国大学生篮球协会第四届代表大会。我校被推选为大篮协执行主席单位。

12月27日，我校副校长、人文奥运研究中心主任冯惠玲拜会北京市奥组委副主席蒋效愚，汇报我校人文奥运研究中心本学期的主要工作和举办人文奥运国际学术研讨会的有关事宜。蒋效愚高度评价了我校在人文奥运研究方面所做的工作，并同意将我校举办的人文奥运国际学术研讨会纳入奥组委2003年奥运文化节系列活动之中。

我校举行仪式，聘任香港凤凰卫视著名时事评论家阮次山为客座教授。

12月28日，一年一度的中国人民大学青年校友联谊会在我校学生活动中心举行。校领导纪宝成、程天权、张建明、冯俊、马俊杰出席，凤凰卫视著名时事评论员阮次山作为特邀嘉宾出席并作了题为“新形势下的国际关系”的演讲。当晚，参加本次联谊活动的校友们前往世纪馆，观看了由我校承办的首都大学生新年音乐会。中共北京市委教育工委书记朱善璐、团市委书记关成华和我校领导纪宝成、程天权等出席并观看了演出。

我国第一个以刑法学家命名的基金“高铭暄刑法学发展基金”在我校成立。最高人民检察院副检察长张穹、公安部副部长罗锋、中共北京市委常委、政法委书记吉林和我校党委副书记王新清等出席成立仪式。

12月30日，我校举行“世界一流大学与人文社会科学”学术报告会暨座谈会。美国加州大学伯克利分校经济系教授、我校客座教授钱颖一博士作报告，并同与会人员座谈。

12月，我校党委决定将原“邓小平建设有中国特色社会主义研究中心”更名为“邓小平理论研究中心”，同时成立“‘三个代表’重要思想研究中心”。两个中心实行两块牌子一套班子的体制，归学校党委领导，校党委书记程天权兼任“三个代表”重要思想研究中心主任。

12月，按照中央有关要求和教育部、中共北京市委总体部署，为充分发挥我校在理论学科领域的整体优势，整合相关理论研究力量，帮助我校师生进一步深入学习、领会党的十六大精神，经学校党委研究决定，正式成立我校学习十六大精神宣讲团。宣讲团组成人员有校领导程天权、张建明、马俊杰、王新清及我校部分专家。

12月，2002年全国优秀博士学位论文评选工作全部结束，我校有3篇论文入选，分别是肖群忠的《中国孝文化研究》(导师：罗国杰)、田宏杰的《中国刑法现代化研究》(导师：赵秉志)、蔡雯的《新闻传播的策划与组织——宏观新闻编辑研究》(导师：郑兴东)。

12月，我校出版社出版的《管理科学文库》(四册)荣获由中共中央宣传部、新闻出版总署组织评审的第十三届“中国图书奖”。

12月，2002年度教育部人文社会科学研究项目申报结果揭晓。我校共有25个项目获准立项，经费合计133万元。我校此次共申报人文社会科学研究项目129项，立项率为19.4%。同时，教育部批准我校2002年度人文社会科学重点研究基地重大项目25项，经费合计500万元。

附录二 2002年中国人民大学党发、校发文件目录

2002年校党字文件

人大校党字［2002］1号	关于孙华玲同志职务任免的通知
人大校党字［2002］2号	关于刘尔铎、陈稹同志职务任免的通知
人大校党字［2002］3号	关于转发《教育部党组关于王新清等同志职务任免的通知》的通知
人大校党字［2002］4号	关于万融同志免职的通知
人大校党字［2002］5号	关于孙红培同志职务任免的通知
人大校党字［2002］6号	关于周石、李英同志职务任免的通知
人大校党字［2002］7号	关于任徐志宏、王新清同志职务任免的通知
人大校党字［2002］8号	关于郑水泉、吴潜涛同志职务任免的通知
人大校党字［2002］9号	关于王嘉谟同志政治历史的补充结论
人大校党字［2002］10号	关于高祥阳同志任职的通知
人大校党字［2002］11号	关于杨凤城、于国红同志任职的通知
人大校党字［2002］12号	关于做好中共北京市委第九次代表大会代表选举工作的通知
人大校党字［2002］13号	关于陈一兵、沈云锁同志职务任免的通知
人大校党字［2002］14号	关于2001—2002学年第二学期全校教职员工理论学习计划的通知
人大校党字［2002］15号	关于召开共青团中国人民大学第十七次代表大会的请示
人大校党字［2002］16号	关于召开中国人民大学第二十五次学生代表大会的通知
人大校党字［2002］17号	关于文书锋同志任职的通知
人大校党字［2002］18号	关于中共党史系设置党委的通知
人大校党字［2002］19号	关于马克思主义学院张雷声等同志职务任免的通知
人大校党字［2002］20号	关于经济学院高德步等同志职务任免的通知
人大校党字［2002］21号	关于转发北京市教育工会批复的通知
人大校党字［2002］22号	关于印发《学习、宣传和贯彻江泽民总书记考察我校重要讲话的决定》的通知
人大校党字［2002］23号	关于召开中国共产党中国人民大学第十二次代表大会的通知
人大校党字［2002］24号	关于评选表彰优秀共产党员和优秀党务工作者的通知
人大校党字［2002］25号	关于焦国成等同志职务任免的通知
人大校党字［2002］26号	关于解江凌等同志任职的通知
人大校党字［2002］27号	关于加强学校统一战线工作的意见

人大校党字［2002］28号	关于王宏伟同志职务任免的通知
人大校党字［2002］29号	关于张茹同志任职的通知
人大校党字［2002］30号	关于魏惠云、张庆兰同志职务任免的通知
人大校党字［2002］31号	关于组建中国人民大学南方（珠海）校区组织机构的决定
人大校党字［2002］32号	关于赖志金等同志职务任免的通知
人大校党字［2002］33号	关于印发调整学校领导分工的通知
人大校党字［2002］34号	关于印发《2002—2003学年第一学期全校教职员工学习计划》的通知
人大校党字［2002］35号	关于认真组织收听收看十六大会议的通知
人大校党字［2002］36号	关于开展2001—2002学年中层干部年度考核工作的通知
人大校党字［2002］37号	关于秦惠民同志免职的通知
人大校党字［2002］38号	关于解江凌同志任职的通知
人大校党字［2002］39号	关于武惠华同志任职的通知
人大校党字［2002］40号	关于张旭同志任职的通知
人大校党字［2002］41号	关于认真学习贯彻党的十六大精神的通知
人大校党字［2002］42号	关于将中国人民大学“邓小平建设有中国特色社会主义研究中心”更名为“邓小平理论研究中心”和成立中国人民大学“‘三个代表’重要思想研究中心”的决定
人大校党字［2002］43号	关于同意校工会补选马俊杰为学校第四届教代会主席团主席和工会第十三届委员会主席的批复
人大校党字［2002］44号	关于转发校工会《关于召开中国人民大学第五届教代会和第十四次工代会的请示》的通知
人大校党字［2002］45号	关于召开处级领导干部民主生活会的通知

2002年校政字文件

2001—2002学年校政字20号	关于调整校园住房功能布局的决定
2001—2002学年校政字21号	关于贤进楼划归后勤集团的决定
2001—2002学年校政字22号	中国人民大学重点研究基地机构管理细则（试行）
2001—2002学年校政字23号	中国人民大学关于转发教育部《关于加强学术道德建设的若干意见》的通知
2001—2002学年校政字24号	中国人民大学2001—2002学年第二学期工作计划要点
2001—2002学年校政字25号	关于纪宝成同志兼任中国人民大学深圳研究院法人代表的通知
2001—2002学年校政字26号	关于公布中国人民大学第九届学术委员会组成人员名单的通知
2001—2002学年校政字27号	关于成立“中国人民大学当代中国研究中心”的决定
2001—2002学年校政字28号	关于开展安全大检查和安全月活动的紧急通知
2001—2002学年校政字29号	关于转发教育部《关于中国人民大学第六届学位评定委员会组成人员名单的批复》并公布各分委员会名单的通知
2001—2002学年校政字30号	关于印发《中国人民大学基本建设资金使用、管理办法(试行)》的通知

2001—2002 学年校政字 31 号	关于印发《中国人民大学职工交通补贴暂行办法》的通知
2001—2002 学年校政字 32 号	关于印发《中国人民大学运营性班车实施办法》的通知
2001—2002 学年校政字 33 号	中国人民大学科级干部岗位交流工作暂行办法
2001—2002 学年校政字 34 号	中国人民大学职工提前退休暂行办法
2001—2002 学年校政字 35 号	关于印发《中国人民大学本科学生学籍管理实施细则》的通知
2001—2002 学年校政字 36 号	关于重新修订《中国人民大学本科学生成绩考核及管理办法（修订)》的通知
2001—2002 学年校政字 37 号	中国人民大学机构设置（调整）报批、行文的若干规定
2001—2002 学年校政字 38 号	关于组建成立人文学院的决定
2001—2002 学年校政字 39 号	关于印发《中国人民大学〈关于发放岗位业绩酬金的实施意见（试行)〉的修改补充规定》和《中国人民大学岗位业绩酬金调整方案》的通知
2001—2002 学年校政字 40 号	中国人民大学深化住房制度改革政策时间延期实施办法
2001—2002 学年校政字 41 号	关于调整我校用电收费编制的通知
2001—2002 学年校政字 42 号	中国人民大学引进高层次人才工作暂行办法
2001—2002 学年校政字 43 号	中国人民大学无房新职工发放校外购房租房补贴暂行规定
2001—2002 学年校政字 44 号	中国人民大学关于注销关闭北京泛亚信息咨询公司等校办中小企业的决定
2001—2002 学年校政字 45 号	关于发布实施《中国人民大学 65 周年校庆活动实施方案》的通知
2001—2002 学年校政字 46 号	关于下达中国人民大学北戴河学术交流中心建设计划的通知
2001—2002 学年校政字 47 号	关于成立中国人民大学孔子研究院的决定
2001—2002 学年校政字 48 号	关于我校孔子研究院的组织机构和人员安排的决定
2002—2003 学年校政字 1 号	关于印发《关于遴选博士生导师的几点意见》的通知
2002—2003 学年校政字 2 号	关于中国人民大学南方（珠海）校区建设领导和工作机构的通知
2002—2003 学年校政字 3 号	中国人民大学《国家奖学金评审实施办法》
2002—2003 学年校政字 4 号	关于转发教育部《学生伤害事故处理办法》的通知
2002—2003 学年校政字 5 号	关于成立信托与基金研究所的决定
2002—2003 学年校政字 6 号	中国人民大学关于同意中国人民大学附属中学与中华人民共和国文化部对外联络局等七家单位建立共建关系的批复
2002—2003 学年校政字 7 号	中国人民大学捐赠工作管理办法
2002—2003 学年校政字 8 号	关于试行新的中国人民大学视觉形象识别系统的决定
2002—2003 学年校政字 9 号	关于公布中国人民大学“十五”“211 工程”建设领导小组及“211 工程”办公室主任、副主任名单的通知
2002—2003 学年校政字 10 号	关于老龄研究中心更名的决定
2002—2003 学年校政字 11 号	关于中国文化与经济发展研究所更名的决定
2002—2003 学年校政字 12 号	中国人民大学关于调整《档案学通讯》出版机构名称的决定
2002—2003 学年校政字 13 号	中国人民大学基建、修缮工程预算、结算、决算审计实施

细则（试行）
2002—2003 学年校政字 14 号　关于成立中国传统文化研究中心的决定
2002—2003 学年校政字 15 号　关于成立中国人民大学人文奥运研究中心的决定
2002—2003 学年校政字 16 号　关于离退休教职工管理处更名的决定

2002 学年校长字文件

2001—2002 学年校长字 36 号　关于同意麻占全同志辞职的决定
2001—2002 学年校长字 37 号　关于刘向兵等同志职务任免的通知
2001—2002 学年校长字 38 号　关于李建华、王彩云同志免职的通知
2001—2002 学年校长字 39 号　关于张小劲、陈岳同志职务任免的通知
2001—2002 学年校长字 40 号　关于徐志宏同志免职的通知
2001—2002 学年校长字 41 号　关于陈雨露等同志职务任免的通知
2001—2002 学年校长字 43 号　关于高伊林同志任职的通知
2001—2002 学年校长字 45 号　关于杨瑞龙同志免职的通知
2001—2002 学年校长字 46 号　关于张宇同志任职的通知
2001—2002 学年校长字 47 号　关于沈云锁等同志职务任免的通知
2001—2002 学年校长字 48 号　关于杨瑞龙等同志职务任免的通知
2001—2002 学年校长字 49 号　关于刘京建同志职务任免的通知
2001—2002 学年校长字 50 号　关于学校委派东方兴业网络教育服务有限责任公司董事的通知
2001—2002 学年校长字 51 号　关于朱小平、包政同志免职的通知
2001—2002 学年校长字 52 号　关于张庆旭、罗青松同志职务任免的通知
2001—2002 学年校长字 55 号　关于郭庆光等同志职务任免的通知
2001—2002 学年校长字 56 号　关于郝成义同志任职的通知
2001—2002 学年校长字 57 号　关于杨建国同志任职的通知
2001—2002 学年校长字 58 号　关于杨幼波、梁玉兰同志任职的通知
2001—2002 学年校长字 60 号　关于聘请朱佳木等同志的决定
2001—2002 学年校长字 62 号　关于陈桦等同志职务任免的通知
2001—2002 学年校长字 66 号　关于杜鹏、刘爽同志职务任免的通知
2001—2002 学年校长字 67 号　关于郭洪林、陈桦同志职务任免的通知
2001—2002 学年校长字 68 号　关于郑晓华、冯聪英同志职务任免的通知
2001—2002 学年校长字 69 号　关于吴晓求、伊志宏同志职务任免的通知
2001—2002 学年校长字 70 号　关于魏惠云同志免职的通知
2002—2003 学年校长字 1 号　关于贺耀敏同志任职的通知
2002—2003 学年校长字 2 号　关于王霁同志职务任职的通知
2002—2003 学年校长字 3 号　关于关伟同志职务任职的通知
2002—2003 学年校长字 4 号　关于刘欣同志任职的通知
2002—2003 学年校长字 5 号　关于刘向东同志任职的通知
2002—2003 学年校长字 6 号　关于给予公共管理学院 MPA 硕士生褚滔处分的决定
2002—2003 学年校长字 7 号　关于王放鸣同志任职的通知
2002—2003 学年校长字 8 号　关于吴付来同志任职的通知

2002—2003 学年校长字 9 号　关于张卫平等同志职务任免的通知
2002—2003 学年校长字 10 号　关于张勇先同志保留待遇的通知
2002—2003 学年校长字 11 号　关于张晓京同志任职的通知
2002—2003 学年校长字 14 号　关于 2001—2002 学年第二学期期末考试监考事故通报
2002—2003 学年校长字 15 号　关于 2002—2003 学年第一学期开学期间教学事故通报
2002—2003 学年校长字 20 号　关于刘大椿同志任职的通知
2002—2003 学年校长字 21 号　关于荆新同志任职的通知
2002—2003 学年校长字 22 号　关于刘瑞同志任职的通知
2002—2003 学年校长字 23 号　关于彭非同志职务任免的通知
2002—2003 学年校长字 24 号　关于秦惠民同志免职的通知
2002—2003 学年校长字 25 号　关于李家福、胡娟同志任职的通知
2001—2002 学年校长字 27 号　关于顾涛同志任职的通知

2002 年校办字文件

2001—2002 学年校办字 10 号　关于校友录编辑工作的通知
2001—2002 学年校办字 11 号　关于征集校史资料的通知
2001—2002 学年校办字 12 号　关于调整我校水费收费标准的通知
2001—2002 学年校办字 15 号　关于转发《关于美国巴灵顿大学在中国境内办学之事涉及我校有关情况的声明》的通知
2001—2002 学年校办字 16 号　关于印发《中国人民大学贯彻落实〈机关、团体、企业、事业单位消防安全管理规定〉宣传方案》的通知
2001—2002 学年校办字 17 号　关于对校内非法出版物进行清理检查的通知
2001—2002 学年校办字 18 号　关于印发《中国人民大学临时工管理暂行规定》的通知
2001—2002 学年校办字 19 号　关于调整爱国卫生运动委员会成员的通知
2001—2002 学年校办字 20 号　“五一”劳动节放假通知
2001—2002 学年校办字 21 号　关于调整节能领导小组成员的通知
2001—2002 学年校办字 22 号　关于举行中国人民大学 2002 届毕业典礼的通知
2001—2002 学年校办字 23 号　关于暑期放假的通知
2001—2002 学年校办字 24 号　关于上报《2001—2002 学年第二学期工作总结与 2002—2003 学年第一学期工作计划》的通知
2001—2002 学年校办字 25 号　关于加强学杂费收缴工作的通知
2001—2002 学年校办字 26 号　关于印制校友录的通知
2001—2002 学年校办字 27 号　中国人民大学关于在珠海举办第七期暑期干部培训班的函
2001—2002 学年校办字 28 号　关于召开全校学科建设工作会议的通知
2001—2002 学年校办字 29 号　关于印发纪宝成校长在 2002 年全校学科建设工作会议上讲话的通知
2002—2003 学年校办字 1 号　关于印发《2002 级新生入学教育安排》的通知
2002—2003 学年校办字 2 号　关于重申归口管理教育培训和暂停刊登一切教育培训招生广告的通知
2002—2003 学年校办字 3 号　2002—2003 学年第一学期学生注册情况简报
2002—2003 学年校办字 4 号　关于“十一”放假的通知

2002—2003 学年校办字 5 号　关于进一步加强安全稳定工作的紧急通知
2002—2003 学年校办字 6 号　关于调整临时工工资标准的通知
2002—2003 学年校办字 7 号　关于做好迎接教育部“十五”“211 工程”建设可行性报告专家组论证准备工作的通知
2002—2003 学年校办字 8 号　关于 2003 年元旦、寒假（含春节）放假的通知
2002—2003 学年校办字 9 号　中国人民大学印章管理规定
2002—2003 学年校办字 10 号　关于成立领导科学研究中心的决定
2002—2003 学年校办字 11 号　关于上报各单位获捐赠情况的通知

2002 年校办人字文件

2001—2002 学年校办人字 3 号　关于印发《2002 年第一季度人事任免简报》的通知
2001—2002 学年校办人字 4 号　关于印发《2002 年第二季度人事任免简报》的通知
2002—2003 学年校办人字 1 号　关于离退休教职工管理处成立“离休工作科”、“退休工作科”请示的批复
2002—2003 学年校办人字 2 号　关于校医院科室调整报告的批复
2002—2003 学年校办人字 3 号　关于同意信瑛同志辞职的决定
2002—2003 学年校办人字 4 号　关于校园建设管理处“计划财务科”更名为“计划预算科”请示的批复
2002—2003 学年校办人字 5 号　关于研究生院科室调整请示的批复
2002—2003 学年校办人字 6 号　关于校园网络信息管理中心科室调整请示的批复
2002—2003 学年校办人字 7 号　关于印发《2002 年第三季度人事任免简报》的通知
2002—2003 学年校办人字 8 号　关于确认专业技术职务任职资格的通知
2002—2003 学年校办人字 9 号　关于确认中小学教师职务任职资格的通知
2002—2003 学年校办人字 10 号　关于确认教师职务任职资格的通知
2002—2003 学年校办人字 11 号　关于认定教师及专业技术职务任职资格的通知
2002—2003 学年校办人字 12 号　关于经济学院教研室更名报告的批复
2002—2003 学年校办人字 13 号　关于确认教师职务任职资格的通知
2002—2003 学年校办人字 14 号　关于公共管理学院科级机构设置请示的批复
2002—2003 学年校办人字 15 号　关于认定讲师任职资格的通知

附录三　2002年报刊报道中国人民大学的部分文章目录索引

一、人大盛典

江泽民考察中国人民大学时强调　必须大力促进我国哲学社会科学事业的发展繁荣　李岚清等随同考察　《人民日报》，2002/04/29

江泽民考察中国人民大学时强调　必须大力促进我国哲学社会科学事业的发展繁荣　李岚清等随同考察　《人民日报·海外版》，2002/04/29

江泽民考察中国人民大学时强调　哲学社会科学与自然科学同样重要　李岚清随同考察　《新华每日电讯》，2002/04/29

江泽民考察中国人民大学时强调　必须大力促进我国哲学社会科学事业的发展繁荣　《光明日报》，2002/04/29

江泽民考察中国人民大学时强调　大力促进哲学社会科学事业的发展繁荣　《中国青年报》，2002/04/29

江泽民考察中国人民大学时强调　必须大力促进我国哲学社会科学事业的发展繁荣　李岚清、贾庆林随同考察　《北京日报》，2002/04/29

江泽民考察中国人民大学时强调　必须大力促进我国哲学社会科学事业的发展繁荣　《中国教育报》，2002/04/29

总书记关心　社科育才基地——江泽民考察中国人民大学侧记　《大公报》，2002/04/29

擎起人文社会科学的大旗——访中国人民大学党委书记程天权教授　《大公报》，2002/04/29

江泽民考察中国人民大学时要求各级党委政府及全社会　大力促进哲学社会科学事业的发展繁荣　《经济日报》，2002/04/29

江泽民日前在考察中国人民大学时强调　大力促进社科事业发展　《北京青年报》，2002/04/30

江泽民考察中国人民大学　他强调必须大力促进我国哲学社会科学事业的发展繁荣　《检察日报》，2002/04/29

江泽民考察中国人民大学时强调　必须大力促进哲学社会科学事业发展繁荣　《工人日报》，2002/04/29

江泽民考察中国人民大学时强调　必须大力促进我国哲学社会科学事业发展繁荣　李岚清随同考察　《人民法院报》，2002/04/29

江泽民考察中国人民大学时强调　必须大力促进我国哲学社会科学事业的发展繁荣　李岚清等随同考察　《解放军报》，2002/04/29

江泽民考察中国人民大学时强调　必须大力促进我国哲学社会科学事业的发展繁荣　李岚清贾庆林随同考察　《北京晨报》，2002/04/30

江泽民考察中国人民大学时强调　必须大力促进我国哲学社会科学事业的发展繁荣　李岚清等随同考察　《法制日报》，2002/04/29

江泽民考察中国人民大学时强调　大力促进哲学社会科学事业发展繁荣　《新华日报》，2002/04/29

江泽民考察中国人民大学时强调　必须大力促进我国哲学社会科学事业的发展繁荣　《人民政协报》，2002/04/29

江泽民在五四青年节即将到来之际考察中国人民大学时强调　大力促进哲学社会科学事业发展繁荣　代表党中央、国务院，向全国高校师生员工和广大教育工作者致以诚挚问候　李岚清随同考察　《文汇报》，2002/04/29

江泽民考察中国人民大学时强调　发展繁荣哲学社会科学　《解放日报》，2002/04/29

江泽民考察中国人民大学时强调　必须大力促进我国哲学社会科学事业的发展繁荣　《青海日报》，2002/04/29

江泽民考察中国人民大学　《中国妇女报》，2002/04/29

江泽民考察中国人民大学时强调　必须大力促进哲学社会科学事业的发展繁荣　《贵州日报》，2002/04/29

江泽民考察中国人民大学时强调　必须大力促进我国哲学社会科学事业发展繁荣　《河北日报》，2002/04/29

江泽民考察中国人民大学时强调　大力促进我国哲学社会科学事业发展繁荣　李岚清等随同考察　《浙江日报》，2002/04/29

江泽民考察中国人民大学时强调　大力促进哲学社会科学事业的发展繁荣　《重庆日报》，2002/04/29

江泽民考察中国人民大学时强调　必须大力促进哲学社会科学事业发展繁荣　《安徽日报》，2002/04/29

江泽民强调　大力促进哲学社会科学事业的发展繁荣　《中国改革报》，2002/04/29

江泽民考察中国人民大学时强调　促进哲学社会科学发展繁荣　《黑龙江晨报》，2002/04/29

江泽民考察中国人民大学时强调　促进我国哲学社会科学的繁荣　《湖北日报》，2002/04/29

江泽民总书记亲切看望人大师生　《北京娱乐信报》，2002/04/29

江泽民考察中国人民大学（图）　《陕西日报》，2002/04/29

江泽民考察中国人民大学时强调　促进我国哲学社会科学事业发展繁荣　《兰州日报》，2002/04/29

江泽民考察中国人民大学时强调　必须大力促进我国哲学社会科学事业的发展繁荣　《沈阳日报》，2002/04/29

江泽民考察中国人民大学时强调　促进哲学社会科学事业发展繁荣　《大连日报》，2002/04/29

江泽民考察中国人民大学时强调　必须大力促进我国哲学社会科学事业的发展繁荣　《福建日报》，2002/04/29

江泽民考察中国人民大学　强调要大力促进我国哲学社会科学事业的繁荣发展　《岳阳晚报》，2002/04/29

江泽民考察中国人民大学时强调　必须大力促进我国哲学社会科学事业发展繁荣　《吉林日报》，2002/04/29

江泽民考察中国人民大学强调　大力促进我国哲学社会科学繁荣发展　《湖南日报》，2002/04/29

江泽民考察中国人民大学时强调　促进哲学社会科学发展繁荣　《长江日报》，2002/04/29

江泽民考察中国人民大学　强调必须大力促进我国哲学社会科学事业的发展繁荣　对我国广大哲学社会科学工作者提出五点希望　《天津日报》，2002/04/29

江泽民考察中国人民大学　对哲学社会科学工作者提五点希望　《海口晚报》，2002/04/29

江泽民考察中国人民大学时强调　必须大力促进我国哲学社会科学事业的发展繁荣　中共中央政治局常委、国务院副总理李岚清等随同考察　《西藏日报》，2002/04/29

江泽民考察中国人民大学时强调　必须大力促进哲学社会科学事业的发展繁荣　《山西日报》，2002/04/29

江泽民考察中国人民大学时强调　促进哲学社科事业发展繁荣　《泉州晚报》，2002/04/29

江泽民考察中国人民大学时强调　哲学社会科学大有作为　《长沙晚报》，2002/04/29

江泽民考察中国人民大学时强调　必须大力促进我国哲学社会科学事业的发展繁荣　《辽宁日报》，2002/04/29

江泽民考察中国人民大学时强调　大力促进哲学社会科学事业发展繁荣　《广西日报》，2002/04/29

江泽民考察中国人民大学时强调　发展繁荣哲学社会科学　《新民晚报》，2002/04/29

江泽民考察中国人民大学时强调　大力促进我国哲学社会科学事业发展繁荣　李岚清陪同考察　《江西日报》，2002/04/29

时代的呼唤：哲学社会科学的历史使命　认真学习江泽民总书记4月28日视察中国人民大学时的重要讲话　聆听江总书记讲话的思考　《光明日报》，2002/05/10

学习江总书记在人民大学的讲话　纪宝成到深大作专题辅导报告　《深圳特区报》，2002/05/13

实践“三个代表”思想繁荣哲学社会科学——学习贯彻江总书记考察中国人民大学重要讲话　《文汇报》，2002/06/14

伟大的纲领　行动的指南　《光明日报》，2002/08/03

学习贯彻江总书记在人民大学的重要讲话　中国人民大学组织系列座谈会　教育部党组举行党组学习中心组会议　《光明日报》，2002/04/30

铭记这个春天——中国人民大学师生畅谈江总书记对我国哲学社会科学事业的关怀　《中国教育报》，2002/04/30

大力促进哲学社会科学事业发展　人大师生热烈讨论江泽民总书记讲话　《北京晚报》，2002/04/30

人大书报资料中心召开社科期刊主编座谈会　《光明日报》，2002/05/21

开创人文社科期刊新局面　人文社科期刊主编研讨江总书记在人大的讲话　《中国教育报》，2002/05/17

人大社学习贯彻江总书记考察人大重要讲话精神　抓好品牌建设推进出版繁荣　《中国新闻出版报》，2002/06/10

中国人民大学座谈学习江泽民考察社科院重要讲话　创造学术精品　服务改革开放　《人民日报》，2002/07/21

中国人民大学建校65周年　吴玉章塑像揭幕仪式在校园举行　《深圳特区报》，2002/11/01

中国人民大学庆祝建校六十五周年　李鹏出席大会并发表讲话　《人民日报》，2002/11/02

中国人民大学庆祝建校65周年　李鹏出席大会并发表讲话　《人民日报·海外版》，2002/11/02

中国人民大学庆祝建校65周年　李鹏出席大会并发表讲话　《中国青年报》，2002/11/02

中国人民大学庆祝建校六十五周年　李鹏出席大会并发表讲话　《光明日报》，2002/11/02
中国人民大学庆祝建校 65 周年　李鹏出席大会并发表讲话　《中国教育报》，2002/11/02
中国人民大学庆祝建校 65 周年　李鹏出席大会并发表讲话　《经济日报》，2002/11/02
人民大学育人 65 载　培养优秀人才 17 万　李鹏出席庆祝建校 65 周年大会暨吴玉章奖颁奖仪式并讲话　《北京日报》，2002/11/02
人大 65 年　培养省部级领导 400 多　《北京晚报》，2002/11/02
中国人民大学建校 65 周年　李鹏出席庆祝大会并讲话　《解放日报》，2002/11/02
中国人民大学庆 65 华诞　李鹏出席大会并发表讲话　《文汇报》，2002/11/02
中国人民大学贺 65 岁华诞　李鹏出席大会并发表讲话　《深圳特区报》，2002/11/02
中国人民大学庆祝建校 65 周年　李鹏出席大会并发表讲话　《安徽日报》，2002/11/02
中国人民大学建校 65 周年　李鹏出席庆祝大会　《浙江日报》，2002/11/02
中国人民大学迎来建校 65 周年　李鹏出席庆祝大会并发表讲话　《云南日报》，2002/11/02
中国人民大学庆祝建校 65 周年华诞　李鹏出席大会并发表讲话　《广西日报》，2002/11/02
中国人民大学庆祝建校六十五周年华诞　李鹏出席大会并发表讲话　《青海日报》，2002/11/02
中国人民大学庆祝建校 65 周年（图）　《今晚报》，2002/11/02
65 岁人大越变越“年轻”　《北京娱乐信报》，2002/11/21

二、多彩人大

（一）奋进的人大

人民大学入驻深圳虚拟大学园　将在深设博士后流动站　《深圳特区报》，2002/01/27
人民大学入驻深圳高新区虚拟大学园　《科技日报》，2002/02/19
人大将实行弹性学制　研究生两年就能毕业　《北方经济时报》，2002/01/30
接续科学思维的链环——中国人民大学探索文科高等数学教育侧记　《光明日报》，2002/02/07
中国人民大学：“宽、新，实”　《服务导报》，2002/02/27
MBA、法律、计算机专业受青睐　《市场报》，2002/02/28
我国首届 MPA 班开学　全国共录取学员 3 000 多人　《人民日报》，2002/03/01
首届公共管理硕士开学　《新华每日电讯》，2002/03/01
我国首届 MPA 在中国人民大学开学　《光明日报》，2002/03/01
我国首批 MPA 学员入学　今年 MPA 联考部分考试科目将有调整　《中国青年报》，2002/03/01
全国首批 MPA 今入学　第二届 MPA 联考今年 10 月举行　联考科目将做调整　《北京晚报》，2002/02/28
首届 MPA 昨天开学　《北京日报》，2002/03/01
中国首届 MPA 昨开学　今年联考 10 月进行　招生对象不变　联考科目微调　面试比重加大　《北京青年报》，2002/03/01
我国首届 MPA 开学学员中公务员占八成　《中国教育报》，2002/03/06
全国首批 MPA 开学　人民大学学员中 15% 是处长局长　《北京晨报》，2002/03/01
首届 MPA 昨开学　《扬子晚报》，2002/03/01
中国 MPA“黄埔一期”开学　今年联考科目将有调整　《京华时报》，2002/03/01

全国首届 MPA 开学 《广州日报》，2002/03/01
全国首届 MPA 昨开学　第二届 MPA 联考的考试科目将做微调 《北京娱乐信报》，2002/03/01
人大首届 MPA 开课 《中国旅游报》，2002/03/01
我国首届 MPA 开学 《西藏商报》，2002/03/01
今年联考科目微调　中国首届 MPA 开学 《贵州商报》，2002/03/02
我国首届公共管理硕士开学 《都市晨报》，2002/03/02
中国首届 MPA 开学 《大连日报》，2002/03/04
中国首批 MPA 学员开学 《重庆商报》，2002/03/04
中国人民大学马克思主义文艺学学科建设取得重要进展 《文艺报》，2002/03/05
MPA 打造新型人才 《中国财经报》，2002/03/05
中国首届 MPA 开学　今年联考科目将微调 《北方经济时报》，2002/03/06
中国首批 MPA 学员入学 《青年知识报》，2002/03/06
2002 年 MPA 联考科目将微调 《服务导报》，2002/03/06
建设良好的校园学术环境　人民大学部分专家学者谈抵制学术腐败 《光明日报》，2002/03/08
中国人民大学倡导良好学术风气 《人民日报·海外版》，2002/04/01
人大：全国惟一重点学科点 《中国教育资讯报》，2002/03/20
人大在山西设立 MPA 教学点 《山西日报》，2002/03/21
中国人民大学向重庆“二外”赠电脑 《经济参考报》，2002/03/26
人大纪念史学家　尚钺百年诞辰 《中国教育报》，2002/03/30
中国人民大学举办中外摄影作品展 《中国教育报》，2002/04/05
中国人民大学与长沙市联手培训公务员 《湖南日报》，2002/04/06
中国人民大学深圳研究院挂牌 《深圳特区报》，2002/05/12
中国人民大学深圳研究院挂牌 《深圳商报》，2002/05/12
中国人民大学在深聘任兼职教授　李德成、王顺生、邵汉青、周理、吴松营、陈锡添获聘 《深圳特区报》，2002/05/12
中国人民大学在皖首次举办 MPA 培训 《江淮时报》，2002/05/24
中国人民大学来安徽选才 《合肥晚报》，2002/06/21
中国人民大学 MBA 学员首尝“发展性评估” 《中国经营报》，2002/06/27
中国人民大学将办出版专业 《中国新闻出版报》，2002/07/17
人民大学将开办出版专业 《中国图书商报》，2002/07/30
中国人民大学座谈学习江泽民同志“7·16”讲话 《光明日报》，2002/07/23
开拓进取发展我国应用统计事业——记中国人民大学统计学系 《中国信息报》，2002/08/07
人民大学加大基础人才培养力度 《北京人才市场报》，2002/08/07
2002 年中国国际竞争力评价与分析 《经济日报》，2002/08/09
MBA 离我们其实很近——中国人民大学 MBA 研修班广西教学侧记 《广西日报》，2002/08/13
人大在深设立研究院 《深圳晚报》，2002/08/31
中国人民大学深圳研究院开学 《深圳商报》，2002/09/01
中国人民大学确定发展目标　二十年建成世界知名一流大学 《中国教育报》，2002/09/04
中国人民大学召开党代会提出　实践“三个代表”重要思想　创世界知名的一流大学 《光明日报》，2002/09/09

向世界一流大学挺进　人大拓展人文社会科学新境界　《光明日报》，2002/09/16
人民大学试行新标识　非正规发布的学校标志一律停用　《京华时报》，2002/10/06
中国人民大学确定发展目标20年建成世界知名一流大学　《山西科技报》，2002/10/09
中国人民大学世纪馆开馆　《科技日报》，2002/10/11
中国人民大学人文学院成立　目标直指一流　《中国教育报》，2002/10/19
中国人民大学人文学院成立　《光明日报》，2002/10/21
中国人民大学成立人文学院　《华夏时报》，2002/10/23
中国人民大学成立人文学院　《人民日报》，2002/10/25
香港企业捐资人民大学环境教育　《中国环境报》，2002/11/07
中国人民大学规范校园招聘　《北京人才市场报》，2002/11/13
金蝶向中国人民大学捐赠完整ERP系统　《金融时报》，2002/11/13
金蝶向中国人民大学捐赠完整ERP系统　《现代教育报》，2002/11/25
人民大学孔子研究院揭牌　《人民日报》，2002/12/02
继承优秀文化传统　弘扬培育民族精神　中国人民大学孔子研究院成立　《光明日报》，2002/12/03
人大成立孔子研究院　将集聚全国力量编辑《儒藏》　《齐鲁晚报》，2002/12/01
人大成立孔子研究院　将积极策划和筹备启动《儒藏》的编辑出版　《北京娱乐信报》，2002/12/01
中国人民大学成立孔子研究院　《吉林日报》，2002/12/01
人大成立孔子研究院（图）　《扬子晚报》，2002/12/01
中国人民大学成立孔子研究院　《长沙晚报》，2002/12/01
中国人民大学成立孔子研究院　《湖北日报》，2002/12/01
人民大学建孔子研究院　《贵州日报》，2002/12/01
中国人民大学成立孔子研究院　《江西日报》，2002/12/01
人大成立孔子研究院　《安徽日报》，2002/12/01
人民大学成立高校首家孔子研究院　《儒藏》开始筹备编纂　《北京日报》，2002/12/01
中国人民大学成立孔子研究院　《海南日报》，2002/12/01
中国人民大学成立孔子研究院　《大众日报》，2002/12/01
人民大学成立孔子研究院　《中国教育报》，2002/12/01
中国人民大学成立孔子研究院　《海口晚报》，2002/12/01
中国人民大学成立孔子研究院　《汕头特区晚报》，2002/12/01
中国人民大学成立孔子研究院　《山西晚报》，2002/12/02
中国人民大学成立孔子研究院　《辽宁日报》，2002/12/04
中国人民大学授予冯国经名誉教授　《中国教育报》，2002/12/09
耗时10年投资2亿元　孔子研究院编纂首部《儒藏》　《北京娱乐信报》，2002/12/16
“孔子研究院”成立筹备编纂《儒藏》　《中华读书报》，2002/12/18
人民大学学习宣传频出新举措　《光明日报》，2002/12/12
加强重点课题研究　丰富两课教材内容　人民大学加速创建一流大学　《光明日报》，2002/12/21
人大商学院试点本科生导师制　努力培养“三优”人才　《科技日报》，2002/12/25

(二) 改革的人大

大学不能只有大师——中国人民大学校园环境建设纪实（上）　《中国教育报》，2002/02/18

逼出来的新思路——中国人民大学校园环境建设纪实（下） 《中国教育报》，2002/02/19
中国人民大学落户珠海大学园区　该校将和我市合作建设中国人民大学南方校区 《珠海特区报》，2002/04/09
人大南方校区落户珠海　至今珠海已接纳京城五所重点高校 《中国教育报》，2002/04/09
人民大学与珠海合建南方校区 《光明日报》，2002/04/09
中国人大珠海建校区 《信息日报》，2002/04/11
珠海与中国人民大学联姻 《特区时报》，2002/04/15
聚一流人才　创一流学科——中国人民大学建设世界一流大学纪实 《光明日报》，2002/04/24
建设有人大特色的校园——中国人民大学校园建设管理处处长查显友畅谈校园建设 《中国教育资讯报》，2002/05/12
人民大学改扩建工程开工　住总市政公司捐款 262 万元 《中华建筑报》，2002/06/25
方旋在与中国人民大学领导座谈时表示将为人大珠海校区提供周到服务 《珠海特区报》，2002/09/09
三家知名公司参加人大南方珠海校区设计投标 《珠江晚报》，2002/09/17
始终奋进在时代前列——中国人民大学创建世界一流大学纪实 《光明日报》，2002/10/30
告别筒子楼　喜圆安居梦　人大 1 666 教职工迁新居 《北京日报》，2002/11/04
人大珠海校园规划公开招标 《南方都市报》，2002/11/07
人大教授人均住房增 60 平方米 《北京娱乐信报》，2002/11/13
圆梦安居——中国人民大学房改纪实 《中国青年报》，2002/12/12
圆梦安居——中国人民大学房改纪实 《中国教育报》，2002/12/20

（三）开放的人大

人大领导访方树福堂基金 《香港文汇报》，2002/11/23
本报顾问方润华会见纪宝成 《香港商报》，2002/11/21
内地税法教授来港指导商家　生产力局与人民大学合作　定期提供顾问服务 《大公报》，2002/11/21
纪宝成率团拜访曾宪梓 《香港商报》，2002/11/23
大学教育须国际化适应入世　中国人大教授在港称教育市场不开放便没有出路 《文汇报》，2002/11/23
人民大学校长纪宝成访问本报 《香港商报》，2002/11/20
中国人民大学授予厄瓜多尔总统名誉法学博士学位 《北京青年报》，2002/03/22
人大哥大正式合作签约 《北京青年报》，2002/06/03
中国人民大学授予池田大作名誉教授 《人民日报》，2002/10/01
人民大学校长访问美哥伦比亚大学 《光明日报》，2002/10/11
创价大学授予纪宝成名誉博士 《中国教育报》，2002/10/18
大步走向世界的中国人民大学 《中国青年报》，2002/11/01

（四）学生天地

人大女生关注国际政治关系 《北京青年报》，2002/03/11
减少学分　调整学制　试行连续　人大研究生培养酝酿大动作 《中国教育报》，2002/04/13
人大英语角：英语爱好者的乐土 《北京人才市场报》，2002/05/08
中学校长论道　基础教育要重视人文社科教育 《中国教育报》，2002/05/09
百余所重点中学校长聚首　人大研讨基础教育改革 《光明日报》，2002/05/10

优化专业结构　保持传统优势　人民大学加大新兴应用学科招生力度　《光明日报》，2002/05/20
为庆祝与珠海共建人大南方校区　中国人民大学学生艺术团莅珠演出　《珠海特区报》，2002/05/20
"全国巡演"献血爱心大使林依轮激情人大　《华夏时报》，2002/05/29
人大民乐团为主席奏乐　《音乐周报》，2002/05/31
人大本科可读6年　拟从今年秋季开始　《半岛都市报》，2002/06/07
中国人民大学：招生计划一半投向理科生　《中国青年报》，2002/06/18
报考中国人民大学最好填第一志愿　《华夏时报》，2002/06/19
人大3 000学生赴全国参加社会实践　《北京娱乐信报》，2002/07/12
中国人民大学三千学子暑期参加社会实践　《新华每日电讯》，2002/07/12
人大学生社会实践活动团出征　《光明日报》，2002/07/18
阿不来提·阿不都热西提会见中国人民大学实践服务团一行　《新疆经济报》，2002/07/20
中国人民大学"爱心红丝带"暑期交流营举办　《科学时报》，2002/08/15
中国人民大学社会实践亮点多　《现代教育报》，2002/09/11
中国人民大学湖北校友会筹备成立　《长江日报》，2002/09/12
EMBA校友联谊论坛举行　《中华工商时报》，2002/09/16
音乐连五洲歌声传真情——中国人民大学学生艺术团合唱团访欧巡回演出侧记　《中国教育报》，2002/09/18
中国人民大学团委　变生产者导向为消费者导向　《中国青年报》，2002/09/22
人民大学考试重修不计次数　《北京青年报》，2002/09/25
跳水名将入中国人民大学学习　《北京日报》，2002/10/19
人大组建优秀跳水运动员新生班　《北京晚报》，2002/10/24
人大来了批跳水冠军　《都市晨报》，2002/10/20
郭晶晶才下跳台又进"人大"　《北方经济时报》，2002/10/21
跳水队暂迁济南　人大老师现场辅导　梦之队接受"远程授课"　《北京晨报》，2002/11/06
中国跳水队喜临门　十名国手今上大学　《今晚报》，2002/10/18
人大"冠军班"昨开班　郭晶晶等人正式入学充电　《北京晨报》，2002/10/19
中国跳水队10选手进入人大学习　《北京娱乐信报》，2002/10/19
人大学生艺术团　访欧巡演获得成功　《北京日报》，2002/10/19
大学生足球联赛人大夺冠　《北京日报》，2002/11/13
从驰骋赛场的体操名将到中国人民大学的在校学生，现任凤凰卫视节目主持人莫慧兰：跌宕起伏的人生　《汕头特区晚报》，2002/11/05
人大研究生与本科生持平　《北京娱乐信报》，2002/11/03
人大研究生走进乡村学校　《人民日报·海外版》，2002/11/04
人大毕业生演绎流浪歌手　《猪越圈出逃》日前出版　《北京晨报》，2002/11/13
人大南方校区招生3万人　《北京娱乐信报》，2002/11/14
自筹资金演新作　人大民乐团推广民乐不遗余力　《音乐周报》，2002/11/22
中国人民大学举办新世纪日本文化节　《光明日报》，2002/11/28
人大南开师生走访百城万户　民政部公布低保调查结果　《西安晚报》，2002/11/28
人大清华成为首批法律援助志愿者　《检察日报》，2002/11/29
清华、人大法学院师生今天成为法律援助志愿者　《北京晚报》，2002/11/28

北京市司法局与人大清华法学院签订协议　两学院派学生办理法律援助案件　《法制日报》，2002/11/29
人大、清华学生成为我国首批法律援助志愿者　《亚太经济时报》，2002/12/04
高校消费维权队伍壮大　北大、人大等设立投诉法律支持站　《华夏时报》，2002/12/10
CUBA 东北区鸣哨　人大男篮开门红　《中国青年报》，2002/12/02
CUBA 东北赛区在人大开战　《北京青年报》，2002/12/03
CUBA 分区赛东北赛区人大队迎来开门红　《中国体育报》，2002/12/03
CUBA 回到人大　《精品购物指南》，2002/12/06
中国人民大学第七届服饰文化节开幕　《中国教育报》，2002/12/07
《青年人大》领跑首届全国高校校报巡展　《中国青年报》，2002/12/10
中国人民大学波司登奖学金设立　《人民日报》，2002/12/16
人民大学设立波司登奖学金　《光明日报》，2002/12/19

三、学者视点

吴晓求：银行须与资本市场互动　《证券日报》，2002/01/21
吴晓求：资本市场隐藏重大危机　《国际金融报》，2002/01/22
叶林：外企进 A 股的门堵不住　《经济参考报》，2002/01/23
《五环夜话》谈黑哨　人大法学教授：裁判也应属于国家工作人员　《北京娱乐信报》，2002/01/23
银证合作从四个层面展开　中国人民大学金融与证券研究所所长吴晓求提出　《中国信息报》，2002/01/31
知名企业换帅为何难　《经济日报》，2002/01/31
吴晓求：国有股减持应让利于民　《人民日报·海外版》，2002/02/23
杜厚文：21 世纪世界经济发展的大趋势　《中国改革报》，2002/02/25
公平比时机更重要——人民大学吴晓求教授谈国有股减持　《中国财经报》，2002/02/26
吴晓求：完善信用制度可促储蓄转化投资　《光明日报》，2002/02/26
李文海痛斥学术腐败　《北京晚报》，2002/03/03
首期“广州讲坛”明日开坛　戴逸主讲康乾盛世　《南方日报》，2002/03/25
农村经济怎样发展，农民素质如何提高？中国人民大学教授顾海兵建言义务教育免费当先　《中国财经报》，2002/04/06
中国人民大学教授郑功成认为，社保改革要坚持全球化与本土化的统一　《中国改革报》，2002/04/15
营造哲学社会科学发展繁荣的良好环境和条件（冯惠玲）　《中国教育报》，2002/05/22
著名经济学家、中国人民大学教授何伟谈——深化劳动价值论的三大焦点问题　《辽宁日报》，2002/05/27
发展和繁荣哲学社会科学　《人民日报》，2002/05/28
中国人民大学教授董克用认为劳动力价格趋向成熟　劳动力收入差距加大　《新华日报》，2002/05/30
学科发展与学科制度建设（郑杭生等）　《光明日报》，2002/06/04
中国人民大学李永森认为券商目前处境困难　《经济参考报》，2002/06/05
用众人之财办众人之事——中国人民大学高培勇教授谈浙江财政

改革 《中国财经报》，2002/06/08
哲学教育在提高国民素质中的作用 《中国教育报》，2002/06/12
中国人民大学教授杨瑞龙 《经济日报》，2002/06/13
中国人民大学博士生导师、教授孔祥智详解城市经营——太原率先发展要引入城市经营理念 《发展导报》，2002/07/09
高扬哲学社会科学旗帜 《光明日报》，2002/07/16
坚持先进文化的前进方向 《中国教育报》，2002/07/19
以“三个代表”为指导 深入回答重大理论问题 《光明日报》，2002/07/24
中国人民大学财政金融学院院长安体富：适度减税具有可行性 《黑龙江经济报》，2002/08/16
信托让专利技术产业化——与中国人民大学信托与基金研究所研究员孙书元的对话 《金融时报》，2002/08/21
吴晓求点评资本市场 变化成为主旋律 《中华工商时报》，2002/08/26
吴晓求：基金业在赚取垄断利润 《中国青年报》，2002/08/26
吴晓求：商业银行不能成为证券市场投资主体 《人民日报·海外版》，2002/08/31
中国人民大学喻国明教授认为媒体投资需谨慎 《南方日报》，2002/09/04
中国人民大学法学院教授史际春认为北京出租车行业还是计划经济 《中国经济时报》，2002/09/20
人大成教学院院长：学位也设“副”的 《知识报》，2002/10/16
高度重视哲学社会科学在科技创新中的作用 《中国教育报》，2002，10/23
日出江花红胜火 党的第三代领导集体的理论创新与中国社会科学的繁荣 《北京日报》，2002/11/11
推进人文科学创新 服务社会主义建设 《中国教育报》，2002/11/21
推进人文社会科学不断创新 《中国教育报》，2002/11/25
哲学社会科学对科技创新的作用不可替代——中国人民大学校长纪宝成谈科技创新 《科技日报》，2002/11/27
建设以人文社会科学为主的世界一流大学 《光明日报》，2002/12/02
学风问题是至关重要的 《中国乡镇企业报》，2002/12/03
中国人民大学党委副书记张建明 学联也是一所大学 《北京青年报》，2002/12/18

四、人物访谈

《反垄断法》望眼欲穿——访中国人民大学法学教授史际春 《国际经贸消息》，2002/01/04
孕育与时俱进的人文精神——访中国人民大学校长纪宝成教授 《光明日报》，2002/01/11
让异地办学由“虚”到“实”——访中国人民大学校长纪宝成 《深圳特区报》，2002/01/28
誓为弱势群体仗义执言——记中国人民大学法学院教授关怀 《北京法制报》，2002/10/15
建设以人文社科为主的世界知名一流大学——访中国人民大学党委书记程天权教授 《中国青年报》，2002/10/30
党建 一项新的伟大工程——访中国人民大学教授吴美华 《中国改革报》，2002/10/31
中国人民大学法学院陈卫东教授谈英国保释制度——借鉴：不存在法律障碍 《检察日报》，2002/11/01
让劳动者有尊严地工作——中国人民大学关怀教授纵谈《劳动法》 《工人日报》，2002/11/2

"三个代表"马克思主义发展史上新的里程碑——访中国人民大学党史系教授何虎生博士 《中国改革报》，2002/11/04
用信息化提高企业核心竞争力——访中国人民大学企业管理学者姚贤涛 《中国乡镇企业报》，2002/11/04
疏通社保基金投资渠道——访中国人民大学劳动人事学院副院长、社会保险理事会副会长郑功成教授 《中国财经报》，2002/11/05
以开放市场优化公司治理——访中国人民大学经济学院院长杨瑞龙 《证券日报》，2002/11/11
使尽解数争前茅——访中国人民大学保险学系主任张洪涛教授 《中国教育报》，2002/11/15
中国新闻传播人才的培养教育——既要符合国情 又要与国际接轨——中国人民大学新闻学院院长郭庆光教授访谈 《中华新闻报》，2002/11/19
继续赢得人民的广泛认可——访中国人民大学马克思主义学院教授王向明 《中国经济时报》，2002/11/23
从"两个文明"到"三个文明"的飞跃——访中国人民大学教授许崇德 《检察日报》，2002/11/23
再认识电信业特性南北对进谋求竞合——访人大经济学院韩小明教授 《通信产业报》，2002/11/27
宪法对人民代表大会制度的发展——访中国人民大学法学院教授胡锦光 《法制日报》，2002/11/28
指日可待的立法目标——访中国人民大学法学院教授关怀 《检察日报》，2002/12/02
锁定小康赢取住宅前景——访中国人民大学土地管理系主任叶剑平博士和丰雷博士 《中国房地产报》，2002/12/2
宪法权利不是空中楼阁——访中国人民大学法学院宪法学博士生导师胡锦光教授 《检察日报》，2002/12/03
学术与出版激情互动——访中国人民大学出版社社长贺耀敏教授 《中国新闻出版报》，2002/12/05
人力资源是竞争力资源——访中国人民大学劳动人事学院教授彭剑锋 《钱江晚报》，2002/12/16
春风拂面来 老树开新花——访中国人民大学书报资料中心总编辑宋志明 《中国新闻出版报》，2002/12/16
提高政府效率 再造城市优势——访中国人民大学行政管理系主任毛寿龙 《深圳特区报》，2002/12/18
产险公司经营意外险要扬长避短——访中国人民大学财金学院保险系主任张洪涛教授 《证券时报》，2002/12/19

五、人大讲坛

人民大学举办杰出华人学者系列讲座 《中国财经报》，2002/01/11
第六届中国资本市场开坛论道 开放与国际化大势所趋 《中国证券报》，2002/01/21
专家在有关研讨会上呼吁尽快建立证券民事诉讼制度 人民大学金融法研究所，清华大学商法研究中心和国浩律师集团事务所联合成立"投资者权益咨询保护中心" 《上海证券报》，2002/03/18
中国人民大学举办大型学术讲座 《中国人事报》，2002/04/19

人民大学教授在深开论坛　探讨加入WTO之后的中国社会与经济　《深圳特区报》，2002/05/13
倡议启动二十一世纪国家发展繁荣哲学社会科学行动计划　中国人文社会科学论坛举行　《人民日报》，2002/05/19
中国人文社会科学论坛在人民大学举行　《光明日报》，2002/05/19
哲学社会科学要与时俱进　第二届中国人文社会科学论坛在京举行　《中国教育报》，2002/05/19
推进人文社科事业发展繁荣　中国人文社会科学论坛在中国人民大学举办　《现代教育报》，2002/05/20
人文社会科学呼吁　启动“428计划”　《京华时报》，2002/05/19
繁荣哲学社会科学　传播先进文化　《光明日报》，2002/05/21
推进与时俱进的人文社会科学事业　第二届中国人文社会科学论坛在中国人民大学举行　《科技日报》，2002/05/22
中国人文社会科学论坛举行　《科学时报》，2002/05/23
人大研讨“法律与全球化”　《检察日报》，2002/05/26
商界人士充实师资　管理教育打破国界　2002年亚洲管理教育论坛开幕　《中国教育报》，2002/06/09
人民大学举行“中日司法改革研讨会”　《光明日报》，2002/06/13
国际公共管理大师碰撞思维火花　中美公共管理国际学术研讨会今天开讲　《北京晚报》，2002/06/16
亚洲管理教育论坛举行　《人民日报》，2002/06/17
首届中美公共管理国际学术研讨会召开　《中国旅游报》，2002/06/21
就业、收入分配与社会保障论坛举行　《人民日报》，2002/06/22
人民大学举办　2008人文奥运论坛　《中国教育报》，2002/07/10
人文奥运论坛在人民大学举行　《人民日报》，2002/07/16
以新的实践滋养理论创新——“马克思主义经济学与21世纪国际学术讨论会”综述　《人民日报》，2002/07/13
中国资产管理高级论坛将在京召开　《中国证券报》，2002/08/01
“中国资产管理高级论坛”上专家进言——建立信托制度　规范资产管理　《人民日报·海外版》2002/08/10
人民大学举办刑法讲座暨专题论坛　《人民法院报》，2002/09/10
中俄高级经济论坛举行　《中华工商时报》，2002/10/09
中俄高级经济论坛在京举行　《小商品世界报》，2002/10/10
中国人民大学召开首届中国“性存在”研讨会，专家的详实调查和科学分析引起广泛关注　今日中国“性革命”蓝皮书　《深圳晚报》，2002/10/23
袁贵仁在人文社会科学高层论坛上强调　发展繁荣哲学社会科学关键在于创新　《中国教育报》，2002/10/31
中国人民大学举办“成功企业数据挖掘”暨数量化管理论坛　《北京科技报》，2002/11/08
2002成功企业数据挖掘数量化管理论坛在京举行　《市场报》，2002/11/13
金达仁在中国人民大学发表演讲　中国企业应尽快科学应用ERP、SCM和BPR　《中国计算机报》，2002/12/02
人大“大法官讲坛”　首席大法官登台讲法　《北京晚报》，2002/12/09

人民大学“大法官讲坛”开幕　首席大法官肖扬在演讲中说　司法文明直接影响司法的公信力　《光明日报》，2002/12/09
肖扬在“大法官讲坛”演讲指出　以法学理论创新推进司法改革　《人民日报》，2002/12/09
肖扬在“大法官讲坛”讲演时指出　推进司法体制改革是全面建设小康社会的保障　《人民法院报》，2002/12/09
交流研究成果　探讨发展思路　就业环境与社会保障在变革中发展　劳动保障部副部长张小建、中国社会保障学会会长王建伦出席会议　《中国劳动保障报》，2002/12/10
人大法学院举办“大法官讲坛”　《北京日报》，2002/12/11
人大法学院三讲坛锻造学术精品　《中国青年报》，2002/12/12
博士生论坛献策企业发展　《经济日报》，2002/12/13
文化精英　学术报国　首届高校博士生论坛探索企业创新与发展　《北京人才市场报》，2002/12/14
中国人民大学举办“三大讲坛”　《中国教育报》，2002/12/17
首届北京高校博士生论坛举办　《人民日报》，2002/12/18
中国人民大学举办“大法官讲坛”　《科学日报》，2002/12/19
首都著名高校电子商务论坛举行　《科技日报》，2002/12/25

六、人大广角

中国人民大学首届北京高校博士生论坛举办　《科学时报》，2002/12/26
中国人民大学向荣县捐赠书刊　《四川日报》，2002/04/19
人大资料中心向荣县捐赠书刊　《中国新闻出版报》，2002/04/24
人大书报资料中心文化援助吴玉章家乡　《中国教育报》，2002/04/26
薪火相传西部情——人大书报资料中心向四川荣县文化援助纪行　《中华读书报》，2002/05/08
中国人民大学书报资料中心西行助教　《光明日报》，2002/05/09
人大社推出《中华腾飞论》　《中国图书商报》，2002/01/22
走内涵式发展道路　实现跃跃式发展——人大社“九五”期间实现快速，持续、健康发展的做法与体会　《中华读书报》，2002/03/06
从3千万到3个亿——中国人民大学出版社走内涵式发展道路纪实　《中国新闻出版报》，2002/03/11
中国人民大学出版社　打造内生式传媒集团　《中国图书商报》，2002/03/14
大学社图书营销的定位与创新　《中国新闻出版报》，2002/03/29
21世纪中国法学教学改革的基石　《中华读书报》，2002/04/17
介绍与评析相结合　《中华读书报》，2002/04/17
结合经济现实　反映最新成果　《中华读书报》，2002/04/17
人大社法律出版事业部独立运作　立足教材多元发展　《中国图书商报》，2002/04/18
中国人民大学出版社教研服务网络寻求CRM接口　《中国图书商报》，2002/04/23
追逐高等教育发展的前沿——中国人民大学出版社教材建设巡礼　《光明日报》，2002/04/25
人大社“读书论坛”开讲　《中国图书商报》，2002/05/14
人大版证券教材及2002年资本市场报告面市　《中国图书商报》，2002/05/16
“外研社出版集团”呼之欲出　人大社五个事业部集体亮相
2002：入世之后的出版制度创新　《中华读书报》，2002/05/22

点面结合　虚实有度——评人大版21世纪证券系列教材　《中华读书报》，2002/05/22
历史的闪回与惊艳——人大版《中国现代文学史》观感　《中华读书报》，2002/05/22
开出一片新天地——中国人民大学出版社版权贸易述评　《中国新闻出版报》，2002/05/24
大学学报接受检验　《光明日报》，2002/06/27
诺奖得主人大讲演　王雰社长现场翻译——阿马蒂亚·森《以自由看待发展》标志人大版"汉译学术名著"开始问世　《中华读书报》，2002/07/17
诺贝尔经济学奖得主阿马蒂亚·森北京讲演　人大社同步推出其经典著作《以自由看待发展》　《中国图书商报》，2002/07/18
百家大学出版社合力共建迈出信息化建设重要一步　"中国高校教材图书网"在京开通　《中国新闻出版报》，2002/08/19
人大社：创造具核心竞争力的编辑新体制　《中国新闻出版报》，2002/12/05
斯蒂格利茨和他的《经济学》　《中华读书报》，2002/07/17
人大社强力推出"公共行政与公共管理经典译丛"　《中国图书商报》，2002/08/29
人大附中评为模范　《北京晚报》，2002/01/03
推动信息技术与课程整合——记全国现代教育示范学校人大附中　《文汇报》，2002/01/06
人大附中获"绿色网络示范学校"称号　《北京日报》，2002/01/17
在北京参观交流之后　日本议员上书国会　人大附中超过了日本最好的中学　《北京晚报》，2002/04/08
网络教室"一卡通"——解析人大附中网络教室建设方案　《计算机世界》，2002/04/29
人大附中乐团献艺莫斯科　《人民日报》，2002/08/04
领路丝路文化　了解西部开发　人大附中丝路夏令营闭营　《兰州日报》，2002/08/06
人大附中"三高"足球队获挪威杯赛C组冠军　《人民日报》，2002/08
放飞足球的希望——记北京人大附中BTV三高足球俱乐部　《青年体育报》，2002/08/26
国象少年入学人大附中　《北京晨报》，2002/09/15
上海市教委率团考察人大附中　《现代教育报》，2002/11/06
10位博士　人大附中任教　《大河报》，2002/11/13
人大附中体育何以出众?　《中国体育报》，2002/11/22
人大附中三高足球俱乐部探索育人新路　《人民日报》，2002/12/09
会当凌绝顶　一览众山小——访中国人民大学附属小学　《现代教育报》，2002/11/20
人大成教学院开办司法考试专门班　《北京法制报》，2002/02/04
网上人大举办入学测试　《江南晚报》，2002/03/12
网上人大　开始春季招生　《北京晚报》，2002/03/13
"网上人大"入学测试增加新内容　《生活早报》，2002/03/15
网上人大报名踊跃　《北京晨报》，2002/03/18
网上人大举办入学测试　《都市晨报》，2002/04/02
中国人民大学现代远程教育　入学测试增加新内容　《大众日报》，2002/04/18
网上人大开展巡回讲座　《北京晨报》，2002/04/22
人大远程教育巡回讲座抵郑　《河南商报》，2002/07/09
育时代英才　创成教一流　人大成教学院扣紧市场需要这根"弦"　《光明日报》，2002/09/04
实践"三个代表"　争创有中国特色的世界一流的成人高教——记前进中的中国人民大学成人高等教育学院　《中国青年报》，2002/09/05

中国人民大学成人高等教育学院走过50年历程　首开先河　成果颇丰　《中国教育报》，2002/09/06

以本科为主　专科逐年减少　少量研究生课程　人大成教要“橄榄形”发展　《北京青年报》，2002/09/08

新中国成人高等教育创办50周年　陈至立致信　成人高等教育大有作为　《中国教育报》，2002/09/08

耕耘结硕果　桃李满天下　成人高等教育五十年成就非凡　《人民日报》，2002/09/10

人大成教培养7万本专科生　《北京娱乐信报》，2002/09/24

中国人民大学远程现代化教育——构建全新网络教育平台　《深圳商报》，2002/09/30

网上人大开设中文和法律专业　《福建工商时报》，2002/10/03

人大现代远程教育落户沈阳　《辽宁经济日报》，2002/10/11

因材施教的中国人民大学网络教育　《中国青年报》，2002/10/24

“因材施教”的中国人民大学网络教育　《珠海特区报》，2002/10/25

网上人大学员过两万　《北京青年报》，2002/11/26

网络教育：刷新你的知识　《深圳商报》，2002/12/03

版权声明

编辑部地址：北京市中关村大街59号
中国人民大学学校办公室
邮 政 编 码：100872
电　　　话：86-10-62511084
传　　　真：86-10-62515263
电 子 信 箱：info_xb@ruc.edu.cn

图书在版编目（CIP）数据

中国人民大学年鉴（2003）/《中国人民大学年鉴》编辑委员会编.
北京：中国人民大学出版社，2004

ISBN 7-300-05288-6/G·1045

Ⅰ. 中…
Ⅱ. 中…
Ⅲ. 中国人民大学-2003-年鉴
Ⅳ. G649.281-54

中国版本图书馆 CIP 数据核字（2004）第 003429 号

中国人民大学年鉴（2003）
《中国人民大学年鉴》编辑委员会

出版发行	中国人民大学出版社		
社　　址	北京中关村大街 31 号	**邮政编码**	100080
电　　话	010－62511242（总编室）　010－62511239（出版部） 010－82501766（邮购部）　010－62514148（门市部）		
网　　址	http://www.crup.com.cn http://www.ttrnet.com(人大教研网)		
经　　销	新华书店		
印　　刷	北京华联印刷有限公司		
开　　本	880×1230 毫米 1/16	**版　　次**	2004 年 5 月第 1 版
印　　张	25.5 插页 13	**印　　次**	2004 年 5 月第 1 次印刷
字　　数	747 000	**定　　价**	86.00 元